M. H. Steinmetz

1888
WER IST JACK THE RIPPER?

MANTIKORE
VERLAG

1888 – WER IST JACK THE RIPPER?

3. Auflage

Veröffentlicht durch den
MANTIKORE-VERLAG NICOLAI BONCZYK
Frankfurt am Main 2023

www.mantikore-verlag.de

Lektorat: Alexander Kühnert
Satz: Karl-Heinz Zapf
Covergestaltung: Rossitza Atanassova & Matthias Lück

VP: 405-214-03-10-1124

Printed in the EU

ISBN: 978-3-96188-162-8

1888
WER IST JACK THE RIPPER?

EIN HORROR-SPIELBUCH
VON MARIO STEINMETZ

MANTIKORE
VERLAG

Widmung

Den armen Frauen, die diesem Scheusal zum Opfer fielen …

Dank

Dem Mantikore-Verlag für das entgegengebrachte Vertrauen. In Liebe für meine Familie, die mir das Schreiben und die damit verbundene Eskalation gestattet.

INHALTSVERZEICHNIS

London ist immer einen Abstecher wert …

DÜSTERE ZEITEN

London, 7. August 1888

Ein schweres Gewitter war über die Themse gekommen, hatte Regen gebracht, der den Gestank zwischen die Häuser presste, sodass man kaum atmen konnte. Klebriger Dreck glänzte regennass auf dem Kopfsteinpflaster der Straßen in Whitechapel. Der rote Backstein der Gebäude hatte sich in ein schmutziges Dunkelgrau gehüllt, wurde eins mit dem von bleifarbenen Wolken verhangenen Himmel, in dem Donner grummelte wie beim jüngsten Gericht.

Die Menschen drängten sich dicht in den Gassen, gingen ihren Tätigkeiten nach, waren in Eile. Es schien, als würden sie vor etwas fliehen. Ein unsichtbarer Schatten, der auf ihnen lastete, sie niederdrückte. Ein jeder versuchte, sein Auskommen in der bitteren Zeit zu finden, in der ein Menschenleben weniger galt als die durchgelatschten Schuhe an den schmutzigen Füßen der Bettler.

Die große Hungersnot hatte die Iren vor Jahren nach London getrieben, hinzu kamen die Einwanderer aus Russland und Osteuropa, wo katastrophale Zustände herrschten. Sie hatten die Stadt in der Hoffnung auf einen kargen Lohn in den Docks oder in einer der rußspeienden Fabriken überschwemmt. Hinzu kam eine außergewöhnlich hohe Geburtenrate. Die Bevölkerungszahl des Londoner East Ends explodierte. Jedes heruntergekommene Loch diente als Unterkunft. Wer keine Toilette hatte, verrichtete seine Notdurft im Rinnstein einer der engen Gassen, die man besser nicht allein betrat, weil sie ein unübersichtliches Spinnennetz bildeten, in dem man sich leicht verlieren konnte.

Der Gewitterregen vermochte es nicht, die Straßen reinzuwaschen. Es entstand vielmehr ein zäher, klebriger Film, der allem anhaftete,

HANBU
SPITALFIELDS MARKET
CHURCH STREET
MILLER'S COURT
DORSET STREET
FLOWER & DEAN STREET
THRAWL STREET
OSBOR
COMMERCIAL STREET
GOULSTON STREET
WHITECHAPEL HIGH STREET
MITRE SQUARE
WHITECHAPEL DI
CITY OF LOND

THOMAS STREET
BUCK'S ROW
OLD MONTAGUE STREET
WHITECHAPEL ROAD
OXFORD STREET
COMMERCIAL ROAD
BATTY STREET
BERNER STREET
ICT

das nass wurde. Er verschlang jede Farbe, machte alles grau wie das Leben in Whitechapel.

Ein jeder versuchte, seine Geschäfte und Tätigkeiten bei Tageslicht hinter sich zu bringen. Denn mit dem Einbruch der Nacht veränderte Londons East End sein Gesicht. Vor allem in Whitechapel. Das Gewitter war längst weitergezogen, doch die dunklen Wolken waren geblieben. Feuchtigkeit wurde zu dichtem Nebel, der wie weiße Schleier gespenstisch durch die Gassen wallte. Trotz des Gegröls aus den Pubs und des Treibens auf den Kreuzungen, wo schmutzige Prostituierte in zerschlissenen Kleidern – wegen der nächtlichen Kälte oft mehrere übereinander tragend – ihre blau angelaufenen Knie zeigten, ungeachtet der Kutschen, die noble Herrschaften durch den Zoo des Untergangs transportierten, war es nicht laut. Der Nebel fraß die Geräusche, machte sie zu einem Flüstern, das nicht gehört werden wollte. Was an Volk in den weißen Schwaden herumirrte, verwandelte sich in dunkelgraue Schemen, die wie aus einem Zerrspiegel vom Jahrmarkt entsprungen schienen. Whitechapel hatte sich losgelöst vom Rest der Welt, schwamm in einem Ozean aus Nebel, trieb in einer Art von Zwischenwelt, die es nicht geben durfte. Das Grauen kroch aus dem Schlund der Hölle herauf, um durch die Gassen zu schleichen und sich jene zu holen, die unbedacht genug waren, für einen Moment die Augen zu schließen, um sich den verwerflichen Freuden eines entbehrungsreichen Lebens hinzugeben …

04:45 in der Früh …

»Mord!«, gellte es laut und schrill durch die George Yard, welche die Wentworth Street mit der Whitechapel High Street verbindet. Selbst der Nebel vermochte es nicht, die keuchend ausgestoßene Verkündung zu verschlingen.

»Halt's Maul, ich muss schlafen«, brüllte einer aus einem unsichtbaren Fenster. Rufe wie dieser waren in dieser von häuslicher Gewalt und Prügeleien geprägten Gegend nicht ungewöhnlich und keiner scherte sich um das Wohl des anderen.

»MORD!«, tönte es erneut und jeder wusste, dass es ernst war. Es war der Hafenarbeiter John Saunders Reeves, der schrie, weil er auf dem Treppenabsatz des Hauses, in dem er wohnte, eine Leiche

gefunden hatte. Es war das Blut gewesen, auf dem er um ein Haar ausgeglitten war und das er für Ausscheidungen anderer Art gehalten hatte. Erst wollte er der zusammengekauerten Person, die eine schäbige Frau war, einen Tritt verpassen, doch dann sah er, dass ihr hellbraunes Kleid von dunklen Flecken durchsetzt war, die ungleich knospenden Blüten glichen. Er beugte sich zu ihr hinab, blickte in ihre weit geöffneten, leeren Rehaugen und wusste, dass sie tot war. Seine Schreie alarmierten den im Viertel patrouillierenden Constable Thomas Barrett, der herbeieilte und die Situation sofort erfasste. Hier war etwas Schreckliches geschehen!

Er zog seinen Knüppel, um Reeves in Schach zu halten, der durchaus der Übeltäter sein konnte, und ihn zugleich von der armen Frau, die nun tot war, fernzuhalten. Energisch blies er in seine Trillerpfeife, welche das adäquate Mittel der Metropolitan Police of London war, um Verstärkung herbeizurufen.

»Warst du es, Bursche?«, fuhr er den verdattert dastehenden Reeves barsch an. Der Mann war bleich und zitterte, ob aus Angst, überführt zu werden, oder wegen des grässlichen Anblicks der Leiche.

»War auf'm Weg zur Arbeit, Schiffe ausladen in den Docks«, stammelte Reeves verwirrt. »Wohn oben. Dachte, sie sei'n Penner, wollt ihr'n Tritt verpassen, da sah ich das Desaster …« Reeves schnaufte. »Hab nichts gemacht, Sir!«

05:30

Barrett hatte nach Doctor Timothy Robert Killeen schicken lassen, der nach seinem Eintreffen sofort mit der Untersuchung der Leiche begann. Um diese Zeit erwachte das Leben zäh aus seinem tiefen, angstvoll unter stinkenden Decken versteckten Schlaf. Zugleich waren es die Stunden, in denen der Nebel am dichtesten war und alles verschlang, was weiter als zwei Meter entfernt stand.

Der Constable mochte Killeen wegen seiner sachlich trockenen Art, die keinen Spielraum für Witzeleien ließ, wie sie seine Kollegen gerne über die Huren aus Whitechapel machten, denn um eine solche handelte es sich ohne Frage.

»Für die Akten. Das Opfer ist mit einem dunkelgrünen Rock, darüber ein hellbraunes Kleid, sowie einer langen schwarzen Jacke bekleidet. Auf ihren dunklen, langen Haaren trägt sie eine schwarze Haube.« Der Rock war nach oben gerafft, als hätte sie auf den Stufen Unzucht getrieben. »Über das Knie reichende dunkle Strümpfe und Stiefeletten, alles abgenutzt und …«, er rümpfte die Nase, »… schon etwas länger getragen« Er hob den Rock an. »Keine Unterwäsche«, stellte Killeen fest. »Ungewaschen, wenn Sie wissen, was ich damit meine …«

»Drei Stunden dürfte es her sein«, sagte der Doktor, nachdem er eines seiner seltsamen Instrumente an der Toten benutzt hatte. Er hob ihren Kopf an und schnaufte schwer, schüttelte den seinen. »Neun Stiche in den Hals …«

Killeen legte die Frau ausgestreckt hin und öffnete ihr schäbiges Kleid, das von Nebel und Blut ganz nass war. Einen Moment sah er in ihre toten Augen und bemerkte den Tau, der in ihren Wimpern hing. Dann atmete er durch und widmete sich ihrem bleichen, von Blutergüssen übersäten Körper. Barrett hielt seine Lampe so, dass Killeen genug Licht hatte, wandte seinen Blick aber ab. »Fünf Stiche in den linken Lungenflügel, zwei in den rechten. Einer direkt ins Herz und weitere fünf in die Leber. Zwei in die Milz und sechs in den Magen … da war eine Menge Hass im Spiel…«

Killeen öffnete ein kleines Döschen und strich mit dem Finger über die darin enthaltene, fettfarbene Masse, verrieb sich etwas davon unter der Nase. Auffordernd hielt er es dem Constable hin. »Nehmen Sie, es macht die Arbeit leichter, wenn auch nur geringfügig.«

Barrett schüttelte den Kopf, ohne dabei die Leiche anzusehen. »Danke …«

»Wie Sie meinen.« Daraufhin fuhr Killeen mit seiner Untersuchung fort, die ihn nun in die unteren Gefilde führte, wo er in sachlicher Manier auf dem weißen, nun blutverschmierten Fleisch herumdrückte. »Die Stiche in den Magen reichen weit in den Unterbauch und auch in ihr Geschlecht hinein. Der Mörder muss eine lange, schmale Klinge benutzt haben. Äußerlich ist ihr Geschlecht jedoch unverletzt.«

Killeen erhob sich mit knackenden Knien und wischte sich mit einem Tuch die blutbeschmierten Hände ab. »So etwas habe ich noch nie gesehen. Was muss den Mörder dazu getrieben haben, neununddreißig Mal auf die arme Frau einzustechen?«

Barrett sah ihn an, der Mund ein farbloser Strich, das Gesicht ein im Entsetzen erstarrtes bleiches Oval, die Augen flackernd. Hinter ihnen erbrach sich einer der anderen herbeigeeilten Constables an die Wand gestützt.

»Das ist – und das sage ich als einer, der sich auskennt – nicht das Werk eines Eckenstehers, der sie um ein paar Pennys erleichtern wollte. Oder eines betrunkenen Freiers, der nicht zahlen wollte«, stellte der Doktor abschließend fest, derweil er seine Ausrüstung verstaute.

Der Constable nickte langsam. Zusammengesunken, müde, bedrückt. »Dann haben wir also ein neues Monster, das nachts in den Gassen von Whitechapel sein Unwesen treibt …«

EINLEITUNG

Ich hoffe, dir hat der kleine Einblick ins London des Jahres 1888 gefallen. Womöglich kannst du schon erahnen, worum es in diesem Abenteuer geht.

Was haben wir?

Eine düstere, menschenverachtende Stadt, vollgestopft mit Leuten ohne Illusionen oder Hoffnung, gezeichnet von Armut und Hunger. Einen schrecklichen Mord in einer nebligen Gasse. Na, klingelt da was?

Ich hoffe doch, denn zumindest solltest du den Buchtitel gelesen haben ...

Die Stadt, in der wir uns bewegen

In England kam es Mitte des 19. Jahrhunderts durch Einwanderung und eine extrem hohe Geburtenrate zu einem explosionsartigen Bevölkerungswachstum. Dies führte zu Umweltproblemen, wie dem Großen Gestank im Jahre 1858.

Während um 1850 viele Iren aufgrund der Hungersnot nach England flüchteten, kamen ab 1882 Zuwanderer aus Osteuropa und Russland hinzu, die sich aufgrund der in ihrer Heimat stattfindenden Judenpogrome in derselben Gegend ansiedelten wie die Iren, dem Londoner East End. Das Gebiet um den Hafen war völlig überbevölkert.

Arbeitsplätze und Wohnmöglichkeiten waren extrem rar. Viele Frauen verdienten sich ihren Lebensunterhalt durch Gelegenheitsprostitution. Das Leben spielte sich auf der Straße, in Pubs und in Armenunterkünften ab, sogenannten Common Lodging Houses. Armut, Alkohol und Diebstahl gehörten wie Mord und Totschlag zum Alltag.

Man stelle sich vor, im Herbst 1888 vermutete die Metropolitan Police allein in Whitechapel sage und schreibe über Tausend Prostituierte und mehr als ein halbes Hundert Bordelle!

Die Kanonischen Fünf

Wir widmen uns in diesem Abenteuer vorwiegend den berühmten Bluttaten in Whitechapel. Zusammengefasst ist dies eine Serie von elf Morden, die sich zwischen dem 3. April 1888 und dem 13. Februar 1891 in Whitechapel und den angrenzenden Stadtteilen Poplar, Spitalfields sowie der City of London ereigneten.
Trotz der Alltäglichkeit von Kriminalität gegenüber Frauen traten diese insbesondere wegen ihrer Grausamkeit hervor. Zumindest von neun der elf ermordeten Frauen ist gesichert, dass sie Prostituierte waren.
Die große Mehrheit der Experten und Forscher sieht in fünf Morden, welche die Kanonischen Fünf genannt werden, die Tat einer einzelnen Person oder einer Personengruppe. Ob die restlichen sechs ebenfalls Opfer dieses Mörders wurden oder ob Nachahmer beteiligt waren, ist bis heute umstritten.
Eines der Mordopfer hast du bereits kennengelernt. Es ist die bedauernswerte Martha Tabram. Eine Prostituierte, die am 7. August 1888 mit sage und schreibe 39 Stichen ermordet wurde. Wegen der zeitlichen Nähe zu den Morden an den Kanonischen Fünf und der Brutalität dieser Tat wird sie zu den elf Opfern des grausamsten Serienmörders Englands gezählt.
Wie, du weißt immer noch nicht, um wen es geht, glaubst, du könntest dem Grauen entkommen, indem du dieses Buch zuschlägst und es sicher verwahrt mit dem Deckel nach unten beiseitelegst?
Da irrst du dich gewaltig, denn es ist längst zu spät!
Du steckst schon mittendrin!
Eine Theorie besagt, dass es sich bei dem Serienmörder um einen Aristokraten handelte, der seinen Gelüsten mit der Klinge zu ungeahnten Höhepunkten verhalf. Das klingt so logisch wie profan, vor allem aber langweilig. Es sei denn …
Eine andere – wesentlich düsterere – geht davon aus, dass der Mörder von übernatürlicher Natur war. Ein aus der Hölle heraufbeschworener Dämon, um in den Gassen von Londons East End die Seelenernte für die Hölle einzufahren, beschworen von fanatischen Teufelsanbetern.

Der wahre Mörder (oder die Mörderin) wurde nie gefasst. Womöglich kauften sich manche frei und andere wandten sich aufgrund mangelnder oder schlampig zusammengetragener Beweise aus der Schlinge. Eines ist jedenfalls gewiss: Rechne stets mit dem Unerwarteten!

Inwieweit basiert dieses Spielbuch auf Tatsachen?

Die Arbeit an diesem Abenteuer war mit extrem aufwändigen Recherchen verbunden und ich kann behaupten, dass es nicht einfach war, an die wahren Informationen zu kommen. Die Zeitungsberichte sind wortgetreu übersetzt und echt, ebenso die der Pathologen, was die Verletzungen der Opfer und deren Habseligkeiten betrifft. Die letzten Stunden der Opfer, die am Anfang jedes Kapitel geschildert werden, basieren auf authentischen Zeugenaussagen und Polizeiberichten, ebenso Namen, Örtlichkeiten und Verdächtige. Ich kann versichern, dass in den Berichten der Mediziner ein sachlich trocken beschriebenes Grauen lauert, das selbst mir als abgebrühtem Horrorfan einen Schauer über den Rücken jagt.
Bei der Auflösung des Rätsels habe ich mir die Freiheit genommen, einen völlig neuen Aspekt mit einzubringen, der meiner Vorliebe für die *Penny-Dreadful*-Geschichten jener Zeit geschuldet ist und so meines Wissens nie beleuchtet wurde. Lass dich überraschen!

Bist du bereit, den Mörder zu stellen?

Jetzt bist du am Zug. Schlüpfe in die Haut von **Frederick G. Abberline** oder **Ada Wilson** – zwei Charaktere, die unterschiedlicher nicht sein könnten – und beginne mit den Ermittlungen.
Der stets korrekte Frederick steht als Inspektor des Scotland Yard für Gesetz und Ordnung. Ada hingegen tritt für die Gosse ein, in der sie aufgewachsen ist. Beide haben ihren Reiz, sind sie doch im Jahr 1888 gefangen und haben einen persönlichen Bezug zu den Opfern wie zum Mörder selbst. Beide sind Kreationen ihrer Zeit. Und jeder von ihnen träg ein dunkles Geheimnis in sich.

Glaubst du, du kannst genug Beweise sammeln, um das größte Rätsel der Kriminalgeschichte zu lösen?
Bist du fähig, in den nebligen Gassen von Whitechapel zu überleben?
Widerstehst du der Versuchung der Finsternis, die in vielerlei Hinsicht lockt?
Bist du in der Lage, richtig von falsch zu unterscheiden?
Glaubst du, du kannst die Geschichte umschreiben und Leben retten, indem du den Mörder noch vor seinen blutigen Taten stellst?
Dann willkommen im nebelfeuchten düsteren London des Jahres 1888. Ich freue mich, dich durch die Gassen zu hetzen, in denen nichts so ist, wie es scheint. Die losgelöst sind von allem, was du als real erachtest. Alles ist möglich und nur der Tod ist sicher!

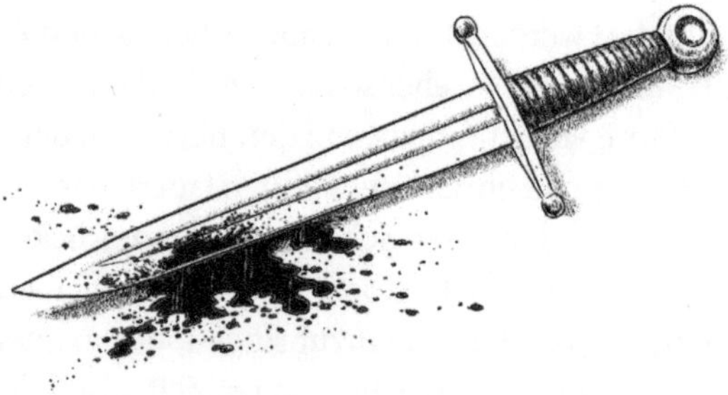

Was zur Hölle ist ein interaktiver Roman?

In einem konventionellen Roman liest man Seite um Seite und erfährt so, was den Protagonisten im Laufe eines festgeschriebenen Abenteuers widerfährt. Du stehst als Leser außerhalb der Geschichte und hast keine Möglichkeit, sie zu beeinflussen. Das kann erfüllend oder frustrierend sein.
Die Protagonisten werden einem wie eine zu heiß gekochte Fertigsuppe vor die Nase gesetzt. Seien wir ehrlich. Oft legen wir ein Buch zur Seite, das an sich spannend und großartig geschrieben ist, bei dem wir aber keinen Zugang zu den Protagonisten finden.
Was wäre, wenn du bestimmst, wie der Protagonist handelt?
Wenn du Einfluss darauf nehmen kannst, wie sich die Geschichte entwickelt, womöglich sogar, wie sie endet?

Diese Möglichkeit bietet dir der interaktive Roman!

Ein *interaktiver* Roman ist eine Geschichte, in der du entscheidest, wie der Hase läuft. Doch wie funktioniert das?
Zunächst muss man sich wie bei einem Brettspiel mit einigen Regeln vertraut machen. Dabei wirst du eine Spielfigur entwerfen, die den Platz der Heldin oder des Helden einnimmt. Wie die Regeln funktionieren und was es mit der Spielfigur auf sich hat, wird noch ausführlich erklärt.
Zuerst musst du wissen, wie ein interaktiver Roman funktioniert. Dieser beginnt damit, dass die Ausgangssituation beschrieben wird und du Informationen darüber erhältst, in welcher Lage sich deine Spielfigur befindet. So wirst du auf das bevorstehende Abenteuer eingestimmt.
Der Unterschied zu einem konventionellen Roman offenbart sich am Ende der ersten Szene: **DU** entscheidest, wie die Geschichte weitergeht!
Aus diesem Grund beginnt jede Szene mit einer Nummer. Kommst du am Ende einer Szene an, kannst du zwischen verschiedenen Möglichkeiten wählen, wie das Abenteuer weitergehen soll. So kann es durchaus sein, dass du beim ersten Spieldurchlauf in vollkommen andere Situationen gerätst, als beim zweiten.

Öffnen wir ein neues Kapitel

Dieses Buch ist in fünf (Spiel-)Kapitel unterteilt, welche du nacheinander spielst.
Jedes Kapitel führt dich aufgrund deiner Entscheidungen automatisch ins nächste. Der Beginn eines Kapitels ist gleichzeitig dein Speicherpunkt, an dem du neu starten kannst, solltest du im Laufe des Kapitels draufgehen (was durchaus nicht ausgeschlossen ist). So musst du nicht das komplette Buch von vorne beginnen, nur weil du im letzten Kapitel gestorben bist – sorry, ich meine damit natürlich, weil deine Spielfigur gestorben ist.

Dos and Don'ts

Du sollst mit diesem interaktiven Roman Spaß haben, mit deiner Spielfigur bangen, dich freuen, oder – was ziemlich sicher der Fall sein wird – Angst haben und dich gehörig gruseln. Und das wirst du, glaub's mir.

Die gelesene Szene und die Zielszenen befinden sich niemals auf den gleichen oder gegenüberliegenden Seiten. Auf diese Weise wird vermieden, dass du *»aus Versehen«* (stell dir die mit den Fingern angedeuteten Anführungszeichen vor) zu früh erfährst, wie es weitergeht und dieses Wissen deine Entscheidung beeinflusst.

Um zur nächsten Szene zu gelangen, musst du zu der angegebenen Nummer blättern. Das steigert die Spannung und in brenzligen Situationen wirst du dem nächsten Abschnitt geradezu entgegenfiebern.

Lies nur die Szene, die du gewählt hast, niemals die anderen auf den gerade aufgeschlagenen Seiten. So erhältst du dir die Spannung bis zum blutroten Ende!

Dein Charakter

Du brauchst einen wachen Geist und einen messerscharfen Verstand, denn es gilt, den berüchtigtsten Serienkiller Englands zu entlarven. Ja, du hast richtig gehört. Du wirst auf den folgenden Seiten den berühmtesten Mörder, den die Welt je gesehen hat, zur Strecke bringen. Oder – was nicht unwahrscheinlich ist – er dich.

Und dabei ist nicht einmal klar, ob es sich um einen Menschen oder ein Monster handelt. In dieser düsteren Epoche, in der das Gaslicht in beschlagenen Laternen flackert, deren gelblicher Schein es kaum vermag, die nebelfeuchten Gassen zu erhellen, ist nahezu alles möglich. Denken wir nur an die *Penny-Dreadful*-Groschenromane, in denen sich verrückte Wissenschaftler, Monster, ja selbst Untote tummeln. An Doktor Jekyll und Mr. Hyde. Die Welt der Geister scheint greifbar. Jeder Hinweis hat zwei Seiten, wie es die Münzen haben, die man den Toten auf die Augen legt. Womöglich reicht ein unbedachter Schritt im Nebel, um die dünne Haut zur Jenseitswelt zu durchdringen.

Du hast von einem Eckensteher einen Hinweis bekommen? Dann wären Stift und Papier nicht schlecht, denn du solltest dir deine Informationen notieren. Selbstredend kannst du die auch auf dem Smartphone festhalten. Wichtig ist nur, dass du dabei gewissenhaft vorgehst, denn jedes Detail kann entscheidend – oder belanglos – sein.

Würfel brauchst du keine, denn diese Geschichte hat ihre eigenen Regeln. Die beziehen sich auf dein Geschick, das Sammeln und richtige Kombinieren von Informationen, aber auch, wie du die Fähigkeiten deines Charakters (deine sogenannten **Skills**) gestaltest und einsetzt. Und deine Fäuste. Die werden manchenorts wahrlich von Nöten sein.

Wir befinden uns in einer Zeit des Umbruchs. Neue Technologien halten rasend schnell vor begeistertem Publikum in Theatermanier Einzug, Erfinder kreieren oft obskure Ideen von bescheidenem Nutzen. Maschinen werden mit Dampf angetrieben, deren Schlote schwarzen Rauch in die Straßen der Stadt pressen, dass man den Eindruck hat, Kohle zu atmen. Die Elite erforscht den menschlichen Körper und stellt die Schöpfung in Frage. In den Kellern Londons werden dabei nicht selten die Grenzen zum Übernatürlichen überschritten. Elektrizität ist das neue Zauberwort und Wissenschaft der Deckmantel, unter dem alles erlaubt zu sein scheint.

Zugleich hält man verzweifelt an alten Werten und Gepflogenheiten fest. Die Ständepolitik, die Arm von Reich trennt, ist fest in der Gesellschaft verankert. Auf spiritueller Ebene sprießen Geheimbünde wie Pilze aus dem Boden, so in England der *Hermetic Order of the Golden Dawn*, der sich der Magie verpflichtet fühlt, die eher dunkelgrau als weiß ist.

Derweil die Reichen im Überfluss medizinische Erfolge mittels des Sezierens toter Körper aus den Slums feiern und sich auf Bällen und Banketten in erhöhten Reden ergehen, siechen die Armen und Gefallenen in den dreckigen Gassen dahin. Ein Menschenleben zählt im Nebel der Nacht keine fünf Pennys. Hygiene ist für viele ein Fremdwort und Obdach ein oft temporärer Luxus, Geschlechtskrankheiten so normal wie der frühherbstliche Schnupfen. Wer dennoch in eine Klinik muss, findet sich schnell in einem Moloch aus Blut und Eiter wieder, der Krankheiten eher schürt, als heilt. Von den altertümlich anmutenden Irrenhäusern ganz zu schweigen. Übrigens eine adäquate Methode, Menschen, die zu viele Fragen stellen, dauerhaft zu entsorgen.

Edison erfindet den Wachswalzenphonographen, mit dem es möglich ist, erste zaghafte Gespräche in kratziger Tonlage aufzuzeichnen. Bertha Benz fährt mit dem Automobil ihres Mannes ohne sein Wissen von Mannheim nach Pforzheim und kassiert dafür einen Strafzettel. Die Luftfahrt nimmt erste filigrane Formen an.

Durchsetzt von schwarz qualmender Industrie und stinkenden Abwässern stülpt sich über London eine Glocke aus unbeschreiblichem Gestank und Smog, der Lungenkrankheiten züchtet wie ein Bauer sein geliebtes Vieh. Die Farbe dieser Zeit ist grau in all seinen Schattierungen. Der Geschmack ist bitter wie die von Krankheit durchsetzten Binden einer überfüllten Klinik. Kinder sind Opfer von Mangelernährung, Armut und Gewalt.

Werde ein Teil davon!
Zwei Charaktere – die unterschiedlicher nicht sein könnten – stehen dir zur Wahl, um sie durch die finsteren, nebelschwangeren Gassen Londons zu führen. Dorthin, wo die feine Gesellschaft nur zum Amüsieren flaniert, das mit Parfüm getränkte Tüchlein aus Brüsseler Spitze stets auf Mund und Nase gedrückt.

CURRICULUM VITAE DES FREDERICK G. ABBERLINE

Geboren am 8. Januar 1843 in Blandford Dorset als Sohn von Edward und Hannah Abberline. Zum Zeitpunkt der Geschehnisse ist Frederick G. Abberline 45 Jahre alt.
5 Fuß und 9,5 Inches groß, das dunkelbraune Haar sauber gescheitelt, die haselnussbraunen Augen wachsam umherblickend und eine nervende Krampfader am linken Bein unterhalb des Knies, tritt Frederick am 5. Januar 1863 seinen Dienst bei der Metropolitan Police in der Abteilung N in Islington an. Seine Dienstnummer ist die 43519.
Er ist ein fleißiger Arbeiter und so ist es kaum verwunderlich, dass er seiner geliebten Ehefrau Emma am 19. August 1865 seine Beförderung zum Sergeant mitteilen darf.
Am 30. Oktober desselben Jahres wechselt er auf eigenen Wunsch zur Abteilung Y nach Highgate, um näher bei seiner Frau zu sein. Frederick ist ein beharrlicher Ermittler, der den Sachen gerne auf den Grund geht, manchmal sogar zur Sorge seiner Vorgesetzten, da er gerne mal in den trüben Tiefen fischt und dabei so manch noblen Brocken an Land zieht. Daher ist es nicht verwunderlich, dass er am 10. März 1873 zum Inspektor befördert wird.
Doch er will mehr. Er will den Menschen helfen, denen man kein Gehör schenkt; die eingepfercht in den engen Gassen der miesen Viertel Londons dahinvegetieren wie Arbeitsvieh. Daher lässt er sich am 8. April 1878 und gegen das Flehen seiner geliebten Ehefrau Emma nach Whitechapel in die H-Abteilung versetzen und

wird dort zum hiesigen Inspektor befördert – und findet sich in der Hölle wieder.

Whitechapel ist das, was man gerne als Auswurf Londons bezeichnet. Selbst an den wenigen Sonnentagen bleibt der Stadtteil hässlich wie die Warze auf der Nase einer alten, runzeligen Hexe.

Frederick merkt recht schnell, dass er weiter hinauf muss, um etwas zu bewirken. 1887 schließlich – dem Drängen seiner Frau nachgebend – wechselt er im Februar zur A-Abteilung nach Whitehall und im November zur CO-Abteilung, die sich Scotland Yard nennt.

Endlich ist er am Ziel. Scotland Yard arbeitet mit – für jene Zeit – recht unkonventionellen Methoden. Die Inspektoren dieser Abteilung sind hartnäckige Kampfhunde, die sich in ihren Fällen verbeißen und solange an ihnen zerren, bis sie das damit verbundene Geheimnis lüften.

Am 8. Februar 1888 wird Frederick zum 1st Class Inspektor ernannt, was er ausgiebig mit seiner Frau Emma und einigen Kollegen feiert.

Doch die Arbeit bei Scotland Yard hinterlässt Spuren. Die oft tragischen Fälle, die sich nahezu ausschließlich um Mord drehen, graben tiefe Narben in seine Seele. Das viele Blut, die oft bestialische Vorgehensweise der Mörder, das menschenverachtende, das sich hinter den grauenvollen Handlungen verbirgt, treiben Frederick immer öfter in die Opiumhöhlen von Downtown, um sich und seinen aufgewühlten Geist zu betäuben.

Es ist, als täte sich die Hölle auf, um die krankhaften Geister auszuspucken, welche die Menschen quälten. Nur Opium vermag die schrecklichen Bilder zu tilgen.

Das alles raubt ihm den gesunden Schlaf und bald läuft es mit Emma nicht mehr so gut. Warum stellt sie so viele Fragen? Warum versteht sie nicht, dass es seine Pflicht ist, den Armen und Schwachen beizustehen?

London – und dort insbesondere Whitechapel – wird für Frederick zu einem grauen Morast, der ihn langsam, aber beständig in die Tiefe zieht. Es ist nur eine Frage der Zeit, wann er keine Luft mehr bekommt und gänzlich darin versinkt …

CURRICULUM VITAE DER ADA WILSON

Geboren 1868 an einem verregneten Frühlingstag unter einer wasserschweren Plane in den Docks von London. Ihr Vater ist unbekannt, ihre Mutter verstarb kurz nach ihrer Geburt. Zum Zeitpunkt der Geschehnisse ist sie 20 Jahre alt.

Ada ist 5,5 Fuß groß und von schlanker Statur, aber mit sehnigen Armen und kastanienbraunem, langem Haar, welches sie sich gerne zu einem Dutt nach oben steckt. Ihre Augen leuchten grün bis zuweilen braun, wenn das Licht in schrägem Winkel in sie einfällt. Ihre Brüste sind nicht zu groß, jedoch auch nicht zu klein, dafür aber fest. Ihr Bauch ist straff wie der handliche Hintern. Sie könnte durchaus eine lebensfrohe junge Frau sein, wenn da nicht der Schatten wäre, der sie auf ihrer eigenen Schwelle in die finstere Tiefe riss …

Ada sieht verschwommene Bilder eines Waisenhauses, in dem sie ihre Kindheit verbrachte. Sie spürt die Schläge der Zieheltern. Die Narben des Gürtels trägt sie auf dem Rücken und sie bilden ein großes X, das Schande bedeutet. Mehr bleibt dazu nicht zu sagen.

Sie bewohnt ein schäbiges Hinterhofzimmer in Mile End in der Maidman Street 19, wohin sie ihre Arbeit – die Freier aus Whitechapel – niemals mitnimmt. Sie ist nicht stolz darauf, als Sempstress, was Näherin bedeutet, zu arbeiten, womit sie nur die Tätigkeit der Prostitution verschleiert. Die Miete ist jeden Montag fällig und essen muss man ja schließlich auch.

Nun, sie hat ein dichtes Dach über dem Kopf und im Winter ist es nur mäßig kalt, außerdem hat sie etwas angespart und ist nur noch selten auf die Hurenböcke angewiesen. Sie kennt sich aus in ihrem Viertel und weiß, welchen Eckenstehern man besser aus dem Weg geht und wie man den Constables mit der Hand ein schnelles Vergnügen bereitet, damit sie wegsehen, wenn es erforderlich ist. Es ist wie das Nähen eines Kleides, Stich für Stich wohl gesetzt und stets darauf bedacht, sich die Nadel nicht in den Finger zu stechen.

Das Leben vor der grauenvollen Nacht vom 27. auf den 28. März 1888 versinkt im Nebel des Vergangenen, denn in Whitechapel zählt

THE BRITANNIA
THE BRITANNIA
BEER
&
LIQUOR

nur die Gegenwart. Dennoch, er hat mit den zwei Messerstichen in ihren schlanken, blassen Hals ihr Leben verändert, ihr trotz aller Entbehrungen frohes Wesen aus ihr herausgefressen wie ein der hungrige seelenfressende Dämon, der er war.

In jener Nacht war sie zuhause damit beschäftigt, ihr Kleid zu flicken, das ihr ein Freier in geiler Gier vom Leib gerissen hatte. Ada hatte ihn dafür doppelt bezahlen lassen. Das Klappmesser an seiner Kehle hatte ihn schnell davon überzeugt, ihrer Bitte nachzukommen, denn mit der Klinge ist sie geschickt.

Es klopfte laut an der Tür, dass sie zusammenzuckte und sich trotz aller Vorsicht in die Fingerkuppe stach. Wer konnte das sein? Ihr Vermieter, das versoffene Schwein? Nein, denn den hatte sie bezahlt.

Sie stand auf, legte das Kleid beiseite und öffnete im Unterrock die Tür, das Klappmesser in der Hand hinter ihrem Rücken verborgen.

Im Treppenhaus, das nach Abwasser stank und dunkel war wie ein zugezogener Sack, stand ein Mann von ihrer Größe, aber breiterer Statur, gekleidet in Hose und dunklen Mantel und mit einem Hut auf dem Kopf. Unter seiner breiten Nase entsprang ein imposanter Schnauzbart, wie ihn die noblen Männer heutzutage gerne trugen. Sein Gesicht, das in den Schatten lag, erschien ihr kantig grau und seltsam verschwommen, als läge ein finsterer Zauber darüber, der ihn unkenntlich machte.

Er verlange mit nasaler Stimme Geld von ihr. Ada verneinte, da stach er ihr mit einem Messer zwei Mal in den Hals, noch bevor sie ausgesprochen hatte …

Heute, im August 1888, erinnert sie sich noch gut an ihre halberstickten Schreie, die nicht nur die Nachbarschaft, sondern auch Doktor Wheeler aus dem Schlaf rissen, der ihr das Leben rettete. Er war es gewesen, der sie ins London-Hospital brachte, wo sie einen ganzen Monat auf des Messers Schneide zwischen Leben und Tod schwebte. Sie weiß bis zum heutigen Tag nicht, wer für die Rechnung aufkam.

Ihr Überlebenswille hatte letztendlich gesiegt. Am 27. April verließ sie aufrechten Hauptes das nach Morphium stinkende Hospital, in dem tags wie nachts das Stöhnen der Kranken hallte und das sie an rastlose Geister erinnerte, was sie auch waren.

Die Schwelle zu ihrem Zuhause war von ihrem Blut dunkel verfärbt wie die hastig weggewischten Spritzer an der Wand, die aussahen, als hätte ein betrunkener Maler den roten Pinsel geschwungen. Der Säufer hatte ihr Zimmer weitervermietet, all ihr Hab und Gut in eine Kiste gestopft und Doktor Wheeler übergeben. Was von Wert war, fehlte. Auf irgendeine Art musste er ja auf seine Kosten kommen.
Ada, deren schlanker Hals von zwei hässlichen Narben entstellt ist, wird von Hass getrieben. Sie will den Dreckskerl, der ihr Leben zerstört hat, finden und stellen. Und dann gnade ihm Gott, denn das Klappmesser hat sie immer noch …
Sie ist eine aufrechte Schönheit mit zynisch nach oben gezogenen Mundwinkeln. Sie kleidet sich seit dem dramatischen Vorfall vorwiegend in Schwarz, was sie oft wie eine Witwe erscheinen lässt. Trotz allem legt sie großen Wert auf ihr Äußeres. Strümpfe, eng geschnürtes Mieder, Rock, Mantel und Handschuhe, alles an ihr ist dunkel. Ihren Lebensunterhalt verdient sie sich weiter als Näherin und Gelegenheitsprostituierte, denn so erhofft sie sich eine Chance, den feigen Messerstecher in die schlanken Finger zu bekommen.

Das Charakterblatt

Du hast dich für Ada oder Frederick entschieden und bist bereit, deiner Spielfigur Leben einzuhauchen? Dann ist jetzt der richtige Zeitpunkt, das Charakterblatt der ausgewählten Figur zu verwenden. Du findest die Charakterblätter auf den nächsten Seiten im Buch oder als Download auf der Verlagsseite.
Darauf wirst du alles notieren, was für den Spielverlauf wichtig ist. Hier trägst du die **Skills** deiner Spielfigur ein, welche deren Fähigkeiten definieren (diese werden im nächsten Abschnitt erklärt).
Meine Empfehlung ist, das Charakterblatt zu kopieren und mit Bleistift auszufüllen, denn die darauf vermerkten Werte werden sich im Laufe des Abenteuers ändern. Die Hinweise, die du sammelst, müssen schließlich auch aufgeschrieben werden. Und dann wäre da noch diese ominöse Tarotkarte, doch was es damit auf sich hat, erfährst du später im Spiel …

FREDERICK G. ABBERLINE

Alter: 45 Jahre

Größe: 5 Fuß, 9,5 Inches

Haarfarbe: dunkelbraun

Augenfarbe: haselnussbraun

Beruf: Inspektor (Scotland Yard)

SKILLS (normal)

Geschick	Auftreten	Überzeugen
Freunde	Glaubwürdigkeit	Empathie

SKILLS (Kampf)

Nahkampf	Schießen	Überwältigen

SUCHTWERT

TAROTKARTE

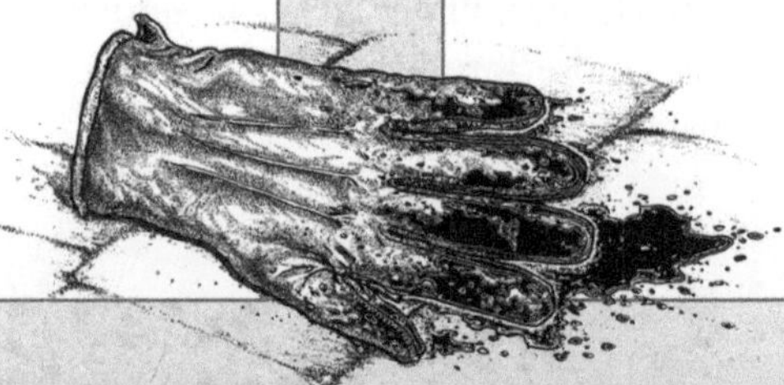

ADA WILSON

Alter: 20 Jahre

Größe: 5 Fuß, 6 Inches

Haarfarbe: kastanienbraun

Augenfarbe: grünbraun

Beruf: Näherin

SKILLS (normal)

Geschick	Auftreten	Überzeugen
Freunde	Glaubwürdigkeit	Empathie

SKILLS (Kampf)

Nahkampf	Schießen	Überwältigen

SUCHTWERT

TAROTKARTE

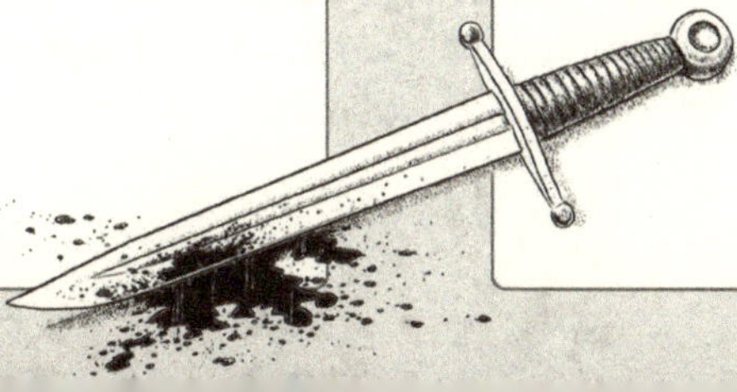

Die Regeln

In diesem Kapitel werden die Regeln erklärt, die dich durch das düstere, nebelschwangere London im Jahr 1888 führen.
Um dem Mörder auf die Spur zu kommen, musst du geschickt recherchieren. Da gilt es, sich in dunklen Gassen mit Eckenstehern zu unterhalten oder mit den bestellten Doktoren, welche die Leichen in den Kellern im Licht flackernder Kerosinlampen untersuchen.

Skillpunkte ermitteln und verteilen

Die Fähigkeiten von Ada und Frederick werden über Skills definiert, die ihnen helfen sollen, sich in der trügerischen Welt voller Halsabschneider zu behaupten. Das geschieht über **neun Skills**, bestehend aus sechs normalen Skills und drei Kampfskills. Diese werden durch einen Zahlenwert – den wir fortan Punkte nennen – dargestellt. Eine niedrige Punktzahl bedeutet, dass du eine Niete bist, eine hohe das Gegenteil. Eigentlich easy, oder?

Dir stehen **35 Punkte** zur Verfügung. Zu diesen addierst du **Tag und Monat**, an denen du Geburtstag hast. Die Summe daraus ergibt die Punktzahl, die du unter den Skills aufteilen darfst. Dabei musst du folgenden Einschränkungen beachten:

Jeder Skill ***muss*** *mit* ***3 bis 10 Punkten*** *belegt werden!*
Mindestens ein Skill muss *mit* ***genau 3 Punkten*** *belegt werden!*
Maximal zwei Skills *dürfen mit* ***10 Punkten*** *belegt werden!*
Eventuell überschüssige Punkte verfallen!

Beispiel: Du hast am 1. Januar Geburtstag. Das wären dann 35+1+1, macht zusammen 37 Punkte. Das ist längst nicht so mies, wie es erscheinen mag. Im Schnitt ergibt das etwa 4 Punkte pro Skill, also im schlimmsten Fall entspanntes Mittelfeld.

Beispiel: Du wurdest am 31. Dezember geboren. 35+31+12 ergibt 78 Punkte. Wow, das klingt heftig. Da du auf einen Skill jedoch 3 Punkte setzen musst und maximal auf zwei Skills 10 Punkte vergeben darfst, relativiert sich das recht schnell.

Natürlich kann dich niemand daran hindern, das Geburtsdatum deiner Katze zu verwenden, wenn dir das eigene nicht genügt. Immerhin bewegen wir uns in einer betrügerischen Zeit, dominiert von Halsabschneidern und Scharlatanen. Wer kann da schon genau sagen, wann er geboren ist. Oder du handelst wie ein Gentleman und verschenkst Punkte, um dir deinen einzig wahren – und logischen – Charakter zu bauen, bei dem alles stimmt.

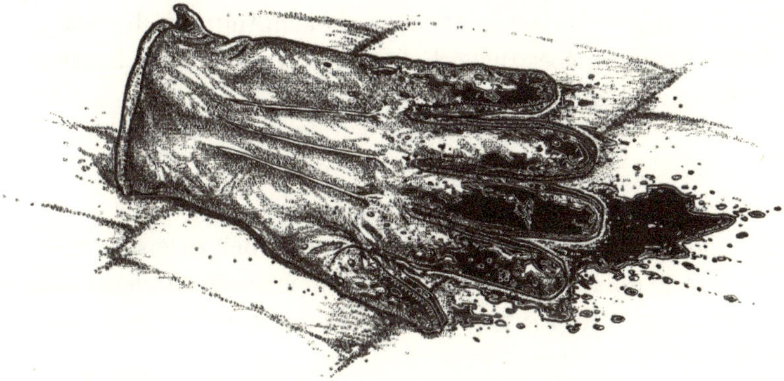

Änderungen der Skills

An bestimmten Stellen des Buchs wirst du Skillpunkte verlieren, an anderen gewinnen. Keiner deiner Skills darf dabei unter den Wert 1 sinken oder über den Wert 10 steigen. Manchmal erhältst du sogar die Wahl, welchen Skill du verändern möchtest, manchmal jedoch nicht. Keine Angst, das wird im jeweiligen Fall stets erklärt.

Die Skills im Überblick

Die Skills symbolisieren deine Fähigkeiten, um in der erbarmungslosen Welt Londons zu überleben. Jeder davon ist wichtig. Also verteile deine Punkte klug. Hier zunächst die sechs normalen Skills:

Geschick

Es gibt Menschen, die haben ein besonderes Geschick, wenn es darum geht, aus einer prekären Situation zu entwischen. Andere können Dinge reparieren, etwa einen elektrischen Stromkreis herstellen oder eine Dampfmaschine zum Laufen bringen. Möglicherweise geht es nur um die widerspenstige Schnürung eines Korsetts, wo Hilfe gefragt ist.
Kurzum, dein Geschick definiert die Fähigkeit, deine Hände sinnvoll einzusetzen.

Auftreten

Ein Inspektor verschafft sich allein durch sein Auftreten den nötigen Respekt, sodass die Tagelöhner und Huren zurücktreten, um ihm Platz zu machen.
Die Kunst besteht darin, mit einem starken Auftritt sich selbst in Szene zu setzen, aber zugleich die anderen nicht in den Schatten zu drängen, denn wer sich benachteiligt fühlt, zückt schnell das Messer.

Überzeugen

Ab und an ist es von Nöten, Überzeugungsarbeit zu leisten. Manche wissen durch Redegewandtheit zu überzeugen, andere durch den Einsatz ihres Körpers, und sei es nur ein Kuss in dunkler Gasse …
Je höher der Skill gesetzt ist, desto leichter fällt es dir, andere von deinem Vorhaben zu überzeugen.

Freunde

Frei nach dem Motto »Ein Spatz in der Hand ist besser als hundert Tauben auf dem Dach« ist es wichtig, auf Freunde zurückgreifen zu können. Also auf echte Freunde, die einen aus der Scheiße ziehen, wenn es hart auf hart kommt und denen man blind vertraut. Solche findet man nur ein-, zweimal im Leben. Und wenn man sie gefunden hat, sind sie zu pflegen wie zarte Pflanzen.
Je höher der Skill gesetzt ist, desto tiefer geht die Freundschaft.

Glaubwürdigkeit

London in den 1888ern ist ein Meer der Lügen, das unablässig an die Küsten des Betrugs brandet. Umso mehr ist es wichtig, glaubwürdig zu sein. Als jemand daherzukommen, dem man glaubt, was er – oder sie – sagt. Das kann bei Verhören wichtig sein, wenn man selbst als Verdächtiger auf dem Stuhl sitzt, oder während der Bartender dir einen Drink eingießt und offenkundig redelaunig ist.

Empathie

Empathie umfasst alle übersinnlichen und geistigen Fähigkeiten. Wir dürfen nicht vergessen, dass wir uns in einer Zeit der Wunder bewegen, technologisch wie spirituell. Es galt nicht nur in der noblen Gesellschaft als schick, Séancen abzuhalten, um mit Geistern Kontakt aufzunehmen. Kurzum, die Haut zwischen der Jetztwelt und der jenseitigen spannt sich zum Zerreißen und ist hauchdünn.

Wäre es nicht denkbar, dass der Mörder in der Lage ist, sie zu durchstoßen, oder gar von der *anderen Seite* kommt, um sich an Blut, Fleisch und Leid seiner Opfer zu laben?

Kampfskills

Gekämpft wird in Whitechapel gemeinhin auf hinterlistige Art, selten offen und in ehrlicher Manier. Daher ist es wichtig, dass sich dein Charakter wehren kann, denn du bewegst dich in einem äußerst zwielichtigen Milieu auf zumeist trügerischem Boden. Jeder ist bewaffnet, hat ein Messer oder einen Knüppel – bezeichnenderweise Totschläger genannt – einstecken. Und ihre Fäuste können sie alle benutzen, Männer wie Frauen und auch Kinder (kleine Halsabschneider, die sich gerne zu Banden zusammenrotten). Bis der nächste Constable auf deine Hilferufe reagiert, dauert es lang, und wenn er denn da ist, bleibt immer noch die Ungewissheit, ob er auch hinschauen wird. Und glaub mir, im grauen Uferschlick der Themse zu sterben, ist nicht gerade erstrebenswert.

Folgende drei Kampfskills stehen dir zur Verfügung, die entsprechend der Regeln mit Punkten belegt werden können bzw. müssen:

Nahkampf

Beinhaltet alles, was dir auf der Straße zum Überleben nützlich ist. Fäuste, Messer, Spazierstöcke, ja sogar abgebrochene Flaschenhälse, aber auch der Tritt in die Magengrube und an den Haaren ziehen.

Eben alles, was bei einer handfesten Straßenschlägerei nützlich sein kann.

Hinterher wird keiner mehr fragen, ob der Kampf ehrenvoll war oder fair ausgetragen wurde. Es kommt letztendlich nur darauf an, wer als Letzter noch steht und wer den feuchten Dreck vom Kopfsteinpflaster leckt.

Schießen

Schusswaffen sind ausgesprochen verpönt. Die Waffen machen einen Heidenlärm, den man noch im Buckingham Palace hören kann, außerdem sind sie schwer zu beschaffen. Erwischt dich ein Constable mit einem Revolver, wirst du dich rechtfertigen müssen – nachdem er dich in die Mangel genommen hat.

Doch manchmal, vor allem auf Entfernung, kann eine Schusswaffe allein schon durch ihre einschüchternde Präsenz von Vorteil sein und bereits im Ansatz einen drohenden Kampf verhindern. (Beachte, dass Ada Wilson im Gegensatz zu Frederick Abberline keine eigene Schusswaffe besitzt.)

Überwältigen

Manchmal ist es besser, es erst gar nicht zu einem offenen Kampf kommen zu lassen. Da schleicht man sich leise an den Gegner heran, packt ihn von hinten und zwingt ihn mit festem Griff in die Knie, bevor der auch nur ahnt, wie ihm geschieht. Es ist eine echte Option, lautlos – oder auch ganz offen ersichtlich – zum Zug zu kommen, bevor es der andere tut.

Und wie benutze ich die Skills?

Die Skills definieren die Fähigkeiten deiner Spielfigur, im Abenteuer zu bestehen. Sie hauchen ihr Leben ein, versehen sie mit Stärken und Schwächen. Kommt es zu einer Konfrontation – sei es geistiger oder auch körperlicher Natur – steht dein Skill gegen einen **Contra-Skill**, welcher zur entsprechenden Situation passt. Dabei gilt:

Dein Skill	<=	*Contra-Skill*	=	*Du verlierst.*
Dein Skill	>	*Contra-Skill*	=	*Du gewinnst.*

Vorsicht, denn auch hier gibt es Stolpersteine!

Sobald es eine entsprechende Entscheidung zu treffen gilt, wird in der jeweiligen Szene erklärt, welche Skills du einsetzen kannst. Der Contra-Skill ist dabei nicht direkt einsehbar, sondern wird – um das Spiel spannender zu gestalten – erst bei dem Abschnitt offengelegt, den du aufschlägst, **nachdem** du dich entschieden hast, welchen Skill du einsetzt.
Im echten Leben weiß man ja auch nicht immer, worauf man sich genau einlässt.

Neuorientierung

Sollte dein Charakter in einem Kapitel sterben, sodass du zum Anfang des Kapitels zurückkehren musst, bleiben die aktuellen Werte der Skills erhalten, mit allen Änderungen, die du an den Werten bisher schon vornehmen musstest. Allerdings hast du in diesem Moment die Möglichkeit, die Werte zwei deiner Skills zu **tauschen** (mit der Ausnahme von **Empathie**, denn die spielt hier eine gesonderte Rolle). Das Tauschen von Skill-Werten kann sinnvoll sein, wenn du vermeiden möchtest, später bei derselben Probe vielleicht erneut zu scheitern. Allerdings bleibt es dir überlassen, ob du diese Möglichkeit nutzt.

DER SUCHTWERT

Suchtmittel – vor allem Opium – galten im London der damaligen Zeit als schick und gesellschaftsfähig. Die Versuchung, dem Reiz der Opiumhöhlen oder der vielen Tavernen zu erliegen, ist groß. Schließlich gibt es eine Menge Kummer und Leid zu ertränken. Oder ziehst du die Traumwelt eines Opiumrausches der Realität vor, um dem harten Alltag von Whitechapel zu entfliehen?

Um dies zu versinnbildlichen gibt es den **Suchtwert**, der durch eine Zahl **von 0 bis 5** dargestellt wird. Je höher, desto süchtiger bist du. Um den anfänglichen Suchtwert deines Charakters zu ermitteln, schaust du jetzt auf deine Uhr und nimmst den aktuellen Zehnerwert der angezeigten Minuten, das heißt:

Minute	**Suchtwert**
00-09	0
10-19	1
20-29	2
30-39	3
40-49	4
50-59	5

Dein Suchtwert kann sich – je nachdem, wie sehr du den Versuchungen der allgegenwärtigen Rauschmittel widerstehst oder ihnen weiter erliegst – im Laufe der Geschichte ändern, darf aber nie unter den Wert 0 fallen oder über den Wert 5 steigen.

The Illustrated Police News

Law Courts and Weekly Record.

No. 1,284. SATURDAY, SEPTEMBER 22, 1888. Price One Penny.

Kapitel 1
Das blutige Grauen beginnt

Donnerstag, 30. August 1888

Gedankenverloren schlendert sie die Whitechapel Road entlang und hält sich eng bei den nebelfeuchten Backsteinwänden der im Dunkeln liegenden Gebäude. Nebel, dicht wie Watte, verschlingt gierig das schummrige Licht der Gaslaternen, dämpft die Geräusche der Passanten und Kutschen, dass nur ein Murmeln bleibt, das an das Flüstern der Toten erinnert.

Der billige Fusel hämmert in ihrem Kopf, macht ihre Bewegungen schwankend und die Ohren taub. Polly ist elend. Sie lehnt sich mit dem Rücken gegen die Wand und atmet tief durch, um den Schwindel zu vertreiben.

Verdammt nochmal! William – der sich der Vater ihrer fünf Kinder schimpfte – hatte mit seiner Behauptung recht gehabt, dass sie ihren Körper und ihre Seele für einen Drink verkaufen würde. Das war jetzt sieben Jahre her und sie tut es immer noch mit Hingabe. Was hat das Leben denn auch sonst zu bieten, für das es sich lohnt, weiterzumachen?

Die träge Hand fischt in dem klammen Lederbeutel, den sie am Gürtel über dem braunen Damenkleid trägt, doch der ist leer. Nicht einen Penny hat sie noch. Über dem Kleid trägt sie einen rotbraunen Ulster mit großen Messingknöpfen, der ihr Lieblingskleidungsstück ist. Ein verliebtes Pärchen stolpert aus dem Nebel an ihr vorbei. Zwei schlanke, aufrechte Schatten, die Nase schniefend, die Frau kichernd. Der Mann schenkt ihr einen mitleidigen Blick, dann verschluckt sie der Nebel, als hätte es sie nie gegeben. Eine geschlossene

HANB
SPITALFIELDS
MARKET
CHURCH STREET
MILLER'S
COURT
DORSET STREET
FLOWER & DEAN STREET
THRAWL STREET
OSBO
COMMERCIAL STREET
GOULSTON STREET
WHITECHAPEL HIGH STREET
MITRE
SQUARE
WHITECHAPEL D
CITY OF LOND

BUCK'S ROW
THOMAS STREET
OLD MONTAGUE STREET
WHITECHAPEL ROAD
OXFORD STREET
COMMERCIAL ROAD
BATTY STREET
BERNER STREET
ICT

Kutsche, gezogen von einem schwarzen Pferd, zieht lautlos an ihr vorbei. Polly denkt an einen Leichenwagen. Einen Sarg, in dem sie auf Samt und Seide gebettet steif wie ein Brett daliegt.

Sie schnauft durch, biegt in die Brick Lane und kehrt dort in die *Frying Pan* ein, eine der letzten Tavernen, in der sie noch Kredit hat. Selbst mitten in der Nacht ist es hier brechend voll. Rotgesichte Säufer in karierten Jacken drängen sich mit Huren in schmutzigen, aufgeplusterten Kleidern an der langen Theke. Schläger trinken mit Freiern trübes Bier, das aussieht wie die Pisse eines dämpfigen Gauls.

Die Luft ist dick und stinkt nach altem Schweiß und zu lang getragener Wäsche, geschwängert von Tabak, Alkohol und menschlichen Ausscheidungen.

Polly ist das egal. Sie kennt viele der Gesichter, deren Münder faule oder gar keine Zähne mehr haben, und schiebt sich durch die grabschenden Hände und lachenden Hälse zur Thekenecke, wo sie ihren Stammplatz hat. Dort stellt sie einen Fuß auf die Messingstange, zieht in der Hoffnung auf einen schnellen Stich den Rock nach oben, bis man ihr schmales Knie des dünnen Beines sehen kann, dessen Haut weiß ist wie polierter Knochen.

»Wenn das nicht meine Polly ist«, grunzt Rotten Evans, der im *Frying Pan* hinter dem Zapfplatz steht, der ein offenes Fass Bier ist. Unaufgefordert taucht er ein eher mäßig sauberes Glas hinein und knallt es vor Pollys Nase, dass es wild schäumend überläuft.

Polly nickt ihm zu und hebt das Glas. »Danke, Evans, bin dir was schuldig!« Beim Trinken mustert sie die Gäste. Alles die üblichen Eckensteher und Säufer, aber horizontale Kundschaft – Fehlanzeige. Sie stellt das Glas ab und wischt sich mit dem Handrücken über den Mund. »Nich viel los, hä?«

Evans, den man Rotten nennt, weil er ein Gesicht hat, das einer Wasserleiche gleicht, die schon eine Woche in der Themse treibt und von Krebsen und Fischen angefressen ist, macht ein Geräusch, das ein bedauerndes Lachen imitiert. »Such dir'n Zimmer, wenn du mich fragst …«

Die Standuhr neben dem Ausgang zeigt Viertel nach Mitternacht, als sie das *Frying Pan* verlässt. Der Nebel ist inzwischen dichter geworden und fühlt sich an wie klebriger Teig.

Das feuchte Wetter drückt wieder den Rauch der Fabrikschlote in die Gassen, denkt sie, doch ehrlich gesagt ist ihr das egal.
Einige Minuten später erreicht sie das Gästehaus in der Trawl Street Nummer 18. In dem Loch, das sich wie bei den großen Hotels Rezeption nennt, aber nur aus einem Tisch und zwei Stühlen besteht, hockt der fette Kick the Bricks und lutscht an seinem durchgeweichten Zigarrenstummel. Er lässt eine zerknitterte Zeitung sinken, als er sie sieht. Polly mag den aufgequollenen Mann nicht, aber er hat die billigsten Zimmer in Whitechapel. Und genau das ist das Problem. Billig, aber nicht kostenlos.
»Wenn das nicht die alte Ma'am Polly ist«, grunzt er träge und rollt den Stummel von einem Mundwinkel zum anderen.
»Brauch'n Zimmer«, murmelt Polly mit schwerer Zunge und schnauft, weil ihr schon wieder schlecht wird.
»Weißt, was es kostet«, knurrt Kick the Bricks und hebt die Zeitung wieder an, um weiterzulesen. »Wenn du kein Geld hast, kriech untern Tisch und, na du weißt schon. Andernfalls verschwinde …«
Polly zupft ihre mit dunklem Samt gefütterte schwarze Strohhaube zurecht. Sie weiß, dass man mit Kick nicht verhandeln kann, wenn es um Geld geht. Es war eine dumme Idee, mit leeren Taschen hierherzukommen. »Ich werde bald mein Übernachtungsgeld haben. Aber schau, was ich für eine schöne Haube habe!«
Sie will ihn necken, aus der Reserve locken. Womöglich kann sie ihn doch noch dazu bewegen, ihr ein Bett zu überlassen. Polly hat keine Lust, hinaus in die feuchte Nacht zu gehen und will sich schon auf die Knie niederlassen.
Kick macht ihre Hoffnung mit einem Kopfschütteln zunichte. »Verpiss dich und komm wieder, wenn du zahlen kannst. Bin nicht die Heilsarmee.«
Polly findet sich an der Ecke Osborn Street und Whitechapel High Street wieder. Obgleich es schon spät ist, ist viel los. Besoffene Kneipengänger hocken im Rinnstein. Manche grölen Sauflieder, andere erbrechen sich auf das Kopfsteinpflaster. Einige Blocks weiter sind die vom Nebel gedämpften Geräusche einer Schlägerei zu hören.
Ellen Holland, eine Hure wie sie, lehnt an einer Gaslaterne und raucht. Polly mag das junge Ding, das hübsch ist wie ein frisch ge-

schälter Pfirsich. Sie selbst fühlt sich verbraucht, alt und hässlich. »Dreimal hatte ich das verdammte Bettgeld schon zusammen, dreimal«, lallt sie zu Ellen, die aufgrund ihres alkoholgeschwängerten Atems angewidert das Gesicht verzieht.
»Guter Gott, Polly, wie viel hast du gesoffen, hm?« Sie zieht ihren Rock übers schlanke Knie, als zwei Matrosen vorbeischwanken, deren unbeholfene Bewegungen an Affen erinnern. »Ich sag's dir, irgendwann ist das noch dein Tod!«
Die Kirchturmuhr schlägt monoton halb zwei in der Nacht, verhöhnt Dirnen wie Säufer, die gleichermaßen ziellose Geister sind. Ellen stößt sich von der Laterne ab und streicht sich den Rock glatt. »Ich geh rüber in die Trawl Street. Was ist, kommst du mit? Hier ist doch eh nichts zu holen …«
Polly winkt ab. »Werd mein Geld hier machen, glaub's mir. Hab das im Gespür.« Ihre Zunge ist schon schwer vom Alkohol. Sie umarmt Ellen kurz, dann blickt sie ihr hinterher, bis der Nebel ihre schlanke Silhouette verschluckt, als wäre sie nie dagewesen.
Von plötzlicher Stille umgeben, sieht sich Polly um. Das wabernde Weiß hat sie alle geholt, Matrosen wie Säufer, selbst die Schläger haben ihren Frieden gefunden. Sie zieht sich den rötlichbraunen Ulster enger um die Schultern, denn die Stille ist ihr unheimlich, drückt ihr aufs Gemüt. Sie fühlt sich allein und klein, wie ein Kind, das seine Mutter verloren hat.
Als die Kirchturmuhr drei schlägt und es wie eine Totenglocke klingt, hält sie es nicht mehr aus. Die Geisterstunde, so erinnert sie sich an eine alte Geschichte, ist nicht um Mitternacht, sondern beginnt um drei. Um diese Zeit ist die fragile Haut zwischen Jenseits und Diesseits dünn. Sie hat keinen Bezug zu solchen Dingen, auch wenn sie die Worte schauern lassen. »Geister zahlen nicht in harten Pennys«, hatte sie damals gesagt.
Sie muss pinkeln und hat schon wieder Durst. Außerdem – und es fällt ihr nicht leicht, das zuzugeben – ängstigt sie die Einsamkeit der Straßenecke. Sie hat eine Menge Geschichten gehört über jene, die sich im Londoner Nebel herumtreiben und spurlos verschwinden. Sie will auf keinen Fall zu einer dieser Geschichten werden.

Polly geht schnellen Schrittes weiter und will den Weg zur Taverne durch die Buck's Row abkürzen, als sie hinter sich Schritte hört. Erst sagt sie sich, dass es nur ein Säufer sei, der nach Hause taumelt. Doch immer, wenn sie langsamer geht, werden die Schritte hinter ihr verhaltener. War da eben nicht ein nervöses Atmen in ihrem Rücken?

Dennoch dreht sie sich nicht um, sondern geht erhobenen Hauptes weiter. Der Nebel ist jetzt so dicht, dass sie die Hand kaum vor Augen sieht. Ihre Finger fischen nach dem Klappmesser, das in der Innentasche ihres Ulsters steckt. Eine einfache Klinge von unbedeutender Schärfe, aber besser als nichts.

Polly bleibt stehen und hält die Luft an, als vor ihr ein Schemen durch den Nebel huscht. Erleichtert stellt sie fest, dass es ein Hund ist. Ein dürres Tier, das auf drei Beinen humpelt und sie mit traurigen Augen mustert, bevor es wieder im Weiß verschwindet.

Ein Lufthauch streichelt ihren Nacken, sie wirbelt herum. Eine Faust, hart wie Stahl, hämmert ihr rechts gegen den Kiefer, schickt sie zu Boden. Das Messer entgleitet ihren erschlaffenden Fingern, klappert über das Kopfsteinpflaster, verschwindet in der Dunkelheit.

Ein Schatten senkt sich auf sie herab, groß, breit und schwarz wie die finsterste Nacht. Benommen denkt sie an eine riesige Fledermaus, die sich aus der Luft auf sie herabsenkt und sie mit ihren ledernen Schwingen vollends umhüllt.

Der Bewusstlosigkeit nahe bemerkt sie, wie ihre Röcke hochgeschoben werden. *Vergewaltiger*, denkt sie davondriftend, *soll er sich das weiße Fleisch nehmen und verschwinden …*

Schmerz, der brennt wie Feuer, stößt in ihren Unterleib, ziehend wie ein Schnitt an scharfem Papier, explodierend in ihrem Innern. Es sind Stiche, so viel weiß sie. Die lange Klinge dringt brutal geführt tief in sie ein, wo sie sonst die Freier benutzen. Der Schmerz weckt ihre Sinne wieder und sie schlägt verzweifelt um sich.

Eine schwere Hand legt sich auf ihren Mund, der Daumen drückt ihr in die Wange, erstickt ihre Schreie, bevor diese die Lippen verlassen.

Jetzt sticht er nicht mehr – Polly glaubt, dass es ein Mann ist –, sondern er schneidet. Sie hört das Knirschen, mit dem die Klinge

ihr Fleisch an der Stelle durchtrennt, von der sie ihr Auskommen hat.
Ratsch – Knirsch – Ratsch – Knirsch – Knirsch
Mit weit aufgerissenen Augen sieht sie die bluttropfende Klinge über ihrem Gesicht schweben, erblickt die Finsternis im Zenit des Schattens und die Mordlust in den gelben Raubtieraugen. Polly ist jenseits aller Schmerzen, als sie ihr eigenes Blut trinken muss, weil er ihr den Hals durchgeschnitten hat. Der Schnitt geht tief genug, um sie das gequälte Fleisch weit unterhalb des Halses vergessen zu lassen.
Der Schatten verweilt, saugt den geschundenen Anblick in sich hinein, fiebert dem Augenblick des letzten Atems entgegen.
Polly weiß, dass sie sterben wird, und hat Angst, dass der Schatten ihre arme Seele in die Hölle zerrt, um sie auf ewig zu stechen und zu schneiden. Ihr Kopf kippt zur Seite in die Pfütze, die aus ihrem im Rinnstein versickernden Blut besteht.
Ihr Herz schlägt einen langsamen Takt, das Atmen ist nicht mehr von Belang, die Umgebung verschwimmt in verwischten Farben, die grau, schwarz und rot sind. Der letzte Hauch weht von ihren blutigen Lippen …

Das Abenteuer beginnt …

Frederick G. Abberline nimmt seine Ermittlungen auf bei **1**.

Ada Wilsons Rachefeldzug beginnt bei **2**.

1 Du erwachst vom sanften Kuss deiner geliebten Emma, öffnest müde die Augen. Emmas Gesicht schwebt über dir, eingerahmt von rotem, lockigem Haar, das sich nur widerspenstig zu einem züchtigen Zopf bändigen lässt.

Sie ist so wunderschön, das Wertvollste in meinem Leben …

»Guten Morgen, Darling«, hauchen ihre geschwungenen Lippen. Sie riecht nach Apfel und Minze, was vom Tee kommt, den sie morgens trinkt. »Das Frühstück wartet …«

Die zurückliegende Nacht war kurz, denn auf dem Revier haben dich Debatten über deine bislang sehr modernen Methoden zur Mordermittlung an den Schreibtisch gefesselt. Die Männer der Abteilung CO, die sich Scotland Yard nennt, sind bissige Pitbulls, die ihre Fälle schnell – und gerne mit Gewalt – lösen.

Du gehst ins Badezimmer und machst dich frisch. Die Sonne ist kaum aufgegangen, sendet ihre zögerlichen Strahlen durch das geöffnete Fenster, das kaum mehr ist als ein Loch.

Eines Tages, so denkst du, *werden Emma und ich in ein Haus mit Garten außerhalb Londons ziehen und Kinder haben, einen Hund womöglich …*

Etwas Wasser ins Gesicht und unter die Achseln, Pomade ins Haar und den Schnurrbart glattgekämmt muss reichen. Die schwarze Hose hängt von gestern über dem Stuhl, auf der Sitzfläche ein frisch gestärktes weißes Hemd und eine Weste. Emma denkt einfach an alles.

Nachdem du dich angezogen hast, wartet in der kleinen heilen Welt der Oxford Street unweit vom London-Hospital der gedeckte Frühstückstisch. Nicht weit vom übelsten Schmelztiegel Londons – Whitechapel – entfernt, ist es hier ruhiger. Emma kann tagsüber in den nahe gelegenen Park und braucht keine Angst zu haben, belästigt zu werden.

Wie jeden Tag nimmst du einen Tee, etwas Brot mit Butter und Orangenmarmelade und schlägst die druckfrische Tageszeitung auf, derweil Emma ihr Frühstück einnimmt. Kaum, dass du die *London Times* aufgeschlagen hast, fällt dir die fett gedruckte Schlagzeile direkt ins Auge:

Bestialischer Mord in der Buck's Row!
Prostituierte grausam abgeschlachtet!

Das Mordopfer hieß Mary Ann Nichols, genannt Polly. Eine alte Bekannte auf dem Revier des Scotland Yard. Der Schreiber zitiert einen Constable Neill, der den Todeszeitpunkt auf 03:30 bestimmte.
»Ist dieser Schwachkopf von Constable ein Gerichtsarzt?«, knurrst du gereizt. Deine Instinkte sind sofort hellwach, als du liest, dass die arme Frau übel verprügelt und dann durch mehrfache Messerstiche getötet wurde. Im eigenen Blut liegend hätte man sie gefunden.
»Was sagtest du, Schatz?« Emmas fragend besorgter Blick bohrt sich durch die Zeitung, die du hastig auf den Tisch wirfst, derweil du aufstehst und in deinen Gehrock schlüpfst. »Ich muss sofort aufs Revier, mein Engel. Ein Mörder geht um in der Stadt!«
Kaum, dass du die von Emma liebevoll eingerichtete Wohnung mit einem innigen Kuss auf ihre vollen Lippen verlassen hast, überkommt dich die triste Schwermut, umhüllt dich wie ein schwerer Mantel, der aus nasskaltem Nebel besteht. Du kennst das Grauen, das in den engen, dunklen Gassen lauert. Bist du bereit, ihm zu begegnen?
Du begibst dich auf schnellstem Weg zum Revier: Lies weiter bei ***23***
Du entschließt dich, den amtlichen Leichenbeschauer im London-Hospital aufzusuchen: Lies weiter bei ***11***

2 Müde streichst du über die wulstigen Narben auf deinem Hals. Du wirst das feige Schwein nie vergessen, das dich vor knapp einem halben Jahr auf der eigenen Schwelle abstechen wollte.
Der Monat im Krankenhaus hat sich wie ein glühendes Eisen in dein Gedächtnis gebrannt. Keiner hat mit einer Genesung gerecht, dementsprechend mühte sich auch niemand mit dir ab. *Eine weitere Hure, die an den Folgen ihres Berufes stirbt*, flüsterte es auf den Gängen hinter vorgehaltener Hand.
Es war der Hass, der deine Wunden heilte, der Wunsch auf Rache. Die Ärzte waren aufrichtig beeindruckt, als du erhobenen Hauptes das Hospital verlassen hast. Ein Paradoxon, das man gerne erforscht hätte, doch du hast nur gelacht, denn für dich war klar, dass du in der Nacht vom 27. auf den 28. März 1888 gestorben bist.
Du bewohnst noch immer das schäbige Zimmer im Mile End in der Maidman Street 19. Dunkel eingetrocknete Flecken auf der

Schwelle erinnern dich an die Blutnacht, die nicht vergessen, sondern gesühnt werden soll.

Noch etwas anderes treibt dich an. Annie Millwood, wohnhaft in den Spitalfield Chambers in der White's Row 8, nahe der Dorset Street, dem berüchtigtsten Pflaster Whitechapels. Achtzehn Jahre älter als du, war sie mehr für dich als eine Freundin. Ihr habt alles geteilt, anfangs auch ihr Zimmer in den Chambers. Am 25. Februar wurde sie in der Nacht überfallen, von einem Gentleman, wie sie behauptete. Er versetzte ihr zahlreiche Stiche in die Beine und den Unterleib, wollte sich an ihr vergehen. Als du sie nach Mitternacht auf den Stufen des Paul's Head Public House in der White's Row fandest, war sie bereits vom Tod gezeichnet. Tränenüberströmt gelang es dir, sie ins Arbeiterkrankenhaus in der Old Montague Street zu schaffen, wo die Ärzte zumindest ihr Leben retten konnten. Wieder zuhause in den Chambers fand sie nicht mehr die Kraft, das Bett zu verlassen, also hast du ihre Versorgung übernommen. Fieber und Visionen von schwarzen Pferden und Kutschen, von einem Mann, der zwei war, wurden für die arme Annie zu Geißel. Am 31. März, als du im London-Hospital um dein eigenes Leben kämpftest, fand Annie Millwood die Erlösung in einem natürlichen Tod.

Es waren die Verletzungen, die nicht heilen wollten. Der Schmerz einer zerbrochenen Seele, die sie in den Tod trieben …

Ich finde den feigen Mörder, der uns das angetan hat.

Für dich war immer klar, dass es ein und derselbe Schweinehund ist, der das Messer führte. Du stehst auf und streckst deine müden Glieder, die schwer sind wie Blei. Jenseits des kleinen Fensters erwacht der graue Tag. Doch etwas ist anders an diesem Tag, der sich nur auf den ersten Blick in den üblichen Trübsinn einreihen möchte. Es ist unruhig auf der Straße. Leute stehen zusammen und diskutieren lauthals darüber, was in der Nacht geschehen ist, was weit über die normalen Streitigkeiten zwischen Säufern hinausgeht.

Also ziehst du dich an, raffst über dein Unterkleid eines aus Wolle, das rot ist wie Erdbeeren mit einem fauligen Stich. Es sieht nach Regen aus, dementsprechend wählst du die schwarzen Strümpfe, die über die Knie reichen, und die ausgelatschten, natürlich schwarzen Stiefeletten mit den hohen Absätzen.

Im Hausflur riecht es nach ungeleerten Nachttöpfen. Für ein paar Pennys lässt der Hausherr seit neuestem und sehr zur Unbill der Bewohner Obdachlose im Flur schlafen. Und genau auf den triffst du am Fuß der Treppe, die von der Haustür hinab zur Straße führt, wo sich ein Dutzend aufgebrachte Menschen versammelt haben, die sich um jemanden scharen, der eine Zeitung in der Hand hält.

Jonas Miller sieht auf und schenkt dir ein knappes Nicken. »Ada …«

Du zwingst dich zu einem Lächeln, denn du magst diesen gedrungenen Bastard mit den braunen Zähnen nicht. Liegt daran, dass du weißt, dass er Löcher in die Wände bohrt, um zu spannen. »Hey, Jonas, dich so früh auf der Straße zu sehen …« Noch damit beschäftigt, dir die Haare zusammenzuknoten, nickst du zu den Leuten. »Was'n da los?«

Jonas folgt deinem Blick. »Hat heut Nacht eine erwischt. Polly.«

»Polly?« Der Name versetzt dir eine fiese Ohrfeige.

»Na Mary Ann Nichols mein ich. Zwei Typen namens Charles Cross und Robert Paul haben sie gefunden.«

Die Gewissheit umklammert mit kalter Hand dein Herz. Du kennst sie zwar nur flüchtig von heimlichen Ecken in nebligen Gassen, doch im Herzen ist sie eine Schwester der Nacht, die wie du ihren Körper für die nächste Mahlzeit verkauft. Das willst du genauer wissen. Du eilst die Treppe hinab und drängst dich durch die Meute zu dem Kerl mit der Zeitung. Die Schlagzeile hämmert dir mit fetten Lettern ins Gesicht:

Bestialischer Mord in der Buck's Row!

Prostituierte grausam abgeschlachtet!

Deine Gedanken rasen und du wendest dich an deinen Vermieter.

»Erzähl mir mehr. Was ist passiert … und vor allem, wie!«: Lies weiter bei ***46***

»Weißt du, wo man sie hingebracht hat?«: Lies weiter bei ***51***

3 *Probe* ***Überzeugen*** *gegen* ***Contra-Skill 4****.*
Wenn du unterliegst: »Warten Sie bitte draußen, Inspektor, der Mörder läuft Ihnen schon nicht weg. Also bitte …«

Der Doktor wendet sich wieder seiner Arbeit zu und ignoriert dich: Lies weiter bei ***35***
Wenn du obsiegst: »Geben Sie mir fünf Minuten zum Händewaschen, Inspektor, ich bin gleich bei Ihnen!«: Lies weiter bei ***17***

4 Die Schlachterei, in der Robert Paul arbeitet, liegt am Ende der kleinen Seitengasse, wo sie wie ein Pfropfen den Abschluss bildet. Betritt man sie, weicht die zaghafte Sonne dem Schatten der sich in die Gasse neigenden Häuser. Ein schwerer Hund liegt links neben der Ladentür, die der Schlund in ein dunkles, nach Blut stinkendes Loch ist.
Das Eis kann nicht verhindern, dass Fliegenschwärme um die Fleischbrocken herumschwirren, die an Haken aufgehängt baumeln oder in der Auslage auf rötlich nassem Wachspapier ausliegen. Du hast den Geruch von frischem Fleisch nie gemocht. Er ist dir zu metallisch, riecht wie das, was sich in festem Zyklus in deinen Leinenbinden wiederfindet. Der Hund, der neben der Tür auf einer schmutzigen Decke liegt, hebt seinen massigen Schädel und knurrt, doch du bist ihm nicht wert genug, um aufzustehen.
Beherzt trittst du an ihm vorbei an die glasverkleidete Theke. Dahinter steht ein bulliger Mann in blutbeschmierter weißer Schürze, der einen Ledergürtel mit Schlachtwerkzeugen trägt, von denen jedes einzelne dazu geeignet gewesen wäre, der armen Polly das Lebenslicht herauszuschneiden.
»Robert Paul. Ist er hier?« Der Mann wischt sich die Hände mit einem dreckigen Lappen ab, mustert dich eingehend. »Dich kenn ich doch. Bist nicht eine der Huren aus der *Frying Pan?*«
Du stemmst energisch die Hände an die Hüften. »Ich bevorzuge Näherin, denn das ist es, was ich gelernt habe. Ist er nun hier oder nicht?«
Der Metzger nickt. »Isser.« Er dreht sich um. »Paul, da verlangt eine nach dir!«, ruft er nach hinten. »Wenn du nichts kaufen willst, warte draußen!«
Du sitzt auf einem alten Holzfass, als Robert Paul aus der Schlachterei tritt. Er trägt ein weißes Käppi und eine ähnliche Schürze wie der Schlachter, beides mehr als nur schmutzig.

»Ada Wilson, wenn ich mich nicht irre«, begrüßt er dich mit vor Trunkenheit heißerer Stimme.
Du nickst. »Du kannst dir sicher denken, weshalb ich hier bin.«
Paul hebt seine breiten Schultern und lehnt sich neben dir gegen die Wand. Er wirkt müde, sein Blick schweift in weite Ferne. »Die arme Polly. Ich werde diesen Anblick nie mehr vergessen. Immer, wenn ich die Augen schließe, seh ich sie vor mir, die Röcke hochgeschoben, das offene Fleisch ...«
Du schnaufst schwer, schluckst Trauer und Ekel herunter. »Ich bin hier, weil ich glaube, dass es der gleiche Kerl war, der mir das hier angetan hat.« Du ziehst dein Halstuch beiseite und zeigst Paul die Narbe.
»Heilige Mutter Gottes«, murmelt der. »Ich bin wahrlich kein Waisenknabe, aber das macht man nicht mit ’ner Frau.«
»Hast du ’nen Verdacht?«
Paul scharrt mit dem Fuß auf dem nassen Boden herum.
»Hab in den frühen Morgenstunden Ostrog getroffen. Ist einer, der unter der Schlachterei im Keller wohnt. Verrückter Russe.« Er tippt sich bekräftigend an den Kopf. »Jedenfalls meinte der, er habe Polly in der *Frying Pan* gesehen letzte Nacht. Als sie kurz nach Mitternacht die Taverne verließ, sei ihr ein Gentleman nachgeschlichen.«
»Ein Gentleman?«, hakst du nach.
Paul nickt. »Schwarzer Zylinder, Schal, Mantel. So ’n Gehstock in der Linken. Bin nicht schlau aus seinem Gefasel geworden. Er meinte, der Mann sei so ’ne Art Doktor aus dem Arbeiterkrankenhaus in der Old Montague Street.«
Linkshänder. Doktor. Das könnte passen.
Dir tut Paul auf nicht erklärbare Weise leid. Du beugst dich vor und drückst ihm einen Kuss auf die Wange. »Danke, Süßer, hast was gut bei mir!«
Paul lächelt. Für einen Moment scheinen die Bilder in seinem Kopf zu verblassen. »Werd auf dich zukommen, wenn ich ’ne Näherin brauch!«, meint er zwinkernd.
Du gehst zum Arbeiterkrankenhaus in der Old Montague Street.
Lies weiter bei ***39***

5 Die aus abgestoßenem Holz bestehende Rezeption ist von einem bulligen Schwergewicht mit platter Boxernase und einer zierlichen, kränklich blassen Schwester besetzt.
Du sprichst den bulligen Mann an: Lies weiter bei ***10***
Du wendest dich an die Schwester: Lies weiter bei ***44***

6 Du erhebst dich aus dem Stuhl und gehst zur Tür, um sie zu öffnen. »Constables Neill, Mizen und Thain zu mir in die Schreibstube!«
Fünf Minuten später stehen die übernächtigten und bleichen Männer mit müden Augen vor deinem Schreibtisch, der ein unüberwindliches Bollwerk darstellt. Du weißt wohl um den Respekt, den man der Sonderabteilung Scotland Yard entgegenbringt. Die Schicht der Männer endet bald, also willst du sie nicht unnötig lange mit unter dem rechten Arm eingeklemmten Helmen dastehen lassen.
»Ich hätte einige Fragen zu dem Mord in der Buck's Row letzte Nacht.«
Die Männer sehen sich an. Nur Thain räuspert sich. »Sir.«
»Constable John Thain, die Buck's Row gehört zu Ihrer Route?«
Thain nickt, kaut auf seiner Unterlippe herum.
»So ist es, Sir. Habe dort um Viertel nach drei meine Runde gedreht. Mir ist nichts Ungewöhnliches aufgefallen. Es war überraschend ruhig. Ich habe an der Ecke Sergeant Kerby getroffen, er kann das bestätigen.«
»Viertel nach drei«, sinnierst du. »Der Mord wurde – wann genau – gemeldet?«
»Zehn vor vier«, erklärt Neill eifrig. »Charles Cross und Andrew Paul – zwei stadtbekannte Schläger – haben laut um Hilfe gerufen.«
»Also bleibt ein Zeitfenster von einer guten halben Stunde. Was fanden Sie vor, als Sie am Tatort eintrafen? Und denken Sie daran, jedes Detail ist wichtig!«
»Ne Frau lag bewegungslos am Boden. Ihre Röcke waren hochgeschoben, sie war … nun ja, sie wissen schon, auf unanständige Weise entblößt. Ich beugte mich mit der Lampe neben sie und sah, dass ihr einer die Kehle durchgeschnitten hatte. Erinnern Sie sich

an Annie Millwood in der White's Row am 31. März? Daran musste ich denken, als ich die Frau fand«, erklärt Neill.

Annie Millwood, 38 Jahre. Messerstiche in Beine, Unterleib und Bauch, die Röcke hochgeschoben. Sie lag auf den Stufen des Paul's Head Public House in der White's Row, erinnerst du dich schaudernd.

»Im Rinnstein war 'ne Menge Blut«, sagt Mizen leise. »So, als hätte einer eine Sau geschlachtet, also von der Menge her mein ich.«

»Kein angemessener Vergleich«, mahnst du ihn. »Und weiter?«

»Na ja«, meint Thain. »Ihr Gesicht sah aus, als hätte sie einer hart geschlagen. Und der Schnitt durch die Kehle ging von einem Ohr zum anderen, was ungewöhnlich ist für 'nen normalen Halsabschneider ...«

»Keine Mutmaßungen«, tadelst du erneut.

Thain nickt. »Entschuldigung, Sir. Aber da war noch was. Im Bauch und untenrum, da hat sie einer mehrfach gestochen.«

Du räusperst dich. Ein unangenehmes Gefühl macht sich in deinem Magen breit, das dich ahnen lässt, dass dies kein gewöhnlicher Mord ist. Den Hals durchzuschneiden war eine Sache, aber das hier geht weiter. Es muss eine andere Motivation als das pure Töten gegeben haben.

»Die Kleidung, in welchem Zustand war die?«

»Schäbig«, sagt Mizen. »Aber dennoch normal für Whitechapel. Rotbrauner Ulster. Schwarze Strohhaube. Braunes Damenkleid und schwarze Strümpfe. Männerstiefel.«

»Gibt's noch was, was ich wissen muss?«

»Nur, dass kurz nach vier Doktor Llewellyn kam, um die Leichenbeschau durchzuführen. Und dass Kleidung wie Hände von Cross und Paul keine Blutflecken aufwiesen. Wenn das alles ist, wir würden gerne Feierabend machen.«

Du holst dir die Akten zum Fall (sofern du das noch nicht getan hast): Lies weiter bei ***15***

Du begibst dich ins London-Hospital in der Oxford Street, um mit Doktor Llewellyn zu reden (sofern du das noch nicht getan hast): Lies weiter bei ***11***

Du gehst zum Tatort in der Buck's Row (sofern du das noch nicht getan hast): Lies weiter bei ***28***

7 Es ist ein grauenvoller Gedanke, in den Keller hinabzusteigen, in dem man selbst eines Tages ausgestreckt mit einem Zettel am großen Zeh auf einer Bahre liegen wird. Hier ist es dunkel und kalt. Außerdem stinkt es süßlich schwer nach Tod. Du weißt, dass das von den verwesenden Leichen kommt. Die Geräusche des geschäftigen Krankenhauses bleiben hinter dir zurück, als würden sie es nicht wagen, die erdrückende Ruhe des Totenkellers zu stören. Es fühlt sich an wie eine andere, fremde Welt, in der die Gesetze der Sterblichen nicht mehr gelten. Wo der lange, mit trüben Lampen erhellte Gang jenseits der Treppe beginnt, hebt sich eine etwas hellere Tür von den dunklen, metallbeschlagenen ab. *Doktor Henry Jekyll* steht auf einem polierten Messingschild. Da sich sonst niemand hier unten aufhält und du nicht weißt, wohin du gehen sollst, klopfst du zögerlich an die Tür. »Hallo?« Eine Frage, die dumpf verhallt.
Dann, nach einer gefühlten Ewigkeit: »Wer ist da?« Die Stimme ist dunkel, aber angenehm, wird jedoch von einem gehetzten Unterton getragen.
»Ada Wilson. Ich bin hier, um mir Mary Ann Nichols anzuschauen.«
Ein Stuhl schabt über den Boden, ein Schlüsselbund klimpert, schwere Schritte, die sich nähern. Dann knirscht ein Schlüssel im Türschloss, dreht sich. Endlich öffnet sich die Tür. Ein gepflegter Mann im besten Alter lächelt dich aus von winzigen Fältchen umkränzten Augen an. Er sieht so unverschämt gut aus. »Ada Wilson, sagten Sie?«
»So ist es, Herr Doktor.«
»Hm, ich weiß nicht recht, die Constables sagten, dass ich niemanden zu ihr lassen darf. Es ist nicht nur wegen des abscheulichen Anblicks, sondern vor allem wegen der Gerüchte, sie verstehen?«
»Gerüchte? Guter Gott, nein, deswegen bin ich nicht hier. Es ist vielmehr so, dass ich und Polly, also Mary Ann, sehr gut bekannt waren und ich Abschied nehmen möchte. Aber sagen Sie, verkehren Sie ab und an in der *Frying Pan?* Mir ist, als hätte ich sie schon dort in einer Ecke sitzen sehen.«
»Durchaus. Ich wohne nicht weit von der Taverne entfernt. Das Essen ist passabel und die Gesellschaft zu ertragen.«

»Letzte Nacht womöglich? So gegen Mitternacht?«
»Sie stellen viele Fragen für eine, die wegen einer Verstorbenen hier ist. Erinnern Sie sich an die Nacht des 7. August?«
Dir wird kalt. »Da hat einer Martha Tabram auf 'ner Treppe in den George Yard Buildings ermordet. Wurde soweit ich weiß auch hierhergebracht. Warum fragen Sie?«
»Weil diese Bluttat Erinnerungen weckt. Bei der Tabram waren es sage und schreibe 39 Stiche, hauptsächlich im Bereich des Rumpfes, mit einem Fokus auf Brüste, Bauch und Unterleib. Die Haltung und der freigelegte Unterleib des Opfers deuteten auf sexuelle Handlungen hin – sie wissen, was ich meine –, konnten aber durch den untersuchenden Arzt nicht bestätigt werden.«
Die Andeutung bestätigt deine Vermutung, macht die Bluttat zu einer weiteren in einer Reihe von Morden. *Annie Millwood, Martha Tabram, fast du selbst, und nun …*
»Wenn Sie wollen, schauen Sie sich Mary Ann an, danach können wir immer noch über Tavernen philosophieren.« Doktor Jekyll tritt in den Flur hinaus und zieht die Tür hinter sich zu. Dennoch kannst du einen Blick ins Doktorzimmer erhaschen, das eher aussieht wie das Laboratorium eines verrückten Wissenschaftlers. Mit grüner Flüssigkeit gefüllte Glaskolben brodeln in flackerndem Kerzenschein. Notizen türmen sich auf Haufen zerrissener Kleidung. Dann fällt die Tür ins Schloss und du folgst Doktor Jekyll den mäßig erhellten Flur entlang zur letzten Tür. Wieder dreht sich ein Schlüssel, ein Riegel schnappt zurück. Der Doktor sieht dich ernst an. »Ich muss Sie warnen, es ist wahrlich kein schöner Anblick. Neben der Tür liegen parfümierte Tücher. Nehmen Sie sich eins und bedecken damit Mund und Nase.«
Das Öffnen der Tür entfesselt den Odem des Zerfalls, denn Polly ist nur eine in einer langen Reihe mit weißen Tüchern bedeckten Leichen. Und einige davon scheinen schon etwas länger zu liegen. Der Doktor entzündet an den Wänden angebrachte Gaslaternen, die fauchendes Licht spenden. Jetzt kannst du die bräunlichen Flecken erkennen, die sich auf dem Leinen ausbreiten und wie erblühte Blumen wirken, deren Kelche dunkler sind als die Höfe.
»Es ist die in der Mitte«, sagt der Doktor und tritt neben die besagte Liege.

Du nimmst dir ein Tuch, drückst es auf Mund und Nase, und stellst dich neben ihn. »Ich bin bereit, Dokt…«
*Lies weiter bei **58***

8 *Probe **Auftreten** gegen **Contra-Skill** 5.*
*Wenn du unterliegst: Lies weiter bei **57***
*Wenn du obsiegst: Lies weiter bei **13***

9 Der Pole schnellt auf dich zu. Seine Klinge zerschneidet zischend die Luft vor deinem Gesicht. Das war knapp. Ein Zentimeter weiter, und – du willst gar nicht darüber nachdenken, denn die wulstige Narbe auf deinem Hals ist mehr als genug.
Nach hinten gebeugt weichst du der Klinge aus. Deine Absätze schweben über dem Abgrund der dunklen Treppe. Gedanken von Toten wallen auf, die man in der Gosse findet, ausgenommen wie Weihnachtsgänse. Geplündert und weggeworfen. So willst du nicht enden. Mit rudernden Armen versuchst du, das Gleichgewicht wiederzuerlangen, schneidest in einer hilflosen Bewegung seinen Ärmel auf und kippst nach hinten, um die Treppe hinabzustürzen.
Deine Knie machen unliebsame Bekanntschaft mit den Stufen. Dein Kopf knallt gegen das Geländer, dass du Sterne siehst. Doch du hast Glück, trägst genug Kleidung, um den Sturz abzudämpfen. Dennoch stöhnst du vor Schmerzen, als du dich am Geländer auf die Beine ziehst und dem drohend über dir aufragenden Schatten des Polen nur durch Flucht entkommst.
»Sie finden dich! Sie finden dich und schlitzen dich auf, von oben bis unten, wo deine ewige Wunde klafft! Sie finden dich, hörst du?«, ruft er dir hinterher, macht aber zum Glück keine Anstalten, dir zu folgen.

*Verringere einen **Skill** deiner Wahl um 1 Punkt!*

Du beschließt, zur Schlachterei direkt hier in der Thomas Street zu gehen, in der Robert Paul arbeitet.
*Lies weiter bei **4***

10 Du richtest deine Kleidung und trittst dem Mann hinter der Rezeption verführerisch lächelnd entgegen. »Entschuldigen sie, Sir …«

Der Mann blickt auf, entblößt grinsend braune Zähne. »Huren am Seiteneingang.«

Du beugst dich nach vorne, um Verschwiegenheit anzudeuten, aber vor allem, um ihm dein Dekolletee zu präsentieren. »Ich komme in einem, sagen wir, delikaten Anliegen. Es geht um Mary Ann Nichols' Leichnam.«

Der Bulle runzelt die Stirn. »Üble Sache, ja, aber was hast du damit zu schaffen? Wie heißt du überhaupt?«

»Ada Wilson, Sir. Es ist so, dass ich sie gern ein letztes Mal sehen würde, um mich von ihr zu verabschieden. Da gibt es Dinge wie zum Beispiel die Beerdigung zu regeln.«

Der Mann sieht auf seine Unterlagen. »Also ich weiß nicht, bist hier nicht aufgeführt.«

*Du zwinkerst ihm zu. »Könnten uns entgegenkommen, weißt schon!« (Probe **Überzeugen**): Lies weiter bei **26***

*»Bitte, es wäre eine menschliche Geste.« (Probe **Empathie**): Lies weiter bei **54***

11 Dazu musst du in die Oxford Street und dort durch das schmiedeeiserne Tor, über dem in verschnörkelten Lettern London-Hospital geschrieben steht, um den großen Platz vor dem hufeisenförmigen Gebäudekomplex zu betreten.

Zu dieser frühen Stunde ist nicht viel los. Kommilitonen scharen sich zur Linken vor dem kastenförmigen Gebäude des Medical College. Vor dir erhebt sich im Zentrum des Platzes ein großer Brunnen. Der frühmorgendliche Nebel ist nur ein schwacher Dunst, ähnlich eines durchsichtigen Schleiers. Eine Kutsche umrundet den Brunnen und entlässt einen Gentleman mit Zylinder und in dunklem Anzug, der eiligen Schrittes zum Haupteingang im Mittelteil hastet. Die Pferde schnauben, ihre beschlagenen Hufe klappern auf dem Kopfsteinpflaster.

Dein Ziel befindet sich im rechten Gebäudeflügel. Es ist ein unscheinbarer Eingang – eine durch häufige Benutzung verkratzte Holztür ohne Zierde –, der zur Pathologie führt, die sich tief in den Gedärmen des Hospitals befindet, abgeschieden und isoliert.

Man versteckt das Grauen, das in den Gassen von Whitechapel wütet, lieber, bevor es ein allzu übereifriger Reporter aus dem Dunkel zerren kann, geht es dir durch den Kopf. *Ich hoffe, Doktor Llewellyn kann mir mehr über den neuen Fall berichten.*

Du klopfst an.

Lies weiter bei ***41***

12 *Probe* ***Empathie*** *gegen* ***Contra-Skill*** *7.*

Wenn du unterliegst: Lies weiter bei ***52***

Wenn du obsiegst: Lies weiter bei ***34***

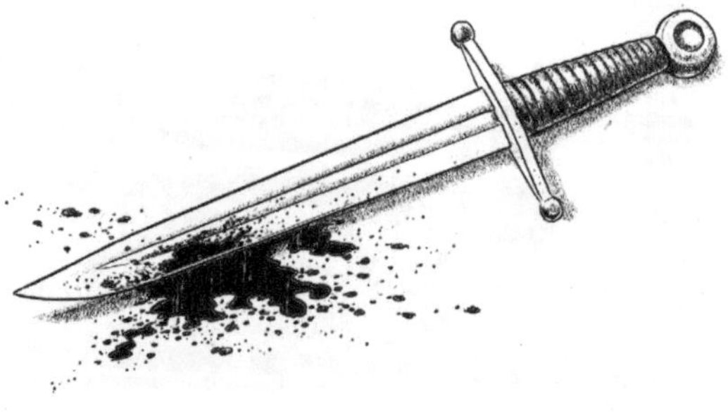

13 Billys schaufelartige Hände schließen sich wie kräftige Zwingen um deine Oberarme.
»Du tust mir weh!«, protestierst du verzweifelt und versuchst vergeblich, dich zu befreien.
»Du kommst mir so von oben herab, wie eine aus den Heights«, grunzt Billy hämisch. Sein Gesicht schwebt direkt vor dem deinen, wird zur Monsterfresse mit faulen, stinkenden Zähnen. »Aber was soll's, bist 'n hübsches Mädchen, Ada Wilson.«
Zufrieden nickend lässt er von dir ab und gibt dir einen harten Stoß, der dich zurück vor die Tür schickt. »Geh ins Arbeiterkrankenhaus in der Old Montague Street, dort haben sie Polly hingebracht.« Mit diesen Worten fällt die Tür ins Schloss und du bist wieder allein.
Du gehst zum Tatort in der Buck's Row (sofern du das noch nicht getan hast): Lies weiter bei ***25***
Du suchst Charles Cross, einen der Männer, die die Leiche entdeckt haben (sofern du das noch nicht getan hast). Er besucht öfters die Frying-Pan-*Taverne: Lies weiter bei* ***33***
Du suchst Robert Paul, den anderen der beiden Männer (sofern du das noch nicht getan hast). Du weißt, dass er in der Thomas Street bei einem Metzger arbeitet: Lies weiter bei ***55***
Du gehst zum Arbeiterkrankenhaus in der Old Montague Street: Lies weiter bei ***39***

14 Die aus abgestoßenem Holz bestehende Rezeption ist von einem bulligen Schwergewicht mit platter Boxernase und einer zierlichen, kränklich blassen Schwester besetzt.
Du redest mit dem bulligen Mann: Lies weiter bei ***56***
Du sprichst mit der Schwester: Lies weiter bei ***27***

15 Um dir einen Überblick zu verschaffen, lässt du dir die Akte bringen, wohl bewusst, dass diese noch nicht vollständig ist und nur auf den Aussagen der Constables Neill, Thain und Mizen beruht. Aber es ist zumindest ein Anfang. Als du das Deckblatt wendest und in das Gesicht der Toten blickst – die moderne Polizeiarbeit beinhaltet Bilder der Opfer – überkommt dich das Gefühl, dass dieser Fall anders ist als alles, was du je gesehen hast.

Mary Ann »Polly« Nichols
Geboren am 26. August 1845 als Mary Ann Walker in der Dean Street
Verstorben am 31. August 1888 in der Buck's Row

Tathergang
Donnerstag, 30. August 1888:
23:30 Uhr:
Das Opfer wurde in der Whitechapel Road gesehen.

Freitag, 31. August 1888:
0:30 Uhr:
Das Opfer verlässt die Gaststätte Frying Pan in der Brick Lane.

1:20 Uhr:
Das Opfer will - leicht betrunken - in der Trawl Street Nummer 18 ein Zimmer mieten, wird aber abgewiesen, weil es kein Geld hat

2:30 Uhr:
Ellen Holland trifft das Opfer betrunken und desorientiert an der Ecke Osborn Street und Whitechapel High Street. Das Opfer weigerte sich, Ellen Holland in die Trawl Street zu folgen.

3:15 Uhr:
Constable John Thain passiert die Buck's Row auf seiner vorgeschriebenen Route und ihm fällt nichts Ungewöhnliches auf. Sergeant Kerby kann seine Aussage bestätigen.

Gegen 3:45 Uhr:
Charles Cross und Robert Paul finden das Opfer - den Rock auf eindeutige Weise hochgezogen - in der Buck's Row. Sie rufen um Hilfe. Kurz darauf treffen die Con-

stables Neill, Thain und Mizen am Tatort ein. Neill konnte im Schein seiner Laterne erkennen, dass ihre Kehle durchgeschnitten war.

04:00 Uhr:
Dr. Llewellyn wurde zum Tatort bestellt und bestätigt Mary Ann Nichols Tod. Nach einer Besichtigung der Leiche bemerkt er Blut in der Menge von ein bis zwei Weingläsern neben der Leiche und eine weitere Blutlache im Rinnstein. Er hat keinen Zweifel, dass Polly am Fundort getötet wurde. Die Leiche wurde in das Leichenhaus des Arbeiterkrankenhauses in der Old Montague Street gebracht.

Kleidung
Gesamteindruck schäbig
schwarze Strohhaube mit gleichfarbigem Samt verziert
rötlichbrauner Ulster mit sieben großen Messingknöpfen (Muster: Frau und Mann auf dem Rücken eines Pferdes)
braunes Damenkleid
weißes Flanellunterhemd
schwarze, gerippte Wollstrümpfe
zwei Unterröcke (einer aus grauer Wolle, der andere aus Flanell), beide mit Einnähern des Lambeth-Arbeitshauses
braunes, kurzes Korsett
Flanell-Unterhose
Männerstiefel mit metallbeschlagenen Absätzen

Folgende Gegenstände trug das Opfer bei sich:
Einfacher Kamm
Weißes Taschentuch
Zerbrochenes Stück eines Spiegels

Es ist das Bildnis einer verzweifelten Frau, die sich ihren Lebensunterhalt auf der Straße verdient und die in ihrem Leben nur wenig Glück hatte. Ihr Schicksal macht dich traurig, aber auch wütend auf den Moloch London, der stets frisst und niemals gibt. Eine kleine, mit Bleistift geschriebene Notiz informiert dich darüber, dass der Obduktionsbericht von Doktor Llewellyn angefertigt wird. Du hast schon oft mit dem korrekten Mann zusammengearbeitet und weißt, dass er der Leiter der Pathologie im London-Hospital in der Oxford Street ist.

Du redest mit den Constables Neill, Thain und Mizen (sofern du das noch nicht getan hast): Lies weiter bei **6**

Du begibst dich ins London-Hospital in der Oxford Street, um mit Doktor Llewellyn zu reden (sofern du das noch nicht getan hast): **11**

Du gehst zum Tatort in der Buck's Row (sofern du das noch nicht getan hast): Lies weiter bei **28**

16

»Scheinst ja ein echtes Herzchen zu sein«, brummt der Bulle und glotzt dir auf die Brüste. »Ich drück für dich ein Auge zu und seh dich in der *Frying Pan*. Geh den Gang runter und dann die Treppe nach unten. Dort findest du Doktor Jekyll. Bei dem meldest du dich. Wenn du stiehlst oder herumschnüffelst, komm ich und schlag dir den Schädel ein!«

Lies weiter bei 7

17

»Draußen lässt es sich besser atmen«, mein Llewellyn mit müder Stimme und geht mit dir den Weg zurück, durch den du das Hospital betreten hast. Die Schultern des schlanken Mannes hängen herab, er wirkt abgespannt, als hätte er kein Auge zugetan.

»Haben Sie überhaupt geschlafen?«

Llewellyn schenkt dir einen flüchtigen Blick. »Nein. Man hat mich mitten in der Nacht aus dem Bett geklingelt. Und danach, nun, da war es mir nicht mehr möglich … dieser Anblick, dieser schreckliche Zustand der armen Frau, gütiger Gott …«

Du wartest geduldig, bis sich Doktor Llewellyn draußen vor der Tür eine Zigarette gedreht, angezündet, und zwei beruhigende Züge geraucht hat, ehe du die Frage stellst, die dir auf der Zunge brennt.

»Was können Sie mir über den Zustand der Leiche sagen? Was war denn so grausam daran, das diesen Mord derart außergewöhnlich für Sie macht?«

Llewellyn scheint einen Moment über deine Frage nachzudenken.

»Ich vermochte es bisher noch nicht in Worte zu fassen …«

»Dann tun Sie's jetzt!«

»Im ersten Moment dachte ich, nun gut, da hat ein Freier einer Prostituierten den Hals durchgeschnitten, um seine Zeche zu prellen, doch dann sah ich mir das Desaster genauer an. Ihr Mund stand offen, deswegen sah ich, dass ihr fünf Zähne fehlten und die Zunge eine Verletzung aufwies, die auf einen brutalen Faustschlag schließen ließ. Auf ihrem Gesicht befanden sich Blutergüsse, die meinen Gedanken unterstrichen.«

»Also hat der Täter dem Opfer mehrfach ins Gesicht geschlagen?«

»Das, oder er hat sie mit starkem Druck festgehalten. 2,5 Zentimeter unterhalb des Kiefers verlief vom linken Ohr ausgehend der typische Schnitt von etwa 10 Zentimetern Länge.«

»Nicht genug, um einem die Kehle durchzuschneiden«, sinnierst du.

Llewellyn räuspert sich unangenehm berührt. »1,5 Zentimeter darunter folgte ein kreisförmiger Schnitt bis 8 Zentimeter unter den rechten Kieferknochen. Dieser Schnitt durchtrennte das Gewebe vollständig bis zum Wirbelknochen.«

»Gütiger Gott …«
»Der Mörder wollte sichergehen und schnitt erneut. Der 20 Zentimeter lange Schnitt durchtrennte die Gefäße zu beiden Seiten des Halses. Dafür hat er große Gewalt angewendet, denn die Wundränder lassen von einer mäßig scharfen, dafür aber langen Klinge ausgehen.«
»Ein Schlachtermesser?«
»Schlachter verwenden für ihre Arbeit sehr scharfe Messer, aber von der Länge her, ja, unbedingt. Aber damit begnügte er sich nicht und schnitt weiter. Auf der linken Seite des Unterbauches verlief eine tiefe, gezackte Wunde. Auch hier war das Gewebe durchtrennt. Einzelne Schnitte verliefen an verschiedenen Stellen über den Unterleib. Drei oder vier auf der rechten Seite abwärtsführend, alle durch ein mit äußerster Brutalität geführtes Messer. Die Schnitte verliefen von links nach rechts … bei Gott, so etwas habe ich noch nie gesehen.« Llewellyns Stimme zittert.
»Also könnte es ein Linkshänder gewesen sein?«
Llewellyn nickt. »Einer mit viel Hass auf das weibliche Geschlecht. Ein Monster, wenn Sie mich fragen. Ich hoffe von ganzem Herzen, dass Sie diese Bestie zur Strecke bringen, bevor sie erneut zuschlägt …«
Llewellyn tritt die Zigarette aus. »Noch was. Die beiden Männer, die den Mord gemeldet haben – Charles Cross und Robert Paul – hatten beide kein Blut an den Händen oder ihrer Kleidung, noch trugen sie längere Klingen als die eines gewöhnlichen Taschenmessers bei sich …«
Der Doktor sieht dich eindringlich an. Da ist etwas in seinem Blick, das dir Angst einjagt. »Mary Anns Anblick war grauenvoll, Inspektor. Es ist, als hätte sich eine neue Bestie in der Stadt niedergelassen. Ein Monster, das aus der Hölle gekrochen ist, so unbeschreiblich ist das, was er getan hat. Gehen Sie ins Arbeiterkrankenhaus in der Old Montague Street und sehen Sie sich den Leichnam an, dann werden Sie verstehen, was ich meine. Erinnern Sie sich an den Mord am 7. August?«
Du nickst. »Martha Tabram. Wurde in einem Treppeneingang in der George Yard durch 39 Messerstiche ermordet aufgefunden. Der Aufschrei in der Presse war gewaltig.«

»Die Stiche befanden sich hauptsächlich im Bereich des Rumpfes, mit einem Fokus auf die Brüste, Bauch und Unterleib. Die Haltung und der freigelegte Unterleib des Opfers deuteten auf sexuelle Handlungen hin, wobei eine Vergewaltigung als solche nicht bestätigt werden konnte«, ergänzt der Doktor.

»Aber auch nicht ausgeschlossen«, antwortest du.

Llewellyn nickt. »Wie auch immer. Ich sehe in den beiden Bluttaten deutliche Parallelen …«

Du begibst dich zum Revier (sofern du das noch nicht getan hast): Lies weiter bei ***23***

Du gehst zum Tatort in der Buck's Row (sofern du das noch nicht getan hast): Lies weiter bei ***28***

Du suchst Charles Cross, der öfters die Frying-Pan-*Taverne besucht (sofern du das noch nicht getan hast): Lies weiter bei* ***33***

Du suchst Robert Paul, der in der Thomas Street bei einem Metzger arbeitet (sofern du das noch nicht getan hast): Lies weiter bei ***55***

Du gehst zum Arbeiterkrankenhaus in der Old Montague Street, um dir die Leiche persönlich anzusehen: Lies weiter bei ***39***

18 Mit übertrieben einladender Geste lässt dich Kosminski ein. Ein Loch wäre für seine Behausung noch geschmeichelt. Du bist dankbar um die Dunkelheit, die einen Großteil der Räumlichkeit verschlingt. Fliegen schwirren umher. Vor allem über dem Eimer, in dem er seine Notdurft verrichtet. Feuchte, alt riechende Wäsche hängt im Gebälk des Dachstuhls, erinnert dich an Erhängte. Schmutziges Geschirr türmt sich zwischen allerlei Schrott, den der Mann in der Gosse zusammengestohlen hat.

Kosminski postiert sich unter einem staubigen Fenster, von dem Spinnweben hängen. Er wirkt jetzt unbeholfen und plump. »Sind nicht eingestellt auf den Besuch einer …«

»Sprich's ruhig aus«, knurrst du ihn an.

Der Mann hebt die Schultern, nimmt eine Flasche vom Tisch und trinkt daraus. Der Flaschenhals ist mit etwas Rotem verkrustet, das wie Farbe wirkt.

Denk lieber nicht darüber nach …

Du hebst die Klinge, zeigst mit der Spitze auf den bärigen Mann. »Der Mord in der Buck's Row. Mary Ann Nichols, auch Polly genannt. Du hast davon gehört?«

Kosminski nickt vorsichtig. Seine Augen sind klein und stumpf, aber auch lauernd. »Hab ich«, sagt er. »Aufgeschlitzt, sagen sie. Ausgeweidet.«

»Wer sagt das?«

Er tippt sich an den Kopf, kichert. »Die da drin. Hörst du sie denn nicht?«

Der Verdacht, Pollys Mörder gegenüberzustehen, treibt deinen Herzschlag nach oben. Du gehst aufs Ganze. »Haben dir die Stimmen gesagt, du sollst sie töten? Ist es so gewesen?«

Der Pole hebt die groben, von Narben überzogenen Pranken. »Nein, bei Gott, ich schwör's, das war ich nicht. Keiner von uns! Wir waren alle hier, haben …« Seine gewaltige Hand schließt sich, als würde er etwas umfassen, macht schnelle Auf-Abwärtsbewegungen, die dich an das Polieren einer Stange erinnern. Dass er dabei grunzt, ist verstörend.

»Du meinst, du hast dir einen runtergeholt? Ist es das?« Der Speichel in deinem Mund schmeckt bitter.

Kosminski nickt begeistert. »Machen wir oft, mehrmals am Tag, ja.«
Du willst nicht nach einem fragen, der das bezeugen kann, zu widerwärtig ist der Gedanke. Aber mit leeren Händen willst du auch nicht gehen. »Warum sollte ich dir glauben, hm? Warum sollte ich nicht den nächstbesten Constable rufen?«
»Weil er weiß, wer es getan hat«, grunzt Kosminski und lächelt dich mit seinen braunen Zähnen an. Aus seinen Augen funkelt blanker Hass.
»Du weißt etwas?« Du gehst mit erhobenem Messer einen Schritt auf ihn zu. »Mach's Maul auf, los!«
Er weicht zurück, stößt sich den Kopf an einem Balken. Der Bär geht vor dir in die Hocke. »Da war ein nobler Mann in der *Frying Pan*. Ich beobachtete ihn, wie er die Huren angaffte, als wären sie schlechtes Fleisch. Hockte allein an einem Tisch in der Ecke und schrieb mit der Linken etwas auf ein Papier, das er zusammenfaltete, als wolle er sich damit an etwas erinnern. Es muss gegen Mitternacht gewesen sein, als Polly die *Frying Pan* verließ. Er schlich ihr hinterher und ich folgte ihnen.«
Du wirst plötzlich von einem nervösen Schauer ergriffen. »Wie sah er aus?«
Kosminski tippt sich an den Kopf. »Sie sagen, er hatte einen Zylinder auf. Nen Schal ins Gesicht gezogen, sodass man nur die Augen sehen konnte. Einen Mantel, wie ihn Kutscher tragen, bodenlang. Er trug in der linken Hand einen Gehstock. Kleidung, Stock, alles schwarz. Gruslig, gruslig.«
»Weiter, was war dann?«
»Als ich auf die Straße trat, grabschte mich eine der Huren an. Ekelhaft. Widerwärtig, sagen die anderen in meinem Kopf. Ich schlug ihr fest ins Gesicht, dass ihre Nase brach. Ihr Zuhälter schlug mich, ich stach ihn nieder. Als ich aufsah, waren meine Hände voller Blut und Polly und der Mann verschwunden. Aber ich fand das da auf dem Boden.« Kosminski greift in die Hosentasche und zieht einen Zettel heraus, den er dir reicht. Das Papier ist edel, fühlt sich an wie Seide. In geschwungener Männerhandschrift steht darauf zu lesen:

Old Montague Street. Arbeiterkrankenhaus. Warum werden die Huren dorthin gebracht, nachdem man sie bearbeitet hat?
Sie sind stets ungewaschen und stinken nach dem Saft schmutziger Männer, wie gebrauchte Wäsche, die man in Seifenlauge ertränken muss. Ob herausschneiden hilft, ihren Gestank angenehmer zu machen?
Was würde wohl der Doktor dazu sagen? Oh, Moment, das bin ja ich!

Das reicht dir als Spur. Du gehst zum Arbeiterkrankenhaus in der Old Montague Street.
Lies weiter bei ***39***

19

Du kennst die Routen der Constables und weißt, wer sie wann geht. Mizens beginnt nach der Mittagszeit, weswegen du dich auf der Whitechapel Street herumtreibst. Mizen steht wie immer unter der Gaslaterne an der Ecke Whitechapel Street und Church Lane. Seine schlanke, große Gestalt hebt sich mit der sauberen Uniform als ruhender Pol von den geschäftig eilenden Passanten ab. Die rotbraunen Haare korrekt unter dem Helm, den Schnurrbart sauber gestutzt, trägt er oft ein verschmitztes Lächeln im Gesicht, das dir schon bei eurer ersten Begegnung gefallen hat, als er dir beistand, weil dich Betrunkene vor einer Taverne bedrängten. Windelweich hat er sie geprügelt, einem sogar die Zähne ausgeschlagen.
Mizen ist keiner, der die Not einer Frau ausnutzt, selbst dann nicht, wenn es ersichtlich ist, dass sie anschafft, um über die Runden zu kommen. Er ist ein freundlicher Mensch, solange man ihm ebenso begegnet. Ein Juwel, das aus der Fassung Whitechapel wie eine kleine Sonne herausleuchtet.
Du weißt, dass er ledig ist und auch nicht in einer Beziehung zu einer steckt, scheust dich aber, mit ihm anzubandeln. Vielmehr hat sich zwischen euch eine fragile Freundschaft entwickelt, die euch – wann immer ihr euch seht – zu einem Schwätzchen verleitet.
»Wenn das nicht der hübscheste Constable von ganz London ist«, flüsterst du ihm von hinten ins Ohr.

Mizen dreht sich um und lächelt. »Sieh an, freut mich, dich zu sehen, Ada, und schön wie immer, wenn ich das sagen darf.«
»Darfst du«, erwiderst du lächelnd. Über seine Augen, die normalerweise leuchten, hat sich ein finsterer Schatten gelegt. Etwas scheint ihn zu bedrücken.
»Du siehst müde aus. Ist es die Buck's Row, die dich bedrückt?«
Mizen nimmt dich am Arm, sieht sich um, als hätte er Angst, belauscht zu werden, und zieht dich in den Schatten einer kleinen Gasse. »Gütiger Gott, Ada, weißt du denn etwas davon? Du musst wissen, ich war dort …«
Du lässt dir seine Berührung gerne gefallen. »Weiß nur das, was man sich auf der Straße erzählt. Die arme Polly. Der Anblick muss schrecklich gewesen sein.«
Mizen wird bleich, weil er sich daran erinnert. »Ich habe in die Hölle geblickt, Ada. Und jetzt frage ich mich, welcher Mensch dazu fähig ist.« Er druckst herum. »Und ich habe Angst, dass dir etwas …«
»Pssst, nicht aussprechen, das bringt Unglück.« Schnell legst du ihm den Finger auf die Lippen, unterbindest seine Sorge mit einem flüchtigen Kuss, der ihm eine verlegene Röte auf die Wangen treibt. Die Narbe auf deinem Hals meldet sich pochend zurück, was kein gutes Zeichen ist. »Du musst mir alles erzählen. Ich muss wissen, was mit Polly geschehen ist …«
»Jagst du immer noch dem Phantom hinterher, das dich umbringen wollte? Das endet nicht gut, Ada.«
»Er ist irgendwo da draußen, ich kann seine Präsenz spüren. Ihr wurde wie mir die Kehle durchgeschnitten, nicht wahr?«
Mizen schaut traurig drein. »Nur, dass sie nicht so viel Glück hatte wie du. Aber da ist noch mehr …«
Du streichst ihm mit dem Handrücken über die Wange. »Es wird dir guttun, darüber zu reden. Und wenn du willst, könnte ich …«
Der Constable schiebt dich sanft, aber bestimmt von sich. »Nicht, Ada, nicht auf diese Weise. Ich mag dich gut leiden, doch … nun gut, ich erzähl's dir, aber sei gewarnt, es ist grauenvoll.«
»Wie mein Leben, liebster Constable.«
»Ich lief mit Neill und Thain auf der Whitechapel auf Höhe der Court Street Streife, als wir durch lautes Rufen aus der Buck's Row

aufmerksam wurden. Es muss so gegen Viertel vor vier gewesen sein.«

Du kennst Neill und Thain. Zwei von anderer Sorte als Mizen. Grobschlächtig und brutal. Die hätten deine missliche Lage damals mit Sicherheit ausgenutzt, denn die haben kein Problem damit, sich mit Huren einzulassen und sie abzukassieren.

»Wir rannten in die Gasse. Es waren Charles Cross und Robert Paul, die uns gerufen hatten. Du kennst sie sicher.«

Du nickst. Und wie du die Säufer kennst. Brutale Whitechapel-Schweine, denen man besser aus dem Weg geht.

»Wir dachten, dass sie in eine Prügelei geraten seien, weil ein Körper zwischen ihnen auf dem Boden lag. Dann sahen wir im Schein unserer Lampen, dass es sich um eine Frau handelte, die … willst du es wirklich wissen?«

»Ja.«

»Ihre Röcke waren nach oben geschoben, hoch genug, um, nun ja, alles zu sehen, weil ihre Beine gespreizt waren. Während Neill und Thain die zwei an die Wand stellten, kniete ich mich neben der Frau hin. Da war eine Menge Blut in ihrem Gesicht, auf dem Boden und … zwischen ihren Beinen, einfach überall. Dennoch erkannte ich, dass es Polly war. Mein Gott, das hat sie nicht verdient.«

Dir wird elend, doch du musst alles wissen. »Red weiter!«

»Man hat ihr die Kehle durchgeschnitten, von einem Ohr zum anderen. Tief genug, dass ich den Kieferknochen sehen konnte, teilweise sogar den Rückenwirbel, kannst du dir das vorstellen? Zähne fehlten ihr, die Vorderen. Es gab einen Schnitt in der Zunge, weswegen ihr Mund voller Blut war. Auf der rechten Wange hatte sie einen Bluterguss wie von einem harten Schlag. Das Schlimmste war jedoch, dass sie noch warm war …«

»Also war sie nicht lange tot, bevor ihr kamt. Hast du jemanden gesehen, außer den beiden Idioten?«

Mizen schüttelt den Kopf. »Mir ist keiner aufgefallen. Aber das war nicht alles. Ich bin kein Arzt, aber die Wunden in ihrem Unterleib waren nicht zu übersehen. Dort gab es gezackte Schnitte, die das Gewebe teilten, so tief, dass große Kraft vonnöten war. Von links nach rechts geführt, was man anhand der Einstiche gut erkennen konnte … von der rechten Hüfte über das Becken bis zum Magen, alles geöffnet wie ein blutgetränktes Buch. Grauenhaft.«

»Ein Linkshänder?«

»Möglich. Es gab Einstiche in ihrer, na dort unten halt, du weißt schon, mit großer Wut geführt, von einem Frauenhasser womöglich«, stammelt Mizen, um Beherrschung bemüht.

»Also hat er ihr den Hals bis auf die Knochen durchgeschnitten, ihr die Zähne ausgeschlagen, ihren Bauch aufgeschlitzt und in die Fo …, entschuldige, in ihre Scham gestochen?«

Der blasse Constable nickt. »Es muss ein kräftiger Mann sein, äußerst brutal und gewissenlos. Doktor Llewellyn hat die Leichenbeschau in der Gasse durchgeführt und sie ins Arbeiterkrankenhaus in der Old Montague Street bringen lassen. Ich bitte dich, Ada, bleib in der Nacht zuhause, bis wir diese Bestie gefangen haben!«

»Das geht leider nicht, liebster Constable … und du weißt das!«

Du gehst zum Tatort in der Buck's Row (sofern du das noch nicht getan hast): Lies weiter bei **25**

Du suchst Charles Cross, der öfters die Frying Pan-*Taverne besucht (sofern du das noch nicht getan hast): Lies weiter bei* **33**

Du suchst Robert Paul, der in der Thomas Street bei einem Metzger arbeitet (sofern du das noch nicht getan hast): Lies weiter bei **55**

Du gehst zum Arbeiterkrankenhaus in der Old Montague Street: Lies weiter bei **39**

20 »Polizei möchte ich nicht in meinem Haus haben. Respektieren Sie das und verschwinden Sie!« Jenseits der Tür wird ein schwerer Gegenstand verrückt. Etwas Metallisches rastet ein, klickt verdächtig. Hat Ostrog etwa eine Pistole?
Es wäre nicht das erste Mal, dass der Russe zur Waffe greift.
»Seien sie doch vernünftig!«, versuchst du es ein letztes Mal.
Ostrog lacht. »Sie haben mir doch schon den Stempel des Verbrechers aufgedrückt. Aber ein Mörder, nein, das bin ich nicht!«
»Hatte ich etwas von Mord gesagt?«, antwortest du durch die geschlossene Tür.
»Polly Nichols«, grunzt Ostrog. »Dazu sag ich nur eins: Gehen sie ins Arbeiterkrankenhaus in der Old Montague Street. Und jetzt hauen Sie endlich ab!«
Du gehst hoch in die Schlachterei in der Thomas Street, um dort nach Hinweisen zu suchen: Lies weiter bei ***50***
Du gehst zum Arbeiterkrankenhaus in der Old Montague Street: Lies weiter bei ***39***

21 »Das hier ist mein Haus, nur um das klarzustellen. Ich zahle ordentlich meine Abgaben an euch, hab mir nichts vorzuwerfen.« Der Bartender zieht einen fleckigen Holzknüppel hervor. In der Taverne wird es still. Rote, vom billigen Fusel aufgequollene Gesichter wenden sich dir zu. Dir kommt eine Geschichte in den Sinn, in der ein Constable spurlos verschwand, als er in einer Spelunke mit dem Knüppel auf den Tresen schlug, um sich Achtung zu verschaffen.
War es nicht die Frying Pan, *in der das geschah?*
Hat man den Constable etwa zu Porridge verarbeitet?
Du hebst beschwichtigend die Hände. »Bleiben wir doch Gentlemen und reden wie zivilisierte Männer. Wie wäre es mit einem Bier?«
Der Bartender nickt und legt den Knüppel auf die Theke. »So gefallen Sie mir, Inspektor. Ich will mal nicht so sein. Cross hat von dem verrückten Russen gefaselt, der unter der Schlachterei in der Thomas Street wohnt. Michael Ostrog ist sein Name.« Unterstreichend, dass damit das Gespräch beendet ist, knallt er dir ein Bier vor die Nase.

Du gehst zum Tatort in der Buck's Row (sofern du das noch nicht getan hast): Lies weiter bei ***28***
Du gehst zur Schlachterei in der Thomas Street, in der Robert Paul arbeitet (sofern du das noch nicht getan hast): Lies weiter bei ***55***
Du gehst zur Wohnung Ostrogs in der Thomas Street: Lies weiter bei ***49***

22

Du bist in einem Wechselspiel zwischen Wach und Traum gefangen. Zwischen Bewusstlosigkeit und Qual, Leben und Tod. Einmal glaubst du, Doktor Jekyll gesehen zu haben, wie er eine Art Nährbrei anrührte, den er dir über einen dicken Schlauch durch Mund und Speiseröhre in den Magen presste, dass du dachtest, daran zu ersticken.
Dann war da wieder der grobschlächtige Mister Hyde, der dich betatschte, wo du es nicht wolltest, und mit Messern vor deinen Augen spielte.
Tag und Nacht. Hell und Dunkel. Schlaf und Schmerz. Du hast dein Zeitgefühl vollständig verloren. Manchmal, wenn du erwachst, steckt ein Knebel in deinem Mund oder liegt ein weißes Tuch über dir. Dann hörst du gedämpfte Stimmen, die du nicht verstehst.
Dann wieder fügt er dir winzige Schnitte zu, schlägt dir ins Gesicht oder in den Magen, dass du glaubst, am aufsteigenden Erbrochenen zu ersticken. Er tanzt singend durch den Leichenkeller, trinkt Rotwein und frisst fettigen Braten, dass dir allein vom Geruch elend wird.
»Erst, wenn ich alle Huren von Whitechapel gevögelt habe, jeden Eckensteher verprügelt und jeden Constable abgestochen, werdet ihr Mister Hyde verstehen, denn ich bin das aus der Hölle aufgestiegene Chaos!«
»Du bist nichts als Abschaum«, krächzt du heiser.
Schwarzer Schacht und helle Sonne. Bewusstlosigkeit und Delirium.
Mit einem Rasiermesser schneidet er einer Leiche die Kopfhaut vom Schädel, stülpt sie sich über und lacht. »Schau, ich habe dir eine Kappe gemacht!«

»Hast … du … damals … meinen … Hals … aufgeschlitzt? Und … Polly … was ist mit Polly?«, versuchst du, die alles entscheidende Frage zu formulieren.
Das grässliche Gesicht beugt sich über dich. Schwielige Hände betatschen deine Brüste, gleiten tiefer. »Hä? Kann ja mal den Doktor fragen, wenn er da ist. Und Polly, die du meinst, hab sie gefickt, aber das war vorher …« Er fuchtelt mit dem Rasiermesser vor deinem Gesicht herum. »Aber nicht, dass du denkst, ich hätt sie aufgeschlitzt und ausgenommen, denn wenn ich das gewesen wär, hätt ich zwischen ihren Beinen nicht Halt gemacht!«
Die scharfe Klinge zischt durch die Luft und durchtrennt die Narbe, die sich auf deinem Hals gebildet hat. Du bäumst dich auf, hinein in seinen brutalen Schlag, der dich in die allumfassende Dunkelheit schleudert …
Lies weiter bei **66**

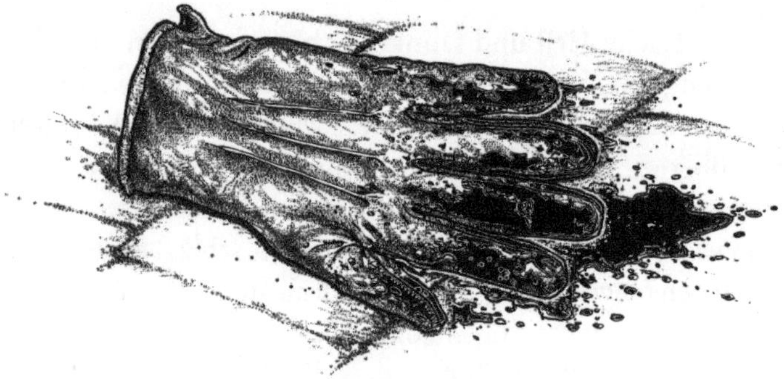

23 Der Nebel bedeckt London als weißer Schleier. In Whitechapel, wo sich dein Revier befindet, pulsiert das Leben. Es ist laut und schmutzig. Die Gassen sind voll von johlenden Säufern und Huren, die an Laternen gelehnt ihr weißes Fleisch feilbieten.
Einer der Constables hat es absolut treffend auf den Punkt gebracht, indem er das Viertel als Schlund zur Hölle bezeichnete, in dem die Tavernen wie Auswüchse eiternden Abschaum absonderten. In den engen Gassen, die nachts stockfinster sind, ist nichts romantisch, ein Menschenleben kaum mehr wert als die Pennys, welche die arme Seele in der Tasche trägt.

Du merkst es an dir selbst, wie sich dein Gemüt verändert, je näher du Whitechapel kommst. Deine Lippen verkümmern zu einem verkniffenen Strich, deine Augen huschen wachsam umher. Du kannst das Böse schmecken, als du in das Gewirr aus Gassen eintauchst, darin aufgehst wie Milch in trübem Wasser. Das Revier, ein rechteckiger, schmuckloser Klotz in der Commercial Street, erhebt sich hinter einem eisernen Zaun aus dem Nebel. Du grüßt den Constable am Tor und begibst dich zu deinem Arbeitsplatz, der sich im zweiten Obergeschoss in der Abteilung CO – allgemeinhin Scotland Yard genannt – befindet.

Dein Büro, das du dir mit den Inspektoren Atkins und Neill teilst, ist schlicht eingerichtet. Jeder hat einen Schreibtisch, an den Wänden stehen Regale, die überquellen von Akten, allesamt Niederschriften des menschlichen Versagens in Whitechapel. Der Raum riecht nach dem süßlichen Tabak, den sich Atkins – ein schwerfälliger, untersetzter Mann, der jeder körperlichen Anstrengung mit Bravour aus dem Weg geht – in seine Pfeife stopft.

Du lässt die Constables Neill, Thain und Mizen kommen, um mit ihnen über den Mordfall zu sprechen: Lies weiter bei ***6***

Du lässt dir die Akten zum Mordfall in der Zeitung bringen: Lies weiter bei ***15***

24

»Ich hab nichts zu sagen, also verschwinden Sie vor meiner Tür, Inspektor hin oder her!«

Du wirst nachdrücklicher. »Guter Mann, ich will nur mit Ihnen reden. Kann gern mit den Constables zurückkommen, wenn Ihnen das lieber ist. Also machen Sie auf!«

Probe ***Auftreten****: Lies weiter bei* ***61***

25

Tagsüber zeigt sich Whitechapel für den unbedarften Besucher von seiner angenehmen, netten Seite. Das Treiben ist geschäftig, die Säufer schlafen ihren Rausch aus und die Prostituierten liegen in ihren Betten. Straßenhändler haben ihre Plätze eingenommen und preisen lautstark Waren an. Doch sobald du die belebte Whitechapel Road mit ihren Geschäften und Theatern verlässt und nach links über die Court Street in die beklemmend enge Sack-

gasse Buck's Row eintauchst, ändert sich das Bild schlagartig. Hier weichen die Schatten niemals. Es stinkt nach der Pisse der letzten Nacht, oft auch nach Blut, wenn einer von den lauernden Schlägern in die Mangel genommen wurde. Ein ausgeschlagener Zahn schwimmt vor deinem Schuh in einer dunklen, halb getrockneten Lache. Du weißt, dass die Row ein guter Platz ist, um einen wegzustecken, wie es so schön heißt. Die Gasse endet nach zwanzig Metern vor einem mannshohen Bretterzaun, den die Säufer gerne zum Urinieren aufsuchen, und ist drei Meter breit. Die rußklebrigen Backsteinwände der sich hineindrängenden Häuser sind hoch. Die Fenster winzig und mit Brettern vernagelt, die Türen verrammelt und zerkratzt, als hätte eine Bestie daran ihre todbringenden Krallen geschärft. Ideal für einen, der eine arme Frau umbringen will. In der Mitte des gepflasterten Bodens quält sich ein Rinnsal durch eine Rinne bis zur Straße.
Hier hat der unbekannte Mörder vergangene Nacht die arme Polly abgeschlachtet und ausgeweidet, anders kannst du es nicht formulieren. Der Odem des Todes hängt in der Luft, ist körperlich zu spüren wie ein Geist, der nicht weichen will. Vor den Pinkelbrettern ist es geschehen. Dort ist das Holz feucht von ihrem Blut, Boden und Rinnstein ebenfalls. Welch ein unwürdiges, brutales Ende.
Du siehst dich in den Schatten stehend um, blickst zur Straße, die sich kaum zwischen aufgestapelten Kisten und Türmen aus Unrat abzeichnet. In der Nacht war der Tatort von dort aus nicht zu sehen, wirkte wie ein schwarzes Loch, in das man nicht fallen möchte.
Von der Örtlichkeit selbst sind dir zwei Dinge bewusst. Zum einen befindest du dich hinter dem London-Hospital, des Weiteren ist die Thomas Street nahe, in der Robert Paul lebt und als Schlachter arbeitet. Überhaupt gibt es hier eine Menge Schlachthöfe und Metzger. *Alles Leute, die wissen, wie man mit Messern umgeht*, sickert dir ein Gedanke wie Teer durch den schmerzenden Kopf.
Sie muss von der Osborn Street über die Whitechapel Road gekommen sein. In der Nacht ein Moloch, der Betrunkene und Huren durch die klebrigen Türen der Tavernen auf die Straße spuckt. Wenn ihr einer gefolgt ist, wird es keinem aufgefallen sein …
Das letzte Mal wurde Polly gegen halb drei in der Nacht gesehen. Gefunden wurde sie eine Stunde später. Für den Weg hierher dürf-

te sie dreißig Minuten gebraucht haben, es blieb dem Mörder also eine halbe Stunde, um sie wie ein Stück Vieh auszuweiden. Je mehr du darüber nachdenkst, desto unbehaglicher wird dir in der engen Gasse.

Die arme Polly, so grausam niedergemetzelt.

Eine derartige Brutalität ist dir noch nicht untergekommen. Gut, es gibt oft Verstümmelungen, das Abtrennen von Fingern oder das Ausstechen von Augen, wenn Schläger aneinandergeraten oder wenn eine Hure keinen Gewinn einfährt. Doch das hier geht weit darüber hinaus. Da ist noch anderes im Spiel, Hass auf Frauen womöglich.

Es muss einer gewesen sein, der sich mit Messern auskennt, denkst du dir. Und das sind in Whitechapel wahrlich viele. Metzger, Schlachter oder Mediziner kommen dafür in Frage. In diesem Viertel hat jeder, dich eingeschlossen, ein Messer einstecken.

Du gehst zum London-Hospital (sofern du das noch nicht getan hast): Lies weiter bei ***37***

Du warst bereits im London-Hospital (oder bei Constable Mizen) und besuchst jetzt den Ort, den du dabei in Erfahrung gebracht hast: Lies weiter bei ***39***

Du suchst Charles Cross, einen der Männer, die die Leiche entdeckt haben (sofern du das noch nicht getan hast). Er besucht öfters die Frying-Pan-*Taverne: Lies weiter bei* ***33***

Du suchst Robert Paul, den anderen der beiden Männer (sofern du das noch nicht getan hast). Er arbeitet in der Thomas Street bei einem Metzger: Lies weiter bei ***55***

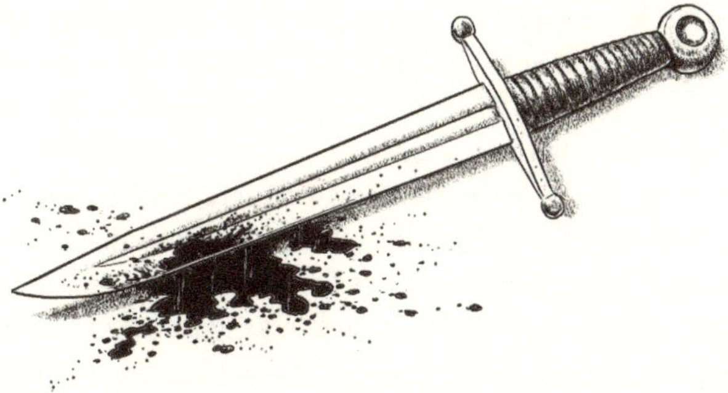

26 *Probe* ***Überzeugen*** *gegen* ***Contra-Skill 4****.*
Wenn du unterliegst: Lies weiter bei ***42***
Wenn du obsiegst: Lies weiter bei ***16***

27 Du trittst an die Rezeption heran und schenkst der Schwester ein gezwungen ernstes Lächeln. »Inspektor Abberline von Scotland Yard. Ich bin wegen der Leiche von Mary Ann Nichols hier!«
Die Schwester blättert in ihren Unterlagen, sieht dich eingeschüchtert an. »Den Gang nach hinten durch, dann die Treppe in den Keller. Doktor Jekyll wird Ihnen weiterhelfen, Inspektor Abberline.«
»Sagen Sie, ist dieser Doktor ab und an in Whitechapel unterwegs? In der *Frying Pan* womöglich?«
Die Schwester errötet, hebt ihre schmalen Schultern. »Ich weiß nur, dass er dort in der Gegend wohnt …«
»Danke, Schwester.«
Lies weiter bei ***47***

28 Tagsüber zeigt sich Whitechapel von seiner netten Seite. Das Treiben ist geschäftig, die Säufer und Huren liegen in ihren Betten. Straßenhändler haben ihre Plätze eingenommen und preisen lautstark Waren an. Doch sobald du die belebte Whitechapel Road mit ihren Geschäften und Theatern verlässt und nach links über die Court Street in die beklemmend enge Sackgasse Buck's Row eintauchst, ändert sich das Bild.
Hier weichen die Schatten niemals. Es stinkt nach der Pisse der letzten Nacht, oder nach Blut, wenn einer von den lauernden Schlägern in die Mangel genommen wurde. Ein ausgeschlagener Zahn schwimmt vor deinem Schuh in einer dunklen, halb getrockneten Lache.
Die Gasse endet nach zwanzig Metern vor einem mannshohen Bretterzaun, den die Säufer gerne zum Urinieren aufsuchen, und ist drei Meter breit. Die rußklebrigen Backsteinwände der sich hineindrängenden Häuser sind hoch. Die Fenster winzig und mit Brettern vernagelt, die Türen verrammelt und zerkratzt, als hätte eine Bestie daran ihre todbringenden Krallen geschärft. Ideal für einen, der eine

arme Frau umbringen will. In der Mitte des gepflasterten Bodens quält sich ein Rinnsal durch eine Rinne bis zur Straße.
Hier hat der unbekannte Mörder vor wenigen Stunden die Gelegenheitsprostituierte Mary Ann Nichols abgeschlachtet und ausgeweidet, anders kannst du es nicht formulieren. Der Odem des Todes hängt in der Luft, ist körperlich zu spüren wie ein Geist, der nicht weichen will. Vor den Pinkelbrettern ist es geschehen. Dort ist das Holz feucht von ihrem Blut, Boden und Rinnstein ebenfalls. Welch ein unwürdiges, brutales Ende.
Du siehst dich in den Schatten stehend um, blickst zur Straße, die sich kaum zwischen aufgestapelten Kisten und Türmen aus Unrat abzeichnet. In der Nacht war der Tatort von dort aus nicht zu sehen, wirkte wie ein schwarzes Loch, in das man nicht fallen möchte.
Zum einen befindest du dich – nur durch die Whitechapel Road getrennt – hinter dem London-Hospital, zum anderen ist die Thomas Street nah, in der Robert Paul lebt und als Schlachter arbeitet. Überhaupt gibt es hier viele Schlachthöfe und Metzger.
Alles Leute, die wissen, wie man mit Messern umgeht, sickert dir ein Gedanke wie Teer durch den schmerzenden Kopf.
Sie muss von der Osborn Street über die Whitechapel Road hierhergekommen sein. In der Nacht ein belebter Moloch, der Betrunkene und Huren durch die klebrigen Türen der Tavernen auf die Straße spuckt. Wenn ihr einer gefolgt ist, wird es keinem aufgefallen sein …
Das letzte Mal wurde Mary Ann Nichols gegen halb drei in der Nacht gesehen. Gefunden wurde sie eine Stunde später. Für den Weg hierher dürfte sie dreißig Minuten gebraucht haben, es blieb dem Mörder eine halbe Stunde.
Die arme Frau, so grausam niedergemetzelt.
Eine derartige Brutalität ist dir noch nicht untergekommen. Gut, es gab Verstümmelungen, das Abtrennen von Fingern oder das Ausstechen von Augen, wenn Schläger aneinandergerieten oder wenn eine Hure nicht genügend Gewinn einfuhr. Doch das hier geht darüber hinaus. Da war etwas anderes im Spiel, Hass womöglich.
Es muss einer gewesen sein, der sich mit Messern auskennt, denkst du dir. Und das sind in Whitechapel viele. Metzger, Schlachter oder Mediziner kommen besonders in Frage.

Du gehst zum London-Hospital, um Doktor Llewellyn aufzusuchen (sofern du das nicht schon getan hast): Lies weiter bei ***41***
Du suchst Charles Cross, der öfters die Frying-Pan-*Taverne besucht (sofern du das nicht schon getan hast): Lies weiter bei* ***33***
Du suchst Robert Paul, der in der Thomas Street bei einem Metzger arbeitet (sofern du das nicht schon getan hast): Lies weiter bei ***55***

29

Kosminski öffnet die Tür. Er grunzt, verdreht die Augen und starrt an dir vorbei, als würde hinter dir einer stehen, was nicht der Fall ist.
»Was sagt ihr? Ah, gut, ich soll mich nicht auf das Gewäsch der Hure einlassen? Ist es das? Ihr meint, ich soll ihren Wanst aufschlitzen und sie ausnehmen wie 'nen verdammten Fisch?«
Ehe du dich versiehst, zieht der Mann ein Klappmesser aus der Hosentasche. Auf der Klinge sind rostrote Flecken.
Getrocknetes Blut!
»Hey, was ist los mit dir, ich will nur reden!«, versuchst du ihn von einem Angriff abzuhalten. Doch der bärenhafte Pole verdreht nur irre die Augen und lacht. »Ja, ja, schon gut, ich lass mich von ihr nicht belabern. Abstechen, ja, hab verstanden. Ausweiden. Abschlachten, schon gut!«
Verwirrt wirfst du einen Blick hinter dich, doch dort erstreckt sich nur das düstere Treppenhaus. Auch in der dunklen Wohnung kannst du keinen erkennen.
Du stehst mit den Fersen deiner Stiefeletten auf dem Treppenabsatz, als du dein Messer ziehst. »Dann lass uns tanzen, Kosminski!«
Probe ***Nahkampf****: Lies weiter bei* ***63***

30

In der Seitengasse tummeln sich jene, die man im Krankenhaus nicht sehen will. Menschen, die nicht genug Geld haben, um eine ordentliche Behandlung zu bezahlen. Die Schmutzigen und Kranken, der Aussatz.
Zumeist sind es Prostituierte. Einige von ihnen kennst aus Whitechapel.
»Hey, Ada, bist du wieder im Geschäft, oder was?«, feixt Annie Chapman, die alle nur Dark Annie nennen.

»Nie im Leben, seit der Sache mit der Kehle ist sie etwas sonderlich geworden«, meint Cathrine – genannt Kate – Eddowes, eine der älteren Huren aus der *Frying Pan*.

Etwas sonderlich?, denkst du. *Wohl eher misstrauisch den Freiern gegenüber.*

»Warum wusste ich, dass ich euch hier treffe«, sagst du und begrüßt die Frauen mit einer Umarmung. Dein Blick wandert zur schäbigen Tür, neben der sich Abfall aus dem Krankenhaus häuft.

»Weißt doch, lassen sich Zeit mit solchen wie uns«, meint Kate zwinkernd. Gewaschen und in ordentlicher Kleidung wäre sie sicher eine schöne, dunkelhaarige Frau. Doch hier, wo sie viele Schichten übereinander trägt, ist sie nur eine weitere Vogelscheuche unter vielen.

»Hm, wollte Polly nochmal sehen.«

»Polly? Was hast'n mit der zu schaffen? Jagst du deinem Phantom hinterher, ist es das?«, will Dark Annie wissen.

Du seufzt. »Weißt doch, wie es ist. Ich werd meine Geister nicht los.«

Kate zieht dich in ihre dürren Arme. »Ach, Kindchen, tut mir leid, glaub aber kaum, dass die dich reinlassen.«

»Red keinen Blödsinn«, mischt sich Annie ein. »Der Hurensohn von Türsteher geht mir jede Freitagnacht unter die Röcke. Ich geb ihm 'nen Nachlass, wenn er 'ne Minute wegsieht. Na, was meinst du, Ada?«

Du siehst sie verblüfft an. Es gibt sie also doch noch, die Solidarität unter Huren.

*Erhöhe deine **Empathie** um 1 Punkt.*

»Das weiß ich zu schätzen, Annie. Ich zahl dir den Ausgleich, versprochen«, sagst du.

Annie zwinkert. »Dann lass uns mal den Hurenbock beiholen!« Und während sie den bulligen Kerl mit ihren markanten Reizen ablenkt, schlüpfst du vorbei und schleichst dich eine Treppe hinunter.

Lies weiter bei 7

31

»Ada Wilson, dass du dich noch hierhertraust«, lallt dir die dralle Annie Chapman entgegen, die ein abgestandenes Bier in der Hand haltend neben dir an der Theke lehnt. »Dacht schon, du bist was Besseres, wo du doch jetzt 'ne Näherin bist«, haucht sie mit dumpfem Zahnfäuleatem.

Du hebst die Hand, um ein Bier zu bestellen. »Hach, Annie, du weißt doch, dass es nichts anderes ist als das, was du tust, nur eben in den besseren Straßen Londons.« Zur Unterstreichung deiner Worte ziehst du den zugeknöpften Kragen auf und zeigst ihr die hässliche Narbe auf dem Hals. »Brauch das nicht noch mal, Annie. Vor allem jetzt nicht, wo einer Polly die Kehle aufgeschlitzt hat …«

»Recht haste«, murmelt Annie traurig und prostet dir zu, nachdem dir der Wirt dein überschäumendes Bier vor die Nase geknallt hat. »Auf dass sie dieses Dreckschwein finden!«

Du stellst das Bier ab und wischst dir mit dem Handrücken den Schaum vom Mund. »Deswegen bin ich hier. Gut möglich, dass es der gleiche Bastard war, der mir die Narbe verpasst hat. Wollt mich nach Charles Cross umhören, denn der hat sie in der Buck's Row gefunden.«

Annie winkt ab. »Den wirst du hier nicht finden, hat sich verkrochen, das feige Schwein. War total fertig. Pollys Anblick muss den harten Hund verstört haben …«

»Na ja, er und Polly standen sich ziemlich nah«, gibst du zu bedenken.

»Nah? Wenn du die Gassennummern meinst, ja. Nein, das war was anderes. Er hatte regelrecht Todesangst, faselte nach einigen Bieren von einem Polen, den er an der Ecke der Buck's Row gesehen hätte. Als er ihn ansprach, sei er davonrannt, als wär der Teufel hinter ihm her.«

»Ein Pole? Was weißt du über ihn?«

»Ein Bär von 'nem Mann, groß und breit, aber«, Annie wedelt mit der Hand vor ihrem Gesicht, »total irre. Hat schon einige von uns angegangen, wohl zu oft mit der linken Hand gespielt, wenn du weißt, was ich meine.« Sie macht eine eindeutige Auf-ab-Handbewegung mit geschlossenen Fingern, als würde sie eine Wurst halten.

Linkshänder und Frauenhasser, würde passen, denkst du dir. »Hat der ’nen Namen?«
Ein trauriger Klang stiehlt sich in Annies Stimme. »Klar. Aaron Kosminski. Wohnt über der Schlachterei, in der Robert Paul arbeitet. Mit dem war Cross unterwegs, als sie die arme Polly fanden …«
Du gehst zum Tatort in der Buck's Row (sofern du das noch nicht getan hast): Lies weiter bei ***25***
Du gehst zur Schlachterei in der Thomas Street, in der Robert Paul arbeitet (sofern du das noch nicht getan hast): Lies weiter bei ***55***
Du suchst den Constable Mizen, um mit ihm zu sprechen (sofern du das noch nicht getan hast): Lies weiter bei ***19***
Du gehst zur Wohnung Kosminskis in der Thomas Street: Lies weiter bei ***53***

32

»Schon gut, Inspektor, will keinen Ärger!«
Vor deinen Augen öffnet sich Ostrogs Kellerloch. Ein Anblick, den du dir lieber erspart hättest. Die Feuchtigkeit ist in den Raum gekrochen, hat ihn zu einem abstrakten Gebilde aus Moos, Flechten und bizarrem, an schwarzes Haar erinnernden Schimmel gemacht. Ostrog selbst wirkt gepflegt, was ein derart extremer Widerspruch ist, dass du dich fragst, ob er das Kellerloch tatsächlich bewohnt. An der Behauptung, der Mann wäre Arzt, könnte auf surreale Weise etwas dran sein.
Du beschließt, die Befragung an der Tür vorzunehmen. »Mister Ostrog, ich hätte einige Fragen bezüglich vergangener Nacht an Sie. Zuallererst, wo waren Sie in der Zeit zwischen drei und vier Uhr?«
Ostrog schaut dich verwundert an, streicht sich über seinen sauber gestutzten Oberlippenbart. »Hm, da war ich, nun, also, in der *Frying Pan*.«
»In der *Frying Pan*. Kann das wer bezeugen?«
»Na ja, waren ’ne Menge Leute dort. Bin von der Arbeit im Arbeiterkrankenhaus in der Old Montague Street gekommen, hatte Durst auf Bier.«
»Ich will offen zu Ihnen sein. Es geht um den Mord an Mary Ann Nichols, genannt Polly, in der Buck's Row. Ist ja nicht weit entfernt

von der Taverne. Man hat mir gesagt, dass Sie nicht gut auf die arme Frau zu sprechen waren …«

Ostrog zieht sich einen Schritt in sein Loch zurück. Schatten bedecken sein Gesicht. »Gleich vorneweg, ich mag keine Weiber, das ist richtig. Und Huren noch weniger. Wie die stinken und sich geben, widerwärtig. Und ja, ich bin ein Dieb und Betrüger, das gebe ich zu. Aber ein Mörder, das bin ich nicht!«

»Das Problem ist, sie haben doch dieses Faible für chirurgische Messer, nicht wahr? Denn wir glauben, dass die arme Frau damit zugerichtet wurde. Fachkundige Schnitte, Sie verstehen?«

Ostrog hebt beschwichtigend die Hände. »Ich arbeite als Hilfsarzt im Krankenhaus und kenn mich aus, ja. Jeden Tag seh ich das Leid der armen Kreaturen, die eingeliefert werden, manchmal kommen mir sogar die Tränen …«

Du bleibst beharrlich. »Reicht mir nicht. Womöglich sollte ich einen Constable rufen, der Sie zur Wache begleitet, um besser reden zu können!«

Der Russe murmelt etwas in seiner Muttersprache, tritt dann mit erhobenem Finger auf dich zu. »Moment, Inspektor, ich erinnere mich. Als ich in der *Frying Pan* an der Theke stand, sah ich einen Gentleman an einem Ecktisch sitzen und sich mit der Linken Notizen auf ein Papier machen.«

Jetzt beginnt die Sache interessant zu werden. »Und weiter?«

»Na ja, er musterte die Huren, schüttelte immer wieder den Kopf. Polly – Gott sei ihrer armen Seele gnädig – verließ um kurz nach Mitternacht die Taverne. Da stand er auf und folgte ihr.«

»Wie sah er aus?«

Ostrog grunzt, kratzt sich im Genick, was seltsam aussieht. »Er trug einen Zylinder. Einen Schal, tief ins Gesicht gezogen, sodass man nur die Augen sehen konnte. Einen Mantel, wie ihn Kutscher tragen, bodenlang. In der linken Hand hielt er einen Gehstock. Kleidung, Stock, alles schwarz. Dennoch erkannte ich ihn.«

»Sie kannten ihn?«

»Aber ja, ein Doktor ist es gewesen, der wie ich im Arbeiterkrankenhaus in der Old Montague Street arbeitet. Korrekter Mann, gepflegt.«

Das würde passen, denkst du dir. »Haben Sie ihn verfolgt?«
Ostrog nickt. »Nun ja, wollte wissen, was er mit Polly zu treiben hat. Wissen ist Macht, nicht wahr? Ich folgte dem Mann und sah, wie ihm draußen vor der Taverne das Papier aus der Manteltasche fiel, weil er es eilig hatte, Polly zu folgen. Ich bückte mich, hob es auf, aber als ich aufsah, hatte ihn der Nebel verschluckt.«
»Und das soll ich Ihnen glauben?«
»So wahr mir Gott helfe, es ist die Wahrheit!« Der Russe nickt eifrig und zieht einen zerknüllten Zettel aus der Hosentasche, den er dir entgegenstreckt. Das Papier ist edel, fühlt sich an wie Seide. In geschwungener Männerhandschrift steht darauf zu lesen:

Old Montague Street. Arbeiterkrankenhaus. Warum werden die Huren dorthin gebracht, nachdem man sie bearbeitet hat? Sie sind stets ungewaschen und stinken nach dem Saft schmutziger Männer, wie gebrauchte Wäsche, die man in Seifenlauge ertränken muss. Ob herausschneiden hilft, ihren Gestank angenehmer zu machen? Was würde wohl der Doktor dazu sagen?

Das reicht dir als Spur. Du gehst zum Arbeiterkrankenhaus in der Old Montague Street.
Lies weiter bei **39**

33

Die *Frying Pan Tavern* hockt wie ein fettgefressener Käfer zwischen den Fassaden der gealterten Backsteinhäuser in der Brick Lane, die nichts anderes ist als ein weiterer Auswuchs von der Whitechapel.
Viele nennen die verdreckte, heruntergekommene Taverne das schwarze Herz von Whitechapel, denn hier verirrt sich keiner her, der nichts mit den zwielichtigen Geschäften der Halsabschneider, Schieber und Zuhälter zu tun hat. Und wenn doch, kann er sich auf eine Abreibung gefasst machen.
In dem düsteren Loch, dessen Fenster von fettigem Tabakrauch bedeckt eher stumpf erblindeten Augen gleichen, herrscht ein von qualmenden Petroleumlampen erzeugtes Zwielicht, voll von langen

Schatten und dunklen Ecken. Wer sich durch den Dunst rempelnd in dem überfüllten Loch bis zur Theke kämpft und sich mit den Ellbogen auf das klebrige Holz stützt, muss eine laute, feste Stimme besitzen, um sich beim Wirt Gehör zu verschaffen.
Selbst jetzt, wo es draußen hell ist, verliert man schnell jedes Zeitgefühl im lallenden Gemurmel der Säufer und dem schrillen Lachen der Huren, die schales Bier aus schmutzigen Gläsern trinken.
*Wenn du als Ada in die Taverne gehst: Lies weiter bei **31***
*Wenn du als Inspektor Abberline die Taverne betrittst: Lies weiter bei **48***

34 Die Schwester lächelt dich mitleidig an. »Dir scheint ja wirklich was an der armen Frau zu liegen. Ich drück ein Auge zu, aber erzähl's keinem. Den Gang runter und dann die Treppe in den Keller. Dort wird dir Doktor Jekyll weiterhelfen.«
Lies weiter bei 7

35 Ganze zwei Stunden lässt dich der Doktor draußen im kalten Gang auf dem wackligen, sehr unbequemen Holzstuhl warten, ganz allein mit deiner Ungeduld und Frustration.

*Verringere deine **Empathie** um 1 Punkt.*

Endlich öffnet sich die Tür und Llewellyn tritt heraus. »Gehen wir an die frische Luft, Inspektor.«
Du begleitest den Doktor nach draußen.
Lies weiter bei ***17***

36

Probe ***Überzeugen*** *gegen* ***Contra-Skill 4****.*
Wenn du unterliegst: Lies weiter bei ***52***
Wenn du obsiegst: Lies weiter bei ***34***

37

Ein Schlüssel dreht sich knirschend im Schloss, dann öffnet sich knarzend die Tür des Seiteneingangs, der hinab in die Tiefen unter dem London-Hospital führt. Ein dunkler Schlund, der eine schmale, von rußgeschwärzten Steinen ummauerte Treppe ist. Mit Abscheu denkst du daran, dass es nur einen Grund gibt, hierherzukommen: den Tod!
Nun gut, einen zweiten gibt es schon, und der steht dir in Gestalt eines gedrungenen, breitschultrigen rothaarigen Mann gegenüber, den alle Billy den Leichenwäscher nennen. Billy arbeitet in der Pathologie unter Doktor Llewellyn. Viele behaupten gar, dass er in einem der Räume zwischen den Leichen haust. Seine Haut ist blass wie ein Leintuch, der Atem stinkt nach totem Fisch. Ungewaschen wäre in seinem Zusammenhang noch geprahlt.
Und dennoch ist Billy bei den Huren von Whitechapel ein Begriff, denn der Mann ist immer flüssig. Kurzum, es bedarf nur weniger Handgriffe, um den stinkenden Ghul gesprächig zu machen.
»Was willst du«, knurrt er in seiner unangenehmen Art. »Hab keine bestellt, also …«
»Warte«, beeilst du dich zu sagen und stellst zur Sicherheit den in einem schicken Schnürstiefelchen steckenden Fuß in die Öffnung. »Ich bin wegen einer Freundin von mir hier.«
»Freundin sagst du? Verkehrst du schon mit Toten? Steht's so schlecht um dich?« Ein holpriges Lachen löst sich mit dicker Spucke und fauligem Odem aus seinem wulstigen Mund.
»Es geht um Polly.«
»Is nicht hier«, grunzt Billy und glotzt dir dabei ins Dekolletee, dass dir allein davon schon übel wird.

Bitte, lass ihn nicht auf dumme Gedanken kommen, flehst du innerlich. »Ich will mich von ihr verabschieden, ihr die letzte Ehre erweisen …«
Jetzt poltert Billy los. »Ehre unter Huren, die sich gegenseitig die Freier ablaufen, ja? Willst du mich verarschen, Ada?« Seine Hände, die knorrigen Wurzeln gleichen, ballen sich zu Fäusten so groß wie Kinderköpfe. »Denn wenn ja, zerr ich dich runter und treib's dir aus!«
Deinen Ekel überwindend berührst du seinen harten Arm. »Bitte, Billy, so hab doch Mitleid. Es ist, wie ich sage. Polly war mir eine Freundin, also …?« Natürlich ist das eine Lüge, doch du hast auf der Straße gelernt, mit Worten zu spielen.
Schwer schnaufend lässt Billy die Fäuste sinken und entspannt sich. Dann funkelt er dich aus kleinen, engstehenden Augen hinterlistig an. »Dachte immer, du treibst es mit Annie Millwood. Egal, ich hab einen gut bei dir, Ada, beim nächsten Mal mein ich. Da gibt's dann keine Ausflüchte mehr!«
Du beschließt, seiner unverschämten Forderung entgegenzutreten.
»Vergiss es, bei mir gibt's nichts umsonst!« (Probe ***Auftreten****): Lies weiter bei* ***8***
»Billy, tu einmal, was man dir sagt!« (Probe ***Überzeugen****): Lies weiter bei* ***43***

38

Du bist in einem Wechselspiel zwischen Wach und Traum gefangen. Zwischen Bewusstlosigkeit und Qual, Leben und Tod. Du glaubst, Doktor Jekyll gesehen zu haben, wie er eine Art Nährbrei anrührte, den er dir über einen dicken Schlauch durch Mund und Speiseröhre in den Magen presste, dass du glaubtest, daran zu ersticken. Dann war da wieder der grobschlächtige Mister Hyde, der dich betatschte und mit Messern vor deinen Augen herumspielte.
Tag und Nacht. Hell und Dunkel. Schlaf und Schmerz. Du hast dein Zeitgefühl verloren. Wenn du erwachst, steckt ein Knebel in deinem Mund und liegt ein weißes Tuch über dir. Dann hörst du gedämpfte Stimmen, von denen du nicht weißt, ob er mit sich selbst spricht.

Er fügt dir winzige Schnitte zu, schlägt dir ins Gesicht oder in den Magen, dass du glaubst, am aufsteigenden Erbrochenen zu ersticken. Er tanzt singend durch den Leichenkeller, trinkt Rotwein und frisst fettigen Braten, dass dir vom Geruch schlecht wird.

»Erst, wenn ich alle Huren von Whitechapel gevögelt, jeden Eckensteher verprügelt und jeden Möchtegern-Inspektor abgestochen, werdet ihr Mister Hyde verstehen, denn ich bin das aus der Hölle aufgestiegene Chaos!«

»Du bist nichts als Abschaum«, krächzt du heiser. »Ein ruchloser Mörder!«

Schwarzer Schacht und helle Sonne. Bewusstlosigkeit und Delirium.

Mit einem Rasiermesser schneidet er einer Leiche die Kopfhaut vom Schädel, zieht sie sich auf und lacht. »Schau, ich habe dir eine Kappe gemacht!«

»Hast … du … Mary … Ann … Nichols … ermordet?«, versuchst du, die einzig wichtige Frage zu formulieren. Selbst jetzt, im Angesicht des Todes, denkst du eher an deine Aufgabe als an Emma, die sehnsüchtig auf deine Rückkehr wartet.

Das grässliche Gesicht beugt sich über dich. Schwielige Hände betatschen deinen Körper.

Wie ein Metzger, der das Schlachtvieh untersucht …

»Polly aus der *Frying Pan*, die du meinst, hab sie gefickt, aber das war vorher …« Er fuchtelt mit dem Rasiermesser vor deinem Gesicht herum. »Aber nicht, dass du denkst, ich hätt sie aufgeschlitzt und ausgenommen, denn wenn ich das gewesen wär, hätt ich zwischen ihren Beinen nicht Halt gemacht!«

Die scharfe Klinge zischt durch die Luft und durchtrennt deine Kehle. Du bäumst dich auf, weil du Blut atmest, hinein in seinen brutalen Schlag, der dich in die allumfassende Dunkelheit schleudert …

Lies weiter bei **66**

39

Du magst keine Krankenhäuser, verbindest zu viel schlechte Erfahrungen damit. Wie eine brandige Wunde sitzen sie inmitten der Stadt und stinken nach Tod.

39

Das Arbeiterkrankenhaus ist der eiternde Herd im entzündeten Hof von Whitechapel. Der Londoner Dreck hat die Backsteinmauern des kastenförmigen Bauwerks schwarz gefärbt, die Fenster sind vergittert. Es ist wahrlich ein Ort, den man nur aufsucht, wenn es gar nicht mehr anders geht.

Am Hintereingang in der Seitengasse stehen die Obdachlosen an, um sich einen Teller lauwarme Suppe von vorgestern zu ergattern oder den schnellen, übernächtigten Blick eines Arztes, während der sein Pausenbrot verschlingt.

Vor dem Haupteingang, den man über eine schlichte, geschwungene Treppe erreicht, stehen die noblen Kutschen der Gönner, die sich mit parfümierten Tüchern vor den Nasen durch die überfüllten Flure und Zimmer führen lassen.

Als du die nach Krankheit und faulen Wunden stinkende Schattenwelt betrittst, beneidest du die noblen Herrschaften um ihre in kölnisch Wasser getränkten Tüchlein, denn der Odem treibt dir Tränen in die Augen. Die Kittel der Ärzte und Schwestern sind schmutzig, bedeckt mit bräunlich-roten bis hellgelben Flecken, von denen du gar nicht wissen willst, woher sie stammen.

Wenn du als Ada Wilson das Krankenhaus betrittst: Lies weiter bei ***5***
Wenn du als Inspektor Abberline das Krankenhaus betrittst: Lies weiter bei ***14***

40

»Constables möchte ich nicht in meinem Haus haben, Inspektor.« Riegel werden zurückgeschoben, ein Schloss geöffnet. Die Tür schwingt auf und entlässt einen Schwall abgestandener Luft in den Kellerflur, dass dir übel wird.

Lies weiter bei ***32***

41

Die Pathologie ist im Keller untergebracht. Dort ist es kühl genug, damit die Leichen sich zumindest solange halten, bis sie untersucht sind.

Du kennst die düsteren Gänge, gemauert mit dunkelgrauen Backsteinen, die sich wie ein Labyrinth unter dem London-Hospital verzweigen.

Die Pathologie versteckt sich hinter metallbeschlagenen, vom Zahn der Zeit zernagten Schwingtüren. Dahinter erstreckt sich ein großer, quadratischer Raum, der unter dem linken Seitenflügel des *Medical College* liegt, was dem Zweck dient, dass der Weg zu den Lehrobduktionen kurz ist.

Die Leichen werden auf Metalltischen ausgestreckt aufbewahrt, die zum besseren Transport Rollen haben. Abgedeckt sind sie mit weißen Leintüchern, auf denen sich bräunliche Flecken bilden, wenn Wundflüssigkeit oder anderes austritt. Dich erinnern sie an die verwelkten Knospen sterbender Rosen.

Doktor Llewellyn arbeitet in der Mitte des Raumes, wo er aus elektrischen Lampen und altmodischen Gaslaternen durch Glas und geschickt platzierte Spiegel einen recht hellen Arbeitsplatz geschaffen hat. Der Rest hüllt sich in zwielichtige Schatten, die unheimliche Bewegungen vorgaukeln. Über eine mit dem Y-Schnitt geöffnete Leiche gebeugt, schneidet er in ihrem Innern herum, hebt graue Innereien heraus, um sie auf eine Waage und danach in bereitgestellte Nierenschalen zu legen. Du findest, dass die Leiche wie ein aufgeklapptes Buch vor ihm liegt, was sie letzten Endes auch ist.

»Ah, Inspektor Abberline«, begrüßt er dich, ohne sich umzudrehen. Du räusperst dich und bleibst auf Abstand, denn das Hantieren in geöffneten, menschlichen Körpern, die vor Kurzem noch voller Leben waren, ist dir zuwider.

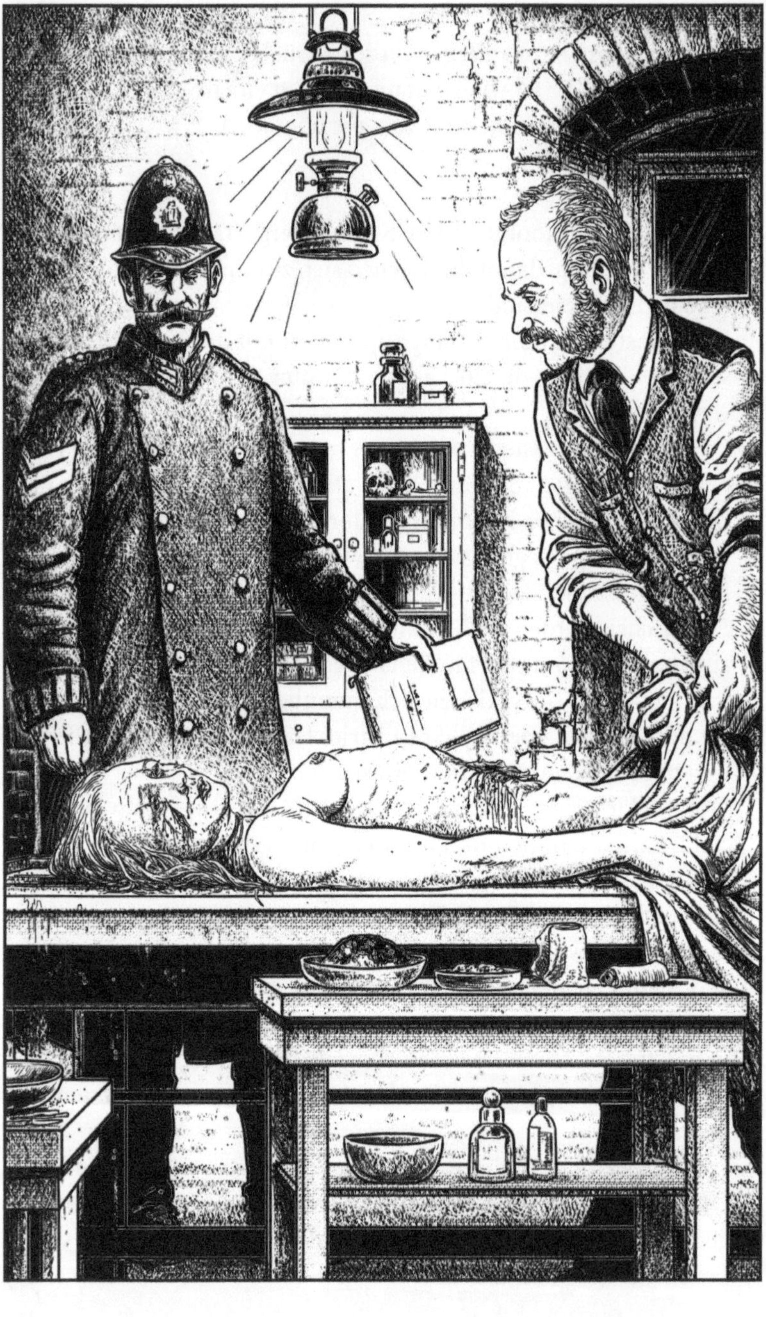

»Guten Morgen, Doktor. Man könnte meinen, Sie verbringen ihr Leben hier unten zwischen all den kalten Körpern.«
»Kommen Sie zur Sache, ich habe zu arbeiten«, lautet Llewellyns knappe Antwort.
Du trittst einen Schritt näher. »Mary Ann Nichols.«
Des Doktor Hände vollführen ein schmatzendes Werk im nassen Körper. Es knirscht ekelhaft, als er mit einem scharfen Messer etwas heraustrennt. »Dafür habe ich jetzt keine Zeit. Sie müssen warten!«
*»Ich muss leider darauf bestehen!« (Probe **Auftreten**): Lies weiter bei **59***
*»Es eilt, Doktor. Geben wir dem Mörder nicht die Zeit, unterzutauchen!« (Probe **Überzeugen**): Lies weiter bei **3***
*»Meinetwegen, Doktor. Ich warte draußen!«: Lies weiter bei **35***

42

Der Bulle beugt sich zu dir, um dir nah zu sein. Du kannst seinen dumpfen Fleischatem riechen. »Ich sag's dir nur noch einmal. Huren stellen sich in der Gasse am Seiteneingang an!«
*Lies weiter bei **30***

43

*Probe **Überzeugen** gegen **Contra-Skill** 7.*
*Wenn du unterliegst: Lies weiter bei **57***
*Wenn du obsiegst: Lies weiter bei **13***

44

Du richtest dir die Kleidung und trittst der Frau hinter der Rezeption lächelnd entgegen. »Entschuldigung, Schwester ...«
Sie sieht auf. »Betty. Wie kann ich Ihnen helfen?«
Du beugst dich vor, um Verschwiegenheit anzudeuten. »Ich bin in einem, nun, sagen wir, delikaten Anliegen hier. Es geht um Mary Ann Nichols' Leichnam.«
Schwester Betty runzelt die Stirn. »Schreckliche Sache, aber was haben Sie damit zu schaffen, Miss ...?«
»Ada Wilson. Es ist so, dass ich sie gerne ein letztes Mal sehen würde, um mich von ihr zu verabschieden. Auch gibt es die Beerdigung zu regeln.«

Schwester Betty sieht auf ihre Unterlagen. »Also ich weiß nicht, Sie sind hier nicht aufgeführt.«

Du zwinkerst ihr zu. »Und wenn ich ganz lieb darum bitte?« (Probe ***Überzeugen****): Lies weiter bei* ***36***

Du blickst sie ernst an. »Es wäre eine sehr menschliche Geste.« (Probe ***Empathie****): Lies weiter bei* ***12***

45

Der Pole schnellt behände auf dich zu. Seine Klinge zerschneidet die Luft vor deinem Gesicht. Das war knapp. Ein Zentimeter weiter, und – du willst gar nicht darüber nachdenken, denn eine wulstige Narbe auf dem Hals ist mehr als genug.

Du federst zurück, um der Klinge auszuweichen, und führst die eigene in einer halbkreisartigen Bewegung aufwärts. Die Klinge zerschneidet Stoff, die Haut darunter, stößt in Kosminskis Arm, der jault wie ein getretener Hund. Seine Hand wird schlaff, das Messer poltert die Treppe hinab.

»Willst du jetzt reden?«, zischst du ihm warnend zu und fuchtelst mit dem Messer vor seinem Gesicht herum.

Der Mann hebt beschwichtigend die Arme. Dunkles Blut tropft vor deine Füße. »Ja, ja, schon gut, wir geben auf. Alle sind einverstanden!«

*Erhöhe **Nahkampf** um 1 Punkt!*

Kosminski geht in seine Wohnung. »Komm rein.«
*Lies weiter bei **18***

46

»Komm schon, Jonas, muss ich dir alles aus der Nase ziehen?« Du zwingst dich zu einem schrägen Lächeln, obgleich dir nicht danach zumute ist.
Jonas schnauft genervt, sieht sich um, als hätte er Angst, von jemandem belauscht zu werden. »Die Spatzen pfeifen es nicht gerade von den Dächern, aber ich hab da was von einer der Huren gehört. Die hat Polly noch gesehen, als sie eine halbe Stunde nach Mitternacht die *Frying-Pan*-Taverne in der Brick Lane verließ. Besoffen und heulend, weil sie keinen für die Nacht abbekommen hatte.«
»Das *Frying Pan*, ein Dreckloch erster Güte, angefüllt mit Gossendreck. Nicht der beste Platz, um einen aufzureißen«, sinnierst du laut grübelnd.
»Na ja, hatte ja keine Wahl, die Arme. Lief in letzter Zeit nicht so gut mit der Kundschaft«, erklärt Jonas. »In der Trawl Street kenn ich einen, der Zimmer nächteweise vermietet. Hausnummer 18. Den hab ich vorhin getroffen. Er meinte, sie sei da gewesen, das muss gegen halb zwei gewesen sein. Er jagte sie zum Teufel, weil sie nicht bezahlen konnte. Ist ja nicht so, dass er 'n Armenhaus sei …«
Du schnaubst. »Und er hat sie damit ihrem Mörder in die Arme getrieben …«
»Und wenn schon. Ellen Holland war's jedenfalls, die sie eine Stunde später an der Ecke Oxford Street und Whitechapel High Street betrunken traf. Polly erzählte ihr lallend, dass sie das Übernachtungsgeld wohl schon dreimal verdient, aber immer wieder versoffen hätte.«
»Weißt ja ziemlich viel für einen, der sich aus allem raushält. Und wie ging's weiter, hat Ellen sie begleitet?«
»Ellen bot ihr an, mit ihr in die Trawl Street zu gehen, doch Polly lehnte ab. Also ließ Ellen sie stehen …« Er seufzt. »Jedenfalls haben die Constables die arme Polly im Rinnstein der Buck's Row gefun-

den, die Röcke hochgeschoben, wenn du verstehst, was ich meine … abgeschlachtet wie'n verdammtes Schwein beim Metzger … muss um kurz vor vier gewesen sein, mehr weiß ich nicht. Gefunden haben sie Charles Cross und Robert Paul. Der Name eines der Constables ist Mizen.«

Wie bei Annie Millwood. Abgeschlachtet. Entblößt. Gedemütigt …

Dir läuft ein kalter Schauer über den Rücken, denn du kennst Cross und Paul. Zwei standfeste Säufer und Gelegenheitsschläger, die verdorben sind bis ins Mark. Männern dieser Sorte ist es durchaus zuzutrauen, sich an einer Betrunkenen zu vergehen. Auch Mizen ist dir ein Begriff. Der Constable ist jung und bemüht, auch den schlimmsten Gesellen gegenüber freundlich zu sein.

Du begibst dich zur Frying Pan, *wo sich Cross gerne aufhält: Lies weiter bei* ***33***

Du gehst zur Thomas Street, wo Paul bei einem Hinterhofmetzger aushilft: Lies weiter bei ***55***

Du gehst zum London-Hospital in der Oxford Street, um dir Pollys Leiche anzusehen: Lies weiter bei ***51***

Du suchst nach Constable Mizen und streifst dazu durch die verwinkelten Gassen von Whitechapel, den bekannten Routen der Constables folgend: Lies weiter bei ***19***

47

Es ist schrecklich, in den Leichenkeller hinabzusteigen, in dem man selbst eines Tages ausgestreckt mit einem Zettel am großen Zeh auf einer Bahre liegen wird. Hier unten ist es dunkel und kalt. Die Luft schmeckt süßlich schwer nach Tod. Du weißt, dass das von den verwesenden Leichen kommt, wenn diese länger liegen und Gase aus ihren Körpern entweichen. Die Geräusche des geschäftigen Krankenhauses bleiben auf den Stufen zurück, als würden sie es nicht wagen, die vom Leben entrückte Ruhe zu stören.

Du betrittst eine fremde Welt, in der die Gesetze der Sterblichen keine Gültigkeit haben.

Wo der lange, mit trüben Lampen erhellte Gang jenseits der Treppe beginnt, hebt sich eine hellere Tür von den metallbeschlagenen ab. *Doktor Henry Jekyll* steht auf dem polierten Messingschild.

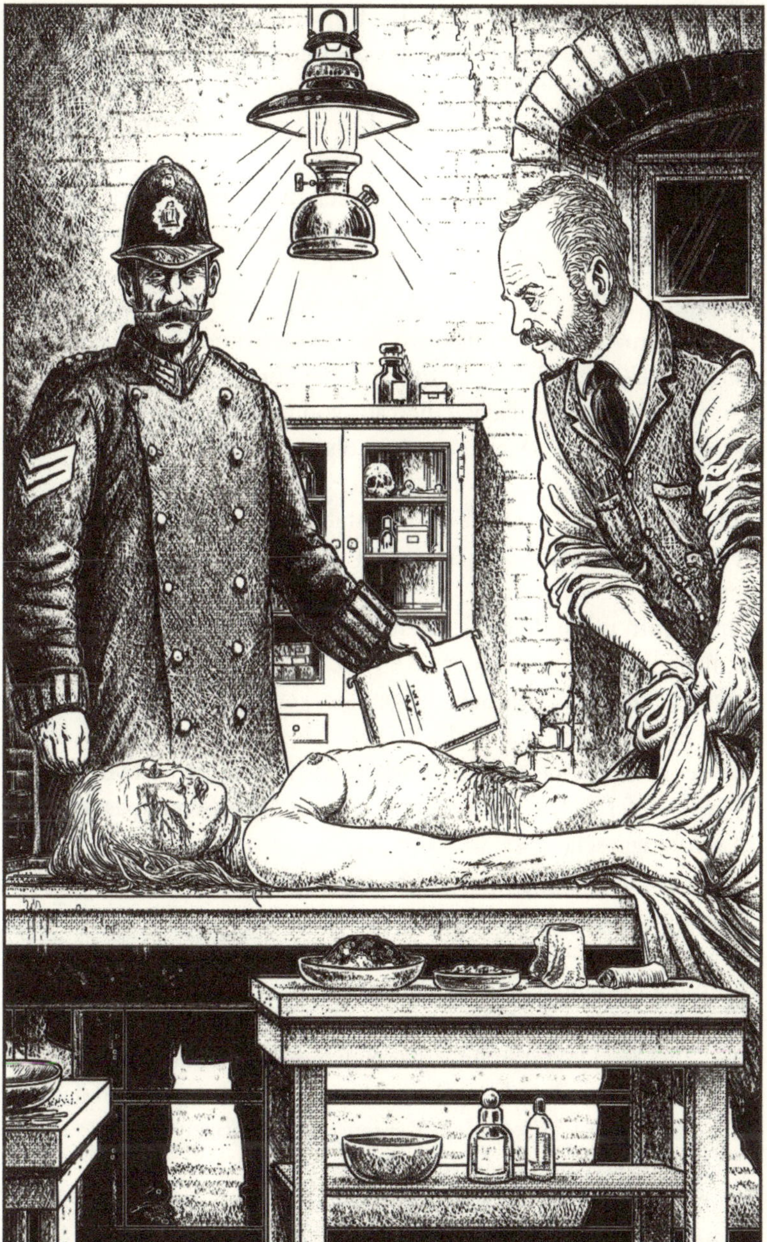

Du klopfst an. »Doktor Jekyll, ich bin Inspektor Abberline und hätte ein paar Fragen an Sie.« Eine Frage, die dumpf verhallt.
Dann, nach einer gefühlten Ewigkeit: »Wer ist da?« Die Stimme ist dunkel, aber angenehm, wird jedoch von einem gehetzten Unterton getragen.
»Inspektor Abberline. Ich bin gekommen, um mir die Leiche von Mary Ann Nichols anzuschauen. Wurde vergangene Nacht wohl eingeliefert.«
Ein Stuhl schabt über den Boden, ein Schlüsselbund klimpert, schwere Schritte, die sich nähern. Dann knirscht ein Schlüssel im Schloss, dreht sich. Endlich öffnet sich die Tür. Ein sehr gepflegter Mann in bestem Alter lächelt dich aus von winzigen Fältchen umkränzten Augen an. »Mary Ann Nichols, sagten Sie?«
»So ist es, Doktor.«
»Hm, ich weiß nicht recht, die Constables sagten, dass niemand mehr kommen würde. Es ist wegen der anderen Toten in dem Raum.«
»Guter Gott, die anderen Leichen interessieren mich nicht. Es ist vielmehr so, dass ich mir Mary Ann Nichols selbst ansehen möchte, weil ich den Fall bearbeite. Sagen Sie, verkehren Sie ab und an in der *Frying Pan* in der Buck's Row?«
»Ich denke das ist nicht verwerflich. Ich wohne nicht weit von der Taverne entfernt. Das Essen ist gut und die Gesellschaft passabel. Ich bin Junggeselle.«
»Letzte Nacht womöglich auch? So gegen Mitternacht?«
»Sie stellen Fragen, Inspektor, die ich ungern zwischen Tür und Angel beantworte. Ich bringe Sie zu Mary Ann Nichols, dann können wir immer noch über Tavernen philosophieren.« Doktor Jekyll tritt in den Flur hinaus und zieht die Tür hinter sich zu. Du erhaschst einen Blick ins Doktorzimmer, das eher aussieht wie das Laboratorium eines Wissenschaftlers. Mit grüner Flüssigkeit gefüllte Glaskolben brodeln in flackerndem Kerzenschein. Notizen türmen sich auf Haufen zerrissener Kleidung. Ist das normal?
Die daraus resultierenden Fragen hebst du dir für später auf. Die Leiche ist wichtiger. Die Tür fällt ins Schloss und du folgst Doktor Jekyll den mäßig beleuchteten Flur entlang bis zur letzten Tür.

Wieder dreht sich ein Schlüssel, ein Riegel schnappt zurück. Jekyll sieht dich ernst an. »Ich muss Sie warnen, es ist kein schöner Anblick. Neben der Tür liegen parfümierte Tücher. Nehmen Sie sich eins und bedecken Sie damit Mund und Nase.«

Das Öffnen der Tür entfesselt den Odem des Zerfalls, denn Polly ist nur eine in einer Reihe von mit weißen Tüchern bedeckten Leichen. Und einige davon liegen schon länger. Der Doktor entzündet an den Wänden angebrachte Gaslaternen, die fauchendes Licht spenden. Jetzt kannst du die bräunlichen Flecken erkennen, die sich auf den Tüchern ausbreiten und wie erblühte Blumen wirken, deren Kelche dunkler sind als die Höfe.

»Es ist die in der Mitte«, sagt der Doktor und tritt neben die besagte Liege.

Du nimmst dir ein Tuch, drückst es auf Mund und Nase und stellst dich neben ihn. »Dann zeigen Sie mir, was wir haben, Dokt…«

Lies weiter bei ***58***

48

»Wenn das nicht der ehrbare Inspektor Abberline ist«, krächzt dir der rotgesichtige Bartender zu, derweil er ein Bier zapft und den Schaum mit einem Holzspatel bündig zum Glasrand abstreicht. »Was verschafft uns die Ehre eines Besuchs des Scotland Yard?«

Du vermeidest den Kontakt mit dem klebrigen Tresen ebenso wie die zufälligen Berührungen der Säufer und Huren, die sich im Zwielicht tummeln. »Ich suche Charles Cross.«

Der Bartender lacht. »Keine Ahnung, wer das sein soll …«

Du lehnst dich vor. »Ich kann auch mit ein paar Constables wiederkommen.«

Probe ***Auftreten****: Lies weiter bei* ***64***

49

Es ist nicht außergewöhnlich, in einem Keller zu wohnen. In diesen Zeiten ist Wohnraum wertvoll und jedes erbärmliche Loch wird genutzt, um hartes Geld zu verdienen. Direkt hinter der Schlachterei in der Thomas Street führen enge, mit Moos bewachsene Stufen hinab in eine trügerische Dunkelheit. Aus den Ställen klagen die armen Tiere, denen man die Kehlen durchschnei-

den und die Schädel einschlagen wird. Über der ewig schattigen Gasse hängt der Odem des Todes. Ein grauenvoller Gedanke.
Unten angekommen schält sich ein nach Pisse stinkender Kellergang aus der Dunkelheit. Schatten gaukeln dir Bewegungen vor. Der Flur erstreckt sich durch das gesamte Haus. Zu beiden Seiten zweigen je drei Türen ab, die etwas dunkler als die von Schimmel und Algen bedeckten Backsteinwände sind. Aus einer klagt das Weinen eines Säuglings. Aus einer anderen das ordinäre Lachen einer Hure.
Ostrog bewohnt den letzten Raum auf der linken Seite. Der fünfundfünfzigjährige Russe ist kein unbeschriebenes Blatt. Ein Gewohnheitsverbrecher, der ein Faible für chirurgische Messer und andere Instrumente dieser Art hat und für seine Grausamkeit gegenüber Frauen bekannt ist. Ein übler Bursche, den selbst Gefängnis und Zwangsarbeit nicht brechen konnten. Du atmest durch, straffst deine Schultern, und klopfst an. »Michael Ostrog, öffnen Sie die Tür. Hier ist Inspektor Abberline vom Scotland Yard!«
Hinter einer der Türen lacht eine alte Frau meckernd über deine Ansage, die hohl durch den Kellerflur hallt.
Probe ***Überzeugen****: Lies weiter bei* ***60***

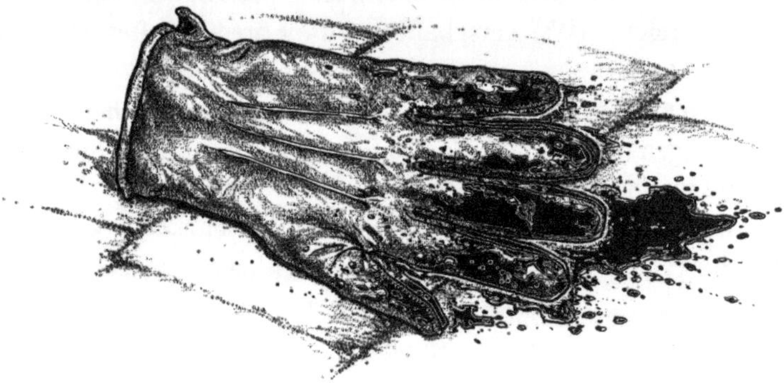

50 Die Schlachterei, in der Robert Paul arbeitet, liegt am Ende der kleinen Seitengasse, wo sie wie ein Pfropfen den Abschluss bildet. Betritt man sie, weicht die zaghafte Sonne dem Schatten der sich in die Gasse neigenden Häuser. Ein schwerer Hund liegt links neben der Ladentür, die der Schlund in ein dunkles, nach Blut stinkendes Loch ist.

Das Eis kann nicht verhindern, dass Fliegenschwärme von den Fleischbrocken aufbrausen, die an Haken baumeln oder in der Auslage auf blutigem Wachspapier liegen.
Du hasst den Geruch von frischem, blutigem Fleisch, weil es dich an die armen Opfer der nebligen Gassen Whitechapels erinnert. Du findest, vergossenes Blut riecht wie Kupfer.
Der Hund, der auf einer schmutzigen Decke liegt, hebt seinen massigen Schädel und knurrt, macht aber keine Anstalten, aufzustehen. Beherzt trittst du an ihm vorbei zur glasverkleideten Theke. Dahinter steht ein gewichtiger Mann in blutbeschmierter Schürze, der einen Ledergürtel mit Schlachtwerkzeugen trägt, von denen jedes geeignet gewesen wäre, Mary Ann Nichols das Lebenslicht herauszuschneiden.
»Inspektor Abberline. Ich muss mit Robert Paul sprechen. Ist er hier?«
Der Mann wischt sich die Hände mit einem dreckigen Lappen ab, mustert dich misstrauisch. »Hat der Penner wieder was ausgefressen?«
»Das geht nur ihn und mich etwas an. Also – ist er hier?«
Der Metzger nickt. »Isser.« Er dreht sich um. »Paul, da verlangt ein Inspektor nach dir!«
»Ich warte draußen auf ihn«, entgegnest du, um dem Blutgestank zu entkommen, der Übelkeit heraufbeschwört.
Du sitzt schon einige Minuten auf einem alten Holzfass, als Robert Paul aus der Schlachterei tritt. Er trägt ein weißes Käppi und eine ähnliche Schürze wie der Schlachter, beides schmutzig.
»Inspektor«, begrüßt er dich mit heißerer Stimme.
»Robert Paul nehme ich an. Ich hätte Fragen zu letzter Nacht.«
Paul hebt seine breiten Schultern und lehnt sich gegen die Wand. Er wirkt müde, sein Blick schweift in weite Ferne. »Die arme Polly. Ich werde diesen Anblick nie mehr vergessen. Immer, wenn ich die Augen schließe, seh ich sie vor mir, die Röcke hochgeschoben, das offene Fleisch …«
Du schnaufst schwer, schluckst deine Abscheu herunter. »Sie haben die arme Frau gemeinsam mit Cross in der Buck's Row gefunden.«

»So isses«, murmelt der. »Ich bin wahrlich kein Waisenknabe, aber das macht man nicht mit 'ner Frau.«

»Wie denken Sie darüber? Ich meine, Sie sind einer aus Whitechapel, gehen in der *Frying Pan* ein und aus, kannten Mary Ann Nichols. Hatte sie Feinde oder besonders aufdringliche Verehrer?«

Paul scharrt mit dem Fuß auf dem nassen Boden. »Na ja, man erzählt sich natürlich so einiges. Vieles ist Schwachsinn, aber eine Sache geht mir nicht aus dem Kopf.«

»Was genau?«

»Ich sag's Ihnen nur, weil ich es nicht für richtig halte, was man mit Polly gemacht hat. Hab in den frühen Morgenstunden Kosminski getroffen. Ist einer, der hier in der Gasse unterm Dach wohnt. Verrückter Pole.« Er tippt sich bekräftigend an die Stirn. »Nicht mehr ganz richtig im Kopf. Jedenfalls meinte der, er habe Polly in der *Frying Pan* gesehen letzte Nacht. Als sie kurz nach Mitternacht die Taverne verließ, sei ihr ein Gentleman nachgeschlichen.«

»Ein Gentleman?«, hakst du nach. Jetzt wird die Sache interessant.

Paul nickt. »Schwarzer Zylinder, Schal, Mantel. So 'n Gehstock in der Linken. Bin nicht ganz schlau aus seinem Gefasel geworden. Er meinte, der Mann sei so 'ne Art Doktor aus dem Arbeiterkrankenhaus in der Old Montague Street.«

Linkshänder. Doktor. *Das könnte passen.*

»Das ist alles?«

»Ist es«, bestätigt Paul und sieht dich offen an. »Ich hab's nicht so mit den Constables, Inspektor, aber in dieser Sache wünsch ich mir, dass das Dreckschwein gefasst und hart bestraft wird.«

Du legst ihm die Hand auf die Schulter. »Dafür sorge ich, Sir. Ich geb Ihnen mein Wort als Ehrenmann!«

Du gehst zum Arbeiterkrankenhaus in der Old Montague Street.

*Lies weiter bei **39***

51

Der Weg zum London-Hospital, wo Pollys Leiche sein müsste, erscheint dir wie der Eintritt in eine andere Welt. Die breite Oxford Street ist von Droschken und allerlei exotisch anmutenden Fuhrwerken befahren, manche sogar mit Dampf betrieben. Die Herrschaften auf den Bürgersteigen wirken nobler als die Halsabschneider in deinem Viertel. Du betrittst das Areal durch das schmiedeeiserne Tor, über dem in verschnörkelten Lettern London-Hospital geschrieben steht, und begibst dich auf den großen Platz vor dem hufeisenförmigen Gebäudekomplex.

So früh ist nicht viel los. Kommilitonen scharen sich zur Linken vor dem kastenförmigen Gebäude des Medical College. Vor dir erhebt sich im Zentrum des Platzes ein großer Brunnen. Der frühmorgendliche Nebel ist ein schwacher Dunst, ähnlich eines durchsichtigen Schleiers. Eine Kutsche umrundet den Brunnen und entlässt einen Gentleman mit Zylinder und dunklem Anzug, der eilig zum Haupteingang im Mittelteil hastet. Die Pferde schnauben, ihre beschlagenen Hufe klappern auf dem Kopfsteinpflaster.

Dein Ziel befindet sich im rechten Gebäudeflügel. Es ist ein unscheinbarer Eingang – eine durch häufige Benutzung verkratzte Holztür ohne Zierde –, der zur Pathologie führt, die sich tief in den Gedärmen des Hospitals befindet, abgeschieden und isoliert.

Man versteckt das Grauen, das in den Gassen von Whitechapel wütet, lieber, bevor es ein allzu übereifriger Schreiberling ans Licht zerren kann, geht es dir durch den Kopf. *Ich hoffe, Billy, der für einen gewissen Doktor Llewellyn arbeitet, kann mich zu Mary Anns Leiche bringen.*

Du klopfst an die Tür.

Lies weiter bei **37**

52

Schwester Betty lacht spöttisch und funkelt dich hämisch an. »Ich sag's dir nur einmal. Huren stellen sich in der Gasse am Seiteneingang an. Und jetzt scher dich raus zu deinesgleichen!«

Lies weiter bei **30**

53

Die Thomas Street, auch Butchers Row genannt, ist dir ein Begriff. Oft hast du an den Hintertüren der Schlachtereien billiges Fleisch gekauft und dir daraus eine Brühe gekocht, die dich eine Woche satt machte. Das Haus der Schlachterei, in der Charles Cross arbeitet, liegt am Ende einer kurzen Seitengasse. Hier ist es selbst im Sommer düster, denn die Gasse ist schmal und die alten Backsteinhäuser neigen sich in sie hinein, als wollten sie sie verschlingen.

Links davon gibt es einen windschiefen Durchgang. Die Brettertür steht offen, dahinter gähnt ein düsteres enges Treppenhaus, in dem schwarzer Schimmel blüht. *Gut, dass ich das Messer im Strumpfband stecken habe*, denkst du dir und gehst in die Finsternis, um die Stufen hinaufzusteigen.

Kosminski wohnt unter dem Dach, wo die Treppe endet. Hier ist es zugig und feucht, weil viele Ziegel locker sind oder fehlen. Es riecht nach Rattenpisse und Ausscheidungen anderer Natur, über die du nicht nachdenken willst.

Was, wenn er nicht nur der Mörder ist, sondern der, der mir damals an der Türschwelle das Messer an den Hals setzte, um ihn mir durchzuschneiden?

Die davon zeugende Narbe juckt wie verrückt. Du atmest durch, kämpfst deine Nervosität nieder und klopfst an. »Kosminski, bist du da? Mein Name ist Ada Wilson und ich will mit dir reden!«

Drinnen raschelt Stoff, ächzt der Boden unter dem Gewicht eines schweren Mannes, der zur Tür schlurft, um dahinter zu verharren. »Scher dich weg, sag ich! Hier gibt's nichts für solche wie dich. Wir wollen dich hier nicht haben!«

Kannst du den Polen überzeugen, dich anzuhören?

*Probe **Überzeugen**: Lies weiter bei **65***

54

*Probe **Empathie** gegen **Contra-Skill** 4.*
*Wenn du unterliegst: Lies weiter bei **42***
*Wenn du obsiegst: Lies weiter bei **16***

55

Metzger gibt es hier viele, weshalb man die Thomas Street auch Butchers Row nennt. Die Rinnsteine haben die rote Farbe von dem Blut angenommen, das man aus den Schlachthöfen auf die Straße spült. Hunde tummeln sich in Meuten um das geronnene Nass und balgen sich mit Obdachlosen um die Schlachtabfälle, welche die Fleischer achtlos aus den Hintertüren in die Gassen werfen.

Die Thomas Street hat einen schlechten Ruf, der kupfern und süßlich bis zum Himmel stinkt. Die Ladentheken locken mit blutigem, um diese Jahreszeit von Fliegen umschwirrtem Fleisch, das in Regenbogenfarben in der Sonne schillert wie der Arsch einer fettgefressenen Scheißhausfliege. Hier kaufen die Armen ein, die Huren und Säufer aus Whitechapel. Man bleibt unter sich.
*Wenn du als Ada die Schlachterei betrittst: Lies weiter bei **4***
*Wenn du als Inspektor Abberline die Schlachterei betrittst: Lies weiter bei **50***

56

Du trittst an die Rezeption und schenkst dem gewichtigen Mann ein ernstes Lächeln. »Inspektor Abberline. Scotland Yard. Ich muss mir die Leiche von Mary Ann Nichols ansehen!«
Der schnauft, sieht auf und blättert dann in den Unterlagen. »Den Gang nach hinten durch, dort die Treppe in den Keller. Doktor Jekyll wird Ihnen weiterhelfen, Inspektor.«
»Sagen Sie, ist dieser Doktor ab und an in Whitechapel zugegen? Im *Frying Pan* etwa?«
Der Mann verengt die Augen. »Wenn Sie erwarten, dass ich den guten Doktor denunziere, sind Sie bei mir an der falschen Adresse!«
Du beugst dich vor, siehst ihm in die kleinen Augen. »Ich will nur wissen, wem ich gegenübertrete, mehr nicht.«
»Ich weiß nur, dass er in der Gegend wohnt, wäre also durchaus denkbar.«
Du nickst ihm zu. »Danke, warum nicht gleich.«
*Lies weiter bei **47***

57

Die Ohrfeige kommt hart und ansatzlos, klatscht dir gegen die Schläfe, dass du an den Türrahmen taumelst und dir den Kopf stößt. Sterne explodieren vor deinen Augen.
Billys schaufelartige Hände schließen sich wie kräftige Zwingen um deine Arme.
»Du tust mir weh!«, protestierst du verzweifelt, versuchst, dich zu befreien, was dir jedoch nicht gelingt.
»Werd nicht frech«, grunzt Billy hämisch. Sein Gesicht schwebt direkt vor dem deinen, wird zur Monsterfresse mit faulen, stinkenden

Zähnen. »Kommen wir überein oder muss ich dich erst mit nach unten nehmen, hm?«
Dieses *nach unten* jagt dir einen Schauer über den Rücken. Dort willst du mit ihm auf keinen Fall hin und stimmst zu. »Du hast einen gut bei mir, Billy, versprochen.«
Die Worte fallen dir schwer, liegen wie bitteres Blei in deinem Mund, denn der Gedanke, diesem Scheusal mit einer Gefälligkeit verpflichtet zu sein, erweckt eine tiefe, ureigene Abscheu.

*Verringere deine **Empathie** um 1 Punkt.*

Billy nickt zufrieden, lässt von dir ab und gibt dir einen Stoß, der dich zurück vor die Tür schickt. »Wann immer ich will!«
»Wann immer du willst …«
»Geh ins Arbeiterkrankenhaus in der Old Montague Street, dort haben sie Polly hingebracht.« Mit diesen Worten fällt die Tür ins Schloss.
*Du gehst zum Tatort in der Buck's Row (sofern du das noch nicht getan hast): Lies weiter bei **25***
Du suchst Charles Cross, einen der Männer, die die Leiche entdeckt haben (sofern du das noch nicht getan hast). Er besucht öfters die Frying Pan Tavern: *Lies weiter bei **33***
*Du suchst Robert Paul, den anderen der beiden Männer (sofern du das noch nicht getan hast). Du weißt, dass er in der Thomas Street bei einem Metzger arbeitet: Lies weiter bei **55***
*Du gehst zum Arbeiterkrankenhaus in der Old Montague Street: Lies weiter bei **39***

58

Dampfmaschinen wummern in deinem Kopf. KaBum-KaBum-KaBum. Ein stechender Schmerz frisst sich von der Lunge bis hinter die Augen, um sie mit fiebrigem Eifer mit einem stumpfen Dorn zu durchstoßen. Der bittere, von Alkohol durchsetzte Geschmack im Mund offenbart dir die Tatsache, dass dich Doktor Jekyll betäubt hat.
Endlich schaffst du es, deine Lider zu heben. Das flackernde Gaslicht, der Gestank nach Verwesung, die gewölbte Decke aus schwarz-

schimmligen Backsteinen geben dir die Gewissheit, dass du dich noch im Leichenkeller des Arbeiterkrankenhauses befindest. Die nächste Erkenntnis ist die Kälte in deinen Knochen. Du liegst nicht nur auf einer der schrecklichen Metallliegen, du bist nackt!
Einem Impuls folgend willst du die Hände heben, um dir übers Gesicht zu fahren, doch es geht nicht. Sie sind an den Handgelenken mit breiten, ledernen Riemen an die Liegestatt gefesselt, ebenso die Beine. Über der Stirn liegt ein breiter Riemen, der dir nicht gestattet, den Kopf zu drehen.
»Du könntest tot sein. Deine Seele steckt noch im Körper fest, doch die Loslösung steht kurz bevor.« Eine Stimme wie Eis, ebenso spröde wie gefühlskalt. Doktor Jekyll beugt sich über dich. Doch ist er es wirklich?
Die Haare sind zerzaust, die Augen erscheinen dir dunkler, huschen rastlos umher. Die Stirn des Mannes ist breiter, das Kinn energischer, selbst die Zähne erscheinen dir länger. Aber dennoch, in Grundzügen muss er es sein. »Doktor … Jekyll«, krächzt eine fremde Stimme aus deiner Kehle.
Der Angesprochene lacht donnernd. »Der ist nicht da, hatte 'nen dringenden Termin. Ich bin Mister Hyde und sehr erfreut, deine dahinsiechende Bekanntschaft zu machen!«
Eine schwere Pranke schließt sich um deinen Hals und drückt erbarmungslos zu. Panik erfüllt dich wie öliges Wasser, schwemmt deinen Verstand hinweg und schafft Platz für Todesangst. Du öffnest den Mund, kannst nicht atmen. Du ruckst panisch in den Fesseln, kannst dich aber nicht bewegen. Sterne tanzen vor deinen Augen, schillern in zerlaufenden, bunten Farben …
Für Ada Wilson: Lies weiter bei ***22***
Für Inspektor Frederick G. Abberline: Lies weiter bei ***38***

59

Probe ***Auftreten*** *gegen* ***Contra-Skill 6****.*
Wenn du unterliegst: »Ich sagte, Sie möchten draußen warten, Inspektor. Also bitte …« Der Doktor wendet sich seiner Arbeit zu und ignoriert dich: Lies weiter bei ***35***
Wenn du obsiegst: »Geben Sie mir fünf Minuten zum Händewaschen, Inspektor, ich bin gleich bei Ihnen!«: Lies weiter bei ***17***

60 *Probe **Überzeugen** gegen **Contra-Skill** 4.*
*Wenn du unterliegst: Lies weiter bei **24***
*Wenn du obsiegst: Lies weiter bei **32***

61 *Probe **Auftreten** gegen **Contra-Skill** 4.*
*Wenn du unterliegst: Lies weiter bei **20***
*Wenn du obsiegst: Lies weiter bei **40***

62 »Nichts für ungut, Inspektor. Ich will keinen Ärger.« Der Bartender hebt beschwichtigend die Hände. »Ein Bier?« Du nickst. »Bleiben wir Gentlemen und reden wie zivilisierte Männer. Und ein Bier nehme ich gerne.«
Der Bartender nickt erleichtert. »Cross kam letzte Nacht vollkommen aufgelöst hierher. Muss direkt nach der Sache mit Polly gewesen sein. Aus seinen Augen sprach Todesangst, Inspektor. So hab ich ihn noch nie gesehen.«
»Wo ist er jetzt?«
»Hat sich in ’nem Loch versteckt. Aber da war noch was anderes, was Sie womöglich noch nicht wissen. Sie kennen doch sicher den verrückten Russen, der unter der Schlachterei in der Thomas Street wohnt?«

Du nickst. Der große Mann ist stadtbekannt. Ein übler Bursche, der sich mit Betrügereien über Wasser hält und aufgefallen ist, weil er mehrfach Prostituierte belästigt hat. »Michael Ostrog …«
»Genau der«, bestätigt der Bartender und knallt dir ein Bier vor die Nase. »Auch bekannt als der Linkshänder.«
Du erinnerst dich an den Fall, der durch die Presse ging. Ein Superintendent hatte ihn vor zehn Jahren in Burton-on-Trent verhaftet, nachdem er den gewalttätigen Mann einiger Diebstähle überführt hatte. Daraufhin stürmte der Russe mit einem Revolver in der linken Hand in die Wache und versuchte, den Superintendent – Oswell war sein Name – zu erschießen, was ihm zehn Jahre einbrachte.
*Du gehst jetzt zum Tatort in der Buck's Row (sofern du das noch nicht getan hast): Lies weiter bei **28***
*Du gehst zur Schlachterei in der Thomas Street, in der Robert Paul arbeitet (sofern du das noch nicht getan hast): Lies weiter bei **55***
*Du gehst zur Wohnung Ostrogs in der Thomas Street: Lies weiter bei **49***

63

*Probe **Nahkampf** gegen **Contra-Skill** 8.*
*Wenn du unterliegst: Lies weiter bei **9***
*Wenn du obsiegst: Lies weiter bei **45***

64

*Probe **Auftreten** gegen **Contra-Skill** 5.*
*Wenn du unterliegst: Lies weiter bei **21***
*Wenn du obsiegst: Lies weiter bei **62***

65

*Probe **Überzeugen** gegen **Contra-Skill** 4.*
*Wenn du unterliegst: Lies weiter bei **29***
*Wenn du obsiegst: Lies weiter bei **18***

66

»Hier liegt noch jemand, der atmet!«, hallt der hohle Ruf eines jungen, aufgebrachten Mannes in der Leere deines Bewusstseins wider. Schritte werden laut, hektisches Schnaufen. Das Tuch, das dich bedeckt, wird mit einem Ruck von dir gerissen, offenbart die beschmutzte Blöße. Das gerötete Gesicht eines blutjungen Constable huscht über deine halb geöffneten, flackernden Lider.

»Gütiger Gott, die Kehle ist durchgeschnitten!«, kreischt er hysterisch. Er drückt dir etwas auf den Hals, einen Lappen oder ein Tuch, sieht sich um. »Hilfe! Ich brauche hier einen Arzt. Das Blut läuft mir zwischen den Fingern davon, weiß nicht, was ich tun soll!«
Aus dem Flur schallt aufgebrachtes Geplapper.
»Einen Doktor, hierher, schnell!«, ruft einer in dunklem Bass.
Schritte, die sich nähern. Der Constable wird beiseitegeschoben. Ein neues Gesicht schwebt als blasse Scheibe über dir. Es ist Doktor Jekyll!
Ist er gekommen, um sein grausames Werk zu vollenden?
Du öffnest den Mund, willst dein Wissen um diesen Mann hinausschreien, doch er drückt dir nur einen Lappen zwischen die Lippen.
»Sie müssen schlafen, damit ich die Wunde nähen kann.«
Seine Worte klingen verzweifelt, seine Stimme schnappt über. Dann beugt er sich an dein Ohr.
»Du kannst mir nicht entkommen. Niemand kann das«, hörst du ihn noch sagen, dann fallen dir die Augen zu und dein Geist stürzt ins kalte, nachtschwarze Wasser der Themse.

*Zieh dir von einem **Skill** deiner Wahl 1 Punkt ab und blättere zum Anfang von **Kapitel 2 – Willkommen in der Hölle!***

Kapitel 2
Willkommen in der Hölle

Samstag, 8. September 1888

Dark Annie stellt ein Bein am Laternenpfahl nach oben, öffnet ihren dunklen bodenlangen Mantel, rafft die tiefschwarzen Röcke, um ihr feistes Knie zu zeigen. »Na, mein Süßer, wie schaut's denn mit uns aus heute Nacht?«

Sie hat sich das – ebenfalls schwarze Mieder – eng geschnürt, dass ihm ihre Brüste entgegenspringen. Der Mann – ohne Zweifel ein Gentleman – zieht einen dunklen Seidenschal vom Gesicht, um sie in Augenschein zu nehmen. Sein stechender Blick geht tief, seziert ihre Seele, was ihr mehr als unangenehm ist.

Annie wundert sich, dass sich der noble Herr allein und ohne Kutsche in eine Seitenstraße der Commercial Street traut. Wie ein Schatten ist er aus dem dichten Nebel aufgetaucht, wirkt wie ein Produkt ihrer benebelten Sinne. Auf der anderen Straßenseite feilscht Elizabeth Long lautstark mit einem angetrunkenen Matrosen. Die nächste Taverne liegt eine Straße weiter und der Nebel ist so dicht, dass selbst das Geschrei der Säufer nicht vermag, bis hierher vorzudringen. Die Stimmung erinnert sie an einen Friedhof, wo die Stimmen der Lebenden ungehört verhallen und nur der Tod leise wispert. Aber was soll sie machen, sie braucht das Geld.

Scheiß drauf, denkt sie. *Mir ist kalt, ich fühle mich elend, mein Bauch ist leer. Ne schnelle Nummer am Lattenzaun gleich hier im Hinterhof wird mir ein warmes Bett im* Crossingham's *einbringen, womöglich sogar einen Besuch beim Doktor möglich machen, weil mir der Atem in der Lunge schmerzt.*

Der Teufel soll dich holen, John Evans, ich werd das Geld schon aufbringen, halt du mir nur mein Bett mit der Nummer 29 frei, mehr verlang ich gar nicht …

John Evans – genannt Brummy – ist der Nachtwächter im *Crossingham's* und hat sie mit den Worten vor die Tür befördert, dass sie Geld mitzubringen habe oder sich zur Hölle scheren könne, wo sie eh bald landen würde.

In jungen Jahren hätte niemand so mit ihr geredet. Da war ihr Gesicht hübsch und rosig gewesen, ihr Fleisch fest. Doch heute ist das anders. Sie ist bei Gott keine Schönheit mehr, zudem klein gewachsen und zu füllig. Oft sind es nur noch die Betrunkenen, die sich blind vor Geilheit in ihrem Netz verfangen.

Die Augen des Mannes sind kalt wie die eines Fisches. Unter seinem Mantel heben sich behandschuhte Finger ihrem Gesicht entgegen und folgen liebkosend der Linie ihres Kinns.

»Willst du?«, stell er ihr mit dunkler Stimme die entscheidende Frage.

Eine silberne Pfundmünze wandert zwischen den Fingern hin und her, als wäre er ein Zauberer, der sein Publikum verwirren möchte.

Ein Raubfisch, denkt Dark Annie. *Ein Aal, der in einer Mulde auf dem schlammigen Grund der Themse auf einen arglosen Karpfen lauert, um hervorzuschnellen und sich in ihm zu verbeißen …*

Annie leckt sich mit flinker Zunge über die Lippen. »Ja!«

Sie nickt in Richtung einer Lücke im Bretterzaun, wo ein schmaler Weg in den Hinterhof der Hanbury Street 29 führt …

Katzenjammer in der Nacht, der ungehört verklingt …

»Nein«, ist das letzte Wort, das ihre hungrigen Lippen verlassen soll. Schwarzlederne Finger schließen sich um ihre Kehle, heben sie mühelos an wie ein kleines Kind. Unter dem aufklaffenden Mantel des Gentlemans wabert Finsternis.

In der anderen Hand blitzt eine lange dünne Klinge im fahlen Mondlicht, das kalt durch den Nebel sickert. Sie tritt gegen den Bretterzaun, dass es laut scheppert, dann an sein Bein, was ihn nicht im Geringsten stört.

Der Schnitt durch die Kehle – von Ohr zu Ohr geführt – fühlt sich an, als würde man sich an feinem Papier schneiden, und tut überhaupt nicht weh.

Von Wärme durchflutet, die von dem Blut ausgeht, das ihr aus dem aufgeschlitzten Hals flutet, driftet Dark Annie in einen letzten, von knirschend reißenden Geräuschen durchsetzten Traum.
Ein großer Mann, gehüllt in schwarzes Tuch und mit einem überlangen Zylinder auf dem Kopf, kniet neben einem gefallenen Engel und öffnet eine Lederrolle, in der silbern glänzende Utensilien funkeln: Klingen, Sägen und Zangen. Feuchtigkeit perlt aus dem Nebel geboren in den Stoff der Kleidung, benetzt ihn mit winzigen Tröpfchen, in denen sich ihre geschundene Seele spiegelt …
Klingen verrichten ihr blutiges Werk, wo sich Schwarz mit Rot und Silber mischt. Wunden tun sich in einer Art und Weise auf, die nicht willkürlich ist, sondern vom Können eines Chirurgen oder zumindest Schlachters zeugt …

Des Abenteuers zweiter Akt:
Für Ada Wilsons Überlebenskampf: Lies weiter bei ***83***
Für Inspektor Frederick G. Abberline: Lies weiter bei ***123***

67

Die hungrige Gasse verschlingt dich mit ihrer Finsternis, umhüllt dich als kaltfeuchter Mantel. Schreckgespenster langen aus den Schatten nach dir, versuchen, dich mit grausigen Bildern der verstümmelten Frauen zu schrecken.
Der Boden ist weich und stinkt nach Ausscheidungen der übelsten Sorte. Du stößt dich an einer Kiste, unterdrückst einen Schrei. Hinter dir, wo sich Dunkelheit mit Nebel vereint, platschen Schritte im Rinnsal.
Du hörst ein gehetztes Schnaufen, bist dir aber nicht sicher, ob es dein eigener Atem war. Angst kriecht in dein Herz, lässt es schnell und hart schlagen.
Doch du hast Glück. Nachdem du dich an einigen Kisten vorbeigezwängt hast, siehst du das hellere Ende der Gasse. Du hast die Whitechapel Road erreicht!
Wenn du in die Whitechapel gehst und die Opiumhöhle betrittst: Lies weiter bei ***223***
Wenn du beschließt, dem unheimlichen Verfolger doch aufzulauern: Lies weiter bei ***228***

68 Der Flur des Hauses in der Hanbury Street 29 ist düster, sodass du kaum die Farbe der Wände, geschweige denn die nach oben führende Treppe erkennen kannst. Die rückseitige Tür am anderen Ende des Flurs hat ein kleines rechteckiges Fenster, doch das ist mit einem Brett vernagelt, weil das Glas zerschlagen ist.

Als einsamer Lichtfleck strahlt dir die grasgrün gestrichene Tür am hinteren Ende auf der linken Seite entgegen, die in die Wohnung von John Davis führt. Der etwa sechzigjährige Mann öffnet dir nach dem zweiten Klopfen. Er sieht dich verwundert an, schiebt dann seinen Kopf aus der Türöffnung, um in den Flur zu schauen.

»Bist du allein?«

»Ähm, ja?«

»Gut.« Davis öffnet die Tür nun ganz. Er trägt ein zerknittertes weißes Hemd, dessen Kragen bräunlich verfärbt ist, und eine einfache, etwas zu kurze, dafür aber zu weite Hose, die nur durch die Hosenträger am dürren Körper gehalten wird. Sein Haar ist grau und wirr und hätte dringend eine Wäsche nötig.

»Was willst du?«

»Der Mord im Hinterhof. Man sagt, Sie hätten was gesehen.«

Davis mustert dich mit einem langen, durchdringenden Blick. »Bist du eine Hure?«

»Eine Näherin. Ich kannte die Frau, die hier gestorben ist.«

»Ah, so ist das«, grummelt der Mann und tritt beiseite. »Komm rein, der Flur hat zu viel Ohren.«

Wenig später sitzt du auf einem wackligen Holzstuhl mit geflickter Lehne in einer düsteren Küche und hältst eine Tasse dampfenden, frisch aufgebrühten Minztee in Händen. Während Davis den Tee gemacht hat, hast du dich in der Wohnung, die nur aus einem Zimmer mit kleiner Küche besteht, umgesehen. Alles ist dunkel, braun oder grau. Spuren des Zerfalls ziehen sich über vergilbte, von Feuchtigkeit aufgequollene Bücher bis zur Zimmerdecke, in deren Ecken schwarzhaariger Schimmel blüht. Es riecht süßlich nach altem, ungewaschenem Mann. Dennoch hast du den Tee gern genommen.

Davis zieht sich einen Stuhl heran und setzt sich ächzend hin. »Also, junges Kind, dein Name war nochmal?«

68

»Ada Wilson.«

Seine schwieligen Finger schaben über sein unrasiertes Kinn. »Soso, und du bist eine Freundin von …«

»Annie Chapman, so hieß die arme Seele.«

Davis nippt an seinem eigenen Tee und verzieht das Gesicht, weil er sich die Zunge verbrennt. Er stellt die Tasse ab und sieht dich traurig an. »Armes Ding, eine Schande ist das. Ich habe in meinem Leben schon so einiges gesehen, aber das …«

Du legst deine Hand auf die runzlige von Davis. »Mir geht's besonders nah, weil's nicht die Erste ist, die auf diese Weise umgebracht wurde.«

Davis lacht bitter. »Abgeschlachtet trifft's wohl eher. Es war sechs Uhr in der Früh, als ich rausmusste, weil, na du weißt schon. Sie lag hinten raus am Fuß der Treppe, hingeworfen und seltsam verrenkt wie eine Puppe. Ihre Kleidung war zerwühlt. Wo ich Haut sah, glänzte die feucht und dunkel. Da bin ich dann davongelaufen zur Straße, wo ich ein paar Arbeiter traf, James Kent und Henry John Holland, zwei anständige Burschen. Die hab ich dann mitgenommen.«

»Sie haben nicht nachgesehen, ob sie noch lebt?«

Davis schüttelt den Kopf. »Kindchen, ich hab schon viele Tote gesehen, ich wusste sofort, dass bei der nichts mehr zu machen war. Dann das Blut überall. Auf dem Gesicht, den Armen, Beinen und Händen, dem Bretterzaun sogar. Selbst die Stufen der Treppe glänzten feucht davon.«

»Ihr Hals …«

»Durchgeschnitten«, sagt Davis und fährt mit dem Finger seinen entlang. »Wie bei dir.«

Erst erschrickst du über seine Aussage, doch dann bemerkst du, dass der Schal verrutscht ist und man die Narbe sehen kann. »… und bei Mary Ann Nichols.«

»Solltest Whitechapel verlassen, solange du noch kannst. Ist kein Pflaster für junge und hübsche Dinger, wie du eines bist.«

»Erst, wenn der Mörder gestellt ist!«

Davis zuckt mit den Schultern. »Deine Entscheidung. Na, jedenfalls haben wir 'nen Constable gesucht und Inspektor Joseph Chandler

bei seiner Runde erwischt und zur Leiche geführt. Der hat dann nach Doktor Phillips geschickt …«
Seine Schilderung wirkt auf dich ernüchternd. »Das ist alles?«
Davis schlürft seinen Tee. »Hm, na ja, wenn ich's mir recht überlege, als Doktor Phillips eintraf, hatte der so einen Burschen dabei, der sich als William Henry Bury vorstellte. Grober Typ mit so 'ner Zornfalte zwischen den Augen, wenn man die zu oft zusammenkneift, und 'ner Nase, die breit war und flach.«
»Womöglich einer der Helfer aus dem Krankenhaus?«, mutmaßt du.
»Kann schon sein« sagt Davis, »aber den Kerl hab ich schon einige Male hier gesehen, an den Ecken, wo er herumlungerte und Frauen angaffte.«
»Auch am Tag vor der Sache mit Annie?«
Davis nickt. »Hab ja nicht sonderlich viel zu tun, als auf den Stufen vor dem Haus zu sitzen, da sah ich ihn kurz nach halb zwei in der Nacht.«
»Sie sitzen nachts noch draußen?«
Davis lacht, was eher wie das Krähen eines heiseren Hahns klingt. »Kindchen, alte Menschen brauchen nicht mehr so viel Schlaf. Um diese Zeit rauch ich mein letztes Pfeifchen, dann geht's noch auf den Topf und ab ins Bett. Na, jedenfalls sah ich ihn an der Ecke Spitalfields Market stehen, den Kragen hochgeschlagen und die Melone tief im Gesicht. Richtig unheimlich sah das aus, es schien, als würde er auf jemand warten.«
»Also hat ihr der Mörder zwischen halb zwei und sechs Uhr aufgelauert …«
Davis schüttelt den Kopf. »Ne ne, Kindchen, denn ich hab die Frau – Annie – so um halb sechs noch unter den Fensterläden gehört, wie sie sich mit 'nem Mann unterhielt. *Willst du*, fragte der. *Ja*, antwortete sie …«
Ein eiskalter Schauder kriecht dir über den Rücken. »Dem Mörder blieb nur eine halbe Stunde Zeit, sie in den Hinterhof zu zerren und abzuschlachten?«
»Wär dem Bastard beinahe auf die Füße getreten, wenn ich's bedenke«, meint Davis kopfschüttelnd.

Zwischen William Henry Burys Herumlungern und dem Mord liegen vier Stunden, geht dir durch den Kopf.

Der Mann, der vor den Fensterläden mit Annie sprach. Das muss der Mörder gewesen sein. Sie hat ihn mit in den Hinterhof genommen, um eine schnelle Nummer zu schieben, und somit ihr eigenes Schicksal besiegelt …

Du überlegst, was du als Nächstes tun sollst.

Du sprichst mit Elizabeth Long (sofern du das noch nicht getan hast): Lies weiter bei ***243***

Du gehst in die Opiumhöhlen, um mit Inspektor Chandler zu reden (sofern du das noch nicht getan hast): Lies weiter bei ***250***

Du beschließt, der Spur von William Henry Bury ins Arbeiterkrankenhaus zu folgen: Lies weiter bei ***92***

69

Warum auch nicht, denkst du und folgst dem Wink der Chinesin, schlüpfst mit ihrer Hilfe aus dem schweren feuchten Mantel und lässt dich auf der Recamiere nieder. Die Frau verschwindet im Rauch und kehrt mit einem Tablett zurück, auf dem die klassischen Utensilien stehen. Sie kniet sich neben dir hin und beginnt mit den Vorbereitungen. Auf der Seite liegend siehst du ihr dabei zu.

Sie gibt dir eine kleine Pfeife aus Bambusholz und spießt mit einer Nadel ein erbsengroßes Chandu-Klümpchen in einer Blechbüchse auf. Diese hält sie über die Flamme einer flackernden Öllampe aus Glas, bis sich das Chandu zu zähem Pech verwandelt. Den daraus resultierenden Klumpen drückt sie in die Öffnung deines Pfeifchens und zieht die Nadel mit einer drehenden Bewegung heraus, damit ein Luftkanal entsteht.

Auf ihr Nicken hin hältst du den Klumpen übers Feuer und ziehst. Den Rauch, so weißt du, musst du für einige Zeit in dir behalten, damit er seine Wirkung entfaltet …

Und die lässt nicht lange auf sich warten, hungrig und erschöpft, wie du bist. Mit geschlossenen Augen sinkst in den weichen Stoff, atmest aus, entspannst dich. Die Sorgen fallen von dir ab, die Angst weicht der Begierde nach der Frau deiner Träume. *Mary Pearcey …*

Was?

Die düster-mysteriöse Mary Pearcey?
Wenn es denn die Sünde ist – nun gut.
Sie erwartet dich in einem von Kerzen erleuchteten Zimmer auf einem Bett liegend, von leicht im Wind wehenden, schwarzen Stoffbahnen umgeben. Nackt und mit offenem nassen Haar. Ihr Körper ist feucht, wie nach einem Bad. Wassertropfen perlen von ihrer Haut. Die Luft im Raum deines Geistes erhitzt dein Fleisch, weshalb du in ungeduldiger Erwartung deine Hände auf Forschungsreise gehen lässt, hinab in feuchtschwül lockende, verbotene Gefilde …
Du öffnest die bleischweren Lider. Die Augen brennen vor Begierde wie deine Lenden, doch der Traum zerfließt im Rauch der Opiumpfeifchen und dem gedämpften Gemurmel der ausgestreckt daliegenden Gäste. Macht Platz für Emma und dein schlechtes Gewissen.
Alles schwimmt in orgastischem Rot. Gedärme, herausgerissen aus geöffneten Leibern kommen ausgenommenen Fischen gleich. Die Abgeschlachteten lächeln dir aus aufgeschlitzten Kehlen zu, die freundliche Chinesin nickt freundlich und hält dir ihr blutiges, noch pochendes Herz entgegen. »Nimm und iss, es wird dir schmecken«, flüstert sie geheimnisvoll.
Der ältere Herr, dessen Körpermitte ein blutnasses Loch ist, das kein Ende zu haben scheint, richtet sich abrupt auf und zeigt mit dem Finger auf dich. »Friss, denn du bist der Nächste, den er sich holt!«
Du reißt die Augen auf, schreckst hoch und stürzt von der Recamiere. Das Tablett fällt scheppernd um. Die Chinesin eilt herbei und hilft dir auf die zitternden Beine. Anstelle von Blut atmest du Rauch. Ein Mann lacht ob deiner Unbeholfenheit. Verwirrt schlüpfst du in den Mantel. »Ich muss hier raus. Wo ist der Hinterausgang?«, fährst du sie barsch an. Der Qualm treibt dich mit seinem süßlichen Gestank in den Wahnsinn und dir wird schlecht.

Erhöhe deinen ***Suchtwert*** *um 1 Punkt!*

Die Frau murmelt etwas Unverständliches auf Chinesisch und weist mit dem Arm durch den verqualmten Raum. »Die Treppe hinauf

69

und durch den Hinterhof und die Gasse bis zur Old Montague Street …«
Du nickst ihr knapp zu und drängst dich mit Angst und Scham im Nacken durch die dicht stehenden Recamieren. Erhitzt durch den Rauchsalon und gehetzt von der Flucht nimmst du die Szenerie als fiebrigen Traum wahr.
Ein lang ausgestreckt daliegender Mann, der die Dienste einer vor ihm knienden käuflichen Dame genießt, starrt dich unverhohlen aus kleinen, geröteten Augen an.
Eine Frau von höherem Stand in noblem aufgeknüpftem hellblauem Kleid lässt sich von einem Mann mit freiem Oberkörper zwischen den Beinen massieren. Das entrückt erhitzte Lächeln kündet von großer Lust.
Ein Liebespärchen in der Ecke unter der Treppe, die nach oben zum Hinterausgang führt, hat sich entkleidet, um eng umschlungen und ineinander verknotet an qualmenden Pfeifchen zu ziehen und dabei zu kopulieren.
Während du die Stufen hinaufsteigst, siehst du nur die aufgeschlitzten Leiber, das vergossene Blut, die herausgerissenen Organe.
Die Tür des Hinterausgangs ist schwarz lackiert. Als du sie öffnest und in den dunklen Hof hinaustrittst, zerstörst du das Vakuum der Traumwelt. Erst, als die Tür hinter dir ins Schloss fällt, bemerkst du, dass sie sich nur von innen öffnen lässt.
Der Nebel hängt wie zähe, nass gewordene Watte in der düsteren Gasse, die zur Old Montague führt. Auf dem Boden stehende Papierlaternen schaffen ein Zwielicht, das eher Schatten als Helligkeit gebiert. Nach der hitzigen Höhle empfindest du die Luft als kalt.
Kaum, dass du einige Schritte gelaufen bist, hörst du ein metallisches Geräusch vor dir in der Gasse. Aus Angst, dass es der Verfolger sein könnte, versteckst du dich hinter Kisten und ziehst den Revolver.

*Da du noch immer leicht benommen bist, musst du bis zum Ende von Kapitel 2 den **Contra-Skill** bei allen Proben um 1 Punkt erhöhen.*

Wer wird es sein, der dir aus den Schatten entgegentritt?
*Lies weiter bei **154***

70 *Probe **Auftreten** gegen **Contra-Skill** 3.*
*Wenn du unterliegst: Lies weiter bei **90***
*Wenn du obsiegst: Lies weiter bei **120***

71 Taumelnd tragen dich deine Beine die Stufen nach oben und durch den düsteren Flur, wo Pfleger und Kranke gleichermaßen unscharfe Formen mit zerlaufenen Gesichtern sind. Manche rempelst du an, andere springen ob deiner ungestümen Flucht laut schimpfend zur Seite. Du durchbrichst die Dunkelheit, streifst den Gestank nach Zerfall und Verwesung ab, als du durch den Vordereingang die Stufen hinab zur Straße stolperst, wo du dich an den Pfahl einer fauchenden Gaslaterne geklammert erbrichst. Dann – nach endlosen Minuten des Durchatmens – findest du dich in der Old Montague Street wieder. Es ist Nacht geworden. Die Gaslaternen brennen, doch ihr Licht vermag nicht den bleichen Schleier des Nebels zu lüften, der zwischen den Häusern in den schmalen Gassen hängt.
Während du eher ziellos der Straße folgst, versuchst du deine Gedanken zu ordnen. Eins ist dir dort unten in der nach Zerfall stinkenden Leichenkammer klar geworden: Im Arbeiterkrankenhaus laufen alle Fäden zusammen. Laut Aussage von Doktor Phillips muss es sich bei dem Mörder um einen Mediziner, zumindest aber einen Pathologen handeln, was Doktor Jekyll in den Zenit deiner Ermittlungen rückt. Es war sein Tisch, auf dem du mit durchgeschnittener Kehle lagst. Womöglich war dies der Grund deiner überstürzten Flucht. Eine Kurzschlusshandlung, weil du dich wie Annie Chapman auf dem Tisch liegen sahst.
Seziert, ausgenommen wie eine Weihnachtsgans …
Am schockierendsten war für dich, dass der Mörder offenbar viele der Organe mitgenommen hat.
Aber wozu? Was bezweckt er damit?
Reißerische Zeitungsartikel und Gerüchte fallen dir ein, in denen es um Stadtkannibalen geht, die Menschen in dunkle Keller zerren, um sie zu fressen. Oder der seltsame Clan, der sich in den Highlands jahrzehntelang in Höhlen versteckte und arglose Reisende überfiel und schlachtete, um sich an ihnen zu nähren?

Da das Erbrochene bitter in deinem Mund lastet und du dich allein auf der menschenleeren Straße befindest, beschließt du, nach Hause zu gehen. Sicher erwartet dich Emma erfüllt von Sorge. Als du dich auf den Weg machst, hörst du Schritte, die hinter dir dumpf im Nebel hallen. Erschaudernd denkst du an das Schicksal der armen Frauen. Wenn du stehen bleibst, tut es dir der unsichtbare Verfolger gleich.

Deine Vorstellungskraft geht trotz deiner Abgebrühtheit als Inspektor mit dir durch. Schleicht Mister Hyde womöglich hinter dir her? Oder ist es der angeblich verreiste Doktor Jekyll? Erschreckender ist der Gedanke, dass es Mary Pearcey sein könnte, der das Böse anhaftet wie eine unheilbare Krankheit. Die ominöse Schwarze Witwe hat einen mächtigen Eindruck bei dir hinterlassen.

Du siehst dich um. Die Opiumhöhlen in der Whitechapel Road liegen auf halbem Weg zu deinem Zuhause in die Oxford Street, dort könntest du unterschlüpfen. Oder du gehst zum Revier in der Commercial Street, was aber in der anderen Richtung liegt und dich von Emma wegführt.

*Du gehst in die Opiumhöhlen: Lies weiter bei **114***

*Du gehst zum Revier: Lies weiter bei **75***

*Du nimmst den langen Weg nach Hause: Lies weiter bei **210***

*Du versteckst dich hinter Kisten und lauerst dem Verfolger auf: Lies weiter bei **189***

72

Du greifst nach dem Messer in deiner Tasche, doch Evans ist schneller. Wie ein Berg wächst er vor dir auf. Mit dem grimmig entschlossenen Blick eines Mörders schwingt er den Totschläger und hämmert ihn dir auf den Scheitel.

Sterne explodieren vor deinen Augen, du gehst wie vom Blitz getroffen in die Knie. Im Fallen verpasst dir Evans höhnisch lachend einen weiteren Schlag.

Du versuchst, auf dem Boden vor ihm davonzukriechen, doch er tritt dir brutal in die Seite, sodass du von der Treppe in den Straßendreck geschleudert wirst. Dein Blick verschwimmt, weil dir Blut in die Augen läuft, dennoch siehst du einen schlanken, in einen Arztkittel gekleideten Mann neben Evans treten und ihn an der Schulter

zurückhalten. »Es reicht, Evans. Lebend ist er mehr wert …« Dann sackst du in den bodenlosen Schlund der ewigen Nacht …
*Lies weiter bei **139***

73 Mit katzenhafter Behändigkeit springst du als dunkler Schatten aus der Deckung und versuchst, an dem bulligen Schläger vorbeizuhuschen. Glas knirscht unter deiner Stiefelsohle und Bury fährt herum. Sein eher unbeholfen geführter Schlag mit dem Knüppel knallt auf den Knöchel, in dem du das Messer hältst. Es knackt fürchterlich, als Hartholz auf Knochen trifft. Ein scharfer Schmerz zieht sich wie ein tiefer Schnitt den Arm hinauf und direkt ins Hirn. Die Hand, nicht mehr in der Lage, den Griff des Messers festzuhalten, öffnet sich und die Waffe entflieht in die Dunkelheit.
Bury packt dich am Kragen und verpasst dir mit seiner breiten Stirn einen brutalen Kopfstoß, dass Sterne wie grellweißes Feuerwerk vor deinen Augen explodieren. Die Kraft fließt wie zäher Sirup aus deinem Körper und Blut rinnt aus der aufgeplatzten Haut auf der Stirn. Als hätte Bury ein Huhn gepackt, hält er dich mit einer Hand frei über dem Boden hängend fest und drückt dir die Kehle zu. »Glaubst wohl, du könntest uns hinterherschnüffeln, hä? Glaubst, bist schlauer als all die anderen Huren?«
Hämisch lachend schlägt er dir den Totschläger in den Bauch. Dann stößt er dich zwischen ein paar Kisten nieder, sodass du rücklings auf einem Haufen nasser, schmutziger Säcke zu liegen kommst. Schwach versuchst du, nach ihm zu treten und wegzukriechen, doch er packt böse grinsend deinen Fuß und zerrt dich zu sich heran. »Wollen doch mal sehen, zu was so 'ne Näherin zu gebrauchen ist!«
Als er sich zwischen deine Beine zwängt und sich an den Röcken zu schaffen macht, gelingt es dir mit letzter Kraft, ihm einen Schlag ins Gesicht zu verpassen.
»Urrghh«, grunzt er wütend. »Verdammte räudige Hündin, ich …«
*Du schreist verzweifelt um Hilfe (Probe **Freunde**): Lies weiter bei **235***
*Du gibst auf und versuchst Bury auf diese Weise zu besänftigen: Lies weiter bei **86***

74 Mizen nimmt deine Hände. »Ada, es tut mir leid, aber das kann ich nicht machen. Es würde dir einen unfairen Vorteil gegenüber den anderen Wartenden verschaffen und das weißt du.«

Du schmiegst dich an ihn. »Ach, warum bist du auch nur so korrekt. Aber was soll ich jetzt machen. Durch den Haupteingang traue ich mich nicht!«

Mizen hebt mit dem Finger dein Kinn an und für einen kurzen Moment glaubst du, er will dich küssen. Aber dafür ist er zu schüchtern. »Geh ans Ende der Gasse, dort gibt es ein mit Brettern verrammeltes Kellerfenster. Ich weiß, dass die Bretter lose sind. Aber erzähl's nicht weiter, ja?«

»Danke«, flüsterst du und hauchst ihm einen Kuss auf die Lippen.

*Lies weiter bei **205***

75 Das Revier in der Commercial Street liegt unweit vom Millers Court, einem Hinterhof, in dem es wie in einem Hexenkessel brodelt. Jenseits dessen hat man in der Hanbury Street die Leiche von Annie Chapman gefunden. Etwas verwundert musterst du die schwarze, geschlossene Kutsche, die vor dem Eingang des Reviers steht. Davor ein Pferd in gleicher Farbe, sodass der Eindruck eines Leichenwagens nicht ganz abwegig ist.

Hoher Besuch im Revier?

Als du auf die Stufen des Eingangs trittst, um die Dienststelle der Abteilung CO zu betreten, tritt dir ein großer Mann in Kutschermantel und flachem Zylinder in den Weg. Der Verfolger kann es nicht sein, denn dessen Schritte klangen eben noch hinter dir. Zudem steht ein Constable oben auf der Treppe.

»Inspektor Abberline?«

Du nickst dem Mann zu. »Der bin ich. Und Sie sind?«

»John Netley, der Kutscher von Miss Mary Pearcey. Sie hat mir aufgetragen, Sie in ihre Kutsche zu bitten, da Sie ein Gespräch mit Ihnen wünscht.« Seine behandschuhte Hand weißt auffordernd zur Kutsche.

»Oben in meinem Büro wäre es mir recht.«

Netley schüttelt den Kopf. »Es wäre der Dame äußerst unangenehm, auf einer Polizeiwache gesehen zu werden. Was sie Ihnen zu sagen hat, ist äußerst delikat.«

Du zuckst mit den Schultern, wirfst dem Constable einen Blick zu, der diesen nickend erwidert, und gehst die Stufen wieder nach unten zur Kutsche. »Meinetwegen.«

Aus dem Nebel tritt derweil in angemessenem Abstand ein gedrungener Mann, der einen kurzen Mantel trägt und seinen Hut – eine zerknautschte Melone – tief ins Gesicht gezogen hat.

»Ist das der Kerl, der mir gefolgt ist?«, willst du von Netley wissen.

Der lächelt verschmitzt. »Um sicherzugehen, dass Ihnen nichts passiert, Inspektor. Die Straßen sind dieser Tage nicht sicher.«

»Weshalb ist Miss Pearcey derart um mein Wohl besorgt?«

Netley öffnet die Wagentür. »Das wird sie Ihnen selbst sagen!«

Die Kutsche ist ein schicker Four-Wheeler mit Kastenaufbau – allgemeinhin Growler genannt, weil die vier Räder erheblichen Lärm verursachen. Das Pferd ist rabenschwarz.

Die Pearcey nickt dem Kutscher zu. »Danke, Mister Netley. Wir möchten in die Oxford Street. Aber lassen Sie sich Zeit, wie haben einiges zu bereden …«

»Natürlich Ma'am«, antwortet der Mann mit basslastiger Stimme. Nachdem du eingestiegen bist, schließt er die Tür und klettert auf den Kutschbock. Whitechapel bleibt jenseits der schwarzen Vorhänge ebenso zurück wie der zwielichtige Verfolger.

»Guten Abend, Inspektor Abberline. Entschuldigen Sie die Umstände, aber es ist wichtig, dass wir uns unterhalten.«
Du nickst der Frau zu. »Miss Pearcey.«
Die Kutsche schwankt, dann knallt die Peitsche und das Gefährt setzt sich – zu deiner Überraschung überaus leise – in Bewegung.
Mary Pearcey deutet deinen Blick und lächelt. »Mir waren die Holzräder zu laut, also habe ich sie mit dickem Leder beschlagen lassen, ebenso wie die Eisen des Pferdes.« Sie öffnet eine kleine Schatulle und entnimmt eine feine Schale aus schwarzem Glas, in dem sich blaue Trauben befinden. »Greifen Sie zu, die Früchte sind unglaublich süß …«
Unsicher dessen, was das ganze Theater soll, zwingst du dich zu einem flüchtigen Lächeln.
Wenn du die Trauben kostest: Lies weiter bei ***185***
Wenn du sie verschmähst: Lies weiter bei ***233***

76

Der Keller empfängt dich mit einer stechend nach Formaldehyd stinkenden Unheimlichkeit. Das Licht ist düster wie die Stimmung, die sich schwer auf dich herabsenkt. Die Angst vor dem, was dir hier unten widerfahren ist, kriecht dir in den Nacken. *Böser Ort*, schreien dir die mühsam gegen die Schatten ankämpfenden Gaslampen zu. *Geh weg, solange du es noch kannst*, wispert es aus den Fugen.
Zum Glück musst du nicht bis nach hinten, wo die Leichen aufbewahrt werden, sondern nur in Doktor Jekylls Labor auf der linken Seite gleich hinter der Treppe. Sein Namensschild hängt an der zerkratzten Tür, die ausschaut, als hätte ein Untier sie mit messerscharfen Krallen bearbeitet. Auf einer Tafel an der Wand neben der Tür stehen mit Kreide zwei neue Namen: Doktor George Bagster Phillips und Doktor Viktor Frankenstein.
Bevor du anklopfen kannst, hörst du Geräusche jenseits der Tür, die von einer angeregten Unterhaltung herrühren. Du erkennst die Stimmen zweier Männer und die einer Frau.
Wenn du dein Ohr an die Tür legen willst, um zu lauschen (Probe ***Geschick****): Lies weiter bei* ***251***
Wenn nicht: Lies weiter bei ***184***

77 Mit straffen Schultern betrittst du das Labor, in dem es süßlich nach den Säften der Toten riecht. »Doktor Phillips, danke das Sie sich Zeit für mich nehmen.«

Phillips widmet dir ein gezwungenes Lächeln. »Wobei es mir noch immer ein Rätsel ist, weshalb sie nicht den Bericht von Inspektor Chandler zu Rate ziehen. Der Anblick der armen Frau ist wahrlich unangenehm.« Er hebt die Hand in Richtung des Mannes im braunen, fein gestreiften Anzug. »Darf ich vorstellen, Doktor Viktor Frankenstein, ein Kollege aus Deutschland.«

Du gibst beiden mit festem Druck die Hand. »Es ist mir eine Ehre.« Dann, an Doktor Phillips gewandt. »Darf ich offen sprechen?«

Der nickt. »Selbstverständlich, Inspektor.«

»Annie Chapman, die in der Hanbury Street ermordet wurde, und ich, wir haben beide etwas gemeinsam.« Du ziehst dein Halstuch nach unten und zeigst den Männern die Narben. »Ich bin der Meinung, dass zwischen dem Angriff auf mich, Mary Ann Nichols und Annie Chapman eine Verbindung besteht, die hier im Arbeiterkrankenhaus begründet ist. Immerhin wurde ich in diesem Keller selbst Opfer des hinterhältigen Mörders.«

»Des Mörders? Was bedeutet, Frauen sind auszuschließen?«, wirft Doktor Frankenstein ein. Der gutaussehende junge Mann lächelt dich offen an. »Lassen sie mich nicht dumm sterben, Inspektor.«

»Ist Ihnen der Name Hyde geläufig?«

Phillips nickt. »Das mysteriöse Phantom, das Sie in der Leichenkammer angegriffen hat.«

»Nachdem mich Doktor Jekyll betäubt hatte«, gehst du in die Offensive.

»Wollen Sie etwa einen Kollegen einer derartigen Schandtat beschuldigen?«, braust Phillips auf.

»Daran gibt es keinen Zweifel!«: Lies weiter bei ***109***

»Ich möchte keine voreiligen Schlüsse ziehen und denke eher, dass der mysteriöse Mister Hyde ihn gezwungen hat.«: Lies weiter bei ***140***

78 *Probe* ***Auftreten*** *gegen* ***Contra-Skill*** *3.*

Wenn du unterliegst: Lies weiter bei ***116***

Wenn du obsiegst: Lies weiter bei ***135***

79 »Danke, aber ich nasche nicht …«
»Dann eben nicht«, sagt die Pearcey, nimmt sich eine Traube und stellt die Schale neben sich auf die Bank. Ihre Lippen sind dünner als deine, aber schön geschwungen, was ihrem Gesicht einen zynischen Zug verleiht. Für einen Moment siehst du die Spitze ihrer Zunge, wie sie die Traube zwischen die blendend weißen Zähne transportiert.
Ich habe noch nie solch schöne Zähne gesehen …
Die Pearcey leckt sich den Saft von den Lippen. Ihre Brüste heben und senken sich, als würde sie die Situation erregen. »Du versäumst einen wunderbaren Traum«, stellt sie fest und du weißt nicht, ob sie sich auf die Traube oder etwas anderes bezieht.
»Lassen wir das Geplänkel doch sein. Also, weshalb sitzen wir in dieser Kutsche, Miss Pearcey?«
Sie tupft sich mit einem schwarzen Spitzentuch die Lippen ab. »Glaubst du an Gott, Ada Wilson?«
Ja: Lies weiter bei ***122***
Nein: Lies weiter bei ***157***

80 »Nun denn«, meint Chandler müde und wohl auch enttäuscht, »reden wir über das Grauen, das London heimsucht.«
Du schiebst die angenehmen Gedanken des Rauschs beiseite, atmest durch. Die Luft ist in dem Rauchsalon zu dick, um zu Sinnen zu kommen. Aber dir bleibt keine Wahl. »In der Mordnacht waren Sie der Erste, der bei der armen Frau eintraf. Schildern Sie mir ihre Eindrücke, jedes noch so belanglos erscheinende Detail.«
»Sie bearbeiten den Fall der Mary Ann Nichols? Warum das Interesse, etwa aus persönlichen Gründen?«
Du ziehst deinen Schal vom Hals und kommst dir albern vor, weil du ihm die Wunde zeigst. »Weil ich glaube, dass derjenige, der mir das angetan hat, auch die beiden Frauen getötet hat. Ich will ihn verhaften, bevor noch mehr Blut fließt … der armen Frauen willen.«
Chandler sieht sich deine Blöße unverschämt genau an, schüttelt traurig den Kopf. »In welch verkommener Welt leben wir nur …«
»Ist das Grund genug?«

»Es könnte keinen Besseren geben«, gesteht Chandler. »Nun, in jener Nacht trat ich gerade aus dem Rauchsalon – es muss kurz nach sechs gewesen sein – und begann meinen üblichen Rundgang auf der Commercial Street, als mir eine Gruppe aufgebrachter Männer entgegenrannte, die riefen, dass es wieder eine Leiche gebe.«
»Was für Männer?«
Chandler schnauft.
»Der alte John Davis, der in der Hanbury Street 29 wohnt, sowie James Kent und der Kistenmacher John Holland. Einen herbeieilenden Constable schickte ich nach einer Ambulanz und Doktor George Bagster Phillips, der diese Nacht Dienst hatte. Dann rannte ich den Männern hinterher zum Tatort.«
»Kennen sich Phillips und Doktor Jekyll?«
»Die beiden sind Kollegen, ja«, bestätigt Chandler. »Die Männer führten mich in den Hinterhof der Hanbury, wo die Leiche der Frau vor der Treppe der Hoftür lag. Ihre Kleidung war zerwühlt und die Röcke – gütiger Gott, wenn ich nur daran denke – waren hochgeschoben, so dass ich das … Desaster sehen konnte, das nichts mehr mit einem Menschen gemein hatte.«
»Weiter!«
Chandler reibt sich das Gesicht. Seine Augen sind gerötet und müde. Er muss sich direkt nach dem Fund hierher verkrochen haben.
»Ihre Arme und Beine waren gespreizt und voller Blut. Die Kehle – sofern ich das sehen konnte – war von einem Ohr zum anderen in einer seltsam gezackten Linie durchgeschnitten worden. Mein Gott, der Schnitt reichte bis zum Nacken.«
Die Wunde auf deinem Hals meldet sich kribbelnd zu Wort. *Wie bei Mary Ann Nichols und mir …*
»Und dann?«
Chandler sieht dich traurig an. »Ich erkannte die Frau als Annie Chapman, genannt Dark Annie. Wir haben uns oft unterhalten, wenn ich meine Runden machte. Eine glücklose, aber freundliche Frau … Wer macht denn sowas?«
»Ein kranker Feigling«, knirschst du mühsam beherrscht. »Ich muss mir die Leiche ansehen. Hat man sie ins Arbeiterkrankenhaus gebracht?«

Der Inspektor mustert dich eingehend. »Doktor Phillips kann Ihnen die Leiche zeigen, ja. Sie liegt in dem Keller, in dem sie …«

»… die Kehle durchgeschnitten bekamen«, vervollständigst du seinen Satz.

Du stehst auf und schenkst ihm ein aufrichtiges Lächeln. »Danke, Inspektor. Gut möglich, dass ich mit weiteren Fragen auf Sie zukomme. Und beherzigen Sie meinen Rat, diese … Rauchsalons nicht allzu häufig aufzusuchen. Es hat sich hier schon so mancher verloren …«

*Wenn du zu John Davis in die Hanbury Street gehst (sofern du das noch nicht getan hast): Lies weiter bei **99***

*Wenn du ins Arbeiterkrankenhaus in der Old Montague Street gehst: Lies weiter bei **121***

81

Über dem Hinterhof liegt eine Kälte, die dich dazu treibt, dir die Arme zu reiben und den Mantel enger zu schließen. Zwischen all dem Dreck sind die Spuren des Mordes nicht zu übersehen. Unter der Treppe blüht ein feuchter – dunkel verfärbter – Blutfleck, der aussieht, als hätte ein Maler Farbe verschüttet und mit linkischen Bemühungen versucht, das Unheil wegzuwischen.

Auf dem Bretterzaun glänzt in 40 Zentimeter Höhe ein Blutfleck, in dem schwarze Haare kleben. Hier hat er sie getötet. Du setzt dich auf die Treppe und stellst dir die Szene vor, die sich hier abgespielt haben muss.

Annie spricht auf der Straße einen Freier an, nimmt ihn mit nach hinten, um es ihm zu besorgen. Er zückt ein Messer und …

Hätte sie geschrien, wären die Bewohner aufmerksam geworden.

Sie wollten es am Bretterzaun stehend treiben, da hat er sie abgestochen!

Ein schrecklicher Gedanke. Dir fallen Parallelen zum Mord an Polly auf. Wieder ist es ein dunkler Hinterhof. Erneut war es ein Schnitt durch die Kehle. Und wie beim ersten Mord lastet auch hier eine deutlich spürbare Aura des Bösen über dem Ort.

Etwas funkelt dir aus einem Grasbüschel entgegen. Du bückst dich danach und findest einen schlichten Messingring. Dein Magen krampft sich zusammen.

Annie hat immer welche getragen, oft etliche an einer Hand …

Die Tür oben an der Treppe öffnet sich mit einem schabenden Geräusch, als wolle sie den Schatten nicht ins Haus lassen, der bedrohlich auf dem Hinterhof lastet. Heraus tritt ein kleines Mädchen mit geflochtenen Zöpfen.

»Was machst du da?«, will sie wissen, bleibt misstrauisch oben stehen.

Du lächelst sie an. »Ich bin Ada und wegen dem hier, was passiert ist …«

Das Mädchen schaut zum Blutfleck. Sie ist ausgesprochen blass. »Mein Vater sagt, es geschieht denen recht, die nicht nach der Bibel leben. Bist du auch so eine?«

Ihre Worte versetzen dir einen fiesen Stich. »Ich will aufklären, wer das war, damit nicht noch mehr Mädchen sterben müssen. Kennst du einen, der was gesehen hat?«

Das Mädchen nickt. »Der alte Mister Davis – John Davis – war es, der sie gefunden und die Constables gerufen hat.«

»Aha. Und wo finde ich ihn?«

»Geh vorne ins Haus, wie es sich gehört. Seine Tür ist die grüne auf der linken Seite.« Damit geht das Mädchen wieder ins Haus und schließt die Tür.

Du gehst zu John Davis (sofern du noch nicht mit ihm gesprochen hast): Lies weiter bei ***68***

Du hast schon mit Davis gesprochen und folgst nun der Spur, die du von ihm erhalten hast: Lies weiter bei ***92***

Du suchst nach Inspektor Chandler in den Opiumhöhlen (sofern du das noch nicht getan hast): Lies weiter bei ***250***

Du willst zunächst mit Elizabeth Long sprechen (sofern du das noch nicht getan hast): Lies weiter bei ***243***

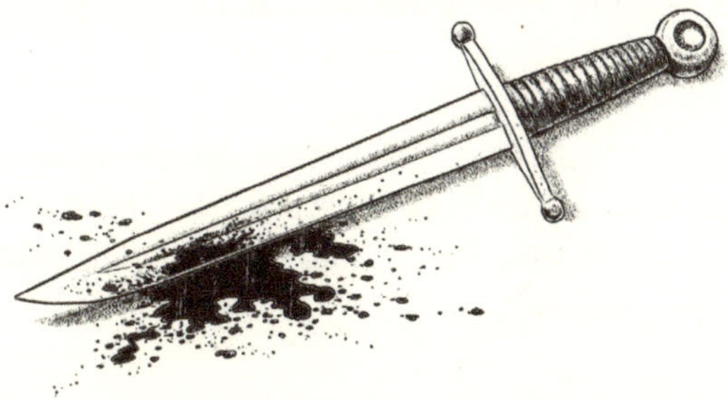

82 *Probe **Überwältigen** gegen **Contra-Skill** 7.*
*Wenn du unterliegst: Lies weiter bei **193***
*Wenn du obsiegst: Lies weiter bei **138***

83 Der beißende Geruch von Ammoniak holt dich aus der Unendlichkeit der Nacht ins Leben zurück. Deine Lider sind schwer wie Blei und dennoch schaffst du es, sie zu öffnen. Die helle Stimme einer Frau gräbt sich durch dein Bewusstsein. »Miss Ada Wilson, können Sie mich hören? Verstehen Sie mich?«
Eine Hand berührt deine Schulter, rüttelt dich sanft aus dem Schlaf. Das Bett, in dem du liegst, ist weich und warm, der Stoff der Decke angenehm gestärkt.
»Kommen Sie zu uns zurück, Miss Wilson.«
»Wo … wo bin ich?« Dein Hals ist rau, die Worte klingen wie auf einer Feile geraspelt.
Die Krankenschwester faltet eine Ausgabe vom *Graphic* zusammen und legt diese auf den Beistelltisch. »Gott sei Dank, Sie sind aufgewacht. Sie sind im Arbeiterkrankenhaus. Die Herren Doktoren hatten schon Zweifel, ob unser Haus das geeignete für ihre Rehabilitation ist, weil Sie im Traum wirr gesprochen haben.«
Dir läuft ein eiskalter Schauer über den Rücken. Du setzt dich auf, bewegst den Kopf. Ein scharfer Schmerz schießt dir durch den Hals. Die Erinnerung kehrt mit brutaler Ehrlichkeit wieder. Mister Hyde. Das Skalpell. Der Schnitt durch die Kehle. »Die Herren Doktoren … Doktor Jekyll?«
Die Krankenschwester lacht. »Der gute Doktor hat Ihnen das Leben gerettet. Sie hatten viel Blut verloren. Im Fieber sprachen Sie von einem Mister Hyde, der ihnen das angetan hat …«
Du registrierst, dass du in einem Krankensaal liegst. Bett reiht sich an Bett. Es riecht nach schwärenden Wunden, altem Schweiß und den Ausscheidungen in den Bettpfannen.
»Welcher Tag ist heute?«
»Samstag, der 8. September«, erklärt dir die Schwester herzlich.
Am 30. August wurde die arme Polly ermordet, geht dir durch den Kopf. »Also lag ich eine Woche hier? Was ist mit Doktor Jekyll. Kann ich ihn sprechen?«

Die Schwester schüttelt den Kopf. »Das geht leider nicht. Er musste in einer dringenden Familienangelegenheit verreisen, aber er lässt Ihnen schöne Grüße und eine gute Besserung ausrichten.«

»Was ist mit diesem Mister Hyde, der mir das angetan hat?«

»Flüchtig fürchte ich«, erklärt die Schwester. »Allerdings konnte der Gehilfe von Doktor Jekyll den Constables eine sehr detaillierte Beschreibung des Mannes geben, den man auch des Mordes an Mary Ann Nichols verdächtigt.«

»Ich kannte sie …«, flüsterst du mit brüchiger Stimme.

Dir geht durch den Sinn, nach einem Constable zu verlangen, um ihm deine Version der Vorkommnisse zu schildern, zugleich weißt du aber, wie viel Wert Aussagen deinesgleichen haben, wenn es um Anschuldigungen gegen einen angesehenen Arzt geht. Daher beschließt du, darüber kein Wort zu verlieren.

Die Schwester setzt sich auf den Bettrand, reicht dir einen Teller Suppe. »Diese Zeiten sind schrecklich. Wenn man den Zeitungsblättern Glauben schenkt, hat der Kerl letzte Nacht schon wieder gemordet. Und erneut ist es eine Gefallene, die ihm zum Opfer fiel.«

Du schnellst nach oben. Der Teller fliegt vom Bett und zerschellt auf dem Boden. Rote Tomatensuppe läuft in die Fugen der hellen Fliesen wie dünnes, frisch vergossenes Blut. »Was? Er hat wieder gemordet? Wen? Wann und wo?«

»Gütiger Gott, so sehen Sie sich an, was Sie angerichtet haben«, ruft die Schwester erschrocken aus und will aufspringen, doch du hältst sie an ihrer Tracht fest.

»Ich muss es wissen!«

»Ist ja schon gut. Eine gewisse Annie Chapman«, keucht die Schwester. »In einem Hinterhof der Hanbury Street, so um sechs in der Früh.«

»Weiß man denn wie?«

Die Schwester deutet einen Schnitt durch die Kehle an. »Schrecklich verstümmelt soll sie gewesen sein, hörte ich die Doktoren sagen.« Sie befreit sich aus deinem erschlaffenden Griff und steht auf. »Ich kann Sie ja verstehen, Miss Wilson. Aber sehen Sie, was für ein großes Glück Sie hatten, gefunden zu werden, bevor … ach, ich möchte es gar nicht aussprechen.«

Mit diesen Worten lässt sie dich im Krankensaal inmitten vor Schmerzen stöhnender Weiber zurück. Du kannst hier nicht bleiben, musst mehr über den Mord herausfinden. Die Ausgabe des *Graphic*, die auf dem Schränkchen neben deinem Bett liegt, trägt das Datum des ersten Septembers.

Wenn du die Zeitung aufschlagen möchtest, lies jetzt den ***Anhang: The Graphic 01. September 1888*** *und kehre danach hierher zurück.*

In dem kleinen Schränkchen neben dem Bett findest du deine Habseligkeiten, in die du hastig schlüpfst. Als du dir das Halstuch umbindest, berührst du den Verband. Wut wallt auf. Und unbändiger Hass. »Ich werde dich finden, du feiges Stück Scheiße. Und wenn ich das tue, zahle ich dir jeden Schnitt, den du den armen Frauen angetan hast, zurück!«
Du gehst in die Frying Pan, *um mehr zu erfahren: Lies weiter bei* ***203***

84

Ein schlanker Schatten, finsterer als die Nacht, schält sich aus dem wabernden Nebel. Schmal und groß gewachsen erkennst du darin die Silhouette einer Frau, gekleidet in Mantel und Hut.
»Ada Wilson, ich weiß, dass Sie hier sind. Wenn Sie wohl eine Minute für mich erübrigen könnten?«
Du erkennst die dunkle, leicht vibrierende Stimme auf Anhieb, denn es ist erst wenige Stunden her, seit du sie gehört hast. Wohl wissend, dass Verstecken nichts mehr bringt, trittst du hinter den Kisten hervor. »Miss Pearcey. Sie hätte ich hier am allerwenigsten erwartet.«
Die Schwarze Witwe tritt auf dich zu und schenkt dir ein zynisches Lächeln. »Ich bin in den Gassen von Whitechapel aufgewachsen, Miss Wilson. Sie hingegen kommen aus Mile End, also sind es nicht eher Sie, die sich sorgen müsste?«
Sie weiß, wo ich wohne …
Das Messer hast du noch in der Hand, hältst es aber so, dass sie es nicht sehen kann. »Schleichen Sie mir etwa hinterher, um mir mitzuteilen, dass Sie sich in Whitechapel auskennen?«

»Aber nein, Liebes, vielmehr bin ich um ihr Wohl besorgt. Das ist es, was mich umtreibt.«

Du lachst. »Mein Wohl? Etwa, weil ich Fragen gestellt und die Herren Doktoren dadurch aufgeschreckt habe?«

Finsternis verhüllt für einen Wimpernschlag Mary Pearceys Augen und du glaubst, Schatten hinter ihr durch den Nebel huschen zu sehen. Dir ist, als rückten die Wände heran, machten die Gasse enger, bedrückender.

»Sie haben keine Ahnung, mit wem sie sich anlegen, Miss Wilson. Wie alt sind sie, achtzehn?«

»Zwanzig«, korrigierst du zynisch. »Ich lasse mir von niemandem drohen, Miss Pearcey, weil es nur mich etwas angeht.« Demonstrativ ziehst du dir den Schal vom Hals und zeigst ihr die Narben. »Da ist noch eine Rechnung offen!«

Mary Pearcey kommt dir nah, um die Narben näher in Augenschein zu nehmen. »Zwei alte, verheilte Narben und eine noch recht junge. Nicht viele können von sich behaupten, dem Tod zweimal gegenüber gestanden zu sein. Ich denke, wir können einander helfen, Miss Wilson.«

Du bleibst misstrauisch. »Wie darf ich das verstehen?«

»Wir verfolgen ähnliche Ziele, doch es erscheint mir nicht klug, auf der Straße darüber zu reden. Wohin wollten Sie doch gleich?«

»Frying Pan«, antwortest du eisig.

Mary Pearcey lächelt auf diese grausam zynische Art, die ihr zu eigen ist. »Was halten Sie davon, wenn wir meine Kutsche nehmen. Während der Fahrt können wir über das plaudern, was uns umtreibt, und so womöglich mehr Gemeinsamkeiten finden, als sie glauben.«

»Nein danke, ich laufe lieber.«: Lies weiter bei ***97***

»Ich nehme Ihr Angebot sehr gerne an.«: Lies weiter bei ***159***

85

Das *Crossingham's* – ein hässlicher Kastenbau in der Little Paternoster Row – war einst ein Armenhaus. Heute ist es eine billige Übernachtungsmöglichkeit für jene, die kein Dach über dem Kopf haben. Vier große Schlafsäle auf ebenso vielen Stockwerken, in denen es mehr Ungeziefer als Menschen gibt. Das Bettzeug

ist geflickt und mit Stroh gefüllt, aber wenigstens gibt es Glas in den Fenstern und das Dach ist dicht.
Geführt wird das Haus von Timothy Donovan, seines Zeichens Ex-Boxer, Ex-Soldat und Ex-Zuchthäusler. Ein rothaariger brutaler Schläger mit kantigem Gesicht und starken Armen, der aus Dublin kam, um den Huren in Whitechapel Beine zu machen. Es gehen Gerüchte um, in denen die Rede ist, dass er sich oft und gerne an den Frauen im Haus bedient und nicht davor zurückschreckt, vom Messer Gebrauch zu machen.
Immerhin, er nutzt seine guten Kontakte zum Arbeiterkrankenhaus in der Old Montague Street, um für die medizinische Versorgung der Ärmsten zu sorgen. Doch auch hier gibt es Gerüchte über Beziehungen in bessere Kreise und Gelder, die in Donovans Taschen fließen. Womöglich der Grund, weshalb sich die Constables hier nicht blicken lassen.
Ihm zur Seite steht der baumlange John Evans, der im Haus für Ruhe sorgt und zudem das Geld für die Betten kassiert. Ein zwielichtiger Mann, dem sich eine fiese Narbe quer übers Gesicht zieht und der sich selbst Nachtwächter schimpft.
Ist nicht der Gestank der vielen ungewaschenen Körper und zu lang getragener Kleidung allein schon unerträglich, macht es John Evans durch seine unfairen Repressalien ganz sicher dazu.
Es ist dunkel, als du das *Crossingham's* erreichst. Du steigst die drei Stufen zur blau gestrichenen Tür hinauf, lachst über das Schild mit dem Schriftzug *Schlafhaus* und klopfst an. Es dauert keine Minute, bis John Evans öffnet. »Sind voll«, sagt er in seiner unhöflichen Art und will schon schließen, doch du drückst dagegen.
»Ich brauch kein Bett, sondern muss mit deinem Boss sprechen!«
Für Ada Wilson: Lies weiter bei ***156***
Für Inspektor Frederick Abberline: Lies weiter bei ***137***

86

Deine Stimme ist ein verzweifeltes Krächzen. Blut läuft dir von der Stirn in die Augen, überzieht den brutalen Schläger und die düstere Gasse mit einem roten Schleier.
Hättest aus deinem Kehlenschnitt lernen sollen, verhöhnt dich die halbverweste Polly. Die aufgedunsene Annie lacht dazu.

So werde ich also sterben, denkst du noch, dann knallt Burys Totschläger auf deinen Kopf und schickt dich in die Finsternis …
*Lies weiter bei **192***

87 *Probe **Überzeugen** gegen **Contra-Skill 3**.*
*Wenn du unterliegst: Lies weiter bei **186***
*Wenn du obsiegst: Lies weiter bei **220***

88 »Wer iss'n da?«, tönt es hinter dem spröden Holz der Tür mit der Nummer 13. Du drückst dich in die Schatten, weil eine Horde Freier mit einer Prostituierten in Streit geraten und im Gegenlicht von Feuer und Nebel zu wild gestikulierenden Scherenschnitten verzerrt werden.
Die Stimme ist nicht die von Mary Jane.
»Ada Wilson, wollt zu Mary Jane, aber das bist du nicht. Lässt du mich rein?«
»Mein Name ist Lizzie Albrook und ich wohn hier bei Mary. Is nicht hier, also scher dich weg. Ich kenn dich nicht, also mach ich auch nicht auf …«
In den hart ausgesprochenen Worten schwingt Alkohol mit. »Bitte, ich …«
Lizzie schlägt von innen gegen die Tür. »Scher dich zur Hölle nochmal! Wer weiß, was sonst noch über die Schwelle schlüpft. Huren aufschlitzende Dämonen womöglich!«
Auf dein weiteres Klopfen antwortet sie nicht mehr. Du versuchst, im wirren Durcheinander aus Schatten, Nebel und Lärm deinen Verfolger auszumachen, und dir scheint, dass sich einer in abwartender Haltung an einer der Ecken herumdrückt. Also ziehst du dich in die Dunkelheit zwischen der Nummer 13 und 14 – die eine etwas längere Gasse ist – hinter ein paar aufeinandergestapelte Kisten zurück.
Das Lärmen des Millers Court weicht der nebelverhangenen Stille. Lizzies Worte hallen in deinem Kopf nach.
Gütiger Gott, hoffentlich habe ich den Tod nicht vor Mary Janes Tür geführt …
*Lies weiter bei **228***

89 Du hast die Leichenkammer gut in Erinnerung. Den Gestank nach Verwesung und Formalin. Die zischenden Gaslaternen. Rollbare Bahren, auf denen mit Tüchern abgedeckte Leichen liegen, die Bäuche aufgedunsen, die darunter herausragenden Hände und Füße madenbleich und mit schwarzen Totenflecken bedeckt. Daneben Seziertische mit Schalen aus Metall und Werkzeugen, die eher an eine Metzgerei erinnern. Nein, das ist wahrlich kein schöner Ort.

Du siehst nach oben zur gewölbten Decke und findest die Schimmelflecken, die du dir während deines Martyriums eingeprägt hast. Erkennst das Moos in den Fugen wieder und nickst ihm freundschaftlich zu.

Annie liegt auf der Liege, die der Tür am nächsten ist, worüber du dankbar bist. Dieses Mal verzichtest du auf das Taschentuch mit dem Riechwasser und trittst an die mit einem braunfleckigen Tuch bedeckte Leiche heran.

Doktor Phillips holt eine Akte hervor. »Wir haben hier Annie Chapman, geboren im September des Jahres 1841 als Eliza Ann Smith in der Nähe von Windsor. Verheiratet mit John Chapman, von dem sie sich 1882 wieder trennte. Mutter von drei Kindern, wovon ein Mädchen recht früh verstarb, ein weiteres an einem unbekannten Ort in Frankreich weilen soll und ein Sohn in einem Heim für Krüppel lebt. So hat es Inspektor Chandler zusammengetragen.«

Du ziehst die Augenbrauen hoch. »Kommen wir zu ihrem Befund.«

Doktor Phillips wirft dir einen tadelnden Blick zu. »Als ich im Hinterhof der Hanbury Street 29 eintraf, hatte sich noch niemand an der Leiche zu schaffen gemacht. Sie lag mit nach oben geworfenen Röcken auf dem Rücken am Fuß der Treppe, die zum Hintereingang führt. Ihr Kopf lag unterhalb des Bretterzauns, der das Grundstück abgrenzt. Anwesend waren John Davis, Anwohner in der 29, sowie Inspektor Chandler.«

»Reden Sie weiter …«

»Mein erster Eindruck: Der linke Arm lag über der linken Brust. Die Beine waren angezogen, die Füße standen auf dem Boden, die Knie waren jedoch nach außen gedreht. Ihr Gesicht war angeschwollen und auf die rechte Seite gedreht. Die stark angeschwollene Zunge war durch die Schneidezähne gestreckt, ging aber nicht über die Lippen hinaus. Die Schneidezähne sowie der erste obere und untere Backenzahn waren in tadellosem Zustand. Annie Chapman hatte überraschend schöne Zähne. Der Körper war furchtbar verstümmelt. Sie war bei meinem Eintreffen zwei Stunden tot, der kühle Morgen dürfte das Einsetzen der Leichenstarre entsprechend verzögert haben.«

Phillips zieht mit einer übertrieben theatralischen Geste das Tuch vom geöffneten Leichnam. Eine muffig süße, von Gärgasen getriebene Wolke raubt dir den Atem und treibt dir Tränen in die Augen. Der Körper ist geöffnet, die Haut- und Fleischlappen nach außen geklappt. *Ein Buch des Blutes*, geht es dir durch den Kopf.

Phillips nimmt sich einen Zeigestab aus Metall, den er wie ein kleines Teleskop auseinanderzieht. Damit tippt er auf ihren Hals. »Die Kehle ist durchtrennt. Der Schnitt durch die Haut ist gezackt und reicht bis zum Nacken. Auf dem Lattenzaun im Hinterhof war Blut, an der Stelle, wo der Kopf lag, verschmiert. 36 Zentimeter über Bodenhöhe, oberhalb der Blutlache vom Hals.«

»Fahren Sie bitte fort.«: Lies weiter bei ***216***

»Ersparen Sie mir die Details. Was können Sie über den Täter sagen?«: Lies weiter bei ***98***

90

John Evans lacht auf widerwärtig fiese Art und schickt sich an, den Totschläger aus dem Gürtel zu zerren. »Bulle hin oder her, ich schlag dir den Schädel ein, wenn du glaubst, mich einschüchtern zu können!«

Der Nachtwächter des *Crossingham's* ist keiner, dessen Aussagen man in Frage stellt.

Du setzt alles auf eine Karte und versuchst, John Evans zu überwältigen, bevor er den Knüppel aus dem Sack lässt (Probe ***Überwältigen****): Lies weiter bei* ***234***

Oder du wendest dich zur Flucht, um …

… in die Opiumhöhlen zu Inspektor Chandler zu gehen (sofern du dort noch nicht warst): Lies weiter bei ***102***

… Doktor Phillips einen Besuch abzustatten: Lies weiter bei ***121***

91 Die Gasse verschlingt dich mit Gier, umhüllt dich als kaltfeuchter Mantel. Schreckgespenster langen aus den Schatten nach dir, versuchen, dich mit grausigen Bildern der verstümmelten Annie Chapman zu schrecken.
Der Boden ist weich und stinkt nach Ausscheidungen der übelsten Sorte. Du stößt dich an einer Kiste, unterdrückst einen Fluch und gehst weiter. Hinter dir, wo sich Dunkelheit mit Nebel paart, platschen Schritte im Rinnsal. Du glaubst, ein gehetztes Schnaufen zu hören, bist dir aber nicht sicher, ob es dein eigener Atem war, der dich zum Narren hält.
Die Anspannung lässt dein Herz schnell und hart schlagen, doch das Glück ist auf deiner Seite. Nachdem du dich an einigen Kisten vorbeizwängst, siehst du das hellere Ende der Gasse. Du hast die Whitechapel Road erreicht!
*Wenn du in die Whitechapel gehst und die Opiumhöhlen besuchst: Lies weiter bei **133***
*Wenn du beschließt, dem unheimlichen Verfolger aufzulauern: Lies weiter bei **189***

92 Es hat merklich abgekühlt. Nebel wabert wie zäher Rauch von der Themse herauf durch die dunklen Gassen, frisst oder verzerrt Geräusche, sodass dir deine Umgebung unwirklich erscheint. Ein paar Ecken weiter lamentiert ein Säufer mit einer Hure, woanders rattern die Räder einer Kutsche über das feuchte Kopfsteinpflaster. Worte wie Mord, Blut, Leichen, grausam abgeschlachtet haften in deinen Gedanken.
Der Nebel könnte alles verbergen, womöglich sogar den Mörder, der dir auf den Fersen ist, weil du Fragen gestellt hast und herumschnüffelst, wo man besser die Nase rauslassen sollte. Du bist müde und hungrig, nebenbei gesagt könntest du ein Bier im *Frying Pan* und eine Mütze Schlaf gut vertragen, verwirfst den Gedanken jedoch sogleich wieder und ziehst eilig deines Weges.
Manchmal trifft man Entscheidungen, die eine Umkehr unmöglich machen. Bevor du dich ins Arbeiterkrankenhaus in der Old Montague Street begibst, solltest du vielleicht alle anderen Wege erkunden. Wenn du darauf verzichtest, ist das deine Sache!

Du hast nicht mit Elizabeth Long gesprochen? Dann: Lies weiter bei ***243***
Du warst nicht in der Opiumhöhle bei Inspektor Joseph Chandler? Lass dir das nicht entgehen: Lies weiter bei ***250***
Du hast dir nicht den Tatort in der Hanbury Street 29 angesehen? Auf, auf: Lies weiter bei ***241***
Alles erledigt? Gut, dann wird es Zeit, sich auf den Weg in die Old Montague Street zu machen. Aber sag hinterher nicht, man hätte dich nicht gewarnt: Lies weiter bei ***188***

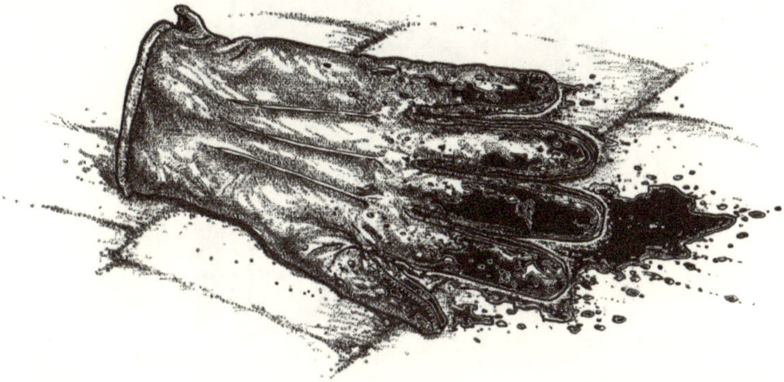

93

Der Nebel macht das Sehen schwer und das Kopfsteinpflaster rutschig. Das leise fauchende Licht der Gaslaternen vermag es kaum, die Straße zu beleuchten. Die Old Montague Street ist um diese Zeit still.
Die quer verlaufende Thomas Street, der du nach rechts zum *Frying Pan* folgen kannst, ist nicht mehr weit. Dein Verfolger scheint dies ebenfalls zu wissen, denn er beschleunigt seine Schritte.
Angst umfasst dein wild pochendes Herz. Er ist sicher schneller als du in den Stiefeletten mit den unpraktisch hohen Absätzen. Fieberhaft siehst du dich nach einem Versteck um, wirst in einer von der Straße abzweigenden Gasse fündig. Dort bieten Kisten und Fässer Deckung.
Mit einem hastigen Blick vergewisserst du dich, dass der Verfolger noch vom Nebel verhüllt wird, und schlüpfst hinein in die Finsternis deines trügerischen Verstecks.
Lies weiter bei ***228***

94 »Gehen Sie besser, wenn Ihnen ihr Leben lieb ist, Inspektor«, knurrt Donovan drohend. Die Spitze des Brieföffners zeigt auf dein Gesicht. »Sie begeben sich in trübe Gewässer, die nicht gut für Sie sind, Abberline!«
»Verdammt nochmal, Donovan, ich will nicht glauben, dass Sie derart dumm sind. Sie vergessen wohl, wen Sie vor sich haben!«
*Probe **Überzeugen**: Lies weiter bei **248***

95 Gemeinsam mit Constable Neill gehst du über die Old Montague, die Thomas Street und Whitechapel Road zum London-Hospital, um dort in die Oxford Street einzubiegen. Für dich ist es weit mehr als eine Atempause von der Hatz nach Informationen und der Flucht vor dem unvermeidlichen Ende unter der Hand des Mörders. Da ihr den Weg schweigend zurücklegt, bleibt genug Zeit, um deine Gedanken zu sortieren.
Bury hat dich offen bedroht. Ermittelst du weiter, wird man dir und Emma Leid anzutun. Dein Pflichtbewusstsein hindert dich daran, den Fall aufgrund der Drohung eines Straßenschlägers ad acta zu legen, doch Emmas Leben ist wichtiger als alles auf der Welt. Wäre es ratsam, sie zu ihren Verwandten aufs Land zu schicken?
Wüsstest du sie in Sicherheit, könntest du ohne Sorge um ihr Wohlbefinden handeln, wie es sich für einen Inspektor des Scotland Yard geziemt.

*Erhöhe den zuletzt auf die Probe gestellten **Skill** um 1 Punkt!*

An der Ecke zur Oxford bleibst du stehen und reichst Constable Neill die Hand. »Ich denke, den Rest des Weges schaffe ich allein. Vielen Dank nochmal für Ihre Hilfe, Constable, ich werde das lobend im Revier erwähnen.«
Und er wird sich mit seinen Kollegen darüber das Maul zerreißen, dass Inspektor Abberline ein Feigling ist, geht dir durch den Sinn.

*Verringere deine **Glaubwürdigkeit** um 1 Punkt.*

Neill nickt dir zu. »Keine Ursache, Inspektor. Passen Sie auf sich auf …«
*Lies weiter bei **238***

96

*Probe **Empathie** gegen **Contra-Skill 5**.*
*Wenn du unterliegst: Lies weiter bei **116***
*Wenn du obsiegst: Lies weiter bei **135***

97

»Heute ist eine böse Nacht. Du solltest mein Angebot annehmen, Ada Wilson!«
Doch da hat sie der Nebel bereits verschluckt und du fragst dich, ob die Begegnung mit Mary Pearcey nur eine Vision deines gehetzten Geistes war, ein Schreckgespenst der Bilder, die du gesehen hast.
Womöglich bist du das Böse, Mary Pearcey …
Und seltsam, so angestrengt du auch lauschst, du hörst weder das Schnauben des Pferdes noch die Geräusche von Holz und Leder, die eine Kutsche macht. Was du hingegen hörst, sind die Schritte, die dich schon vor der Begegnung mit der seltsamen Frau verfolgt haben.
Dann eben das gleiche Spiel nochmal, denkst du dir und suchst Deckung hinter einigen Fässern. Der Nebel wird zum Freund, derweil du dich versteckst, um dem Verfolger aufzulauern. Der Griff deines Messers in der Manteltasche ist dein Verbündeter, der Sicherheit verspricht. Mit pochendem Herzen lugst du hinter deiner Deckung hervor und wartest.
*Lies weiter bei **204***

98

»Die Verletzungen sind nicht mit einem Bajonett oder Klingenbajonett zugefügt wurden, allerdings durchaus von einem Instrument, das ein Mediziner bei einer Autopsie benutzen würde. Die gewöhnlichen Chirurgenkoffer beinhalten so ein Instrument normalerweise nicht. Es könnte auch sein, dass die Wunden von Werkzeugen zugefügt wurden, wie sie von Schlachtern benutzt werden. Das Aussehen der Schnitte bestätigt auf jeden Fall, dass das Instrument, welches dazu benutzt wurde, um den Nacken zu durchtrennen, von scharfer Beschaffenheit war. Und die Art und Weise, wie das Messer benutzt wurde, deutet auf sehr große anatomische Kenntnisse hin.«

Es muss ein Arzt sein, denkst du schaudernd. *Angenommen, es war tatsächlich Doktor Jekyll, was ist dann mit den anderen Doktoren hier?*

Und welche Rolle spielt die mysteriöse Mary Pearcey bei alldem?

»Kann man sagen, ob der Täter Linkshänder war?«

Phillips nickt eifrig. »Definitiv. Die Schnittführung lässt darauf schließen.«

»Wie lang hat der Mörder gebraucht, um die arme Frau derart zu verstümmeln und auszuweiden?« Die Worte hinterlassen einen bleischweren, bitteren Geschmack auf deiner Zunge.

Phillips runzelt die Stirn.

»Ich bin ein erfahrener Arzt und Pathologe und weiß um die Lage der Organe im menschlichen Körper. Ich wäre nicht dazu in der Lage, alle diese Verletzungen – selbst ohne Kampf – unter einer halben Stunde ausführen zu können, vor allem mit den ganzen herausgetrennten Organen. Auf bedacht überlegte Weise – wie es zu den Aufgaben eines Chirurgen gehört – benötigte ich bestimmt eine Stunde.«

Die Worte von Doktor Phillips klingen nüchtern und bar jeder Emotion, eben so, wie es die eines Arztes sein sollten, und doch erfasst dich gerade deswegen ein grenzenloses Grauen ob des Wahnsinns, der sich damit offenbart. Annie Chapmans graues Fleisch, die zerschundene schwarzfleckige Haut, die eingedickten Körperflüssigkeiten in ihrem Innern, die sie zu einem Gegenstand zerfallender Konsistenz reduzieren, rauben dir den Verstand, sodass du dich herumwirfst und aus der Leichenkammer fliehst, um der drohenden Ohnmacht zu entkommen.

Für Ada Wilson: Lies weiter bei ***242***
Für Inspektor Frederick G. Abberline: Lies weiter bei ***71***

99

Der Flur des Hauses in der Hanbury Street 29 ist so düster, dass du kaum die Farbe der Wände, geschweige denn die nach oben führende Treppe erkennen kannst. Die rückseitige Tür am anderen Ende des Flurs hat ein rechteckiges Fenster, doch das ist mit einem Brett vernagelt, weil das Glas zerschlagen ist.
Als einsamer Lichtfleck strahlt dir die grasgrün gestrichene Tür am hinteren Ende auf der linken Seite entgegen, die in die Wohnung von John Davis führt. Der sechzigjährige Mann öffnet dir nach dem zweiten Klopfen. Er sieht dich verwundert an, schiebt dann seinen Kopf aus der Türöffnung, um in den Flur zu schauen. »Sir?«
»Inspektor Abberline, Scotland Yard, Sir. Ich hätte einige Fragen bezüglich des Mordes der Annie Chapman an Sie.«
Davis öffnet die Tür nun ganz. Er trägt ein zerknittertes weißes Hemd, dessen Kragen bräunlich verfärbt ist, eine etwas zu kurze, dafür aber zu weite Hose, die nur durch Hosenträger an seinem dürren Körper gehalten wird. Sein Haar ist grau und wirr und hätte dringend eine Wäsche nötig.
»Annie Chapman? So eine kenn ich nicht!«
»Der Mord im Hinterhof, deswegen bin ich hier«, antwortest du frei heraus. »Sie waren es, der Inspektor Chandler gerufen hat.«
Davis mustert dich mit einem durchdringenden Blick. »Und was haben Sie damit zu schaffen?«
»Ich bearbeite diesen und einen ähnlichen Fall.«
»Ah, so ist das«, grummelt der Mann und tritt beiseite. »Kommen Sie rein, der Flur hat zu viel Ohren.«
Wenig später sitzt du auf einem wackligen Holzstuhl mit geflickter Lehne in einer dunklen Küche und hältst eine Tasse dampfenden, frisch aufgebrühten Minztee in Händen. Während Davis den Tee gemacht hat, hast du dich in der Wohnung, die aus einem Zimmer mit kleiner Küche besteht, umgesehen. Alles ist dunkel, braun oder grau. Spuren des Zerfalls ziehen sich über vergilbte, von Feuchtig-

keit aufgequollene Bücher bis zur Zimmerdecke, in deren Ecken schwarzhaariger Schimmel blüht. Es riecht süßlich nach altem, ungewaschenem Mann. Dennoch hast du den Tee gern genommen.
Davis zieht sich einen Stuhl heran und setzt sich ächzend hin. »Also, was für ein anderer Fall ist das noch, an dem Sie arbeiten?«
»Mary Ann Nichols. Es gibt Parallelen in beiden Fällen …«
Seine schwieligen Finger schaben über das unrasierte Kinn. »Sie meinen, es geht einer um, der Huren tötet?«
»Es wäre voreilig, solche Schlüsse zu ziehen.«
Davis nippt an seinem eigenen Tee und verzieht das Gesicht, weil er sich die Zunge verbrennt. Er stellt die Tasse ab und sieht dich traurig an. »Armes Ding, eine Schande ist das. Ich habe in meinem Leben so einiges gesehen, aber das …«
Du nickst, denkst an Emma und antwortest nicht darauf.
Davis lacht bitter. »Es war sechs Uhr in der Früh, als ich rausmusste, weil, na egal. Sie lag hinten raus am Fuß der Treppe, hingeworfen und verrenkt wie eine Puppe. Ihre Kleidung war zerwühlt. Wo ich bleiche Haut sah, glänzte die feucht und dunkel. Da bin ich davongelaufen zur Straße, wo ich James Kent und Henry John Holland traf, zwei wirklich anständige Burschen. Die hab ich dann mitgenommen.«
»Sie haben nicht nachgesehen, ob sie noch lebt, sie berührt oder etwas am Tatort verändert?«
Davis schüttelt den Kopf. »Inspektor, ich hab schon viele Tote gesehen, ich wusste sofort, dass bei der nichts mehr zu machen war. Das viele Blut überall. Auf dem Gesicht, den Armen, Beinen und Händen, dem Bretterzaun sogar. Selbst die Stufen der Treppe glänzten feucht davon.«
»Ihr Hals …«
»Durchgeschnitten«, sagt Davis und fährt mit dem Finger seinen Hals entlang. »Wie bei ihnen.«
Erst erschrickst du über seine Aussage, doch dann bemerkst du, dass der Schal verrutscht ist und man die Narbe sehen kann.
»Sie sind recht ehrgeizig, nicht wahr? Haben Sie denn keine Angst, dass der Mörder das nächste Mal tiefer schneidet?«
»Ich kann mir nicht erlauben, Angst zu haben«, lügst du den alten Mann an.

Davis zuckt mit den Schultern. »Ihre Entscheidung. Na, jedenfalls haben wir 'nen Constable gesucht und Inspektor Joseph Chandler bei seiner Runde erwischt und zur Leiche geführt. Der hat dann nach Doktor Phillips geschickt …«

Seine Schilderung wirkt ernüchternd. »Das ist alles?«

Davis schlürft seinen Tee. »Hm, na ja, wenn ich's mir recht überlege, als Doktor Phillips eintraf, hatte der so einen Burschen dabei, der sich als William Henry Bury vorstellte. Grober Typ mit so 'ner Zornfalte zwischen den Augen, wenn man die zu oft zusammenkneift, und 'ner Nase, die breit war und flach.«

»Womöglich einer der Helfer aus dem Krankenhaus?«

»Kann sein« sagt Davis, »aber den Kerl hab ich schon einige Male hier gesehen, an den Ecken, wo er herumlungerte und Frauen angaffte.«

»Auch am Tag vor dem Mord?«

Davis nickt. »Hab ja nicht sonderlich viel zu tun, als auf den Stufen vor dem Haus zu sitzen. Da sah ich ihn, muss nach halb zwei in der Nacht gewesen sein.«

»Sie sitzen mitten in der Nacht draußen?«

Davis lacht, was eher wie das Krähen eines heiseren Hahns klingt. »Inspektor, alte Menschen brauchen nicht mehr so viel Schlaf. Um diese Zeit rauch ich mein letztes Pfeifchen und dann geht's noch auf den Topf und ab ins Bett. Na, jedenfalls sah ich ihn an der Ecke Spitalfields Market stehen, den Kragen hochgeschlagen und die Melone tief im Gesicht. Richtig unheimlich sah das aus, es schien, als würde er auf jemand warten.«

»Also muss der Mörder ihr zwischen halb zwei und sechs Uhr aufgelauert haben …«

Davis schüttelt den Kopf. »Ne ne, Inspektor, denn ich hab die Frau – diese Annie – so um halb sechs noch unter den Fensterläden gehört, wie sie sich mit 'nem Mann unterhielt. *Willst du*, fragte der. *Ja*, antwortete sie …«

Ein eiskalter Schauder kriecht dir über den Rücken. »Also hatte der Mörder nur eine halbe Stunde Zeit, sie in den Hinterhof zu zerren und umzubringen?«

»Wär dem Bastard beinahe auf die Füße getreten, wenn ich's bedenke«, meint Davis kopfschüttelnd.

Zwischen William Henry Burys Herumlungern und dem Mord liegen vier Stunden, geht dir durch den Kopf.
Dann der Mann, der vor den Fensterläden mit Annie sprach. Das muss der Mörder gewesen sein. Sie hat ihn mit in den Hinterhof genommen, um ihrer Arbeit nachzugehen, und somit ihr eigenes Schicksal besiegelt ...
Du überlegst, wie du weiter vorgehen sollst.
Du siehst dir hier den Tatort an (sofern du das noch nicht getan hast): Lies weiter bei ***142***
Du hast den Tatort schon gesehen und willst jetzt an der Straßenecke auf jemand Bestimmtes warten: Lies weiter bei ***118***
Du gehst in die Opiumhöhlen und sprichst mit Inspektor Chandler (sofern du das noch nicht getan hast): Lies weiter bei ***102***
Du beschließt, Doktor Phillips im Arbeiterkrankenhaus aufzusuchen: Lies weiter bei ***121***

100

»Entschuldigen Sie die Störung, Doktor. Hier ist Inspektor Abberline vom Scotland Yard. Ich muss mit Ihnen über Annie Chapman sprechen.«
»Abberline?«, hörst du den Doktor aus Deutschland fragen.
»Nicht sonderlich überraschend«, antwortet die Frau. Die Tür öffnet sich und anstelle des Arztes steht eine schlanke, hochgewachsene und gänzlich in schwarz gekleidete Dame vor dir. Sie trägt ein eng sitzendes, mit schlichten Stickereien verziertes Kleid sowie einen

dunklen Reitmantel. Ihr Haar trägt sie in gewagter Manier offen, sodass es wie Krähenfedern über die Schultern bis zur Hüfte fällt. Obenauf ein kleines schwarzes Hütchen mit ebensolchem Schleier, der das leuchtende Blau ihrer Augen nicht zu verbergen mag.

»Treten Sie ein, Inspektor, wir sind hier fertig«, erklärt sie dir lächelnd, derweil sie dir mit dem Handrücken über die Wange fährt. Ihre Präsenz ist derart erdrückend, dass es dir an Luft fehlt, um zu antworten. Also nickst du nur und verfluchst dich für deine Schwäche.

»Ich habe schon viel von Ihnen gehört«, stellt sie fest, während sie dich wie eine Raubkatze umkreist. Schatten folgen ihren Bewegungen, das diffuse Licht verdunkelnd.

»Wenn dem so ist«, fasst du dir ein Herz gegen die Dunkelheit, »und Sie mich bereits kennen, verraten Sie mir aus rein dienstlichem Interesse auch ihren Namen?«

Sie sieht dich an und lächelt auf eine finstere, aber anziehende Art. Dir wird bewusst, wie schön die Frau ist. Nicht auf die verrucht dreckige Art der Frauen von Whitechapel, sondern auf eine verschlossen mysteriöse Weise, die dir einen wohligen Schauder durch den Körper jagt. Du denkst an Emma und schämst dich für deine Gedanken.

»Mary Pearcey, Inspektor.«

Dein Blick gleitet an ihr vorbei in den Raum, wo der schon etwas ältere Doktor Phillips und ein jüngerer Mann in braunem, gestreiftem Anzug an einem Tisch sitzen, auf dem eine Weinflasche und Gläser stehen. Die Männer sind durchaus respektable Personen, doch gegen Mary Pearcey verblassen sie zur Bedeutungslosigkeit.

»Eine Gönnerin des Krankenhauses«, deutet sie deinen fragenden Blick. »Ich war nicht immer so wohlhabend, Inspektor Abberline, und das ist meine Art, etwas an Whitechapel zurückzugeben, auch, wenn es manchen missfällt.«

Was hat sie wirklich mit den Doktoren zu schaffen?, geht es dir durch den Kopf.

»Ich möchte Sie nicht länger von ihrem Gespräch abhalten und wünsche Ihnen einen schönen Tag, Inspektor.« Sie dreht sich zu den Männern um. »Die Herren Doktoren …«

Dann verschlucken sie die Schatten des Kellerflurs, als wäre sie nie dagewesen. Zurück bleibt nur ein Hauch von frischen Rosen, wie man sie gerne auf Gräber legt …
*Lies weiter bei **77***

101

Die Pearcey lacht, als hättest du einen Witz gemacht. Sie zieht an einer Schnur, die sich durch die Kabine zieht. Draußen auf dem Kutschbock läutet eine helle Glocke. Der Kutscher – John Netley – zügelt das Pferd, um anzuhalten.
Du erhebst dich, um auszusteigen, doch sie ergreift deinen Arm. »Es ist noch nicht vorbei. Wir werden uns wiedersehen, Inspektor Abberline, dann jedoch unter anderen Bedingungen.«
»Lassen Sie mich los«, fauchst du erbost.
»Nehmen Sie einen letzten Rat von mir an. Hören Sie auf, Fragen über die Toten zu stellen. Lassen Sie es gut sein, denn andernfalls werden Sie und Emma sterben!«
Du reißt dich mit einem harten Ruck los. »Sie drohen mir, einem Inspektor des Scotland Yard? Haben Sie den Verstand verloren?«
Die Pearcey lacht. »Nein, ich drohe nicht dem Inspektor, sondern einem verzweifelten Mann, der aus Angst um seine blass-kränkliche Frau den Verstand verliert!«

*Verringere **Freunde** um 1 Punkt, aber erhöhe **Glaubwürdigkeit** um 1 Punkt.*

Netley öffnet den Wagenverschlag, du springst auf die Straße und gehst ohne einen Blick zurück durch den dichten Nebel davon. Erst nach einer Weile, als du dich halbwegs beruhigt hast, bleibst du unter einer Gaslaterne stehen.
Dein Herz hämmert, droht vor Angst um Emma zu zerspringen. Du bist dir sicher, dass Mary Pearcey etwas mit den Morden zu tun hat, doch was genau?
Kennt sie den Mörder und deckt ihn? Aber warum?
Nachdem du zu Atem gekommen bist, siehst du dich um. Die Straße ist dir selbst im dichten Nebel bekannt. Du befindest dich in der Old Montague Street in der Nähe des Arbeiterkrankenhauses.

Nichts hat sich geändert, denn als du gemächlich Richtung Thomas Street gehst, folgen dir Schritte auf dem feuchten Kopfsteinpflaster.
Sie hat mir mit dem Tod gedroht. Ist es ihr gedungener Leibwächter, der mir durch den Nebel folgt?
Du beschließt, dem ein Ende zu bereiten. Da sich keine Passanten hier herumtreiben, versteckst du dich hinter einem Stapel Kisten und ziehst den Revolver …
*Lies weiter bei **189***

102

Die Opiumhöhle in der Church Street ist nicht weit von der Hanbury Street entfernt, was ein Grund dafür gewesen sein könnte, weshalb Inspektor Joseph Chandler so schnell am Ort des Geschehens auftauchte.
Die zumeist von Chinesen betriebenen Kaschemmen sind groß in Mode. Für ein paar Pence kann man der Realität entfliehen, sich in die weichgezeichnete Düsternis des Drogenrauschs sacken lassen, derweil zarte Hände einem den Nacken und Rücken massieren, manchmal sogar etwas mehr.
Männer wie du sind in diesen Etablissements gern gesehene Gäste, weshalb dir der Türsteher gerne Einlass gewährt. Drinnen empfängt dich ein mit papiernen Ballonlampen schummrig rot beleuchteter Saal. Mit chinesischen Motiven bemalte Paravents gaukeln Separees vor, in denen mit rotem Samt bezogene Recamieren auf die Gäste warten. In der Luft steht der Dunst vom Rauch der Pfeifen, die von Chinesinnen in hautengen bunten Kleidern auf silbernen Tabletts gereicht werden. Gentlemen trinken giftgrünen Absinth, die ärmeren Herrschaften asiatisches Bier. Nur wer genauer hinsieht, bemerkt, dass die Polster abgestoßen sind und der goldfarbene Lack bröckelt wie die Schminke der beschäftigt umhereilenden Frauen. Auf einer Empore sitzen Musiker, die auf dir unbekannten Instrumenten spielen, deren Klang dich an Katzenjammer erinnert. Du stellst dir Mister Hyde vor, wie er hinter einem Paravent lauert, das Skalpell in der Hand.
Es kostet dich einen strengen Blick, damit man dich zu einem Separee in der Ecke führt. Die Chinesin erklärt dir mit geheimnisvollem

Lächeln, das dies der Stammplatz von Inspektor Joseph Chandler sei. Und tatsächlich, als du zwischen den durchscheinenden Paravents hindurchtrittst, liegt er auf einer der beiden Recamieren lang ausgestreckt und mit geschlossenen Augen da. Sein Jackett liegt auf dem Boden. Die Weste ist aufgeknöpft, das Hemd hängt ihm teils aus der Hose. Die Schuhe stehen hingegen ordentlich unter seiner Liegestatt.

Du nimmst auf der zweiten Recamiere Platz und öffnest deinen schwarzen Mantel, weil es in der Opiumhöhle drückend heiß ist.

»Inspektor Chandler?«

Seine Augen bewegen sich hinter den geschlossenen Lidern. Du fasst dir ein Herz und rüttelst den Mann an der Schulter.

»Inspektor, wachen Sie auf, ich muss mit Ihnen reden!«

Wohl etwas zu laut, denn aus dem benachbarten Separee zischt ein leises, aber durchdringendes *Pssst!*

Deine Maßnahmen zeigen den erhofften Erfolg. Der Inspektor regt sich träge, öffnet die Augen und sieht dich an, als wärst du der schwarze Mann aus einem bösen Traum. »Was zur Hölle … wer … sind Sie?«

Das aufgerauchte Pfeifchen, das auf einem Beistelltischchen steht, spricht für seinen desolaten Zustand.

»Inspektor Frederick Abberline. Wären Sie nicht derart hemmungslos berauscht, würden Sie mich erkennen. Ich muss mit Ihnen über Annie Chapman reden!«

»Annie wer?«

»Dark Annie!«

»Ah, die Tote aus der Hanbury Street. Sagen Sie das doch gleich.« Er wälzt sich ächzend auf die Seite. »Sie bearbeiten den Mord an Polly …«

»Mary Ann Nichols, genau. Ich …«

Ein Chinese schiebt sich ins Separee. »Sir, das hie' is' ein Rauchhaus. Ic' muss Sie bitte' zu bestelle' ode' zu gehe'«

»Einen Tee. Kein Zucker, keine Milch«, sagst du, ohne den Blick von Chandler abzuwenden.

»Rauchhaus«, wiederholt der Chinese und dir wird klar, dass er möchte, dass du ein Opiumpfeifchen bestellst.

»Ich nehm noch eins. Aber das gute Zeug«, nuschelt Chandler. Er sieht dich an. »Wir rauchen, danach unterhalten wir uns, Herr Kollege!«

*»Ich verabscheue Rauschmittel und bevorzuge ein Gespräch mit wachen Sinnen.« (Probe **Auftreten**): Lies weiter bei **113***

*»Inspektor Chandler, Sie sollten nicht noch mehr rauchen. Ich brauche Sie bei Verstand!« (Probe **Überzeugen**): Lies weiter bei **134***

103

Deine Schritte werden schneller. Die des unsichtbaren Verfolgers ebenfalls. Es kostet dich Überwindung, um dich nicht umzudrehen und den Kerl mit gezogener Waffe zur Rede zu stellen.

Bleib ruhig, zwingst du dich zur Besonnenheit. Deine Finger umklammern den Griff des Revolvers, der in der Manteltasche steckt. Soweit es der Nebel enthüllt, liegt die Old Montague Street verlassen vor dir, was an sich schon ein Absurdum ist. Du bleibst stehen und siehst dich um, doch hinter dir ist nichts als waberndes Weiß, in dem die Gaslaternen wie fahle Monde leuchten.

Zwei Gassen kannst du im dunstigen Licht erkennen. Die erste ist finsterer als dein Mantel und kaum breit genug, dass zwei nebeneinander laufen können. In ihrer Mitte verläuft ein stinkendes Rinnsal. Die andere ist breiter und gepflastert. Kisten und Fässer stapeln sich an deren Eingang. Eine Laterne wirft Licht auf die ersten Meter, doch dahinter erwartet dich die nächtliche Dunkelheit.

*Wenn du in die erste Gasse gehst: Lies weiter bei **91***

*Wenn du die zweite Gasse wählst: Lies weiter bei **206***

*Wenn du lieber der Old Montague bis zur Thomas Street folgst, um nach Hause zu gehen: Lies weiter bei **210***

104

Bei Gott, du magst keine Krankenhäuser. Niemand tut das, von den Doktoren einmal abgesehen. Das Gestöhne der Kranken ist nervenaufreibend. Der Gestank nach Tod und Zerfall, von faul schwärenden, eiternden Wunden und Ausfluss aus Körperöffnungen, über die du nicht nachdenken willst, hängt schwer und süßlich in der Luft, legt sich bitter auf deine Zunge und macht das Atmen zur Qual.

Das in der Nähe deiner Wohnung gelegene London-Hospital ist hell und sauber, man redet leise und die Farbe an den Wänden ist frisch, denn dort wird gelehrt und hohe Herrschaften gehen ein und aus. Hier hingegen ist es düster, als wolle man die Armen und Schwachen vor der Öffentlichkeit verbergen. Die Wände sind grau wie die Gesichter der Patienten, die Liegen rostig und die Matratzen voll von braunen Flecken, dass man denken könnte, da stecke ein Muster dahinter.

Nein, das Arbeiterkrankenhaus ist wahrlich kein Ort zum Verweilen. Letzten Endes ist es ein Bauwerk, das wie seine Patienten dahinsiecht und zum bitteren Spiegelbild Whitechapels wird.

Du gehst den Flur entlang, weichst diskutierendem Personal ebenso aus wie den Kranken, die mit eingefallenen Gesichtern vor sich hin schlurfen. Aus einem Zimmer jammert eine alte Frau, dass man ihr Gebiss gestohlen hätte, aus einem anderen stöhnt ein Arbeiter, dem man ein Bein abgenommen hat. Du kannst den mit fleckigen Binden umwickelten Stumpf sehen und wie es gelblich daraus hervorsickert. Woanders leeren barmherzige Schwestern Nachttöpfe aus.

Am Ende ist die Treppe, der du bangen Herzens nach unten folgst, weil die Stufen die Bilder dessen heraufbeschwören, was dir in den Gedärmen des Krankenhauses angetan wurde. Wenigstens bleiben die Geräusche hinter dir zurück, was gut oder schlecht sein kann …

Lies weiter bei ***76***

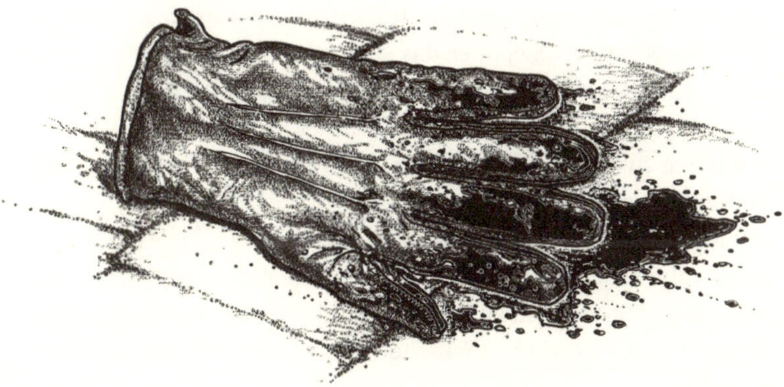

105 *Probe **Geschick** gegen **Contra-Skill 3**.*
*Wenn du unterliegst: Lies weiter bei **73***
*Wenn du obsiegst: Lies weiter bei **164***

106 *Probe **Überzeugen** gegen **Contra-Skill 5 + dein Suchtwert**.*
*Wenn du unterliegst: Lies weiter bei **127***
*Wenn du obsiegst: Lies weiter bei **148***

107 »Das tue ich, Miss Pearcey. Wer soll mich sonst vor der Klinge des Mörders errettet haben?«
Der Stoff von Mary Pearceys Kleid raschelt, als sie sich bewegt. »Sie sind der Ansicht, er schickt Ihnen einen Mörder auf den Hals, um Sie von selbigem erretten zu können? Wie verlogen das doch klingt.« Spott klingt in den Worten mit – und Verachtung.
»Ich bin glücklich verheiratet mit Gottes Segen, deshalb zweifle ich nicht. Womöglich war's der Teufel, der den Mörder schickte …«
Die Pearcey lacht leise. »Mit Gottes Segen? Wer sagt das, Ihr Priester? Entschuldigen Sie, aber das sehe ich anders. Warum gibt es solche Orte wie Whitechapel, die wie das Fegefeuer Seelen fressen? Weshalb werden Frauen gezwungen, ihre Körper zu verkaufen, um überleben zu können? Was ist der Lohn, der Sie am Ende erwartet? Ihr Gott ist einer der Widersprüche!«
Darauf hast du keine Antwort, denn du bist kein bibelfester Kirchgänger, also schiebst du einen Vorhang zur Seite und spähst aus dem Fenster. Draußen nichts als vom Licht der Gaslaternen durchbrochener Nebel. »Es wäre anmaßend von mir, Gottes Wege verstehen zu wollen …«

»Dachte ich mir«, stellt sie mit hämischem Unterton fest. »Die Wahrheit ist, Sie brauchen ihn und seine Sünden nicht, Inspektor, denn sie tragen keine Schuld in sich.« Sie beugt sich in verschwörerischer Pose vor und berührt deine im Schoß ruhende Hand. Ihre Haut duftet betörend nach Rosen, sodass du kaum einen klaren Gedanken fassen kannst. »Die dunklen Mächte unterscheiden nicht zwischen Gut und Böse, oder was Sünde oder gottgefällig ist. Eins habe ich gelernt: Wenn du etwas willst, nimm es dir, aber du musst dazu bereit sein, etwas dafür zu opfern, und damit meine ich nicht Pennys.«

Dir wird kalt. Mary Pearceys Worte passen zu der mysteriösen schwarzen Krähe, der sie ähnelt, zugleich werfen sie ein vollkommen neues Licht auf die Morde. »Ein Opfer bringen? Etwa in Form von Mary Ann Nichols und Annie Chapman? Wie ich, nur dass ich es vereitelt habe? Ist es das, worüber Sie mit mir reden wollen?«

Sie mustert dich mit hintergründigem Blick. »Ich kann in Ihnen lesen wie in einem aufgeschlagenen Buch, das trieft vor Verachtung gegenüber Whitechapel, getrieben von Wut auf den, der Ihnen das angetan hat. Zugleich ist da viel Verzweiflung, nicht in der Lage sein zu können, etwas zum Besseren zu wenden. Echte Gottgefälligkeit lese ich darin jedoch nicht. Sie sind stark, verfolgen beharrlich ihre Ziele, oft auch skrupellos, aber sie tun es nicht für die Frauen, sondern einzig und allein für sich selbst. Sie tragen die Attribute und das Talent eines dunklen Hexers in sich, Frederick Abberline, ob Sie es wollen oder nicht.«

»Dann wäre ich nicht besser als die Halsabschneider in den Gassen von Whitechapel …« Du weißt nicht, was du davon halten sollst, denn Mary Pearceys Worte sind schmeichelnd und beleidigend zugleich. Du schwankst zwischen Unwohlsein, Angst und Neugier. Was meint sie mit *dunklen Mächten?*

»Als ob die einen Penny auf Ihr Leben geben würden.« Sie ergreift deine Finger. Ihre Haut ist weich, ihr Griff fest, nahezu fordernd. Eine prickelnde Berührung, die du um Emmas Willen sofort unterbinden solltest. Doch du tust es nicht. »Ich biete Ihnen ein erfülltes Leben, Frederick. Werden Sie mein Schüler der dunklen Künste und finden Sie den Sinn des Lebens.«

»Sie wollen, dass ich ein, hm, Hexer werde?«, fragst du ungläubig. Die Pearcey lächelt auf zynisch bösartige Weise. »Sie würden gut zu uns passen. All Ihre Wünsche könnten in Erfüllung gehen, auch – und vor allem – die Ihrer Frau! Ist es nicht so, dass sie schon immer Kinder wollte, aber es nicht ging? Ein Pakt zwischen uns könnte das ändern. Also, was sagen Sie?«

»Scheren Sie sich zum Teufel, das sage ich. Und aussteigen will ich!«: *Lies weiter bei **101***

»Ich muss darüber nachdenken, aber wohl ist mir dabei nicht …«: *Lies weiter bei **172***

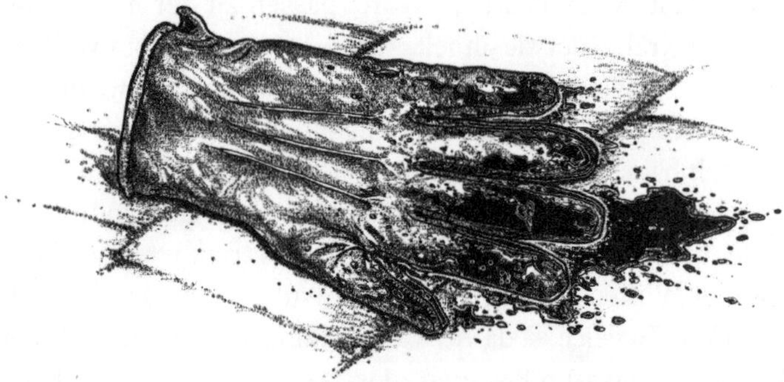

108

Das Gespräch mit Frederick Stevens hat dich nachdenklich gestimmt, weil dir das Gehörte widersprüchlich erscheint. Annie Chapman hat einen Stammplatz in Bett 29, doch Evans setzte sie dennoch vor die Tür. Dann Annies wirre Aussagen, wie sie zu Geld gekommen sei. Am unheimlichsten sind die Pillen, die sie von Doktor Jekyll bekommen hat. Gegen welche Krankheit waren sie gedacht und welche Gegenleistung musste sie dafür erbringen?
Als du am Ende des Flurs jenseits der schäbigen Küche vor Donovans Büro trittst, öffnet sich die Tür und eine große Frau tritt heraus. Sie ist in schwarz gekleidet, jedoch zeugen ihr eng geschnürtes Kleid, der ausgestellte Mantel, das Schleierhütchen und die feinen Lederhandschuhe von gehobenem Stand. Das lange, tiefschwarze Haar der schlanken, aber nicht dünnen Frau ist zu einem kunstvollen Knoten verschlungen. Der Blick ihrer strahlend blauen Augen ist kalt, als sie an dir vorbei in den Flur tritt und – ohne sich umzusehen – im Treppenhaus verschwindet, als wäre sie nie dagewesen.

Sie war groß genug, um dir geradewegs in die Augen zu blicken, und von dem, was der Schleier offenbarte, war sie zwischen 25 und 30 Jahre alt. Ein seltsamer Besuch in diesem Haus. *Eine geheimnisvolle Gönnerin womöglich?*

Da die Tür offen steht, klopfst du an den Rahmen und betrittst das in feinem Rosenholz eingerichtete Büro von Timothy Donovan. *Woher nimmt er das Geld für eine solch noble Einrichtung?*

Donovan sitzt – gekleidet in ein weißes, offen stehendes Hemd und dunkelrote Weste – hinter seinem wuchtigen Schreibtisch. Sein Blick ist mürrisch, das kantige Kinn vorgeschoben. »Inspektor Abberline, was verschafft mir die Ehre?«

Ohne eine Aufforderung seinerseits abzuwarten, nimmst du auf einem der mit rotem Samt bezogenen Sessel vor seinem Tisch Platz. »Ich wünsche Ihnen ebenfalls einen guten Tag, Timothy Donovan. Wie laufen die Geschäfte?«

Donovans Augen verengen sich zu schmalen Schlitzen. »Sparen Sie sich die Floskeln und kommen Sie zur Sache, ich habe zu tun.«

Ein Hauch von Rosen hängt in der Luft, der eindeutig von der fremden Frau stammt. Donovan macht den Eindruck, als hätte ihn das Gespräch mit ihr verärgert. »Annie Chapman. Sie war in der Mordnacht gegen halb zwei in diesem Büro. Ich möchte wissen, warum und was sie gesagt hat.«

Donovan lehnt sich im Sessel zurück und setzt ein gefährliches Grinsen auf. »Hab schon gehört, dass man Sie auf den mysteriösen Mörder angesetzt hat.« Er nimmt sich einen schlanken Brieföffner vom Schreibtisch und beginnt, sich damit die Fingernägel zu reinigen. »Lass Sie sich von einem der's weiß gesagt sein, dass es so manchem missfällt, dass Sie dabei eine Menge Staub aufwirbeln …«

Bei dir klingeln die Alarmglocken. »So manchem? Etwa Doktor Jekyll?«

Donovan hält inne und sieht auf. »Lassen Sie den Doktor aus dem Spiel. Er ist einer, der den armen Leuten beisteht. Ohne ihn …«

»Mal ehrlich, sie scheren sich doch einen Dreck um die Leute von der Straße.«

Donovan lacht. »Und Sie? Ist es nicht so, dass Sie dem Phantom hinterherjagen, das Ihnen die Kehle durchgeschnitten hat. Bei Gott, hätt er's doch nur richtig gemacht. Ich geb Huren wie der Nichols und Annie ein Bett mit 'nem Dach überm Kopf, muss auf meine Kosten kommen …«

Also haben Mary Ann Nichols und Annie Chapman hier übernachtet …

»Wenn Ihnen wirklich etwas an diesen Frauen liegt, dann helfen Sie mir. Erzählen Sie mir, was Annie gesagt hat. Es wäre überaus hilfreich.« (Probe ***Empathie****): Lies weiter bei* ***257***

»Sie missverstehen meine Motivation. Ich bin Inspektor des Scotland Yard und will verhindern, dass noch mehr Frauen auf diese erbärmliche Weise sterben müssen.« (Probe ***Glaubwürdigkeit****): Lies weiter bei* ***150***

109

»Das ist infam!«, regt sich Doktor Phillips auf.

»Ach, finden Sie? Weshalb ist er denn so plötzlich abgereist? Sagen Sie es mir! Und wo war denn Mister Hyde, als Jekyll mich in die Falle lockte? Ich habe niemanden sonst gesehen …« Phillips sieht dich wütend an. »Dafür gibt es nicht den geringsten Beweis!«

Dir entgeht keineswegs, dass er mit Doktor Frankenstein einen schnellen Blick wechselt, der in einem knappen Nicken endet. Womöglich ist es besser, fürs Erste einzulenken und Informationen zu sammeln, die zu hieb- und stichfesten Beweisen führen.

»Sie haben recht, es war voreilig von mir, etwas Derartiges zu schlussfolgern. Zeigen sie mir die Leiche von Annie Chapman.«: Lies weiter bei ***89***

»Ich bleibe dabei, Doktor Jekyll steckt mit drin!«: Lies weiter bei ***179***

110

Es ist wie verhext. Du kannst die Bretter nicht lösen, brichst dir einen Fingernagel ab und schlitzt dir den Zeigefinger an einem rostigen Nagel auf.

Verringere einen ***Kampfskill*** *deiner Wahl um 1 Punkt.*

Entmutigt kehrst du zu Constable Mizen zurück, der dir ein mitleidiges Lächeln schenkt, als du ihm deine Verletzung zeigst. »Ich bin zu schwach oder zu blöd, bekomme die Bretter nicht ab. Aber ich muss da rein, unbedingt. Es könnten Leben davon abhängen!«
Mizen nimmt vorsichtig deine Hand und lächelt dir aufmunternd zu. »Du hast wirklich einen eisernen Willen, Ada Wilson.«
Mizen löst sich von dir und geht zur Tür, wo ein bulliger, gelangweilt dreinschauender Pfleger den undankbaren Dienst versieht, die zahlenden von den zahlungsunfähigen Kranken zu unterscheiden. Gesundheit ist nun mal nicht kostenlos. Mizen hält ihm ein paar Pence hin. »Guter Mann, lassen Sie diese Frau durch. Sie hat eine Verletzung, die versorgt werden muss. Ich komme dafür auf.«
»Alle Ärzte haben bereits zu tun.«
»Und was ist mit Doktor Phillips?«, fragt Mizen beharrlich. »Die Toten werden ihn sicher ein paar Minuten entbehren können. Also zur Seite mit Ihnen, damit die Frau nicht länger in der Gasse stehen muss.«
Der Mann grinst anzüglich, spukt aus und geht zur Seite. »Wenn Sie meinen, Constable. Phillips ist unten, im Raum von Jekyll.«
Du drehst dich in der Tür noch mal zu Constable Mizen um und schenkst ihm ein strahlendes Lächeln. »Danke. Für alles.«
Dann gehst du hinein, schnappst dir ungesehen den erstbesten sauberen Verband, den du irgendwo herumliegen siehst, und umwickelst damit straff deinen blutenden Finger.
Lies weiter bei ***158***

111

Du steckst den Revolver weg und ziehst den Knüppel, den jeder Polizist bei sich trägt. Mit geschmeidiger Behändigkeit springst du als dunkler Schatten aus deiner Deckung und versuchst, an dem bulligen Schläger vorbeizuhuschen.

Glas knirscht unter deiner Stiefelsohle und Bury fährt herum. Sein eher unbeholfen geführter Schlag knallt dir auf den Knöchel. Es knackt fürchterlich, als Hartholz auf Knochen trifft. Ein scharfer Schmerz zieht sich wie ein tiefer Schnitt deinen Arm nach oben direkt ins Hirn. Die Hand, nicht mehr in der Lage, den Knüppel festzuhalten, öffnet sich und er verschwindet in die Dunkelheit.

Bury versucht, dich am Kragen zu packen, doch du bist schneller und entwischst seinem Griff. Mit einem wütenden Aufschrei stampft er dir hinterher. Schnell erreichst du die Old Montague Street und wendest dich von dichtem Nebel umgeben nach rechts, um zur Thomas Street zu laufen.

»Bleib verdammt nochmal stehen!«, brüllt Bury hinter dir. »Ich will nur mit dir reden!«

Klar, nur reden, denkst du, rennst weiter und direkt in einen Mann hinein, der eiligen Schrittes aus einer dunklen Gasse kommt. Du willst ihm schon einen Faustschlag verpassen, da erkennst du, dass es Constable Neill ist.

»Neill, Gott sei Dank«, rufst du erleichtert aus und klopfst dem überrumpelten Mann auf die Schulter.

Burys Schritte werden langsam, stocken. Dann läuft er davon.

»Ich hörte Geschrei und dachte …«, sagt Neill. »Ich wusste ja nicht, dass Sie es sind, Inspektor.«

Außer Atem grinst du ihn an. »Ich war in der Gasse, um einen Schläger zu stellen, der mich durch den Nebel verfolgte, beschloss dann aber, es nicht auf eine Konfrontation ankommen zu lassen.«

Neill mustert dich eingehend. »Womöglich wäre es besser, Sie ein Stück zu begleiten.«

Neills Blick gefällt dir nicht. Gut möglich, dass er dich für einen Feigling hält.

Aber was soll's, nichts ist wichtiger, als gesund zu Emma nach Hause zu kommen. »Gehen wir zur Oxford Street.«

Lies weiter bei ***95***

112

»Ich regle das«, sagt Mizen und begibt sich zur Tür, wo ein bulliger, gelangweilt dreinschauender Pfleger den undankbaren Dienst versieht, die zahlenden von den zahlungsunfähigen Kranken zu unterscheiden. Gesundheit ist nun mal nicht kostenlos.
Mizen baut sich vor ihm auf. »Guter Mann, ich denke, Sie sollten eine Pause machen.«
»Sollte ich das, ja?«
»Ich bitte Sie nur einmal darum«, stellt Mizen beharrlich fest. »Also zur Seite mit Ihnen, damit dieser Mann nicht länger in der Gasse stehen muss.«
Der Mann grinst dich dreckig an, nickt, spukt aus und tritt zur Seite. »Bin nicht auf Ärger aus, Constable. Doktor Phillips ist unten bei den Toten, im ehemaligen Raum von Doktor Jekyll.«
*Lies weiter bei **104***

113

*Probe **Auftreten** gegen **Contra-Skill 4 + dein Suchtwert**.*
*Wenn du unterliegst: Lies weiter bei **155***
*Wenn du obsiegst: Lies weiter bei **176***

114

Die Whitechapel Road verläuft parallel zur Old Montague Street, in der du dich befindest. Einige kleinere, auf der rechten Straßenseite abzweigende Gassen drängen sich zwischen den nebelfeuchten Häusern hindurch, über die du die weitaus belebtere Whitechapel und die Opiumhöhlen erreichen kannst. Deine Schritte werden schneller. Die Absätze der Lederschuhe klackern laut auf dem nassen Kopfsteinpflaster. Die Schritte hinter dir folgen im gleichen Takt, scheinen als überlagernder Klang in den deinen aufzugehen.
*Wenn du eine der dunklen Gassen zur Whitechapel Road nimmst: Lies weiter bei **103***
*Wenn du der Old Montague Street bis zur Thomas Street folgst, um nach Hause zu gehen: Lies weiter bei **210***
*Wenn du beschließt, dem unheimlichen Verfolger aufzulauern: Lies weiter bei **189***

115

»Guter Gott, sind Sie ein sturer Bock, Inspektor«, schnauft Donovan genervt und lässt sich in seinen Sessel sinken.

»Dafür bin ich bekannt«, antwortest du. »Ich werd's Ihnen bei Gelegenheit danken.«

Donovan lacht auf. »Sofern sich diese jemals je bieten sollte. Aber gut, wie Sie meinen. Doch ich sag's Ihnen, stochern Sie nicht zu tief im Schlamm, sonst werden Sie unweigerlich darin versinken.«

»Hab's verstanden …«

»Will's nur gesagt haben«, meint Donovan nickend. »Annie kam kurz nach halb zwei in mein Büro, 'ne Ofenkartoffel essend. John Evans war auch dabei. Es ging um das fällige Übernachtungsgeld. Brummy – also John – meinte, dass sie genug Geld für Bier hätte, aber keins für das Dach überm Kopf, was ja auch stimmte. Trotzdem meinte sie, dass ich ihr das Bett 29 freihalten soll. Würd' nicht lang dauern, behauptete sie und ging. John lief ihr bis zur Tür nach und sah, wie sie in die Little Paternoster Row Richtung Brushfield Street ging, um dort zum Spitalfields Market abzubiegen. Das ist alles.«

Donovans Ausführung erscheint dir ungenügend. »Was ist mit Doktor Jekyll? War er rein zufällig in der Nacht hier und hat ihr die Pillen gegeben? Wofür waren die?«

Donovan schnauft. »Sie wollen es wirklich wissen, nicht wahr?«

Du nickst. »In der Tat!«

»Der hat ihr die Pillen 'ne Stunde vorher gegeben, sagte, die wären gut für ihren Kopf, was immer er damit meinte. Hat kurz nach Annie das *Crossingham's* verlassen, wohl um sich auf dem Spitalfields Market eine Kutsche anzuhalten, die ihn zurück ins Arbeiterkrankenhaus bringen sollte …«

»Na, wenn das kein Zufall ist«, murmelst du zu dir selbst und schenkst ihm ein gezwungenes Lächeln. »Wie viel später ist er denn gegangen, der Herr Doktor?«

Donovan überlegt, kratzt sich am stoppligen Kinn. »So ein, zwei Minuten nach Annie denk ich mal, hatte es ziemlich eilig.«

»Was tut er denn hier, der Doktor?«

»Dies und das«, druckst Donovan herum. »Kümmert sich hauptsächlich um die Frauen und dass es ihnen gutgeht. Manchmal be-

zahlt er welchen die Betten, sagt, dass er wissen will, wenn sie gehen …«
»Lassen Sie mich raten. Er hat Mary Ann Nichols und Annie Chapman auch schon das Übernachtungsgeld gezahlt?«
»Ist doch nichts Verwerfliches …«
»Kennen Sie einen Mister Hyde?«
Donovan sieht dich gequält an. »Ne, den kenn ich nicht und will's auch nicht«, stößt er so hastig hervor, dass du weißt, dass er lügt. »Wenn Sie mich jetzt entschuldigen wollen, Inspektor. Hab zu tun und schon zu viel gesagt …«
Du beschließt, dass es besser ist, den Mann nicht zu reizen, denn er scheint dir in die Enge getrieben. Du stehst auf und richtest deinen Mantel. »Ich danke Ihnen für Ihre Kooperation, Mister Donovan.«
Der sieht dich verwundert an. »Tun Sie mir 'nen Gefallen und lassen sich hier nicht mehr blicken. Ich schätze es nicht, wenn Tote in meinem Haus verkehren!«

*Verringere **Freunde** um 1 Punkt, aber erhöhe **Auftreten** um 1 Punkt.*

Du verlässt das Büro.
*Wenn du zur Opiumhöhle gehst, um mit Inspektor Chandler zu sprechen (sofern du dort noch nicht warst): Lies weiter bei **102***
*Wenn du zum Arbeiterkrankenhaus in der Old Montague Street gehst: Lies weiter bei **121***

116

Die Schwester verdreht die Augen, steht auf und beugt sich über die Theke, um nach hinten in den Gang zu rufen, der ins Krankenhaus führt. »Hey, William, da will eine zu Doktor Phillips!«
Sie sieht dich fragend an.
»Ada Wilson.«
»Eine Ada Wilson isses. Wo steckst du, William Henry Bury!«
Aus den Schatten des Flurs schält sich ein untersetzter, stämmiger Mann mit eng stehenden Augen und plattgedrückter Nase im brei-

ten Gesicht. Zwischen seinen Augen hat sich eine tiefe Falte eingegraben, wie sie entsteht, wenn man diese zu oft zusammenkneift.
Er kommt zur Rezeption und lehnt sich mit verschränkten Armen an. Sein Atem riecht nach saurem Brandy. »Der hat nichts von ’ner Hure namens Ada Wilson gesagt«, stellt er fest und fixiert dich mit einem warnenden Blick. »Aber *ich* hab von dir gehört. Man sagt, es ist besser, sich vor dir in Acht zu nehmen. Solche wie dich brauchen wir hier nicht, also scher dich zum Teufel!«
Du siehst den hölzernen Knüppel an seinem Gürtel, schluckst eine garstige Bemerkung runter und verlässt das Krankenhaus. Als du gehst, hörst du die Schwester blöde kichern. »Der hast du’s aber ordentlich gegeben …«
*Lies weiter bei **247***

117

Mit katzenhafter Behändigkeit springst du aus deiner Deckung, wendest dich dorthin, wo die Straße ist, und schreist so laut du kannst um Hilfe. Zumindest war das dein Plan, denn bevor du überhaupt Luft holen kannst, stößt dich Bury gegen einige Kisten und drischt dir den Totschläger auf den Knöchel der Hand, in der du das Messer hältst. Es knackt fürchterlich, als Hartholz auf Knochen trifft. Ein scharfer Schmerz zieht sich deinen Arm nach oben und fährt dir ins Hirn. Die Hand, nicht mehr in der Lage, den Griff des Messers festzuhalten, öffnet sich und die Waffe fliegt in die Dunkelheit. Bury packt dich am Kragen und verpasst dir mit der breiten Stirn einen brutalen Kopfstoß, dass Sterne wie grellweißes Feuerwerk vor deinen Augen explodieren.
Die Kraft fließt wie zäher Sirup aus deinem Körper und Blut rinnt aus der aufgeplatzten Haut auf der Stirn. Als hätte Bury ein Huhn gepackt, hält er dich mit einer Hand frei über dem Boden hängend fest und drückt dir die Kehle zu. »Glaubst wohl, du könntest uns hinterherschnüffeln, hä? Glaubst, bist schlauer als all die Huren von Whitechapel?«
Hämisch lachend schlägt er dir den Totschläger in den Bauch, dass dir die Luft wegbleibt. Dann stößt er dich zwischen ein paar Kisten, sodass du rücklings auf einem Haufen nasser, schmutziger Säcke zu liegen kommst.

Schwach versuchst du, nach ihm zu treten und wegzukriechen, doch er packt nur grinsend deinen Fuß und zerrt dich zu sich heran. »Wollen doch mal sehen, zu was so 'ne Näherin zu gebrauchen ist!«

Als er sich zwischen deine Beine zwängt und sich an den Röcken zu schaffen macht, gelingt es dir mit letzter Kraft, ihm einen Schlag ins Gesicht zu verpassen.

»Urrghh«, grunzt er wütend. »Verdammte räudige Hündin, ich ...«

Du schreist verzweifelt um Hilfe (Probe ***Freunde****): Lies weiter bei* ***235***

Du gibst auf und versuchst Bury auf diese Weise zu besänftigen: Lies weiter bei ***86***

118

Die Commercial Street Ecke Wentworth ist kein angenehmes Viertel. Für einen Inspektor ist es hier zudem nicht ungefährlich. Selbst als Polizist musst man sich hier vor den Dandys in Acht nehmen. Eine Begegnung könnte schnell mit einem Messer zwischen den Rippen enden, wenn die glauben, dass du ihnen hinterherschnüffelst.

Der Nebel kriecht träge aus der Themse, in den Gassen schimmert der rötliche Hauch der abendlichen Sonne. Die Temperatur ist herbstlich, aber angenehm. Hufgeklapper, das Rattern der Kutschenräder vermengt sich mit den Geräuschen des geschäftigen Treibens eines ausklingenden Tages.

Elizabeth Long ist ein bildhübsches Ding, gertenschlank und mit einem feinen Gesicht gesegnet, als sie endlich auftaucht. Sie sieht dich schon von Weitem und verzieht ihr hübsches Gesicht. »Ich rieche einen Polizisten zehn Meilen gegen den Wind …«

Du zwingst dich zu einem Lächeln, weil du weißt, dass sie schnell mit dem Messer zur Hand ist. »Wir reden und ich bin in fünf Minuten wieder weg.«

Die hebt beschwichtigend die Hände. »Is ja gut, bin nicht auf Streit aus. Ist nur, weil ich schon – sagen wir – Scherereien mit einigen Constables hatte.«

»Keine Angst, so einer bin ich nicht. Aber ich kann helfen, wenn Sie mir etwas über das erzählen, was letzte Nacht mit Annie Chapman passiert ist.«

»Ganz schlimme Sache sag ich Ihnen. Muss gegen halb sechs gewesen sein, da hab ich sie auf der anderen Straßenseite gesehen. Weiß das genau mit der Uhrzeit, weil die Turmuhr der Black-Eagle-Brauerei in der Brick Lane schlug.«

»War sie betrunken? Hatte sie jemanden bei sich? Jedes noch so kleine Detail kann wichtig sein!«

Sie zeigt auf das Haus in der Hanbury Street 29. »Dort stand sie mit dem Rücken zum Spitalfields Market bei einem Gentleman, direkt unter den Fensterläden. Haben wohl verhandelt, denn ich hörte ihn mit dunkler Stimme fragen *willst du* und sie antwortete *ja*.«

Ein kalter Hauch streicht dir über den Nacken, was nicht an der von der Themse kommenden Septemberkälte liegt. »Wie sah er aus?«

»Ungewöhnlich für einen, der zu einer Hure geht. Eher wie einer, der sich mit der Kutsche welche bringen lässt. Hochgewachsen, bodenlanger, schwarzer Mantel, Zylinder und Gehstock in der Linken. Sein Gesicht hab ich nicht gesehen, glaube aber, dass er ein Tuch davor trug, sodass nur die Augen frei waren …«

Du denkst an den flüchtigen Mister Hyde und dir wird übel. Hättest du ihn doch nur überwältigt. »Was geschah dann?«

»Na ja, sind in der Hanbury Street 29 im Hinterhof verschwunden. Hatte selbst 'nen Kerl an der Angel, deswegen hab ich mich nicht …« Elizabeth schluchzt auf. Tränen treten in ihre hübschen Augen, verwässern ihren Blick. »Ach, hätt ich doch nur …«

Du berührst tröstend ihre Schulter. »Sie hätten es nicht verhindern können. Am Ende wären Sie noch selbst dort gelegen.«

*Erhöhe deine **Empathie** um 1 Punkt.*

»Wo kam sie her?«, fragst du weiter.
Elizabeth wischt sich die Tränen ab. »Vom Spitalfields Market. Ich weiß, dass sie oft im *Crossingham's* übernachtet, passt also von der Richtung her …«
Du kennst das *Crossingham's*. Ein Haus, vollgestellt mit durchnummerierten Betten, geführt von einem schmierigen Kerl namens Timothy Donovan.
»Danke, Misses Long. Und achten Sie gut auf sich, ja?«
Du gehst zum Crossingham's*: Lies weiter bei **85***

119

*Probe **Auftreten** gegen **Contra-Skill** 5.*
*Wenn du unterliegst: Lies weiter bei **214***
*Wenn du obsiegst: Lies weiter bei **143***

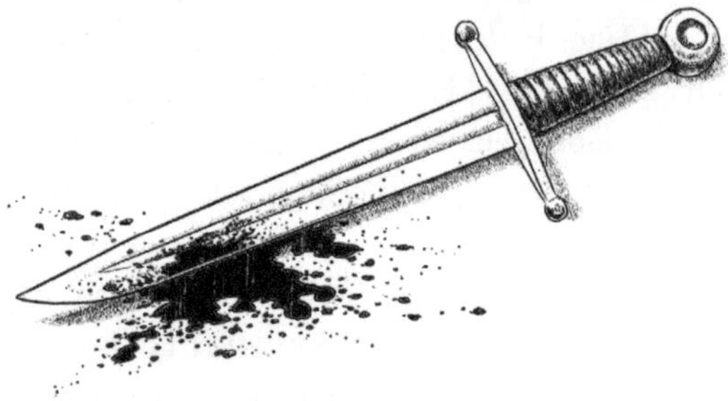

120

Das *Crossingham's* ist ein dunkles, muffiges Loch. Viele der Fenster sind zersprungen, weshalb man sie kurzerhand mit Brettern vernagelt hat, was zu dem Gebrauch von Kerzen und blakenden Öllaternen nötigt. Dementsprechend dick ist die Luft. Wer hier unterkommt, legt keinen Wert auf Körperpflege, sondern will ein Dach über dem Kopf und ein halbwegs sauberes Bett unter dem Hintern haben. Der Gestank der Latrinen weht aus dem Hinterhof durchs gesamte Haus. Überall sitzen sie in Klüngeln zusammen und tuscheln hinter vorgehaltenen Händen.

Als du die Stufen nach oben steigst, wird dir allein schon vom Gestank nass gewordener und ungelüfteter Kleidung übel. Wenn dann noch der saure Schweiß der Säufer hinzukommt …
Im ersten Stock triffst du den alten Frederick Stevens. Sein Gesicht ist gelb und eingefallen, er wirkt schwach und krank.
Du lächelst ihm aufmunternd zu. »Guten Abend, Mister Stevens.«
Der erkennt dich und lächelt verhalten. »Inspektor Abberline, wenn ich mich nicht irre. Selten, dass man hier einen Polizisten sieht. Hat Evans geschlafen?«
»Keine Angst, will nur zu Donovan, um mit ihm über Annie Chapman zu sprechen. Die hat doch hier übernachtet, nicht wahr?«
Stevens sieht dich misstrauisch an. »Ja, hatte das Bett 29, soweit ich mich erinnere. Aber weshalb interessiert Sie das, ich meine, sie war eine Hure.«
Kurzentschlossen ziehst du deinen Schal runter und zeigst ihm die Wunde. »Das geht's mich an. Erst Mary Ann Nichols, dann Annie Chapman, wer ist die nächste?«
»Ich sollte nicht mit Ihnen reden, Inspektor. Man sagt, Sie ziehen durch die Straßen und stellen Fragen …«
»Weil ich den feigen Mörder finden will, bevor ein weiteres Mal jemand sterben muss«, knirschst du mürrisch.

*Erhöhe deine **Glaubwürdigkeit** um 1 Punkt.*

»Na gut«, gibt Stevens nach. »Amelia Palmer hat sie abends um fünf in der Dorset Street getroffen und fragte sie, ob sie nach Stratford gehen wolle. Sie verneinte, weil sie krank sei, meinte, sie soll sich zusammenreißen und ging.«
»Das war das letzte Mal, dass man sie gesehen hat?«
Stevens schüttelt den Kopf. »Hab sie gegen halb zwölf hier im *Crossingham's* getroffen. Wir haben uns in der Küche unterhalten, aßen Ofenkartofflen. Sie sagte, sie sei in Vauxhall gewesen und habe von ihrer Schwester 5 Pence bekommen. Ich glaub aber, sie hat gelogen.«
»Und warum?«

»Na weil Timothy Donovan sie um halb zwei in der Nacht vor die Tür gesetzt hat, weil sie nicht fürs Bett zahlen konnte …«

Du nickst dem Mann zu. »Danke, Mister Stevens. Und passen Sie auf sich auf, ja?«

Stevens sieht zu dir auf. »Da war noch was. Annie fiel eine Pillendose aus der Tasche, die auf dem Boden zerbrach. Darin waren kleine weiße Pillen, die komisch aussahen. Als ich nachfragte, was das sei, behauptete sie, die hätte sie von Doktor Jekyll bekommen, der hier ab und an nach dem Rechten sieht …«

*Lies weiter bei **108***

121

Es hat merklich abgekühlt. Nebel wabert wie zäher Rauch von der Themse herauf durch die dunklen Gassen, verzerrt Geräusche, sodass dir deine Umgebung unwirklich erscheint. Ein paar Ecken weiter schreien Säufer durcheinander, ein Constable bläst in seine Pfeife. Woanders rattern die Räder einer Kutsche über das feuchte Kopfsteinpflaster. Worte wie Mord, Blut, Leichen, grausam abgeschlachtet haften in deinen Gedanken.

Der Nebel kann alles verbergen, womöglich sogar den Mörder, der dir auf den Fersen ist, weil du Fragen gestellt hast und herumschnüffelst, wo man besser die Nase raushält. Du bist müde und hungrig, nebenbei gesagt könntest du etwas Nähe zu Emma und eine Mütze voller Schlaf gut vertragen, verwirfst den Gedanken jedoch sogleich wieder und ziehst eilig deines Weges.

Manchmal trifft man Entscheidungen, die eine Umkehr unmöglich machen. Bevor du dich ins Arbeiterkrankenhaus in der Old Montague Street begibst, solltest du vielleicht alle anderen Wege erkunden. Wenn du darauf verzichtest, ist das deine Sache!

*Du warst nicht in der Opiumhöhle bei Inspektor Joseph Chandler? Lass dir das nicht entgehen: Lies weiter bei **102***

*Du hast dir nicht den Tatort in der Hanbury Street 29 angesehen? Aber bitte: Lies weiter bei **241***

*Alles erledigt? Dann wird es Zeit, sich auf den Weg in die Old Montague Street zu begeben. Aber sag hinterher nicht, man hätte dich nicht gewarnt: Lies weiter bei **207***

122

»Das tue ich, Miss Pearcey. Wer soll mich sonst zweimal vor der Klinge des Mörders errettet haben?«
Der Stoff von Mary Pearceys Kleid raschelt, als sie sich bewegt. »Du meinst, er schickt dir einen Mörder auf die Schwelle, um dich erretten zu können? Wie verlogen das doch klingt.« Spott klingt in den Worten mit, gepaart mit Verachtung.
»Ich habe in Sünde gelebt und tue es noch immer. Womöglich war's der Teufel, der den Mörder schickte …«
Die Pearcey lacht leise. »Sünde? Entschuldige, aber das sehe ich anders. Warum gibt es solche Orte wie Whitechapel, die wie das Fegefeuer Seelen fressen? Weshalb werden Frauen gezwungen, ihre Körper zu verkaufen, um überleben zu können? Was ist der Lohn, der dich am Ende deines Lebens erwartet? Dein Gott ist einer der Widersprüche!«
Darauf hast du keine Antwort, schiebst den Vorhang zur Seite und spähst aus dem Fenster. Draußen nichts als vom Licht der Gaslaternen durchbrochener Nebel. »Es wäre anmaßend von mir, Gottes Wege verstehen zu wollen …«
»Dachte ich mir«, stellt sie mit hämischem Unterton fest. »Du brauchst ihn und seine Sünden nicht, Ada, denn du trägst keine Schuld in dir.« Sie beugt sich in verschwörerischer Pose zu dir und berührt deine im Schoß ruhende Hand. »Die dunklen Mächte unterscheiden nicht zwischen Gut und Böse, oder was Sünde ist oder Gottgefälligkeit. Wenn du etwas willst, nimm es dir, aber du musst dazu bereit sein, etwas dafür zu opfern, und damit meine ich keine Pennys.«
Dir wird kalt. Mary Pearceys Worte passen zu der mysteriösen schwarzen Krähe, der sie gleicht, zugleich werfen sie ein vollkommen neues Licht auf die Morde. »Ein Opfer bringen? Etwa Mary Ann Nichols und Annie Chapman? Wie ich, nur dass ich Glück hatte?«
Sie mustert dich mit hintergründigem Blick. »Ich kann in dir lesen wie in einem aufgeschlagenen Buch, das trieft vor Hass auf Whitechapel, getrieben von Wut auf den, der dir das angetan hat. Echte Gottgefälligkeit lese ich darin jedoch nicht. Du bist stark, verfolgst beharrlich deine Ziele, oft auch skrupellos, aber du tust es

nicht für die Frauen, sondern einzig und allein für dich. Du trägst die Attribute und das Talent einer dunklen Hexe in dir, Ada Wilson, ob du das willst oder nicht.«

»Dann wäre ich nicht besser als all die Halsabschneider in den Gassen von Whitechapel …« Du weißt nicht, was du davon halten sollst, denn Mary Pearceys Worte sind schmeichelnd und beleidigend zugleich. Du schwankst zwischen Unwohlsein, Angst und Neugier.

»Als ob die einen Penny auf dein Leben geben würden.« Sie ergreift deine Finger. Ihre Haut ist weich, ihr Griff fest, nahezu fordernd. »Ich biete dir ein neues Leben, Ada Wilson. Werde meine Schülerin der dunklen Künste und dir wird es an nichts fehlen.«

»Sie wollen, dass ich eine Hexe werde?«, fragst du ungläubig.

Die Pearcey lächelt auf zynisch bösartige Weise. »Du würdest gut zu uns passen. All deine Wünsche könnten in Erfüllung gehen! Was sagst du?«

»Scheren Sie sich zum Teufel, das sage ich. Und aussteigen will ich!«: Lies weiter bei ***230***

»Ich muss darüber nachdenken, aber wohl ist mir dabei nicht …«: Lies weiter bei ***195***

123

Der beißende Geruch von Ammoniak holt dich aus der unendlichen Nacht ins Leben zurück. Deine Lider sind schwer wie Blei und dennoch schaffst du es, sie zu öffnen. Die helle Stimme einer Frau gräbt sich in dein Bewusstsein.

Emma!

»Frederick, kannst du mich hören? Bist du wach?«

Eine Hand berührt deine Schulter, rüttelt dich sanft aus dem Schlaf. Das Bett, in dem du liegst, ist weich und warm, der Stoff der Decke angenehm gestärkt. Dem Geruch nach zu urteilen, bist du zuhause.

»Komm zu mir zurück, Frederick!«

»Wo … wo bin ich?« Dein Hals ist rau, die Worte klingen wie mit einer Feile geraspelt.

»Gott sei Dank, du bist bei Bewusstsein. Du bist zuhause, Frederick, bei deiner dich liebenden Emma.« Sie schnauft schwer, aber erleichtert. »Die Herren Doktoren hatten Zweifel angemeldet, ob du wieder zu dir kommst, weil du im Traum wirres Zeug gesprochen hast. Da habe ich gesagt, sie sollen dich nach Hause bringen, damit ich dich pflege.«

Emma, ich liebe dich …

Du setzt dich auf, bewegst den Kopf. Ein scharfer Schmerz schießt dir durch den Hals. Die Erinnerung kehrt mit brutaler Ehrlichkeit wieder. Mister Hyde. Das Skalpell. Der Schnitt durch die Kehle. »Die Herren Doktoren … etwa dieser Quacksalber Jekyll?«

Emma wirkt verstört. »Es muss der Blutverlust sein, der dich das glauben lässt. Der gute Doktor hat dir das Leben gerettet, als man dich im Keller des Arbeiterkrankenhauses gefunden hat. Du hattest viel Blut verloren. Im Fieber sprachst du von einem Mister Hyde …«

Das Schlafzimmer gibt dir die Sicherheit, die du brauchst. Emma hat frische Blumen auf das Tischchen vor dem großen Spiegel gestellt. »Welcher Tag ist denn heute?«

»Es ist Samstag, der 8. September«, erklärt Emma lächelnd.

Am 30. August wurde die arme Mary Ann Nichols ermordet, geht dir durch den Kopf. »Ich lag eine Woche im Koma? Was ist mit Doktor Jekyll? «

Emma schüttelt den Kopf. »Er musste in einer dringenden Familienangelegenheit verreisen, aber er lässt dir schöne Grüße und eine gute Besserung ausrichten.«

»Was ist mit diesem Mister Hyde, der mir das angetan hat?«

»Flüchtig fürchte ich«, erklärt Emma und nimmt deine Hand. »In einem wachen Moment hast du einem Kollegen von dir alles erzählt und eine erschreckende Beschreibung abgegeben.«

»Es war grauenvoll …«, flüsterst du mit brüchiger Stimme. »Ich muss ins Revier, um alles niederzuschreiben.« Du siehst Emma ernst an. »Ich befürchte, dass Doktor Jekyll etwas mit Hyde zu schaffen hat, denn er wirkte wie ein … Bruder von ihm.«

Emma seufzt. »Was leben wir doch in schrecklichen Zeiten. Doch da ist noch etwas, das ich dir erzählen muss.«

Du setzt dich auf, kämpfst den aufwallenden Schwindel nieder, nimmst Emmas Hände und drückst sie sanft. »Was immer es ist, Emma, erzähl's mir.«

»Heute früh – du hast noch geschlafen – war ein Constable hier. Das Revier hatte ihn geschickt. Er gab mir auf, dir auszurichten, dass es einen weiteren Mord gegeben hat.«
»Wie bitte?«
Emma schnauft. »Eine gewisse Annie Chapman«, keucht sie mit zitternder Stimme. Du weißt, wie sehr ihr Gewalttaten nahegehen. »In einem Hinterhof der Hanbury Street, um sechs in der Früh.«
»Weiß man denn wie?«
»Es gäbe Parallelen zu Mary Ann Nichols, was immer das bedeuten mag.« Sie befreit sich aus deinem erschlaffenden Griff und steht auf. »Ich weiß, dass dich dein Pflichtbewusstsein zurück ins Revier zwingt, aber bitte, du hattest unglaubliches Glück. Setz dein Leben nicht unnötig für Menschen aufs Spiel, die dich nicht lieben, so wie ich es tue.«
Mit diesen Worten verlässt sie schluchzend das Schlafzimmer. Du kannst hier nicht länger bleiben, musst mehr über den Mord herausfinden. Auf dem Nachttisch liegt eine zusammengefaltete Ausgabe des *Graphic* mit dem Datum des ersten Septembers.

Wenn du die Zeitung aufschlagen möchtest, lies jetzt den ***Anhang: The Graphic 01. September 1888*** *und kehre danach hierher zurück.*

Die Instinkte des Inspektors sind geweckt. Du stehst auf und schlüpfst eilig in deine Sachen, die ordentlich über einem Stuhl hängen. Wut wallt auf, als du im Spiegel den Verband um den Hals siehst. Und unbändiger Hass. »Ich werde dich finden. Und wenn ich das tue, zahle ich dir heim, was du den armen Frauen angetan hast!«
Du gehst zum Revier, um mehr zu erfahren: Lies weiter bei ***163***

124

»Der Hinterausgang, wo ist der?«, willst du von der verschmitzt lächelnden Frau wissen.
»Aber Sie habe' bezahlt, also wolle rauche?«, entgegnet diese sichtlich verwirrt und weißt weiterhin auf den freien Platz, der mit der Bequemlichkeit lockt, sich ausstrecken und die Augen schließen zu können.

*Wenn du es dir anders überlegst und doch rauchen willst: Lies weiter bei **69***
*Wenn du verschwinden willst: Lies weiter bei **132***

125

In der Seitengasse tummeln sich Säufer, die auf Kisten und Fässern sitzen oder in die Ecken der Gasse urinieren. Dementsprechend laut und stinkend ist es in dem engen Durchgang.
Du bist dankbar um die Anwesenheit des Constable, der hier für Ordnung sorgt und die Säufer davon abhält, allzu aufdringlich zu werden.
Zu deiner Überraschung ist es Constable Mizen, ein junger und ausgesprochen netter Mann. Du trittst zu ihm, wo er neben der Tür des Seiteneingangs Wache hält. »Guten Abend, Constable Mizen. Hat man Ihnen die undankbare Aufgabe gegeben, hier für Ordnung zu sorgen?«
Das Gesicht Mizens hellt sich auf, als er dich aus den Nebelschwaden treten sieht. »Guten Abend, Inspektor Abberline. Ich bin überrascht, Sie hier zu sehen. Und, nun ja, einer muss die Trunkenbolde ja in Zaum halten. Die haben bereits Long Liz belästigt, wollten ihr – na, Sie wissen schon.«
Du kennst Long Liz oder Elizabeth Stride, wie sie richtig heißt. Eine dünne und ungewöhnlich große Prostituierte aus Schweden. Hübsches, aber hinterhältiges Ding, das schnell mit dem Messer ist. »Gute Arbeit, Constable.« Der Mann strahlt stolz im Angesicht deines Lobs.

*Erhöhe **Auftreten** oder **Überzeugen** um 1 Punkt, sofern der betreffende **Skill** 3 oder niedriger ist.*

Du ziehst Mizen beiseite. »Weshalb ich hier bin: Ich muss aufgrund meiner Ermittlungen zu Doktor Phillips und möchte nicht durch den Haupteingang.«
»Sicher wegen Annie Chapman nehme ich an?«
Du nickst. »Unter anderem, ja.«
*Lies weiter bei **112***

126

Deine Schritte werden schneller. Die des Verfolgers ebenfalls. Es kostet dich Überwindung, nicht blindlings loszustürmen.
Bleib ruhig, sonst holt er dich, zwingst du dich zur Besonnenheit. Deine Finger umklammern den Griff des Messers, das in der Manteltasche steckt. Warum sind ausgerechnet jetzt keine Säufer oder Huren unterwegs, warum rumpelt keine Kutsche die Old Montague Street entlang?
Du bleibst stehen und siehst dich um, doch hinter dir ist nichts als wabernder Nebel, in dem die Gaslaternen bleichen Monden gleich leuchten. Zwei Gassen kannst du im dunstigen Licht ausmachen. Die erste ist dunkler als dein schwarzer Mantel und kaum breit genug, dass zwei nebeneinander laufen können. In ihrer Mitte verläuft ein stinkendes Rinnsal. Die zweite Gasse ist breiter und gepflastert. Kisten und Fässer stapeln sich an deren Eingang. Eine Laterne wirft Licht auf die ersten Meter, doch dahinter erwartet dich die Nacht.
Wenn du in die erste Gasse gehst: Lies weiter bei ***67***
Wenn du die zweite Gasse wählst: Lies weiter bei ***187***
Wenn du lieber der Old Montague Street bis zur Thomas Street folgst, um ins Frying Pan *zu gelangen: Lies weiter bei* ***93***

127

Chandlers hochgezogene Augenbrauen und lugender Blick verraten, dass er deine Worte nicht ernst nimmt. »Nur unter Protest«, stellst du klar, schlüpfst aus dem dunklen Mantel und lässt dich auf der freien Recamiere nieder.

Verringere deine ***Glaubwürdigkeit*** *um 1 Punkt.*

Der Chinese scheint darauf gewartet zu haben, denn kaum befindest du dich in einer angenehm liegenden Position, taucht er aus dem rötlichen Dämmerlicht jenseits der Paravents ein silbernes Tablett tragend auf, das er auf dem Beistelltischchen abstellt. Darauf zwei Wassergläser, zwei schön geschliffene Kristallgläser mit grünlich schimmerndem Absinth, die dazugehörigen Löffel und Zuckerstücke. Und – natürlich – zwei aus Bein geschnitzte, kunstvoll verzierte Opiumpfeifchen, die er euch mit umständlicher Gestik reicht.

Du kennst das Prozedere. Erst spießt er mit einem feinen Dorn ein erbsengroßes Chandu-Klümpchen auf und steckt dieses in eine Büchse. Diese erhitzt er über einer kleinen Öllampe, bis es sich verflüssigt und zu zähem Pech verdickt ist. Den Klumpen drückt er mit seinen schwarz verfärbten Fingerkuppen in den Pfeifenkopf, zieht mit einer elegant drehenden Bewegung den Dorn heraus, durch den der Raucher die Luft einziehen kann. Grinsend überreicht er euch die Pfeifchen. »Ick wunsch' Ihne' angenehm' Traum«, sagt der Mann anzüglich zwinkernd und verschwindet in den Schatten, aus denen er gekrochen ist.

Wenn du das Opiumpfeifchen rauchst: Lies weiter bei ***169***

Wenn dir das doch zu heikel ist und du die Opiumhöhle verlässt, kannst du …

… dir den Tatort in der Hanbury Street 29 ansehen (sofern du das noch nicht getan hast): Lies weiter bei ***241***

… mit Elizabeth Long sprechen (sofern du das noch nicht getan hast): Lies weiter bei ***243***

128

Das sanfte Tätscheln auf deiner Wange holt dich aus dem schwarzen Schlund zurück. Du öffnest die Augen und fühlst den damit verbundenen Schmerz. Jemand hat dich aufgesetzt und gegen ein Fass gelehnt, ist damit zugange, deine Stirn abzutupfen. Es ist Constable Mizen.

»Mizen …«, flüsterst du leise.

Der Constable lächelt dich an. »Was treibst du dich auch in solchen Gassen herum. Zum Glück war ich nicht weit, Ada Wilson.« Sein Blick ist besorgt. »Ich möchte dich nicht eines nachts lang ausgestreckt daliegend vorfinden …«

»Hach, Mizen«, hauchst du glücklich und suchst mit schwacher Hand seinen Arm, um dich daran festzuhalten.

»Ich konnte den Kerl nicht schnappen«, stellt der Constable enttäuscht fest. Er zieht ein Tuch aus der Tasche und wickelt es um deine Stirn. »Damit sollte es gehen. Soll ich dich zu einem Arzt bringen?«

»Nein, bitte kein Arzt, aber wenn du mich zur *Frying Pan* begleiten könntest, wäre ich dir dankbar.«

Mizen nickt. »Selbstverständlich, Ada. Ich lass dich heute Nacht nicht mehr allein durch die Gassen laufen.«
Der Constable hilft dir auf die Beine und unterstützt dich dabei, die Sachen vom Dreck zu befreien. »Ada, ich muss wissen, wer …«
»Schhht!« Du legst ihm den Finger auf den Mund. »Alles ist gut, denn du bist bei mir. Lass uns gehen …«
*Lies weiter bei **170***

129

*Probe **Überwältigen** gegen **Contra-Skill 4**.*
*Wenn du unterliegst: Lies weiter bei **146***
*Wenn du obsiegst: Lies weiter bei **171***

130

Dein Hilferuf zerschneidet schrill die Dunkelheit, wirbelt den Nebel auf. Zumindest erscheint es dir so, derweil sich Bury an dir zu schaffen macht. Dann, ein oder zwei Herzschläge später, ertönt das helle Pfeifen, mit dem die Constables sich in den weitläufigen Gassen Whitechapels verständigen.
Bury schreckt von dem Bestreben, dir Gewalt anzutun, auf und sieht sich um. »Was hast du getan? Was zur Hölle hast du getan?«
Er stemmt sich hoch. Blut läuft von der Stirn in deine Augen, sodass der brutale Schläger hinter einem roten Schleier verschwindet, dennoch lachst du ihn aus. »Hast mich wohl untersch…«
Grunzend schlägt er dir den Totschläger auf den Scheitel. Du stürzt in eine sich jäh auftuende Finsternis …
*Lies weiter bei **128***

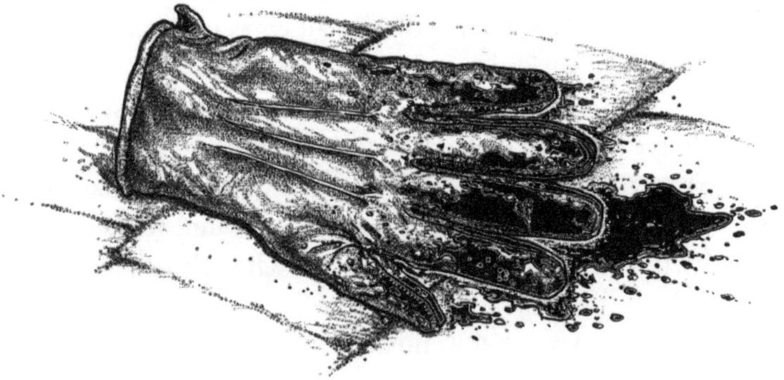

131 »Ich fragte, wo der Hinterausgang ist«, entgegnest du nun etwas barscher. Der Qualm treibt dich mit seinem süßlichen Gestank in den Wahnsinn.

*Erhöhe **Auftreten** um 1 Punkt.*

Die Frau murmelt etwas auf Chinesisch und weist mit dem Arm durch den verqualmten Raum. »Geradeaus. Dann die Treppe hinauf und durch den Hinterhof zur Old Montague Street …«
Du nickst ihr zu und machst dich mit der Angst im Nacken daran, dich durch die dicht stehenden Recamieren zu drängen. Erhitzt durch die Temperatur im Rauchsalon und gehetzt von der Flucht, nimmst du die Szenerie als fiebrigen Traum wahr.
Ein lang ausgestreckt daliegender Mann, der die Dienste einer vor ihm knienden Dame genießt, starrt dich unverhohlen aus kleinen, geröteten Augen an.
Eine Frau in noblem hellblauem Kleid lässt sich mit geöffneter Korsage von einem Mann mit freiem Oberkörper zwischen den Schenkeln lecken. Das entrückt erhitzte Lächeln kündet von großer Lust.
Ein Liebespärchen in der Ecke unter der Treppe, die zum Hinterausgang führt, hat sich entkleidet, um eng umschlungen und ineinander verknotet an qualmenden Pfeifchen zu ziehen und dabei zu kopulieren.
Derweil du die Stufen hinaufsteigst, erkennst du darin nichts Anstößiges, sondern eine offen zur Schau getragene Anmut, die keinen Raum für Böses oder Hässliches lässt. Wie schön wäre es, selbst in den Reigen der Lust einzutauchen und alles andere zu vergessen …
Nicht heute Nacht, denkst du dir. *Aber vielleicht morgen …*
Die Tür des Hinterausgangs ist schwarz lackiert. Als du sie öffnest und in den dunklen Hinterhof hinaustrittst, zerstörst du das Vakuum der Traumwelt. Als die Tür hinter dir ins Schloss fällt, bemerkst du, dass sie außen keine Klinke hat.
Der Nebel hängt zäh in der düsteren Gasse, die zur Old Montague führt. Auf dem Boden stehende Papierlaternen schaffen ein Zwielicht, das eher Schatten als Helligkeit gebiert. Nach der hitzigen

Höhle empfindest du die Luft als kalt. Kaum, dass du einige Schritte gelaufen bist, hörst du vor dir ein metallisches Geräusch. Aus Angst, dass es dein Verfolger sein könnte, versteckst du dich hinter einigen Kisten und ziehst das alte, aber scharfe Messer.
Komm nur, dann schlitz ich dir die Kehle auf …
Lies weiter bei ***228***

132

»Ich fragte, wo der Hinterausgang ist«, entgegnest du nun barscher. Der Qualm treibt dich mit seinem süßlichen Gestank in den Wahnsinn.

Erhöhe dein ***Auftreten*** *um 1 Punkt.*

Die Frau murmelt etwas auf Chinesisch und weist mit dem Arm durch den verqualmten Raum. »Geradeaus. Dann die Treppe hinauf und durch den Hinterhof bis zur Old Montague Street …«
Du nickst ihr zu und machst dich mit der Angst im Nacken daran, dich durch die dicht stehenden Recamieren zu drängen. Erhitzt durch die Temperatur im Rauchsalon und gehetzt von der Flucht, nimmst du die Szenerie als fiebrigen Traum wahr.
Ein lang ausgestreckt daliegender Mann, der die Dienste einer vor ihm knienden Dame genießt, starrt dich unverhohlen aus kleinen, geröteten Augen an.
Eine Frau in noblem hellgrünem Kleid lässt sich mit geöffneter Korsage von einem Mann mit freiem Oberkörper zwischen den Schenkeln küssen. Das entrückt erhitzte Lächeln kündet von großer Lust.
Ein Liebespärchen in der Ecke unter der Treppe, die zum Hinterausgang führt, hat sich ausgezogen, um eng umschlungen und ineinander verknotet an qualmenden Pfeifchen zu ziehen und dabei zu kopulieren.
Während du die Stufen hinaufsteigst, erkennst du darin nichts Anstößiges, sondern eine offen zur Schau getragene Anmut, die keinen Raum für Böses oder Hässliches lässt. Wie verlockend wäre es, selbst in den Reigen der Lust einzutauchen und alles andere zu vergessen …

Nicht heute Nacht, denkst du dir. *Nicht ohne Emma …*
Die Tür des Hinterausgangs ist schwarz lackiert. Indem du sie öffnest und in den dunklen Hinterhof hinaustrittst, zerstörst du das Vakuum der Traumwelt. Erst, als sie hinter dir ins Schloss fällt, bemerkst du, dass sie außen keine Klinke hat.
Der Nebel hängt wie zähe, nasse Watte in der düsteren Gasse, die zur Old Montague führt. Auf dem Boden stehende Papierlaternen schaffen ein Zwielicht, das eher Schatten als Helligkeit gebiert. Nach der hitzigen Höhle empfindest du die Luft als kalt. Kaum, dass du etwas gelaufen bist, hörst du ein metallisches Geräusch vor dir in der Gasse. Aus Angst, dass es dein Verfolger sein könnte, versteckst du dich hinter einigen Kisten und ziehst den Revolver.
Wer wird es sein, der dir aus den Schatten entgegentritt?
Lies weiter bei ***154***

133

»Funf Pence, Mista«, nuschelt der uralte Mister Chang und streckt die Hand mit der geöffneten Fläche nach oben aus. Der Chinese sitzt wie eh und je auf dem wackligen dreibeinigen Hocker, raucht seine nach Teer stinkende Pfeife und lächelt. Tag und Nacht, um jede erdenkliche Urzeit. Erleichtert darüber, dass du es unbehelligt hierhergeschafft hast, drückst du ihm den geforderten Betrag in die Hand und betrittst durch die grellrot gestrichene Tür die verräucherte Opiumhöhle.
Dein leerer Magen und der süßlich schwere Geruch der Pfeifchen, welche die lasziv auf Recamieren ausgestreckten Männer und Frauen genießen, vertragen sich nicht gut und dir wird elend. Anfangs drückst du dich unweit des Eingangs in eine Nische, die nicht von den roten chinesischen Ballonlampen beleuchtet wird, und beobachtest, ob dir der unheimliche Schatten in die Opiumhöhle folgt. Eine Gruppe Offiziersanwärter in feschen Ausgehuniformen werden von Mister Chang abkassiert, gefolgt von einer Handvoll Studenten. Danach zwei ungepflegte Frauen, die du von den Ecken Whitechapels kennst.
Du dringst tiefer in den dunstigen Rauchsalon ein. Auf einer Empore sitzen in klassische chinesische Gewänder gekleidete Musiker und zupfen auf exotischen Saiteninstrumenten. Die Gespräche

werden flüsternd geführt, die Bewegungen der Gäste sind träge, als müssten sie sich jeden Schritt erneut überlegen. Eine Chinesin schaut dich fragend an und weist mit dem Arm auf eine unbesetzte Recamiere.

*Wenn du ihr Angebot annimmst (und das wirst du auf jeden Fall, wenn dein **Suchtwert 3 oder höher** ist): Lies weiter bei **69***

*Wenn du nach dem Hinterausgang fragst: Lies weiter bei **124***

134

*Probe **Überzeugen** gegen **Contra-Skill 5 + dein Suchtwert**.*

*Wenn du unterliegst: Lies weiter bei **155***

*Wenn du obsiegst: Lies weiter bei **176***

135

»Na, mir soll's recht sein«, antwortet die Rothaarige gelangweilt. »Ich misch mich nicht in die Angelegenheiten von Doktor Phillips ein. Kennen Sie sich aus?«

Du nickst. »War schon mal hier, also ja. Ich nehme an, der Doktor ist unten?«

»Ja, irgendwo in der Pathologie«, sagt die Schwester. »Hat sich zusammen mit einem neuen Kollegen aus Deutschland im Labor von Doktor Jekyll eingerichtet.«

»Danke, Schwester.«

*Lies weiter bei **158***

136

Du musstest den gesamten Miller's Court umrunden, um vor der verschlossenen Tür des Frauenasyls zu stehen. Es braucht eine Weile, bis sich auf dein Klopfen hin schlurfende Schritte nähern. »Wir ham geschlossen!«, tönt die Stimme einer alten, aber resoluten Frau durchs Holz.

»Mein Name ist Ada Wilson und ich brauche Zuflucht. Mich verfolgt einer …«

»Nich mein Problem, wir sind voll, und außerdem …«

»Bitte, ich kann auch zahlen«, versuchst du es weiter.

Die Alte schlägt von innen gegen dir Tür. »Scher dich zur Hölle nochmal weg, sag ich! Ist 'ne seltsame Nacht heute, alle sind auf Streit aus und aufgedreht. Die Stecher wollten ihre Huren rausholen und ich sagte nein. Manche behaupten, der Tod gehe um und ich frag mich, ob du das bist.«

Auf dein weiteres Klopfen antwortet sie nicht mehr.

Das kann doch nicht sein. Ein Asyl, das dich abweist, nur weil, ja, weshalb denn?

Du versuchst, im wirren Durcheinander aus Schatten, Nebel und Lärm deinen Verfolger auszumachen, und dir scheint, das sich einer in abwartender Haltung an einer der Ecken herumdrückt. Also ziehst du dich in die nahe Dunkelheit, die eine längere Gasse ins finstere Nichts ist, hinter ein paar Kisten zurück. Das Lärmen des Miller's Court weicht der nebelverhangenen Stille. Die Worte der Alten hallen in deinem Kopf nach.

Der Tod geht um. Habe ich ihn etwa vor die Tür des Asyls geführt?

*Lies weiter bei **228***

137

»Ach, ist das so?«, grunzt Evans und legt seine Pranke auf den hölzernen Totschläger, der in seinem Gürtel steckt.

*»Ich bin Inspektor Abberline und muss Mister Donovan Fragen über einen Gast seines Hauses stellen. Wenn das ein Problem ist, kann ich gerne mit den Constables wiederkommen. Das wird dann unangenehm.« (Probe **Überzeugen**): Lies weiter bei **245***

*»Mein Name ist Inspektor Abberline. Treten Sie zur Seite, Evans, oder muss ich Sie an ausständige Anzeigen gegen Sie erinnern?« (Probe **Auftreten**): Lies weiter bei **70***

138 Mit geübter Behändigkeit springst du hinter den Kisten hervor und gehst den Schläger an. Du hast den Revolver weggesteckt und stattdessen den Knüppel gezogen, den jeder Polizeibeamte bei sich trägt. Der beschreibt in deiner Hand einen Bogen zu Burys Hinterkopf …
… und knallt unvermittelt auf dessen Scheitel, dass es laut klatscht. Er taumelt und dennoch zückt er den Totschläger. Mordlust funkelt in seinen eng stehenden Augen. »Dich schlag ich tot!«
Du schlägst nochmal zu. In sein Gesicht und auf den Arm, der den Knüppel hält. Heißes Blut flutet über deine Hand, weil seine Wange aufplatzt wie eine überreife Tomate.

*Erhöhe **Überwältigen** um 1 Punkt.*

Dennoch gelingt es ihm, dir auf die Hand mit der Waffe zu schlagen. Es knackt fürchterlich, als Hartholz auf Knochen trifft. Ein scharfer Schmerz zieht sich wie ein tiefer Schnitt direkt ins Hirn. Die Hand, nicht mehr in der Lage, den Griff des Knüppels festzuhalten, öffnet sich und deine Waffe fliegt in die Dunkelheit.
»Hör auf mit der verdammten Schnüffelei!«, grunzt Bury, weicht aber vor dir zurück. »Lass es mit den Toten gut sein!«
»Wer hat dich geschickt?«, schreist du ihn aufgebracht an und ziehst deinen Revolver. »Wer steckt hinter all dem Wahnsinn?«
Bury hält sich den blutenden Arm und lacht. »Lass es dir gesagt sein: Wenn du weiter im Dreck wühlst, werden du und deine Frau bald tot sein, Abberline. Sie sind zu mächtig, als dass du es mit ihnen aufnehmen könntest!«
»Wer? Die Doktoren? Mary Pearcey? Stecken die dahinter?«
»Lass es einfach sein, sag ich dir!« Damit wirft er sich herum und stürmt aus der Gasse und in den dichten Nebel, der ihn hungrig verschlingt.
*Lies weiter bei **238***

139 Mit dem bitteren Geschmack alter Mandeln erlangst du allmählich das Bewusstsein. Deine Augenlider sind schwer wie Blei, dennoch vermagst du sie zu öffnen und findest dich an dem Ort wieder, den du am liebsten vergessen hättest. Du liegst auf einem der Metalltische festgezurrt und vollständig entkleidet im Leichenkeller des Arbeiterkrankenhauses in der Old Montague Street. Die feuchtschimmligen Wände sind dir mit ihren schwarzen Fugen ebenso im Gedächtnis hängen geblieben wie der schleichende Verwesungsgestank, der unter den mit weißen Laken bedeckten Leichen hervorweht.

Du ruckst in den Fesseln, die dir wenig Spielraum geben. Zu gering, um Hoffnung zu schöpfen, aber genug, um sie nicht zu verlieren. Die Anstrengung treibt dir Tränen in die Augen und Schwindel in den Kopf, der dröhnt, als würde ihn einer mit dem Hammer bearbeiten.

Ein Mann in dunkler Lederschürze beugt sich über dich. Er trägt eine unförmige schwarze Maske und hält ein langes Messer mit schmaler Klinge in der linken Hand.

Eine große schlanke Frau tritt neben ihn, gekleidet in ein edles schwarzes Kleid, das ihr die Erscheinung einer Krähe verleiht. Sie trägt ebenfalls eine Maske, allerdings feiner gestaltet und mit Rabenfedern geschmückt. »Der berühmte Inspektor Frederick Abberline«, flüstert sie mit dunkler Stimme, derweil ihr behandschuhter Finger forschend über deinen nackten Körper gleitet. »Sie wurden gewarnt und haben es nicht gehört. Schade drum, bei dem, was ich hier sehe …«

Der Mann lacht kehlig und stößt dir das Messer in den Bauch, dreht die Klinge, um mit einem halbmondförmigen Schnitt die Bauchdecke zu öffnen. Schmerz bohrt sich wie ein sengender Nagel in dein Hirn, lässt dich gellend schreien. Der Mann schneidet weiter, dieses Mal tiefer und näher an deinem Schritt. Dein Schreien und Jammern wird von den Wänden zurückgeworfen, was zu einer Rückkopplung in deinem Kopf führt, wo du zwischen vergangen und jetzt nicht mehr unterscheiden kannst.

Ritsch-Ratsch dröhnt es in deinen Ohren, als er Darmschlingen und lila schimmernde Organe aus dem Innern zerrt, diese abschneidet und in silbern verzierte Schüsseln wirft. Du beißt dir auf die Zunge, auf die Lippen, schmeckst und schluckst dein eigenes Blut. Du merkst, wie sich Blase und Darm unwürdig entleeren. Die Dame

tritt an dich heran, klappt ein silbern schimmerndes Skalpell mit gravierter Klinge und Elfenbeingriff auf.
Sie duftet nach Rosen, denkst du noch, dann schneidet sie dir die Kehle durch. Von einem Ohr zum anderen. Tief genug, um die wichtigen Lebensadern zu durchtrennen, wie auch die Luft- und Speiseröhre. Begleitet von einem schrecklichen Knirschen schneidet sie weiter, bis die Klinge vom Knorpelknochen des Genicks gestoppt wird.
Deine Augen starren in seltsamer Entrücktheit zur gewölbten Decke, derweil die Schlächter zu verschwommenen Schemen zerfließen und dem Zerren, Schmatzen und Reißen etwas Anmutiges innewohnt.
»In Nomine Osiris …«, ist das Letzte, was du vor deiner Schussfahrt in die Hölle zu hören bekommst, dann bist du tot.

ENDE

140

»Gut, dass Sie ein Einsehen haben, Inspektor, denn solch haltlose Anschuldigungen könnten auf sie zurückfallen. Bedenken Sie, was es für Folgen haben könnte, wenn das in die Ohren höherer Herrschaften dringt«, tadelt dich Phillips.
Du atmest durch, zwingst die Rage zurück ins Dunkel deines aufgewühlten Geistes. »Ich überhöre für den Moment ihre unverhohlene Drohung, Doktor. Dennoch gebe ich Ihnen recht. Konzentrieren wir uns lieber darauf, Mister Hyde dingfest zu machen, bevor Schlimmeres geschieht.«
Überzeugt bist du von deinen Worten nicht, die nur dazu dienen, den Doktor bei Laune zu halten.

*Verringere deine **Glaubwürdigkeit** um 1 Punkt.*

»Annie Chapman. Sie sagten, Sie sind wegen ihr gekommen«, wirft Doktor Frankenstein ein. Sein Englisch ist akzentfrei und sauber.
Du blickst die Männer an. »Ja, ich möchte mir ihren Leichnam ansehen und die Sachen, die sie dabeihatte, um mir ein eigenes Bild zu machen …«

Phillips schnauft. »Selbstverständlich, Inspektor!« Er scheint erleichtert, als er dir mit der Hand den Weg zur Tür weist. »Nach Ihnen!«
*Lies weiter bei **89***

141

Lautlos presst du dein Ohr ans Türblatt und wagst es kaum, zu atmen.
»Doktor Phillips, ich bin zugegeben über den Fortschritt unserer Sache besorgt«, stellt die Frau mit dunkler Stimme fest. Wie sie ihre Worte betont, scheint sie es gewohnt zu sein, dass man ihr Gehör schenkt.
»Sie müssen das verstehen, Miss Pearcey. All die Vorbereitungen, das Auswählen der geeigneten Probanden brauchen Zeit. Doktor Jekylls Indisponiertheit hat uns in unseren Bestrebungen zurückgeworfen.«
»Wir hatten die Nacht zu Allerheiligen angestrebt!«, faucht die Frau aufgebracht.
»Unmöglich«, mischt sich die jünger klingende Stimme des zweiten Mannes ein. »Wir müssen vorsichtig sein. Man ist hellhörig geworden, hat ein Auge auf Ungewöhnliches.«
»Doktor Frankenstein, ich habe Sie nicht aus Deutschland kommen lassen, um das Scheitern unseres Plans bestätigt zu bekommen. Werden Sie aktiv, steigern Sie sich hinein, wie Sie es mit ihren anderen Experimenten bewiesen haben. Überzeugen Sie mich davon, dass Sie das Unmögliche schaffen!«
»Mit Verlaub«, wirft Doktor Phillips beschwichtigend ein, »wäre der 21. Dezember weitaus realistischer. Es soll alles perfekt sein, oder etwa nicht?«
»Hm«, meint die Pearcey. »Das Caledonii-Fest zur Wintersonnenwende. Die Hellen feiern an diesen Tagen die Rückkehr des Lichts.« Sie lacht böse. »Wir würden aus ihrem Bestreben eine Farce machen, ihnen den verdienten Schlag ins Gesicht verpassen … Ihre Idee gefällt mir, Doktor, aber zugleich warne ich Sie, den Zirkel des Osiris kein weiteres Mal zu vertrösten. Unsere Gönner werden bereits ungeduldig. Sobald alles vorbereitet ist, führen wir es durch!«
»Nichts läge mir ferner, Miss«, beeilt sich Doktor Phillips zu sagen.

»Dann wäre alles besprochen. Wir sehen uns im üblichen Zyklus. Meine Herren, gehen Sie mit äußerster Diskretion vor, zu viel, nein, alles hängt davon ab!«
Stoff raschelt, als die Frau sich aus einem Stuhl erhebt.
*Für Ada Wilson: Lies weiter bei **178***
*Für Inspektor Abberline: Lies weiter bei **100***

142

Über dem Hinterhof liegt eine Kälte, die dich dazu treibt, dir die Arme zu reiben und den Mantel enger zu schließen. Zwischen all dem Dreck sind die Spuren des Mordes nicht zu übersehen. Unter der Treppe blüht ein feuchter – dunkel verfärbter – Blutfleck, der aussieht, als hätte ein Maler Farbe verschüttet und mit linkischen Bemühungen versucht, das Unheil wegzuwischen.
Auf dem Bretterzaun glänzt in 40 Zentimeter Höhe ein Blutfleck, in dem schwarze Haare kleben. Hier hat er sie getötet. Du setzt dich auf die Treppe und stellst dir die Szene vor, die sich hier abgespielt haben muss.
Annie Chapman spricht auf der Straße einen Freier an, nimmt ihn mit nach hinten, um es ihm zu besorgen. Er zückt ein Messer und …
Hätte sie geschrien, wären die Bewohner aufmerksam geworden.
Sie wollten es am Bretterzaun stehend treiben, da hat er ihr den Hals durchgeschnitten!
Ein schrecklicher Gedanke. Dir fallen Parallelen zum Mord an Mary Ann Nichols auf. Wieder ist es ein dunkler Hinterhof. Erneut war es ein Schnitt durch die Kehle. Und wie beim ersten Mord lastet eine deutlich spürbare Aura des Bösen über dem Ort.
Etwas funkelt dir aus einem Grasbüschel entgegen. Du bückst dich und findest einen schlichten Messingring. Dein Magen krampft sich zusammen.
Hat er der armen Seele gehört, die hier gestorben ist?
Die Tür oben an der Treppe öffnet sich zögerlich, ganz so, als wolle man das über dem Hof lastende Unheil nicht ins Haus lassen. Ein kleines Mädchen mit geflochtenen Zöpfen tritt aus dem dunklen Innern. »Was machst du da? Wer bist du?«, will sie wissen, bleibt misstrauisch stehen.

Du lächelst sie an. »Ich bin Inspektor Frederick Abberline und will den bösen Mann fangen, der das getan hat …«
Das Mädchen schaut zum Blutfleck. Sie ist ausgesprochen blass. »Mein Vater sagt, es geschieht denen recht, die nicht nach der Bibel leben.«
Ihre Worte versetzen dir einen fiesen Stich. »Niemand lebt in Whitechapel nach der Bibel. Ich will aufklären, wer das war, damit nicht noch mehr Frauen sterben müssen. Kennst du jemanden, der was gesehen hat?«
Das Mädchen nickt. »Der alte Mister Davis – John Davis – war es, der sie gefunden und die Constables gerufen hat.«
»Aha. Und wo finde ich diesen Mister Davis?«
»Geh vorne ins Haus, wie es sich gehört. Seine Tür ist die grün gestrichene auf der linken Seite.«
»Noch jemand anderes womöglich?«, hakst du nach.
»Na ja, da ist diese Frau, die immer an der Laterne an der Straßenecke steht. Vater hat sie mal mitgebracht, um ihr etwas zu essen zu geben, als es geregnet hat. Elizabeth Long heißt die.« Damit geht das Mädchen wieder ins Haus und schließt die Tür.

Du wartest an der Straßenecke auf Elizabeth Long: Lies weiter bei ***118***
Du gehst zunächst zu John Davis (sofern du noch nicht mit ihm gesprochen hast): Lies weiter bei ***99***
*Du suchst Inspektor Chandler in den Opiumhöhlen (sofern du das noch nicht getan hast) :****102***
Du suchst Doktor Phillips im Arbeiterkrankenhaus auf: Lies weiter bei ***121***

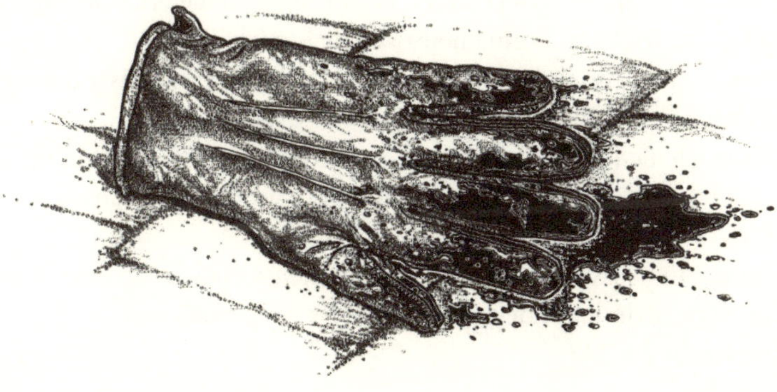

143 Mit geübter Behändigkeit gleitest du hinter den Kisten hervor und richtest den Revolver auf Burys breiten Rücken. »Hände hoch und langsam umdrehen!«
Der Straßenschläger erstarrt. Seine Finger schließen sich fester um den Totschläger, doch er macht keine Anstalten, deiner Anweisung zu folgen.
»Hände hoch, sag ich, und lass den Knüppel fallen!«
Bury öffnet die Hand und das Holz klappert auf das nebelnasse Kopfsteinpflaster. Langsam dreht er sich um, bis sich eure Blicke treffen.

*Erhöhe **Auftreten** um 1 Punkt.*

»Was schleichst du mir nach?«, willst du wissen.
Bury hebt seine breiten Schultern. »Wollt nur mit Ihnen reden, Inspektor, Sie warnen ...«
Du hebst den Lauf des Revolvers etwas an. »Warnen, wovor? Und wer hat dich geschickt! Rede, sonst lass ich dich ins Loch stecken!«
Der Schläger grinst. »Ist doch egal, wer mir die Pennys zugesteckt hat, damit ich's Ihnen ausrichte. Sie sollen die Finger von den toten Huren lassen, könnt Ihnen sonst schlecht bekommen.«
»Du drohst mir?«
Bury lacht rau. »Würd mir im Traum niemals nicht einfallen, Herr Inspektor. Ist nur so, dass mächtige Leute wollen, dass Sie nicht in dieser Sache ermitteln.«
»Dann sollen die das dem Commissioner sagen und der mir.«
»Werden die nicht. Ach ja, und schöne Grüße an die Frau Gemahlin soll ich ausrichten. Emma heißt sie doch, nicht wahr?«
Dass Emma durch die Drohung in den Focus gerät, lässt deinen Magen krampfen. »Lass meine Frau aus dem Spiel!«
»Kann ich nicht, aber Sie können's, indem Sie aufhören, zu schnüffeln. Kapiert? Ich werd dann jetzt gehen.« Bury wendet sich von dir ab.
»Bleib stehen, sag ich!«
»Dann müssen Sie mir schon in den Rücken schießen«, grunzt Bury und verschwindet in den wabernden Nebelschwaden ...
*Lies weiter bei **238***

144

Doktor Frankenstein hält dir mit einem bedauernden Lächeln die Tür auf. »Er ist aufbrausend, wenn es um die Berufsehre geht«, flüstert er dir zu.

Dankbar, einen Verbündeten gefunden zu haben, trittst du in den Flur hinaus. Doktor Phillips folgt dir auf dem Fuße. Er scheint es eilig zu haben. Gerade, als dich du doch zu ihm umdrehen willst, um einige beschwichtigende Worte zu sagen, senkt sich die von seiner geübten Hand geführte Nadel einer Spritze in deinen Nacken und entlässt ihren glasklaren Inhalt.

Wie der Stich einer Wespe, denkst du, dann geben deine Knie nach und du stürzt in den Abgrund der Bewusstlosigkeit …

*Lies weiter bei **192***

145

*Probe **Überwältigen** gegen **Contra-Skill** 7.*

*Wenn du unterliegst: Lies weiter bei **208***

*Wenn du obsiegst: Lies weiter bei **168***

146

Du greifst zum Messer in deiner Tasche, doch Evans ist schneller. Wie ein Berg wächst er vor dir auf. Mit dem entschlossenen Blick eines Mörders schwingt er den Totschläger und hämmert ihn dir auf den Scheitel. Du gehst wie vom Blitz getroffen in die Knie. Im Fallen verpasst dir Evans lachend einen weiteren Schlag.

Du versuchst, auf dem Boden vor ihm davonzukriechen, doch er tritt dir brutal in die Seite, dass du von der Treppe in den Straßen-

dreck geschleudert wirst. Dein Blick verschwimmt, weil dir Blut in die Augen läuft, und dennoch siehst du einen schlanken, in einen Arztkittel gekleideten Mann neben Evans treten und ihn an der Schulter zurückhalten. »Es reicht, Evans. Lebend ist sie mehr wert …«
Dann sackst du in den hungrigen Schlund der ewigen Nacht …
*Lies weiter bei **192***

147

Warum nicht, denkst du dir und greifst zu. Vorsicht löst du eine Traube vom Rappen und steckst sie zwischen die Lippen.
»Vorsichtig zerbeißen«, sagt die Pearcey und tut es dir gleich. Ihre Lippen sind dünner als deine, doch schön geschwungen, was ihrem Gesicht einen zynischen Zug verleiht. Du siehst die Spitze ihrer Zunge, wie sie die Traube zwischen die blendend weißen Zähne transportiert.
Ich habe nie zuvor solch schöne Zähne gesehen, denkst du und tust es ihr gleich. Ist ja nicht so, dass du jeden Tag derartige Kostbarkeiten isst. Es knackt, als sich die Zähne schließen und die Haut der Frucht durchdringen. Saft, so süß wie Zucker, aber zugleich fruchtig und prickelnd, ergießt sich in deinen Mundraum, dass du nicht umhinkommst, durch ein leises Stöhnen den Genuss zu verkünden.
Die Pearcey leckt sich den Saft von den Lippen. Ihre Brüste beben, als würde sie das erregen. »Ein Traum, nicht wahr?«
Du nimmst dir noch zwei, dann zügelst du deine Lust. »Weshalb sitzen wir in dieser Kutsche, Miss Pearcey?«
Sie stellt die Schale neben sich auf die Bank und tupft sich mit einem schwarzen Spitzentuch die Lippen ab. »Glaubst du an Gott, Ada Wilson?«
*Ja: Lies weiter bei **122***
*Nein: Lies weiter bei **157***

148

»Dann darf ich Sie doch wenigstens zu einem Absinth einladen, Miss …« Der Inspektor ist jetzt wacher, formuliert seine Worte höflicher.
»Wilson. Ada Wilson. Sagte ich bereits.«
»Ich erinnere mich, nur der Name war mir entfallen.«

»Wer kann der grünen Fee schon widerstehen, also gerne«, stellst du fest, schlüpfst aus dem Mantel und lässt dich auf der freien Recamiere nieder. Der Chinese scheint darauf gewartet zu haben, denn kaum befindest du dich in liegender Position, taucht er aus dem Dämmerlicht jenseits der Paravents ein silbernes Tablett tragend auf, das er auf dem Beistelltischchen abstellt. Darauf sind zwei Wassergläser, zwei geschliffene Kristallgläser gefüllt mit schimmerndem Absinth, die dazugehörigen Löffel und Zuckerstücke. Er entzündet den Zucker auf den Löffeln und legt diese über die Gläser.

»Ick wunsch' Ihne' angenehm' Traum«, sagt der Mann anzüglich zwinkernd und verschwindet in den Schatten, aus denen er gekrochen ist.

Ihr hebt die Gläser und trinkt. Du lässt dir die grüne, süß schmeckende Flüssigkeit auf der Zunge zergehen, genießt den Moment, den du dir unter normalen Umständen nicht leisten könntest, auch wenn du weißt, dass es nicht das originale Absinthritual ist, was der Wirkung jedoch keinen Abbruch tut. Nach dem ersten Schluck rebelliert dein Magen, weil du lange nichts gegessen hast. Doch je mehr du trinkst, desto weicher und wattiger fühlt sich alles an.

Deine und Chandlers Blicke treffen sich in immer kürzeren Abständen. Er ist ein schöner Mann, wirkt trotz seiner Laster gepflegt, auf eine verruchte Art furchtbar anziehend.

Das Rot der Laternen wird intensiver, die Farben, mit denen die Drachen auf die Paravents gemalt sind, leuchten übernatürlich, als würden sie sich wie Schlangen bewegen.

Chandler liegt wie du auf der Seite. Ihr seht euch an, versinkt ineinander und in euren Gedanken, die sich um feuchte Laken und nackte, miteinander verschlungene Leiber drehen. Ein warmer Strom durchströmt deinen Körper, den die grüne Fee mit jedem weiteren Schluck verstärkt, bis deine Lider schwer werden und sich eine bleierne Müdigkeit auf dich herabsenkt …

Etwa drei Stunden später öffnest du widerwillig die Augen, liegst auf der Recamiere im Separee. Chandler sitzt dir gegenüber und mustert dich aus halb geöffneten Augen.

»Guten Morgen, Ada Wilson«, flüstert er und reicht dir ein Wasserglas, das du dankbar entgegennimmst, weil du am Verdursten bist.

*Ist dein **Suchtwert** 2 oder niedriger, erhöhe ihn um 1 Punkt!*

Du setzt dich auf und zwingst dich zu einem Lächeln. »Jetzt, wo Ihren Wünschen genüge getan wurde, ist es an der Zeit, über Dark Annie zu reden!«
*Lies weiter bei **190***

149

25. September 1888

»Ich folge höheren Zielen, solchen, die ihr in eurer Arroganz nicht im Ansatz erahnen könnt … doch ich sage euch, die Feuer der Hölle sind nah … sehr nah!«
Eine einsame Kerze flackert im Luftzug über dem schäbigen, zerkratzten Schreibpult. Darauf beschriebene Blätter, verknittert, mit durchgestrichenen oder vollständig überzeichneten Worten in roter Tinte.
Daneben, auf schlampig abgerissenen Zetteln anatomisch korrekte und fein ausgearbeitete Zeichnungen neben obszönem Gekritzel von Geschlechtsteilen und Organen, die totenbleichen Gesichtern aus den Mündern hängen.
Und wieder kratzt die Feder des Füllers – geführt von Händen in feinen schwarzen Lederhandschuhen – über pergamentenes Papier.
»Sie will nicht, dass ich diesen Brief schreibe, aber sie weiß, dass ich es tue«, flüstert der Mann zu sich selbst. »Ich muss es tun, sie aufklären über den Irrtum, den sie begehen. Sie denken, sie haben mich gefangen, dass ich nicht lache!«
Kratz – Kratz – Kratz
Buchstaben bilden krakelige Worte.
»Das rote Zeug der Hure taugt nicht zum Schreiben«, knurrt der Mann. Fahrig schiebt er ein Skalpell, dessen Klinge von braunen, eingetrockneten Flecken bedeckt ist, beiseite, damit er das mit rot eingedicktem Kleister gefüllte Einmachglas begutachten kann. Er schreibt ein zweites Mal das Wort Ohren, denkt daran, diese der nächstbesten Hure abzuschneiden, und lacht in schrecklich lautem und brutal derbem Ton, wie es ein gebildeter Mann niemals tun würde. Oder gerade deswegen?
*Lies weiter bei **177***

150 *Probe **Glaubwürdigkeit** gegen **Contra-Skill 5**.*
*Wenn du unterliegst: Lies weiter bei **94***
*Wenn du obsiegst: Lies weiter bei **115***

151 »Gut, dass Sie ein Einsehen haben, Miss Wilson, denn solch haltlose Anschuldigungen können auf sie zurückfallen. Bedenken Sie das«, tadelt dich Doktor Phillips.
Du atmest durch, zwingst die Rage zurück ins Dunkel deines aufgewühlten Geistes. »Ich hoffe, dass die tüchtigen Inspektoren diesen Mister Hyde schnappen. Gott weiß, was sonst passiert.« Überzeugt bist du von den Worten nicht, die vor allem dazu dienen, den Doktor bei Laune zu halten.

*Verringere deine **Glaubwürdigkeit** um 1 Punkt.*

»Annie Chapman. Sie sagten, Sie sind wegen ihr gekommen«, wirft Doktor Frankenstein ein. Sein Englisch ist akzentfrei und sauber.
Du blickst die Männer traurig an. »Ja, die arme Seele … Ich würde mir gerne ihren Leichnam ansehen und die Sachen, die sie dabeihatte, wenn das möglich ist …«
Phillips schnauft. »Eigentlich ist es verboten und das wissen Sie, aber ich mache um des Friedens willen eine Ausnahme, Miss Wilson. Behalten Sie das bitte für sich!« Er scheint erleichtert, als er dir mit der Hand den Weg zur Tür weist. »Nach Ihnen!«
*Lies weiter bei **89***

152 Um zum Asyl für gefallene Frauen im Miller's Court zu gelangen, musst du der Old Montague Street nach Westen folgen und dann rechts in die Osborn Street. Weit weg von der Whitechapel Road und der sicheren *Frying Pan*, aber auch von deinem Zuhause in Mile End.
Die Old Montague Street ist nicht so belebt wie die Whitechapel. Hier gibt es nur wenige Tavernen. Der Nebel hängt wie nass gewordene Watte zwischen den Häusern und macht das Kopfsteinpflaster rutschig. Das verzweifelt gegen die Dunkelheit ankämpfende Licht der Gaslaternen vermag es kaum, den Boden zu erreichen.

Du kannst nur eine Handvoll Meter weit sehen. Vereinzelt begegnen dir untergehakte Pärchen oder solche, die sich in den Gassen an die Klamotten gehen.

Dir fällt auf, dass sich die Schritte hinter dir jedes Mal verlangsamen, sobald Passanten in Sicht kommen. Einmal läufst du einem Constable über den Weg, der auf zwei sich streitende Säufer einredet. Sollst du ihn auf deinen Verfolger ansprechen?

Nein, denn der wird nur behaupten, dass es nicht verwunderlich ist, wenn ein Stecher einer Hure nachsteigt. Oder aus welchem Grund sollte sich sonst eine Dame ohne Begleitung um diese Uhrzeit in den Gassen herumtreiben?

Wenn du dich in der Osborn Street nach links wendest, könntest du die Whitechapel erreichen und dort in einer der Opiumhöhlen unterschlüpfen.

*Du gehst in die Opiumhöhlen: Lies weiter bei **200***

*Du gehst zum Frauenasyl im Miller's Court: Lies weiter bei **217***

*Du versteckst dich und lauerst dem Verfolger auf: Lies weiter bei **228***

153

Donovan schnauft genervt. »Lassen Sie's gut sein. Sie können den Frauen nicht helfen, legen sich mit Leuten an, denen Sie nicht gewachsen sind. Und jetzt scheren Sie sich aus meinem Haus, bevor ich Sie hinauswerfen lasse!«

»Sie machen mir keine Angst«, braust du auf. »Was für Leute sollen das denn sein? Etwa die Frau, die eben bei Ihnen war? Die noble Gesellschaft von ganz oben? Oder stecken Sie gar mit denen unter einer Decke, Mister Donovan?«
Dir wird bewusst, dass du dich mit deinen Worten zu weit aus dem Fenster gelehnt hast.

*Verringere **Freunde** um 1 Punkt.*

Donovans Faust schließt sich um den Griff des Brieföffners. »Stehen Sie auf und gehen Sie, Inspektor. Nochmal sag ich's nicht!«
*»Sie befehlen mir überhaupt nichts, Mister Donovan.«: Lies weiter bei **167***
Oder du stehst auf und …
*… gehst zur Opiumhöhle, um mit Inspektor Chandler zu sprechen (sofern du dort noch nicht warst): Lies weiter bei **102***
*… besuchst das Arbeiterkrankenhaus in der Old Montague Street: Lies weiter bei **121***

154

Der Umriss eines gedrungenen Mannes schält sich aus dem Nebel. Er trägt eine Jacke und eine schäbige Melone. Selbst im vorherrschenden Zwielicht erkennst du eine brutale Visage mit eng stehenden, durch eine tief eingekerbte Falte getrennten Augen.
Das Gesicht kommt dir bekannt vor, hast es schon in der ein oder anderen Taverne gesehen.
Es ist William Henry Bury, ein notorischer Schläger und ein Großmaul, der ständig damit prahlt, für das Arbeiterkrankenhaus zu arbeiten. Er bewegt sich mit der Gelassenheit eines Kampfhundes, der sich auf sicherem Boden befindet. Der hölzerne Knüppel baumelt an einer Schlaufe an seinem Handgelenk. Jede seiner Bewegungen drückt die Selbstsicherheit eines geübten Straßenschlägers aus, der er nun mal ist.
Sein Blick schweift suchend umher. Er versucht, die Schatten zu durchdringen, um sein Opfer zu finden, weiß nicht, wo du dich befindest.

Wenn du versuchst, ihn zu überwältigen (Probe ***Überwältigen****): Lies weiter bei* ***82***
Wenn du ihn frontal mit der Pistole in der Hand stellst (Probe ***Auftreten****): Lies weiter bei* ***119***
Wenn du versuchst, aus der Gasse zu entkommen (Probe ***Geschick****): Lies weiter bei* ***226***

155 Chandlers hochgezogene Augenbrauen und lugender Blick verraten, dass er deine Worte nicht ernst nimmt. »Nur unter Protest«, stellst du klar, schlüpfst aus dem Mantel und lässt dich auf der freien Recamiere nieder.

Verringere deine ***Glaubwürdigkeit*** *um 1 Punkt.*

Der Chinese scheint darauf gewartet zu haben, denn kaum befindest du dich in liegender Position, taucht er aus dem rötlichen Dämmerlicht jenseits der Paravents ein silbernes Tablett tragend auf, das er auf dem Beistelltischchen abstellt. Darauf sind mit Wasser gefüllte Gläser, zwei schön geschliffene Kristallgläser mit grün schimmerndem Absinth, die dazugehörigen Löffel und Zuckerstücke. Und – natürlich – aus Bein geschnitzte, kunstvoll verzierte Opiumpfeifchen, die er euch theatralisch reicht.
Du kennst das Prozedere aus deinen Junggesellentagen. Erst spießt er mit einem feinen Dorn ein erbsengroßes Chandu-Klümpchen auf

und steckt dieses in eine Büchse. Diese erhitzt er über einer kleinen Öllampe, bis es sich verflüssigt und zu zähem Pech verdickt ist. Den Klumpen drückt er mit seinen schwarz verfärbten Fingerkuppen in den Pfeifenkopf, zieht mit einer elegant drehenden Bewegung den Dorn heraus, durch den der Raucher die Luft einziehen kann. Heimtückisch grinsend überreicht er euch die Pfeifchen.
»Ick wunsch' Ihne' angenehm' Traum«, sagt der Mann zwinkernd und verschwindet in den Schatten, aus denen er gekrochen ist.
Wenn du das Opiumpfeifchen rauchst: Lies weiter bei ***197***
Wenn dir das doch zu heikel ist und du die Opiumhöhle verlässt, kannst du …
… dir den Tatort in der Hanbury Street 29 ansehen (sofern du das noch nicht getan hast): Lies weiter bei ***241***
… mit Doktor Phillips sprechen: Lies weiter bei ***121***

156

»Ach, ist das so?«, grunzt Evans und legt seine Pranke auf den hölzernen Totschläger, der in seinem Gürtel steckt.
Du beugst dich aufreizend vor, damit dir Evans ins Dekolletee glotzen kann. »Ich hab einiges zu bieten, was deinem Boss gefallen könnte. Also was ist, lässt du mich nun ein?« (Probe ***Überzeugen****): Lies weiter bei* ***194***
Du stemmst die Hände in die Hüften, funkelst ihn warnend an. »Jetzt mach keinen Aufstand, John Evans. Wie lang kennen wir uns schon, zehn Jahre sind's, oder? Kommen aus dem gleichen Viertel. Also lass mich durch, muss nur kurz mit deinem Boss reden.« (Probe ***Auftreten****): Lies weiter bei* ***175***

157

»Schauen Sie sich um, Miss Pearcey. Whitechapel ist die Hölle, und Satan hat einen Dämon geschickt, der uns durch seine Klinge büßen lässt.«
»Besser hätte ich es nicht ausdrücken können«, antwortet sie lächelnd. »Doch wenn wir schon in der Hölle leben, warum machen wir uns nicht die dunklen Kräfte zunutze?«
»Ich bin recht unbedarft, was Spiritualität anbelangt, denn die macht mich nicht satt«, gibst du offen zu.

Die Pearcey beugt sich verschwörerisch zu dir. »Die dunklen Mächte unterscheiden nicht zwischen Gut und Böse, oder was Sünde ist und was gottgefällig. Wenn du etwas willst, nimm es dir, aber du musst dazu bereit sein, etwas dafür zu opfern, und damit meine ich keine Pennys.«

Dir wird kalt. Mary Pearceys Worte passen zu ihr, der mysteriösen schwarzen Krähe, die sie ist, zugleich werfen sie ein anderes Licht auf die Morde. »Ein Opfer bringen? Etwa Mary Ann Nichols und Annie Chapman? Wie ich, nur dass ich es überlebt habe?«

Sie mustert dich mit hintergründigem Blick. »Ich kann in dir lesen wie in einem aufgeschlagenen Buch, das trieft vor Hass auf Whitechapel, getrieben von Wut auf den, der dir das angetan hat. Du bist stark, verfolgst beharrlich deine Ziele, oft auch skrupellos, aber du tust es nicht für die Frauen, sondern einzig und allein für dich. Du trägst die Attribute und das Talent einer dunklen Hexe in dir, Ada Wilson.«

»Ich verstehe nicht …« Du weißt nicht, was du davon halten sollst, denn Mary Pearceys Worte sind schmeichelnd und beleidigend zugleich. Du schwankst zwischen Unwohlsein, Angst und Neugier.

»Und ob du verstehst. Ich biete dir ein neues Leben, Ada Wilson. Werde meine Schülerin der dunklen Künste und dir wird es an nichts mehr fehlen.«

»Sie wollen, dass ich eine Hexe werde?«, fragst du ungläubig.

Die Pearcey lächelt zynisch. »Du würdest gut zu uns passen. All deine Wünsche könnten in Erfüllung gehen! Was sagst du?«

»Scheren Sie sich zum Teufel, das sage ich. Und aussteigen will ich, hier und jetzt!«: Lies weiter bei ***230***

»Ich muss darüber nachdenken, Miss Pearcey. Das kommt jetzt ziemlich überraschend …«: Lies weiter bei ***195***

158

Bei Gott, du magst keine Krankenhäuser. Niemand tut das, von den Doktoren einmal abgesehen. Das Gestöhne der Kranken ist nervenaufreibend. Der allgegenwärtige Gestank nach Tod und Zerfall, von schwärenden Wunden und Ausfluss aus Körperöffnungen, über die du nicht nachdenken willst, hängt schwer und süßlich in der Luft, legt sich metallisch bitter auf die Zunge.

Im Gegensatz zum edlen London-Hospital ist es hier düster, als wolle man die Armen und Schwachen vor der Öffentlichkeit verbergen. Die Wände sind so grau wie die Gesichter der Patienten, die Liegen rostig und die Matratzen voll von braunen Flecken, dass man denken könnte, da steckt ein Muster dahinter. Nein, das Arbeiterkrankenhaus ist wahrlich kein Ort zum Verweilen. Letzten Endes ist es ein Bauwerk, das wie seine Patienten dahinsiecht und somit zum bitteren Spiegelbild Whitechapels wird.

Du gehst den Flur entlang, weichst dem Personal ebenso aus wie den Kranken, die mit eingefallenen Gesichtern vor sich hin schlurfen. In einem Zimmer jammert eine alte Frau, dass man ihr Gebiss gestohlen hätte, aus einem anderen stöhnt ein Arbeiter, dem man ein Bein amputiert hat. Du kannst den mit fleckigen Binden umwickelten Stumpf sehen und wie es gelblich daraus hervorsickert. Woanders leeren barmherzige Schwestern Nachttöpfe aus.

Am Ende ist die Treppe, der du bangen Herzens nach unten folgst, weil die Stufen die Bilder dessen heraufbeschwören, was dir in den Gedärmen des Krankenhauses angetan wurde. Wenigstens bleiben die Geräusche zurück, was gut oder schlecht sein kann …

*Lies weiter bei **76***

159

Um Mary Pearceys Kutsche zu erreichen, geht ihr zur Ecke Old Montague und Osborn. Durch den Nebel folgt in einigem Abstand ein gedrungener Mann, der einen kurzen Mantel trägt und seinen Hut – eine zerknautschte Melone – tief ins Gesicht gezogen hat.

»Ist das der Kerl, der mir gefolgt ist?«

Die Pearcey lächelt verschmitzt. »Um sicherzugehen, dass dir nichts zustößt. Whitechapel ist dieser Tage nicht sicher.«

»Sie sind um mein Wohl besorgt? Wir kennen uns nicht, leben in verschiedenen Welten.«

Die Pearcey lacht und tritt neben den schicken Four-Wheeler mit Kastenaufbau – Growler genannt, weil die vier Räder erheblichen Lärm verursachen. Das Pferd ist schwarz wie die Kutsche selbst. Ein großer, breitschultriger Mann in Kutschermantel und flachem Zylinder hält die Tür auf. »Ma'am.«

»Danke, Mister John Netley. Wir möchten zur *Frying Pan* in der Buck's Row. Aber lassen Sie sich Zeit, wie haben einiges zu bereden ...«

»Selbstverständlich, Ma'am«, antwortet der Mann mit dunkler, basslastiger Stimme. Nachdem ihr eingestiegen seid, schließt er die Tür und klettert auf den Kutschbock. Whitechapel bleibt jenseits der schwarzen Vorhänge ebenso zurück wie dein zwielichtiger Verfolger. Die Kutsche schwankt, dann knallt die Peitsche und das Gefährt setzt sich – zur Überraschung recht leise – in Bewegung.

Mary Pearcey deutet deinen Blick und lächelt. »Mir waren die Holzräder zu aufdringlich, weshalb ich sie mit dickem Leder beschlagen ließ, wie auch die Eisen des Pferdes.« Sie öffnet eine kleine Schatulle und entnimmt eine feine Schale aus schwarzem Glas, in der sich blaue Trauben befinden. »Greif zu, sie sind unglaublich süß ...«

Nicht ganz sicher, ob sie dich oder die Trauben meint, zwingst du dich zu einem flüchtigen Lächeln.

*Wenn du die Trauben kostest: Lies weiter bei **147***

*Wenn du die Trauben verschmähst: Lies weiter bei **79***

160

*Probe **Auftreten** gegen **Contra-Skill 3**.*

*Wenn du unterliegst: Lies weiter bei **186***

*Wenn du obsiegst: Lies weiter bei **220***

161

*Probe **Auftreten** gegen **Contra-Skill 5**.*

*Wenn du unterliegst: Lies weiter bei **201***

*Wenn du obsiegst: Lies weiter bei **222***

162

Deine Stimme ist ein verzweifeltes Krächzen. Blut läuft dir von der Stirn in die Augen, überzieht den brutalen Schläger und die düstere Gasse mit einem roten Schleier.

Hättest aus deinem Kehlenschnitt lernen sollen, verhöhnt dich die halbverweste Annie Chapman, und die aufgedunsene Mary Ann Nichols lacht dazu.

So werde ich also enden, denkst du, dann knallt dir Burys Totschläger auf den Kopf und schickt dich in die Bewusstlosigkeit ...

*Lies weiter bei **139***

163 Der Weg dorthin ist beschwerlicher als sonst. Lethargie hat von dir Besitz ergriffen, legt sich wie Blei auf dein Gemüt. Es liegt nicht am Nebel, der sich zäh in den Straßen festgesetzt hat und deine Wahrnehmung verwässert. Das im Arbeiterkrankenhaus hätte nicht passieren dürfen. Du beschließt, in Zukunft weniger vertrauensvoll im Umgang mit Menschen zu sein.

*Verringere deine **Empathie** um 1 Punkt.*

Noch etwas anderes beschäftigt dich: die gravierende Ähnlichkeit von Doktor Jekyll und Mister Hyde. Dir scheint, als wären sie Brüder, der eine gut, der andere abgrundtief böse. Oder – und das macht dir am meisten Angst – sind beide etwa ein und dieselbe Person? Auf dem Revier in der Commercial Street begegnet man dir mit dem angemessenen Respekt, doch dir entgehen nicht die Blicke, die man dir verstohlen zuwirft.
In deinem Büro stapeln sich Akten auf deinem Schreibtisch. Dankbar darüber, dass sich niemand im Raum befindet, hängst du den Mantel an den Haken, nimmst dir einen lauwarmen, bitteren Tee, setzt dich hin und schiebst alles beiseite. Unbewusst berührst du den Verband an deinem Hals und spürst den körperlichen Schmerz, doch der seelische ist weitaus schlimmer. Die Pein erinnert dich an die Unterhaltung, die du vor Wochen mit Inspektor Joseph Chandler geführt hast. Der altgediente Mann wird schon seit Jahren von Albträumen heimgesucht. *Die misshandelten Geister der Opfer*, nannte er sie. Das ist der Grund, warum er regelmäßig die chinesischen Opiumhöhlen aufsucht, um sein Gewissen zu betäuben. Nach all dem, was geschehen ist, kannst du ihn nur allzu gut verstehen …

***Achtung:** Ist deine **Empathie 4 oder geringer**, wirst du bei der erstbesten Gelegenheit, die sich dir bietet, **eine Opiumhöhle** aufsuchen, um die seelische Pein zu lindern.*

Energisch reibst du dir mit beiden Händen das Gesicht. Es muss weitergehen, du bist es den armen Opfern schuldig!

Eine handschriftliche Notiz klärt dich darüber auf, dass ausgerechnet Inspektor Joseph Chandler die Leiche als Erster begutachtet hat und dass der von ihm einbestellte Mediziner Doktor George Bagster Phillips war. Als Tatort wird der Hinterhof der Hanbury Street 29 aufgeführt.

Du willst mit Inspektor Joseph Chandler in den Opiumhöhlen reden: Lies weiter bei ***102***

Du gehst zu Doktor George Bagster Phillips ins Arbeiterkrankenhaus: Lies weiter bei ***121***

Du gehst zum Tatort in der Hanbury Street 29: Lies weiter bei ***241***

164

Mit katzenhafter Behändigkeit springst du aus der Deckung und versuchst, an dem bulligen Schläger vorbeizuhuschen. Glas knirscht unter deiner Stiefelsohle und Bury fährt herum. Sein unbeholfen geführter Knüppelschlag knallt dir auf den Knöchel der Hand, in der du das Messer hältst. Es knackt, als Hartholz auf Knochen trifft. Ein scharfer Schmerz fährt dir direkt ins Hirn. Die Hand öffnet sich und du verlierst deine Waffe. Bury versucht, dich am Kragen zu packen, doch du bist schneller und entwischst seinem Griff. Wütend grunzend stampft er dir hinterher.

Wieder in der Old Montague Street wendest du dich von dichtem Nebel umgeben nach rechts, um zur Thomas Street zu laufen.

»Bleib verdammt nochmal stehen!«, brüllt er hinter dir. »Ich will nur mit dir reden!«

Klar, nur reden, denkst du, rennst weiter und direkt in einen Mann hinein, der eiligen Schrittes aus einer dunklen Gasse kommt. Es ist Constable Mizen.

»Mizen, Gott sei Dank«, rufst du erleichtert aus und klammerst dich an den vollkommen überrumpelten Mann.

Burys Schritte werden langsam. Dann entfernen sie sich schnell in entgegengesetzter Richtung.

»Mein Gott, Ada, ich hörte Geschrei und dachte …«, stammelt Mizen, derweil er sich sanft aus deiner stürmischen Umarmung befreit.

Völlig außer Atem lächelst du ihn an. »Ich war in der Gasse, um, na ja, du weißt schon, da hat mir einer aufgelauert. Zum Glück konn-

te ich ihm entwischen und dann«, du berührst den klammen Stoff seines Uniformärmels, »bist du gekommen, um mich zu retten.«
Mizen räuspert sich verlegen. »Nun ja, ich hatte ja keine Ahnung, dass du es warst, der da gerufen hat. Wo soll ich dich hinbringen, Ada Wilson?«
Du hakst dich bei ihm unter. »Das *Frying Pan* wäre nicht schlecht!«
*Lies weiter bei **170***

165

»Ich sollte es nicht tun, aber ich kann dir einfach nichts abschlagen«, flüstert dir Mizen ins Ohr. Ist da womöglich mehr als nur eine Freundschaft, die es in dieser Art in einem Stadtteil wie Whitechapel nicht geben dürfte?
Du beschließt, es herauszufinden, wenn alles vorbei ist, und lächelst den hübschen Constable an. »Und wieder bin ich dir was schuldig, Constable, und wenn's nur ein Abendessen ist …«
Mizen erwidert dein Lächeln. »Für den Anfang fände ich einen Tee nicht schlecht.«
Mit diesen Worten löst er sich von dir und geht zur Tür, wo ein bulliger, gelangweilt dreinschauender Pfleger den undankbaren Dienst versieht, die zahlenden von den zahlungsunfähigen Kranken zu unterscheiden. Gesundheit ist nun mal nicht kostenlos. Mizen baut sich vor ihm auf. »Guter Mann, lassen Sie diese Frau durch, sie muss dringend zu Doktor Phillips.«
»Ist das so, ja?«
»Ich verbürge mich für sie«, stellt Mizen beharrlich fest. »Also zur Seite mit Ihnen, damit die Frau nicht länger in der Gasse stehen muss.«
Der Mann grinst anzüglich, spukt aus und geht zur Seite. »Nehm Sie beim Wort, Constable. Phillips ist unten bei den Toten, im Raum von Jekyll.«
Du drehst dich in der Tür nochmal zu Constable Mizen um und schenkst ihm ein strahlendes Lächeln. Es gibt doch noch ehrliche Menschen in Whitechapel.
»Danke. Für alles.«
*Lies weiter bei **158***

166

»Sehen Sie sich um, Miss Pearcey. Whitechapel ist die Hölle, und der Teufel hat einen Dämon geschickt, der arglose Frauen tötet. Und wir – mittendrin – hilflos und verzweifelt.«
»Besser hätte ich es nicht ausdrücken können«, antwortet die Pearcey lächelnd. »Aber wenn wir schon in der Hölle leben, warum machen wir uns nicht deren Kräfte zunutze?«
»Ich bin unbedarft, was Spiritualität anbelangt, denn die ist für mich als Realist nicht greifbar«, gibst du offen zu.
Die Pearcey beugt sich verschwörerisch zu dir. Ihr Haar duftet betörend nach Rosen, was dich für einen winzigen Moment an Emma zweifeln lässt. »Die dunklen Mächte unterscheiden nicht zwischen Gut und Böse, oder was Sünde ist oder gottgefällig. Eins haben mich die Mächte gleich zu Beginn gelehrt: Wenn du etwas willst, nimm es dir, aber du musst dazu bereit sein, dafür Opfer zu bringen, und damit meine ich keine Pennys.«
Dir wird kalt. Mary Pearceys Worte passen zu ihr, der mysteriösen schwarzen Witwe, zugleich werfen sie ein anderes Licht auf die Morde. »Ein Opfer bringen? Etwa in Form von Mary Ann Nichols und Annie Chapman? Ist es das, über was sie mit mir reden wollen?«
Sie lehnt sich zurück und mustert dich mit hintergründigem Blick. »Ich kann in Ihnen lesen wie in einem aufgeschlagenen Buch, das voll ist von Hass auf Whitechapel, getrieben von Wut auf den, der sie töten wollte. Sie sind stark, verfolgen beharrlich ihre Ziele, oft auch skrupellos, aber Sie tun es nicht für die Frauen, sondern einzig und allein für sich selbst und manchmal auch für Emma, aber auch da gibt es Zweifel. Sie tragen die Attribute und das Talent eines dunklen Hexers in sich, Frederick Abberline.«
»Ich verstehe nicht ganz …« Du weißt nicht, was du davon halten sollst, denn Mary Pearceys Worte sind schmeichelnd und beleidigend zugleich. Und woher weiß sie um dich und Emma?
»Und ob Sie das tun. Ich biete Ihnen den Sinn des Lebens an, Frederick. Werden Sie mein Schüler der dunklen Künste und Ihre Wünsche werden sich erfüllen. Ist es nicht so, dass Sie und Emma schon immer Kinder wollten, es aber aus unerfindlichen Gründen nie geklappt hat? Das könnte sich ändern!«

»Sie wollen, dass ich ein Hexer werde?«, fragst du ungläubig.
Die Pearcey lächelt bösartig. »Sie würden gut zu uns passen. Ein Pakt zwischen uns, durch Blut besiegelt, würde ungeahnte Möglichkeiten für Sie – und Emma – eröffnen! Also, was sagen Sie?«
»Scheren Sie sich zum Teufel. Aussteigen will ich, hier und jetzt!«: Lies weiter bei ***101***
»Ich muss darüber nachdenken, Miss Pearcey. Das kommt ziemlich überraschend …«: Lies weiter bei ***172***

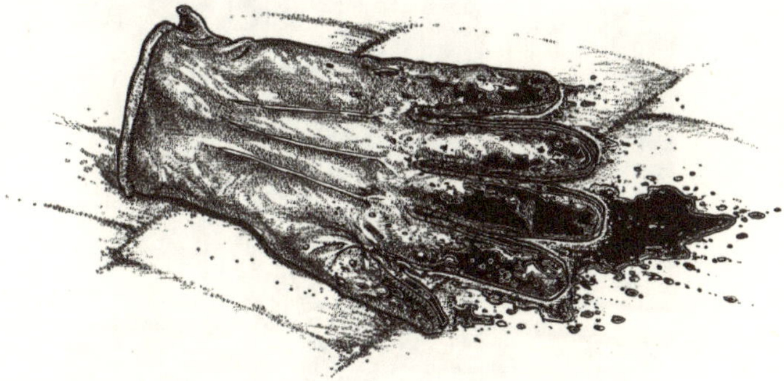

167

Du nimmst die Bedrohung erst wahr, als sich ein massiger Schatten hinter dir erhebt. Das dunkel verfärbte Holz eines Totschlägers klatscht dir auf den Schädel, grelles Licht explodiert hinter deinen Augen, das Schmerz in seiner reinsten Form ist.
Du sackst jeder Kraft beraubt vornüber, kippst aus dem Sessel und landest hart auf dem Rücken. John Evans ragt über dir auf wie ein hämisch grinsender Titan. Er will erneut zuschlagen, doch Donovan hält ihn davon ab. Der Raum beginnt zu zerfließen, sich zu drehen, wird zum schwarzen Schlund, als Timothy Donovan neben dir in die Hocke geht und dir die Wange tätschelt, was sich seltsam hohl anhört.
»Hättest auf mich hören sollen, aber nein, du wusstest es ja besser. Eigentlich Schade um einen solch motivierten Polizisten …«
»Soll ich ihm den Schädel einschlagen?«, grunzt Evans wie durch Watte.
Donovan schüttelt den Kopf. »Nein, lebend ist er wertvoller. Bring ihn zu ihm, er weiß, was zu tun ist …«

Dann hämmert Donovans Faust gegen deine Schläfe und schickt dich in den Abgrund …
Lies weiter bei ***139***

168 Als dunkler Schatten springst du aus der Deckung und greifst den Schläger an. Deine Klinge beschreibt einen schnellen Bogen, blitzt einmal kurz auf und …
… schlitzt Burys rechte Wange auf, sodass er überrascht aufheult. Schon zuckt sein Totschläger hoch, funkelt Mordlust in seinen verkniffenen, eng stehenden Augen. »Dich schlag ich tot!«
Du stichst zu. Einmal in den Oberkörper, ein weiteres Mal in den Arm, der den Knüppel hält.

Erhöhe den zuletzt auf die Probe gestellten ***Skill*** *um 1 Punkt!*

Heißes Blut flutet über deine Hand, dennoch gelingt es Bury, dir mit dem Knüppel auf die Hand, in dem das Messer ist, zu schlagen. Es knackt, als Hartholz auf Knochen trifft. Du bist nicht mehr in der Lage, das Messer festzuhalten.
»Hör auf mit der verfluchten Schnüffelei!«, grunzt Bury, weicht jedoch vor dir zurück. »Lass es mit den Toten gut sein, hörst du?«

»Wer hat dich geschickt?«, schreist du ihn aufgebracht an. »Wer steckt hinter dem Wahnsinn?«
Bury hält sich den blutenden Arm. »Lass es dir gesagt sein: Wenn du weiter im Dreck wühlst, wirst du sterben, Ada Wilson. Sie sind zu mächtig, als dass du es mit ihnen aufnehmen könntest!«
»Wer? Die Doktoren? Mary Pearcey? Stecken die dahinter?«
»Lass es einfach, bist jung und viel zu hübsch, um geschlachtet zu werden!« Mit diesen Worten wirft er sich herum und stürmt aus der Gasse, hinein in den dichten Nebel, der ihn hungrig verschlingt.
*Lies weiter bei **221***

169

Warum auch nicht, denkst du. Nach all dem, was geschehen ist, lockt die Flucht aus der Realität.
Chandler grinst dich auf der Seite liegend anzüglich an. »So ein schönes Ding in solch düsteren Farben …« Rauch steigt ihm aus Mund und Nase.
*Du ziehst verhalten an der Pfeife und versuchst, den Rauch nicht in die Lunge zu atmen: Lies weiter bei **211***
*Du ziehst dir den Rauch voll rein: Lies weiter bei **232***

170

Es ist ein gravierender Unterschied, ob du als Frau allein in der Nacht durch Whitechapel flanierst oder untergehakt in den Arm eines feschen Constable. Wenn sich der Nebel lichtet und die Blicke der Passanten auf euch lasten, sind diese belustigt bis erschrocken, manchmal verschmitzt lächelnd, aber auch geschockt, sofern es sich um bessere Herrschaften handelt.
Für dich ist es weit mehr als eine Atempause von der Hatz nach Informationen und der Flucht vor dem Ende unter der Klinge des Mörders. Du fühlst, wie echte Gefühle für den jungen, verantwortungsbewussten Constable erwachen.
Mizen hat dich nie wie eine der Dirnen von Whitechapel behandelt, herablassend oder unfair. Für ihn warst du stets die junge Frau mit den kastanienbraunen Haaren aus Mile End, die er beschützen muss.

*Erhöhe deinen zuletzt auf die Probe gestellten **Skill** um 1 Punkt.*

170

Als ihr die *Frying Pan* in der Buck's Row erreicht, löst du dich nur widerwillig von seinem Arm und lächelst ihn herzlich an. »Denke, ein Bier wird ein Constable im Dienst nicht annehmen dürfen, aber was ist, wenn er dienstfrei hat?«
Mizen lächelt dich verschmitzt an. »Du bist sehr direkt, Ada Wilson. Ins *Frying Pan* kann ich dich tatsächlich nicht begleiten, aber womöglich klopfe ich eines Abends an deine Tür in der Maidman Street 19, um dich auf einen Tee zu entführen …«
Du schubst ihn spielerisch an. »Sofern ich denn zuhause bin, Constable Mizen.«
Dessen Blick wird ernster. »Was mir wesentlich lieber wäre, als dich hier des nachts in den Gassen zu wissen. Ich kann nicht immer in deiner Nähe sein, Ada.«
Am liebsten würdest du ihn in die Arme ziehen, so sehr flattern die Schmetterlinge in deinem Bauch. »Du weißt, dass ich meinen Verdienst auf der Straße mache… aber lieb von dir, dass du dich meinetwegen sorgst.«
»Das mach ich wirklich. Pass auf dich auf, Ada Wilson, ich mein's ernst …«
Du stellst dich auf die Zehenspitzen und drückst ihm einen Kuss auf die Lippen, wendest dich ab und gehst zur Tavernentür, nur um dich nochmal zu ihm umzudrehen. »Pass du auch auf dich auf, Constable …«
*Lies weiter bei **221***

171 John Evans ist schnell, doch du bist schneller. Bevor er auch nur ansatzweise den Totschläger aus dem Gürtel gezogen hat, schmiegt sich die Klinge deines Messers an seine Kehle. »Was sagst du, Evans, lässt du mich mit Donovan reden oder soll ich dir eine rote Rasur verpassen?«
Evans schnauft, funkelt dich aus kleinen Schweinsaugen mürrisch an. Entmutigt durch deine Entschlossenheit lässt er den Knüppel stecken und hebt die Hände. »Schon gut, ich mach nur, was man mir aufgetragen hat, und dazu gehört, keine mehr reinzulassen, wenn's voll ist.«
Du nimmst die Klinge von seinem Hals und richtest seinen zerknitterten Kragen. »Bist ein einsichtiger Kerl, hätt dich nur ungern abgestochen.«
Eine wirkungsvolle Lüge, um sein geknicktes Gemüt zu besänftigen. Evans tritt beiseite. »Donovan ist oben im Büro neben der Küche.«
*Lies weiter bei **209***

172 »Nehmen Sie sich die Zeit, die Sie brauchen«, haucht sie dir zu und ergreift deine im Schoß ruhende Hand. »Bis dahin halten Sie sich aus den Angelegenheiten von Whitechapel heraus, Frederick. Melden Sie sich krank oder nehmen Sie sich Urlaub, um mit Emma aufs Land zu fahren. Lassen Sie aber bitte die Toten ruhen, auch wenn Sie glauben, es ist das gleiche Phantom, das Ihnen die Klinge an den Hals gesetzt hat.«
Überrascht von Pearceys unverhohlener Aufforderung, deine Ermittlungen einzustellen, antwortest du nur mit einem knappen Nicken und einem lakonischen »Ja«.
»Ich kann Sie schützen, doch dazu müssen Sie aufhören, Fragen zu stellen. Sind Sie dazu in der Lage?«
»Ich weiß nicht, ob das möglich ist«, antwortest du ehrlich und entziehst dich ihrer Berührung.
Die Pearcey lacht, als hättest du einen Witz gemacht. Sie zieht an einer Schnur. Draußen auf dem Kutschbock läutet eine helle Glocke. John Netley zügelt das Pferd und die Fahrt ist zu Ende. Du stehst auf und willst aussteigen, doch sie ergreift deinen Arm. »Wir werden

uns zu gegebener Zeit wiedersehen. Denken Sie an meine Worte und vor allem an Ihre Frau.«
»Lassen Sie Emma aus dem Spiel«, sagst du mit fester Stimme.
»Hören Sie auf, Fragen über die toten Huren zu stellen. Lassen Sie es sein, denn andernfalls werden Sie sterben, Inspektor. Das ist keine Drohung, sondern ein Versprechen. Halten Sie sich bedeckt, seien Sie unauffällig, und ich schenke Ihnen ein neues, kinderreiches Leben!«
Netley öffnet den Wagenverschlag, du löst dich von der Frau, steigst auf die Straße und drehst dich um. Hinter dir erheben sich die dunklen Fassaden der Wohnhäuser der Oxford Street und du fragst dich, ob Emma hinter einem der Fenster steht und dich beobachtet.
»Ich werde Ihren Rat überdenken, Miss Pearcey, aber verlangen Sie nicht, dass ich mich ändere …«
»Nur das, was notwendig ist«, antwortet sie und gibt Netley ein Zeichen.

*Verringere **Glaubwürdigkeit** um 1 Punkt, aber erhöhe **Freunde** um 1 Punkt.*

Der Kutscher schließt die Tür und klettert auf den Bock, nimmt die Zügel auf und treibt das Pferd an. Die Kutsche rollt gespenstisch leise davon und verschwindet im Nebel …
*Lies weiter bei **238***

173

»Geh besser, wenn dir dein Leben lieb ist«, knurrt Donovan drohend. Die Spitze des Brieföffners zeigt auf dein Gesicht. »Du begibst dich in trübe Gewässer, die nicht gut für dich sind, Ada Wilson!«
»Verdammt nochmal, Donovan, ich will nicht glauben, dass du derart kaltherzig bist. Ich flehe dich an, hilf mir, die Leben der Frauen von Whitechapel zu schützen!«
*Probe **Überzeugen**: Lies weiter bei **252***

174

Du folgst dem Wink der netten Frau, schlüpfst mit ihrer Hilfe aus dem durch die Feuchtigkeit des Nebels schwer gewordenen Mantel und lässt dich auf der Recamiere nieder.
Die Frau verschwindet im Rauch und kehrt nach wenigen Augenblicken mit einem Tablett zurück, auf dem die klassischen Utensilien stehen. Sie lässt sich neben dir auf die Knie nieder und beginnt mit den Vorbereitungen. Auf der Seite liegend siehst du ihr dabei zu.
Sie gibt dir eine kleine Pfeife aus Bambusholz und spießt mit einer Nadel ein erbsengroßes Chandu-Klümpchen in einer Blechbüchse auf. Diese hält sie über die Flamme einer flackernden Öllampe aus Glas, bis das Chandu flüssig wird und sich dann zu zähem Pech verwandelt. Den daraus entstehenden Klumpen drückt sie in die Öffnung deines Pfeifchens und zieht die Nadel mit einer drehenden Bewegung heraus, damit ein Luftkanal entsteht.
Auf ihr Nicken hin hältst du den Klumpen übers Feuer und ziehst. Den Rauch, so weißt du, musst du für einige Zeit in dir behalten, damit er seine Wirkung entfalten kann …
Und die lässt nicht lange auf sich warten, hungrig und erschöpft, wie du bist. Mit geschlossenen Augen sinkst in den weichen Stoff, entspannst dich. Die Sorgen fallen von dir ab, die Angst weicht der Begierde nach dem Mann deiner Träume. Constable Mizen …
Du erwartest ihn in einem von Kerzen erleuchteten Zimmer auf einem Bett liegend, von leicht im Wind wehenden, weißen Stoffbahnen umgeben. Nackt und mit offenem Haar. Dein Körper ist feucht, wie nach einem Bad. Wassertropfen perlen von deiner Haut. Die Luft im Raum deines Geistes ist erhitzt wie dein Fleisch, weshalb

du in ungeduldiger Erwartung deine Hände auf Forschungsreise gehen lässt, hinab in feuchtschwüle, lockende Tiefen …
Du öffnest die bleischweren Lider. Deine Augen brennen vor Begierde wie dein Unterleib, doch der Traum zerfließt im Rauch der Opiumpfeifchen und dem gedämpften Gemurmel der ausgestreckt daliegenden Gäste. Alles schwimmt in orgastischem Rot. Die geöffneten Leiber gebären herausgerissene Gedärme, kommen ausgenommenen Fischen gleich. Die Abgeschlachteten lächeln dir aus aufgeschlitzten Kehlen zu, die Chinesin nickt freundlich und hält dir ihr blutiges, pochendes Herz entgegen. »Nimm und iss, es wird dir schmecken«, flüstert sie geheimnisvoll.
Der ältere Herr, dessen Körpermitte ein blutnasses Loch ist, das kein Ende zu kennen scheint, richtet sich abrupt auf und deutet mit dem Finger auf dich. »Friss, denn du bist die Nächste, die er sich holt!«
Du reißt die Augen auf, schreckst hoch und stürzt von der Recamiere. Das Tablett fällt scheppernd um. Die Chinesin eilt herbei und hilft dir auf die zitternden Beine. Hier ist kein Blut, doch alles ist voller Rauch. Ein Mann lacht ob deiner Unbeholfenheit. Verwirrt schlüpfst du in deinen Mantel. »Ich muss hier raus. Wo ist der Hinterausgang?«, fährst du sie an. Der Qualm treibt dich mit seinem süßlichen Gestank in den Wahnsinn und dir wird schlecht.

*Erhöhe deinen **Suchtwert** um 1 Punkt!*

Die Frau murmelt etwas auf Chinesisch und zeigt durch den Qualm. »Geradeaus. Dann die Treppe hinauf und durch den Hinterhof zur Old Montague Street …«
Du nickst ihr zu und schickst dich mit der Angst im Nacken an, dich durch die dicht stehenden Recamieren zu drängen. Erhitzt durch die Temperatur im Rauchsalon und gehetzt von der Flucht nimmst du die Szenerie als fiebrigen Traum wahr.
Ein lang ausgestreckt daliegender Mann, der die Dienste einer vor ihm knienden Dame genießt, starrt dich unverhohlen mit kleinen, geröteten Augen an.
Eine Frau in noblem hellblauem Kleid lässt sich mit geöffneter Korsage von einem Mann mit freiem Oberkörper zwischen den

Schenkeln massieren. Das entrückt erhitzte Lächeln kündet von großer Lust.
Ein Liebespärchen in der Ecke unter der Treppe, die nach oben zum Hinterausgang führt, hat sich gleich ganz entkleidet, um eng umschlungen und ineinander verknotet an qualmenden Pfeifchen zu ziehen und dabei zu kopulieren.
Während du die Stufen nach oben steigst, siehst du nur die aufgeschlitzten Leiber, das vergossene Blut, die herausgerissenen Organe.
Die Tür des Hinterausgangs ist schwarz lackiert. Als du sie öffnest und in den dunklen Hinterhof hinaustrittst, zerstörst du das Vakuum der Traumwelt. Die Tür fällt ins Schloss und du bemerkst, dass sie außen keine Klinke hat. Der Nebel hängt wie klebrige Watte in der düsteren Gasse. Auf dem Boden stehende Papierlaternen schaffen ein Zwielicht, das eher Schatten als Helligkeit gebiert. Nach der hitzigen Höhle empfindest du die Luft als kalt.
Kaum, dass du etwas gelaufen bist, hörst du vor dir ein metallisches Geräusch. Aus Angst, dass es der Verfolger sein könnte, versteckst du dich und ziehst dein altes, aber scharfes Messer.

*Da du noch immer leicht benommen bist, musst du bis zum Ende von Kapitel 2 den **Contra-Skill** bei allen Proben um 1 Punkt erhöhen.*

Komm nur, dann schneid ich dir die Kehle auf, denkst du.
*Lies weiter bei **228***

175

*Probe **Auftreten** gegen **Contra-Skill 3**.*
*Wenn du unterliegst: Lies weiter bei **213***
*Wenn du obsiegst: Lies weiter bei **209***

176

»Dann zumindest einen Absinth, Abberline ...« Chandler ist jetzt wacher und formuliert seine Worte höflicher.
»Meinetwegen, aber nur einen«, stellst du fest, schlüpfst aus dem Mantel und lässt dich auf der freien Recamiere nieder. Der Chinese scheint darauf gewartet zu haben, denn kaum befindest du dich

in liegender Position, taucht er aus dem rötlichen Dämmerlicht jenseits der Paravents ein silbernes Tablett tragend auf, das er auf dem Beistelltischchen abstellt. Darauf sind zwei Gläser mit Wasser, zwei geschliffene Kristallgläser gefüllt mit grünlich schimmerndem Absinth, die dazugehörigen Löffel und Zuckerstücke. Er entzündet den Zucker auf den Löffeln und legt diese über die Gläser.
Nicht das Ritual, das du mit Absinth in Verbindung bringst, aber nun gut, es wird gehen.
»Ick wunsch' Ihne' angenehm' Traum«, sagt der Mann wissend und verschwindet in den Schatten. Ihr hebt die Gläser und trinkt. Du lässt dir die grüne, süß schmeckende Flüssigkeit auf der Zunge zergehen, genießt den verbotenen Moment, den du dir unter normalen Umständen aufgrund deiner Zugeknöpftheit verweigert hättest.
Nach dem ersten Schluck rebelliert dein Magen, weil er leer ist. Doch je mehr du trinkst, desto weicher und wattiger fühlt sich alles an. Chandler wirkt trotz seiner Laster gepflegt. Er ist ohne Zweifel ein Mann der Frauen. Du beschließt, ihn Emma nicht vorzustellen.
Das Rot der Laternen wird intensiver, die Farben, in denen die Drachen auf die Paravents gemalt sind, leuchten. Es scheint, als würden sie sich wie Schlangen bewegen. Chandler liegt auf der Seite. Ihr seht euch an, versinkt in euren Gedanken, die sich um feuchte Laken und nackte, ineinander verschlungene Körper drehen. Ein warmer Strom durchfließt deinen Körper, den die grüne Fee mit jedem weiteren Schluck verstärkt, bis deine Lider schwer werden und sich eine bleierne Müdigkeit auf dich herabsenkt …
Etwa drei Stunden danach öffnest du widerwillig die Augen. Chandler sitzt dir gegenüber und mustert dich aus halb geöffneten Augen. »Etwas entspannter, Inspektor?«, flüstert er und reicht dir ein Wasserglas, das du dankbar entgegennimmst, denn du bist am Verdursten.

*Ist dein **Suchtwert** 2 oder niedriger, erhöhe ihn um 1 Punkt!*

Du setzt dich auf, zwingst dich zu einem Lächeln. »Jetzt, wo Ihren Wünschen genüge getan ist, sollten wir über Annie Chapman zu reden!«
*Lies weiter bei **80***

177 *27. September 1888*

»Sir, die Anschrift ist unvollständig!« Die Stimme des Postbeamten zittert, weil der Mann vor ihm wie ein bedrohlicher Schatten aufragt. Es scheint, als würde der lange Kutschermantel das Licht der Gaslaternen im Postoffice durch Finsternis ersetzen. Aufgrund des ins Gesicht gezogenen Schals sind nur die Augen zu sehen, in denen ein wildes Feuer glimmt.

Der Mann tippt mit dem behandschuhten Finger auf den zerknitterten Briefumschlag. »Da steht's doch: *The Boss Central News Office City London in der Central News Agency, 5 New Bridge Street, Ludgate Circus!* Oder können Sie etwa nicht lesen, hä?« Seine Stimme dröhnt in dem engen Office, das man denken könnte, es würde gleich einstürzen. Eingeschüchtert streicht der Postbeamte die Gebühr ein und drückt den Stempel *London E.C. 3 - SP 27 88 - P* auf das Kuvert. »In Ordnung, Sir. Alles in bester Ordnung!«

*Lies weiter bei **258***

178 »Entschuldigen Sie die Störung, Doktor Phillips. Mein Name ist Ada Wilson. Ich möchte mit Ihnen über die verstorbene Annie Chapman sprechen.«

»Ada Wilson?«, hörst du den Doktor aus Deutschland fragen.

»Absehbar«, stellt die Frau fest. Die Tür öffnet sich und anstelle des Arztes steht eine schlanke, hochgewachsene Dame vor dir. Sie trägt ein eng sitzendes, mit schlichten Stickereien verziertes schwarzes Kleid, darüber einen dunklen Reitmantel. Ihr Haar trägt sie in gewagter Manier offen, sodass es ihr wie Krähenfedern über die Schultern bis zur Hüfte fällt. Obenauf ein kleines schwarzes Hütchen mit ebensolchem Schleier, der das leuchtende Blau ihrer Augen nicht zu verbergen mag.

»Treten Sie ein, Miss Wilson, ich wollte gerade gehen«, erklärt sie lächelnd, derweil sie mit dem Handrücken über deine Wange fährt. Ihre Präsenz ist erdrückend, sodass es dir an Luft fehlt, um zu antworten. Also nickst du nur und verfluchst dich für deine Schwäche.

»Ich habe schon viel von dir gehört«, stellt sie fest, während sie dich wie eine Raubkatze umkreist. Schatten folgen ihren Bewegungen, das diffuse Licht verdunkelnd.

»Wenn dem so ist«, fasst du dir ein Herz gegen die Dunkelheit, »und Sie mich, woher auch immer, kennen, verraten Sie mir auch ihren Namen?«
Sie sieht dich an und lächelt auf eine dunkle, anziehende Art. Dir wird bewusst, wie schön die Frau ist. Nicht auf die verrucht dreckige Art der Frauen von Whitechapel, sondern auf eine verschlossen mysteriöse Weise, die dir einen wohligen Schauder durch den Körper jagt.
»Mary Pearcey, meine Liebe.«
Dein Blick gleitet an ihr vorbei in den Raum, wo der schon etwas ältere Doktor Phillips und ein jüngerer Mann in braunem, gestreiftem Anzug an einem Tisch stehen, auf dem sich eine Weinflasche und Gläser befinden. Die Männer sind respektable Personen, doch gegen Mary Pearcey verblassen sie zur Bedeutungslosigkeit.
»Eine Gönnerin des Krankenhauses«, deutet sie deinen fragenden Blick. »Ich war nicht immer so wohlhabend, Ada. Das ist meine Art, etwas an Whitechapel zurückzugeben, auch, wenn es manchen nicht gefällt.«
Was hat sie wirklich mit den Doktoren zu schaffen?, geht es dir durch den Kopf.
»Ich wünsche dir einen schönen Tag, Ada.« Sie dreht sich zu den Männern um. »Die Herren Doktoren …«
Dann verschlucken sie die Schatten des dunklen Kellerflurs. Zurück bleibt nur ein Hauch von frischen Rosen, wie man sie oft auf Gräber legt …
*Lies weiter bei **196***

179

»Ich bitte Sie inständig, belassen wir es dabei. Wir sind Ärzte, keine Polizisten. Sie sind gekommen, um sich die sterblichen Überreste Annie Chapmans anzusehen, also bitte!« Doktor Phillips Hand weist zur Tür, sein Blick glüht vor schwer gezügelter Wut. »Nach Ihnen, Inspektor.«
*»Wir sind noch lange nicht fertig. Womöglich wäre es gut, auf dem Revier weiterzureden.«: Lies weiter bei **212***
*»Seien Sie nachsichtig mit mir, Doktor Phillips. Bei all dem, was geschehen ist, gerate ich schnell in Rage. Vergessen wir unseren Streit und widmen uns der armen Frau, die gestorben ist.«: Lies weiter bei **89***

180 *Probe* ***Überzeugen*** *gegen* ***Contra-Skill 5****.*
Wenn du unterliegst: Lies weiter bei ***74***
Wenn du obsiegst: Lies weiter bei ***165***

181 *Probe* ***Auftreten*** *gegen* ***Contra-Skill 4 + dein Suchtwert****.*
Wenn du unterliegst: Lies weiter bei ***127***
Wenn du obsiegst: Lies weiter bei ***148***

182 *Probe* ***Empathie*** *gegen* ***Contra-Skill 4****.*
Wenn du unterliegst: Lies weiter bei ***201***
Wenn du obsiegst: Lies weiter bei ***222***

183 Dein Hilferuf zerschneidet schrill und laut die Dunkelheit, wirbelt sogar den Nebel auf. Dann, ein oder zwei Herzschläge später, ertönt das helle Pfeifen, mit dem die Constables sich in den weitläufigen Gassen und Winkeln Whitechapels verständigen.
Bury schreckt auf. »Was hast du getan? Was zur Hölle hast du getan?«
Er packt dich am Hals. »Hast mich wohl untersch…«
Grunzend schlägt er dir den Totschläger auf den Scheitel. »Hör auf, in Angelegenheiten herumzuschnüffeln, die dich nichts angehen!«
Dann stürzt du in eine sich jäh auftuende Finsternis …
Lies weiter bei ***128***

184 Du räusperst dich respektvoll und klopfst an.
Für Ada Wilson: Lies weiter bei ***178***
Für Inspektor Abberline: Lies weiter bei ***100***

185 *Warum nicht*, denkst du dir und greifst zu. Sachte löst du eine dicke Traube vom Rappen und steckst sie dir in den Mund.
»Vorsichtig zerbeißen«, sagt die Pearcey und tut es dir auf laszive Weise gleich. Ihre Lippen sind dünner als Emmas, aber schön ge-

schwungen, was ihrem Gesicht einen verführerisch zynischen Zug verleiht. Für einen Moment siehst du die Spitze ihrer Zunge, wie sie die Traube zwischen die blendend weißen Zähne transportiert.
Ich habe noch nie so schöne Zähne gesehen, denkst du und zerbeißt die Traube. Es knackt, als sich die Zähne schließen und die Haut der Frucht durchdringen. Saft, süß wie Zucker, aber zugleich fruchtig und prickelnd, ergießt sich in deinen Mund, dass du nicht umhinkommst, durch ein leises Stöhnen den Genuss zu verkünden.
Die Pearcey leckt sich den Saft von den Lippen. Ihre Brüste beben, als würde sie die Situation erregen. »Ein Traum, nicht wahr?«
Du nimmst dir zwei weitere, dann zügelst du dein Verlangen. »Ich nehme an, wir sind nicht zum Traubenessen hier, Miss Pearcey?«
Sie stellt die Schale neben sich auf die Bank und tupft sich mit einem schwarzen Spitzentuch die Lippen ab. »Glauben Sie an Gott, Inspektor Abberline?«
Ja: Lies weiter bei ***107***
Nein: Lies weiter bei ***166***

186

Die Schwester verdreht die Augen, steht auf und beugt sich über die Theke, um nach hinten in den Gang zu rufen. »Hey, William, da will ein Inspektor zu Doktor Phillips!«
»Wer?«, hallt es dumpf zurück.
»Frederick Abberline vom Scotland Yard. Wo steckst du verdammt, William Henry Bury. Will hier nicht rumschreien, hörst du?«
Aus den Schatten des Flurs schält sich ein untersetzter, stämmiger Mann mit eng stehenden Augen und einer plattgedrückten Nase im breiten Gesicht. Zwischen seinen Augen hat sich eine tiefe Falte eingekerbt, wie sie entsteht, wenn man diese zu oft zusammenkneift. Er kommt zur Rezeption und lehnt sich mit verschränkten Armen an. Sein Atem riecht nach saurem Brandy. »Der steckt in ’ner wichtigen Operation, dauert bestimmt noch Stunden. Besser, Sie kommen morgen wieder!«, stellt er fest und fixiert dich dabei mit einem harten Blick, der ausdrückt, dass du hier nicht erwünscht bist. »Kann ihm was ausrichten, wenn Sie wollen. Mach ich gerne. Schönen Tag noch, Inspektor Abberline.«

Du siehst den hölzernen Knüppel an seinem Gürtel, schluckst eine garstige Bemerkung runter und verlässt das Krankenhaus. Hier Streit anzufangen, macht keinen Sinn. Im Gehen hörst du die Schwester blöde kichern. »Dem Grünschnabel hast du's aber ordentlich gegeben, William …«

Du gehst zum Seiteneingang in der Arme-Leute-Gasse: Lies weiter bei ***125***

187

Mit beherztem Schritt gehst du um die gestapelten Kisten und Fässer herum in die Gasse. Die Whitechapel Road ist nicht weit, da bist du dir sicher. Um ein Haar wärst du im Zwielicht in einen Hundehaufen getreten. Du machst einen großen Schritt, trittst damit aus dem diffusen Lichtkegel der Laterne heraus und tauchst in die Dunkelheit der Gasse ein.

Ergriffen vom durch den Nebel heranwehenden Enthusiasmus der grölenden Säufer auf der Whitechapel, rennst du gegen eine Bretterwand, die unüberwindlich die Gasse zur belebten Straße hin abschließt. Keuchend bleibst du stehen, krallst deine Finger in die engen Ritzen der Bretter, die sich – zu hoch zum Überklettern – vor dir mit lauthals verhöhnender Ironie erheben. Du bist in einer Sackgasse gefangen!

War da ein leises, grausames Lachen?

Alles, was dir bleibt, ist, dich hinter Kisten und Fässern zu verstecken und dem Verfolger aufzulauern!

Lies weiter bei ***228***

188

Auf deinen Instinkt konntest du dich dein Leben lang verlassen. Er warnte dich davor, in der Nacht vom 27. auf den 28. März dem Messerstecher die Tür in der Maidman Street zu öffnen. Seine Stiche in den Hals überlebtest du nur dank dem durch deine Schreie alarmierten Doktor Wheeler.

Heute ist es erneut der Instinkt, der dich dazu treibt, dich auszuschlafen, bevor du dich in die Old Montague Street aufmachst. Das damit verbundene Gefühl ist schrecklich. Ein Gemisch aus Angst und Zweifeln, ob es richtig ist, was du tust. Ob es womöglich besser wäre, London zu verlassen.

Das Ziehen der Narbe auf dem Hals treibt dich dazu, dich auf den Weg ins Arbeiterkrankenhaus zu machen, denn eine kaum wahrnehmbare Stimme in deinem Kopf flüstert dir ein, dass sich dort der Schlüssel zu den Gräueltaten verbirgt und ein rabenschwarzes Geheimnis auf dem Haus und seinen Insassen lastet. Du steckst dir das Messer ein, schnürst die Stiefeletten und schlüpfst in den langen, ausgestellten schwarzen Mantel. Das kastanienbraune Haar hast du zu einem festen Knoten gebunden und dünne Lederhandschuhe über deine schlanken Hände gestreift. Es ist so weit, du bist bereit.

Nein, bist du nicht. Wirst du niemals sein …

Am späten Abend erreichst du die Old Montague Street. Um diese Zeit brodelt das Leben in Whitechapel. Die Tavernen quellen über, denn jeder will am Ende des Tages seinen Spaß haben. Viele behaupten, diese Uhrzeit sei der beste Tag für die Schankwirte und Huren, doch du weißt es besser. Das Geschäft fängt nach der Frühmesse an und läuft bis zum Morgengrauen.

Der Nebel wälzt sich zäh durch die Straßen und du fragst dich, ob er seit letzter Nacht überhaupt nachgelassen hat. Die Feuchtigkeit setzt sich in deine Kleidung, benetzt die Wimpern mit feinen Tröpfchen. Vor dem Arbeiterkrankenhaus ist die Hölle los.

Du betrittst das Krankenhaus durch den Haupteingang: Lies weiter bei ***227***

Du nimmst lieber den Seiteneingang in der Hurengasse: Lies weiter bei ***247***

189

Der Nebel wird zu deinem Freund, derweil du dich hinter Kisten und Fässern versteckst, um dem Verfolger aufzulauern. Der Pistolengriff schmiegt sich vertraut in deine Hand und vermittelt dir ein trügerisches Gefühl von Sicherheit. Die Anspannung treibt den Herzschlag nach oben und lässt das Blut in den Ohren rauschen. Was, wenn es gar keiner der Verdächtigen ist und nur ein Eckensteher, der dich um eine Hand voll armseliger Pence erleichtern will?

Wer wird es sein, der dir aus den Schatten entgegentritt?

Lies weiter bei ***154***

190

»Nun denn«, meint Chandler müde und enttäuscht, »reden wir über das Grauen.«

Du schiebst die angenehmen Erinnerungen des Rauschs beiseite. Die Luft im Rauchsalon ist zu dick, um zu Sinnen zu kommen. Aber dir bleibt keine Wahl. »In der Mordnacht waren Sie der Erste, der bei dem Opfer eintraf. Erzählen Sie mir davon.«

»Warum interessiert Sie das? Ich meine, Morde, Bluttaten, das ist doch nichts für eine Frau.«

Du ziehst deinen Schal vom Hals und kommst dir verletzlich vor, weil du ihm deine Narben zeigst. »Weil ich glaube, dass derjenige, der mir das angetan hat, Polly und Dark Annie auf dem Gewissen hat, und ich hoffe, dass ich das Schwein vor der Polizei erwische!«

Chandler sieht sich deine Blöße unverschämt genau an, schüttelt den Kopf. »Eine Schande ist das …«

Du nickst. »Ist das Grund genug?«

»Es könnte keinen Besseren geben«, gesteht Chandler. »Nun, in jener Nacht trat ich aus dem Rauchsalon – es muss kurz nach sechs gewesen sein – und begann meinen üblichen Rundgang auf der Commercial Street, als mir eine Gruppe aufgebrachter Männer entgegenrannte, die riefen, dass es wieder eine Leiche gebe.«

»Was für Männer?«

Chandler schnauft. »Der alte John Davis, der in der Hanbury Street 29 wohnt, des weiteren James Kent und der Kistenmacher John Holland. Einen herbeieilenden Constable schickte ich nach einer Ambulanz und Doktor George Bagster Phillips, der diese Nacht Dienst hatte. Dann rannte ich den Männern hinterher zum Tatort.«

»Doktor Phillips? Der Doktor Phillips aus dem Arbeiterkrankenhaus?«

»Sie sind gut informiert, Miss Wilson«, gesteht Chandler. »Die Männer führten mich in den Hinterhof der Hanbury 29, wo die arme Frau vor der Treppe lag. Ihre Kleidung war zerwühlt und die Röcke – gütiger Gott, wenn ich nur daran denke – waren hochgeschoben, so dass ich das … Desaster sehen konnte, das nichts mehr von einem Menschen hatte.«

»Weiter«, verlangst du.

Chandler reibt sich das Gesicht. Seine Augen sind gerötet und müde. Er muss sich direkt nach dem Fund hierher verkrochen haben. »Ihre Arme und Beine waren gespreizt und voller Blut. Die Kehle – sofern ich das sehen konnte – war von einem Ohr zum anderen in einer seltsam gezackten Linie durchgeschnitten. Mein Gott, der Schnitt reichte bis zum Nacken.«

Die Wunde auf deinem Hals meldet sich kribbelnd zu Wort. *Also wie bei Polly*, denkst du dir. *Und bei mir …*

»Und dann?«

Chandler sieht dich traurig an. »Ich erkannte die Frau als Annie Chapman – Dark Annie. Wir haben uns oft unterhalten, wenn ich meine Runden machte. Eine glücklose, aber dennoch freundliche Frau … Wer macht denn sowas?«

»Ein feiges Dreckschwein«, knirschst du mühsam beherrscht. »Ich will sie sehen. Wo finde ich sie?«

Der Inspektor mustert dich eingehend. »Gehen Sie zu Doktor Phillips und sagen Sie, ich hätte Sie geschickt. Er wird Sie zu Annie lassen, wenn Sie sich das wirklich antun möchten.«

Du stehst auf und schenkst ihm ein Lächeln. Es wäre schön gewesen, sich mit ihm über Angenehmeres zu unterhalten. »Danke, Inspektor. Passen Sie auf sich auf, ja!«

Wenn du zum alten John Davis in die Hanbury Street gehst (sofern du noch nicht bei ihm warst): Lies weiter bei ***68***

Wenn du ins Arbeiterkrankenhaus in der Old Montague Street gehst: Lies weiter bei ***92***

191

Probe ***Nahkampf*** *gegen* ***Contra-Skill 4****.*

Wenn du unterliegst: Lies weiter bei ***208***

Wenn du obsiegst: Lies weiter bei ***168***

192

Mit dem bitteren Geschmack alter Mandeln erlangst du das Bewusstsein. Deine Augenlider sind schwer wie Blei. Du liegst auf einem der Metalltische festgezurrt und vollkommen nackt im Leichenkeller des Arbeiterkrankenhauses in der Old Montague Street. Die feuchtschimmligen Wände sind dir mit ihren schwarzen Fugen ebenso im Gedächtnis hängen geblieben wie der

schleichende Verwesungsgestank, der unter den mit weißen Laken bedeckten Leichen hervorweht.
Du ruckst in den Fesseln, die dir kaum Spielraum geben. Zu wenig, um Hoffnung zu schöpfen, aber genug, um sie nicht zu verlieren. Die Anstrengung treibt dir Tränen in die Augen und Schwindel in den Kopf, der dröhnt, als würde ihn einer mit dem Hammer bearbeiten.
Ein Mann in dunkler Lederschürze beugt sich über dich. Er trägt eine unförmige schwarze Maske und hält ein langes Messer mit schmaler Klinge in der linken Hand. Eine große Frau tritt neben ihn, gekleidet in ein feines, schwarzes Kleid, das ihr die Erscheinung einer Krähe verleiht. Auch sie trägt eine Maske, allerdings feiner gestaltet und mit Rabenfedern geschmückt.
»Ada Wilson«, flüstert sie dunkel, derweil ihr behandschuhter Finger forschend über deinen nackten Körper gleitet. »Zwei Mal bist du dem Ripper von der Klinge gesprungen, doch ein drittes Mal wird es nicht geben. Schade drum, bei dem, was ich sehe …«
Der Mann lacht kehlig und stößt dir das Messer in den Bauch, dreht die Klinge, um mit einem halbmondförmigen Schnitt die Bauchdecke zu öffnen. Schmerz bohrt sich als sengender Nagel in dein Hirn, lässt dich gellend schreien. Der Mann schneidet weiter, dieses Mal tiefer und näher an der Scham. Dein klagendes Jammern wird von den Wänden zurückgeworfen, was zu einer Rückkopplung im Kopf führt, wo du zwischen vergangen und jetzt nicht mehr unterscheiden kannst.
Ritsch-Ratsch dröhnt es in den Ohren, als er Darmschlingen und lila schimmernde Organe aus dem Innern zerrt, sie abschneidet und in silbern verzierte Schüsseln wirft. Du beißt dir auf die Zunge und auf die Lippen, schmeckst und schluckst dein eigenes Blut. Du merkst, wie sich Blase und Darm in unwürdiger Weise entleeren.
Die Dame tritt an dich heran, klappt ein silbernes Skalpell mit gravierter Klinge und Elfenbeingriff auf.
Sie duftet nach Rosen, denkst du noch, dann schneidet sie dir die Kehle durch. Von einem Ohr zum anderen. Tief genug, um die wichtigen Lebensadern zu durchtrennen, wie auch die Luft- und Speiseröhre. Begleitet von einem schrecklichen Knirschen schnei-

det sie weiter, bis die Klinge vom Knorpelknochen des Genicks gestoppt wird.

Deine Augen starren in seltsamer Entrücktheit zur gewölbten Decke, derweil die Schlächter zu verschwommenen Schemen zerfließen und dem Zerren, Schmatzen und Reißen etwas Anmutiges innewohnt.

»Für Osiris ...«, ist das Letzte, was du vor deiner Schussfahrt in die Hölle hörst, dann bist du tot.

ENDE

193

Du springst hinter den Kisten hervor und greifst an. Den Revolver hast du gegen den Knüppel eingetauscht, den jeder Polizeibeamte bei sich trägt. Der beschreibt in deiner Hand einen Bogen zu Burys Hinterkopf ...

... doch der fährt herum und schlägt seinerseits unvermittelt zu. Sein Totschläger knallt auf den Knöchel, mit dem du den Knüppel führst. Es knackt fürchterlich, als Holz auf Knochen trifft. Die Hand, nicht mehr in der Lage, den Knüppel festzuhalten, öffnet sich und die Waffe verschwindet in der Dunkelheit.

Bury packt dich am Kragen und verpasst dir mit der breiten Stirn einen Kopfstoß, dass Sterne wie grellweißes Feuerwerk vor deinen Augen explodieren.

Die Kraft fließt wie zäher Sirup aus deinem Körper und Blut aus der aufgeplatzten Haut auf der Stirn. Bury hält dich wie ein Huhn gepackt und drückt dir die Kehle zu. »Glaubst wohl, du könntest uns hinterherschnüffeln, hä? Glaubst, bist schlauer als die in Whitechapel?«

Hämisch lachend schlägt er den Totschläger in deinen Bauch, dass dir die Luft wegbleibt. Dann stößt er dich zwischen die Kisten, sodass du rücklings auf einem Haufen nasser, schmutziger Säcke zu liegen kommst.

Benommen versuchst du, nach ihm zu treten und wegzukriechen, doch er packt deinen Fuß und zerrt dich zu sich heran. »Wollen doch mal sehen, was so 'n feiner Inspektor so draufhat!«

Als er sich vor dir niederlässt, gelingt es dir mit letzter Kraft, ihm einen Schlag ins Gesicht zu verpassen.

»Urrghh«, grunzt er wütend. »Verdammter Bastard, ich …«
*Du schreist nach einem Constable (Probe **Freunde**): Lies weiter bei* ***202***
Du gibst auf und versuchst ihn mit Worten zu besänftigen: Lies weiter bei ***162***

194

*Probe **Überzeugen** gegen **Contra-Skill 3**.*
Wenn du unterliegst: Lies weiter bei ***213***
Wenn du obsiegst: Lies weiter bei ***209***

195

»Nimm dir die Zeit, die du brauchst«, erklärt sie dir zufrieden lächelnd und ergreift die in deinem Schoß ruhende Hand. »Bis dahin halt dich aus den Angelegenheiten von Whitechapel raus. Lass die Toten ruhen, auch wenn du denkst, es ist das gleiche Phantom, das dir die Klinge an den Hals gesetzt hat.«
Überrascht von Pearceys unverhohlener Aufforderung, deine Ermittlungen einzustellen, antwortest du nur mit einem Nicken und einem lakonischen »Ja«.
Die Pearcey lacht, als hättest du einen Witz gemacht. Sie zieht an einer Kordel, die sich durch die Kabine spannt. Draußen auf dem Bock läutet eine helle Glocke. John Netley zügelt das Pferd und hält die Kutsche an.
Du willst aussteigen, doch sie ergreift deinen Arm. »Wir werden uns wiedersehen, Ada. Denk an meine Worte.«
»Lassen Sie mich«, sagst du mit fester Stimme.
»Hör auf, Fragen über die toten Huren zu stellen. Lass es sein, denn andernfalls wirst du sterben. Das ist keine Drohung, sondern ein Versprechen. Halt dich bedeckt, sei unauffällig, und ich schenke dir ein neues, erfülltes Leben!«
Netley öffnet den Wagenverschlag, du löst dich von ihr, steigst auf die Straße und drehst dich zu ihr um. Hinter dir tummeln sich johlende Säufer vor der *Frying-Pan*-Taverne. »Ich werde Ihren Rat überdenken, Miss Pearcey, aber verlangen Sie nicht zu viel von mir …«
»Nur das, was notwendig ist«, antwortet sie und gibt Netley ein Zeichen.

Verringere ***Glaubwürdigkeit*** *um 1 Punkt, aber erhöhe* ***Freunde*** *um 1 Punkt.*

Der Kutscher schließt die Tür, klettert auf den Bock, nimmt die Zügel auf und treibt das Pferd an. Die Kutsche rollt gespenstisch leise davon und verschwindet im Nebel …
Lies weiter bei ***221***

196

Beherzt betrittst du das Labor, in dem es nach den süßlichen Säften der Toten riecht. »Doktor Phillips, danke dass Sie sich Zeit für mich nehmen.«
Phillips widmet dir ein gezwungenes Lächeln. »Wobei es mir ein Rätsel ist, weshalb sich eine Frau wie Sie ins Reich des Zerfalls begibt.« Er hebt die Hand in Richtung des Mannes im braunen, fein gestreiften Anzug. »Doktor Viktor Frankenstein, ein überaus kompetenter Kollege aus Deutschland.«
Du reichst beiden züchtig die Hand wie eine junge Dame, die du durchaus auch bist. »Es ist mir eine Ehre.« Dann, an Phillips gewandt. »Darf ich offen sprechen?«
Der Doktor nickt. »Selbstverständlich, Miss Wilson.«
»Es geht um Annie Chapman, die in der Hanbury Street ermordet wurde.« Du öffnest dein Halstuch und zeigst den Männern die Narben. »Ich bin der Meinung, dass zwischen dem Angriff auf mich, Mary Ann Nichols und Annie Chapman eine Verbindung besteht, es sich gar um den gleichen Täter handelt. Immerhin wurde ich hier in diesem Keller ein weiteres Mal Opfer seiner Boshaftigkeit.«
»Seiner?«, wirft Doktor Frankenstein ein. Der gutaussehende junge Mann lächelt dich offen an. »Sie gehen also davon aus, dass es ein Mann war? Was wissen Sie, was die Polizei nicht weiß?«
»Ist Ihnen der Name Hyde geläufig?«
Phillips nickt. »Ah, das mysteriöse Phantom, das Sie in der Leichenkammer eingesperrt hat.«
»Nachdem mich Doktor Jekyll betäubt hat, ja«, gehst du in die Offensive.
»Wollen Sie etwa einen Kollegen einer solchen Schandtat beschuldigen?«, braust Phillips auf.

»Ja, das will ich!«: Lies weiter bei ***236***
»Aber nein, ich denke eher, dass Mister Hyde ihn gezwungen hat.«: Lies weiter bei ***151***

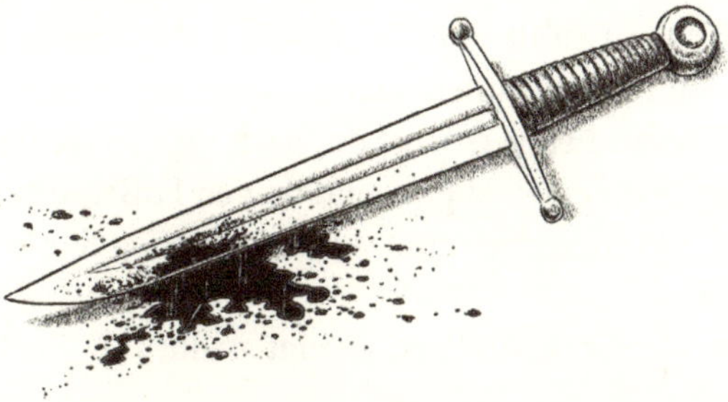

197

Emma wird mich umbringen, denkst du resignierend. Nach all dem, was geschehen ist, lockt jedoch die Flucht aus der Realität.
Chandler grinst dich auf der Seite liegend wissend an. »Ich weiß, wie Sie sich fühlen, Abberline. All die Tragik in den Gassen Whitechapels. Die Verzweiflung. Der Schatten, dem Sie hinterherjagen …« Rauch steigt ihm aus Mund und Nase. »Sie sind wie ein Hund, der seinem eigenen Schwanz hinterherhetzt …«
Du ziehst verhalten an der Pfeife und versuchst, den Rauch nicht in die Lunge zu atmen: Lies weiter bei ***218***
Du ziehst dir den Rauch voll rein: Lies weiter bei ***239***

198

Behände gleitest du hinter den Kisten hervor. Du hast den Revolver weggesteckt und stattdessen den Knüppel gezogen, den jeder Polizeibeamte bei sich trägt …
… doch unter deinem Schuh knirscht das Glas einer zerschlagenen Flasche. Bury wirbelt herum und schlägt unvermittelt zu. Sein Totschläger knallt auf den Knöchel, mit dem du den Knüppel führst. Es knackt fürchterlich. Ein scharfer Schmerz zieht sich den Arm hinauf und direkt ins Hirn. Die Hand öffnet sich und deine Waffe verschwindet in der Dunkelheit.
Bury packt dich am Kragen und verpasst dir einen brutalen Kopfstoß. Die Kraft fließt wie zäher Sirup aus deinem Körper und Blut rinnt aus der aufgeplatzten Haut auf der Stirn. Als hätte Bury ein

Huhn gepackt, hält er dich mit einer Hand fest und drückt dir die Kehle zu. »Glaubst wohl, du könntest uns hinterherschnüffeln, hä? Denkst, bist schlauer als die in Whitechapel?«
Hämisch lachend schlägt er in deinen Bauch, dass dir die Luft wegbleibt. Dann stößt er dich zwischen die Kisten, sodass du rücklings auf einem Haufen nasser, schmutziger Säcke zu liegen kommst. Benommen versuchst du, nach ihm zu treten und wegzukriechen, doch er packt grinsend deinen Fuß und zerrt dich zu sich heran. »Wollen doch mal sehen, was so 'n feiner Inspektor so draufhat!«
Als er sich vor dir niederlässt, gelingt es dir, ihm ins Gesicht zu schlagen.
»Urrghh«, grunzt er wütend. »Verdammter Bastard, ich …«
Du schreist nach einem Constable (Probe ***Freunde****): Lies weiter bei* ***202***
Du gibst auf und versuchst ihn mit Worten zu besänftigen: Lies weiter bei ***162***

199

»Guter Gott, bist du ein sturer Bock, Ada Wilson«, schnauft Donovan genervt und lässt sich in den Sessel sinken.
»Da bin ich bekannt für«, antwortest du kalt lächelnd. »Ich werd's dir bei Gelegenheit danken.«
Donovan lacht. »Sofern sich diese jemals bieten wird. Aber gut, wie du willst. Trotzdem sag ich dir, stocher nicht zu tief im Schlamm, denn dann wirst du unweigerlich darin versinken.«
»Hab's kapiert …«
»Will's nur gesagt haben«, meint er nickend. »Annie kam um halb zwei in mein Büro, 'ne Ofenkartoffel essend. John Evans war bei ihr. Es ging um das Übernachtungsgeld. Brummy – also John – meinte, dass sie genug Geld für Bier hätte, aber keins für das Dach überm Kopf, was ja auch stimmte. Trotzdem meinte sie, ob ich ihr das Bett 29 freihalte. Würd nicht lang dauern, behauptete sie und ging. John lief ihr bis zur Tür nach und sah, wie sie in die Little Paternoster Row Richtung Brushfield Street lief, um dort zum Spitalfields Market abzubiegen. Das ist alles.«

Donovans Ausführung erscheint dir ungenügend. »Was ist mit Jekyll? War der rein zufällig in der Nacht hier und hat ihr die Pillen gegeben? Wofür waren die überhaupt?«
Donovan schnauft. »Du willst es wirklich wissen, nicht wahr?«
»Und ob!«
»Der hat ihr die Pillen 'ne Stunde vorher gegeben, sagte, die wären gut für ihren Kopf, was immer er damit meinte. Hat kurz nach ihr das *Crossingham's* verlassen, um sich auf dem Spitalfields Market eine Kutsche anzuhalten, die ihn zurück ins Arbeiterkrankenhaus bringen sollte ...«
»Na, wenn das kein Zufall ist«, murmelst du zu dir selbst und schenkst Donovan ein gezwungenes Lächeln. »Wie viel später ist er gegangen, der feine Herr Doktor?«
Donovan überlegt, kratzt sich das stopplige Kinn. »Ein zwei Minuten nach ihr, denk ich mal. Hatte es eilig.«
»Was tut er denn hier so, der Doktor?«
»Dies und das«, druckst Donovan herum. »Kümmert sich hauptsächlich um die Frauen und dass es ihnen gutgeht. Manchmal bezahlt er die Betten, sagt, dass er wissen will, wenn sie gehen ...«
»Lass mich raten. Er hat Polly und Annie auch das Übernachtungsgeld gezahlt?«
Donovan nickt. »Ist doch nichts Verwerfliches ...«
»Kennst du 'nen Mister Hyde?«
Donovan sieht dich gequält an. »Ne, den kenn ich nicht und will's auch nicht«, stößt er so hastig hervor, dass du weißt, dass er lügt. »Und jetzt raus hier, Ada Wilson. Hab schon zu viel gesagt ...«
Du beschließt, dass es besser ist, den Mann nicht noch mehr zu reizen, denn er kommt dir in die Enge getrieben vor. Also stehst du auf und richtest den Mantel. »Ich steh in deiner Kreide, Timothy Donovan. Lass mich wissen, wenn ich was für dich tun kann.«
Der sieht dich nur verwundert an. »Du schuldest mir gar nichts, aber lass dich hier nie wieder blicken. Ich schätze es nicht, wenn Tote in meinem Haus verkehren!«

*Verringere **Freunde** um 1 Punkt, aber erhöhe **Auftreten** um 1 Punkt.*

Ohne ein weiteres Wort verlässt du das *Crossingham's.*
*Wenn du zur Opiumhöhle gehst, um mit Inspektor Chandler zu sprechen (sofern du dort noch nicht warst): Lies weiter bei **250***
*Wenn du dir den Tatort in der Hanbury Street 29 ansiehst (sofern du dort noch nicht warst): Lies weiter bei **241***
*Wenn du zum Arbeiterkrankenhaus in der Old Montague Street gehst: Lies weiter bei **92***

200

Die Whitechapel Road mit ihren Opiumlöchern verläuft parallel zur Old Montague Street, in der du dich befindest. Einige kleinere, auf der rechten Straßenseite abzweigende Gassen drängen sich zwischen den nebelfeuchten Häusern hindurch, über die du die belebtere Whitechapel erreichen kannst.
Deine Schritte werden schneller. Die mit Eisen beschlagenen Absätze der Stiefeletten klackern laut auf dem nassen Kopfsteinpflaster. Die Schritte hinter dir folgen im gleichen Takt, gehen als überlagernder Klang in deinem auf.
*Wenn du eine der Gassen zur Whitechapel Road nimmst: Lies weiter bei **126***
Wenn du der Old Montague Street bis zur Thomas Street folgst, um ins Frying Pan *zu gelangen: Lies weiter bei **93***
*Wenn du beschließt, dem Verfolger aufzulauern: Lies weiter bei **228***

201

»Was ist los mit dir? Kommst hierher in meine Straße und reißt dein Maul wegen Dark Annie auf? Ich sag dir was, die ist mir scheißegal. Also verpiss dich, sonst vergraulst du mit deiner Fresse noch meine Stecher!«
Elizabeth ist mehr als nur aufgebracht. Du bemerkst, dass sie sich immer wieder umsieht, als befürchte sie, von ihrem Dandy beobachtet zu werden.
Nicht gut, denkst du dir, denn Aufmerksamkeit kannst du nicht gebrauchen.
Du trittst an sie heran und packst sie am Kragen. »Jetzt pass mal gut auf, Elizabeth. Ich sag's mal in 'ner Sprache, die du verstehst.«
*Probe **Überwältigen**: Lies weiter bei **249***

202 *Probe **Freunde** gegen **Contra-Skill 3**.*
*Wenn du unterliegst: Lies weiter bei **162***
*Wenn du obsiegst: Lies weiterbei **219***

203 Der Weg zur *Frying Pan* ist beschwerlicher als sonst. Eine trübselige Lethargie hat sich wie Blei auf dein Gemüt gelegt. Es liegt nicht am Nebel, der sich zäh in den Straßen Londons festgesetzt hat und deine Wahrnehmung verwässert. Das im Arbeiterkrankenhaus hätte nicht passieren dürfen. Du beschließt, in Zukunft im Umgang mit den sogenannten Gentlemen vorsichtiger zu sein.

*Verringere deine **Empathie** um 1 Punkt.*

Und noch etwas beschäftigt dich, nämlich die gravierende Ähnlichkeit von Doktor Jekyll und Mister Hyde. Dir scheint, als wären die Männer Brüder, der eine rechtschaffen, der andere verdorben. Oder – und das macht dir am meisten Angst – sind beide am Ende ein und dieselbe Person?
In der Taverne angekommen, macht man dir schweigend Platz. Rotten Evans – der Bartender – stellt dir unaufgefordert ein Bier hin, das du gerne annimmst. Der grobschlächtige Kerl kommt dir hässlicher vor als sonst, zugleich ist es aber erleichternd, ihm gegenüber zu stehen, denn es beweist, dass du noch am Leben bist. Mit dem leidig kühlen Gesöff löschst du das lodernde Feuer in deiner Kehle und wischst dir mit dem Handrücken den Schaum vom Mund.
»Danke …«
»Zur Hölle, uns Mädchen geht's in Whitechapel an den Kragen«, lallt die angetrunkene Amelia Palmer neben dir. Sie stützt sich auf und schaut dich aus glasigen Augen an. »Erst Polly, dann du … und nun hat es Dark Annie erwischt.«
Dark Annie, so nannte man Annie Chapman auf der Straße wegen ihrem dunklen Haar und der verdorbenen Seele, die sie hatte.
Du hebst die Hand, um ein weiteres Bier zu verlangen. »Gütiger Gott, ich habe sie letztens erst noch gesehen. Und nun …«

»Isse tot«, vervollständigt Amelia deinen Satz. Ihr Atem riecht sauer nach zu viel Fusel. »Hab noch gestern mit ihr gesprochen, gegen fünf in der Dorset Street. Sie sah schrecklich aus. Fragte sie, ob sie nach Stratford ginge, aber sie meinte nur, dass sie zu krank dafür sei … so hab ich's auch Inspektor Chandler erzählt, weil er's genau wissen wollte, denn der hat'se gefunden.«
Chandler ist dir ein Begriff. Ein erfahrener Mann, der schon so Einiges gesehen hat, weshalb sein Gemüt stets traurig ist. Oft siehst du ihn aus einer der chinesischen Opiumhöhlen kommen.
Du trinkst vom Bier und ignorierst den ziehenden Schmerz auf deinem Hals. »Hat sie im *Crossingham's* gewohnt?«
Amelia nickt. »Hat sie. Ich meinte, dass sie sich nicht hängenlassen und das Geld für die Nacht verdienen soll, damit man ihr dort Unterkunft gibt. Hab sie danach nicht mehr gesehen.«
»Soll in der Hanbury passiert sein …«
»Ja«, antwortet Amelia. »Dort hat sie Elizabeth an den Fensterläden der Hanbury Street 29 noch spät gesehen. Da war sie noch in Ordnung, hätt sich wohl mit 'nem Freier unterhalten …«
Du wirst hellhörig. »Elizabeth? Meinst du die dürre Elizabeth Long? Und was für ein Kerl war das? Hat sie was darüber gesagt?«
»Ne, hat'se nicht«, schnauft Amelia genervt. »Aber frag sie doch selbst, die steht immer an der Commercial Street Ecke Wentworth. Ich mag nicht mehr darüber reden, fang sonst noch an zu heulen.«
Du nickst traurig und schiebst ihr dein halbes Bier zu. »Ja, ist ein Jammer.«
*Du gehst zu Elizabeth Long in die Wentworth: Lies weiter bei **243***
*Du suchst Inspektor Joseph Chandler in den Opiumhöhlen: Lies weiter bei **250***
*Du gehst zum Tatort in der Hanbury Street 29: Lies weiter bei **241***

204 Der massige Schattenriss eines gedrungenen Mannes schält sich aus dem Nebel. Er trägt eine Jacke und eine schäbige Melone. Selbst in dem vorherrschenden Zwielicht erkennst du eine brutale Visage mit eng stehenden, durch eine tief eingekerbte Falte getrennten Augen. Das Gesicht kommt dir bekannt vor. Es ist William Henry Bury, notorischer Schläger aus dem Arbeiterkrankenhaus.

Er bewegt sich mit der Gelassenheit eines Kampfhundes, der sich auf sicherem Terrain befindet. Der hölzerne Knüppel baumelt an einer Schlaufe an seinem Handgelenk. Jede seiner Bewegungen drückt die Selbstsicherheit des geübten Schlägers aus, der er ist. Sein Blick schweift umher. Er versucht, die Schatten zu durchdringen, um sein Opfer zu finden, aber er weiß nicht genau, wo du dich befindest.

Wenn du ihn von hinten angreifst (Probe ***Überwältigen****): Lies weiter bei* ***145***

Wenn du ihn frontal mit dem Messer attackierst (Probe ***Nahkampf****): Lies weiter bei* ***191***

Wenn du versuchst, an ihm vorbei aus der Gasse zu fliehen (Probe ***Geschick****): Lies weiterbei* ***105***

Wenn du lauthals nach einem Constable um Hilfe rufst (Probe ***Freunde****): Lies weiter bei* ***255***

205

Du gehst zu der Stelle, die der Constable beschrieben hat, und findest den Einstieg unter einigen Kisten versteckt. Um das Kellerfenster zu erreichen, musst du dich in welke, vom Wind zusammengewehte Blätter und allerlei Dreck knien. Hier hinten stinkt es bestialisch nach Pisse und Fäkalien, aber auch nach vom Krankenhaus illegal entsorgten menschlichen Abfällen. Ein Hund nagt lautstark an einem Knochen, beäugt dich misstrauisch und schleppt seine Beute knurrend davon. Du siehst dich um, doch niemand ist dir gefolgt. Also langst du in den schmalen Schacht, der einer schlanken Person gerade genug Raum bietet, und machst dich an den Brettern zu schaffen, um dich in den Kellergang zu quetschen.

Probe ***Geschick****: Lies weiter bei* ***253***

206

Beherzt gehst du um die gestapelten Kisten und Fässer herum in die Gasse. Die Whitechapel Road ist nicht weit, da bist du dir sicher. Um ein Haar wärst du im Zwielicht in Hundekot getreten. Du machst einen großen Schritt darüber, trittst damit aus dem diffusen Lichtkegel der Laterne heraus, und tauchst in die Dunkelheit der Gasse ein.

Ergriffen vom durch den Nebel heranwehenden Enthusiasmus der grölenden Säufer auf der Whitechapel, läufst du gegen eine Bretterwand, die unüberwindlich in ihrer Höhe die Gasse zur belebten Straße hin abschließt. Keuchend bleibst du stehen, krallst die Fingernägel in die engen Ritzen der Bretter, die sich – zu hoch zum Überklettern – vor dir erheben. Du bist in eine verdammte Sackgasse gelaufen!
Eben hast du die Schritte der unheimlichen Gestalt noch vernommen, doch nun sind sie verstummt. War da nicht ein leises, grausames Lachen?
Alles, was dir bleibt, ist, dich zu verstecken und dem Verfolger aufzulauern!
Lies weiter bei ***189***

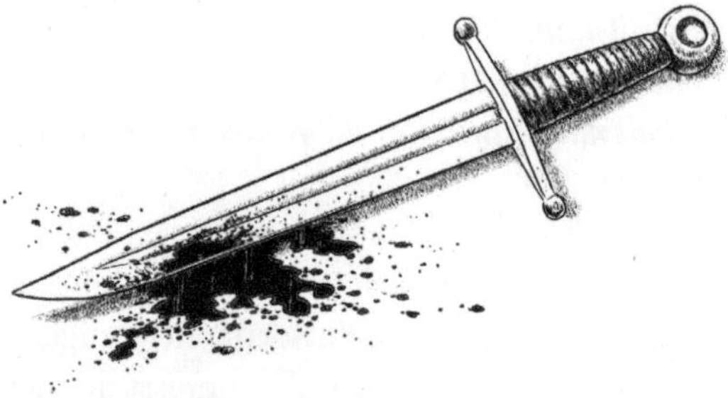

207

Die Erinnerungen an deinen letzten Aufenthalt im Arbeiterkrankenhaus schmecken fad. Dein Instinkt hat dich betrogen und wie einen Anfänger blindlings in die Falle laufen lassen. Heute ist es erneut dein Instinkt, der dich dazu treibt, dich auszuschlafen, bevor du in die Old Montague Street gehst. Das damit verbundene Gefühl ist schrecklich. Ein Gemisch aus Angst und Zweifeln, ob es richtig ist, was du tust. Ob es womöglich besser wäre, gemeinsam mit Emma London zu verlassen, um auf dem Land einen ruhigen Posten als Constable anzunehmen.
Das Ziehen der Narbe treibt dich auf den Weg zum Arbeiterkrankenhaus. Eine kaum wahrnehmbare Stimme in deinem Kopf flüstert dir ein, dass sich dort der Schlüssel zu den Gräueltaten befindet und ein rabenschwarzes Geheimnis auf dem Haus und seinen Insassen lastet. Du steckst den Revolver ein, schnürst die Schuhe und schlüpfst in den dunklen Mantel. Das dunkelbraune, gewellte Haar versteckst du unter einem Hut. Es ist so weit, du bist bereit.

Nein, bist du nicht. Wirst du niemals sein …
Es ist am späten Abend, als du die Old Montague Street erreichst. Um diese Zeit brodelt das Leben in Whitechapel. Die Tavernen quellen über, jeder will vor der harten Arbeitswoche noch Spaß haben. Viele behaupten, dies sei die beste Tageszeit für die Schankwirte und Prostituierten, doch du weißt es besser. Das Geschäft fängt nach der Frühmesse an und läuft bis zum Morgengrauen.
Der Nebel wälzt sich zäh durch die Straßen und du fragst dich, ob er seit letzter Nacht überhaupt nachgelassen hat. Die Feuchtigkeit setzt sich in die Kleidung, benetzt deine Wimpern mit feinen Tröpfchen. Vor dem Arbeiterkrankenhaus ist die Hölle los.
Du betrittst das Krankenhaus durch den Haupteingang: Lies weiter bei ***237***
Du nimmst den Seiteneingang in der Arme-Leute-Gasse, um kein Aufsehen zu erregen: Lies weiter bei ***125***

208

Katzenhaft springst du aus der Deckung und greifst den Schläger an. Deine Klinge beschreibt einen Bogen, blitzt einmal kurz auf und …
… Burys Totschläger knallt auf den Knöchel, mit dem du das Messer führst. Es knackt, als Holz auf Knochen trifft. Schmerz zieht sich deinen Arm hinauf und direkt ins Hirn. Die Hand öffnet sich und die Waffe fliegt in die Dunkelheit.
Bury packt dich am Kragen und verpasst dir einen brutalen Kopfstoß. Die Kraft fließt wie zäher Sirup aus deinem Körper und Blut rinnt aus der aufgeplatzten Haut auf der Stirn. Als hätte Bury ein Huhn gepackt, hält er dich mit einer Hand frei über dem Boden hängend fest und drückt dir die Kehle zu. »Glaubst wohl, du könntest uns hinterherschnüffeln, hä? Glaubst, bist schlauer als all die anderen Huren?«
Hämisch lachend schlägt er dir den Totschläger in den Bauch, dass dir die Luft wegbleibt. Dann stößt er dich zwischen die Kisten, sodass du rücklings auf einem Haufen nasser, schmutziger Säcke zu liegen kommst. Schwach versuchst du, nach ihm zu treten, doch er packt grinsend deinen Fuß und zerrt dich zu sich heran. »Wollen doch mal sehen, zu was so ’ne Näherin zu gebrauchen ist!«

Als er sich zwischen deine Beine zwängt und sich an den Röcken zu schaffen macht, gelingt es dir, ihm einen Schlag ins Gesicht zu verpassen.
»Urrghh«, grunzt er wütend. »Verdammte räudige Hündin, ich …«
*Du schreist um Hilfe (Probe **Freunde**): Lies weiter bei **235***
*Du gibst auf und versuchst Bury dadurch zu besänftigen: Lies weiter bei **86***

209 Das *Crossingham's* ist ein dunkles, muffiges Loch. Viele der Fenster sind kaputt, weshalb man sie kurzerhand mit Brettern vernagelt hat, was zu dem Gebrauch von Kerzen und blakenden Öllaternen nötigt. Dementsprechend dick ist die Luft. Wer hier unterkommt, legt keinen Wert auf Körperpflege, sondern will nur ein Dach über dem Kopf und ein halbwegs sauberes Bett unter dem Hintern. Der Gestank der Latrinen weht aus dem Hinterhof durchs gesamte Haus. Überall sitzen sie in Klüngeln zusammen und tuscheln hinter vorgehaltenen Händen.
Als du die Stufen nach oben steigst, wird dir vom Gestank nass gewordener, ungelüfteter Kleidung übel. Wenn dann der saure Schweiß der Säufer hinzukommt …
Oben triffst du die junge Amelia Palmer. Sie ist wie du erst zwanzig Jahre alt, doch ihr Gesicht ist gelb und eingefallen wie das einer alten Frau. Du lächelst sie aufmunternd an. »Hey Amelia.«
Die stockt, duckt sich, erkennt dich und lächelt verhalten. »Ada … dich hier zu sehen wundert mich.«
»Will zu Donovan, um mit ihm über Dark Annie zu sprechen. Die hat doch hier übernachtet, nicht wahr?«
Amelia sieht dich misstrauisch an. »Ja, hatte das Bett 29, aber was geht's dich an?«
Kurzentschlossen ziehst du deinen Schal runter und zeigst ihr die Wunde. »Das geht's mich an. Erst Polly, dann Annie, wer ist die Nächste? Du?«
Amelia wird kreidebleich. »Ich sollte nicht mit dir reden. Man sagt, du ziehst durch die Straßen und stellst komische Fragen …«
»Weil ich das Schwein finden will, bevor es wieder mordet«, knirschst du mürrisch.

209

*Erhöhe deine **Glaubwürdigkeit** um 1 Punkt.*

»Na gut, hast ja recht«, gibt Amelia nach. »Hab sie abends um fünf in der Dorset Street getroffen und fragte sie, ob sie nach Stratford gehen wolle. Sie verneinte, weil sie krank sei. Ich meinte, sie soll sich zusammenreißen, und ging.«

»Das war das letzte Mal, dass du sie gesehen hast?«

Amelia schüttelt den Kopf. »Hab sie gegen halb zwölf hier im *Crossingham's* nochmal getroffen. Frederick Stevens, der das Bett 30 hat, hat sich mit ihr in der Küche unterhalten. Haben Ofenkartoffeln gegessen. Sie erzählte ihm, sie sei in Vauxhall gewesen und hätte von ihrer Schwester 5 Pence bekommen. Ich glaub aber, sie hat gelogen.«

»Und warum?«

»Weil Timothy Donovan sie um halb zwei in der Nacht vor die Tür gesetzt hat, weil sie nicht fürs Bett zahlen konnte …«

Du berührst ihre dürre Schulter. »Danke, Amelia. Und pass auf dich auf, ja?«

Amelia sieht zu dir auf. »Da war noch was. Stevens meinte, ihr sei eine Pillendose aus der Tasche gefallen, die auf dem Boden zerbrach. Darin wären Pillen gewesen. Als er nachfragte, was das sei, behauptete sie, die hätte sie von Doktor Jekyll bekommen, der hier ab und an nach dem Rechten sieht …«

*Lies weiter bei **231***

210 Die Old Montague Street ist nicht so belebt wie die Whitechapel. Hier gibt es nur wenige Tavernen, auch ist es das Arbeiterkrankenhaus, das viele Nachtschwärmer abschreckt. Der Nebel hängt nass zwischen den Häusern und macht das Kopfsteinpflaster rutschig. Das gegen die Dunkelheit ankämpfende Licht der Gaslaternen vermag es kaum, den Boden zu erreichen. Du kannst fünf Meter weit sehen, keinesfalls weiter. Vereinzelt begegnen dir untergehakte Pärchen oder welche, die sich in den abzweigenden Gassen grunzend vergnügen.
Dir fällt auf, dass sich die Schritte hinter dir verlangsamen, sobald Passanten in Sicht kommen. Einmal läufst du einem Constable über den Weg, der auf zwei sich streitende Säufer einredet.
Sollst du ihn auf deinen Verfolger ansprechen?
Nein, denn das würde gegen deine Ehre als Inspektor gehen. Des Weiteren ist die Neugier auf den erwacht, der hinter dir herschleicht. Dein Gefühl sagt dir, das du bald die quer verlaufende Thomas Street erreichen solltest, der du nach rechts zur Whitechapel Road folgen kannst. Von dort ist es dann nicht mehr weit bis zur Oxford Street und Emmas wärmenden Armen.
Dein Verfolger scheint dies ebenfalls zu wissen, denn seine Schritte werden schneller, knallen lauter auf das Pflaster. Es ist an der Zeit, dem ein Ende zu bereiten. Fieberhaft siehst du dich nach einem Versteck um, welches sich für einen Hinterhalt eignet. Nach wenigen Schritten wirst du fündig, denn dort zweigt eine enge Gasse von der Straße ab. Aufeinandergestapelte Kisten und Fässer bieten gute Deckung. Mit einem letzten Blick über die Schulter vergewisserst du dich, dass der Verfolger noch vom Nebel verhüllt wird, und schlüpfst in die Finsternis deines trügerischen Verstecks.
*Lies weiter bei **189***

211 Das rote Licht sickert wie ein zäher Brei aus den bunt bemalten Ballonlampen. Inspektor Chandlers anzügliches Grinsen, mit dem er dich auszieht, die verhalten-gedämpften Gespräche aus den benachbarten Separees, letztendlich die Hitze, die in dem Rauchsalon herrscht, lassen dich in dem Vorhaben, deine Nüchternheit zu bewahren, schamlos scheitern.

Chandler – der trotz des reichlichen Opiumgenusses ein ansehnlicher Mann ist – hat es geschafft, den Absinth anzuzünden und dir ein Glas gefüllt mit grünschillernder Flüssigkeit zu reichen. Du trinkst in durstigen, ja gierigen Schlucken und sinkst in die Polster zurück.

Deine Augenlider werden schwer, dein Gemüt hingegen leicht, sodass du in einer angenehm warmen Entrücktheit versinkst. Sorgen, Nöte und Ängste bleiben ebenso zurück wie der feige Mörder, der Huren in finsteren Hinterhöfen absticht.

Deine Gedanken kreisen um den Inspektor, wie er sich einen Tropfen Absinth von seinem verwegen gestutzten Bart wischt. Seine Hände sind zart, als er dich berührt und deine Wange streichelt. Müdigkeit senkt sich bleischwer auf dich herab, du sinkst in einen narkotischen Schlaf, ähnlich dem, der aus dem Tuch aufstieg, das dir Doktor Jekyll reichte. Ein letzter Gedanke weht durch dein Bewusstsein. Du bist jetzt nackt, liegst in Chandlers starken Armen, wälzt dich mit ihm in verschwitzten, blutgetränkten Laken, die feucht und klebrig eure Haut bedecken und die Haare nass und schwer machen …

Ganze vier Stunden später öffnest du nur widerwillig die Augen. Überraschenderweise bist du angezogen und liegst auf der Recamiere im Separee. Chandler sitzt dir gegenüber und mustert dich aus halb geöffneten Augen.

»Guten Morgen, Prinzessin«, flüstert er und reicht dir ein Wasserglas, das du dankbar entgegennimmst, denn du bist am Verdursten.

*Erhöhe deinen **Suchtwert** um 1 Punkt!*

Du setzt dich auf. »Jetzt, wo Ihren Wünschen genüge getan ist, ist es an der Zeit, über Dark Annie zu reden!«

*Lies weiter bei **190***

212

Doktor Frankenstein hält dir mit entschuldigendem Lächeln die Tür auf. »Er ist manchmal etwas aufbrausend, wenn es um seine Berufsehre geht«, flüstert er dir zu.

Dankbar, einen Verbündeten gefunden zu haben, trittst du in den Flur. Doktor Phillips folgt dir auf dem Fuße. Er scheint es eilig zu haben. Als du dich zu ihm umdrehen willst, um einige beschwichtigende Worte an ihn zu richten, senkt sich die von seiner geübten Hand geführte Nadel einer Spritze in deinen Nacken und entlässt ihren glasklaren Inhalt. Wie der Stich einer Wespe, denkst du noch, dann stürzt du ins Nichts …

*Lies weiter bei **139***

213

John Evans lacht auf widerwärtig fiese Art und schickt sich an, den Totschläger aus dem Gürtel zu zerren. »Ich schlag dir den Schädel ein, wenn du glaubst, mich einschüchtern zu können!«

Der Nachtwächter des *Crossingham's* ist wahrlich keiner, dessen Aussagen man in Frage stellt.

*Du setzt alles auf eine Karte und versuchst, John Evans zu überwältigen, bevor er den Knüppel aus dem Sack lässt (Probe **Überwältigen**): Lies weiter bei **129***

Oder du wendest dich zur Flucht, um …

*… in die Opiumhöhlen zu Inspektor Chandler zu gehen (sofern du dort noch nicht warst): Lies weiter bei **250***

*… zum Tatort in der Hanbury Street 29 zu gehen (sofern du ihn dir noch nicht angesehen hast): Lies weiter bei **241***

214

Du huschst lautlos hinter den Kisten hervor und richtest den Revolver auf Burys breiten Rücken …

… doch unter deinem Schuh knirscht das Glas einer zerschlagenen Flasche, ehe du ihn ins Visier nehmen kannst.

Bury fährt davon alarmiert herum und schlägt dir mit der Abgebrühtheit eines Eckenstehers aus Whitechapel auf die Hand, die den Revolver hält. Ein übler Schmerz zieht sich deinen Arm hinauf. Die Hand öffnet sich und die Waffe schlittert zwischen die Kisten.

Bury packt dich am Kragen und verpasst dir mit der Stirn einen brutalen Kopfstoß. Du brichst zusammen, Blut läuft aus der aufgeplatzten Haut auf der Stirn. Bury hält dich mit einer Hand fest und drückt dir mit der anderen die Kehle zu. »Glaubst wohl, du könntest uns hinterherschnüffeln? Glaubst, bist schlauer als alle in Whitechapel?«

Hämisch lachend schlägt er dir den Totschläger in den Bauch, dass dir die Luft wegbleibt. Dann stößt er dich zwischen den Kisten nieder, sodass du rücklings auf einem Haufen nasser, schmutziger Säcke zu liegen kommst.

Benommen versuchst du, nach ihm zu treten, doch er packt nur böse grinsend deinen Fuß und zerrt dich zu sich heran. »Wollen doch mal sehen, was so 'n feiner Inspektor so draufhat!«

Als er sich vor dir niederlässt, gelingt es dir, ihm einen Schlag ins Gesicht zu verpassen.

»Urrghh«, grunzt er wütend. »Verdammter Bastard, ich …«

*Du schreist nach einem Constable (Probe **Freunde**): Lies weiter bei **202***

*Du gibst auf und versuchst ihn mit Worten zu besänftigen: Lies weiter bei **162***

215

*Probe **Glaubwürdigkeit** gegen **Contra-Skill 2**.*

*Wenn du unterliegst: Lies weiter bei **116***

*Wenn du obsiegst: Lies weiter bei **135***

216

Sein Stab wandert dorthin, wo sich der Ort der Verwüstung zwischen ihren Beinen befindet. »Ich gehe davon aus, dass das Instrument, mit dem die Wunden am Hals und Unterleib verursacht wurden, dasselbe gewesen ist. Es muss sich um ein sehr scharfes Messer mit einer dünnen, recht schmalen, etwa 15 bis 20 Zentimeter langen Klinge gehandelt haben. Bei der Post-mortem-Untersuchung fand ich eine Quetschung an der rechten Schläfe, eine auf dem oberen Augenlid und zwei von der Größe eines Männerdaumens auf dem oberen Teil des Brustkastens. Auch über dem mittleren Teil des Knochens der rechten Hand befindet sich eine. Auf der linken Seite des Stirnbeins verläuft eine alte Narbe. Über dem Ringfinger fiel mir eine Hautabschürfung auf, die von einem oder mehreren Ringen herrühren kann.«

Doktor Phillips widmet sich wieder Annies Hals, derweil Frankenstein mit einem Interesse den geöffneten Körper mustert, das dir ein Schaudern einjagt.

»Die Kehle wurde durchgetrennt. Die Schnitte in der Haut weisen darauf hin, dass sie von der linken Seite des Nackens beginnend ausgeführt wurden. Es gibt zwei saubere Einschnitte auf der linken Seite der Wirbelsäule. Sie verlaufen parallel zueinander im Abstand von 1,5 Zentimetern. Die Muskulatur erweckt den Eindruck, als hätte jemand den Versuch unternommen, die Knochen des Nackens zu durchtrennen. Der Körper weißt noch weitere Verstümmelungen auf, aber ich bin der Meinung, dass diese der Frau nach dem Tod zugefügt wurden und der immense Blutverlust aufgrund des Durchtrennens des Nackens zur Bewusstlosigkeit führte.«

Dir wird übel. »Sie meinen, jemand hat versucht, ihr den Kopf abzuschneiden?« Ein grauenvoller Gedanke.

Frankenstein beugt sich vor, um die freigelegten Organe zu begutachten. »Die Verstorbene hatte eine fortgeschrittene Krankheit der Lunge sowie der Hirnhäute, aber diese kommen nicht als Todesursache infrage. Der Magen beinhaltet wenig Nahrung, Flüssigkeit wurde nicht festgestellt. Es gibt also keine Anzeichen, dass die Verstorbene Alkohol getrunken hat, aber Zeichen großer Entbehrung und Mangelernährung.«

Phillips nickt. »Richtig, Herr Kollege. Ich bin davon überzeugt, dass sie die letzten Stunden vor ihrem Tod keinen starken Alkohol zu sich genommen hat. Die Quetschungen auf dem Gesicht sind frisch, besonders die über dem Kinn und der Seite des Kiefers, wohingegen die Quetschungen auf dem Brustkasten und der Schläfe zum Zeitpunkt des Todes schon einige Tage alt waren. Ich bin der Meinung, dass die Person, die der Verstorbenen die Kehle durchgeschnitten hat, sie am Kinn festhielt und dann den Schnitt von links nach rechts begann. Es ist denkbar, dass Annie Chapman aufschreien konnte. Ich vertrete jedoch die Theorie, sie könnte geknebelt worden sein, wenn man ihr geschwollenes Gesicht und die hervorgetretene Zunge beachtet. Beides sind Anzeichen für Ersticken.«

»Somit war Ersticken die Todesursache?«, willst du wissen. Deine Gedanken verursachen Übelkeit und Schwindel, den du kaum niederkämpfen kannst.

»Das, die schweren Verletzungen und letztlich der Blutverlust«, bestätigt Doktor Frankenstein.

»Kommen wir zu den weiteren Verletzungen«, stellt Phillips mit emotionsloser Stimme fest. Sein Zeigestab wandert zwischen Annie Chapmans Beine. »Der Unterleib war freigelegt. Die Gedärme, getrennt von ihren Mesenterialbefestigungen, aus dem Körper entnommen und auf der Schulter des Opfers platziert, wohingegen vom Becken der Uterus und seine Anhängsel mit dem oberen Teil der Vagina und zwei Dritteln der Blase komplett entfernt wurden.«
Übelkeit steigt in dir auf. Du wünschst dich an einen anderen Ort, in ein anderes Leben, weit weg von Whitechapel. *Wer ist zu so etwas imstande? Ein Monster? Mister Hyde?*
»Von diesen Organen fehlt jede Spur. Die Schnitte wurden sauber ausgeführt, sodass der Mastdarm – also das Rektum – nicht beschädigt wurde. Die Vagina wurde tief genug geteilt, um eine Verletzung des Uterushalses zu vermeiden. Offensichtlich war dies die Arbeit eines Experten, oder zumindest von jemandem, der fundiertes Wissen über anatomische und pathologische Untersuchungen hatte, um die Organe im Becken mit einem Schwung des Messers zu bergen. Dieses muss eine Länge von mindestens 15 Zentimetern, vermutlich länger, haben.«
»Kann man von der Tatwaffe Rückschlüsse auf den Täter ziehen?«, fragst du schließlich.
Lies weiter bei ***98***

217

In der belebteren Osborn Street fühlst du dich sicherer. Die Straße verbindet die Hanbury mit der Whitechapel. Hier fahren Kutschen und treiben sich Horden Betrunkener herum. Meist kannst du sie wegen des Nebels nicht sehen, aber hören umso besser. Lauthals grölend bahnen sie sich ihren Weg, sodass dir genügend Zeit bleibt, ihnen auszuweichen, denn du weißt, was besoffene Kerle mit Frauen wie dir anstellen können. Kutschen und Passanten reduzieren sich zu huschenden, verzerrten Schatten. Den Miller's Court – nichts weiter als ein mit kleinen Häuschen bebauter Hinterhof – erreichst du über einen Durchgang in der Dorset Street zwischen den Hausnummern 26 und 27. Wäre hier nicht das schäbige, aber sichere Asyl für gefallene Frauen, würdest du den verdreckten Hinterhof meiden wie die Pest. Die Häuschen, die sich

als heruntergekommene Anbauten windschief an die Rückseiten der Gebäude pressen, werden zumeist von Prostituierten bewohnt. Demzufolge ist auch die Klientel, die sich in den halbdunklen Schatten des Hinterhofes herumtreibt, äußerst unangenehm: verrucht verzweifelte, aber immer lüsterne Ganoven, die Rasiermesser griffbereit in den Taschen und nicht willig, für die Dienste der Frauen zu bezahlen. Das spärliche Licht scheint aus stinkenden Feuern zu bestehen, die man in der Mitte des Platzes angezündet hat, wo sie ölige Lappen und aus Zäunen gebrochene Latten verbrennen.
Immer an der Wand und in den Schatten, denkst du und schlüpfst durch den Zugang zum Millers Court.
Vor dir bricht Tumult los. Säufer sind aneinandergeraten und schlagen sich mit Holzlatten die Zähne aus. Du siehst eine Klinge aufblitzen und stockst. Hier kommst du nicht weiter.
Ich könnte bei Mary Jane Kelly unterschlüpfen, geht dir durch den Kopf. *Die wohnt in der Nummer 13.* Du kennst die schlanke, rothaarige Irin gut genug, um an ihre Tür zu klopfen.
Du klopfst an Mary Janes Tür: Lies weiter bei ***88***
Du schleichst weiter, um das Asyl zu erreichen: Lies weiter bei ***136***

218

Das rote Licht tropft aus den bunt bemalten Ballonlampen auf dich. Chandlers süffisantes Grinsen, mit dem er dich mustert, die geflüsterten Gespräche aus den benachbarten Separees, letztendlich die Hitze, die in dem Rauchsalon herrscht, lassen dich in deinem Vorhaben, deine Nüchternheit zu bewahren, schamlos scheitern.
Chandler – der trotz des reichlichen Opiumgenusses ein hübscher Mann ist – hat es geschafft, den Absinth anzuzünden und dir ein Glas gefüllt mit grünschillernder Flüssigkeit zu reichen. Du trinkst in durstigen, ja gierigen Schlucken und sinkst in die Polster. Deine Augenlider werden schwer, dein Gemüt leicht wie eine Feder, sodass du in einer angenehmen Entrücktheit versinkst. Sorgen, Nöte und Angst bleiben ebenso zurück wie der feige Mörder, der Huren in finsteren Hinterhöfen absticht.
Deine Gedanken kreisen um Emma, wie sie sich einen Tropfen Absinth aus ihrem Mundwinkel wischt, auch wenn du weißt, dass

sie nie welchen trinken würde. Ihre Hände sind zart, als sie dich berührt und dich streichelt.
Müdigkeit senkt sich auf dich wie Blei, du sinkst in einen narkotischen Schlaf, ähnlich dem, der aus dem Tuch aufstieg, das dir Doktor Jekyll reichte. Ein letzter Gedanke weht durch dein Bewusstsein. Du bist nackt, liegst in den schlanken Armen deiner Frau, wälzt dich mit ihr in verschwitzten, blutgetränkten Laken, die feucht und klebrig eure Haut bedecken und die Haare nass und schwer machen …
Vier Stunden danach öffnest du widerwillig deine Augen. Natürlich bist du angezogen und liegst noch auf der Recamiere im Separee. Chandler sitzt dir gegenüber und mustert dich aus halb geschlossenen Augen.
»Guten Morgen, Abberline«, flüstert er dir zu und reicht dir ein Wasserglas, das du dankbar entgegennimmst und gierig austrinkst.

*Erhöhe deinen **Suchtwert** um 1 Punkt!*

Du setzt dich auf und zwingst dich zu einem Lächeln. »Jetzt, wo Ihrem Willen genüge getan ist, ist es an der Zeit, über Annie Chapman zu reden!«
*Lies weiter bei **80***

219 »Inspektor in Not!« Dein Ruf nach einem Constable zerschneidet schrill die Dunkelheit. Zumindest erscheint es dir so, derweil sich Bury an deinen Taschen zu schaffen macht. Dann, ein oder zwei Herzschläge später, ertönt das helle Pfeifen, mit dem die Constables sich in den weitläufigen Gassen und Winkeln Whitechapels verständigen.

Bury schreckt von seinem Tun auf und sieht sich um. »Was hast du getan? Was zur Hölle hast du getan?«

Er stemmt sich ächzend auf die Beine. Blut läuft dir aus der Stirn in die Augen, sodass der brutale Schläger hinter einem roten Schleier verschwindet, doch du lachst in aus. »Hast mich wohl untersch…«

Grunzend schlägt er dir den Totschläger auf den Scheitel und du verlierst das Bewusstsein.

Das nachdrückliche Tätscheln auf deiner Wange holt dich aus der Bewusstlosigkeit. Du öffnest die Augen und fühlst den damit verbundenen Schmerz. Jemand hat dich gegen ein Fass gelehnt, tupft deine Stirn ab. Es ist Constable Neill.

»Neill …«, flüsterst du leise.

Der Constable nickt. »Zum Glück war ich in der Nähe, Inspektor.«

»Gut so, Constable«, stöhnst du erleichtert und lässt dir von ihm aufhelfen.

»Ich konnte den Kerl nicht schnappen«, stellt Neill enttäuscht fest. Er zieht ein Tuch aus der Tasche und wickelt es dir um die Stirn. »Damit sollte es gehen. Ihre Hand sieht übel aus, ist aber zum Glück nicht gebrochen. Wird 'ne Weile weh tun. Soll ich Sie zu einem Arzt bringen?«

»Nein, kein Arzt, aber wenn Sie mich in die Oxford Street begleiten würden, wäre ich Ihnen sehr dankbar. Mir ist immer noch etwas schwummerig.«

Neill nickt. »Selbstverständlich, Inspektor. Alles andere wäre fahrlässig.«

Der Constable hilft dir, deine Sachen vom Dreck zu befreien. »Konnten Sie erkennen, wer es war?«

»War zu dunkel« lügst du ihn an, denn das ist eine Sache, die du allein regeln musst, um nicht als Feigling dazustehen.

*Lies weiter bei **95***

220 »Na, mich geht's ja nichts an«, antwortet die Rothaarige gelangweilt. »Kennen Sie sich aus?«
Du erinnerst dich an dein Erlebnis mit Jekyll und Hyde in der Leichenkammer und nickst. »War schon mal hier, also ja. Ich nehme an, Doktor Phillips ist unten in der Pathologie?«
»Im Leichenkeller«, nickt die Schwester, »Hat sich zusammen mit 'nem neuen Kollegen aus Deutschland im Zimmer von Doktor Jekyll eingerichtet.«
»Ich danke Ihnen, Schwester.«
Lies weiter bei ***104***

221 Die verqualmte Taverne ist dein zweites Zuhause. Ein verräuchertes nach Schweiß und schalem Bier stinkendes Habitat, zum Bersten angefüllt mit überschminkten Huren, verdreckten Tagelöhnern und übelriechenden Säufern. Aber es ist eines, in dem du dich sicher fühlst. Mit deinen zwanzig Jahren bist du nicht nur die Jüngste im grölenden Reigen, sondern ganz sicher auch die Hübscheste.
Rotten Evans steht mit seiner hässlichen Visage wie jede Nacht hinter der Theke, nickt dir zu und zapft ein Bier, das er überschwappend vor dir abstellt. »Siehst müde aus, Ada. Ist alles in Ordnung mit dir? Hattest du Ärger?«
Dankbar nimmst du den Krug entgegen, trinkst einen langen Schluck, stellst ihn ab und schiebst ihm zwei Pennys zu. »Eine ganz normale Nacht in Whitechapel, Evans.«
Der lacht kehlig. Säufer, die sich an der Theke und um die Tische drängen und keine Ahnung haben, worum es geht, stimmen johlend mit ein.
Zum Reden ist dir nicht zumute. »Du, Evans, sei mir nicht böse, ich werd mein Bier trinken und einfach nur dasitzen. Bin fertig, ausgebrannt. Gut möglich, dass du mich ein paar Tage nicht zu sehen bekommst …«
Evans zieht seinen heiligen, aber übelst schmutzigen Lappen von der Schulter, wischt das Thekenbrett vor dir ab und verscheucht einen schrägen Vogel, der dich belästigen will. »Muss ich mir Sorgen machen, Ada Wilson?«

So grobschlächtig Rotten Evans auch ist, es klingt Mitgefühl in seinen Worten mit, als wäre er ein Vater, der sich um seine Tochter sorgt.

*Erhöhe deine **Empathie** um 1 Punkt.*

Dankbar lächelst du ihn an und legst deine schmale Hand auf seine feuchte Pranke. »Alles gut, aber lieb, dass du fragst. Bin einfach nur müde und brauche eine Pause, das ist alles.«
Sein hässliches Gesicht verzieht sich zu einem verständnisvollen Lächeln. Er greift unter das Thekenbrett und zieht eine zusammengefaltete Zeitung hervor, die er vor dich hinlegt. »Könnte dich interessieren, weiß ja inzwischen jeder, wonach du suchst!«
Du faltest das Blatt auseinander. Es ist eine Ausgabe des *British Medical Journal* vom 22. September.

*Wenn du den Artikel lesen willst, lies jetzt den **Anhang: British Medical Journal 22. September 1888** und kehre dann hierher zurück.*

Schließlich fallen dir an der Theke die Augen zu.
*Lies weiter bei **149***

222

Elizabeth hebt beschwichtigend die Hände. »Is ja gut, bin nicht auf Streit aus. Ist ja nur, weil das mein Platz ist, also nichts für ungut.«
Du tätschelst ihre Wange. »Keine Angst, deinen Platz will ich nicht, sondern nur wissen, was mit Dark Annie passiert ist.«
»Schlimme Sache, sag ich dir. Muss gegen halb sechs gewesen sein, da hab ich sie auf der anderen Straßenseite gesehen. Weiß das genau mit der Uhrzeit, weil die Turmuhr der Black-Eagle-Brauerei in der Brick Lane geschlagen hat.«
»War sie betrunken? Hatte sie einen bei sich? Nun red schon!«
Sie zeigt auf das Haus in der Hanbury Street 29. »Dort stand sie mit dem Rücken zum Spitalfields Market bei einem Gentleman, direkt unter den Fensterläden. Haben verhandelt, denn ich hörte ihn mit dunkler Stimme fragen *willst du* und sie antwortete *ja.*«

Ein kalter Hauch streicht dir über den Nacken, was nicht an der von der Themse in die Stadt kriechenden Septemberkälte liegt. »Wie sah er aus?«
»Ungewöhnlich für einen, der zu Huren geht. Eher wie einer, der sich mit der Kutsche welche bringen lässt. Groß, bodenlanger, schwarzer Mantel, Zylinder und Gehstock in der Linken. Sein Gesicht hab ich nicht gesehen, weil er ein Tuch davor trug, sodass nur die Augen frei waren. Ein Gentleman eben …«
Du denkst an den flüchtigen Mister Hyde und dir wird elend. »Und dann, was geschah dann?«
»Na ja, sind in der Hanbury 29 im Hinterhof verschwunden. Hatte selbst 'nen Kerl an der Angel, deswegen hab ich mich nicht …« Elizabeth schluchzt. Tränen treten in ihre hübschen Augen, verwässern ihren Blick. »Ach, hätt ich doch nur …«
Du nimmst sie tröstend in die Arme. »Hättest es nicht verhindern können. Am Ende wärst du selbst dort gelegen. «

*Erhöhe **Freunde** um 1 Punkt.*

»Weißt du, wo sie herkam?«, fragst du weiter.
Elizabeth wischt sich die Tränen ab. »Vom Spitalfields Market. Ich weiß, dass sie oft im *Crossingham's* übernachtet, passt also von der Richtung her …«
Du kennst das *Crossingham's* aus der Zeit, als du kein eigenes Zimmer hattest. Ein Haus, vollgestellt mit durchnummerierten Betten, geführt von einem schmierigen Kerl namens Timothy Donovan.
»Danke, Elizabeth. Ich geh dann mal weiter. Pass gut auf dich auf, ja?«
*Du gehst in den Hinterhof der nahen Hanbury Street 29 (sofern du dir den Tatort noch nicht angesehen hast): Lies weiter bei **81***
*Du machst dich in den Opiumhöhlen auf die Suche nach Inspektor Chandler (sofern du das noch nicht getan hast): Lies weiter bei **250***
Du gehst ins Crossingham's *in der Little Paternoster Row: Lies weiter bei **85***

223 »Funf Pence, Missis«, nuschelt der alte Chang und streckt die Hand mit der geöffneten Fläche nach oben aus. Der Chinese sitzt wie eh und je auf einem wackligen dreibeinigen Hocker, raucht die nach Teer stinkende Pfeife und lächelt. Tag und Nacht, um jede nur erdenkliche Urzeit. Erleichtert darüber, dass du es unbehelligt bis hierhergeschafft hast, drückst du ihm den geforderten Betrag in die Hand und betrittst durch die grellrot gestrichene Tür die verräucherte Opiumhöhle.

Dein leerer Magen und der süßlich schwere Geruch der vielen Pfeifchen, welche die lasziv auf Recamieren ausgestreckten Männer und Frauen genießen, vertragen sich nicht gut und dir wird elend. Du drückst dich unweit des Eingangs in eine Nische, die nicht von den chinesischen Ballonlampen beleuchtet wird, und beobachtest, ob dir der unheimliche Schatten in die Opiumhöhle folgt.

Eine Gruppe Offiziersanwärter in feschen Ausgehuniformen werden von Mister Chang abkassiert, gefolgt von einigen Studenten. Danach zwei ungepflegte Frauen, die du aus der *Frying Pan* vom Sehen kennst.

Schließlich dringst du tiefer in den dunstigen Rauchsalon ein. Auf einer Empore sitzen in klassische chinesische Gewänder gekleidete Musiker und zupfen auf exotischen Saiteninstrumenten. Die Gespräche werden flüsternd geführt, die Bewegungen der Gäste sind anmutig langsam, als müssten sie sich jeden Schritt überlegen. Eine Chinesin schaut dich fragend an und weist mit dem Arm auf eine unbesetzte Recamiere.

*Wenn du ihr Angebot annimmst (und das wirst du auf jeden Fall, wenn dein **Suchtwert 3 oder höher** ist): Lies weiter bei **174***
*Wenn du nach dem Hinterausgang fragst: Lies weiter bei **240***

224 *Probe **Freunde** gegen **Contra-Skill 2**.*
*Wenn du unterliegst: Lies weiter bei **74***
*Wenn du obsiegst: Lies weiter bei **165***

225 »Ich bitte Sie inständig, belassen wir es dabei. Wir sind Ärzte, keine Polizisten. Sie sind gekommen, um sich die sterblichen Überreste Annie Chapmans anzusehen, also bit-

te, gehen wir zu ihr!« Doktor Phillips Hand weist zur Tür, sein Blick glüht vor schwer gezügelter Wut. »Nach Ihnen, Miss Wilson.«
Du gehst zur Tür, dennoch brodelt es weiter in deinem Inneren.
»Fertig sind wir damit noch nicht!«: Lies weiter bei ***144***
»Bitte verzeihen Sie, Doktor Phillips. Bei all dem, was geschehen ist, vergesse ich mich des Öfteren. Legen wir unseren Streit doch der armen Annie willen bei.«: Lies weiter bei ***89***

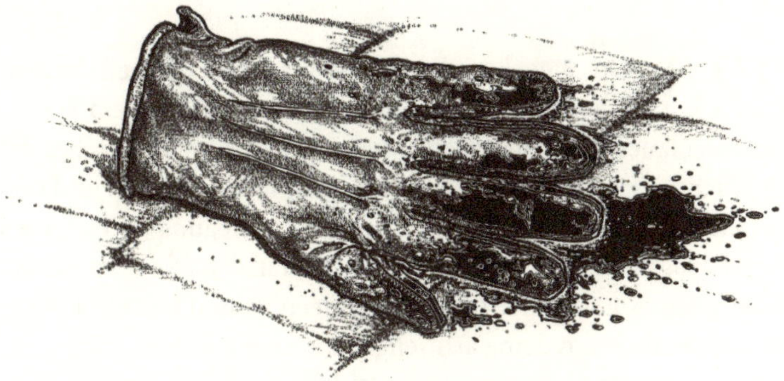

226 *Probe* ***Geschick*** *gegen* ***Contra-Skill*** *3.*
Wenn du unterliegst: Lies weiter bei ***198***
Wenn du obsiegst: Lies weiter bei ***111***

227 Im Krankenhaus herrscht geschäftiges Treiben. Männer mit blutigen Gesichtern sitzen im Wartebereich. Ein Constable steht neben ihnen mit dem Schlagstock in der Hand. Zwei ältere Damen streiten sich lautstark über einen rüpelhaften Kutscher, der sie fast überfahren hätte. Es riecht nach Schweiß, scharfem Alkohol und dem Gas, das in den flackernden Lampen verbrennt.
Hinter der aus narbigem Holz bestehenden Rezeption sitzt eine junge, schrecklich dürre Schwester, der das lockig rote Haar unter dem Häubchen hervorquillt. Sie schenkt dir einen müden, desinteressierten Blick.
»Guten Abend, Schwester, ich muss nach unten in die Leichenhalle und mit dem diensthabenden Doktor sprechen.«
»Hm«, meint diese. »In welcher Angelegenheit?«

»Persönlich. Geht Sie nichts an. Man könnte aber sagen, dass Leben und Tod davon abhängen!« (Probe ***Auftreten****): Lies weiter bei* ***78***
»In einer traurigen. Ich bin gekommen, um Annie Chapmans Hinterlassenschaften abzuholen, damit ich die ihrer Schwester bringen kann.« (Probe ***Empathie****): Lies weiter bei* ***96***
»Inspektor Chandler schickt mich. Ich muss etwas klären.« (Nur sofern du erfolgreich mit Chandler gesprochen hast; Probe ***Glaubwürdigkeit****): Lies weiter bei* ***215***

228

Der Nebel wird zum Verbündeten, derweil du dich hinter Kisten und Fässern versteckst, um dem Verfolger aufzulauern. Du ziehst das Messer aus der Manteltasche, der Griff schmiegt sich als vertrauter Begleiter in deine Hand und vermittelt dir eine trügerische Sicherheit. Die Aufregung treibt deinen Herzschlag nach oben und lässt dir das Blut in den Ohren rauschen. Was, wenn es gar keiner der Verdächtigen ist und nur ein Eckensteher, der dich um deine armseligen Pence erleichtern will?
Oder ein Vergewaltiger, der kein Geld für eine Hure hat?
Wer wird es sein, der dir aus den Schatten entgegentritt?
Lass den Zufall entscheiden: Lies weiter bei ***204*** *oder* ***84***

229

Donovan schnauft genervt. »Hör endlich auf, Ada Wilson. Lass es gut sein. Du legst dich mit Leuten an, denen du nicht gewachsen bist. Und jetzt scher dich aus meinem Haus, bevor ich dich rauswerfen lasse!«
»Du machst mir keine Angst«, braust du erbost auf. »Was für Leute sollen das denn sein, hm? Etwa die Frau, die eben bei dir war? Die noble Gesellschaft? Oder steckst du mit denen unter einer Decke, Timothy Donovan?«
Dir wird im selben Augenblick bewusst, dass du dich mit deinen Worten etwas zu weit aus dem Fenster gelehnt hast.

Verringere ***Freunde*** *um 1 Punkt.*

Donovans Faust schließt sich um den Griff des Brieföffners. »Steh auf und geh, Ada. Nochmal sag ich's nicht!«

»Fick dich, Timothy Donovan.«: Lies weiter bei ***246***
Oder du stehst auf und …
… gehst zur Opiumhöhle, um mit Inspektor Chandler zu sprechen (sofern du dort noch nicht warst): Lies weiter bei ***250***
… siehst dir den Tatort in der Hanbury Street 29 an (sofern du dort noch nicht warst): Lies weiter bei ***241***
… begibst dich wieder zum Arbeiterkrankenhaus in der Old Montague Street: Lies weiter bei ***92***

230

Die Pearcey lacht, als hättest du einen Witz gemacht. Sie zieht an einer Kordel. Draußen auf dem Kutschbock läutet eine helle Glocke. John Netley zügelt das Pferd und die Kutsche stoppt. Du willst aussteigen, doch sie packt dich am Arm.
»Es ist noch nicht vorbei. Wir werden uns wiedersehen, Ada Wilson, dann jedoch unter anderen Bedingungen.«
»Lassen Sie mich los«, fauchst du erbost.
»Ein letzter Rat noch. Hör auf, Fragen über die toten Huren zu stellen. Lass es sein, denn andernfalls wirst du sterben, Ada Wilson!«

Verringere ***Freunde*** *um 1 Punkt, aber erhöhe* ***Glaubwürdigkeit*** *um 1 Punkt.*

Netley öffnet den Wagenverschlag, du reißt dich los, springst auf die Straße und läufst durch den dichten Nebel davon. Erst, als du sicher bist, dass dir niemand folgt, bleibst du unter einer Gaslaterne stehen. Dein Herz hämmert in deiner Brust, droht vor Angst zu zerspringen. Du bist dir sicher, dass Mary Pearcey etwas mit den Morden zu tun hat, aber was genau?
Kennt sie den Mörder und deckt ihn?
Nachdem du wieder zu Atem gekommen bist, siehst du dich um. Die Straße ist dir selbst im dichten Nebel bekannt. Du befindest dich in der Old Montague Street, genau an der Stelle, an der du die Pearcey in der Gasse getroffen hast.
Und noch etwas ist wie zuvor. Als du Richtung Thomas Street gehst, um die Sicherheit der *Frying Pan* zu erreichen, folgen dir Schritte auf dem feuchten Kopfsteinpflaster.

Sie hat mir mit dem Tod gedroht. Ist es ihr gedungener Leibwächter, der mir durch den Nebel hinterherschleicht?
Du beschließt, dem ein Ende zu bereiten. Da sich keine Passanten herumtreiben, versteckst du dich hinter einem Stapel Kisten und ziehst das Messer.
*Lies weiter bei **204***

231

Das Gespräch mit Amelia Palmer hat dich nachdenklich gestimmt. Annie hat einen Stammplatz in Bett 29, doch Evans setzte sie trotzdem vor die Tür. Dann die wirre Aussage, wie sie zu Geld gekommen sei. Am unheimlichsten sind die Pillen, die sie von Jekyll bekommen hat. Gegen welche Krankheit waren sie gedacht und welche Gegenleistung musste sie dafür erbringen?
Als du am Ende des Flurs und jenseits der schäbigen Küche vor Donovans Büro trittst, öffnet sich die Tür und eine hochgewachsene Frau tritt heraus. Sie ist wie du in Schwarz gekleidet, jedoch zeugen ihr eng geschnürtes Kleid, der ausgestellte Mantel, das Schleierhütchen und die feinen Lederhandschuhe von einem deutlich besseren Stand. Das lange, tiefschwarze Haar der schlanken, aber nicht dünnen Frau ist zu einem kunstvollen Knoten verschlungen. Der Blick ihrer strahlend blauen Augen ist eiskalt, als sie an dir vorbei in den Flur tritt und – ohne sich umzusehen – im Treppenhaus verschwindet. Sie ist einen halben Kopf größer als du und von dem, was der Schleier offenbart hat, zwischen 25 und 30 Jahre alt. Ein recht seltsamer Besuch in diesem Haus. *Eine Gönnerin womöglich?*
Da die Tür offen steht, sparst du dir das Anklopfen und betrittst das nobel in feinem Rosenholz eingerichtete Büro von Timothy Donovan. *Woher nimmt er das Geld für eine solch noble Einrichtung?*
Donovan sitzt – gekleidet in ein weißes, offen stehendes Hemd und dunkelrote Weste – hinter dem wuchtigen Rosenholzschreibtisch. Sein Blick ist mürrisch, das kantige Kinn vorgeschoben. »Du hast mir grade noch gefehlt, Ada Wilson. Was willst du?«
Ohne eine Aufforderung seinerseits abzuwarten, nimmst du auf einem der mit rotem Samt bezogenen Sessel Platz. »Ich wünsche dir auch einen guten Tag, Timothy Donovan. Wie laufen die Geschäfte?«

Donovans Augen verengen sich zu schmalen Schlitzen. »Spar dir die Floskeln und komm zur Sache, ich habe zu tun.«
Ein Hauch von Rosen schwebt in der Luft, der eindeutig von der fremden Frau stammen muss. Donovan macht den Eindruck, als hätte ihn das Gespräch mit ihr verärgert. »Dark Annie. Sie war in der Mordnacht gegen halb zwei bei dir. Ich muss wissen, was sie gesagt hat.«
Donovan lehnt sich zurück und setzt ein gefährliches Grinsen auf. »Hab schon gehört, dass du rumschnüffelst und blöde Fragen stellst.« Er nimmt sich einen schlanken Brieföffner vom Schreibtisch und beginnt, sich damit die Fingernägel zu reinigen. »Lass dir von einem, der's weiß, gesagt sein, dass es so manchem nicht gefällt, dass du im Dreck wühlst ...«
Bei dir klingeln die Alarmglocken. »So manchem? Meinst du Doktor Jekyll?«
Donovan hält inne und sieht auf. »Lass den Doktor aus dem Spiel. Er ist einer, der den armen Leuten da draußen beisteht. Ohne ihn ...«
»Spar dir dein Gewäsch, Donovan. Du scherst dich doch 'nen Dreck um solche wie uns.«
Donovan lacht. »Und du? Ist es nicht so, dass du nur den suchst, der dir damals die Kehle durchgeschnitten hat. Bei Gott, hätt er's doch nur richtig gemacht. Ich geb Huren wie der Nichols und Annie ein Bett mit 'nem Dach überm Kopf, hab auch meine Kosten ...«
Also haben Polly und Dark Annie hier übernachtet, denkst du dir.
»Du bist so ein Arschloch, Donovan. Aber gut, mir egal, wir müssen uns nicht mögen. Also was ist, erzählst du mir, was sie gesagt hat? Es wäre mir wirklich wichtig.«
*Probe **Empathie**: Lies weiter bei **256***

232

Das schwülstige Licht, das aus den bunt bemalten Ballonlampen sickert, Inspektor Chandlers anzügliches Grinsen, mit dem er dich auszieht, die verhaltenen Gespräche aus den benachbarten Separees, letztendlich die Hitze, die in dem Rauchsalon herrscht, lassen dich in einer weich gezeichneten Traumwelt versinken.

Chandler – der trotz des reichlichen Opiumgenusses ein überaus ansehnlicher Mann ist – hat es geschafft, den Absinth anzuzünden und dir ein Glas gefüllt mit grünschillernder Flüssigkeit zu reichen. Du trinkst in durstigen, ja gierigen Schlucken und lehnst dich in die Polster zurück.

Deine Augenlider werden schwer, dein Gemüt jedoch leicht, sodass du in einer warmen Entrücktheit versinkst. Sorgen, Nöte und Ängste bleiben ebenso zurück wie der feige Mörder, der Huren in finsteren Hinterhöfen absticht.

Deine Gedanken kreisen um Chandler, wie er sich einen Tropfen Absinth von seinem verwegen gestutzten Bart wischt. Seine Hände sind zart, als er dich berührt, dein Gesicht streichelt und den Wunsch nach mehr erweckt.

Müdigkeit senkt sich herab wie Blei, du sinkst in einen narkotischen Schlaf, ähnlich dem, der aus dem Tuch aufstieg, das dir Jekyll reichte. Ein Gedanke weht durch dein Bewusstsein. Du bist nackt, liegst in Chandlers starken Armen, wälzt dich mit ihm in verschwitzten, blutgetränkten Laken, die feucht und klebrig eure Haut bedecken und die Haare nass und schwer machen. Es facht eure Gier noch mehr an, das Verbotene zu tun, die Frucht vom sündigen Baum zu pflücken …

Fünf Stunden später öffnest du widerwillig die Augen, findest dich angezogen und auf der Recamiere im Separee liegend. Chandler mustert dich aus halb geöffneten Augen.

»Guten Morgen, Prinzessin«, flüstert er und reicht dir ein Wasserglas, das du dankbar entgegennimmst, denn du bist am Verdursten. Seine Stimme hat einen angenehmen Klang, in dem du gerne versinken würdest. Doch mit dem Erwachen kehren die Sorgen zurück und der Grund, weshalb du in dieses verräucherte Loch gekommen bist.

*Erhöhe deinen **Suchtwert** um 2 Punkte!*

Du setzt dich auf und lächelst. »Jetzt, wo Ihren Wünschen genüge getan wurde, sollten wir über Dark Annie reden!«

*Lies weiter bei **190***

233

»Danke, aber ich nasche nicht …«
»Dann eben nicht«, sagt die Pearcey, nimmt sich eine Traube und stellt die Schale neben sich auf die Bank. Ihre Lippen sind dünner als Emmas, aber schön geschwungen, was ihrem Gesicht einen verführerisch zynischen Zug verleiht. Für einen Moment siehst du ihre Zungenspitze, wie sie die Traube zwischen die blendend weißen Zähne transportiert.
Ich habe noch nie solch schöne Zähne gesehen …
Die Pearcey leckt sich den Saft von den Lippen. Ihre Brüste beben, als würde sie die Situation erregen. »Sie versäumen einen Traum«, stellt sie fest und du weißt nicht, ob sie sich auf die Traube oder etwas anderes – Anzüglicheres – bezieht.
»Lassen wir das Geplänkel. Also, weshalb sitzen wir in dieser Kutsche, Miss Pearcey?«
Sie tupft sich mit einem schwarzen Spitzentuch die Lippen ab. »Glauben Sie an Gott, Inspektor Abberline?«
Ja: Lies weiter bei ***107***
Nein: Lies weiter bei ***166***

234

Probe ***Überwältigen*** *gegen* ***Contra-Skill 4.***
Wenn du unterliegst: Lies weiter bei ***72***
Wenn du obsiegst: Lies weiter bei ***120***

235

Probe ***Freunde*** *gegen* ***Contra-Skill 3.***
Wenn du unterliegst: Lies weiter bei ***86***
Wenn du obsiegst: Lies weiter bei ***130***

236

»Das ist infam!«, regt sich Phillips auf.
»Ach, finden Sie? Weshalb ist er denn so plötzlich abgereist? Sagen Sie es mir! Und wo war Hyde, als Jekyll mich in die Falle lockte?«
Phillips sieht dich wütend an. »Dafür gibt es nicht den geringsten Beweis!«
Dir entgeht keineswegs, dass er mit Doktor Frankenstein einen schnellen Blick wechselt. Womöglich ist es besser, einzulenken. Immerhin bist du wegen etwas anderem hergekommen.

*»Sie haben recht, ich habe keine Beweise. Es war dumm von mir, etwas Derartiges zu behaupten. Bringen Sie mich zu Annie Chapman.«: Lies weiter bei **89***
*»Ich bleibe dabei, Jekyll steckt mit drin!«: Lies weiter bei **225***

237

Im Krankenhaus herrscht geschäftiges Treiben. Männer mit zerschlagenen Gesichtern sitzen im Wartebereich. Ein Constable steht mit dem Schlagstock in der Hand daneben.
Zwei ältere Damen streiten sich lautstark über einen rüpelhaften Kutscher, der sie beinahe überfahren hätte. Es riecht nach Schweiß, scharfem Alkohol und dem Gas, das in den flackernden Lampen verbrennt.
Hinter der aus narbigem Holz bestehenden Rezeption sitzt eine junge, erschreckend dürre Schwester, der das lockig rote Haar unter dem Häubchen hervorquillt. Sie schenkt dir einen müden, desinteressierten Blick.
»Guten Abend, ich bin Inspektor Frederick Abberline vom Scotland Yard und muss in einer dringenden Angelegenheit Doktor Phillips sprechen.«
»Hm«, meint diese. »Und um welche Angelegenheit handelt es sich genau?«
*»Laufende Ermittlungen, zu denen ich nichts sagen darf. Man könnte aber annehmen, dass Leben und Tod davon abhängen!« (Probe **Überzeugen**): Lies weiter bei **87***
*»Das geht Sie mit Verlaub nichts an. Oder wollen Sie meine Arbeit als Inspektor behindern? Also, wo finde ich den Mann?« (Probe **Auftreten**): Lies weiter bei **160***

238

Müde sinkst du in Emmas zarte Arme. Sie ist wach geblieben, saß die ganze Nacht um dich bangend im Sessel neben dem Fenster, von dem sie die Straße beobachten kann. Eine Weile steht ihr eng umschlungen da und genießt die Nähe des anderen.

*Erhöhe deine **Empathie** um 1 Punkt.*

Dann löst du dich widerstrebend aus der liebevollen Umarmung. »Emma, wir müssen reden.«
Sie streichelt deine Wange, führt dich in den Salon zu dem Sofa, das vor dem Kamin steht. Es ist euer liebster Platz, wo ihr die gemeinsamen Abende verbringt.
»Du siehst schrecklich aus«, flüstert sie und berührt deine von der Nacht gezeichneten Züge. »Und schmutzig bist du. Hast du dich geschlagen? Wäre es nicht besser, einen Arzt aufzusuchen?«
Auf Doktoren hast du aus bekannten Gründen keine Lust. Zärtlich nimmst du ihre Hände. »Hier geht es nicht um mich, Emma. Ich arbeite an dem Fall der Frauen, die …«
»Ich weiß«, haucht sie voller Sorge. Ihre schönen Augen suchen deinen flackernden Blick. »Du hast Angst, nicht wahr?«
Du nickst. »Um dich, meine Liebe. Dieser Fall ist grauenvoller, als du erahnen kannst. Da ist ein dunkler Schatten, der sich wie eine Krankheit über Whitechapel legt und alles mit seinem Odem zu ersticken droht. Ich sorge mich um dich, Emma, habe Angst, dass dir etwas zustoßen könnte …«
Sie streichelt deinen Arm, schmiegt sich an dich. Wie dünn und zerbrechlich sie doch ist, wie angenehm weich und rein ihre Haut. »Auf dem Tisch liegt die Ausgabe des *British Medical Journal* vom 22. September, die ich für dich besorgen sollte. Ich habe einen Blick in das Blatt gewagt und nun ängstige ich mich noch mehr. Um die armen Frauen, aber auch um dich, Liebster!«

Wenn du den Artikel lesen willst, lies jetzt den ***Anhang: British Medical Journal 22. September 1888*** *und kehre dann hierher zurück.*

»Was auch geschieht, ich stehe zu dir, Frederick. Du bist die Liebe meines Lebens!«
»Und genau deshalb möchte ich, dass du zu deinen Verwandten aufs Land gehst, bis ich den Fall abgeschlossen habe.«
Emma stößt sich von dir ab. Tränen treten in ihre Augen. »Frederick, das kann nicht dein Ernst sein, du schickst mich weg?«
Du nimmst sie zärtlich bei den Schultern, fühlst dich schmutzig und verlogen. »Bitte tu es für mich, Emma. Unserer Liebe willen.

Nur wenn ich dich in Sicherheit weiß, kann ich den Fall lösen und Leben retten!«

Schluchzend wirft sie sich an deine Brust. »Wenn alles vorbei ist, lass uns weggehen aus dieser Stadt. Versprichst du mir das? Und versprichst du mir, dass du kein Risiko eingehst?«

»Beides ja und von Herzen, Emma. Ich liebe dich so sehr …«

Lies weiter bei ***149***

239

Das Licht, das zäh aus den bunt bemalten Ballonlampen tropft, Inspektor Chandlers wissendes Grinsen, mit dem er dich mustert, die gedämpften Gespräche aus den benachbarten Separees, letztendlich die Hitze, die in dem Rauchsalon herrscht, lassen dich in einer weich gezeichneten Traumwelt versinken.

Chandler – der trotz des reichlichen Opiumgenusses ein überaus adretter Mann ist – ist es gelungen, den Absinth anzuzünden und dir ein Glas gefüllt mit grünschillernder Flüssigkeit zu reichen. Du trinkst in durstigen Schlucken und lehnst dich zurück. Deine Augenlider werden schwer, dein Gemüt jedoch leicht, sodass du in einer angenehmen Entrücktheit versinkst. Sorgen, Nöte und Ängste bleiben ebenso zurück wie der feige Mörder, der Huren in finsteren Hinterhöfen absticht.

Deine Gedanken kreisen um Emma, wie sie sich einen Tropfen Absinth aus dem Mundwinkel leckt, auch wenn du weißt, dass sie nie welchen trinken würde. Ihre Hände sind sanft, als sie dich berührt, die Wange streichelt, und den Wunsch nach mehr erweckt.
Müdigkeit senkt sich auf dich herab, du sinkst in einen narkotischen Schlaf, ähnlich dem, der aus dem Tuch aufstieg, das dir Jekyll reichte. Ein Gedanke weht durch dein Bewusstsein. Du bist nackt, liegst in Emmas schlanken Armen, wälzt dich mit ihr verschlungen in verschwitzten, blutgetränkten Laken, die feucht und klebrig eure Haut bedecken und die Haare nass und schwer machen. Es facht eure Gier an, das Verbotene zu tun, die Frucht vom sündigen Baum zu pflücken …
Fünf Stunden später wachst du angezogen und auf der Recamiere liegend im Separee wieder auf. Chandler mustert dich aus halb geschlossenen Augen.
»Guten Morgen, Inspektor«, flüstert er feixend und reicht dir ein Wasserglas, das du dankbar entgegennimmst, denn du bist am Verdursten. Mit dem Erwachen kehren die Sorgen zurück und der Grund, weshalb du in dieses verräucherte Loch gekommen bist.

*Erhöhe deinen **Suchtwert** um 2 Punkte!*

Du setzt dich auf. »Jetzt, wo Ihren Wünschen genüge getan wurde, ist es an der Zeit, über Annie Chapman zu reden!«
*Lies weiter bei **80***

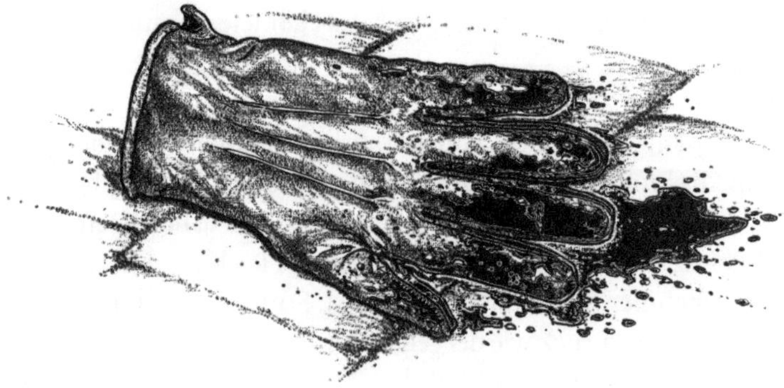

240 »Der Hinterausgang, wo ist der?«, willst du von der lächelnden Frau wissen.

»Aber Sie habe' bezahlt, also wolle' rauche?«, entgegnet diese verwirrt und weist auf den freien Platz, der mit der Bequemlichkeit lockt, sich ausstrecken und die Augen schließen zu können.

*Wenn du es dir anders überlegst und rauchen willst: Lies weiter bei **174***
*Wenn du verschwinden willst: Lies weiter bei **131***

241 Du hast dir Zeit gelassen und den ausklingenden Tag genossen. Die Sonne steht über dem Horizont und erwärmt deine Seele mit ihrem warmen orangeroten Licht. Doch schon bald wird sie der kühlen Septembernacht weichen, die einen fröstelnd macht. Der Hinterhof in der Hanbury Street ist einer dieser Bretterverschläge, wie es sie zu Tausenden in London gibt. Hässlich und nach Pisse stinkend sind diese Ecken die Rückzugspunkte der Kinder der Nacht. Die Sonne vermag es hier nicht, die Schatten zu vertreiben. Moos wächst auf dem Kopfsteinpflaster, Algen wuchern in den Fugen. Hierhin schleppen die Prostituierten ihre Freier oder die Eckensteher die armen Seelen, die sie mit dem Messer an der Kehle ausnehmen. Hier wird Geschäft gemacht.

*Für Ada Wilson: Lies weiter bei **81***
*Für Inspektor Abberline: Lies weiter bei **142***

242 Taumelnd tragen dich deine Beine die Stufen hinauf und durch den düsteren Flur, wo Pfleger und Kranke unscharfe Formen mit zerlaufenen Gesichtern sind. Manche rempelst du an, andere springen ob deiner ungestümen Flucht laut schimpfend zur Seite. Endlich durchbrichst du die Dunkelheit, streifst den Gestank nach Zerfall und Verwesung ab, als du durch den Vordereingang die Stufen hinab zur Straße stolperst, wo du dich an den Pfahl einer fauchenden Gaslaterne geklammert erbrichst.

Dann – nach endlosen Minuten des Durchatmens – findest du dich in der Old Montague Street wieder. Es ist Nacht. Die Gaslaternen fauchen, doch ihr Licht vermag nicht den bleichen Nebelschleier zu lüften, der zwischen den Häusern hängt.

Derweil du der Straße folgst, versuchst du deine Gedanken zu ordnen. Eins ist dir in der nach Zerfall stinkenden Leichenkammer bewusst geworden: Im Arbeiterkrankenhaus laufen die Fäden zusammen. Laut Aussage von Doktor Phillips muss es sich bei dem Mörder um einen Mediziner, zumindest aber einen Pathologen handeln, was Doktor Jekyll in den Zenit rückt, auf dessen Tisch du selbst gefangen lagst. Womöglich war das der Grund deiner überstürzten Flucht. Eine Kurzschlusshandlung, weil du dich wie Dark Annie auf dem Tisch liegen sahst.

Seziert und ausgenommen …

Am schockierendsten war jedoch, dass der Mörder offenbar die Organe verschleppt hat.

Aber wozu? Was bezweckt er damit?

Reißerische Zeitungsartikel und Gerüchte fallen dir ein, in denen es um Stadtkannibalen ging, die Menschen in dunkle Keller zerren und fressen. Und war da nicht dieser Clan, der sich in den Highlands jahrzehntelang in Höhlen versteckte und arglose Reisende überfiel und schlachtete?

Da das Erbrochene bitter im Mund lastet und du dich allein in der menschenleeren Straße befindest, beschließt du, in der Buck's Row die *Frying Pan* zu besuchen, die auf halbem Weg zu deinem Zuhause in Mile End liegt.

Du hörst Schritte, die hinter dir im Nebel hallen. Erschaudernd denkst du an das Schicksal von Polly und Dark Annie. Als du stehen bleibst, tut es dir der Verfolger gleich.

Deine Vorstellungskraft geht mit dir durch. Schleicht Hyde womöglich hinter dir her? Oder ist es Jekyll? Schlimmer erscheint dir jedoch der Gedanke, dass es Mary Pearcey ist, der das Böse anhaftet wie eine unheilbare Krankheit. Die Schwarze Witwe hat Eindruck bei dir hinterlassen.

Du siehst dich um. Die Opiumhöhlen liegen auf halbem Weg zur *Frying Pan* in der Whitechapel Road, dort könntest du unterschlüpfen.

Du erinnerst dich an ein Frauenasyl im Millers Court. Um das zu erreichen, musst du der Commercial Street in nördlicher Richtung folgen. Näher als die Taverne, aber weiter von zuhause weg.

Du gehst in die Opiumhöhlen: Lies weiter bei ***200***
Du gehst zum Frauenasyl: Lies weiter bei ***152***
Du nimmst den Weg zur Frying Pan: *Lies weiter bei* ***93***
Du versteckst dich und lauerst dem Verfolger auf: Lies weiter bei ***228***

243

Die Commercial Street Ecke Wentworth ist kein vornehmes Viertel. Für eine wie dich, die ihren Platz in der *Frying Pan* hat, ist es hier zudem nicht ungefährlich. Du musst aufpassen, keinem der hiesigen Dandys zu begegnen. Könnte schnell mit einem Messer in den Rippen ausgehen, wenn die denken, dass du ihren Mädchen die Kundschaft stiehlst. Doch deswegen bist du nicht hier.

Elizabeth Long ist ein bildhübsches Ding, gertenschlank und mit einem feinen Gesicht. Es ist noch früh am Abend. Der Nebel kriecht träge aus der Themse, in den Gassen schimmert der rötliche Hauch der versinkenden Sonne. Die Temperatur ist herbstlich, aber angenehm. Hufgeklapper, das Rattern der Kutschenräder vermengt sich mit den Geräuschen des geschäftigen Treibens eines ausklingenden Tages.

Elizabeth sieht dich schon von Weitem und verzieht ihr hübsches Gesicht. »Wenn das nicht Ada Wilson ist. Was ist, hast du dich verlaufen? Gehörst nicht hierher …«

Du zwingst dich zu einem Lächeln, weil du weißt, dass Elizabeth schnell mit dem Messer zur Hand ist.

»Blas dich nicht so auf, Elizabeth. Bin wegen Dark Annie hier und nicht, um mich mit dir anzulegen. Können wir reden?« (Probe ***Auftreten****): Lies weiter bei* ***161***

»Hör mal, ich will keinen Streit. Mir geht's um Annie. Will mit dir reden, was du gesehen hast, weil's mir nahegeht.« (Probe ***Empathie****): Lies weiter bei* ***182***

244

Ein Glassplitter knirscht verräterisch unter deiner Sohle in der Stille des Kellerflurs, dass es dir eiskalt den Rücken hinabfährt. Du erstarrst, wagst es nicht, dich zu rühren. Das Gespräch jenseits der Tür ist verstummt.

»Wer ist da?«, ruft einer der Männer.

Dir bleibt keine Wahl, du räusperst dich deutlich und klopfst an.
*Für Ada Wilson: Lies weiter bei **178***
*Für Inspektor Abberline: Lies weiter bei **100***

245

*Probe **Überzeugen** gegen **Contra-Skill** 3.*
*Wenn du unterliegst: Lies weiter bei **90***
*Wenn du obsiegst: Lies weiter bei **120***

246

Du nimmst die Bedrohung erst wahr, als sich ein massiger Schatten hinter dir erhebt. Dann geht der Totschläger auf deinen Hinterkopf nieder. Das dunkel verfärbte Holz klatscht dir auf den Schädel, dass grelles Licht hinter deinen Augen explodiert, das Schmerz in seiner reinsten Form ist.
Du sackst nach vorn, kippst aus dem Sessel und landest auf dem Rücken. John Evans ragt über dir auf wie ein hämisch grinsender Titan. Er will erneut zuschlagen, doch Donovan hält ihn davon ab. Der Raum zerfließt, beginnt sich zu drehen, als Donovan neben dir in die Hocke geht und dir die Wange tätschelt.
»Hättest auf mich hören sollen, Ada Wilson, aber nein, du wusstest es ja besser. Schade um ein derart hübsches Mädchen. Welch verschwendetes Potential …«
»Soll ich ihr den Schädel einschlagen?«, grunzt Evans wie durch Watte.
»Nein, lebend ist sie wertvoller. Bring sie zu ihm, er weiß, was zu tun ist …«
Dann hämmert Donovans Faust gegen deine Schläfe und schickt dich in die Bewusstlosigkeit …
*Lies weiter bei **192***

247

In der Seitengasse tummeln sich vorwiegend Säufer, die auf Kisten und Fässern sitzen oder in die Ecken der Gasse pissen. Dementsprechend laut und stinkend ist es in dem engen Durchgang. Du bist dankbar um die Anwesenheit des Constable, der für Ordnung sorgt und die Säufer davon abhält, aufdringlich zu werden. Zu deiner Überraschung ist es Mizen, zu dem du ein verboten freundschaftliches Verhältnis aufgebaut hast.

Du trittst zu dem jungen Mann hin, der neben der Tür des Seiteneingangs Wache hält. »Guten Abend, Constable. Hätte nicht gedacht, den hübschesten Gesetzeshüter in dieser stinkenden Gasse anzutreffen.«
Das Gesicht Mizens hellt sich freudig auf, als er dich aus den Nebelschwaden treten sieht. »Ada. Bezaubernd wie immer.« Er berührt begrüßend deinen Arm. »Was soll ich sagen, einer muss die Trunkenbolde ja im Zaum halten. Die haben vorhin Long Liz belästigt, wollten ihr an die Röcke.«
Du kennst Long Liz oder Elizabeth Stride, wie sie richtig heißt. Eine dünne und ungewöhnlich große Prostituierte aus Schweden. Hübsches, aber hinterhältiges Ding.
»Wenn wir dich nicht hätten.« Mizen strahlt über deine schmeichelnden Worte.

*Erhöhe **Auftreten**, **Überzeugen** oder **Glaubwürdigkeit** um 1 Punkt, sofern der betreffende **Skill** 3 oder niedriger ist.*

Du drängst dich näher an den jungen Mann, der nichts dagegen zu haben scheint. *In einem anderen Leben*, denkst du traurig und blickst zu ihm auf.
*»Kannst du ein gutes Wort für mich einlegen? Ich muss ins Krankenhaus, mit dem Leichenbeschauer reden, hab aber Angst, dass die mich abweisen.« (Probe **Überzeugen**): Lies weiter bei **180***
*»Bin hier, um die Sachen der armen Annie abzuholen. Sie ist unten in der Leichenkammer. Hab Angst, dass die mich abweisen. Kannst du als Freund ein Wort für mich einlegen?« (Probe **Freunde**): Lies weiter bei **224***

248

*Probe **Überzeugen** gegen **Contra-Skill** 4.*
*Wenn du unterliegst: Lies weiter bei **153***
*Wenn du obsiegst: Lies weiter bei **115***

249

*Probe **Überwältigen** gegen **Contra-Skill** 3.*
*Wenn du unterliegst: Lies weiter bei **254***
*Wenn du obsiegst: Lies weiter bei **222***

250 Die Opiumhöhle in der Church Street ist nicht weit von der Hanbury Street entfernt, was wohl der Grund dafür war, weshalb Inspektor Joseph Chandler so schnell den Tatort erreichen konnte. Die zumeist von Chinesen betriebenen Kaschemmen sind groß in Mode. Für ein paar Pence kann man der Realität entfliehen, sich in die weichgezeichnete Düsternis des Drogenrauschs sacken lassen, derweil zarte Hände einem den Nacken und Rücken massieren und manchmal sogar etwas mehr.

Solche wie du sind in diesen Etablissements nicht gerne gesehen, weshalb du dem Türsteher einige Pence extra zustecken musst, damit er dich einlässt. Drinnen empfängt dich ein von papiernen Ballonlampen schummrig rot beleuchteter Saal. Mit chinesischen Motiven bemalte Paravents gaukeln Separees vor, in denen mit rotem Samt bezogene Recamieren auf Gäste warten. In der Luft steht der Dunst vom Rauch der Pfeifen, die von Chinesinnen in hautengen bunten Kleidern auf silbernen Tabletts gereicht werden. Die noblen Gentlemen trinken dazu giftgrünen Absinth, die Ärmeren asiatisches Bier. Nur wer genauer hinsieht, bemerkt, dass die Polster abgestoßen sind und der goldfarbene Lack bröckelt wie die Schminke der beschäftigt umhereilenden Frauen.

Auf einer Empore sitzen Musiker, die auf dir unbekannten Instrumenten spielen, deren Klang dich an Katzenjammer erinnert. Du stellst dir Mister Hyde vor, wie er hinter einem der Paravents lauert, das Skalpell in der Hand.

Es kostet zwei weitere Pence, damit man dich zu einem Separee führt, das sich unauffällig in eine Ecke drängt. Die Chinesin erklärt dir mit geheimnisvollem Lächeln, das dies der Stammplatz von Inspektor Joseph Chandler sei. Und tatsächlich, als du zwischen den halb durchscheinenden Paravents hindurchtrittst, liegt er auf einer der beiden Recamieren lang ausgestreckt und mit geschlossenen Augen da. Sein Jackett vor ihm auf dem Boden. Die Weste ist aufgeknöpft, das Hemd hängt ihm zum Teil aus der Hose. Die Schuhe stehen hingegen ordentlich unter seiner Liegestatt.

Du nimmst auf der zweiten Recamiere Platz und öffnest deinen schwarzen Mantel, weil es drückend heiß ist. »Inspektor Chandler?«

Seine Augen bewegen sich hinter geschlossenen Lidern. Du fasst dir ein Herz und rüttelst den Mann an der Schulter.
»Inspektor, wachen Sie auf, ich muss mit Ihnen reden!«
Wohl etwas zu laut, denn aus dem benachbarten Separee zischt ein leises, aber durchdringendes *Pssst!*
Der Inspektor regt sich träge, öffnet die Augen und sieht dich an, als wärst du die schwarze Frau aus einem bösen Traum. »Was zur Hölle … wer … bist du?«
Das aufgerauchte Pfeifchen, das auf einem Beistelltischchen steht, erklärt seinen desolaten Zustand.
»Ada Wilson. Ich muss mit Ihnen über Annie Chapman reden.«
»Annie wer?«
»Dark Annie!«
»Ah, die Tote aus der Hanbury Street. Sag das doch gleich.« Er wälzt sich ächzend auf die Seite. »Und was hast du damit zu schaffen?«
»Ich …«
Ein Chinese schiebt sich ins Separee.
»Ma'am, das hie' is' ein Rauchhaus. Ic' muss Sie bitte' zu bestelle' ode' zu gehe'.«
»Einen Tee. Kein Zucker, aber Milch«, sagst du, ohne deinen Blick von Chandler abzuwenden.
»Rauchhaus«, wiederholt der Chinese und dir wird klar, dass er möchte, dass du ein Opiumpfeifchen bestellst.
»Ich nehm noch eins. Aber das gute Zeug«, nuschelt Chandler. Er sieht dich an. »Wir rauchen, danach unterhalten wir uns, hübsches Kind!«
»Ich verabscheue Rauschmittel und bevorzuge ein ernsthaftes Gespräch mit wachen Sinnen, Inspektor.« (Probe ***Auftreten****): Lies weiter bei* ***181***
»Inspektor Chandler, Sie sollten nicht noch mehr rauchen. Die Leute auf der Straße – ich eingeschlossen – brauchen Sie bei Verstand!« (Probe ***Überzeugen****): Lies weiter bei* ***106***

251

Probe ***Geschick*** *gegen* ***Contra-Skill 5****.*
Wenn du unterliegst: Lies weiter bei ***244***
Wenn du obsiegst: Lies weiter bei ***141***

252 *Probe* ***Überzeugen*** *gegen* ***Contra-Skill 4****.*
Wenn du unterliegst: Lies weiter bei ***229***
Wenn du obsiegst: Lies weiter bei ***199***

253 *Probe* ***Geschick*** *gegen* ***Contra-Skill 2****.*
Wenn du unterliegst: Lies weiter bei ***110***
Wenn du obsiegst: Lies weiter bei ***76***

254 Elizabeth gibt dir einen harten Schlag gegen die Brust. »Hast du vollkommen den Verstand verloren, mich anzupacken?«
Eine Klinge blitzt im Abendrot. Sie fuchtelt mit der Spitze vor deiner Nase herum. »Wie ist's, soll ich dir noch 'ne Narbe verpassen oder gehst du lieber deines Weges, Ada Wilson?«
Du willst beileibe nicht gegen die aufgebrachte Frau kämpfen, die offensichtlich Angst hat. Auf diese Weise machst du dir unter den Straßenweibern keine Freunde.

Verringere ***Freunde*** *um 1 Punkt.*

Resignierend hebst du die Schultern. »Okay, tut mir leid, ich war wohl etwas … übereifrig. Mir geht Dark Annies Tod halt ziemlich

nah. Aber eins wüsste ich dennoch gerne. Sagt dir der Name Mister Hyde etwas?«
Elizabeth lässt das Messer sinken. Sie beugt sich verschwörerisch zu dir. »Einen Mister Hyde kenn ich nicht, aber he, wenn du mehr über Annie wissen willst, geh besser ins *Crossingham's*. Hat sich dort oft rumgetrieben. Und jetzt verschwinde von hier, denn der Tod zieht durch die Straßen von Whitechapel!«
Du gehst zum Tatort in der nahen Hanbury Street 29 (sofern du dort noch nicht gewesen bist): Lies weiter bei ***81***
Du machst dich in den Opiumhöhlen auf die Suche nach Inspektor Chandler (sofern du das noch nicht getan hast): Lies weiter bei ***250***
Du gehst ins Crossingham's *in der Little Paternoster Row: Lies weiter bei* ***85***

255

Probe ***Freunde*** *gegen* ***Contra-Skill 4****.*
Wenn du unterliegst: Lies weiter bei ***117***
Wenn du obsiegst: Lies weiter bei ***183***

256

Probe ***Empathie*** *gegen* ***Contra-Skill 3****.*
Wenn du unterliegst: Lies weiter bei ***173***
Wenn du obsiegst: Lies weiter bei ***199***

257

Probe ***Empathie*** *gegen* ***Contra-Skill 3****.*
Wenn du unterliegst: Lies weiter bei ***94***
Wenn du obsiegst: Lies weiter bei ***115***

258

29. September 1888
Der dreizehnjährige Junge schiebt sich seine Ballonmütze in den Nacken und hält die Hand auf. »Tom Bulling von der *Central News* hat mir den Brief gegeben und gesagt, dass ich 'nen Penny kriege, wenn ich ihn hier abliefere. Also, Constable, sie haben den Brief. Wo ist mein Geld?«
Stronghold kratzt sich das stopplige Kinn. »Sei froh, dass ich dir nicht den Hintern versohle, verdammter Taugenichts.«
Constable Mizen geht vor dem Jungen in die Hocke. »Und was sagte Bulling noch über den Brief?«

»Na, dass es um die abgestochenen Huren geht«, kräht der Junge derb. »Und jetzt den Penny!«
Mizen schnauft, kramt aus einer Tasche seiner Uniformjacke einen Penny, drückt ihn dem Jungen in die Hand und nimmt den Brief entgegen. »Aber lass ihn dir nicht gleich wieder abjagen.« Als der Junge sich triumphierend abwenden will, hält er ihn am Arm fest. »Und noch was: Es sind Frauen, die ermordet wurden. Frauen, verstehst du? Wie auch deine Mutter eine Frau ist! Wenn ich dich noch einmal Hure sagen höre, schlag ich dir den Hintern windelweich, dass du 'ne Woche nicht sitzen kannst, verstanden?«
Der Junge glotzt mit großen Augen, nickt und eilt die Treppe hinab. Mizen öffnet das verknitterte Kuvert und zieht zwei mit roter Tinte beschriebe Seiten heraus. Schon nach den ersten Zeilen wird er kreidebleich. »Gütiger Gott, das muss Inspektor Abberline sofort lesen!«
Und Ada Wilson wird es ebenfalls wissen wollen, denk sich der Constable und geht eiligen Schrittes davon …

Blätter weiter zum Beginn von ***Kapitel 3 – Zurück aus der Lethargie!***

KAPITEL 3
ZURÜCK AUS DER LETHARGIE

Samstag, 29. September 1888
Kalter Wind weht den aufsteigenden Nebel von der Themse in die Gassen von Whitechapel. Elizabeth Tanner zieht sich fröstelnd den Mantel enger um den fülligen Körper. Sie nippt am Krug mit dem aufgewärmten Bier und reicht ihn Long Liz weiter. »Verrückte Zeiten sind das. Alles ist verkehrt …«
Liz, auch Hippy Lip Annie genannt, trinkt einen Schluck und nickt. »Hör allerorts, dass etwas nicht stimmt. Manche behaupten, dass der Teufel umgeht in den Gassen und sich unvorsichtige Weiber holt.«
Elizabeth reibt sich erschauernd die Arme. »Mach mir keine Witze darüber, denn ich fühl's auch, dass etwas nicht stimmt. Gehen wir besser ins *Queen's Head*, dort ist's wärmer.«
Liz trinkt aus, reicht Elizabeth den Krug und schlägt den Pelzbesatz ihres schwarzen Tuchmantels hoch. »Bis um acht kann ich bleiben, aber dann muss ich los. Hab so einiges vor heute …«
Elizabeth greift in ihren Beutel, fischt sechs Dimes heraus und reicht sie Liz. »Bevor ich's vergesse, sind fürs Putzen der Zimmer.«
Im *Queen's Head* in der Commercial Street Nummer 74 bewohnt Liz ein einfaches, aber sauberes Zimmer im Obergeschoss und sorgt als Gegenleistung dafür, dass die anderen in Ordnung sind.
Von einer unsteten Aufregung ergriffen tänzelt sie in ihrem Raum vor dem Spiegel herum. Heute ist eine besondere Nacht und dafür wird sie sich hübsch zurechtmachen. Liz zieht sich aus und bewundert sich selbst vor dem Spiegel. Sie ist größer als die meisten

Frauen, gut genährt, aber nicht dick. Ihr Fleisch ist fest und die Haut rosig und straff.

Sie setzt sich auf das Bett und schlüpft in die guten weißen Strümpfe, eine weiße, frisch gestärkte Bluse und ebensolche Unterröcke. Darüber schnürt sie das dunkelbraune Mieder aus Baumwollsamt, das sie sich für solche Anlässe aufspart, ebenso wie den schwarzen Rock. Besonders stolz ist sie auf die rotbraunen Stiefeletten mit seitlichem Federverschluss, die aussehen, als kämen sie eben erst vom Schuster.

Nachdem sich Liz ihr rotblondes Haar zu einem Knoten hochgesteckt hat, mustert sie sich ein letztes Mal im Spiegel. Zufrieden mit sich selbst, was aber auch an dem Branntwein liegen könnte, den sie während des Zurechtmachens getrunken hat, genehmigt sie sich einen letzten Schluck aus der Flasche. Alles muss perfekt für ihn sein, denn er ist der Mann ihrer Träume …

Stunden später, kurz nach Mitternacht
Sonntag, 30. September 1888

Der wahre Gentleman unterscheidet sich darin von dem gewöhnlichen Tagelöhner, dass er sich Gedanken um das Wohlergehen seiner Liebsten macht. So denkt Liz, als ihr Begleiter für sie eine Kutsche anhält und von Matthew Packers Straßenstand einen Henkel roter Trauben ersteht.

»Lass uns diese Nacht unvergesslich machen«, flüstert er ihr zu, derweil er sie mit den süßen, lilafarbenen Früchten füttert.

Liz – völlig durchnässt vom Regen, die Haare aufgelöst – nascht, hingerissen von seiner Schönheit, von seinen zarten Fingern. Sie ist durchaus verwundert, als er durch das Läuten eines Glöckchens dem Kutscher befiehlt, anzuhalten.

»Du hast doch sicher nichts dagegen, dass ich heute Nacht für etwas Abwechslung gesorgt habe«, flüstert er ihr ins Ohr und öffnet den Wagenschlag, damit ein weiterer Gast in die Kutsche einsteigen kann.

Liz will allein mit ihm sein, doch ihre Zunge ist vom vielen Alkohol und dem Genuss der süßen Früchte schwer. Also nickt sie nur und mustert in einer Mischung aus Neugier und Erschrecken die

in einen langen Mantel gehüllte schlanke Person, die von dunklen Schatten umgeben scheint gleichsam düsteren Flügeln. Als sich die Tür hinter ihr schließt, kriecht das Böse aus den Augen der zugestiegenen Gestalt und bemächtigt sich Long Liz' unbedarfter Seele …

Eine Stunde nach Mitternacht …
Louis Diemschutz' Pony scheut im Dutfield's Yard vor dem Karren, auf dem der Schmuckhändler seine Ware zum Markt transportiert, und weigert sich, weiterzulaufen. Fluchend versucht er, das ängstlich schnaubende Tier am Strick zu beruhigen, doch es bleibt – in die Finsternis der Gasse schielend – wiehernd und mit dem Kopf schlagend stehen.
»Störrisches Mistvieh«, knurrt Diemschutz, wischt sich das Regenwasser aus den Augen und tastet sich mit dem Stock in der Dunkelheit voran, weil er annimmt, dass dem Tier etwas im Weg liegt und es sich deswegen weigert, weiterzulaufen.
Tatsächlich stößt sein Stock nach wenigen Schritten in etwas Weiches, das sich wie der Körper eines Menschen anfühlt.
»Sicher wieder so ein Trunkenbold, der sich zum Rausch-Ausschlafen in die Pissrinne gelegt hat«, schimpft er wütend, nachdem sich der Kerl im Dreck nach mehrmaligem Anstoßen mit dem Stock nicht rührt. Sehen kann er den Kerl nicht. Seine Lampe ist wegen des Regens erloschen und Straßenlaternen gibt es hier keine, weshalb sich Diemschutz fluchend auf den Weg zum nahe gelegenen *Workingmen's Club* macht, um Hilfe zu holen, damit man den Säufer beiseiteschaffen kann.
Als er kurz darauf mit Isaac Kozebrodsky und Morris Eagle zurückkehrt, offenbart sich den Männern im Schein der mitgebrachten Lampe etwas weitaus Schlimmeres als ein im Dreck liegender Säufer. Der Regen hat aufgehört, nun dampft die Feuchtigkeit vom Kopfsteinpflaster. Eine Frau, gekleidet in einen schwarzen Stoffmantel mit Pelzbesatz, liegt auf der Seite mit angezogenen Beinen, den Kopf bei der Wand, die Füße zur Straße hin.
In ihrem linken, ausgestreckten Arm hält sie ein Päckchen Cachous – Pfefferminzbonbons gegen schlechten Atem.
Ihr rechter Arm ruht auf dem Bauch. Die Männer können Blut auf

dem Handrücken und der weißen Bluse darunter sehen.
»Sie ist verletzt«, keucht Eagle und kniet sich neben der Frau auf das regennasse Kopfsteinpflaster, beugt sich über sie, um sie an der Schulter zu berühren, springt aber sogleich wieder auf.
»Kehle«, würgt er entsetzt hervor. »Einer hat ihr die Kehle durchgeschnitten. Sie liegt nicht in einer Pfütze, es ist ihr Blut!«
»Du meinst …«, stammelt Diemschutz.
»Ich kann den Knochen dahinter sehen, so tief ist der Schnitt durch ihre Kehle«, krächzt der kreidebleiche Eagle der Panik nah.
»Wir müssen Hilfe holen«, stellt Kozebrodsky verdattert fest.
Diemschutz schüttelt den Kopf. »Glaub's mir, der hilft keiner mehr …«

Des Abenteuers dritter Akt:
*Für Ada Wilson: Lies weiter bei **293***
*Für Inspektor Abberline: Lies weiter bei **274***

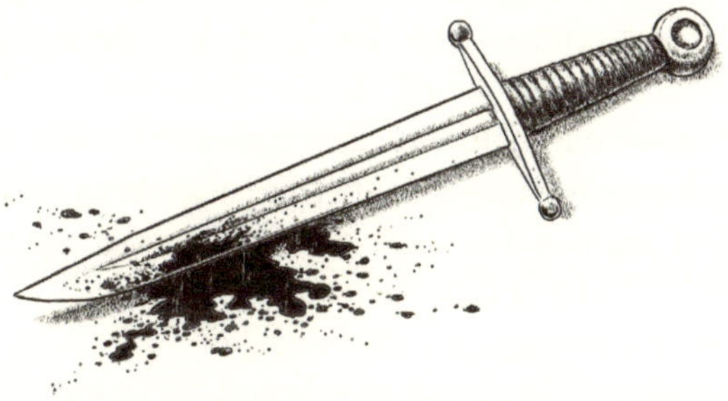

259

Mit gestrafften Schultern trittst du vor den gefürchteten, aber kleinen Leather Apron hin, der sich zur Bretterwand zurückgezogen hat. »Reden wir wie zivilisierte Männer!«
Apron nickt. »Ist ja gut, Inspektor. Ich war mit ihr heute Abend zusammen, ist ja nichts dabei.«

*Erhöhe deinen zuletzt auf die Probe gestellten **Skill** um 1 Punkt!*

Du ziehst den Knüppel, um deinen Worten Nachdruck zu verleihen, und hältst ihn ihm vors Gesicht. »Wann, warum und wo, die ganze Geschichte, oder soll ich's aus dir rausprügeln?«
*Lies weiter bei **277***

260 *Probe **Glaubwürdigkeit** gegen **Contra-Skill 4**.*
*Wenn du unterliegst: Lies weiter bei **297***
*Wenn du obsiegst: Lies weiter bei **272***

261 Constable Mizen bringt dir Elizabeth Tanner. Du nickst der freundlich aussehenden Frau zu und gehst mit ihr in eine ruhigere Ecke. »Miss Tanner, Sie sagen, Sie kannten Elizabeth Stride?«

Die wischt sich Tränen aus den Augen. Ihr rundes, pausbäckiges Gesicht ist gerötet.

»Könnte sagen, wir waren Freundinnen. Sie hat sich so auf diesen Abend gefreut.«

»Warum das?«

Elizabeth seufzt. »Na ja, es war so gegen halb sieben, als wir vor dem *Queen's Head* 'nen Krug Bier tranken, da meinte sie, dass sie noch etwas vorhat. Sie sah so glücklich aus. Ich gab ihr sechs Dime, weil sie zwei Zimmer geputzt hatte, dann ging sie in ihr eigenes.«

»Und wann hat sie das *Queen's Head* verlassen?«

»Charles Preston und Catherine Lane haben gegen acht mit ihr gesprochen, als sie ging. Sie gab Catherine ein sauber gefaltetes Stück Samt und bat sie, darauf aufzupassen. Charles fragte sie nach einer Kleiderbürste, doch der hatte keine dabei.«

»Sie hat aber nicht gesagt, wohin sie wollte?«

Elizabeth seufzt, sinkt in sich zusammen. »Erst später, so gegen elf in der Nacht, kam wie jeden Abend John Gardner ins *Queen's Head.* Als ich mit ihm sprach, meinte er, er habe Liz in der Settle Street nördlich der Commercial Road gesehen. Sie kam aus dem *Bricklayer's-Arms*-Gasthaus in Begleitung eines kleinen Mannes in Mantel, Anzug und Melone.«

Jetzt wirst du hellhörig. »Ein Gentleman? Oder sah er aus wie ein Doktor?«

Elizabeth schüttelt entschieden den Kopf. »Es regnete stark, da haben sich die beiden unter ein Vordach verdrückt, küssten und begrabschten sich, was so gar nicht zu Liz passen mag, und ein Gentleman war's ganz sicher auch nicht, denn Gardner erkannte ihn als Leather Apron!«

Der ist dir ein Begriff. Sein richtiger Name lautet John Pizer. Ein Messerstecher der übelsten Sorte. »Und weiter?«

»Mieser Bursche, der im *Queen's Head* Hausverbot hat, weil sein Messer zu locker sitzt. Vor allem gegen Frauen, was ich gar nicht leiden kann … aber im *Bricklayer's Arms* scheint er herzlich willkommen zu sein.«

Könnte Pizer der Mörder sein?, geht dir durch den Kopf. »Was geschah dann?«

»Na ja, Liz und Pizer liefen recht schnell durch den Regen Richtung Berner Street davon. Als ich hörte, dass sie mit diesem Drecksack unterwegs ist, schlüpfte ich in meinen Mantel und machte mich sofort auf die Suche nach ihr, doch leider …«, sie schluchzt, Tränen laufen ihr aus den Augen, »… kam ich zu spät.«

Du legst ihr sanft eine Hand auf den Arm. »Machen Sie sich keine Vorwürfe, Miss Tanner, sie hätten nichts tun können. Ich danke Ihnen für diese überaus wichtigen Informationen. Wir werden den Mörder bald gefasst haben!«

Wenn du nun mit Louis Diemschutz reden willst (und das noch nicht getan hast): Lies weiter bei ***275***

Wenn du Leather Apron suchst: Lies weiter bei ***306***

262

Du bist einen Hauch zu langsam, hast nicht mit der Flinkheit des kleinen Mannes gerechnet. Das rächt sich jetzt.

Bevor du zur Seite treten kannst, durchstößt Aprons Klinge deinen Mantel, das Kleid darunter und die blasse Haut. Der Stahl durchbohrt dein Fleisch wie in der Sonne aufgeweichte Butter, stößt tiefer, wo dein Magen – zumindest nimmst du das an – eingebettet darauf wartet, geöffnet zu werden.

Lies weiter bei ***312***

263

Aufgewühlt stehst du unter einer Gaslaterne an der Ecke vor dem *Bricklayer's Arms* und versuchst, einen klaren Gedanken zu fassen.

Was für Spuren gibt es, denen du folgen kannst, solange diese frisch sind.

Zum einen wäre da das Arbeiterkrankenhaus in der Old Montague Street, wohin sie Elizabeth Stride zur Obduktion gebracht haben. *Und wo die Doktoren sind, die darin verstrickt zu sein scheinen*, weht dir eine grausige Befürchtung durch den Kopf.
Oder du gehst zum *Queen's Head* in der Commercial Street, wo man die arme Frau kannte und wo sie gelebt hat. Wenn es einen Hinweis auf den wahren Mörder gibt, dann vielleicht dort.
Tief in deinem Innern spürst du, dass heute Nacht in den nebeldunstigen Gassen Whitechapels noch etwas weitaus Schrecklicheres geschehen wird und dir – wenn überhaupt – nur die Zeit für die Wahl zwischen einer der beiden Optionen bleibt …
*Wenn du zum Arbeiterkrankenhaus gehst: Lies weiter bei **267***
Wenn du ins Queen's Head *gehst: Lies weiter bei **286***

264

»Interessiert mich nicht«, brummt der Bär. »Gab schon genug Ärger heute Nacht, scher dich weg, aber sofort!«
Sowohl Constable Mizen als auch Elizabeth Tanner sind weg. Dir bleibt nichts anderes übrig, als diesen mysteriösen Leather Apron zu suchen.
*Lies weiter bei **314***

265

Erleichtert, dem ausgelassenen Treiben im Gasthaus entkommen zu sein, trittst du in die feuchtkühle Luft einer engen und dunklen Gasse. Dein anfänglicher Enthusiasmus wird schnell getrübt, als du den beißenden Uringestank wahrnimmst, der sich, einen bitterklebrigen Nachgeschmack transportierend, auf deine Zunge legt.
Nachdem sich deine Augen an die Dunkelheit gewöhnt haben, erkennst du, dass die Gasse zwischen zwei Häuser geklemmt an einem hohen Bretterzaun endet. Dort glimmt auf Kopfhöhe ein orangeroter Punkt. Es knistert leise, als der Mann, der die Zigarre zwischen den Lippen hält, an dem Stummel zieht. Für einen Moment leuchtet die Glut auf und zeigt ein rundes, unten von einem gestutzten Spitzbart und oben von einer zerknautschten Melone begrenztes Gesicht. Das muss er sein, Leather Apron.

»Mister John Pizer?«
»Wer will'n das wissen«, fragt der Mann mit heller Stimme.
Du trittst ihm einen Schritt in der dunklen Gasse entgegen. Je mehr sich deine Augen an die Dunkelheit gewöhnen, desto besser erkennst du seine Umrisse. Stämmig, aber klein. Eher dicklich …
»Inspektor Abberline vom Scotland Yard. Ich hätte ein paar Fragen an Sie über Elizabeth Stride, auch als Long Liz bekannt.«
Es braucht eine Weile, bis er antwortet. »Liz … ja und?«
»Man hat Sie diese Nacht mit ihr gesehen.«
Apron dreht sich, sodass er dir frontal gegenübersteht. Euch trennen fünf Meter. »Ist das ein Problem?«
»Sie wurde tot aufgefunden. Mit durchgeschnittener Kehle nicht weit von hier. Ich würde sagen, das ist durchaus ein Problem, Mister Pizer«, antwortest du.
Aprons Haltung strafft sich. Er steckt die Hände in die Taschen seines kurzen Mantels. »Hab nichts damit zu schaffen … und nennen Sie mich Leather Apron wie alle anderen auch!«
*»Ich will lediglich wissen, was geschehen ist.« (Probe **Glaubwürdigkeit**): Lies weiter bei **296***
*»Reden wir nicht um den heißen Brei herum. Sie schildern mir, was passiert ist, sonst reden wir auf der Wache weiter!« (Probe **Auftreten**): Lies weiter bei **319***
*»Umdrehen und Hände aus den Taschen, ich mach keine Spielchen« (Probe **Überwältigen**): Lies weiter bei **279***

266

»Dann soll dich der Teufel holen, Ada Wilson!«, grunzt Leather Apron und versucht, deinen Arm mit dem Messer zu packen.
*Probe **Überwältigen** gegen **Contra-Skill 5**.*
*Wenn du unterliegst: Lies weiter bei **315***
*Wenn du obsiegst: Lies weiter bei **309***

267

Kaum, dass du dich auf den längeren Weg zur Commercial Street gemacht hast und die Whitechapel Road überquerst, hallen die aufgeregten Signale der Pfeifen der Constables durch die in düsteren Schatten liegenden Straßen.

Es ist Schließzeit und nur wenige Passanten sind unterwegs, was die Geräusche eindringlich, aber auch unheimlich macht. Umgeben von durch den Dunst seltsam verzerrten Bildern reibst du dir fröstelnd die Arme. Du hältst einen eilig vorbeilaufenden Constable fest und fragst ihn, was geschehen sei.
»Mord«, keucht dieser außer Atem, »es hat eine weitere Frau erwischt, im Mitre Square. Kommen Sie mit, Inspektor Abberline, wir brauchen jetzt jeden Mann!«
Lies weiter bei ***325***

268

Probe ***Empathie*** *gegen* ***Contra-Skill 2.***
Wenn du unterliegst: Lies weiter bei ***297***
Wenn du obsiegst: Lies weiter bei ***272***

269

Probe ***Geschick*** *gegen* ***Contra-Skill 6.***
Wenn du unterliegst: Lies weiter bei ***304***
Wenn du obsiegst: Lies weiter bei ***282***

270

Die Luft ist klamm vom Regen. Gerade kämpft sich der Nebel zurück in die Gassen.
Berner Street, denkst du dir. Weit entfernt von der Hanbury oder der Buck's Row, wo die anderen Frauen ermordet wurden. Zu nah an der Oxford, wo dein Zuhause ist.
Gut, dass Emma aufs Land gegangen ist …
Auf den Straßen ist um diese Zeit die Hölle los. Du nimmst die Whitechapel nach Westen und biegst dann links in die Union Street ein, bis du auf die Commercial Road triffst. Dort wendest du dich nach links, bis es nach einem kurzen Wegstück rechts in die Berner Street geht.
Auf den größeren Straßen wie der Whitechapel oder der Commercial herrscht reges Treiben. Kutschen, Passanten, Constables, eben alles, was einen Mörder davon abhält, jemandem aufzulauern und ihn umzubringen.
In der Berner Street ist es hingegen ruhiger. Abgesehen von einigen Läden und dem *Workingmen's Club* – einer Arbeiterkneipe – geht es hier eher behäbig zu.

Wo die Berner auf den Dutfield's Yard trifft, was gleich gegenüber des *Workingmen's* ist, hat sich eine Traube aus Schaulustigen gebildet. Constables bilden eine Kette, um die Gasse vor allzu neugierigen Blicken abzuschirmen.

Dein Herz klopft nicht nur vom schnellen Laufen, sondern auch von einer makabren Aufregung ergriffen, unmittelbar nach dem Verbrechen am Tatort einzutreffen. Einer der Constables ist Mizen, der dir zunickt. »Inspektor Abberline, eine Elizabeth Tanner möchte mit Ihnen reden. Sie ist die stellvertretende Leiterin des *Queen's Head*, einer Taverne mit Gästehaus in der Commercial Street 79. Sie meint, dass sie Elizabeth Stride – also das Opfer – gut kannte.«

»Später, zuerst der Tatort«, nickst du ihm zu. »Sie soll warten.«

Als du dich durch die Schaulustigen drängst, siehst du zwischen Constables, die Petroleumlaternen halten, Doktor Phillips neben der ausgestreckt daliegenden Leiche knien.

»Doktor Phillips«, begrüßt du den in seine Arbeit vertieften Mann. Der schaut kurz auf. »Inspektor.«

Du gehst neben ihm in die Hocke, um dir im Schein der Petroleumlampen die Frau anzusehen. Auf den ersten Blick liegt sie mit angezogenen Beinen da, als würde sie schlafen.

Elizabeth Strides Augen sind geschlossen, das Gesicht ist blass. Die Tote trägt einen langen, schwarzen Tuchmantel mit Pelzbesatz, der aufgeknöpft ist. Im oberen Knopfloch steckt ein kleines Gebinde, bestehend aus einer roten Rose und etwas weißem Farnkraut. Darunter trägt sie einen schwarzen Rock und ein dunkelbraunes Mieder über einer weißen Bluse.

Weiße – verrutschte und schmutzig-nasse – Strümpfe und feine Stiefeletten mit Federverschluss runden das Gesamtbild ab.

Ihr Körper ruht auf der rechten Seite mit dem Gesicht zur Wand, ihr Kopf zeigt in Richtung des Hofes, die Füße zur Straße. Der linke Arm ist ausgestreckt, in der Hand hält sie ein Päckchen Cachous, was Minzbonbons sind, um schlechten Atem zu vertreiben.

Ihr rechter Arm ruht auf dem Bauch. Auf dem Handgelenk und dem Handrücken ist Blut. Um ihren Hals trägt sie ein seidenes Tuch, das zerrissen und blutgetränkt ist. Darüber klafft ein tiefer Schnitt rechts am Kiefer.

»Was sagen Sie, Doktor?«
Phillips schnauft, weil du ihn bei der Arbeit störst. Mit dem Finger zeigt er auf den Hals der Toten.
»Hm, es ist noch verfrüht, ein abschließendes Urteil abzugeben. Bei meiner Ankunft waren Beine, Körper und Gesicht noch warm, die Hände jedoch kalt. Auf dem Hals haben wir einen sauber ausgeführten Einschnitt auf der linken Seite von 15 Zentimetern. Er beginnt 6 Zentimeter in einer geraden Linie unter dem Kieferknochen, geht in die Tiefe, wo er leicht abfallend die Nervenscheide durchtrennt. Arterien, Gefäße der Nervenscheide, alles sauber durchgeschnitten …«
Wieder von links nach rechts, denkst du dir.
»Gibt es Parallelen zu den Morden an Mary Ann Nichols und Annie Chapman?«
»Ziehen wir keine voreiligen Schlüsse, aber durchaus denkbar … Wir haben noch einen zweiten Schnitt auf der rechten Seite, der ist allerdings oberflächlich und endet 5 Zentimeter unter der rechten Ecke des Kiefers, nicht tief genug, um ihr wirklich gefährlich zu werden. Also …«, Phillips sieht auf und wischt sich die blutigen Hände an einem Tuch ab, das ihm ein Constable reicht, »… ist es offensichtlich, dass die Blutung durch die partielle Durchtrennung der linken Halsschlagader zum Tod führte.«
Phillips und du stehen auf.
»Wer hat sie gefunden?«
»Louis Diemschutz, Schmuckhändler, der mit seinem Ponykarren unterwegs war. So gegen ein Uhr gefunden. Ist jetzt im *Workingmen's Club*, wenn Sie ihn sprechen wollen«, erklärt dir Constable Mizen, der dir wie ein Schatten gefolgt ist. »Soll ich ihn holen?«
»Holen Sie Diemschutz, ich hätte einige Fragen an ihn.«: Lies weiter bei ***275***
»Zuerst möchte ich mit Elizabeth Tanner sprechen!«: Lies weiter bei ***261***

271

Probe ***Auftreten*** *gegen* ***Contra-Skill 4****.*
Wenn du unterliegst: Lies weiter bei ***284***
Wenn du obsiegst: Lies weiter bei ***300***

272

Beherzt trittst du vor den gefürchteten, aber kleinen Leather Apron hin, der sich zur Bretterwand zurückgezogen hat. »Also, raus mit der Sprache!«
Apron nickt träge. Er hat offensichtlich Schmerzen. »Ist ja gut. Ich war mit ihr heute Abend zusammen, das will ich nicht leugnen.«

*Erhöhe deinen zuletzt auf die Probe gestellten **Skill** um 1 Punkt!*

Mit dem Messer zwischen dir und seinem Gesicht versuchst du deinen Worten Nachdruck zu verleihen. »Wann, warum und wo, die ganze Geschichte, oder soll ich's dir erst aus der Nase schneiden?«
Durch Aprons Blick huscht eine unverhohlene Warnung, doch er gibt nach. »Hab sie gegen neun an der Ecke des *Queen's Head* abgeholt und bin mit ihr ins *Bricklayer's Arms* gegangen, um zu essen und Bier zu trinken. Das haben wir so gegen elf verlassen. Haben auf der Berner Street John Gardner getroffen, der kann's bezeugen.«
»Gegen elf, sagst du? Wo seid ihr hin? In die Settle Street?«
Apron schluckt. »Woher weißt'n das?«
»Nur so 'ne Eingebung. Wie kam's überhaupt dazu, mit dir und Liz?«
Der Mann windet sich, versucht, sich an dir vorbeizudrücken, doch die Messerspitze weist beharrlich auf seine Nase. »Denk nicht mal dran, bin in Whitechapel groß geworden und weiß mit der Klinge umzugehen. Also?«
»Na ja, aber versprich mir, dass es unter uns bleibt!«
*»Ja.«: Lies weiter bei **302***
*»Nein.«: Lies weiter bei **266***

273

Kaum, dass du dich auf den Weg zur Commercial Street gemacht hast und im Begriff bist, die Whitechapel Road zu überqueren, hallen die aufgeregten Signale der Pfeifen der Constables durch die in düsteren Schatten liegenden Straßen und Gassen.
Es ist Schließzeit und nur noch wenige Passanten sind in Whitechapel unterwegs, was die Geräusche unheimlich macht. Umgeben von Schatten und durch den Dunst seltsam verzerrten Bildern reibst du

dir fröstelnd die Arme. Du hältst einen eilig vorbeilaufenden Constable fest und fragst ihn, was geschehen sei.
»Mord«, keucht dieser außer Atem, »es hat eine weitere Frau erwischt, im Mitre Square. Gehen Sie nach Hause, Miss, die Straßen von Whitechapel sind nicht mehr sicher!«
*Lies weiter bei **325***

274

Nachdem du Emma bei ihren Verwandten auf dem Land in Sicherheit wusstest, hast du die Tage ausschließlich auf dem Revier in der Commercial Street hinter dem Schreibtisch verbracht. Manchmal auch nachts auf der unbequemen Bank schlafend, auf der normalerweise die Verdächtigen warten. Auf dem Schreibtisch liegt eine Ausgabe des *Graphic* von gestern. Nicht zu Unrecht wird die Vorgehensweise bei der Leichenschau in einem – zwar reißerisch aufgemachten – Artikel kritisiert.

*Wenn du den Artikel lesen willst, lies jetzt den **Anhang: The Graphic 29. September 1888** und kehre dann hierher zurück!*

Gestern hat dir Constable Mizen einen Brief von einem gewissen Tom Bulling übergeben. Der Zeitungsschreiber ist dir wohlbekannt.
Der zwei Seiten umfassende und mit roter Tinte geschriebene Brief hat dich mit der Intensität seiner Worte sofort in seinen Bann gezogen. Das Papier selbst ist von gelblicher Pergamentstrukur und durchaus als fein zu bezeichnen. Wieder und wieder hast du die auf den 25. September datierten Zeilen gelesen und mit den Hinweisen verglichen, die du bisher gesammelt hast.

*Lies jetzt den **Anhang: Dear Boss** und kehre dann hierher zurück!*

Einiges an dem Brief ist dir nach mehrmaligem Lesen aufgefallen. Der Begriff Boss zum Beispiel, den ein Brite nur widerstrebend verwenden würde, ein Amerikaner hingegen gerne. Auch andere Begriffe weißen darauf hin.
Jack the Ripper. Somit hat das Monster endlich einen Namen …

Die Schreibweise selbst ist nicht stümperhaft, aber nicht edel, wohingegen die Zeichen- und Linienführung schön geschwungen, wenn auch nicht verschnörkelt ist.
Eher ein Mann als eine Frau, denkst du dir, als ein Constable ins Büro gestürmt kommt. »Er hat es wieder getan!«, keucht er.
»Was getan? Wer?«, fragst du den völlig außer Atem vor dir stehenden und um Haltung bemühten Mann, obgleich du die Antwort längst weißt.
»Der Hure... ähm ... Frauenmörder. In der Berner Street, Ecke Dutfield's Yard hat man eine weitere Leiche gefunden!«
Du blickst auf deine Taschenuhr, die 1:30 in der Nacht anzeigt, stehst auf, faltest den Brief zusammen, steckst ihn in die Tasche des Mantels, in den du eilig hineinschlüpfst. »Na dann auf, worauf warten wir noch?«
*Lies weiter bei **270***

275

Constable Mizen holt dir den alten Diemschutz auf die Straße. Er muss nach dem Fund der Leiche mächtig einen gehoben haben. Dir fällt auf, dass er vermeidet, in Richtung des Dutfield's Yard zu blicken. Stattdessen schwankt er zu dem schwer beladenen Ponykarren, der vor dem *Workingmen's Club* steht und lässt sich darauf nieder. »Nicht gut, so spät durch die Gassen zu ziehen«, murmelt er dir zu. »Zu viel Gesindel unterwegs ...«
»Da muss ich Ihnen zustimmen, Sir«, erwiderst du und lehnst dich neben ihn an den Karren. »Und dennoch muss ich wissen, was Sie gesehen haben!«
»Hm, nun ja, nicht viel, würd ich behaupten. War ja stockdunkel. Ohne Billy hätte ich es erst gar nicht bemerkt ...«
»Billy?«
Diemschutz lacht. »Das Pony.«
»Würden Sie's mir trotzdem erzählen?«
»Na meinetwegen. War so gegen eins, als Billy scheute und sich weigerte, in die Gasse zu gehen. Bin dann vorgegangen mit 'nem Stock, da es finster war wie in eines Kutschers Arsch. Und geschüttet hat's wie aus Kübeln. Da hab ich sie gefunden ... bin ins *Workingmen's* gelaufen, um Hilfe zu holen.«

»Niemanden gesehen?«
Diemschutz kratzt sich das unrasierte Kinn, überlegt und nickt. »Doch, da war etwas. Auf der anderen Straßenseite, gegenüber dem Eingang zum Dutfield's Yard, da stand ein Einspänner. Gepflegt. Schwarzes Pferd davor, geschlossene Kabine. Der Kutscher hockte auf dem Bock und schien eingenickt. Als ich dann mit Isaac Kozebrodsky und Morris Eagle aus dem *Workingmen's* kam, war die Kutsche weg, als hätte sie sich in Luft aufgelöst …«
Kutschen sind auf den Straßen von Whitechapel keine Seltenheit, doch dass genau diese davongefahren ist, als Diemschutz Hilfe holte, erscheint dir verdächtig.
»Danke, Sir, Sie haben mir sehr geholfen!«
Du möchtest mit Elizabeth Tanner sprechen (sofern du das nicht getan hast): Lies weiter bei ***261***
Du machst dich auf die Suche nach Leather Apron (falls du bereits mit Elizabeth Tanner gesprochen hast): Lies weiter bei ***306***

276

Leather Apron springt auf dich zu und stößt sein langes, leicht gebogenes Messer in Richtung deines Bauchs.
Du drehst dich seitlich weg, entgehst dem ungestümen Angriff und lässt dein Messer auf den Arm niedergehen, mit dem er seine Waffe führt. Die scharfe Klinge durchtrennt Stoff, Haut und Fleisch wie Butter. Apron schreit, lässt das Messer fallen, und zieht sich winselnd zur Bretterwand zurück, die Hand auf den stark blutenden Arm pressend.
»Jetzt können wir reden«, sagst du mit eiskalter Stimme und gehst grinsend auf ihn zu.
Lies weiter bei ***272***

277

Über Aprons Blick huscht eine unverhohlene Warnung, doch er gibt nach. »Hab sie gegen neun an der Ecke des *Queen's Head* abgeholt und bin mit ihr ins *Bricklayer's Arms* gegangen, um zu essen und Bier zu trinken. Das haben wir so gegen elf verlassen. Haben auf der Berner Street John Gardner getroffen, der kann's bezeugen.«

»Gegen elf, sagst du? Wo seid ihr hin? Etwa in die Settle Street?«
Apron schluckt. »Woher wissen'n das?«
»Nur so 'ne Eingebung. Wie kam's überhaupt dazu, mit dir und Elizabeth Stride?«
Der Mann windet sich, versucht, sich an dir vorbeizudrücken, doch der Knüppel weißt beharrlich auf seine Nase. »Wir sind hier noch nicht fertig, John Pizer.«
»Na ja, aber versprechen Sie mir, dass es unter uns bleibt!«
*»Ja.«: Lies weiter bei **317***
*»Nein.«: Lies weiter bei **290***

278

*Probe **Überzeugen** gegen **Contra-Skill** 5.*
*Wenn du unterliegst: Lies weiter bei **316***
*Wenn du obsiegst: Lies weiter bei **311***

279

*Probe **Überwältigen** gegen **Contra-Skill** 5.*
*Wenn du unterliegst: Lies weiter bei **292***
*Wenn du obsiegst: Lies weiter bei **310***

280

Mit einem Seufzer taumelst du ungläubig von ihm weg, doch er bleibt an dir dran, packt deinen Hals und treibt dich mit Kraft an die nasse Mauer. Mit dem Hinterkopf knallst du gegen die Backsteine und siehst Sterne.
Apron zieht die Klinge aus deinem Bauch, nur um sie in schneller Folge zehnmal erneut hineinzustoßen. Dabei keucht und stöhnt er wie ein Freier in seinen letzten Zügen.
Deine Gegenwehr erschlafft, bevor sie überhaupt eine war. Verblüfft registrierst du, dass es nicht weh tut. Es fühlt sich eher an, als würdest du dich an Papier schneiden, unangenehm, aber nicht schmerzhaft.
Er meckert wie eine Ziege, als er dein Kinn hochdrückt, um dir in einem Zug von links nach rechts die Kehle durchzuschneiden. »Ich lass dich ausbluten wie 'ne Sau!«, grunzt er und lässt dich fallen.
Entrückt rutschst du an der Mauer hinab und realisiert, dass es das zweite Mal ist, dass man dir den Hals durchschneidet.
Emma, es tut mir so unendlich leid …

Verschwommen nimmst du wahr, dass Apron mit gespreizten Beinen über dir steht und sich das Messer am Ärmel abwischt. »Ist das erste Mal, das ich 'nen Inspektor absteche, sollte ich wohl öfters machen …«

ENDE

281

*Probe **Auftreten** gegen **Contra-Skill 4**.*
*Wenn du unterliegst: Lies weiter bei **264***
*Wenn du obsiegst: Lies weiter bei **303***

282

Apron ist schnell, doch du bist schneller. Geschickt weichst du dem Angriff aus und ziehst deine Waffe. Allein der Anblick lässt den Messerstecher innehalten. Mit gestrafften Schultern trittst du vor den gefürchteten, aber kleinen Leather Apron hin, der sich zur Bretterwand zurückgezogen hat. »Lass das Messer fallen und wir reden wie zivilisierte Männer!«
Apron nickt träge. Die Messerhand sinkt nach unten, die Finger öffnen sich und die Klinge fällt in den Rinnstein. »Ist ja gut, Inspektor. Ich war mit Liz heut Abend zusammen, ist doch nichts dabei.«

*Erhöhe deinen zuletzt auf die Probe gestellten **Skill** um 1 Punkt!*

Du packst ihn am Kragen und drückst ihn gegen die Bretterwand. »Wann, warum und wo, die ganze Geschichte, oder soll ich's erst aus dir rausprügeln?«
*Lies weiter bei **277***

283

»Warte kurz.« Mizen fummelt umständlich in der Innentasche seiner Uniformjacke herum. »Ist zwar nur 'ne Abschrift, aber ich glaube, dass es die erste echte Spur zum Mörder ist.«
»Der Brief?«
Mizen nickt. »Ja. Wurde gestern von Tom Bulling im Revier abgegeben. Bevor ich ihn Inspektor Abberline brachte, habe ich eine Abschrift davon gemacht.«

»Wer ist dieser Bulling?«
Mizen zieht zwei hastig bekritzelte Seiten aus der Jackentasche. »Ein Zeitungsschreiber, harmloser Typ. Er war der Ansicht, dass es sich hier um einen Brief des Mörders handeln könnte. Im Original mit roter Tinte auf Pergamentpapier geschrieben …«
Anstelle einer Antwort reißt du Mizen die zwei Seiten aus der Hand und läufst damit unter eine Gaslaterne, wo du besseres Licht hast. Dein Herz schlägt dir bis zum Hals, als du den Brief liest.

*Lies jetzt den **Anhang: Dear Boss** und kehre dann hierher zurück!*

Dir wird von den Worten schwindelig, sodass du dich an der Laterne festhalten musst. Mit dem roten Zeug hat er sicher Dark Annies Blut gemeint.
Ein Wahnsinniger, anders kann's nicht sein, denkst du dir und wendest dich Mizen zu. »Kann ich ihn behalten?«
»Klar, bin froh, ihn loszuhaben. Aber ich bitte dich Ada – nein, ich flehe dich an, bring dich nicht in Gefahr!«
Du zwingst dich zu einem Lächeln, berührst seinen Arm. »Ich pass auf, das verspreche ich dir.«
Mizen scheint erleichtert. »Dann ist ja gut.«
»Sag mal, an der Leiche von Long Liz, ihre Ohren, sind die noch dran?«
»Ja, natürlich. Inspektor Abberline hat mit dem Mann gesprochen, der sie gefunden hat. Er ist der Ansicht, dass er den Täter gestört hat …«
»Wie heißt der Kerl?«
Mizen sieht sich um, als hätte er Angst, belauscht zu werden. »Louis Diemschutz, ein Schmuckhändler, der mit seinem Karren unterwegs war. Ist, glaub ich, ins *Workingmen's* gegangen.«
Eine letzte Frage brennt dir auf den Lippen. »Leather Apron, von dem in dem Brief die Rede ist, wer ist das?«
»Ein Schuhmacher namens John Pizer. Auffällig geworden wegen verschiedener Messerstechereien, auch gegen Prostituierte. Stammgast im *Bricklayer's-Arms*-Gasthaus in der Settle Street. Aber lass dir gesagt sein, mit dem solltest du dich besser nicht einlassen.«

Wenn du mit Elizabeth Tanner reden willst (und das noch nicht getan hast): Lies weiter bei ***308***
Wenn du mit Louis Diemschutz reden willst: Lies weiter bei ***323***
Wenn du nach Leather Apron suchst: Lies weiter bei ***314***

284

»Trinken Sie 'n Bier und schonen Sie meine Nerven, Inspektor. Wenn Sie was von Leather Apron wissen wollen, der ist durch'n Hinterausgang zum Pissen raus auf die Gasse. Aber ich warne Sie, seien Sie auf der Hut, der hat schon 'ne Menge intus und ist heut nicht gut zu sprechen …«
Eine der Frauen lacht meckernd, ein Mann in braunem Lodenmantel glotzt dich aus geröteten Säuferaugen sabbernd an.
Lies weiter bei ***265***

285

Du drehst dich seitlich von ihm weg, entgehst so dem ungestümen Angriff und lässt dein Messer auf seinen Arm niedergehen, mit dem er die Waffe führt. Die scharfe Klinge durchtrennt Stoff, Haut und Fleisch wie Butter. Apron schreit auf, lässt die Waffe fallen, und zieht sich winselnd wie ein Hund zur Bretterwand zurück, die Hand auf den stark blutenden Arm pressend.
»Jetzt können wir reden«, sagst du mit eiskalter Stimme und gehst auf ihn zu.
Lies weiter bei ***272***

286 Kaum, dass du dich auf den Weg zur Old Montague Street gemacht hast und die Whitechapel Road überquerst, hallen die aufgeregten Signale der Pfeifen der Constables durch die düster daliegenden Straßen und Gassen.
Es ist Schließzeit und nur wenige Passanten sind noch unterwegs, was die Geräusche eindringlich, aber auch unheimlich macht. Umgeben von Schatten und durch den Dunst seltsam verzerrten Bildern reibst du dir fröstelnd die Arme.
Du hältst einen eilig vorbeilaufenden Constable fest und fragst ihn, was geschehen sei.
»Mord«, keucht der außer Atem, »es hat eine weitere Frau erwischt, im Mitre Square. Kommen Sie, Inspektor Abberline, wir brauchen jetzt jeden Mann!«
*Lies weiter bei **325***

287 Leather Apron springt auf dich zu und stößt sein langes, leicht gebogenes Messer vor, um es dir in den Bauch zu rammen.

*Reduziere **Nahkampf** um 1 Punkt!*

Du drehst dich seitlich weg, um dem Angriff zu entgehen, und versuchst deinerseits, ihm das Messer über den Waffenarm zu ziehen.
*Probe **Überwältigen**: Lies weiter bei **313***

288 *Probe **Nahkampf** gegen **Contra-Skill 6**.*
*Wenn du unterliegst: Lies weiter bei **304***
*Wenn du obsiegst: Lies weiter bei **282***

289 Als du auf Mizen zugehst, wechselt der ein paar Worte mit den Constables an seinen Seiten und löst sich aus der Kette. Für einen Moment gestattet dir dies einen Blick in den von tragbaren Petroleumlaternen ausgeleuchteten Dutfield's Yard. Auf dem feuchten Kopfsteinpflaster liegt eine Frau nahe der Wand auf der Seite, die Beine angewinkelt, als würde sie schlafen. Ein

Arm ist ausgestreckt, der andere am Körper. Der Mann, der neben ihr kniet und die erste Begutachtung der Leiche vornimmt, ist dir kein Unbekannter.

Doktor George Baster Phillips vom Arbeiterkrankenhaus in der Old Montague Street ...

Um ihn herum stehen Inspektoren in feuchten Mänteln und mit Bowlern auf den Köpfen.

Die müssen vom Scotland Yard sein ...

Das Gerede der Leute ist zu laut, um zu verstehen, was der Doktor sagt.

»Mein Gott, Ada«, begrüßt dich Mizen, nimmt dich am Arm und zieht dich dorthin, wo es etwas ruhiger ist. »Was tust du hier?«

»Ich hörte von dem Mord und dachte ...«

»... dass du dich in Gefahr begibst?«, tadelt dich der Constable.

»Er war's wieder, hab ich recht?«, willst du wissen.

Mizen nickt zögerlich.

»Es liegt nahe, ja. Man hat ihr die Kehle durchgeschnitten, wie bei den anderen.« Er räuspert sich. »Mehr jedoch nicht. Wurde vermutlich gestört ...«

»Ist es Liz?«

Mizen schnauft traurig. »Elizabeth Stride, ja. Die arme Frau. Hat immer meine Sachen geflickt, wenn's notwendig war. Knöpfe angenäht.«

Polly. Dark Annie. Und nun Long Liz ...

»Aber da ist noch was«, flüstert Mizen mit verschwörerischem Unterton. »Es gibt einen Brief ...«

»Was für einen Brief? Zeig ihn mir!«: Lies weiter bei ***283***

»Keine Zeit, ich muss mit Elizabeth Tanner reden.« (Sofern du das noch nicht getan hast.): Lies weiter bei ***308***

290

»Dann soll Sie der Teufel holen, Frederick Abberline!«, grunzt Leather Apron und versucht, deinen Arm zu packen.

Probe ***Überwältigen*** *gegen* ***Contra-Skill 5****.*

Wenn du unterliegst: Lies weiter bei ***307***

Wenn du obsiegst: Lies weiter bei ***322***

291 Erleichtert, dem ausgelassenen Treiben im Gasthaus entkommen zu sein, trittst du in die feuchtkühle Luft einer engen, dunklen Gasse. Dein anfänglicher Enthusiasmus wird schnell getrübt, als du den beißenden Uringestank riechst, der sich, einen bitterklebrigen Nachgeschmack transportierend, auf deine Zunge legt.

Nachdem sich deine Augen an die Dunkelheit gewöhnt haben, erkennst du, dass die Gasse zwischen zwei Häuser geklemmt an einem Bretterzaun endet. Dort glimmt auf Kopfhöhe ein orangeroter Punkt. Es knistert leise, als der Mann, der die Zigarre zwischen den Lippen hält, an dem Stummel zieht. Für einen Moment leuchtet die Glut auf und zeigt dir ein rundes, unten von einem gestutzten Spitzbart und oben von einer zerknautschten Melone begrenztes Gesicht. Leather Apron.

»Mister Pizer?«

»Wer will'n das wissen«, fragt der Mann mit heller Stimme.

Du trittst ihm einen Schritt in der dunklen Gasse entgegen. Je mehr sich deine Augen an die Dunkelheit gewöhnen, desto besser erkennst du seine Umrisse.

Stämmig, aber klein. Eher dicklich …

»Ich bin Ada Wilson. Wollt mit Ihnen über Elizabeth Stride reden, auch als Long Liz bekannt.«

Es braucht eine Weile, bis er antwortet. »Liz … ja und?«

»Man hat Sie diese Nacht mit ihr gesehen.«

Apron dreht sich, sodass er dir frontal gegenüber steht. Euch trennen fünf Meter. »Was geht's dich an?«

»Na ja, jetzt ist sie tot. Liegt nicht weit von hier mit durchgeschnittener Kehle!«

Aprons Haltung strafft sich. Er steckt die Hände in die Taschen des kurzen Mantels. »Willst du behaupten, ich hätte ihr das angetan?«

*»Ich behaupte rein gar nichts, will nur wissen, was geschehen ist, das ist alles.« (Probe **Glaubwürdigkeit**): Lies weiter bei **260***

*»Na, wer soll's denn sonst gewesen sein? Bist ja schnell zur Hand mit dem Messer!« (Probe **Auftreten**): Lies weiter bei **305***

*»Will dich nur bitten, mir zu helfen, herauszufinden, wie das geschehen konnte.« (Probe **Empathie**): Lies weiter bei **268***

292 Apron versetzt dir einen harten Stoß gegen die Brust, der dich von ihm wegtreibt. »Sie kommen hier her in die Pissgasse hinter meinem verdammten Gasthaus und gehen mich an?« Apron zieht ein langes Messer mit dünner, aber gefährlich scharf schimmernder Klinge aus der Tasche des kurzen Mantels. »Ich zeig Ihnen, warum man mich Leather Apron nennt!«
*Probe **Nahkampf**: Lies weiter bei **324***

293 Es ist 1:30 in der Nacht. Du sitzt in der *Frying Pan* auf deinem Stammplatz an der Theke. Vor dir liegt eine zerknitterte Ausgabe des *Graphic* von gestern. Die Morde an den armen Frauen sind für die Presse ein gefundenes Fressen, das ausgeschlachtet werden muss.

*Wenn du den Artikel lesen möchtest, lies jetzt den **Anhang: The Graphic 29. September 1888** und kehre dann hierher zurück!*

Als die Tür der *Frying Pan* derart brutal aufgerissen wird, dass sie weit aufschwingt und gegen die Wand knallt, schreckst du hoch. Einige der Zecher beschweren sich.
»Bist du irre oder was?«, mault Rotten Evans und greift nach seinem Knüppel.
»Mord!«, halt es hysterisch durch die Taverne. »In der Berner Street, Ecke Dutfield's Yard hat es wieder eine erwischt!«
Aufregung macht sich breit, als hätte einer mit einem Ast in ein Wespennest gestochen. Alles ist augenblicklich auf den Beinen.
»Weiß man schon, wer's is?«, will Rotten Evans mit dröhnender, den Tumult übertönender Stimme wissen.
»Sie glauben, es ist Long Liz«, ruft der Mann, ein rotgesichtiger Kerl mit großen, abstehenden Ohren.
»Gütiger Gott, die hat doch keiner Seele was zuleide getan.«
Endlich, denkst du dir und schämst dich dabei, weil dir die Tragweite dessen nahegeht. Die letzten Tage hast du in einer Art Lethargie zwischen Mile End und der *Frying Pan* verbracht. Du hast an deinen Nachforschungen gezweifelt, dich verkrochen in Ausreden, warum es besser wäre, nicht damit weiterzumachen.

Der Aufschrei ändert alles, denn es ist der Beweis dafür, dass sich das Phantom noch in Whitechapel aufhält. Es ist ein Weckruf, der dich das schal gewordene Bier austrinken und aufspringen lässt.
Dann auf zur Berner Street. Die Jagd geht weiter!
Lies weiter bei ***320***

294

Kaum, dass du dich auf den Weg zur Old Montague Street gemacht hast und die Whitechapel Road überquerst, hallen die aufgeregten Signale der Pfeifen der Constables durch die düster daliegenden Straßen. Es ist Schließzeit und nur wenige Passanten sind noch unterwegs, was die Geräusche eindringlich, ja sogar unheimlich macht. Umgeben von Schatten und durch den Dunst seltsam verzerrten Bildern reibst du dir fröstelnd die Arme.
Du hältst einen eilig vorbeilaufenden Constable an und fragst, was geschehen sei.
»Mord«, keucht der außer Atem, »es hat eine weitere Frau erwischt, am Mitre Square. Gehen Sie heim, Miss, die Straßen von Whitechapel sind nicht mehr sicher!«
Lies weiter bei ***325***

295

Probe ***Empathie*** *gegen* ***Contra-Skill 2****.*
Wenn du unterliegst: Lies weiter bei ***316***
Wenn du obsiegst: Lies weiter bei ***311***

296

Probe ***Glaubwürdigkeit*** *gegen* ***Contra-Skill 6****.*
Wenn du unterliegst: Lies weiter bei ***298***
Wenn du obsiegst: Lies weiter bei ***259***

297

Apron lacht trocken und hart. »Hab schon von dir gehört, Ada Wilson. Treibst dich an gefährlichen Orten rum und nervst die falschen Leute. Kommst jetzt hierher und gehst mir beim Pissen mit deiner dämlichen Fragerei nach toten Huren auf den Sack. Nicht mit mir, Schlampe!«
Die Hand des gedrungenen Mannes gleitet aus der Manteltasche. Polierter Stahl schimmert silbern im schalen Licht der Nacht. Er

hat ein Messer gezogen, das er in lockerer Haltung vor sich streckt. Er macht einen Schritt auf dich zu. »Scher dich besser weg, bevor ich dich absteche!«

Du fliehst zurück durchs Bricklayer's Arms *auf die Straße: Lies weiter bei **318***

*Du greifst ebenfalls zum Messer. »Vor dir hab ich keine Angst, Leather Apron!« (Probe **Nahkampf**): Lies weiter bei **301***

298

»Sie kommen hierher in die Pissgasse hinter meinem gottverdammten Gasthaus und schwingen große Reden?« Apron zieht ein Messer mit dünner, gefährlich scharf schimmernder Klinge aus der Tasche des kurzen Mantels. »Ich zeig Ihnen, warum man mich Leather Apron nennt!«

*Du versuchst, deinen Revolver zu ziehen (Probe **Geschick**): Lies weiter bei **269***

*Du ziehst deinen Knüppel (Probe **Nahkampf**): Lies weiter bei **288***

299

*Probe **Überzeugen** gegen **Contra-Skill 3**.*

*Wenn du unterliegst: Lies weiter bei **264***

*Wenn du obsiegst: Lies weiter bei **303***

300

Der Wirt wischt die Theke ab. »Inspektor, es ist gefährlich, sich mit einem wie Leather Apron einzulassen, glauben Sie's mir.«

»Er wurde diese Nacht mit Elizabeth Stride hier gesehen. Wann genau?«

»Hm.« Der Wirt sieht sich um, als befürchte er, belauscht zu werden. »Ne Menge Umtrieb heut Nacht. Leather Apron hatte Liz im Schlepptau, ja. Muss so gegen elf gewesen sein.«

»Haben sie getrunken, gelacht? Wann sind sie wieder gegangen?«
»Das sind jetzt 'ne Menge Fragen. Haben Bier und Fusel getrunken, gelacht und sich geküsst. Sah aber nicht so aus, als müsste Apron dafür bezahlen. Gegangen sind die gegen halb zwölf, denk ich.«
»Und wohin?«
»Denken Sie, ich glotz meinen Gästen nach?«, braust der Wirt auf. Dann, etwas versöhnlicher, nachdem er deinen warnenden Blick bemerkt. »Berner Street.«
»Was für 'nen Eindruck machten sie auf dich?«
Der Wirt gluckst. »Na ja, war'n mächtig am Schrauben, als wie so 'n verliebtes Pärchen, würd ich sagen. Mich wundert's allerdings, denn mit Apron ist als Frau nicht gut Kirschen essen …«
»Wie darf ich das verstehen?«
Der Wirt macht die Geste des Kehledurchschneidens. »Ist schnell mit dem Messer, wissen Sie …«
Nur ein weiterer Dreckskerl unter vielen, denkst du. »Und wo finde ich ihn jetzt?«
»Der ist durch'n Hinterausgang zum Pissen raus auf die Gasse. Aber seien Sie besser vorsichtig, der hat schon 'ne Menge intus und ist heut nicht gut zu sprechen …«
Eine der Frauen lacht meckernd, ein Mann in braunem Lodenmantel glotzt dich aus geröteten Säuferaugen geifernd an. Das hier ist wahrlich kein Ort zum Verweilen.
*Lies weiter bei **265***

301

*Probe **Nahkampf** gegen **Contra-Skill 6**.*
*Wenn du unterliegst: Lies weiter bei **287***
*Wenn du obsiegst: Lies weiter bei **276***

302

»Ist nur 'ne Sache zwischen uns beiden, weil's da 'ne offene Rechnung zu begleichen gibt. Ich versprech's!«
Leather Apron nickt. »Bist 'ne ehrliche Haut, wie mir's scheint. Bin jetzt keiner, der nett zu Frauen ist. Das mit Liz hab ich angefangen, weil mir einer Geld gegeben hat.«
»Du meinst, man hat dich angeheuert, damit du Liz in die Settle Street bringst?«

Apron nickt. »So isses. Ein Gentleman, kam in 'ner schwarzen Kutsche angefahren, von 'nem ebensolchen Pferd gezogen. Bot mir 'n gutes Geschäft an, da konnt ich nicht nein sagen.«
»War er allein?«
Der kleine Mann schüttelt den Kopf. »Nein, soweit ich sehen konnte, saß 'ne Lady mit in der Kutsche. Groß, schlank, ganz in schwarz gekleidet mit 'nem Schleier vorm Gesicht. Die hat aber kein Wort gesprochen. Roch nach Rosen …«
»Hat der Mann auch 'nen Namen?«
Apron schnauft. »Den hast aber nicht von mir. Hat sich Grey genannt. Einfach nur Grey.«
»Und dieser Mister Grey sagte, du sollst *was* genau mit Liz machen?«
»Na ja, anbandeln halt. Und dann, wenn sie mir vertraut, soll ich sie in die Settle Street bringen, gegenüber vom *Workingmen's Club*. Dort würde um Mitternacht die Kutsche auf sie warten.«
Wut wallt in dir auf. »Und du hast dir keinen Kopf drum gemacht, was die von ihr wollen?«
Apron zuckt mit den Schultern. »Ist doch nur 'ne Hure, was wird man von so einer schon wollen?«
Ihr den Hals durchschneiden, denkst du und gehst …
Lies weiter bei ***318***

303

»Hör mal, ich kann dich nicht reinlassen, aber Diemschutz kann ich holen, das mach ich für dich!«
Kurz darauf schwankt Louis Diemschutz auf die Straße. Er muss nach dem Fund der Leiche mächtig einen gehoben haben. Dir fällt auf, dass er vermeidet, in Richtung des Dutfield's Yard zu blicken. Stattdessen taumelt er zu dem schwer beladenen Ponykarren, der vor dem *Workingmen's Club* steht, und lässt sich darauf nieder. »Nicht gut, so spät noch durch die Gassen zu ziehen«, murmelt er. »Zu viel Gesindel unterwegs …«
»Da haben Sie sicher recht, Sir«, erwiderst du und lehnst dich neben ihn an den Karren. »Und dennoch muss ich wissen, was Sie gesehen haben!«
»Hm, nun ja, nicht viel, würd ich sagen. War ja stockfinster. Ohne Billy hätte ich es erst gar nicht bemerkt …«

»Billy?«
Diemschutz lacht.
»Das Pony.«
»Würden Sie's mir dennoch erzählen?«
»Na meinetwegen, lässt ja doch nicht locker. War so gegen eins, als Billy scheute und sich weigerte, in die Gasse zu gehen. Bin dann vorgegangen mit 'nem Stock, da es finster war wie in eines Kutschers Arsch. Und geregnet hat's auch wie aus Kübeln. Da hab ich sie dann gefunden … bin dann ins *Workingmen's* gelaufen, um Hilfe zu holen.«
»Niemanden gesehen?«
Diemschutz kratzt sich das unrasierte Kinn, denkt nach. »Doch, da war noch was. Auf der anderen Straßenseite, also gegenüber dem Eingang in den Dutfield's Yard, da stand ein Einspänner. Sehr schick. Schwarzes Pferd davor, geschlossene Kabine. Der Kutscher hockte auf dem Bock und schien eingenickt. Als ich dann mit Isaac Kozebrodsky und Morris Eagle aus dem *Workingmen's* kam, war die Kutsche weg …«
Kutschen sind auf den Straßen von Whitechapel keine Seltenheit, doch dass genau diese davongefahren ist, während Diemschutz Hilfe holte, erscheint dir verdächtig.
»Danke, Sir, Sie haben mir wirklich sehr weitergeholfen!«
Sowohl Constable Mizen als auch Elizabeth Tanner sind weg. Dir bleibt nichts anderes übrig, als diesen mysteriösen Leather Apron zu suchen.
Lies weiter bei ***314***

304

Du bist einen Hauch zu langsam, hast nicht mit der Flinkheit des kleinen Mannes gerechnet. Das rächt sich jetzt.
Bevor du ausweichen oder deine Waffe ziehen kannst, durchstößt Aprons Klinge deinen Mantel, Hemd, Weste und Haut. Der Stahl durchbohrt dein Fleisch wie in der Sonne aufgeweichte Butter, stößt tiefer, wo dein Magen – zumindest nimmst du das an – eingebettet darauf wartet, geöffnet zu werden.
Lies weiter bei ***280***

305 *Probe* ***Auftreten*** *gegen* ***Contra-Skill*** *6.*
Wenn du unterliegst: Lies weiter bei ***297***
Wenn du obsiegst: Lies weiter bei ***272***

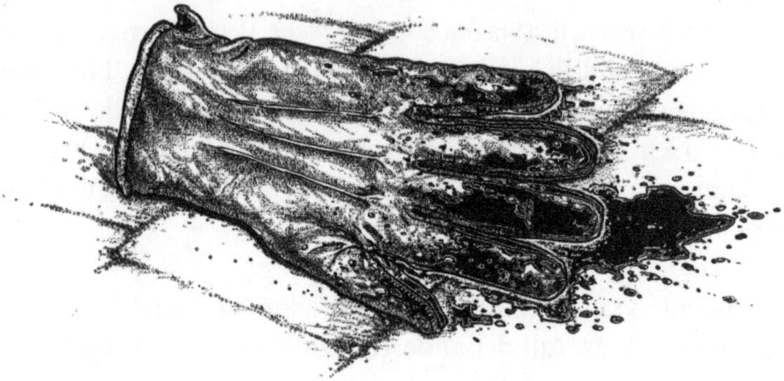

306 Die Spur führt dich zum *Bricklayer's-Arms*-Gasthaus in der Settle Street 34. Dort soll der mysteriöse Leather Apron – mit bürgerlichem Namen John Pizer – anzutreffen sein. Die Settle Street stößt als Querstraße auf die Berner Street.
Die Luft schmeckt schwer und schmutzig, hinterlässt einen öligen Geschmack im Mund. Entsprechend der fortgeschrittenen Stunde und da Sonntag ist, verirren sich nur wenige Passanten hierher. Der zähe Dunst der Themse kreiert aus ihren Schatten schwankende Trugbilder, die sich dehnen und strecken, um in der Dunkelheit nach dir zu greifen. Eine Kutsche rumpelt vorbei, doch die ist schäbig und wird von einem braunen Pferd gezogen.
Das *Bricklayer's* sitzt wie eine fette Spinne auf der Straßenecke. Aus der offenstehenden Tür fällt Licht und dringt das Gegröle der späten Säufer. Eigentlich einladend, wäre da nicht der düstere Hintergrund dessen, weshalb du dich hierher aufgemacht hast.
Du steigst die Stufen hinauf und zwängst dich zwischen nach Schweiß stinkenden Säufern bis zur Theke durch. Die Klientel erscheint dir argwöhnischer, ja unsympathischer als in allen Tavernen, die du bisher besucht hast. Die Luft ist dick und klebrig feucht.
Der Wirt, ein kleiner, gewichtiger Mann mit dem pockennarbigen Gesicht einer Kröte, glotzt dich aus nass triefenden Augen fragend an. »Sir?«

Du lehnst dich gegen das feuchte Holz. »Inspektor Abberline vom Scotland Yard. Ich suche einen John Pizer. Hätte ein paar Fragen an ihn zu stellen.«
»Wer? Pizer? Erinner mich gerade nicht …«
»Wird auch Leather Apron genannt.«
»Ah, der. Den kenn ich. Unangenehmer Kerl.«
»Ich weiß, dass er hier Stammgast ist, also, wo finde ich ihn?« (Probe ***Auftreten****): Lies weiter bei* ***271***
»Hören Sie, ich hab hier 'ne Handvoll Pennys, die ich loswerden möchte. Also was ist, sagen Sie mir, wo ich Pizer finde?« (Probe ***Überzeugen****): Lies weiter bei* ***321***

307 Du bist einen Hauch zu langsam, hast nicht mit der Flinkheit des kleinen Mannes gerechnet, ihn unterschätzt.
Apron packt deine Hand und dreht diese mit einem brutalen Ruck um, sodass es hässlich im Gelenk knackt. Zugleich zieht er mit der anderen ein kurzes Messer aus der Manteltasche und stößt es dir in den Bauch.
Lies weiter bei ***280***

308 Du nimmst Elizabeth Tanner zur Begrüßung in die Arme, aber auch, um sie zu beruhigen. »Elizabeth, ich weiß, du kanntest Liz recht gut …«
Die wischt sich Tränen aus den Augen. Ihr rundes, pausbäckiges Gesicht ist gerötet. »Wir waren Freundinnen, ja. Sie hat sich so auf diesen Abend gefreut.«
»Warum das?«
Elizabeth seufzt. »Na ja, es war gegen halb sieben, als wir zusammen vor dem *Queen's Head* 'nen Krug Bier tranken, da meinte sie, dass sie noch was vorhat. Sie sah so glücklich aus. Ich gab ihr noch sechs Dime, weil sie zwei Zimmer geputzt hatte, dann ging sie in ihr eigenes.«
»Wann hat sie das *Queen's Head* verlassen?«
»Charles Preston und Catherine Lane haben gegen acht mit ihr gesprochen, als sie ging. Sie gab Catherine ein sauber gefaltetes Stück

Samt und bat sie, darauf aufzupassen. Charles fragte sie nach einer Kleiderbürste, doch der hatte keine.«

»Sie hat nicht gesagt, wo sie hinwollte?«

Elizabeth seufzt, sinkt in sich zusammen. »Erst viel später, so gegen elf in der Nacht, kam wie jeden Abend John Gardner ins *Queen's Head*. Als ich mit ihm sprach, meinte er, er habe Long Liz in der Settle Street nördlich der Commercial Road gesehen. Sie kam aus dem *Bricklayer's-Arms*-Gasthaus in Begleitung eines eher kleinen Mannes in Mantel, Anzug und Melone.«

»Ein Gentleman? Oder sah er aus wie ein Doktor?«

Elizabeth schüttelt entschieden den Kopf. »Es regnete stark, da haben sich die beiden unter ein Vordach verdrückt, küssten und begrabschten sich heftig, was so gar nicht zu Liz passen mag, und ein Gentleman war's ganz sicher nicht, denn Gardner erkannte ihn als Leather Apron!«

»Leather wer?«

»Apron. Mit richtigem Namen John Pizer. Ganz übler Bursche, der im *Queen's* Hausverbot hat, weil sein Messer zu locker sitzt. Auch gegen Frauen … aber im *Bricklayer's Arms* scheint er herzlich willkommen zu sein.«

Könnte Leather Apron der Mörder sein?, geht dir durch den Kopf. »Was geschah dann?«

»Na ja, Liz und Pizer liefen recht schnell durch den Regen Richtung Berner Street davon. Als ich hörte, dass sie mit diesem Drecksack unterwegs ist, schlüpfte ich in meinen Mantel und machte mich sofort auf die Suche nach ihr, doch leider …«, sie schluchzt, Tränen laufen ihr aus den Augen, »… zu spät.«

Du reibst ihr tröstend die Arme.

»Wer hat sie gefunden? Du?«

Elizabeth schüttelt den Kopf. »Louis Diemschutz, ein Schmuckhändler, der mit seinem Karren unterwegs war. Ist jetzt drüben im *Workingmen's Club*.«

Wenn du jetzt mit Constable Mizen reden willst (sofern du das noch nicht getan hast): Lies weiter bei ***289***

Wenn du mit Louis Diemschutz reden willst: Lies weiter bei ***323***

Wenn du nach Leather Apron suchst: Lies weiter bei ***314***

309 Du siehst, was er beabsichtig, und stößt die Klinge in seinen ungeschützten Hals. Der scharfe Stahl durchtrennt von einem hässlichen Knirschen begleitet die Gurgel und alles, was sich dahinter befindet. Heißes Blut strömt dir über die Hand, als du mechanisch die Klinge zurückziehst und erneut zustößt. Apron sackt zusammen, rutscht mit ungläubig aufgerissenen Augen am Bretterzaun herunter. Alles geht furchtbar schnell. Der letzte Seufzer weht von seinen geöffneten Lippen, dahinter nichts als schiefe braune Zähne.
Panisch siehst du dich um, realisierst, dass du eben einen Menschen getötet hast.

*Verringere deine **Empathie** um 1 Punkt!*

Du weißt, was geschieht, wenn man dich damit in Verbindung bringt. Mord bedeutet Strang, da gibt es keine Gnade. Wenn jetzt einer aus dem Gasthaus zum Pinkeln kommt, bist du geliefert.
Du findest einen Kistenstapel, hoch genug, um einen kleinen Mann wie Apron dahinter zu verstecken. Hastig durchsuchst du seine Taschen, findest einen Traubenstängel ohne Früchte, zehn Pence, Kautabak und ein Klappmesser mit kurzer, aber scharfer Klinge, auf dessen Griffschale *Arbeiterkrankenhaus Old Montague* steht. Dann zerrst du ihn hinter die Kisten, wirfst eine nahe Plane darüber, wäschst dir im Rinnstein das Blut von den Händen und bist froh, schwarz gekleidet zu sein.
Eiligen Schrittes kehrst du ins Gasthaus zurück und verlässt dieses durch die Vordertür.
*Lies weiter bei **318***

310 Apron versucht, deinem Zugriff auszuweichen. Er ist schnell, doch du bist schneller. Bevor er auch nur im Ansatz etwas gegen dich ausrichten kann, hast du ihn am Kragen gepackt. Hart drückst du den gefährlichen kleinen Leather Apron an die Bretterwand. »Reden wir wie zivilisierte Männer!«
Apron nickt. »Ist ja gut, Inspektor. Ich war mit ihr heute Abend zusammen, ist ja nichts dabei.«

*Erhöhe **Überwältigen** um 1 Punkt.*

Du ziehst den Knüppel, um deinen Worten Nachdruck zu verleihen, und hältst ihn ihm vors Gesicht. »Wann, warum und wo, die ganze Geschichte, oder soll ich's aus dir rausprügeln?«
*Lies weiter bei **277***

311

Der Wirt beugt sich zu dir und wischt die Theke ab. »Schätzchen, bist noch viel zu jung, um dich mit einem wie Leather Apron einzulassen.«
Du lachst. »Einlassen, bei Gott, nein. Aber sag, war er heute Nacht mit Long Liz hier, und wenn ja, wann war das denn genau?«
»Hm.« Der Wirt sieht sich um, als befürchte er, belauscht zu werden. »Ne Menge Umtrieb war heut Nacht. Leather Apron hatte Liz im Schlepptau, ja. Muss gegen elf gewesen sein.«
»Haben sie getrunken, gelacht? Wann sind sie gegangen?«
»Stellst ja viele Fragen für 'n Mädchen von knapp zwanzig. Haben Bier und Fusel getrunken, gelacht und sich geküsst. Sah aber nicht so aus, als hätte Apron vor, dafür zu bezahlen. Gegangen sind die um halb zwölf denk ich.«
»Und wohin?«
»Glaubst du, ich glotze meinen Gästen nach?«, braust der Wirt auf. Dann, etwas versöhnlicher, nachdem er deinen erschrockenen Blick bemerkt. »Berner Street.«
»Was für 'nen Eindruck machten sie auf dich?«
Der Wirt gluckst. »Na ja, war'n mächtig am Schrauben, als wie so 'n verliebtes Pärchen halt. Mich wundert's jedenfalls, denn mit Apron ist als Frau nicht gut Kirschen essen …«
»Wie meinst du das?«
Der Wirt macht die Geste des Kehledurchschneidens. »Ist schnell mit dem Messer …«
Ein weiterer Dreckskerl unter vielen, denkst du dir. »Wo finde ich ihn?«
»Der ist durch'n Hinterausgang zum Pissen raus auf die Gasse. Aber sei auf der Hut, der hat schon 'ne Menge intus und ist heut nicht gut zu sprechen …«

Eine der Frauen lacht meckernd, ein Mann in braunem Lodenmantel glotzt dich aus geröteten Säuferaugen unverschämt an. Das hier ist kein guter Ort für eine junge Frau wie dich.
*Lies weiter bei **291***

312

Mit einem Stöhnen taumelst du weg von ihm, doch er bleibt an dir dran, packt dich am Hals und treibt dich mit Kraft an die nasse Mauer. Mit dem Hinterkopf knallst du gegen die Backsteine und siehst Sterne.
Apron zieht die Klinge aus deinem Bauch, nur um sie in schneller Folge dreimal erneut hineinzustoßen. Dabei keucht und stöhnt er wie ein Freier in seinen letzten Zügen.
Deine Gegenwehr erschlafft, bevor sie überhaupt eine war. Verblüfft registrierst du, dass es nicht weh tut. Es fühlt sich eher an, als würdest du dich an Papier schneiden, also unangenehm, aber nicht schmerzhaft.
Er meckert wie eine Ziege, als er dein Kinn nach oben drückt, um dir in einem Zug von links nach rechts die Kehle durchzuschneiden. »Ich lass dich ausbluten wie 'ne verdammte Sau!«, grunzt er und lässt dich fallen.
Entrückt rutschst du an der Mauer hinab und denkst daran, dass dies das dritte Mal ist, dass man dir den Hals durchgeschnitten hat.
Aller guten Dinge sind drei …
Verschwommen nimmst du wahr, dass Apron mit gespreizten Beinen über dir steht und seine Hose öffnet. »Wollen doch mal sehen, wozu so 'ne Hure aus Mile End taugt, bevor sie kalt ist …«

ENDE

313

*Probe **Überwältigen** gegen **Contra-Skill 5**.*
*Wenn du unterliegst: Lies weiter bei **262***
*Wenn du obsiegst: Lies weiter bei **285***

314

Deine einzige Spur führt dich zum *Bricklayer's-Arms*-Gasthaus in der Settle Street 34. Dort soll Leather Apron – mit bürgerlichem Namen John Pizer – anzutreffen sein.

Die Settle Street stößt als Querstraße auf die Berner Street. Die Luft schmeckt schwer und schmutzig, hinterlässt einen öligen Geschmack im Mund. Entsprechend der fortgeschrittenen Stunde und da Sonntag ist, verirren sich nur wenige Passanten hierher. Der zähe Dunst der Themse kreiert aus ihren Schatten schwankende Trugbilder, die sich dehnen und strecken, um in der Dunkelheit nach dir zu greifen. Eine Kutsche rumpelt an dir vorbei, doch die ist schäbig und wird von einem braunen Pferd gezogen.
Das *Bricklayer's* sitzt wie eine fette Spinne auf der Straßenecke. Aus der offenstehenden Tür fällt Licht und dringt das Gegröle der späten Säufer. Eigentlich wäre das einladend, wenn da nicht der düstere Hintergrund dessen wäre, weshalb du dich hierher aufgemacht hast. Du steigst die drei Stufen hinauf und zwängst dich zwischen nach Schweiß stinkenden Säufern bis zur Theke hindurch. Die zum Schneiden dicke Luft erinnert dich ans *Frying Pan*, doch die Klientel erscheint dir argwöhnischer, ja unsympathisch sogar.
Der Wirt, ein kleiner, gewichtiger Mann mit dem pockennarbigen Gesicht einer Kröte, glotzt dich aus nass triefenden Augen fragend an. »Kenn dich nicht, kannst also keinen Umsatz machen hier.«
Du lehnst dich gegen das klebrig feuchte Holz. »Deswegen bin ich nicht hier. Hast du John Pizer gesehen? Hab was für ihn …«
»Wer? Pizer? Erinner mich gerade nicht …«
»Wird Leather Apron genannt.«
»Ah, der. Den kenn ich. Ungesund für Weiber wie dich, warn ich nur.«
*»Verkaufst du mir ein Bier und erzählst, was er mit Long Liz zu schaffen hatte?« (Probe **Überzeugen**): Lies weiter bei **278***
*»Hast sicher von dem Mord im Dutfield's Yard gehört. War 'ne Freundin von mir. Gibst mir 'n Bier und dann erzählst du, was er mit Long Liz zu tun hatte.« (Probe **Empathie**): Lies weiter bei **295***

315

Du siehst, was er machen will, bist jedoch einen Hauch zu langsam, hast nicht mit der Flinkheit des kleinen Mannes gerechnet. Das rächt sich jetzt.
Bevor du reagieren kannst, packt er dein Handgelenk, dreht es um, bis sich deine Finger öffnen, und entwindet dir das Messer. Wie

von selbst dreht es sich in seinen Fingern und stößt nach vorne durch deinen Mantel, das Kleid darunter und die blasse Haut. Der Stahl durchbohrt dein Fleisch wie in der Sonne aufgeweichte Butter, dringt tiefer, wo dein Magen – zumindest nimmst du das an – eingebettet auf seine Offenbarung wartet.
*Lies weiter bei **312***

316

»Trink Bier und geh mir mit deiner Fragerei nicht auf die Nerven. Wenn du was von Leather Apron wissen willst, der ist durch'n Hinterausgang zum Pissen raus auf die Gasse. Aber sei auf der Hut, der hat schon 'ne Menge intus und ist heut nicht gut zu sprechen …«
Eine der Frauen lacht meckernd, ein Mann in braunem Lodenmantel glotzt dich aus geröteten Säuferaugen sabbernd an. Das hier ist wahrlich kein guter Ort für eine junge Frau wie dich.
*Lies weiter bei **291***

317

»Sie haben mein Wort als Inspektor des Scotland Yard. Niemand wird von diesem Gespräch erfahren!«, lügst du den kleingeistigen Mann an.
Apron nickt. »Sie sind 'ne ehrliche Haut, wie mir's scheint. Bin jetzt keiner, der nett zu Frauen ist. Das mit Liz hab ich angefangen, weil mir einer Geld gegeben hat.«
»Du meinst, man hat dich angeheuert, damit du Elizabeth Stride in die Settle Street bringst?«
Apron nickt. »So isses. Ein Gentleman, kam in 'ner schwarzen Kutsche angefahren, von 'nem ebensolchen Pferd gezogen. Bot mir gutes Geld an, da konnt ich nicht nein sagen.«
»War er allein?«
Der kleine Mann schüttelt den Kopf. »Nein, soweit ich sehen konnte, saß 'ne Lady bei ihm in der Kutsche. Groß, schlank, in schwarz gekleidet mit 'nem Schleier vorm Gesicht. Die hat aber kein Wort gesprochen. Roch aufdringlich nach Rosen …«
»Hat der Mann auch einen Namen?«, willst du wissen.
Apron schnauft. »Den haben Sie aber nicht von mir. Hat sich Grey genannt. Einfach nur Grey. Seltsamer Kauz.«

»Und dieser Mister Grey sagte, du sollst *was* genau mit Miss Stride machen?«
»Na ja, anbandeln halt. Und dann, wenn sie mir vertraut, sollt ich sie in die Settle Street bringen, gegenüber vom *Workingmen's Club*. Dort würde um Mitternacht die Kutsche auf sie warten.«
Wut wallt in dir auf. »Und du hast dir keinen Kopf gemacht, was die von ihr wollen?«
Apron zuckt mit den Schultern. »Ist doch nur 'ne Hure, was wird man von so einer schon wollen?«
Ihr den Hals durchschneiden, denkst du, wendest dich angewidert von dem Mann ab und gehst …
Lies weiter bei ***263***

318

Aufgewühlt stehst du unter einer Gaslaterne an der Ecke des *Bricklayer's Arms* und versuchst, einen klaren Gedanken zu fassen.
Was für Spuren gibt es, denen du folgen kannst, solange diese frisch sind.
Zum einen wäre da das Arbeiterkrankenhaus in der Old Montague Street, wohin sie Liz wahrscheinlich zur Obduktion gebracht haben.
Und wo die Doktoren sind, die darin verstrickt zu sein scheinen, weht dir ein düsterer Gedanke durch den Kopf.
Oder du gehst zum *Queen's Head* in der Commercial Street, wo man Long Liz kannte und wo sie gelebt hat. Wenn es einen Hinweis auf den wahren Mörder gibt, dann vielleicht dort.
Tief in deinem Innern spürst du, dass heute Nacht in den nebeldunstigen Gassen Whitechapels noch etwas weitaus Schrecklicheres geschehen wird und dir – wenn überhaupt – nur die Zeit für die Wahl einer diesen beiden Optionen bleibt …
Wenn du zum Arbeiterkrankenhaus gehst: Lies weiter bei ***273***
Wenn du ins Queen's Head *gehst: Lies weiter bei* ***294***

319

Probe ***Auftreten*** *gegen* ***Contra-Skill 4****.*
Wenn du unterliegst: Lies weiter bei ***298***
Wenn du obsiegst: Lies weiter bei ***259***

320 Die Luft ist klamm vom Regen der letzten Stunden. Der Nebel kämpft sich zurück in die Gassen.
Berner Street, denkst du dir. Weit entfernt von der Hanbury, wo es Dark Annie, oder der Buck's Row, wo es Polly erwischt hat.
Auf den Straßen ist um diese Zeit die Hölle los. Um kein Risiko einzugehen, nimmst du die Whitechapel nach Westen und biegst dann links in die Union Street ein, bis du auf die Commercial Road triffst. Dort wendest du dich erneut nach links, bis es nach einem kurzen Wegstück rechts in die Berner Street geht.
Auf den größeren Straßen wie der Whitechapel oder der Commercial herrscht reges Treiben. Kutschen, Passanten, Constables, eben alles, was einen Mörder davon abhält, dich in einen Hinterhof zu zerren, um dir die Kehle durchzuschneiden.
In der Berner Street ist es hingegen ruhig. Abgesehen von einigen Läden und dem *Workingmen's Club* – einer Arbeiterkneipe, in der man Frauen nicht gerne sieht – geht es hier eher behäbig zu. Wo die Berner auf den Dutfield's Yard trifft, der gleich gegenüber des *Workingmen's* ist, hat sich eine Traube aus Schaulustigen versammelt. Constables bilden eine Kette, um die Gasse vor aufdringlichen Gaffern abzuschirmen.
Deine Wangen glühen nicht nur vom schnellen Laufen, sondern auch von der makabren Aufregung, unmittelbar nach einem Verbrechen an einem Tatort zu sein.
Einer der Constables ist Mizen, der dich erkennt und dir zunickt. Bevor du die Menschenmenge erreichst, triffst du auf Elizabeth Tanner. Die stellvertretende Leiterin des *Queen's Head*, einer Taverne und Absteige in der Commercial Street 79, kennt dich nur flüchtig und dennoch tritt sie dir mit besorgtem Blick entgegen.
»Um Gottes willen, Ada, die sagen, das sei meine Elizabeth Stride, die dort auf der Straße liegt …«
Elizabeth Stride – von allen Long Liz genannt – war wahrlich keine Freundin von dir, doch dir ist bekannt, dass sie im *Queen's Head* ein Zimmer hatte.
Wenn du mit Elizabeth Tanner sprichst: Lies weiter bei ***308***
Wenn du lieber mit Constable Mizen sprechen willst: Lies weiter bei ***289***

321

*Probe **Überzeugen** gegen **Contra-Skill 5**.*
*Wenn du unterliegst: Lies weiter bei **284***
*Wenn du obsiegst: Lies weiter bei **300***

322

Du siehst, was er beabsichtigt, und weichst zurück. Apron zieht ein Messer aus der Manteltasche, das kurz, aber breit ist. Mit geübtem Griff packst du sein Handgelenk, ehe die Waffe oben ist, drehst dieses um, dass es übelst knackt.
Apron gurgelt vor Schmerz, als du ihm die Waffe entwindest und, ohne zu zögern – oder nur ansatzweise darüber nachzudenken –, ihm die Klinge in den ungeschützten Hals stößt. Der scharfe Stahl durchtrennt begleitet von einem ekelhaften Knirschen die Gurgel und alles, was sich dahinter befindet.
Hass brandet als ungestüme Welle auf. Wut auf den kleinen Mann, der für alles steht, was du verachtest.
Heißes Blut strömt dir über die Hand, als du mechanisch die Klinge zurückziehst und erneut zustößt. Dann sackt Apron in sich zusammen, rutscht mit ungläubig aufgerissenen Augen am Bretterzaun herunter. Alles geht furchtbar schnell. Der letzte Seufzer weht von seinen geöffneten Lippen, dahinter nichts als schiefe braune Zähne. Panisch siehst du dich um, realisierst, dass du soeben einen Mord begangen hast.

*Verringere deine **Empathie** um 1 Punkt!*

Du weißt, was geschieht, wenn man dich damit in Verbindung bringt. Was du eben getan hast, ist kaltblütiger Mord, und das bedeutet Strang, da gibt es auch für einen Inspektor keine Ausnahme. Wenn jetzt einer aus dem Gasthaus zum Pinkeln kommt, bist du erledigt.
Du denkst an Emma und findest einen Kistenstapel, hoch genug, um einen kleinen Mann wie Apron dahinter zu verstecken. Hastig durchsuchst du seine Taschen, findest einen Traubenstängel ohne Früchte, zehn Pence, Kautabak und ein weiteres Klappmesser mit kurzer, aber scharfer Klinge, auf dessen Griffschale *Arbeiterkrankenhaus Old Montague* steht. Dann zerrst du ihn hinter die Kisten,

wirfst eine nahe Plane darüber, wäschst dir im Rinnstein das Blut von den Händen und bist froh, dunkel gekleidet zu sein.
Eiligen Schrittes kehrst du ins Gasthaus zurück und verlässt dieses durch die Vordertür.
Lies weiter bei ***263***

323

Der Weg zum *Workingmen's Club* ist nicht weit, doch die Tür öffnet sich nicht für jeden. Am Eingang steht mit vor der Brust verschränkten Armen ein Bär von Mann mit wildem Vollbart und feurigem Blick. »Solche wie dich wollen wir hier nicht!«, tönt seine Begrüßung.
Du funkelst ihn zornig an.
»Na was für eine bin ich denn, wenn du mich so gut kennst!« (Probe ***Auftreten****): Lies weiter bei* ***281***
»Dann ruf mir Louis Diemschutz nach draußen, damit ich mit ihm reden kann!« (Probe ***Überzeugen****): Lies weiter bei* ***299***

324

Probe ***Nahkampf*** *gegen* ***Contra-Skill 6****.*
Wenn du unterliegst: Lies weiter bei ***304***
Wenn du obsiegst: Lies weiter bei ***282***

325

Mord, hallt es in deinem Kopf wider. Wo du hinwolltest, kann warten, denn jetzt gilt es, der frischen Fährte zu folgen!

Blättere weiter zum Beginn von ***Kapitel 4 – Die Blutnacht von Whitechapel***

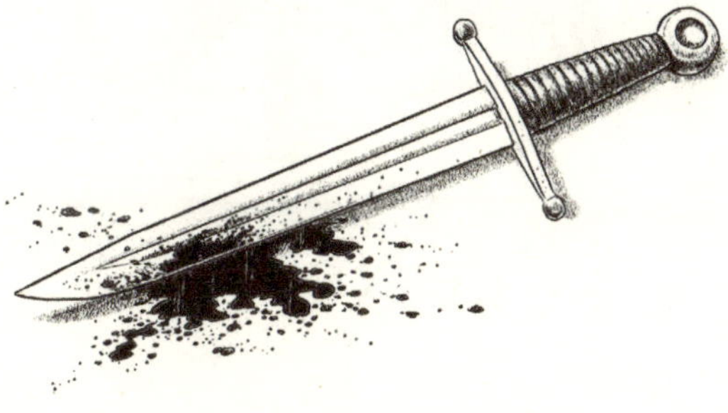

KAPITEL 4
DIE BLUTNACHT VON WHITECHAPEL

Freitag, 28. September 1888
Der Fußmarsch von Kent nach London steckt ihr mehr in den Knochen, als die vorübergehende Trennung von ihrem Mann John Kelly. Zweiundvierzig ist ein stolzes Alter für eine, die mit dem Breitmachen ihrer Beine den Unterhalt verdient.
Die Nacht verbringt sie mit Emily Birell in einer billigen Unterkunft in der Shoe Lane. Mehr ist nicht drin. Die Männer, also John Kelly und der Stecher von Emily, gehen weiter zu ihrer üblichen Schlafstätte in der Flowers and Dean Street 55.
Catherine sitzt mit Emily und dem Leiter des Gästehauses am Küchentisch bei einem warmen Bier. Sie spielen Karten um nichts und essen kalte Ofenkartoffeln vom letzten Tag.
»Bin nur zurückgekommen, um mir die Belohnung abzuholen«, nuschelt sie zwischen zwei Schlucken.
Emily kichert betrunken. »Belohnung?«
»Na ja«, meint Catherine augenzwinkernd. »Der Whitechapel-Mörder. Ich denke, ich weiß, wer es ist …«
»Nimm dein Maul lieber nicht zu voll«, knurrt der Mann und legt die Karten auf den Tisch. »Hast verloren, Catherine, also zieh blank, wie du's versprochen hast!«
*Lies weiter bei **419***

326

*Probe **Überwältigen** gegen **Contra-Skill 3**.*
*Wenn du unterliegst: Lies weiter bei **396***
*Wenn du obsiegst: Lies weiter bei **381***

327

Die Tanner stößt sich von der Wand ab und baut sich vor dir auf. Ihr Atem stinkt nach schalem Bier und faulen Zähnen. »Sie kommen in mein Haus und denken, mich beeindrucken zu können? Ich sag Ihnen was, Inspektor. Sie stören die Ruhe der Toten, und das mögen wir hier gar nicht. Und außerdem …«, sie sieht sich um, »… reicht es nicht, dass Leather Apron Long Liz aufgeschlitzt hat? Der schreckt auch vor Polizisten nicht zurück!«
»Miss Tanner, deshalb möchte ich mit Ihnen reden. Leute wie Apron müssen von der Straße!« (Probe ***Empathie****): Lies weiter bei* ***388***
Du drückst Elizabeth Tanner an die Wand (Probe ***Überwältigen****): Lies weiter bei* ***457***

328

»Hm.« Sie schlägt das Register auf, fährt mit dem Daumen über einige Einträge. »Doktor Phillips ist unten in der Pathologie. Ich rufe einen Pfleger, der Sie hinunterbegleitet, Sir.«
»Nicht nötig, ich kenne den Weg.«
Die Schwester sieht dich tadelnd an. »Das ist inzwischen Vorschrift.« Sie steht auf, beugt sich über die Theke und ruft in den dunklen Flur hinein. »Patterson, wo zur Hölle steckst du nur wieder? Hier will einer runter in den Leichenkeller!«
Ein Schatten löst sich aus der Dunkelheit, der wohl die ganze Zeit schon dort gewesen ist. Ein breitschultriger, grobschlächtiger Mann in heller Pflegerkleidung tritt auf euch zu. »Was'n los, Betty?«
»Bist du so nett und bringst Inspektor Abberline runter zu Doktor Phillips?«
Patterson, der einen dicken Totschläger am Gürtel trägt, grinst dich an. »Ist mir ein ausgesprochenes Vergnügen, Inspektor.« Seine große Hand weist in die Dunkelheit. »Hier entlang bitte.«
Lies weiter bei ***410***

329

Du bist dir der Gefahr, in die du dich begibst, durchaus bewusst, und dennoch kannst du nicht widerstehen. Die Pearcey zieht eine Blende von einer kleinen Lampe, in der Kerzen flackern. Orangerotes Licht erfüllt die Kabine, suggeriert Wärme und trügerisch einlullende Geborgenheit.

Die Frau ist düster und geheimnisvoll, aber auch wunderschön, denkst du und schämst dich dafür.

»Ein guter Freund aus Deutschland – ein Doktor im Arbeiterkrankenhaus in der Old Montague Road – hat mir einen Zeitungsartikel mitgebracht. Sogar dort reden sie über Whitechapel.«

Sie greift in ihren dunklen, mit komplizierten Mustern bestickten Mantel, zieht ein gefaltetes Stück Papier heraus und reicht es dir. »Es steht nicht viel zu lesen drin, teils Unsinn, und doch sagt es alles …«

Um den Artikel zu lesen, lies jetzt den ***Anhang: Allgemeine Zeitung München, 13. September 1888*** *und kehre dann hierher zurück.*

Mary Pearcey lächelt. »Niemand hat Leather Apron verhaftet, soweit ich weiß. Seltsamerweise wurde er aber auch seither nicht mehr gesehen. Ob da ein Zusammenhang besteht?«

»Sagen Sie es mir.« Du musterst das Gesicht der Frau. Sie ist ohne Zweifel schön, aber der zynische Zug um ihren Mund lässt sie hart wirken, was sie zweifelsohne auch ist. »Reden wir über die Morde, Miss Pearcey. Wenn ich nicht vollkommen falschliege, können Sie mir mehr darüber erzählen.«

»Nicht hier.« Als wäre dies ein Zeichen gewesen, zügelt der Kutscher das Pferd. Der Wagen kommt mit einem sanften Ruck zum Stehen. »Wir sind da. Ich denke, bei einem Tee lässt es sich besser reden …«

Nachdem du aus der Kutsche gestiegen bist, findest du dich in einer breiten, dafür kurzen Sackgasse wieder. Die Gasse ist gepflastert, die Fassaden der Häuser sind sauber, die Eingangstüren nobel und mit polierten Türklopfern versehen. Es ist neblig und dennoch nicht dunkel, denn in den Ecken stehen ausladende Gaslaternen mit jeweils drei Leuchtern.

Es gibt nur einen Platz in Whitechapel, der sich derart vornehm vom allgemeinen Zerfall abhebt. Ein kleiner Hof nahe der Einmündung der Flowers and Dean in die Osborn Street.

Mary Pearcey geht auf die schwarz lackierte, eisenbeschlagene Tür des Hauses zu, das die gesamte Stirnseite einnimmt. Hinter den

Fenstern – jeweils zwei zu beiden Seiten des Eingangs und fünf in der oberen Etage – verwehren dunkle, zugezogene Vorhänge den Blick hinein. Ehe die Pearcey die Tür erreicht, wird diese von einem Hausmädchen in schwarzem Kleid mit weißer Schürze und ebensolchem Häubchen geöffnet.

»Willkommen zurück, Ma'am«, begrüßt diese die Pearcey in einem schweren, zähen Dialekt, der dich an Schottland denken lässt.

Drinnen gibt es einen großzügigen, nahezu rechteckigen Flur, der stirnseitig in eine hölzerne, nach oben führende Treppe mündet. Zu beiden Seiten befindet sich je eine Tür. Kandelaber mit je acht Kerzen – in jeder Raumecke einer – erzeugen ein unstetes, warmes Licht.

Nachdem euch das Hausmädchen die Mäntel abgenommen hat, weist die Pearcey zur rechten Tür. »Gehen wir in den Salon …«

Der ist ebenfalls von Kerzen erhellt, wenn auch von verschiedenster Art. Kein Leuchter entspricht dem anderen, wie auch keine Kerze in ihrer Form einen Gegenpart besitzt. Im Kamin prasselt ein verhaltenes Feuer. Jagdtrophäen von Tieren, die du bisher nur im Zoo gesehen hast, schmücken die Wände.

Anstatt auf der mit dunkelblauem Samt bezogenen Couch Platz zu nehmen, bittet dich die Pearcey an einen Tisch aus dunklem Holz, in dessen Tischplatte ein Pentagramm aus Elfenbein eingelassen ist. Die Stühle haben hohe, geschnitzte Lehnen, die dich an miteinander verschlungene Gliedmaßen erinnern. Etwas zu exzentrisch für deinen Geschmack, aber nun gut.

Für Ada Wilson: Lies weiter bei ***398***

Für Inspektor Abberline: Lies weiter bei ***362***

330

Das Tuch gleitet vom dünnen, ausgemergelten Körper der Elizabeth Stride, wegen ihrer Größe auch Long Liz oder ihren ausgesprochen vollen Lippen Hippy Lip Annie genannt.

Viel ist von ihrer herben Schönheit nicht mehr übrig. Die Haut ist grau und von schwarzen Flecken übersät, wo sich die Gelenkbeugen befinden. Die Wunde quer über den Hals klafft offen und tief genug, sodass du die Knorpel sehen kannst, ebenso ihr Schädel, aus dem die Doktoren das Hirn entnommen haben. Die Haare, lang,

dunkel und fettlockig, sind an einem Hautlappen zurückgeklappt wie eine Mütze. Die Augen sind weit geöffnet, starren dich bleich und vorwurfsvoll an.
Das wahre Desaster offenbart sich in der Körpermitte. Hier haben die Doktoren den heutzutage üblichen Y-Schnitt angewandt, vom Bauchnabel ausgehend bis unter die Brüste, sich dort teilend. Haut, Fettgewebe und das Gewebe darunter sind aufgeschlagen wie ein zerlesenes Buch. Was darin enthalten ist, klebt in einer erstarrenden, dunkelroten bis braunen Masse. Einiges fehlt, wurde wohl zur Obduktion entnommen. Wo sich das Herz befand, klafft ein mit schwarzer, geronnener Flüssigkeit gefülltes Loch. Ebenso dort, wo sich die Vagina befand, was dich etwas verwundert.
Hieß es nicht, der Ripper hätte ihr nur den Hals durchgeschnitten? Wozu also dort unten wühlen?
Seufzend deckst du den Leichnam wieder zu. »Ich werde deinen Tod nicht ungesühnt lassen, Liz …«

*Wenn du den Bericht nimmst, der auf dem Tuch liegt, lies jetzt den **Anhang: Bericht Nummer 1 des 30. September 1888** und kehre dann hierher zurück!*

*Wenn du zur zweiten Leichenbahre gehst (und dort noch nicht warst): Lies weiter bei **372***
*Wenn du den Leichenkeller verlässt: Lies weiter bei **437***

331

»Der Kreis meines Schicksals«, flüsterst du um Haltung ringend, weil deine Kräfte schwinden.
»Es ist eine Wahl, die sich dir stellt«, antwortet Mary Pearcey. »Eine Wahl dessen, worauf du dich einlässt. Zum einen die weltliche Rache im Jetzt, zum anderen die Öffnung ins Spirituelle, die dir ungeahnte Möglichkeiten offenbart. Es wird niemals eine Verbindung zwischen dem Gericht und dem Teufel geben, keine Versöhnung von Dunkelheit und Licht. Doch was ist gut und was böse? Die Frage ist nun, Ada Wilson, für welche Seite wirst du dich entscheiden?«
Das alles ist zu viel. Du wolltest nur den Mörder stellen, womöglich die Leben einiger Frauen retten, doch das hier geht weiter.

Die Hitze im Raum wird unerträglich, das Prasseln des Kaminfeuers ohrenbetäubend. Mary Pearceys Gesicht verzieht sich zu einer grotesken Fratze, während alles andere in einem schwarzen Wirbel verschwindet. Du versuchst aufzustehen, doch deine Beine geben nach. Die Welt dreht sich vor deinen Augen und du verlierst das Bewusstsein …

Merke dir ***die Karte im Zentrum*** *der anderen gut, denn dies könnte zu einem späteren Zeitpunkt nützlich sein! (Falls du es vergessen hast, es war die* ***Hohepriesterin****.)*

Lies weiter bei **503**

332

»Was für ein Tag.« Der Constable schüttelt den Kopf, schlägt ein Register auf und fährt mit dem Daumen eine Reihe Namen ab. »Sie haben Glück, Constable George Simmons hat sich bereits zum Dienst eingetragen. Er ist oben im ersten Stock, zweite Tür links. Schreibt wohl am Bericht der vergangenen Nacht.« Der Constable öffnet dir den Durchgang und ringt sich ein schräges Lächeln ab. »Sagen Sie einfach, ich hätte Sie geschickt!«

»Danke, Constable!« Du schlüpfst an ihm vorbei und eilst die ausgelatschte, enge Treppe hinauf. Hinter dir bricht erneut Tumult los.

Oben im Flur steht kalter Zigarettenrauch. Der dunkle Holzboden ist poliert, in der Mitte von schmutzigen Stiefeln zerkratzt. Die Tür, zu der du gehen sollst, steht offen, also klopfst du an den Rahmen und steckst den Kopf durch die Öffnung. »Constable George Simmons?«

Der Raum ist einfach ausgestattet. Vier Schreibtische in einer Reihe vor der Fensterfront. Aktenschränke zu beiden Seiten, eine Garderobe neben der Tür und Stühle vor den Tischen für jene, die Aussagen abzugeben haben. Hinter jedem der Tische sitzt ein Constable, doch nur einer sieht auf. Ein großer, breitschultriger Mann mit gezwirbeltem Bart und kantigem Kinn. »Wer will das wissen?«

Beherzt betrittst du den Raum. »Der Constable unten war so freundlich, mich vorzulassen. Inspektor Abberline vom Scotland Yard. Ich hätte mit Ihnen über Catherine Eddowes zu sprechen.«

»Scotland Yard?«, fragt er misstrauisch.

Du trittst an den Tisch. »Sie hätten die Eddowes letzte Nacht kurz vor dem Mord gesehen, sagte man mir.«

Der Mann legt den Stift beiseite. »Hab ich.« Er deutet auf einen Stuhl. »Nehmen Sie Platz, Inspektor …«

Er tauscht einen schnellen Blick mit den anderen Constables. »War um halb neun, als mich Constable Louis Robinson holte, um Miss Eddowes in der Aldgate Street 29 festzunehmen, weil sie 'ne Menschenmenge um sich versammelt hatte, 'n Löschfahrzeug imitierte und beabsichtigte, sich auf der Straße schlafen zu legen. War sternhagelvoll. Als wir sie Sergeant Byfield vorführten, gab sie als Name Nothing an.«

»War wohl der Trunkenheit zuzuschreiben«, stellst du fest.

»Um neun hat sie in ihrer Zelle tief geschlafen«, meint einer der anderen.

»Nicht lang genug jedenfalls«, sagt ein Constable.

»Wollen Sie ihr Wissen mit mir teilen, Constable …?«

»George Hutt … Kurz nach Mitternacht wachte sie auf und sang in ihrer Zelle vor sich hin. Sie fragte, ob ich sie rauslassen könnte, woraufhin ich sagte, erst, wenn sie wieder auf sich selbst aufpassen könne. Sie antwortete, ja, ich kann das jetzt. Na ja, ließ sie noch 'ne Weile schmoren, führte sie erst um eins Sergeant Byfield vor, der sie für nüchtern erklärte. Hat sich auf Nachfragen als Mary Ann Kelly, wohnhaft in der Fashion Street 6, ausgegeben, aber die kenn ich und die sieht vollkommen anderes aus.«

Nicht weit von Mary Pearceys Haus entfernt, denkst du alarmiert.

»Na, jedenfalls hab ich sie um eins aus der Zelle gelassen«, fährt Hutt fort. »Sie fragte noch, wie spät es sei, da antwortete ich, zu spät, um noch was zu trinken zu bekommen. Darauf sie, werd 'ne ordentlich Tracht Prügel beziehen, wenn ich nach Haus komme.« Hutt lacht rau. »Geschieht dir recht, sagte ich, hattest kein Recht, dich zu betrinken! Daraufhin hab ich sie aus der Wache gelassen, woraufhin sie sich mit den Worten *Gute Nacht, alter Sack*, verabschiedete.«

»Haben Sie gesehen, wo sie hingegangen ist?«

»Richtung Flowers and Dean, vermutlich zurück nach Aldgate, um sich erneut zu betrinken.«

Direkt in Mary Pearceys Arme, denkst du und schämst dich sogleich dafür, die Frau vorzuverurteilen. Und dennoch …

*Erhöhe deine **Empathie** um 1 Punkt.*

»Ne dreiviertel Stunde später war sie tot …«, flüstert George Simmons und schüttelt ergriffen den Kopf. »Hätten wir sie doch nur bis zum Morgen in der Zelle gelassen …«
Damit ist alles gesagt. Du verlässt die Polizeiwache mit einem flauen Gefühl im Magen.
*Lies weiter bei **494***

333

Frankenstein nickt. »Gerne. Mir ist Miss Pearcey aus München bekannt, wo sie mich nach einer Anatomie-Vorlesung unverblümt ansprach. Um es kurz zu machen, wir teilen unsere Passion zur Theorie der Wiederbelebung.«
»Wiederbelebung?«
In seinen Augen lodert das Feuer der Begeisterung, wenn nicht sogar mehr. »Nehmen wir eine profane, aber nichtsdestotrotz tote Kröte. Ihre Muskulatur ist schlaff, das Herz hat aufgehört zu schlagen. Der Prozess der Verwesung würde unweigerlich einsetzen.«
»Kein angenehmes Thema für einen Frühstückstee im ersten Sonnenlicht, aber reden Sie weiter.«
»Wenn man ihre Muskulatur elektrischen Reizen aussetzt – eben so, wie es in einem lebenden Körper geschieht –, vermag ich, diese trotz des letalen Zustands wieder in Bewegung zu versetzen.«
Du stellst die Tasse ab. »Sie meinen, die Kröte kann wieder springen?«
Der Doktor nickt begeistert. Seine Wangen glühen. »Weit mehr als das. Ich konnte mit der richtigen Dosierung von Strom und der Zufuhr bestimmter Substanzen bewirken, dass ihr kleines Herz wieder anfing, zu schlagen. Doch eine bestimmte Zutat fehlte mir noch, denn die Wiederbelebung war stets von kurzer Dauer. Hier kommt Miss Pearcey ins Spiel!«
Du erinnerst dich an die alte Geschichte des aus Lehm geformten Golems, dem ein Magier Leben einhauchte. »Hm, es fällt mir schwer, in ihr eine Ärztin zu erkennen …«
»Das nicht, doch sie ist eine Meisterin der Spiritualität. Sie vermag, die Seele des Verstorbenen in den Körper zurückzuführen. Nur auf diese Weise kann es gelingen!«

»Die Seele einer … Kröte?«
Frankenstein ereifert sich. »Einer Kröte? Aber nein, unsere Ziele sind weit höher gesteckt als das. Wir beabsichtigen, einen Menschen zurückzuholen! Und dazu hat Miss Pearcey die besten Wissenschaftler und Doktoren, aber auch solche, die Wissen um die Ewigkeit besitzen, um sich versammelt!«
Allein der Gedanke jagt dir einen Schauer über den Rücken. Vor deinem geistigen Auge siehst du Frankenstein gemeinsam mit Doktor Phillips um einen düsteren Ritualkreis im Keller des Arbeiterkrankenhauses an einem Seziertisch versammelt, auf dem eine Leiche liegt.
Das ist zu viel für diesen von Kopfschmerzen geplagten Morgen. Du stehst auf. »Ich denke, ich sollte jetzt gehen. Es war mir eine Freude, Sie wiederzusehen, Doktor!«
*Für Ada Wilson: Lies weiter bei **480***
*Für Inspektor Abberline: Lies weiter bei **516***

334

*Probe **Überzeugen** gegen **Contra-Skill 6**.*
*Wenn du unterliegst: Lies weiter bei **502***
*Wenn du obsiegst: Lies weiter bei **422***

335

Dein Messer zielt auf Donovans Brust. Doch der lässt dich mit der Kaltblütigkeit eines Killers kommen, weicht aus, packt dein Handgelenk und dreht es dir um, sodass du das Messer fallen lässt.
Zufrieden schnaufend zieht er dich an sich heran, damit du mit dem Rücken zu ihm stehst, aber von seinen Armen festgehalten wirst.
»Verdammt, Ada, du treibst es die Tage auf die Spitze. Sei froh, dass ich 'nen Auftrag habe, sonst würd ich dich vögeln und danach abstechen … Und jetzt geh zu der verdammten Kutsche, bevor ich Evans auf dich loslasse …«
Damit stößt er dich davon und versetzt dir zur Sicherheit einen harten Schlag auf den Hinterkopf. »Und das, damit du es nicht vergisst!«
*Lies weiter bei **394***

336 Du erwachst in einem von einer Kerze zweifelhaft erhellten Schlafzimmer, gekleidet in eine dunkle Leinenhose und ein ebensolches, etwas zu weites Hemd. Wo dich Chandlers Schlag niedergestreckt hat, pocht Schmerz. Überrascht stellst du fest, dass man dich nicht gefesselt hat.

Du weißt, wo du dich befindest. Im Haus in der Sackgasse Ecke Flowers and Dean und Osborn Street, das wie ein dunkler Schatten am Ende der Gasse hockt.

Jenseits des Fensters und unerreichbar für dich schnaubt das Pferd vor der schwarzen Kutsche. Sie ist also zuhause. Mary Pearcey, die Hexe, Priesterin, Mörderin. Und sie ist sicher nicht allein.

Ein eisiger Lufthauch weht dir vom undichten Fenster ausgehend über den Nacken, lässt dich erschauern. Hier ist er also, der Ort, an dem sich alles entscheiden wird: dein Schicksal wie das der glücklosen Frauen, die du vor dem Messer des Schlächters noch retten kannst …

*Blätter weiter zu Seite 449 zum Beginn von **Kapitel 5 – Die kanonischen Fünf***

337 *Probe **Überzeugen** gegen **Contra-Skill** 5.*
*Wenn du unterliegst: Lies weiter bei **451***
*Wenn du obsiegst: Lies weiter bei **383***

338 Als du den Keller betrittst, der nur spärlich von Petroleumlampen beleuchtet wird, scheint dir, als wehe ein leises Wispern durch die Gänge. Vor dir kannst du schemenhaft die Treppe erkennen, die nach oben ins Krankenhaus führt. Zur Rechten befindet sich die Tür zur Leichenkammer, weiter vorne links der Eingang von Doktor Jekylls Labor. Es herrscht eine bedrückende Stille. Die Luft schmeckt schwer und süßlich. Ihr Geschmack erinnert dich an verdorbenes Obst.

Wenn du die Leichenkammer betrittst: Lies weiter bei ***481***
Wenn du zur Labortür gehst: Lies weiter bei ***460***

339 Einen der Constables, die den Platz absperren, erkennst du als Edward Watkins. Du ziehst den schwarzen Mantel enger um deinen dünnen Körper und gehst zu ihm hin. Bevor du etwas sagen kannst, tritt er dir mit tadelndem Blick entgegen. »Du solltest nicht hier sein, Ada Wilson. Überhaupt nirgendwo anders als zuhause!«

Du schenkst ihm ein trauriges kurzes Lächeln. »Wer?«

Watkins schnauft, sieht sich um und dann dich an. »Eigentlich darf ich es dir nicht sagen. Es ist Catherine Eddowes. Kennst sie womöglich als Kate Kelly.«

Für einen Moment schwindet jede Kraft aus deinem Körper. Du taumelst und wärst gar gefallen, doch Watkins ergreift deinen Arm, um dich zu stützen.

»Guter Gott, ausgerechnet Kate …«

Du kennst, nein, kanntest die ältere Frau kaum, hattest Angst vor ihrem unangenehmen Wesen. Sie war mit dem Zuhälter John Kelly zusammen, der von sich behauptet, nichts mit dem Gewerbe am Hut zu haben. Soweit du weißt, haben sie ein Zimmer in *Cooney's Gasthaus* in der Flower and Dean Street 52.

Watkins schiebt dich weg vom Mitre Square. »Jetzt geh nach Hause, Ada, hast hier nichts verloren. Ist kein Anblick für 'ne Frau!«

Zornig befreist du dich aus seinem Griff. »Ich muss wissen, ob es derjenige war, der heute Nacht bereits gemordet hat!«

»Verdammt, Ada, eines Tages wird dir dein Dickschädel zum Verhängnis. Aber sieht ganz danach aus, ja.« Er fährt sich mit dem

Finger über die Kehle. »Hab sie gefunden, übel zugerichtet, sag ich dir!«
»Du hast sie gefunden? Sag mir, was du gesehen hast, ich muss es wissen!«
Watkins dirigiert dich weg von den im Dunst wandelnden Schatten, die Scherenschnitten gleichen. »Aber du hast es nicht von mir …«
*»Werd's ganz sicher jedem erzählen!«: Lies weiter bei **499***
*»Kein Wort kommt über meine Lippen!«: Lies weiter bei **508***

340

Ehe du dich versiehst, zieht dir der Kerl den Knüppel mit brutaler Wucht über den Scheitel. Licht explodiert vor deinen Augen, Schmerz in deinem Kopf. Ein zweiter Hieb trifft dich an der Schläfe, bringt dich aber nicht zu Fall. Noch nicht. Du taumelst von ihm weg, suchst nach einem Ausweg.
Der Revolver, zuckt dir ein Gedanke durch den Kopf.
*Probe **Schießen**: Lies weiter bei **507***

341

Das Leben in Whitechapel spielt sich auf der Straße ab. Nicht verwunderlich, wenn man bedenkt, in welch desolatem Zustand die Unterkünfte sind. Das *Queen's Head* in der Commercial Street 74 bildet hierbei eine wohltuende Ausnahme. Die Einrichtung der Zimmer ist ohne Frage alt und die Wände könnten einen Anstrich vertragen, aber immerhin ist es sauber.
Der Eingang des Pubs im Erdgeschoss des zweigeschossigen Hauses sitzt auf der Straßenecke zur Fashion Street und kann ebenerdig betreten werden. Die Tür steht offen, drinnen haben sich am frühen Nachmittag des ersten Oktobers Säufer eingefunden. Huren sitzen an den Tischen und nehmen einfache Mahlzeiten ein.
Du findest Elizabeth Tanner, die stellvertretende Leiterin des *Queen's Head* neben der Tür mit einem Krug Bier in der Hand. Sie lehnt an der Wand und sieht müde aus. »Dachte mir, dass du früher oder später hier auftauchst.«
*»Dann weißt du, weshalb ich hier bin!« (Probe **Auftreten**): Lies weiter bei **369***
*»Ich hoffe, das ist kein Problem.« (Probe **Empathie**): Lies weiter bei **455***

342 Die Tür ist angelehnt und lässt sich geräuschlos öffnen. Ein Schwall abgestanden-süßlicher Luft schwappt dir dick entgegen. In dem Raum mit der gewölbten Decke herrscht düsteres Licht, das von zwei Petroleumlampen stammt, deren Dochte heruntergedreht sind. Es stehen fünf mit hellen Leintüchern abgedeckte Leichenbahren in einer Reihe, doch nur auf den ersten beiden liegen Körper, obenauf jeweils eine Mappe mit den Obduktionsberichten.

Wenn du an die erste Leichenbahre trittst: Lies weiter bei ***412***

Wenn du an die zweite Leichenbahre trittst: Lies weiter bei ***511***

343 Draußen auf der Commercial Street stehst du da, lässt dich von der Sonne wärmen und denkst über die weiteren Schritte nach.

Du suchst das Cooney's *in der Flowers and Dean Street auf, wo Catherine Eddowes ihre Unterkunft hatte (sofern du dort noch nicht warst): Lies weiter bei* ***476***

Du suchst das Arbeiterkrankenhaus auf, um die Leichen in Augenschein zu nehmen: Lies weiter bei ***415***

344 Dir gelingt das Unmögliche. Du schaffst es irgendwie, dem Knüppel auszuweichen, dessen brachiale Wucht ungebremst neben dir niedergeht und den Mann vollends aus dem Gleichgewicht bringt. Gleichzeitig hast du dein Messer bei der Hand stößt es dem ungestümen Angreifer in die Brust. Du ziehst es wieder heraus, weichst zurück. Der Constable sieht dich ungläubig an, schwankt, lässt den Schlagstock fallen und kippt rücklings gegen den Bretterzaun. Eins der Bretter löst sich aus seiner Verankerung. Der Constable stürzt durch die neu entstandene Lücke und kommt jenseits des Zauns zum Liegen. Mit einem schnellen Blick vergewisserst du dich, dass niemand den Kampf beobachtet hat, und zwängst dich durch die Lücke, um dich neben den Constable zu knien.

Der presst sich die Hand auf die blutende Wunde, holt rasselnd Luft. »Einen Arzt«, keucht er, »Ich brauche einen Arzt.«

Ihr befindet euch in einem Hinterhof. Kisten und Fässer stehen herum, aus denen es bestialisch stinkt. *Krankenhausabfälle*, geht es dir durch den Kopf.

»Wenn du mir sagst, wie ich ungesehen ins Krankenhaus komme, schicke ich dir 'nen Doktor«, lügst du.
»Da gibt's 'ne Kellertreppe«, röchelt der Mann, »unter 'nem roten Stein liegt der Schlüssel. Aber beeil dich …«
Der Kerl darf nicht reden, nicht überleben, denn dann bin ich geliefert, denkst du voller Grimm und stichst ihm die Klinge in den Hals, wo die dicken Adern verlaufen.

Verringere deine ***Empathie*** *um 1 Punkt!*

Du findest den Schlüssel und schließt die Hintertür auf.
Lies weiter bei ***338***

345

Draußen auf der Commercial Street stehst du da, lässt dich von der Sonne wärmen und denkst über die weiteren Schritte nach. Du kannst verstehen, dass die Leute aus Whitechapel aufgebracht und wütend sind, bist jedoch festen Willens, dies zu ändern.
Du suchst das Cooney's *in der Flowers and Dean Street auf, wo Catherine Eddowes ihre Unterkunft hatte (sofern du dort noch nicht warst): Lies weiter bei* ***444***
Du suchst das Arbeiterkrankenhaus auf, um die Leichen zu inspizieren: Lies weiter bei ***358***

346

*Probe **Überzeugen** gegen **Contra-Skill 10**.*
Automatischer Misserfolg!

Chandler lacht schallend.
»Drogen, Geld, Huren, letztendlich Absturz und Abhängigkeit, ich sag's ganz offen. Bin nicht stolz darauf. Es ist, wie es ist. Einen Weg zurück gibt es jedenfalls nicht!«
Doktor Phillips kichert in die hohle Hand, derweil sich Chandler nähert.
Noch befindet sich die Leichenbahre zwischen dir und dem kräftigen Mann.
»Ich sollte dich zur Grande Dame bringen, die wird dir erklären, weshalb das Ausdünnen der glücklosen Weiber notwendig ist. Oder ...«, er grinst dich unverschämt an, »... du landest auf einem der freien Tische mit aufgeschnittenem Bauch und 'nem Tuch auf dem Gesicht. Es ist deine Entscheidung!«
*»Ich nehme an, dass es sich bei der Grande Dame um Mary Pearcey handelt. Einverstanden, bringen Sie mich zu ihr!« (Probe **Glaubwürdigkeit**): Lies weiter bei **465***
*Du ziehst den Knüppel und greifst an (Probe **Nahkampf**): Lies weiter bei **496***
*Du versuchst, ihn zu überwältigen (Probe **Überwältigen**): Lies weiter bei **359***
*Du ziehst deinen Revolver und richtest ihn auf Chandler. »Ich nehme Sie fest, Inspektor. Leisten Sie keinen Widerstand!« (Probe **Schießen**): Lies weiter bei **439***

347

Der Wirt lacht rau und donnernd. »Sie kommen hierher, um nach 'nem Mörder zu fragen? Ich kenn Sie, Inspektor. Jeder hier weiß, dass sie 'ne Menge Fragen stellen, anstatt auf der Straße nach dem Schweinehund zu suchen. Also scheren Sie sich davon, bevor ich Ihnen Beine mache. Scotland Yard hat in der Metro nichts zu melden!«
*»Ich kann gehen und mit den Constables wiederkommen, wenn Ihnen das lieber ist!« (Probe **Freunde**): Lies weiter bei **509***
*»Ich seh schon, das ist sinnlos. Auf Wiedersehen!«: Lies weiter bei **504***

348 Das Knistern des Kaminfeuers lullt dich ein. Am liebsten würdest du dich nach dem anstrengenden Tag auf das mit blauem Samt bezogene Sofa legen und vom Feuer erhitzt einschlafen.
»Die Indianer benutzen den Tabak, um sich auf Geistreisen vorzubereiten. Hier bei uns waren oder sind es Kräuter, Beeren und Pilze. Selbst Opium öffnet den Geist für die Belange der Spiritualität.«
»Sie meinen, so wie die Hexen es früher taten?«, sagst du frei heraus mit erschreckend schwerer Zunge. Etwas stimmt nicht mit dir.
Die Pearcey bläst geräuschvoll Rauch aus. »Und wie sie es auch heute noch tun. Sie müssen lernen, zu fliegen. Es ist die Befreiung des Geistes, als würde man bar jeder Fessel auf dunklen Pfaden wandeln, die sich durch einen finsteren Wald winden, Schlangen gleich. Wo sie sich kreuzen, findet man Antworten auf all unsere Fragen …«
»Also auch auf die, wer der Mörder ist und weshalb er die armen Frauen umbringt?«
»Der Mörder hat einen Namen, und wenn Sie ihn kennen, wird er für Sie in der spirituellen Welt greifbar. Sie werden Hinweise darauf erhalten, aus welchen Beweggründen er handelt, womöglich sogar, wer es ist und wo er sich aufhält. Alles ist möglich, sofern Sie sich darauf einlassen.«
Sie steht auf, geht zu einem Schränkchen, und kehrt mit einem gefalteten Stück schwarzen Samts, einem Ebenholzkästchen und einem handbeschriebenen Blatt Papier zurück, welches sie dir zuschiebt.
»Er hat Tom Bulling, der im Central News Office der City of London arbeitet, einen Brief geschrieben, in dem sich der Mörder selbst Jack the Ripper nennt. Das hier ist eine wortgetreue Abschrift.«

Wenn du den Brief noch einmal lesen möchtest, lies jetzt ***Anhang: Dear Boss*** *und kehre dann hierher zurück!*

»Jack the Ripper … Ein erfundener, wenn auch auf makabre Weise zutreffender Name, und trotzdem enttäuschend in seiner Einfallslosigkeit. Wie genau soll mir das auf spiritueller Ebene weiterhelfen?«

Die Pearcey sieht dich nachdenklich an, legt ihre Zigarette in einen Aschenbecher und breitet den dunklen Samtstoff vor sich aus. Sie öffnet das Ebenholzkästchen und entnimmt diesem einen Stapel schwarzer Karten, deren Rückseiten mit einem Skorpion verziert sind. Sie fächert sie auf dem Stoff auseinander, sodass sie einen Halbkreis bilden, wählt zehn aus, die sie in zwei Reihen zu je fünf anordnet. »Die Tarotkarten werden Ihnen verraten, ob Jack aus Hass, Liebe, Habgier oder anderen, zumeist niederen Beweggründen handelt. Sie werden Ihnen aber auch verraten, welche Rolle Sie in diesem Spiel einnehmen. Sind Sie bereit für eine neue Erfahrung, Inspektor?«

*»Verzeihen Sie mir, aber das geht mir nun doch etwas zu weit!«: Lies weiter bei **484***

*»Wie könnte ich dazu bereit sein, Miss Pearcey? Und dennoch bitte ich Sie darum, mir die Karten zu legen!«: Lies weiter bei **411***

349

Du siehst dich nach einem Versteck um. Dir bleibt nur der Aufbahrungsraum, in dem die Leichen liegen und wo du dich unter einer mit Tüchern verhangenen Bahre verkriechen kannst.

*Wenn du unter die Bahre der Elizabeth Stride kriechst: Lies weiter bei **395***

*Wenn du unter die Bahre der Catherine Eddowes kriechst: Lies weiter bei **475***

350

*Probe **Auftreten** gegen **Contra-Skill 3**.*

*Wenn du unterliegst: Lies weiter bei **327***

*Wenn du obsiegst: Lies weiter bei **438***

351

Chandler erkennt deine Absichten, stürmt ungestüm auf dich zu, stößt die Bahre mit der Leiche um, deren Körper wie ein toter, ausgeweideter Aal auf den Boden rutscht. Es geht unheimlich schnell. Du ergreifst das Werkzeug und wirfst es dem Inspektor entgegen. Das Beil rotiert mehrmals um sich selbst und spaltet ihm die energische Stirn. Getrieben von der eigenen Wucht prallt Chandler gegen dich, wirft dich rückwärts an die zweite Bahre, die ebenfalls umkippt.

Zwischen käsig schmieriger Leiche und sterbendem Mann findest du dich auf dem Boden wieder, ziehst wie in Trance das Messer und stößt es ihm seitlich in den Hals, wo die dicken Adern verlaufen. Heißes Blut spritzt dir ins Gesicht. Wenige Sekunden später ist es vorbei und du kriechst blutüberströmt unter dem zuckenden Mann hervor, stehst auf und streckst den Arm mit dem Messer in Richtung des Doktors. »Du bist der Nächste, wenn du dich bewegst!«
*Lies weiter bei **382***

352

*Probe **Nahkampf** gegen **Contra-Skill 4**.*
*Wenn du unterliegst: Lies weiter bei **335***
*Wenn du obsiegst: Lies weiter bei **373***

353

»Ich muss ins Krankenhaus, glaub aber nicht, dass die offizielle Pforte für mich die richtige ist, wenn du weißt, was ich meine?«
»Du willst einbrechen?«, will Mary Ann wissen.
*»Ja.«: Lies weiter bei **473***
*»Nein.«: Lies weiter bei **361***

354

Die Kutsche überholt dich und du siehst, dass Räder und Pferdehufe von Leder umhüllt sind, was die gedämpfte Lautstärke erklärt. Da hat wohl jemand etwas zu verbergen?
Der Kutscher hält zehn Meter vor dir unter einer Gaslaterne an und springt vom Bock, um die Tür zu öffnen und den Tritt herunterzuklappen. Mit auffordernder Geste bitte er dich, näherzutreten und einzusteigen.
*Wenn du in die Kutsche steigst: Lies weiter bei **394***
*Wenn du am Einstieg stehen bleibst, um von dort aus zu reden: Lies weiter bei **474***
*Wenn du dich umdrehst und davonläufst: Lies weiter bei **434***

355

Doktor Phillips entspannt sich. »Nun gut, zuvor gestatten Sie Mister Chandler, dass er sie auf Waffen durchsucht. Ein Gebot der Vorsicht …«

Du lässt es zu, dass man dich durchsucht: Lies weiter bei ***435***
Falls du dich für eine der folgenden drei Optionen entscheidest, darfst du den ***Contra-Skill*** *bei der betreffenden Probe um 1 Punkt verringern:*
Du ziehst das Messer und greifst Chandler an (Probe ***Nahkampf****): Lies weiter bei* ***500***
Du versuchst, ihn zu überwältigen (Probe ***Überwältigen****): Lies weiter bei* ***515***
Das Knochenbeil auf dem Tisch funkelt dich verführerisch an. Du ergreifst es und wirfst es ihm ins Gesicht (Probe ***Geschick****): Lies weiter bei* ***468***

356

Der Tatort ähnelt erschreckend dem von Elizabeth Stride. Wieder sind es Constables, die Lampen halten, damit der neben der Leiche kniende Doktor Frederick Gordon Brown besser sehen kann. Bei ihm kauert Sergeant Jones von der Bishopsgate-Polizeistation.
Dein Verstand schaltet in den emotionslos-analytischen Modus des Inspektors.
Eine auf dem Rücken liegende, lang ausgestreckte Frau, vermutlich von Doktor Brown bewegt, um sie besser untersuchen zu können. Für den Moment blende ich das Unmögliche aus, das ihrem zerstörten Unterleib entspringt und sein Ende auf ihrer Schulter findet.
Schwarzer Tuchmantel mit Kunstpelzbesatz an Kragen und Armabschlüssen. Geöffnet. Der Stoff ist vollgesogen mit dem Wasser des Rinnsteins.
Schwarze Strohhaube, verziert mit grünem und schwarzem, perlenbesetztem Samt.
Dunkelgrüner, mit Gänseblümchen und goldenen Lilien verzierter Rock, hochgeschlagen. Darüber eine weiße Männerweste und ein braunes Mieder mit Samtkragen und braunen Knöpfen. Geöffnet, um ein Desaster in Rot preiszugeben.
Grauer, gefütterter Unterrock mit weißem Bund, jetzt hochgeschlagen und blutverschmiert. Als wäre dies nicht genug, darunter ein alter, zerschlissener grüner sowie ein zerlumpter blauer Rock mit roten Volants, beide als Unterröcke getragen, nun zerfetzt, mit Blut und

Fäkalien beschmiert. Auffällig ist, dass die Leiche weder Unterhose noch Korsett trägt.
Halbhohe Männerschnürstiefel. Die Schnürsenkel aus Angorawolle. Der rechte Stiefel ist mit rotem Garn ausgebessert.
Als er dich sieht, erhebt sich Sergeant Jones ächzend. Die dunkle, regenfeuchte Uniform steht in scharfem Kontrast zum bleichen Gesicht.
»Abberline, gut dass Sie da sind.«
Er scheint erleichtert darüber zu sein, den Platz mit dir neben dem Doktor zu tauschen, und hält dir ein kleines Säckchen hin. »Wir haben hier Catherine Eddowes. Schrecklich zugerichtet, Sir.«
»Was ist in dem Säckchen?«
»Ich habe neben der Leiche drei Knöpfe, einen Fingerhut und eine kleine Senfdose gefunden. In dieser sind Pfandleihscheine für das Hemd von Emily Birrells Mann und Kellys Stiefel. Aufgrund dessen konnten wir sie identifizieren.«
»Gute Arbeit, Sergeant.« Du gehst in die Hocke. »Doktor …«
Der sieht nicht von seiner Arbeit auf, wirkt verbissen und stoisch. »Seien Sie vorsichtig, Inspektor. Was sie für Regenwasser halten, ist Blut. Die Straße ist nass davon … So etwas Grauenvolles habe ich im Leben noch nicht gesehen. Als ich eintraf, lag das arme Ding auf dem Rücken, der Kopf war der linken Schulter zugewandt. Die Arme lagen ausgestreckt neben dem Körper, ebenso das linke Bein. Das rechte Bein war an Oberschenkel und Knie durchgebogen, also angewinkelt. Der Unterleib entblößt.«
Er wischt sich fahrig übers Gesicht und bemerkt nicht, dass er damit das Blut der Toten auf seine Wange schmiert.
Vor dir liegt die übelst zugerichtete Leiche einer Frau und dir wird schlecht, als du Doktor Browns weiteren Ausführungen folgst. »Die Kehle ist quer und tief durchgeschnitten, um das Opfer am Schreien zu hindern. Der Schnitt ist 18 Zentimeter lang, beginnt 4 Zentimeter unter dem Ohrläppchen und 6 Zentimeter hinter dem linken Ohr. Er endet 7,5 Zentimeter unter dem rechten Ohrläppchen.«
Ein Linkshänder, geht es dir durch den brummenden Kopf.
Brown deutet auf den Unterleib und das, was daraus hervorquillt. »Die Bauchdecke ist geöffnet, die Gedärme sind herausgezogen

und über der rechten Schulter platziert. Drumherum befindet sich halbverdaute oder aus Fäkalien bestehende Masse.«

Daher der Gestank …

Doktor Brown räuspert sich. Sein Blick wechselt ins Leidende. »Ein 60 Zentimeter langes Stück Darm wurde abgeschnitten und zwischen Körper und linken Arm gesteckt, offensichtlich vorsätzlich, wenn Sie mich fragen.«

Bestialisch …

»Der Unterleib.« Brown räuspert sich mehrmals, spuckt einen Klumpen Galle aus.

»Die Vorderseite ist von den Rippen bis zum Schambein geöffnet. Die Schnitte verlaufen aufwärts, enden vor dem Brustbein. Einer davon durchtrennt den Ensiform-Knorpel, wozu man die Klinge schräg führen muss.«

»Also ist anatomisches Wissen vorauszusetzen?«

»Unbedingt«, bestätigt Brown. »Die Leber wurde mit einem scharfen Instrument eingestochen, darunter finden wir einen weiteren, 6 Zentimeter langen Einschnitt in der Leber …« Er neigt sich der Scham entgegen.

»Die Unterleibswände sind mittig zum Nabel durchtrennt, anschließend verläuft der Schnitt horizontal 6 Zentimeter nach rechts, durchtrennt den Nabel auf der linken Seite und läuft parallel zum vorhergehenden Schnitt weiter. Der Nabel hängt nur noch an einer Hautzunge …«

Dir wird elend …

»Ein Schnitt verläuft rechts der Vagina und des Rektums abwärts bis etwa 1 Zentimeter dahinter. Weitere Schnitte und Einstiche finden sich in der Leiste, auf dem Bauchfell, den Oberschenkeln und dem Steißbein. Die linke Schamlippe ist vollständig abgetrennt, die rechte weitgehend …«

»Gütiger Gott, hat sie das alles erleiden müssen?«

Brown schüttelt den Kopf. »Ich denke nicht. Es gibt im Schambereich zu wenig Blut, also wurden die Verstümmelungen post mortem angerichtet.«

Der Mörder muss zwischen ihren Beinen gekniet haben, seine Kleidung ist voller Blut, geht dir durch den Kopf.

»Es fehlt die Niere. Sauber rausgetrennt. Ebenso wurde die Gebärmutter entnommen. Die Verletzungen – man braucht ein scharfes und spitzes Werkzeug dafür – sind 15 Zentimeter lang.«

»Also ein Arzt?«

Doktor Brown schnauft. »Denkbar … es muss einer sein, der beachtliche Kenntnisse über die Lage der Organe besitzt, so viel ist sicher. Mehr kann ich erst sagen, wenn sie im Arbeiterkrankenhaus auf dem Tisch liegt!«

Brown deutet zum Kopf. »Das Gesicht, sofern man noch etwas davon erkennen kann, ist stark verstümmelt. Das Ohrläppchen und die Ohrmuschel des rechten Ohres sind durchschnitten. Das linke untere Augenlid ist durchtrennt, auf dem oberen befindet sich ein Kratzer. Das rechte Augenlid ist der Länge nach zerschnitten. Auf dem Nasenrücken gibt es einen tiefen Einschnitt ausgehend vom linken Nasenbein bis zum Kieferknochen der rechten Wange. Das komplette Gewebe und die Muskelfasern der Wange sind durchtrennt, sodass man den Knochen dahinter erkennen kann. Die Nasenspitze wurde durch einen schräg verlaufenden Schnitt bis zum Nasenflügel vollständig abgetrennt. Die Oberlippe ist ebenfalls durchschnitten, bis hinab in den Gaumen über dem rechten oberen Schneidezahn.«

Brown sieht auf. Er wirkt müde und traurig.

»Ich könnte endlos weitermachen, Inspektor. Lippen, Nase, Wangen, alles zerschnitten oder die Haut abgeschält … gütiger Gott im Himmel, Abberline, wer tut einem Menschen so etwas Bestialisches an?«

»Ich weiß es nicht«, flüsterst du mit tonloser Stimme. »Doch wir werden dieses Schwein erwischen!«

Brown steht auf und wischt sich die Hände mit einem sauberen Tuch ab. »Die Todesursache war die Blutung aus der linken Halsschlagader, was ihr Leiden zumindest verkürzte. Die Verstümmelungen wurden allesamt anschließend zugefügt.«

Als du aufstehst, zittern deine Hände und die Knie sind weich.

»Danke, Doktor. Alles Weitere nach der Autopsie.« Dann, an den Sergeant gewandt: »Ich gehe aufs Revier in der Commercial und trage die Fakten zusammen.«

Es ist genug für diese Nacht, womöglich für dein ganzes Leben. Du sehnst dich nach Emma, würdest jedoch nur eine kalte, leere Wohnung vorfinden.
*Lies weiter bei **489***

357

*Probe **Glaubwürdigkeit** gegen **Contra-Skill 5**.*
*Wenn du unterliegst: Lies weiter bei **378***
*Wenn du obsiegst: Lies weiter bei **414***

358

Es ist der Abend des ersten Oktobers, als du dich mit gemischten Gefühlen vom Revier in der Commercial Street auf den Weg zum Arbeiterkrankenhaus in der Old Montague Street machen willst. Die Sonne ist längst hinter den Häusern verschwunden. Das Dämmerlicht des Abends senkt sich kalt und feucht auf Whitechapel. Bald wird Nebel von der Themse heraufziehen.
Während du in den Mantel schlüpfst, betritt Constable Mizen das Büro. In den Händen hält er die zusammengefaltete Abendausgabe des *Star*. »Schon vom neuesten Brief Jack the Rippers gelesen?«
»Ein neuer Brief?« Du trittst verwundert zu dem Constable hin. »Davon wusste ich noch nichts!«
»Saucy Jack nennt er sich auf einer Postkarte, die an die Zeitung ging«, meint Mizen und hält dir das Blatt entgegen.

*Wenn du den Artikel lesen möchtest, lies jetzt den **Anhang: Saucy Jack** und kehre dann hierher zurück!*

»Ich habe mit dem Herausgeber der Zeitung gesprochen. Der meinte, die Postkarte hätte 'nen Stempel vom Bezirk London E, also East End, und blutige Fingerabdrücke seien drauf gewesen. Einer, der sich mit Schriften auskennt, ist sich sicher, dass es der gleiche Schweinehund ist, der auch den Dear-Boss-Brief geschrieben hat, auch wenn die Handschrift hier und da 'ne andere ist.«
»Er rückt sich ins Licht der Öffentlichkeit, macht sich zur gefürchteten Legende.«
»Und uns stellt er damit bloß«, meint Mizen nur.

Die Wortwahl in seinen Briefen und wie er schreibt, das will nicht so recht zu der chirurgischen Präzision passen, mit der er die Morde begeht, geht dir durch den Kopf. Du nickst Mizen zu. »Danke, Constable, ich muss dann mal los.«
»Wohin soll's denn diesmal gehen?«
»Old Montague Street. Arbeiterkrankenhaus!«
*Lies weiter bei **397***

359

*Probe **Überwältigen** gegen **Contra-Skill 9**.*
*Wenn du unterliegst: Lies weiter bei **519***
*Wenn du obsiegst: Lies weiter bei **447***

360

*Probe **Auftreten** gegen **Contra-Skill 0**.*
Automatischer Erfolg!
Das Leben in Whitechapel hat dich resolut und vor allem laut gemacht. Genau deswegen verstummen die nervenaufreibenden Schreie der Zeitungsmenschen. Stille sackt herab und alle sehen dich an.
»Na also, geht doch«, sagst du mit fester Stimme. »Und wenn sich die Herren nun etwas gedulden würden, ich bin mir sicher, die Polizei wird zu gegebener Zeit die Fakten an Sie weitergeben.«
Du wendest dich dem Constable zu, der dich bewundernd ansieht.
»Eigentlich dürfte ich Sie nicht durchlassen, aber unter den gegebenen Umständen haben Sie einen gut bei mir, Miss.«
*Lies weiter bei **383***

361

»Seh ich etwa aus wie eine Diebin? Ich will nur nicht gesehen werden, weil, na ja, du weißt schon, dieser hübsche Doktor aus Deutschland …«
»Den du unbedingt im Krankenhaus besuchen willst? Bind mir keinen Bären auf, Ada.« Mary Ann lässt dich los.
*Lies weiter bei **490***

362

Mary Pearcey nimmt dir gegenüber Platz. Hinter ihr erstreckt sich ein die gesamte Wand einnehmendes Bücherregal, dessen Inhalt allein schon ein Vermögen wert sein muss.

Das Hausmädchen bringt Tee in vornehm dünnwandigem chinesischem Porzellan, das mit Geishas und Kirschblüten verziert ist. Schweigend trinkst du ein paar Schlucke des goldfarbenen Tees, dann stellst du die Tasse zurück und siehst die Frau an. Die Temperatur ist dir aufgrund des Feuers unangenehm. Im Haus selbst ist es schrecklich still, ganz anders als in deiner Wohnung in der Oxford Street, wo ständig etwas los ist. »Ein Tee zu nächtlicher Stunde ist durchaus nicht zu verabscheuen, aber kommen wir zu dem, weshalb Sie mit mir reden wollen. Auf dem Revier wartet noch eine Menge Arbeit auf mich.«
Mary Pearcey steckt eine mit dunklem Papier gewickelte Zigarette in ein dünnes, silbernes Mundstück, zündet sie an und nimmt ein paar tiefe, genussvolle Züge. »Auch eine?«
*Ist dein **Suchtwert 4 oder 5**, wirst du auf jeden Fall rauchen. Ist er **0 oder 1**, lehnst du auf jeden Fall ab. Ansonsten bleibt es dir überlassen!*
*»Ja.«: Lies weiter bei **402***
*»Nein.«: Lies weiter bei **497***

363

Bevor du zur Waffe greifen kannst, knallt er dir mit brutaler Wucht den Knüppel auf den Scheitel. Licht explodiert in deinem Kopf. Schmerz brandet durch dein Hirn. Keuchend taumelst du von ihm weg, doch der Schweinehund setzt nach und schlägt dir das Holz erneut auf den Kopf. Etwas knackt überdeutlich laut. Deine Beine knicken kraftlos weg.
Der dritte Schlag trifft den Mund, den du zu einem verzweifelten Schrei öffnest. Zähne splittern, der Kieferknochen bricht. Scharfkantige Splitter zerschneiden Zahnfleisch und Zunge. Du fällst, alles ist dumpf, hörst nur ein Rauschen, das dich ans Meer erinnert, welches du als Kind einst vor den Felsen von Dover gesehen hast. Pattersons grober Stiefel rast auf dein Gesicht zu, zertrümmert es zu einer undefinierbaren Masse, aus der roter Saft rinnt. Ein Knacken, dieses Mal lauter und ultimativ. Dann Dunkelheit. Bodenloser Fall. Aus …

ENDE

364 »Die Attribute der Hohepriesterin sind Unbewusstheit, Intuition, Passivität und Mystik. Sie offenbart sich nur den Eingeweihten und bleibt anderen verschlossen. Sie lebt sowohl in der bewussten als auch in der unterbewussten Ebene. Die schwarze Säule ihrer Macht trägt den Buchstaben B, was Boaz bedeutet und für Stärke steht. Die weiße Säule hingegen trägt den Buchstaben J, was Jachin heißt und Offenbarung bedeutet. Sie ist maskulin und finster, aber auch hell und feminin. Die Hohepriesterin ist in der Lage, den dünnen Schleier zwischen den Welten ohne Mühe zu bewegen und zwischen den verschiedenen Ebenen nach Belieben zu wechseln.«
Die Pearcey lächelt verschwörerisch. »Die Karte, die Männer in Machtpositionen am meisten fürchten, denn die Hohepriesterin hat einen Plan, den sie beharrlich und mit all ihrer Energie verfolgt.«
Kehre zu dem Abschnitt zurück, von dem du gekommen bist!

365 Kaum, dass du dich versteckt hast, betreten die Männer den Raum und kommen an die Bahre heran, unter der du kauerst. Die Luft ist stickig und der Boden klebrig von geronnenem Blut. Du kannst nur die Hosenbeine und Schuhe sehen.
»Hol den Wagen mit den Messern«, sagt der eine.
Der andere bewegt sich schnaufend weg. Kurz darauf rollt ein Wägelchen, welches dich an einen Teewagen erinnert, neben die Bahre. Metall klappert, gefolgt von einem Moment der Stille. »Ich werde tief schneiden müssen, um die Leber freizulegen. Du musst hineingreifen und sie anheben, damit ich sie vom Gewebe trennen kann …«
Dir wird schlecht, derweil du einer bleichen Made zusiehst, wie sie sich im geronnenen Blut räkelt.
»Legen wir los!«
Mit einem Ruck zerrt er das Tuch von Long Liz' Leiche und beraubt dich deines Versteckes.
»Gütiger Gott, das ist doch …«, keucht der Mann, den du als Inspektor Chandler identifizierst.
Doktor George Bagster Philipps springt mit einem Skalpell in der Hand von der Bahre weg. »Ich kenne die Frau! Das ist Ada Wilson!«

Du springst aus deinem Versteck und stehst auf, darauf achtend, dass sich die Bahre zwischen dir und den Männern befindet.
»Treten Sie zurück, Doktor, ich erledigt das«, stellt Chandler böse grinsend fest.
*Du hebst die Hände. »Ich kann das erklären!«: Lies weiter bei **443***
*Du ziehst das Messer und greifst Chandler an (Probe **Nahkampf**): Lies weiter bei **500***
*Du versuchst, ihn zu überwältigen (Probe **Überwältigen**): Lies weiter bei **515***
*Das Knochenbeil auf dem Tisch funkelt dich verführerisch an. Du greifst es und wirfst es Chandler ins Gesicht (Probe **Geschick**): Lies weiter bei **468***

366

»Kommen wir zum puren Gegenteil dessen, wofür der Teufel steht. Das Gericht. Dessen Attribute sind Erlösung, Erwachen, Entscheidung und innerer Ruf. Es sind die Engel, die mit ihren Posaunen über den Wolken die Toten erwecken. Metatron.«
Die Pearcey sieht dich an. »Die Karte zeigt, dass ein wichtiger spiritueller Durchbruch bevorsteht, ein Erwachen in einem neuen Abschnitt des eigenen Lebens. Doch dazu muss man einen offenen Geist haben und rein sein. Ich denke, in Bezug auf den Teufel ist es eine Wahl, vor der man steht. Auf der einen Seite die Finsternis, die alle Wünsche erfüllen kann, auf der anderen das Licht, das die Auffahrt der Seele in den Himmel verspricht, nicht jedoch die Erfüllung der eigenen Wünsche auf Erden.«
Kehre zu dem Abschnitt zurück, von dem du gekommen bist!

367

Der Wirt schlägt mit der Faust auf den Tresen, dass die Krüge springen und Bier spritzt. »Sie drohen mir? Ich sag Ihnen mal was. John Kelly, der Stecher von Kate Kelly, der würd sich freuen, wenn Sie den Mörder fassen, hören Sie? Sehen Sie sich um, Inspektor, hier sind nur ehrbare Arbeiter, da brauchen wir keinen Schnüffler, der nach 'nem Schuldigen sucht, um seinen Fall abzuschließen. Also raus hier!«
*Lies weiter bei **504***

368 Das Labor lässt jede klinische Sterilität vermissen. Es ist ein Keller, in dem Aktenschränke an der einen Wand und Tische mit Kolben, Reagenzgläsern und Tinkturen an der gegenüberliegenden stehen. Die Tür öffnet sich zwischen Vitrinen, in denen Gläser mit gelblich trüber, öliger Flüssigkeit aufbewahrt werden, darin menschliche – zumindest gehst du davon aus – Organe, Herzen, Hände, Hirne, Zungen und allerlei Unaussprechliches.

Du versuchst, die lateinisch beschrifteten Schildchen zu entziffern, kannst es aber nicht.

In der Mitte des Raumes steht ein Tisch, auf dem sich medizinische Bücher zwischen Ginflaschen und schmutzigen Gläsern türmen. Eines der Gläser trägt am Rand roten Lippenstift. Dir ist es unangenehm, an diesem Ort länger zu verweilen, wurden hier doch die Bluttaten geplant, die zum gewaltsamen Tod von vier Frauen führten.

Ich werde es beenden …

Deine Aufmerksamkeit richtet sich auf einen Stapel Aktenhefter im Zentrum des Tisches. Es sind die Obduktionsberichte der vier vermoderten Frauen. Die Quintessenz des Grauens.

*Wenn du den Bericht der Ermordung der Mary Ann Nichols nimmst, lies jetzt den **Anhang: Bericht 31. August 1888** und kehre dann hierher zurück!*

*Wenn du den Bericht der Ermordung der Annie Chapman nimmst, lies jetzt den **Anhang: Bericht 8. September 1888** und kehre dann hierher zurück!*

*Wenn du die Abschrift des Berichts der Ermordung der Elizabeth Stride nimmst, lies jetzt den **Anhang: Bericht Nummer 1 des 30. September 1888** und kehre dann hierher zurück!*

*Wenn du die Abschrift des Berichts der Ermordung der Catherine Eddowes nimmst, lies jetzt den **Anhang: Bericht Nummer 2 des 30. September 1888** und kehre dann hierher zurück!*

Wie leicht hättest du selbst als vergilbtes Papier in einer Akte enden können, sickert dir durch den Kopf, derweil du das Krankenhaus verlässt, um zu Mary Pearceys Haus Ecke Flowers and Dean und Osborn Street zu gehen. Wer dieser ominöse Jack the Ripper ist, bleibt nach wie vor ein Rätsel, aber du bist festen Willens, es zu lösen.
Lies weiter bei ***456***

369

Probe ***Auftreten*** *gegen* ***Contra-Skill 3***.
Wenn du unterliegst: Lies weiter bei ***423***
Wenn du obsiegst: Lies weiter bei ***381***

370

Probe ***Überwältigen*** *gegen* ***Contra-Skill 5***.
Wenn du unterliegst: Lies weiter bei ***485***
Wenn du obsiegst: Lies weiter bei ***344***

371

Mary Pearcey sieht dich durchdringend an. »Der Moment der Wahrheit!«
Du erschrickst, weil ein Stück Holz im Kaminfeuer schießt. Wachs läuft aus einer der Kerzen und tropft zischend in die Flamme einer anderen. Die schweren, zugezogenen Vorhänge vor den Fenstern bauschen sich in einem Luftzug auf, den du nicht spürst, und dir scheint, als geht ein klagendes Ächzen durchs Gebälk.
»Sie, die alles weiß, ist nun bei uns«, flüstert die Pearcey und deckt die erste Karte auf. »Das *Schicksalsrad* …«
Ihre dünnen Finger gleiten über die Karten, verharren vor der nächsten und decken sie auf. »Die *Hohepriesterin* …«
Sie berührt die Karte daneben, verharrt, und wählt die darunter. »Oh, das ist ungewöhnlich. Die *umgekehrte Herrscherin*.«
Mary Pearcey verharrt mit schwebender Hand über den Karten und nimmt dann die am äußeren rechten Rand in der oberen Reihe. »Ah. Der *Teufel*. Das kommt nicht unerwartet«, stellt sie hämisch grinsend fest und ordnet die vier gezogenen Karten in einer Raute an, damit genug Platz für die letzte Karte bleibt.
»Der Teufel oben, die Hohepriesterin unten, die umgekehrte Herrscherin zur Linken und rechts das Schicksalsrad. Wollen wir einmal sehen, welche Ihre Seelenkarte ist.«

THE DEVIL
WHEEL OF FORTUNE
THE HIGH PRIESTRESS
THE EMPRESS
THE JUDGEMENT

Sie lässt sich mit der letzten Karte Zeit, was dir theatralisch vorkommt. Dann deckt sie diese auf und legt sie ins Zentrum der anderen Karten. »Das *Gericht* …«
Die Hitze im Raum wird unerträglich, das Prasseln des Kaminfeuers ohrenbetäubend. Mary Pearceys Gesicht verzieht sich zu einer grotesken Fratze, derweil alles in einer Art schwarzem Wirbel verschwindet. Du versuchst aufzustehen, doch deine Beine geben nach. Die Welt dreht sich vor deinen Augen, du verlierst das Bewusstsein …
*Merke dir **die Karte im Zentrum** gut, denn dies könnte zu einem späteren Zeitpunkt nützlich sein!*
*Lies weiter bei **421***

372

Auch wenn die Leiche sicher schon steif ist, hast du Angst, dass sie sich rührt. Sich stöhnend mit knackenden Gelenken aufrichtet und das Tuch von ihrem aufgebrochenen Körper gleitet. Am Kopfende steht eine Schale mit abscheulichem Inhalt. Hirn, Haare, Schädeldecke schwimmen dort in dunkelrotem Sud.

*Wenn du den Bericht nimmst, der auf dem Tuch liegt, lies jetzt den **Anhang: Bericht Nummer 2 des 30. September 1888** und kehre dann hierher zurück!*

*Wenn du das Tuch von der Leiche ziehst: Lies weiter bei **462***
*Wenn du zur ersten Leichenbahre gehst (und dort noch nicht warst): Lies weiter bei **450***
*Wenn du den Leichenkeller verlässt: Lies weiter bei **437***

373

Dein Messer schießt direkt nach oben, zielt auf Donovans Brust. Bevor er reagieren kann, stößt du es ihm tief in die rechte Schulter.
Donovan taumelt weg von dir, schreit, flucht, schimpft. »Mach die Schlampe kalt, Evans!«
Einen hast du geschafft, doch der harte Hund kommt erst noch!
*Probe **Nahkampf**: Lies weiter bei **506***

374 »Hm.« Sie schlägt das Register auf, fährt mit dem Daumen über die Einträge. »Doktor Phillips ist mit Kollegen unten in der Pathologie. Die Morde, Sie wissen? Ich rufe einen Pfleger, der Sie hinunterbegleitet, Sir.«
»Nicht nötig, ich kenne den Weg.«
Die Schwester sieht dich tadelnd an. »Das ist inzwischen Vorschrift.« Sie steht auf, beugt sich über die Theke und schaut in den dunklen Flur hinein. »Hm, keiner zu sehen. Wissen Sie was, ich drücke ausnahmsweise mal ein Auge zu. Den Flur entlang bis zur …«
»… Treppe und dann hinunter, ich weiß. Danke, Schwester!«
*Lies weiter bei **498***

375 Mary Pearceys Gesichtszüge verhärten sich. »Das ist ein Fehler, Ada. Du verwehrst dich der Erkenntnis dessen, was Jack antreibt und welche Rolle du darin spielst. Glaubst du, es ist Zufall, dass er dir bereits zweimal die Klinge an den Hals setzte?«
»Ich glaube daran, dass ich diesen Bastard finden und umbringen werde. Das ist es, was mich antreibt, Miss Pearcey. War das alles oder haben Sie mir noch etwas mitzuteilen, was mich tatsächlich weiterbringt?«
Die Worte kommen träge daher, deine Zunge ist schwer wie Blei, will sich nicht bewegen. Mary Pearcey zeichnet sich gestochen scharf vor dem verschwommenen Hintergrund ab. »Was haben Sie mir in den Tee getan?«
Die Pearcey lächelt. »Nichts, was dir schadet. Ich decke deine Karten dennoch auf, weil ich wissen muss, wie wir zueinander stehen. Was du daraus machst, bleibt dann deine Sache! Nimm meinen Rat an und präge sie dir gut ein, denn sie werden eines Tages über Leben und Tod entscheiden!«
*Lies weiter bei **453***

376 Chandler zieht seinen Revolver. Ihr richtet die Waffen aufeinander, doch du zögerst den Hauch einer Sekunde, weil du in ihm den Kollegen siehst, den du retten kannst.
»Chandler, wir müssen das nicht …«

Der Knall zerreißt die kümmerliche Würde der Leichenkammer, zerstört die Illusion auf Bekehrung zum Guten. Das Letzte, was du spürst, ist ein harter Schlag in die Stirn, dann nichts mehr …

ENDE

377 Der Wirt lacht rau und donnernd. »Du kommst hierher und willst was über 'ne tote Hure wissen? Glaubst du, ich kenn dich nicht, Ada Wilson? Jeder hier weiß, dass du rumläufst und Fragen stellst, anstatt wie jede andere Hure die Beine breitzumachen, um Geld zu verdienen. Scher dich davon, sag ich dir, bevor ich dir Beine mache!«

*»Ich kann gehen und mit Freunden wiederkommen, die 'ne Uniform tragen. Na, wie findest du das?« (Probe **Freunde**): Lies weiter bei **425***

*»Ist ja schon gut. Ich verschwinde.«: Lies weiter bei **390***

378 »Geh lieber nach Haus, Ada Wilson. Von mir erfährst du nichts …«

Damit dreht sich Mary Ann um und läuft davon, als wäre der Leibhaftige hinter ihr her.

So ein Dreck, denkst du dir, *muss ich mir eben selbst 'nen Eingang suchen.*

Du betrittst die Seitengasse, wo sich Halsabschneider und Huren um eine Flasche Fusel streiten und sich ein Constable gelangweilt in der Nase bohrt. Du gehst zum Ende der Gasse, die einer dieser obligatorischen Bretterzäune ist, siehst dich um und stellst fest, dass es ein mit Brettern vernageltes Kellerfenster gibt, dessen Scheibe eingeschlagen ist.

*Wenn du die Bretter untersuchst: Lies weiter bei **479***

*Wenn du die Gasse wieder verlässt, um nach einer anderen Möglichkeit zu suchen: Lies weiter bei **384***

379 Einen der Constables, die den Platz absperren, erkennst du als Edward Watkins. Du ziehst den dunklen Mantel straff und gehst zu ihm ihn. »Constable. Was gibt es zu berichten?«

Sein Gesicht ist blass, der Blick nervös. »Die Frau heißt Catherine Eddowes, auch als Kate Kelly bekannt.«
Der Name ist dir durchaus ein Begriff. Eddowes war mit einem Zuhälter Namens John Kelly zusammen, der stets bestreitet, mit dem Gewerbe etwas zu tun zu haben. Soweit du weißt, haben sie sich in *Cooney's Gasthaus* in der Flower and Dean Street 52 eingemietet.
»Wer hat sie gefunden?«
»Ich, Sir«, antwortet Watkins schwach. »Während meiner üblichen Runde durch den Mitre Square gegen Viertel vor zwei. Hab George Morris – das ist der Nachtwächter vom Kearley and Tonge – geholt und Constable Holland. Den hab ich zu Doktor Sequeira in die Jewry Street geschickt.« Er zeigt hinter sich. »Inzwischen ist Doktor Frederick Gordon Brown eingetroffen, wenn Sie ihn sprechen möchten, Inspektor …«
Brown ist der zuständige Gerichtsmediziner hier im Bezirk Bishopsgate. Ein sachlicher, gesetzter Mann, den so schnell nichts aus der Fassung bringen kann.
»Wen gesehen? Jemand Verdächtiges?«
Watkins schüttelt den Kopf. »Nichts, was mir aufgefallen wäre. War ruhig hier bis, na, Sie wissen schon …«
Du nickst dem verstörten Mann zu. »Gute Arbeit, Constable. Gehen Sie nach Hause und ruhen Sie sich aus, Sie haben genug getan!«
*Lies weiter bei **356***

380 Du siehst dich nach einem Versteck um. Zum einen wäre da die Treppe, des Weiteren der Aufbahrungsraum, in dem die Leichen liegen und wo du dich unter einer mit Tüchern verhangenen Bahre verstecken könntest.
*Wenn du die Treppe nimmst: Lies weiter bei **429***
*Wenn du in den Aufbahrungsraum gehst: Lies weiter bei **477***

381 »Hast ja recht«, gibt Elizabeth Tanner nach. »Wir sind Frauen aus Whitechapel und sollten zusammenhalten.«
»Seh ich genauso«, sagst du erleichtert. »Also jetzt, wo wir reden können: Wie war das mit Long Liz am Tag vor ihrem … Tod.«

»Setzen wir uns«, meint Elizabeth und deutet auf einen Tisch in einer Nische neben der Theke. Der Wirt bringt euch zwei Gläser Bier.
»Am Samstag, also dem 29. September, da saß ich mit Long Liz draußen und trank mit ihr. Die Uhr der Brauerei schlug halb sieben. Sie hat die Gästezimmer für mich geputzt, daher gab ich ihr sechs Dime. Liz trank aus und ging ins Haus, um sich – wie sie sagte – hübsch zu machen für einen besonderen Gentleman.«
»Ein verhängnisvoller Fehler«, flüsterst du.
»Später traf ich Charles Preston und Catherine Lane, die auch hier wohnen. Catherine meinte, dass Liz ihr ein Stück grünen Samt gegeben hätte, damit sie darauf aufpasst. Bei Charles fragte sie nach einer Kleiderbürste, doch der hatte keine. Sie verließ das *Queen's Head* gegen acht, hat Thomas Bates, meinen Nachtwächter, getroffen. Er meinte, sie wär recht fröhlich gewesen und hätte ihm die sechs Dime gezeigt, die ich ihr gegeben hatte.«
»Hat sie gesagt, wo sie hinwill?«
Elizabeth schüttelt den Kopf. »Hat sie nicht, aber jetzt kommt's. John Gardner, einer meiner Stammgäste, kam kurz vor zwölf ins Pub und meinte, er hätte vor dem *Bricklayer's Arms* in der Berner Street Liz gesehen, wie sie mit 'nem kleinen Mann rumgemacht hätte. Erst dachte er, es wäre ein Gentleman, der sich 'ne Hure sucht, doch dann erkannte er den verdammten Leather Apron.«
»Ausgerechnet Leather Apron, der übelste Scheißkerl von Whitechapel«, stellst du traurig fest. »Hat Gardner noch was gesehen?«
»Gardner zog Liz zur Seite und warnte sie vor Apron, doch die lachte nur. Muss gegen elf gewesen sein, da ist sie mit Apron im strömenden Regen Richtung Berner Street und Commercial davongelaufen, als wär der Teufel hinter ihnen her.«
»Jemand muss doch noch was gesehen haben! Bitte, Elizabeth, du kannst mir vertrauen.«
*Probe **Glaubwürdigkeit**: Lies weiter bei **521***

382

»Gütiger Gott, Miss Wilson, Sie machen einen großen Fehler!«, stammelt Phillips und weicht vor dir zurück, bis er die Wand im Rücken spürt.

Dein schwarzes Kleid ist nass vom Blut wie auch der Mantel darüber. Du schmeckst es auf den Lippen wie süßen, verbotenen Nektar. Getrieben vom Rausch der Gewalt drängst du gegen Phillips und legst ihm das Messer an den Hals. »Ihr wart es, die einen Fehler begangen habt, als ihr mir das Messer an die Kehle gesetzt habt.«
Die Klinge schlitzt die Haut des Doktors. Hinter euch entweichen Gase aus den Därmen der Leichen. »Rede! Wer ist der Mörder? Auf wessen Geheiß begeht ihr diese Schandtaten! Ich will alles wissen, oder ich schlitze dich auf wie die Leichen auf dem Boden!«
In der Tat gibt es kein Zurück mehr. Blut klebt an deinen Händen. Wenn du der Polizei den Mörder liefern kannst, kann sich noch alles zum Guten wenden.
»Sie verstehen das nicht, Miss Wilson, es ist …«
»Dann erklär's mir«, fauchst du wütend. Chandlers Blut im Mund macht dich rasend. Dir dürstet nach mehr.
»Sie werden mich töten, wenn ich rede«, stammelt Phillips. »Der Zirkel des Osiris ist zu mächtig, als dass du nur den Hauch einer Chance hättest!«
»Was ist das, ein Satanskult?«, knurrst du, dich nah an sein Gesicht beugend. »Deswegen die fehlenden Organe bei den Opfern? Das Blut, das ihnen entnommen wurde?«
»Mary Pearcey, die Grande Dame, oder wenn Sie wollen die erste Hexe, sie könnte es Ihnen verständlich machen …«
»Die Pearcey also. Aber warum? Weshalb müssen die Frauen sterben?«
Phillips kichert trotz der Klinge an seiner Kehle in sich hinein. »Abschaum. Ungeziefer. Wir holen den Dreck von den Straßen und geben dem nutzlosen Leben dieser Huren einen Sinn. Wir erwecken etwas Uraltes, Schlafendes, holen es zurück aus dem Reich des Todes, um neues Leben zu erschaffen …«
»Sie sind vollkommen wahnsinnig«, raunst du ihm zu, mühsam beherrscht, nicht zuzustoßen.
Phillips lacht wie eine Ziege. »Miss Pearcey hat Sie auserwählt, den Kreis der kanonischen Fünf zu vollenden. Sie können sich ihrem Schicksal nicht entziehen, Ada Wilson!« Kaum, dass er das letzte Wort ausgesprochen hat, hält er dich an den Schultern fest und

nimmt dir so die Möglichkeit, das Messer herunterzunehmen. Er zieht dich an sich und stößt sich die Klinge bis zum Anschlag selbst in den Hals.
Blut spritzt dir über Gesicht und Haare, derweil Phillips röchelnd an der Wand nach unten rutscht, um in hockender Haltung offenen Auges zu sterben.
Keuchend sinkst du in die Knie, zitternd, nass vom Blut der Männer. Beobachtest rote Rinnsale, die sich unter dem bleichen Leichnam der dahingemetzelten Frau vereinen, sodass du befürchtest, dass die sich gleich hämisch lachend erhebt.
Wenn du zum Labor gehst, um es zu untersuchen: Lies weiter bei ***368***
Wenn du das Krankenhaus durch den Kellereingang verlässt, um zu Mary Pearceys Haus Ecke Flowers and Dean und Osborn Street zu gehen: Lies weiter bei ***456***

383

»Was für ein Tag.« Der Constable schüttelt den Kopf, schlägt ein Register auf und fährt mit dem Daumen eine Reihe Namen ab. »Sie haben Glück, Constable George Simmons hat sich bereits zum Dienst eingetragen. Er ist oben im ersten Stock, zweite Tür links. Schreibt wohl am Bericht der vergangenen Nacht.« Der Constable öffnet dir den Durchgang und ringt sich ein schräges Lächeln ab. »Aber keinen Unfug, hören Sie!«
»Ich? Niemals! … und danke, Sir!«

Erhöhe ***Auftreten*** *um 1 Punkt.*

Du schlüpfst an ihm vorbei und eilst die enge Treppe hinauf. Hinter dir bricht erneut der Tumult los. Oben im Flur steht kalter Zigarettenrauch. Der dunkle Holzboden ist poliert, in der Mitte zerkratzt. Die Tür, zu der du sollst, ist offen, also klopfst du an den Rahmen und steckst den Kopf durch die Öffnung. »Constable George Simmons?«
Der Raum ist einfach ausgestattet. Vier Schreibtische in einer Reihe vor der Fensterfront. Aktenschränke zu beiden Seiten, eine Garderobe neben der Tür und Stühle vor den Tischen für jene, die Aussagen zu machen haben. Hinter jedem der Tische sitzt ein Constable, doch

nur einer sieht auf. Ein großer, breitschultriger Mann mit gezwirbeltem Bart und kantigem Kinn. »Wer will das wissen?«
Beherzt betrittst du den Raum. »Der Constable unten war so freundlich, mich vorzulassen. Mein Name ist Ada Wilson und ich hätte mit Ihnen gerne über letzte Nacht gesprochen, über Catherine Eddowes, um genau zu sein.«
»Sind Sie von ’ner Zeitung?«, fragt er misstrauisch.
Du schüttelst den Kopf und trittst zum Tisch. »Aber nein, ich bin eine Freundin von Catherine, und der Constable meinte, Sie hätten sie letzte Nacht vor dem schrecklichen …«, du schnaufst theatralisch, »… Mord gesehen.«
Der Mann legt seinen Stift beiseite. »Hab ich, ja.« Er deutet auf einen Stuhl. »Nehmen Sie bitte Platz, Miss …«
»Wilson. Ada Wilson, Sir.«
»Nun gut, Miss Wilson. War um halb neun, als mich Constable Louis Robinson holte, um Miss Eddowes in der Aldgate Street 29 festzunehmen, weil sie ’ne Menschenmenge um sich versammelt hatte, ’n Löschfahrzeug imitierte und beabsichtigte, sich auf der Straße schlafen zu legen. War sternhagelvoll. Als wir sie Sergeant Byfield vorführten, nannte sie sich allerdings Nothing.«
»Das sieht ihr ähnlich«, lügst du weiter.
»Um neun hat sie in ihrer Zelle schon tief geschlafen«, meint einer der anderen Constables.
»Nicht lang genug jedenfalls, Miss«, sagt ein weiterer.
»Und Sie sind?«
»Constable George Hutt … Kurz nach Mitternacht wachte sie auf und sang in ihrer Zelle vor sich hin. Sie fragte, ob ich sie rauslassen könnte, woraufhin ich sagte, erst, wenn sie wieder auf sich selbst aufpassen könne. Sie antwortete, ja, ich kann das jetzt. Na ja, ließ sie noch ’ne Weile schmoren, führte sie erst um eins Sergeant Byfield vor, der sie für nüchtern erklärte. Hat sich auf Nachfragen als Mary Ann Kelly, wohnhaft in der Fashion Street 6, ausgegeben, aber die kenn ich und die sieht anderes aus.«
Nicht weit von Mary Pearceys Haus entfernt, denkst du dir.
»Na, jedenfalls hab ich sie um eins aus der Zelle gelassen«, fährt Hutt fort. »Sie fragte noch, wie spät es sei, da antwortete ich, zu spät, um

noch was zu trinken zu bekommen. Darauf sie, werd 'ne ordentlich Tracht Prügel beziehen, wenn ich nach Haus komme.« Hutt lacht rau. »Geschieht dir recht, sagte ich, hattest kein Recht, dich zu betrinken! Daraufhin hab ich sie aus der Wache gelassen, woraufhin sie sich mit den Worten *Gute Nacht, alter Sack* verabschiedete.«
»Haben Sie gesehen, wo sie hingegangen ist?«
»Richtung Flowers and Dean, vermutlich zurück nach Aldgate, um sich erneut zu besaufen.«
Direkt in Mary Pearceys Arme, denkst du und schämst dich dafür, die Frau vorzuverurteilen. Und dennoch …
»Ne dreiviertel Stunde später war sie tot …«, flüstert George Simmons und schüttelt erschüttert den Kopf. »Hätten wir sie doch nur bis zum Morgen in der Zelle gelassen …«
Damit ist alles gesagt und du verlässt die Polizeistation.
Lies weiter bei ***464***

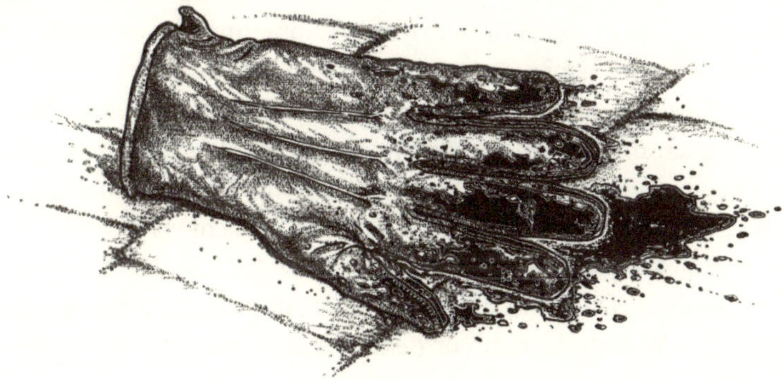

384

Du hast dich noch nicht vom Zaun abgewendet, als du Schritte hinter dir hörst. Es ist der Constable.
»Hey, was machst'n da an dem Zaun? Und überhaupt, ich kenn dich doch!«
Du drehst dich um, streichst dir Kleid und Mantel glatt. »Alles gut mit mir, Constable, hab mich nur verlaufen …«
Du hast den Mann noch nie gesehen. Untersetzte Statur, kantiges Kinn, schlecht geschnittener, zu langer Schnauzbart. Den Knüppel hält er bereits in der Hand. »Komm mal her, sag ich dir. Bist doch Ada Wilson, die Hure, die zu viele Fragen stellt, oder nicht?«

»Keine Ahnung, wer das sein soll, Sir«, entscheidest du dich für eine Lüge.
Der Arm, mit welchem er den Schlagstock hält, zuckt nach oben, in der Absicht, dich zu schlagen!
*Wenn du dein Messer ziehst (Probe **Nahkampf**): Lies weiter bei **513***
*Wenn du versuchst, ihn am Zuschlagen zu hindern (Probe **Überwältigen**): Lies weiter bei **370***

385

»Der Kreis meines Schicksals«, flüsterst du um Haltung ringend, weil deine Kräfte schwinden.
»Es ist eine Wahl, die sich Ihnen stellt«, antwortet Mary Pearcey. »Eine Wahl dessen, auf was Sie sich einlassen. Zum einen die weltliche Rache, zum anderen die Öffnung ins Spirituelle, die Ihnen ungeahnte Möglichkeiten und Kräfte offenbart. Es wird niemals eine Verbindung zwischen dem Gericht und dem Teufel geben, keine Versöhnung von Dunkelheit und Licht. Doch was ist gut und was böse? Die Frage ist nun, Inspektor Abberline, für welche Seite entscheiden Sie sich?«
Das alles ist zu viel. Du wolltest immer nur den Mörder stellen, womöglich die Leben einiger Frauen retten, doch das hier geht weiter. Die Hitze im Raum wird unerträglich, das Prasseln des Kaminfeuers ohrenbetäubend. Mary Pearceys Gesicht verzieht sich zu einer grotesken Fratze, derweil alles in einer Art schwarzem Wirbel verschwindet. Du versuchst aufzustehen, doch deine Beine geben nach. Die Welt dreht sich vor deinen Augen und du verlierst das Bewusstsein …
*Merke dir **die Karte im Zentrum** gut, denn dies könnte zu einem späteren Zeitpunkt nützlich sein! (Falls du es vergessen hast, es war der **Teufel**.)*
*Lies weiter bei **421***

386

Du atmest durch, ergreifst einen Zipfel des Tuches und ziehst es von Catherine Eddowes dürrem, eingefallenem Körper. Verwesungsgeruch weht dir entgegen, auch wenn du anfangs glaubst, dass es sich nicht um einen Menschen, sondern eine Puppe handelt, die ein Künstler auf das Perverseste entstellt hat.

Kadaver, geht dir durch den Sinn. Kate Kelly, wie sie auf der Straße genannt wurde, ist aufs Fürchterlichste entstellt. Die Haut ist wächsern gelb bis grau, zuweilen an den Gelenken schwärzlich verfärbt. Mit ihren 46 Jahren sah sie zu Lebzeiten noch recht passabel aus, doch nun ist von ihrem Gesicht nur eine zerschnittene Masse übrig, aus der braune Zähne und bleiche Knochenfragmente schimmern. Selbst die Augen sind zerschlitzt, die Lider getrennt. Nase und Ohren abgeschnitten.

Als du dich ihrer Körpermitte zuwendest, dreht sich dir der Magen um. Es ist nicht der typische Y-Schnitt, der ihren Körper zum aufgeklappten Buch macht, sondern das Desaster, das sich um das, was Vagina war, in Schnitten und Rissen wie ein Geschwür aus klaffenden Wunden ausbreitet. Du vermagst nicht zu erkennen, welches Organ welches ist, wo die empfindsame Öffnung beginnt oder aufhört. Das Wort Verstümmelung mag nicht ausreichen, das blutige Chaos zu beschreiben.

Wo sich das Herz befand, ist nur ein mit schwarzem Schleim gefülltes Loch, aber auch andere Organe scheinen zu fehlen. Schnell deckst du die sterblichen Überreste wieder zu. »Niemand sollte eine derartige Pein erleiden … niemand …«

Wenn du den Bericht nimmst, der auf dem Tuch liegt, lies jetzt den ***Anhang: Bericht Nummer 2 des 30. September 1888*** *und kehre dann hierher zurück!*

Wenn du zur ersten Leichenbahre gehst (und dort noch nicht warst): Lies weiter bei ***412***
Wenn du den Leichenkeller verlässt: Lies weiter bei ***471***

387

Du trittst näher, behältst den Kutscher jedoch genau im Auge. Der tippt sich an den Rand seines Zylinders und nickt. »Bitte, Inspektor Abberline!«

Er kennt deinen Namen, es ist demzufolge kein Zufall, dass die Kutsche ausgerechnet diesen Weg nahm, was immer das bedeuten mag. Du steigst in die dunkle Kabine, aus der dir der betörende Duft von frisch erblühten Rosen entgegenweht.

Der Glutpunkt eines Zigarillos wirft Licht auf zynisch geschwungene Lippen in einem ebenmäßig geformten, blassen Gesicht. »Guten Abend, Inspektor.«
Nachdem du dich hingesetzt hast, beugt sich der Kutscher durch die Tür. »Nach Hause, Miss Pearcey?«
»Wohin sonst«, bestätigt die dir gegenübersitzende, in Schwarz gekleidete Frau mit dunklem, laszivem Ton. »Es ist an der Zeit, dass wir uns über die Bluttaten unterhalten …«
Lies weiter bei ***329***

388

Probe ***Empathie*** *gegen* ***Contra-Skill 6.***
Wenn du unterliegst: Lies weiter bei ***408***
Wenn du obsiegst: Lies weiter bei ***438***

389

Probe ***Nahkampf*** *gegen* ***Contra-Skill 4.***
Wenn du unterliegst: Lies weiter bei ***340***
Wenn du obsiegst: Lies weiter bei ***487***

390

Draußen lehnst du dich an einen Laternenpfahl, atmest durch und lässt dir die wärmenden Straßen der Sonne ins Gesicht scheinen. Schon bald wird es kalt werden und Nebel aufziehen, der feucht in deine jungen, aber dennoch schmerzenden Knochen kriecht.
Du gehst ins Queen's Head *in der Fashion Street, wo Elizabeth Stride wohnte (sofern du dort noch nicht warst): Lies weiter bei* ***341***
Du suchst das Arbeiterkrankenhaus auf, um die Leichen der letzten Nacht in Augenschein zu nehmen: Lies weiter bei ***415***

391

Chandler weicht geschmeidig deinem improvisierten Wurfgeschoss aus, lacht und stößt die Bahre beiseite, die scheppernd umkippt. Der zerstörte Körper rutscht wie ein toter Fisch auf den Boden, schafft einen madenbleichen Kontrast zum dunkelfleckigen Untergrund.
Bevor du zurückweichen kannst, versetzt dir Chandler einen harten Schlag gegen die Brust, der dich von den Füßen holt. »Soll ich ihr den Rest geben?«, grunzt er dem teilnahmslos dastehenden Doktor zu.

»Nein. Bringen wir sie zur Grande Dame. Ada Wilson war eine der Ersten, die ausgesucht wurden, den Kreis zu schließen.«
»Mir soll's recht sein«, raunt Chandler und tritt dir brutal gegen die Schläfe. Der Sturz ins finstere Nichts reißt dich mit …
*Lies weiter bei **420***

392 Rauchen erscheint dir in diesem Moment als dumme Idee, könnte dich vom eigentlichen Grund des Gesprächs ablenken. »Nein, danke.«

*Ist dein **Suchtwert höher als 1**, verringere ihn jetzt um 1 Punkt.*

Du wirst aus der Frau nicht schlau. Sie wirkt in die Geschehnisse verstrickt, womöglich sogar auf blutige Weise. Zugleich ist sie anziehend mysteriös, geradezu geheimnisvoll. Es hat den Anschein eines Rituals, wie sie an ihrer Zigarette zieht, den Rauch inhaliert, ihn in kleinen Wölkchen ausatmet. »Der Tabak stammt aus Amerika. Indianer benutzen ihn, um ihre geistigen Fähigkeiten zu erweitern und den Zustand der Trance zu erreichen.«
»Trance? Wie bei Opium?«
Die Pearcey lacht. »In sehr abgeschwächter Form, aber weitaus … erleuchtender.«
»Muss ein Vermögen gekostet haben«, flüsterst du und lehnst dich zurück.
»Nicht der Rede wert, ich habe durch glückliche Umstände etwas Geld geerbt, Ada … ich darf doch Ada sagen, oder nicht?«
Die Nähe der Frau wirkt elektrisierend, ja anziehend sogar. »Sicher …«
»Sag, hast du einen Bezug zur Spiritualität? Einen Sinn für das Übernatürliche?«
*»Wenn es mir bei der Jagd nach dem Mörder weiterhilft, sicher.«: Lies weiter bei **440***
*»Ich glaube nur an das, was ich sehen, fühlen und greifen kann!«: Lies weiter bei **501***
*»Ganz ehrlich? Ich weiß es nicht, habe keine Erfahrung damit!«: Lies weiter bei **510***

393 Nicht verwunderlich, dass vor dem Tresen Gedränge herrscht und die Constables alle Hände voll zu tun haben. Männer in Tweetjacken, die Notizblöcke und Stifte halten und in einem lustigen Akzent sprechen, rufen unangenehm laut durcheinander.

Zeitungsschreiber aus dem Ausland, denkst du dir und drängst dich bis zu einem Constable durch, der mit gerötetem Gesicht versucht, Ordnung ins Gewimmel zu bringen. Schnaufend sieht er dich an.

»Was kann ich für Sie tun, Sir…?«

»Inspektor Abberline vom Scotland Yard …«

»… Ich hätte mit Constable George Simmons wegen letzter Nacht zu sprechen, Constable!« (Probe ***Auftreten****): Lies weiter bei* ***454***

»… Na mit Ihnen möchte ich heute nicht tauschen. Will Sie auch nicht länger beanspruchen. Wenn Sie mir sagen würden, wo ich Constable George Simmons finde, bin ich auch gleich wieder weg!« (Probe ***Überzeugen****): Lies weiter bei* ***401***

Du drängst dich zwischen den Tresen und die Menge. Energisch streckst du die Arme aus. »Wenn Sie zurücktreten und den Constables gesittet ihre Fragen stellen, würde das uns allen weiterhelfen! Nehmen Sie doch bitte Rücksicht, Gentleman!«, rufst du mit lauter Stimme (Probe ***Empathie****): Lies weiter bei* ***517***

394 Zögerlich trittst du näher, aber behältst den Fahrer dabei im Auge. Der tippt sich an den Rand seines Zylinders und nickt. »Bitte, Miss Wilson!«
Er kennt deinen Namen, es ist demzufolge kein Zufall, dass die Kutsche ausgerechnet diesen Weg nahm, was immer das bedeuten mag. Du steigst in die dunkle Kabine, aus der dir der betörende Duft von frisch erblühten Rosen entgegenweht.
Der Glutpunkt eines Zigarillos wirft Licht auf zynisch geschwungene Lippen in einem ebenmäßig geformten, blassen Gesicht. »Guten Abend, Miss Wilson.«
Nachdem du dich hingesetzt hast, beugt sich der Kutscher durch die Tür. »Nach Hause, Miss Pearcey?«
»Wohin sonst«, bestätigt die dir gegenübersitzende, in schwarz gekleidete Frau mit dunklem, laszivem Ton. »Es ist an der Zeit, dass wir uns über die Bluttaten unterhalten …«
Lies weiter bei ***329***

395 Kaum, dass du unter dem Tuch verschwunden bist, betreten die beiden Männer den Raum und treten an die Bahre heran, unter der du dich versteckt hast. Die Luft ist stickig und der Boden klebrig von geronnenem Blut. Du kannst nur die Hosenbeine und Schuhe sehen.
»Hol den Wagen mit den Messern«, sagt der eine.
Der andere bewegt sich schnaufend weg. Kurz darauf rollt ein Wägelchen, welches dich an einen Teewagen erinnert, neben die Bahre. Metall klappert, gefolgt von einem Moment der Stille. »Ich werde tief schneiden müssen, um die Leber freizulegen. Du musst hineingreifen und sie anheben, damit ich sie vom Gewebe trennen kann …«
Dir wird schlecht, derweil du einer bleichen Made zusiehst, wie sie sich im geronnenen Blut räkelt.
»Legen wir los!«
Mit einem Ruck zerrt er das Tuch von Elizabeth Strides Leiche und beraubt dich deines Versteckes.
»Was zur Hölle …«, keucht der, den du als Inspektor Chandler identifizierst.

Doktor George Bagster Phillips springt mit einem Skalpell in der Hand von der Bahre weg. »Verdammt, das ist doch …«
Behände springst du aus deinem Versteck, darauf achtend, dass sich die Bahre zwischen dir und den Männern befindet.
»Inspektor Frederick Abberline«, stellt Chandler grinsend fest. »Treten Sie zurück, Doktor, das fällt in meine Zuständigkeit.«
Du hebst beschwichtigend die Hände. »Chandler, Mann! Wir stehen auf derselben Seite!« (Probe ***Überzeugen****): Lies weiter bei* ***346***
Du ziehst den Knüppel und greifst ihn an (Probe ***Nahkampf****): Lies weiter bei* ***496***
Du versuchst, Chandler zu überwältigen (Probe ***Überwältigen****): Lies weiter bei* ***359***
Du ziehst deinen Revolver (Probe ***Schießen****): Lies weiter bei* ***439***

396

Elizabeth gibt dir einen Stoß gegen die Brust, setzt nach und schlägt dir die Faust in den Magen, dass du zusammenklappst. »Scher dich hier raus, Ada Wilson. So eine wie dich brauchen wir hier nicht.«
Sie holt mit dem Bierkrug aus, bereit, ihn dir auf den Kopf zu schlagen. »Hau ab, sag ich dir, bevor ich dir den Schädel einschlage!«
Lies weiter bei ***343***

397

Als du das Arbeiterkrankenhaus erreichst, ist es dunkel. Du beschließt, es durch den Vordereingang zu betreten. Wie immer hängt der süßlich schwere Geruch nach vollgepissten Bettlaken, Wundbrand und Desinfektionsalkohol in der Luft. Da niemand vor dir an der Rezeption wartet, trittst du heran und nickst der Schwester, die ihren tristen Dienst verrichtet, freundlich zu. Von den Pflegern, die eher an Schläger erinnern, ist keiner zu sehen.
»Guten Abend, Schwester. Inspektor Abberline zu Doktor Phillips.« (Probe ***Auftreten****): Lies weiter bei* ***458***
»Ich beneide Sie nicht um ihren Nachtdienst, Schwester. Würden Sie mich dennoch zu Doktor Phillips durchlassen!« (Probe ***Empathie****): Lies weiter bei* ***427***

398 Mary Pearcey nimmt dir gegenüber Platz. Hinter ihr erstreckt sich ein die gesamte Wand einnehmendes Bücherregal, dessen Inhalt ein Vermögen wert sein muss. Das Hausmädchen bringt Tee in vornehm dünnwandigem chinesischem Porzellan, das mit Geishas und Kirschblüten verziert ist.

Schweigend trinkst du ein paar Schlucke des goldfarbenen Tees, dann stellst du die Tasse zurück und siehst die Pearcey an. Die Temperatur ist dir aufgrund des Feuers unangenehm. Im Haus ist es schrecklich still, ganz anders als in deinem Zuhause in Mile End, wo ständig etwas los ist. »Nett, so ein Tee zu nächtlicher Stunde, aber kommen wir zur Sache. Ich habe noch einen langen Nachhauseweg vor mir.«

Mary Pearcey steckt eine mit dunklem Papier gewickelte Zigarette in ein silbernes, übertrieben langes Mundstück, zündet sie an und nimmt ein paar tiefe, genussvolle Züge. »Auch eine?«

*Ist dein **Suchtwert 4 oder 5**, wirst du auf jeden Fall rauchen. Ist er **0 oder 1**, lehnst du auf jeden Fall ab. Ansonsten bleibt es dir überlassen!*

*»Ja.«: Lies weiter bei **478***

*»Nein.«: Lies weiter bei **392***

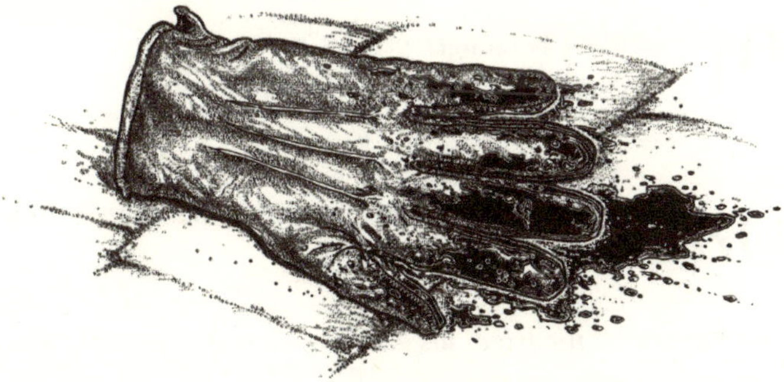

399 Dein Angriff scheitert, bevor er überhaupt zu einem wird. Chandler ist ein Mann der Straße und weiß, wie man mit Angreifern umgeht. Ein Schlag gegen dein Handgelenk schmettert dir das Messer aus den Fingern. Ehe du dich versiehst, packt er deinen Arm, dreht ihn dir auf den Rücken und schlägt dich brutal nieder.

»Jetzt bist du genau dort, wo du hingehörst«, raunt er grinsend.
»Bringen wir sie zur Grande Dame«, schnarrt Phillips. »Dann kann Jekyll – oder besser gesagt Hyde – vollenden, was er auf Ada Wilsons Schwelle verpatzt hat …«
Chandler nickt und schlägt dich bewusstlos.
Lies weiter bei ***420***

400

Kurz darauf sitzt du in einen angenehm nach Rosen duftenden Morgenmantel am Fenster und hältst eine Tasse Tee in der Hand. Wie anders hier doch alles ist, wie schön und sauber. Mary Pearceys Haus liegt mitten in Whitechapel und dennoch vermag es der Lärm nicht, durch das offene Fenster zu dringen.
Frankenstein sitzt dir lächelnd gegenüber. »Alles in Ordnung, Miss Wilson? Ihr Blick ist so … nachdenklich.«
»Ich genieße nur den Tee«, lügst du.
»Erzählen Sie mir doch etwas über sich und Miss Pearcey, unterhalten sie mich!«: Lies weiter bei ***333***
»Lassen Sie mich bloß noch schnell austrinken, dann mach ich los.«: Lies weiter bei ***480***

401

Probe ***Überzeugen*** *gegen* ***Contra-Skill 5****.*
Wenn du unterliegst: Lies weiter bei ***463***
Wenn du obsiegst: Lies weiter bei ***332***

402

Die Aussicht auf ein paar entspannte Züge lässt dich nicken. »Warum nicht.«

Ist dein ***Suchtwert niedriger als 4****, erhöhe ihn jetzt um 1 Punkt.*

Du wirst aus der Frau nicht schlau. Sie wirkt tief in die Geschehnisse verstrickt, womöglich sogar auf drastische Weise. Zugleich ist sie anziehend mysteriös, geradezu geheimnisvoll.
So darf ich sie nicht sehen, ermahnst du dich und denkst an Emma.
Es hat etwas von einem Ritual, wie sie die Zigarette in ein silbernes Mundstück steckt, sie anzündet und an dich weiterreicht. »Der

Tabak kommt aus Amerika. Indianer benutzen ihn, um ihre geistigen Fähigkeiten zu erweitern und den Zustand der Trance zu erreichen.«

»Trance? Wie bei Opium?«

Die Pearcey lächelt. »Keine Angst, das hier ist versetzt mit normalem Tabak. Aber es macht das Reden angenehmer …«

Es wäre klug gewesen, abzulehnen. Stattdessen siegt die Neugier. Du steckst dir die metallene Spitze zwischen die Lippen und inhalierst den süßlich schmeckenden Rauch, der einen herben Geschmack auf der Zunge hinterlässt.

»Kein billiges Vergnügen«, stellst du fest und lehnst dich zurück. Alles wird weich und warm. Bleischwere, aber angenehme Müdigkeit kriecht in deinen Körper, derweil du Mary Pearcey musterst.

»Nicht der Rede wert, ich habe durch glückliche Umstände etwas Geld geerbt, Inspektor …«

Die Nähe der Frau wirkt elektrisierend, ja anziehend sogar. Du nickst, weil du das Gefühl als angenehm empfindest.

»Wir müssen ihrer Frau nichts davon verraten«, meint sie zwinkernd.

»Sicher …«

»Inspektor, haben Sie einen Bezug zur Spiritualität? Einen Sinn für das Übernatürliche?«

»Wenn es mir einen Hinweis auf den Mörder gibt.«: Lies weiter bei ***469***

»Als Inspektor des Scotland Yard zählen für mich nur Fakten!«: Lies weiter bei ***430***

»In solchen Belangen habe ich keine Erfahrung.«: Lies weiter bei ***348***

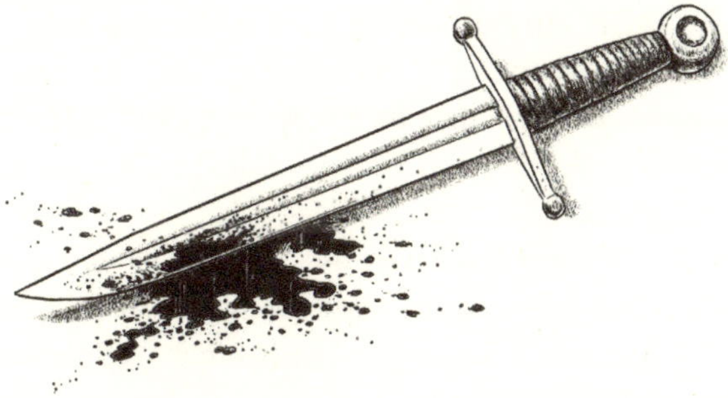

403 Doktor Phillips entspannt sich sichtlich. »Nun gut, zuvor gestatten Sie ihrem Kollegen, dass er sie auf Waffen durchsucht. Ein Gebot der Vorsicht, nichts Persönliches …«

»Nur zu, aber nennen Sie diesen Mann nicht meinen Kollegen. Damit beleidigen Sie jeden ehrbaren Polizisten!«: Lies weiter bei ***483***

Falls du dich für eine der folgenden drei Optionen entscheidest, darfst du den ***Contra-Skill*** *bei der betreffenden Probe um 1 Punkt verringern:*

Du ziehst den Knüppel und greifst Chandler an (Probe ***Nahkampf****): Lies weiter bei* ***496***

Du versuchst, ihn zu überwältigen (Probe ***Überwältigen****): Lies weiter bei* ***359***

Du ziehst deinen Revolver und richtest ihn auf Chandler. »Ich nehme Sie fest, Chandler. Leisten Sie keinen Widerstand!« (Probe ***Schießen****): Lies weiter bei* ***439***

404 »Die Attribute des Schicksalsrades sind Zufall, Schicksal, Wende und Veränderung. Es ist der Prozess, den man durchlebt. Die Schlange ist ein Symbol der Erneuerung, die Sphinx steht für Weisheit und Stärke. Beides benötigt man, um bestehen zu können.«

Mary Pearcey sieht von den Karten auf. »Es wird einen Wendepunkt im eigenen Leben geben, eine Entscheidung, die alles bisher Dagewesene nichtig macht. Danach wird nichts mehr sein, wie es war.«

Kehre zu dem Abschnitt zurück, von dem du gekommen bist!

405 »Glauben Sie ihm kein Wort«, ruft Doktor Phillips. »Bei der erstbesten Gelegenheit wird er versuchen, uns zu überwältigen.«
Chandler zögert einen Moment, dann breitet sich ein Grinsen in seinem Gesicht aus. »Dann wird es wohl doch der Leichentisch für dich, Abberline.«
*Du ziehst den Knüppel und greifst Chandler an (Probe **Nahkampf**): Lies weiter bei **496***
*Du versuchst, ihn zu überwältigen (Probe **Überwältigen**): Lies weiter bei **359***
*Du ziehst deinen Revolver und richtest ihn auf Chandler. »Ich nehme Sie fest, Chandler. Leisten Sie keinen Widerstand!« (Probe **Schießen**): Lies weiter bei **439***

406 »Das ist alles, was ich weiß, tut mir leid.« Mit diesen Worten schiebt sie den Stuhl weg und verschwindet mit dem Bier in der Hand hinter dem Tresen.
»Trotzdem danke für das Gespräch«, murmelst du nur für dich, trinkst aus und gehst ebenfalls.
*Für Ada Wilson: Lies weiter bei **343***
*Für Inspektor Abberline: Lies weiter bei **345***

407 Im letzten Moment unter dem Tisch verschwunden, betreten die Männer den Raum und treten an die Bahre, unter der du dich versteckt hast. Die Luft ist stickig und der Boden klebrig von geronnenem Blut. Du kannst nur die Hosenbeine und Schuhe der beiden sehen.
»Hol den Wagen mit den Messern«, sagt der eine.
Der andere bewegt sich schnaufend weg. Kurz darauf rollt ein Wägelchen, das dich an einen Teewagen erinnert, neben die Bahre. Metall klappert, gefolgt von einem Moment der Stille. »Ich werde tief schneiden müssen, um die Leber freizulegen. Du musst hineingreifen und sie anheben, damit ich sie vom Gewebe trennen kann …«
Dir wird schlecht, derweil du eine bleiche Made dabei beobachtest, wie sie sich im geronnenen Blut räkelt.

»Legen wir los!«
Mit einem Ruck zerrt er das Tuch von Catherine Eddowes' Leiche und beraubt dich deines Versteckes.
»Verdammt nochmal, das ist doch …«, keucht der Mann, den du als Inspektor Chandler erkennst.
Doktor George Bagster Philipps springt mit einem Skalpell in der Hand von der Bahre weg. »Das ist Ada Wilson!«
Behände springst du aus deinem Versteck, darauf achtend, dass sich die Bahre zwischen dir und den Männern befindet.
»Überlassen Sie die Hure mir, Doktor, ich erledige das mit Vergnügen«, stellt Chandler böse grinsend fest.
Du hebst die Hände. »Ich kann das alles erklären!«: Lies weiter bei ***443***
Du ziehst das Messer und greifst Chandler an (Probe ***Nahkampf****): Lies weiter bei* ***500***
Du versuchst, ihn zu überwältigen (Probe ***Überwältigen****): Lies weiter bei* ***515***
Das Knochenbeil auf dem Tisch funkelt dich verführerisch an. Du wirfst es Chandler ins Gesicht (Probe ***Geschick****): Lies weiter bei* ***468***

408

Elizabeth gibt dir einen harten Stoß gegen die Brust, hebt drohend den Bierkrug, bereit, ihn dir auf den Schädel zu schlagen. »Das ist mein Haus, Inspektor, und ich weiß sehr wohl, dass die vom Scotland Yard in der Innenstadt keine Befugnis haben. Also raus mit Ihnen.«
Sie tritt beherzt auf dich zu. Auch andere, Tagelöhner womöglich, stehen von den Tischen auf. »Hauen Sie ab, sag ich. Kümmert Sie doch eh 'nen Dreck, was mit uns geschieht!«
Lies weiter bei ***345***

409

Das Leben in Whitechapel spielt sich auf der Straße ab. Nicht verwunderlich, wenn man bedenkt, in welch desolatem Zustand die Unterkünfte der armen Leute sind. Das *Queen's Head* in der Commercial Street 74 bildet hierbei eine wohltuende Ausnahme. Die Einrichtung der Zimmer ist alt und die Wände könnten einen Anstrich vertragen, aber wenigstens ist es sauber.

Der Eingang des Pubs im Erdgeschoss des zweigeschossigen Hauses sitzt auf der Straßenecke zur Fashion Street und kann ebenerdig betreten werden. Die Tür steht offen, drinnen haben sich am frühen Nachmittag des ersten Oktobers die ersten Säufer eingefunden. Huren sitzen an den Tischen und nehmen ihr Mittagessen ein.
Du findest Elizabeth Tanner, die stellvertretende Leiterin des *Queen's Head* neben der Tür mit einem Krug Bier in der Hand. Sie lehnt an der Wand und sieht müde aus.
»Guten Tag, Inspektor. Haben Sie nicht einen Mörder zu jagen?«, raunt sie mit der heiseren Stimme einer Säuferin.
*»Deswegen bin ich hier. Wäre es Ihnen lieber, ich komme mit den Constables wieder?« (Probe **Überzeugen**): Lies weiter bei **446***
*»Ich bin hier, um mit Ihnen über die Stride zu sprechen.« (Probe **Auftreten**): Lies weiter bei **350***

410

Im Flur brennen funzelige Öllampen, deren gläserne Zylinder rußgeschwärzt sind. Du hörst durch die angelehnten Zimmertüren Patienten stöhnen oder wie sie sich herumwälzen.
»Schon seltsam, dass sich das Scotland Yard um den Fall mit den toten Huren kümmert«, meint Patterson mit dunkler Stimme hinter dir.
Woher weiß er, dass ich vom Scotland Yard bin?, geht dir durch den Kopf. »Wir unterstützen die Polizei, das ist alles …«
»Man erzählt sich so einiges über Sie. Dass Sie Fragen stellen und wichtigen Leuten auf die Nerven gehen, zum Beispiel.«
Du bleibst stehen, drehst dich zu ihm um. »Wichtige Leute? Wer denn?«
Der Mann, dem seine Einfältigkeit ins Gesicht geschrieben steht, grinst dich unverschämt an. »John Netley, der Kutscher der neuen Besitzerin des Krankenhauses, der meinte, dass es dem Leibarzt von Königin Victoria missfällt, wie sie sich in den Fall einmischen!«
William Gull, Leibarzt der Königin mit einer Vorliebe für die Bordelle von Whitechapel, sickert dir ein im Revier kursierendes Gerücht durchs Hirn.

»Mit der Besitzerin meinen Sie wohl Mary Pearcey?«, willst du wissen.
»Ja.« Patterson nickt. »Hat Freunde ganz oben, und einem scheint's nicht zu gefallen, was Sie tun.« Tumb zieht er den Knüppel. »Ist nichts Persönliches!«
Wenn du deinerseits den Knüppel ziehst (Probe ***Nahkampf****): Lies weiter bei* ***389***
Wenn du versuchst, ihn zu überwältigen (Probe ***Überwältigen****): Lies weiter bei* ***418***

411

Mary Pearcey legt die Finger ihrer rechten Hand auf die zehn ausgewählten Karten. Ihre Fingernägel sind lang, aber äußerst gepflegt. Sie atmet ruhig und schließt die Augen.
»Es ist kein Zufall, dass Jack bereits seine Klinge an ihren Hals gelegt hat«, flüstert sie mit geschlossenen Augen.
Dir scheint, als würde sich der Raum verdunkeln und sich Schatten über die flackernden Kerzen legen. Die Temperatur nimmt hingegen zu.
»Ich muss den Bastard zur Strecke bringen, das ist es, was mich antreibt, Miss Pearcey. Werden mir die Karten dabei helfen?«
Die Worte kommen träge daher, deine Zunge ist schwer, will sich nicht bewegen. Mary Pearcey zeichnet sich hingegen gestochen scharf vor dem verschwommenen Hintergrund ab. »Haben Sie mir was in den Tee getan?«
Die Pearcey lächelt entrückt. »Keine Angst, die Substanz ist lediglich bewusstseinserweiternd und hilft uns dabei, den Schleier zu lüften.«
»Ich bin bereit«, flüsterst du ihr zu und weißt, dass es eine Lüge ist.
Lies weiter bei ***461***

412

Du erwartest von der unter dem Tuch liegenden Leiche, dass sie sich rührt, obgleich das natürlich undenkbar ist. Und dennoch, dein Verstand hält es durchaus für möglich.
Das Tuch ist voller Flecken. Hinter dem Kopf steht auf eine Schale, in der sich Hirn, Haare und Schädeldecke befinden.

Wenn du den Bericht nimmst, der auf dem Tuch liegt, lies jetzt den ***Anhang: Bericht Nummer 1 des 30. September 1888*** *und kehre dann hierher zurück!*

Wenn du das Tuch von der Leiche ziehst: Lies weiter bei ***424***
Wenn du zur zweiten Leichenbahre gehst (und dort noch nicht warst): Lies weiter bei ***511***
Wenn du den Leichenkeller verlässt: Lies weiter bei ***471***

413

Mary Pearcey legt die Finger ihrer rechten Hand auf die zehn ausgewählten Karten. Die Fingernägel sind lang, aber gepflegt. Sie atmet ruhig und schließt die Augen. »Es ist kein Zufall, dass Jack bereits zweimal seine Klinge an deinen Hals setzte«, flüstert sie.
Dir scheint, als würde sich der Raum verdunkeln und sich Schatten über die flackernden Kerzen legen. Die Temperatur nimmt hingegen zu.
»Ich muss den Bastard zur Strecke bringen, das ist es, was mich antreibt, Miss Pearcey. Werden mir die Karten dabei helfen?«
Die Worte kommen träge daher, deine Zunge ist schwer wie Blei. Mary Pearcey zeichnet sich hingegen gestochen scharf vor dem verschwommenen Hintergrund ab. »War da was im Tee?«

Die Pearcey lächelt entrückt. »Keine Angst, die Substanz ist lediglich bewusstseinserweiternd und hilft uns dabei, den Schleier zu lüften.«
»Ich bin bereit«, flüsterst du und weißt, dass es eine Lüge ist.
Lies weiter bei ***518***

414

Erhöhe deinen zuletzt auf die Probe gestellten ***Skill*** *um 1 Punkt!*

»Ada, du bist wirklich verrückt, aber genau das mag ich an dir.« Mary Ann zieht dich in die Seitengasse des Krankenhauses, wo sich der Nebeneingang befindet. An dem geht sie jedoch vorbei. »Ich kenn 'nen Eingang, von dem sonst keiner weiß.«
Ihr geht an im Rinnstein zusammengekauerten Trunkenbolden vorbei. An Huren, die euch Verwünschungen hinterherrufen. An einem Constable, der nicht Mizen ist und den es einen Dreck interessiert, wie es um die armen Seelen der Gefallenen steht und der euch keines Blickes würdigt. Die Gasse endet an einem maroden Bretterzaun. Die Tür darin ist mit einem dicken Vorhängeschloss verriegelt. Mary Ann löst eines der Bretter, schiebt es zur Seite und schlüpft hindurch. Dahinter befindet sich ein kleiner Hof, in dem es stinkt wie in einer der Schlachtereien in der Thomas Street. Fässer und Kisten stehen in wildem Durcheinander herum. In einigen steht ölige Brühe, in anderen liegen verdreckte Laken.
»Hier entsorgt das Krankenhaus seine Abfälle. Werden einmal die Woche von einem zwielichtigen Typen aus Leeds abgeholt, keine Ahnung, was er damit anstellt.«
»Abfälle?«
»Na was die so aus den Kranken herausschneiden. Manchmal sogar ganze Arme und Beine.«
»Und wie kommt's, dass du davon weißt?«
»Hatte da mal was mit dem Kutscher der neuen Gönnerin des Krankenhauses. John Netley ist sein Name … 'ne echte Persönlichkeit!«
»Was macht ihn denn so besonders, außer dass er die Pearcey herumkutschiert?«

Mary Ann lacht. »Er hat aus dem Nähkästchen geplaudert. Bevor er in ihren Dienst trat, hat er den Leibarzt von Königin Victoria, William Gull, oft durch Whitechapel kutschiert, damit der unbehelligt ein Bordell in der Osborn Street aufsuchen konnte. Manchmal sei auch Albert Victor, Lieutenant bei den 10th Royal Husars in Aldershot und Enkel der Königin, dabei gewesen.«
Sie geht einen Treppenabgang hinab, der zu einer eisenbeschlagenen Kellertür führt, bückt sich und hebt einen Stein an. Darunter zieht sie einen Schlüssel hervor. »Für Notfälle, wie er sagte.«
Während sie die Tür aufsperrt, gehen dir Gedanken durch den Kopf. William Gull erscheint dir als prädestiniert, die Morde begangen zu haben. Er ist Arzt und hat die Ausbildung, um Organe präzise zu entnehmen. Netley könnte ihn mit der Pearcey bekannt gemacht haben. Und Albert Victor, nun, der gilt als geistig wie körperlich labil, zu Rauschmitteln und Bordellbesuchen neigend. Fügt sich damit alles zu einer Verschwörung zusammen oder ist es nur ein Hirngespinst deiner überreizten Phantasie?
Ich werde es herausfinden …
Als du an Mary Ann vorbei in den Krankenhauskeller trittst, siehst du ihr in die Augen, berührst ihren Arm. »Pass gut auf dich auf, Mary Ann Kelly. Geh nach Hause und sei auf der Hut, denn Mörder gehen um in Whitechapel!«
*Lies weiter bei **338***

415

Es ist der Abend des ersten Oktobers, als du dich frisch machst und mit gemischten Gefühlen auf den Weg zum Arbeiterkrankenhaus begibst. Unterwegs genießt du den lauen Abend und isst einen Happen bei einem Straßenhändler. Du vergisst dabei die Zeit und die Sonne ist längst hinter den Häusern verschwunden, als du dich wieder auf den Weg machst. Das Dämmerlicht des Abends senkt sich kalt, schwer und feucht auf Whitechapel. Bald wird Nebel von der Themse heraufziehen.
Dennoch sind die Straßen voller Menschen, die nervös und aufgescheucht von den Morden scheinbar ziel- und rastlos umherirren. In jedem Gesicht kannst du die Frage nach dem Mörder und dem

Warum lesen. Manche sind bleich und voller Angst, andere neugierig und sensationslüstern, einige gar belustigt.
Viele der Passanten haben sich die Abendausgabe der *Star* gekauft, stehen in aufgebracht diskutierenden Gruppen beieinander. An der Ecke Thomas und Old Montague Street steht ein Zeitungsverkäufer und verkündet lauthals Neuigkeiten von Jack the Ripper. Saucy Jack wispert es aus allen Munden.
Unter einer Laterne steht die rothaarige Mary Ann Kelly und ist wieder einmal betrunken. Auch sie hält das Blatt in der Hand und lacht. »Das ist doch ’n scheiß Witz. Die wollen uns doch verarschen.«
Mary Ann wird aggressiv, wenn sie getrunken hat. Dennoch gehst du zu ihr und nickst zu dem Zeitungsblatt. »Hey, schöne Mary, was gibt’s denn, worüber sich alle aufregen?«
Die lacht und hält dir das Blatt entgegen. »Lies es selber, wenn du willst. Jack hat ’nen Brief geschrieben, na ja, ist wohl mehr ’ne Postkarte.«

Wenn du den Artikel lesen möchtest, lies jetzt den ***Anhang: Saucy Jack*** *und kehre dann hierher zurück!*

»Die Tanner aus dem *Queen’s Head* meinte, die Postkarte hätte vnen Stempel vom Bezirk London E, also East End, und blutige Fingerabdrücke seien drauf gewesen. Weiß sie von ’nem Zeitungsschreiber der *Star*. Man sei sich sicher, dass es der gleiche Schweinehund war, der den Dear-Boss-Brief geschrieben hat, auch wenn die Handschrift ’ne andere ist.«
»Aber warum sollte der Mörder das tun? Also ich meine, sich ins Licht der Öffentlichkeit stellen?«
Mary Ann zuckt mit den Schultern. Sie trägt ihr wallendes rotes Haar heute offen, was gut zu ihrem grünen Kleid passt. »Keine Ahnung und wills auch gar nicht wissen. Hat vielleicht ’n krankes Hirn, braucht Aufmerksamkeit …«
Die Wortwahl in seinen Briefen und wie er schreibt, das will nicht so recht zu der chirurgischen Präzision passen, mit der er die Morde begeht, geht dir durch den Kopf. Du nickst Mary Ann zu. »Solltest

besser für heute Nacht mit dem Trinken aufhören und nach Hause in den Miller's Court gehen, dort wohnst du doch, oder nicht?«
Mary Ann legt einen Arm um deine Schultern und drückt dir einen Kuss auf die Wange. »Klar doch, Ada. Bist immer besorgt um mich wie 'ne Mutter, und das, wo ich drei Jahre älter bin als du!«
Du löst dich aus ihrer innigen Umarmung. »Will nur, dass es dir gut geht, Mary Ann. Ich geh dann mal weiter …«
»Warte, ich komm ein Stück mit«, meint sie und hakt sich bei dir unter.
Als ihr das Arbeiterkrankenhaus erreicht, ist es dunkel. »Hier muss ich rein«, sagst du zu Mary Ann und bleibst stehen.
»In dieses Drecksloch, wo's nicht mit rechten Dingen zugeht?«
»Weißt du denn was darüber, Mary Ann? Komm schon, Darling, lass mich nicht dumm sterben!« (Probe ***Überzeugen****): Lies weiter bei* ***334***
Du ziehst sie in die Arme. »Verrätst du mir, was dort vorgehen soll, wenn ich dir 'nen Kuss gebe?« (Probe ***Freunde****): Lies weiter bei* ***433***

416

»Gütiger Gott, Inspektor Abberline, Sie machen einen großen Fehler!«, stammelt Phillips und weicht vor dir zurück, bis er die Wand im Rücken spürt.
Dein dunkler Mantel ist nass vom Blut, die Hose ebenfalls. Du schmeckst es auf den Lippen wie verbotener Nektar. Getrieben vom Rausch der Gewalt nimmst Chandlers Messer. Damit drängst du gegen Phillips und setzt ihm die Klinge an den Hals. »Ihr wart es, die einen Fehler begangen habt, als ihr mir das Messer an die Kehle gesetzt habt. Erinnern Sie sich, Doktor? Es war hier in diesem Raum!«
Die Klinge schlitzt die Haut des Doktors. Hinter euch entweichen Gase aus den Därmen der Leichen. »Rede! Wer ist der Mörder? Auf wessen Geheiß begeht ihr diese Schandtaten! Ich will alles wissen, jedes noch so kleine Detail!«
In der Tat gibt es kein Zurück mehr. Blut klebt an deinen Händen. Doch noch kann sich alles zum Guten wenden.
»Sie verstehen das nicht, Inspektor, es ist …«
»Dann erklär's mir«, fauchst du wütend. Chandlers Blut im Mund macht dich rasend. Dir dürstet nach mehr.

416

»Sie werden mich töten, wenn ich rede«, stammelt Phillips. »Der Zirkel des Osiris ist zu mächtig, als dass Sie nur den Hauch einer Chance hätten!«

»Was ist das, ein Satanskult?«, knurrst du, dich nah an sein Gesicht beugend.

»Deswegen die fehlenden Organe bei den Opfern? Das Blut, das ihnen geraubt wurde?«

»Mary Pearcey, die Grande Dame, oder wenn Sie wollen die erste Hexe, sie könnte es Ihnen erklären …«

»Die Pearcey also. Aber warum? Weshalb müssen diese Frauen sterben?«

Phillips kichert trotz der Klinge an der Kehle leise in sich hinein. »Abschaum. Ungeziefer. Wir holen den Dreck von den Straßen und geben dem nutzlosen Leben dieser Huren einen Sinn. Wir erwecken etwas Uraltes, Schlafendes, holen es zurück aus dem Reich des Todes, um neues Leben zu erschaffen …«

»Sie sind vollkommen wahnsinnig«, raunst du ihm zu, mühsam beherrscht, nicht zuzustoßen.

Phillips meckert wie eine Ziege.

»Miss Pearcey hat Sie auserwählt, den Kreis der kanonischen Fünf zu vollenden. Sie können sich ihrem Schicksal nicht entziehen, Abberline!« Kaum, dass er das letzte Wort ausgesprochen hat, packt er deine Schultern, nimmt dir so die Möglichkeit, das Messer runterzunehmen, zieht dich an sich und rammt sich die Klinge bis zum Anschlag in den Hals.

Von Blut übergossen siehst du zu, wie Phillips röchelnd an der Wand hinabrutscht, um in hockender Haltung offenen Auges zu sterben.

Keuchend sinkst du in die Knie, zitternd, nass vom Blut der Männer. Beobachtest rote Rinnsale, die sich unter dem bleichen Leichnam der dahingemetzelten Frau vereinen, sodass du befürchtest, dass sie sich gleich hämisch lachend erhebt.

Wenn du zum Labor gehst, um es dir anzusehen: Lies weiter bei ***368***

Wenn du das Krankenhaus durch den Kellereingang verlässt, um zu Mary Pearceys Haus Ecke Flowers and Dean und Osborn Street zu gehen: Lies weiter bei ***456***

417 Nicht verwunderlich, dass vor dem Tresen Gedränge herrscht und die Constables dahinter alle Hände voll zu tun haben. Männer in Tweetjacken, die Notizblöcke und Stifte halten und in einem lustigen Akzent sprechen, rufen unangenehm laut durcheinander.

Zeitungsschreiber aus dem Ausland, denkst du dir und schiebst dich mit den Ellbogen voran – eben so, wie man es in den Tavernen macht – bis zu einem Constable durch, der mit gerötetem Gesicht versucht, Ordnung ins Gewimmel zu bringen. Schnaufend sieht er dich an. »Was kann ich für Sie tun, Miss …?«

»Ich muss Constable George Simmons sprechen, Sir, es ist ausgesprochen wichtig!« (Probe ***Überzeugen****): Lies weiter bei* ***337***

»Na mit Ihnen möchte ich heute nicht tauschen. Will Sie nicht beanspruchen, Sir. Wenn Sie mir freundlicherweise sagen würden, wo ich Constable George Simmons finde, bin ich auch gleich wieder weg!« (Probe ***Empathie****): Lies weiter bei* ***436***

Du drängst dich vor die durcheinanderredende Menge. Energisch streckst du die Arme aus. »Wenn Sie zurücktreten und den Constables gesittet ihre Fragen stellen, würde das uns allen weiterhelfen! Wo sind denn ihre Manieren, Gentleman!«, rufst du mit lauter Stimme (Probe ***Auftreten****): Lies weiter bei* ***360***

418 *Probe* ***Überwältigen*** *gegen* ***Contra-Skill*** *7.*
Wenn du unterliegst: Lies weiter bei ***340***
Wenn du obsiegst: Lies weiter bei ***487***

419 *Samstag, 29. September 1888*

»Das Schwein hat mich einfach rausgeworfen, mitten in der Nacht!«, erklärt Catherine aufgebracht John Kelly, der in *Cooney's Gasthaus* an einem Tisch in der Küche hockt und mit ihr ein Frühstück einnimmt. »Und jetzt sitzen wir ohne einen verdammten Penny da …«

»Geh ins Zimmer, hol ein Paar meiner Schuhe und versetz sie im Pfandleihhaus in der Church Street. Aber nicht die Besten, hörst du? Ist elf, da haben die offen …« Er hat keine Lust, auf ihren Zank einzugehen.

Fünf Stunden später ...
Johns Ohrfeige trifft Catherine hart ins Gesicht. »Zur Hölle nochmal, Kate Kelly, hab ich dir nicht gesagt, wir brauchen das Geld? Hab ich es dir nicht wieder und wieder gesagt?«
Seine Hand schnellt erneut nach oben, doch Kate Kelly, wie Catherine auf der Straße genannt wird, lacht nur. »Hab Schnaps gekauft, na und?«
»Ich sag's dir«, knurrt John drohend.
Kate rappelt sich auf. »Hör auf zu jammern, John. Ich geh zu meiner Tochter nach Bermondsey und leih mir von der was. Das ist sie mir verdammt nochmal schuldig!«
John lacht. »Ist sie das? Wirklich? Nach all dem, was du ihr angetan hast? Scheiße, Kate, wir sitzen auf der Straße, wenn du nichts anbringst. Musst eben deine Beine breitmachen, sag ich dir, auch wenn da unten nicht mehr viel zu holen ist ...«
»Leck mich doch, du Arschloch«, faucht Kate und macht sich schleunigst davon, um nicht noch eine Abreibung zu bekommen.
Lies weiter bei ***459***

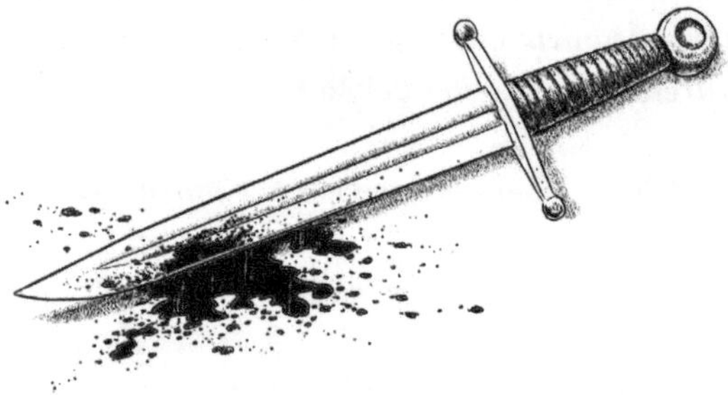

420

Du erwachst in einem mit einer Kerze diffus beleuchteten Schlafzimmer, gekleidet in ein Nachtgewand aus dunklem Leinen, einfach geschnitten, aber anschmiegsam die Figur betonend. Wo dich Chandlers Schlag getroffen hat, pocht ein gemeiner Schmerz. Überrascht stellst du fest, dass man dich nicht gefesselt hat.
Du weißt, wo du dich befindest. Im Haus in der Sackgasse Ecke Flowers and Dean und Osborn Street, das wie ein dunkler Schatten am Ende der Gasse hockt.

Jenseits des Fensters und unerreichbar für dich schnaubt das Pferd vor der schwarzen Kutsche. Sie ist also zuhause. Mary Pearcey, die Hexe, Priesterin, Mörderin. Und sie ist sicher nicht allein.
Ein eisiger Lufthauch weht dir vom undichten Fenster über den Nacken, lässt dich erschauern. Hier ist er also, der Ort, an dem sich alles entscheiden wird: dein Schicksal wie auch das der glücklosen Frauen, die du vor dem Messer des Schlächters noch retten willst …

Blätter weiter zu Seite 449 zum Beginn von ***Kapitel 5 – Die kanonischen Fünf***

421

Das morgendliche Sonnenlicht fällt durch ein offenstehendes Fenster und kitzelt dir in der Nase. Trunken vom Schlaf öffnest du die Augen, blinzelst ins Licht. Deine Hand sucht neben dir nach Emma, doch du findest sie nicht. Es ist nicht dein Bett, in dem du liegst, nicht das Schlafzimmer in eurer Wohnung.
Das Gespräch mit der Pearcey. Der vergiftete Tee. Die Tarotkarten …
Offensichtlich war das Gift nicht tödlich. Verwundert stellst du fest, dass du in einem dir unbekannten Schlafanzug in dem weichen, mit weißen, frisch duftenden Laken bezogenem Bett liegst. Jemand – du befürchtest, dass es das Hausmädchen war – muss dich umgezogen haben.
Auf dem Stuhl neben dem Bett sitzt ein junger, in einen braunen Anzug mit unaufdringlichen Streifen gekleideter Mann und liest eine Zeitung. Als er deine Bewegung bemerkt, sieht er auf und lächelt. »Ah, Inspektor, Sie sind wach.«
Es ist Doktor Frankenstein.
»Frankenstein? Sie hier?«
Er faltet die Zeitung zusammen und legt sie beiseite. »Die gute Miss Pearcey hat mich gebeten, auf Sie achtzugeben, bis sie aufwachen.«
In deinem Kopf hämmern Schmerzen, als hättest du in der Nacht zu viel getrunken. »So ist das also …«
»Wie Sie ja bereits wissen, helfe ich den Kollegen im Arbeiterkrankenhaus. Falls Sie nach einer Erklärung meiner Anwesenheit suchen.«

Das Krankenhaus, in das man die Frauenleichen bringt, denkst du dir.
Als du dich aufsetzt, steht der Doktor auf und hilft dir. »Erst betäubt mich diese Frau und dann …«
»Seien sie bitte nachsichtig mit Miss Pearcey. Sie hat ein ausgesprochenes Faible für bewusstseinserweiternde Rauschmittel. Soll ich Ihnen etwas bringen lassen? Einen Tee oder gar ein leichtes Frühstück?«
*»Verschwinden Sie, damit ich mich anziehen und gehen kann!«: Lies weiter bei **516***
*»Einen Tee, sofern er nicht wieder vergiftet ist.«: Lies weiter bei **442***
*»Ein Frühstück wäre nett!«: Lies weiter bei **472***

422

Mary Ann lacht. »Läufst durch Whitechapel, stellst schräge Fragen und hast noch nichts davon gehört? So 'ne mysteriöse Witwe hat das Krankenhaus gekauft und 'ne Menge Doktoren aus dem Ausland geholt, angeblich um eine bessere Versorgung zu gewährleisten. Komisch ist nur, dass alle weiblichen Mordopfer aus den Spitalfields, Whitechapel und dem East End hier im Keller landen. Findest du das nicht seltsam?«
»Diese Witwe heißt nicht zufällig Mary Pearcey?«
»Glaub schon«, meint Mary Ann leise. »Immer schwarz gekleidet, rabenschwarze Haare, blass und groß gewachsen, aber nicht alt.«
»Das ist sie … muss sie einfach sein …«
*Lies weiter bei **353***

423

Die Tanner stößt sich von der Wand ab und baut sich vor dir auf. Ihr Atem riecht nach schalem Bier und faulen Zähnen. »Kommst hierher in mein Haus und denkst, ich knick vor dir ein? Ich sag dir was, Ada Wilson. Du störst die Ruhe der Toten und das mögen wir hier nicht. Und außerdem ...«, sie sieht sich um, »... reicht es nicht, dass Leather Apron Long Liz aufgeschlitzt hat? Willst du ebenfalls unter seinem Messer enden?«

*»Ach komm, Elizabeth, ich möchte verhindern, dass noch mehr Frauen sterben müssen, da könnt ich Hilfe gut vertragen!« Probe (**Überzeugen**): Lies weiter bei **488***

*Du drückst Elizabeth Tanner an die Wand (Probe **Überwältigen**): Lies weiter bei **326***

424

Das Tuch gleitet vom ausgemergelten Körper der Elizabeth Stride, wegen ihrer Größe auch Long Liz und ihren ausgesprochen vollen Lippen Hippy Lip Annie genannt.

Viel ist von der herben Schönheit nicht mehr geblieben. Die Haut ist grau und von schwarzen Flecken übersät, wo sich die Gelenkbeugen befinden. Die Wunde quer über den Hals klafft offen und tief, sodass du die Knorpel dahinter sehen kannst, ebenso ihr Schädel, aus dem die Doktoren das Hirn entnommen haben. Die Haare, lang, dunkel und fettlockig, sind an einem Hautlappen zurückgeklappt wie eine Mütze. Die Augen sind weit geöffnet, starren dich bleich und vorwurfsvoll an.

Das wahre Desaster offenbart sich in der Körpermitte. Hier haben die Doktoren den heutzutage üblichen Y-Schnitt angesetzt, vom Bauchnabel beginnend bis unter die Brüste, sich dort teilend. Haut, Fettgewebe und das Gewebe darunter sind aufgeklappt wie ein zerlesenes Buch. Das darin Enthaltene klebt in einer erstarrenden, dunkelroten bis braunen Masse. Einiges fehlt, wurde zur Obduktion entnommen. Wo sich das Herz befand, klafft ein mit geronnener Flüssigkeit gefülltes Loch. Ebenso dort, wo die Vagina war, was dich etwas verwundert.

Hieß es nicht, der Ripper hätte ihr nur den Hals durchgeschnitten? Wozu also dort unten wühlen?

Seufzend deckst du den Leichnam wieder zu. »Ich werde alles tun, um ihren sinnlosen Tod zu sühnen. Wirklich alles!«

Wenn du den Bericht nimmst, der auf dem Tuch liegt, lies jetzt den **Anhang: Bericht Nummer 1 des 30. September 1888** *und kehre dann hierher zurück!*

Wenn du zur zweiten Leichenbahre gehst (und dort noch nicht warst): Lies weiter bei ***511***
Wenn du den Leichenkeller verlässt: Lies weiter bei ***471***

425

Probe **Freunde** *gegen* **Contra-Skill** *2.*
Wenn du unterliegst: Lies weiter bei ***467***
Wenn du obsiegst: Lies weiter bei ***486***

426

Probe **Überzeugen** *gegen* **Contra-Skill** *4.*
Wenn du unterliegst: Lies weiter bei ***347***
Wenn du obsiegst: Lies weiter bei ***449***

427

Probe **Empathie** *gegen* **Contra-Skill** *7.*
Wenn du unterliegst: Lies weiter bei ***328***
Wenn du obsiegst: Lies weiter bei ***374***

428

Probe **Überzeugen** *gegen* **Contra-Skill** *4.*
Wenn du unterliegst: Lies weiter bei ***377***
Wenn du obsiegst: Lies weiter bei ***486***

429

Die Treppe erweist sich als Falle, denn die Türen, die hinaufführen, sind verschlossen. Du wirfst dich auf dem Absatz herum und läufst, so schnell dich deine Füße tragen, zu dem Ort, der dir noch als einzig mögliche Zuflucht erscheint: dem Leichenkeller!
Wenn du unter die Bahre der Elizabeth Stride kriechst: Lies weiter bei ***365***
Wenn du unter die Bahre der Catherine Eddowes kriechst: Lies weiter bei ***407***

430

Das Knistern des Kaminfeuers lullt dich ein. Am liebsten würdest du dich nach dem anstrengenden Tag auf das mit blauem Samt bezogene Sofa legen und vom Feuer erhitzt einschlafen.

»Die Indianer rauchten den Tabak, um sich auf Geistreisen vorzubereiten. Hier bei uns waren oder sind es Kräuter, Beeren und Pilze. Selbst Opium öffnet den Geist für die Belange der Spiritualität.«

»Der Körper reagiert nun mal auf Rauschmittel, was oftmals zu großen Problemen führt«, sagst du frei heraus, jedoch mit erschreckend schwerer Zunge. Etwas stimmt nicht mit dir.

Die Pearcey bläst geräuschvoll Rauch aus. »Sie sollten lernen, Ihren Geist zu öffnen und ihm zu vertrauen. Es gibt weit mehr als das, was Sie mit Ihren Augen sehen können.«

»Mich interessiert nur, wer der grausame Mörder ist und weshalb er die armen Frauen umbringt. Da sind meine Augen und Ohren das Einzige, worauf ich mich verlassen kann.«

»Womöglich wissen Sie es bereits, aber der Mörder hat einen Namen, Inspektor, und wenn Sie ihn kennen, wird er für Sie in der spirituellen Welt greifbar.«

Du lachst. »Das sind doch nur billige Jahrmarktstricks. Widerlegbar in jederlei Hinsicht.«

Erhöhe deine ***Glaubwürdigkeit*** *um 1 Punkt, aber verringere deine* ***Empathie*** *um 1 Punkt.*

Die Pearcey steht auf, geht zu einem Schränkchen und kehrt mit einem gefalteten Stück schwarzen Samts, einem Ebenholzkästchen und einem handbeschriebenen Blatt Papier zurück, welches sie dir zuschiebt. »Er hat Tom Bulling, der im Central News Office der City of London arbeitet, einen Brief geschrieben, in dem sich der Mörder selbst Jack the Ripper nennt. Das hier ist eine wortgetreue Abschrift.«

Wenn du den Brief noch einmal lesen möchtest, lies jetzt den ***Anhang: Dear Boss*** *und kehre dann hierher zurück!*

»Jack the Ripper … Ein frei erfundener, wenn auch bedauerlicherweise zutreffender Name. Aber Sie haben recht, ein Name macht eine Person greifbar, sogar angreifbar.«

Die Pearcey sieht dich nachdenklich an, legt ihre Zigarette in einen Aschenbecher und breitet den dunklen Samtstoff vor sich aus. Sie öffnet das Ebenholzkästchen und entnimmt diesem einen Stapel schwarzer Karten, deren Rückseiten mit einem Skorpion verziert sind. Sie fächert sie auf dem Stoff auseinander, sodass sie einen Halbkreis bilden, wählt zehn aus, die sie in zwei Reihen zu je fünf anordnet. »Die Tarotkarten werden Ihnen verraten, ob Jack aus Hass, Liebe, Habgier oder anderen, zumeist niederen Beweggründen handelt. Sie werden verraten, welche Rolle Sie in diesem Spiel einnehmen. Sind Sie bereit für diese Erfahrung, Inspektor?«

*»Entschuldigen Sie, aber das geht mir doch etwas zu weit!«: Lies weiter bei **484***

*»Wie könnte ich bereit sein, Miss Pearcey? Und dennoch bitte ich Sie, mir die Karten zu legen!«: Lies weiter bei **411***

431

Chandler zieht seinen Revolver. Ihr richtet die Waffen aufeinander, entschlossen abzudrücken.

»Ist es nicht ironisch, dass du ausgerechnet hier in der Leichenkammer sterben wirst, Abberline …«

Ein Knall zerreißt die kümmerliche Würde der Leichenkammer, zerstört die Illusion auf Bekehrung zum Guten. In Chandlers Stirn

öffnet sich ein blutendes Loch. Der Schädel dahinter birst. Das Messer fällt ihm beim Sturz aus der Manteltasche. Er reißt die Bahre um, sodass die Leiche darauf wie ein glitschiger Aal auf den Boden rutscht. Ihr stürzt, und du findest dich zwischen dem toten Mann und der Leiche wieder …
*Lies weiter bei **416***

432

Die Neugier ist der Katze Tod, denkst du und trittst an die Kutsche heran, um zu sehen, wer sich in ihrer Finsternis verbirgt.
»Sie wollen mit mir reden? Gut, hier bin ich, aber ich wüsste zu gerne, wem ich gegenüberstehe.« Deine Stimme klingt dünn, lässt dich zögerlich wirken.
In der Kabine regt sich ein Schatten. Dem nicht genug siehst du aus dem Augenwinkel, wie sich zwei Gestalten aus dem Nebel schälen, die dir schon die ganze Zeit über gefolgt sein müssen. Der eine gedrungen und breit, der andere groß wie ein Hüne. Als sie näher treten, erkennst du zwei der Polizei bekannte Schläger.
Der eine ist Timothy Donovan, der Leiter des *Crossingham's* in der Dorset Street. Der andere ist sein Nachtwächter John Evans, zwei wahrlich harte Raufbolde, die auch vor einem Polizisten nicht haltmachen. Deine Hand gleitet in die Manteltasche, wo sich der Revolver befindet. Wut wallt in dir auf, getragen von den schrecklichen Bildern der armen Catherine Eddowes.
Reiß dich zusammen, es wäre ein Fehler, jetzt die Beherrschung zu verlieren, rufst du dich zur Ordnung.
»Wenn Sie bitte einsteigen möchten«, brummt der Kutscher in tiefem Bass und weist mit der Hand zum Einstieg. »Ma'am schätzt es nicht, delikate Gespräche auf der Straße zu führen …«
Was immer die Frau in der Kutsche zu sagen hat, es scheint es wert zu sein, dass du es dir anhörst.
*Lies weiter bei **387***

433

*Probe **Freunde** gegen **Contra-Skill** 4.*
*Wenn du unterliegst: Lies weiter bei **502***
*Wenn du obsiegst: Lies weiter bei **422***

434

Das kann kein Zufall sein, denkst du dir, wirfst dich herum und läufst davon, so schnell es deine Stiefeletten, Kleid und Mantel zulassen.
Der Kutscher macht keine Anstalten, dir hinterherzulaufen, doch vor dir schälen sich zwei in kurze Mäntel gekleidete Schatten aus dem nächtlichen Dunst.
Allein die Körperhaltung der Kerle spricht Bände. Sie werden dich auf keinen Fall kampflos passieren lassen. »Lass es gut sein, Ada Wilson«, sagt der kleinere, aber nichtsdestotrotz breit gebaute Mann.
Dir fährt ein eisiger Schauer den Rücken hinab, weil du seine Stimme erkennst. Es ist Timothy Donovan, der Leiter des *Crossingham's* in der Dorset Street. Dann muss der andere sein Nachtwächter John Evans sein, zwei wahrlich harte Schläger, die auch vor einer Frau nicht haltmachen.
Deine Hand gleitet in die Manteltasche, wo sich das Messer befindet, auch wenn du weißt, dass deine Chancen gegen zwei erfahrene Schläger recht dürftig ausfallen. »Donovan, verdammt nochmal, was schleichst du mir mitten in der Nacht hinterher? Hast du mit denen in der Kutsche was zu schaffen?«
Donovan lächelt auf seine hinterhältige Art. »Die wollen nur mit dir reden, Ada, nichts weiter. Also geh dorthin und steig in die Kutsche und alles ist gut!«
*Wenn du Donovan mit dem Messer angehst (Probe **Nahkampf**): Lies weiter bei **352***
*Wenn du nachgibst und zur Kutsche gehst: Lies weiter bei **394***

435

Du gibst Chandler nickend zu verstehen, dass du mit einer Durchsuchung einverstanden bist, streckst die Arme zur Seite hin aus und gestattest ihm so, an dich heranzutreten. Der Inspektor baut sich unverschämt grinsend vor dir auf und tastet dich übergründlich ab. Dein in den Tiefen des schwarzen Mantels verstecktes Messer nicht findend, tritt er hinter dich und …
»Süße Träume, Ada Wilson.«
… schlägt dir den Knüppel auf den Scheitel, sodass dir die Lichter ausgehen.
*Lies weiter bei **420***

436 *Probe **Empathie** gegen **Contra-Skill 4**.*
*Wenn du unterliegst: Lies weiter bei **451***
*Wenn du obsiegst: Lies weiter bei **383***

437 Du öffnest die Tür des Aufbahrungsraums und spähst verstohlen in den mit Petroleumlampen beleuchteten Flur, als sich die Tür des Labors öffnet und zwei Männer heraustreten. Dir bleibt nur ein Ausweg: Du musst dich unter einer der Bahren verstecken, die mit Laken abgedeckt sind.
*Wenn du unter die Bahre der Elizabeth Stride kriechst: Lies weiter bei **365***
*Wenn du unter die Bahre der Catherine Eddowes kriechst: Lies weiter bei **407***

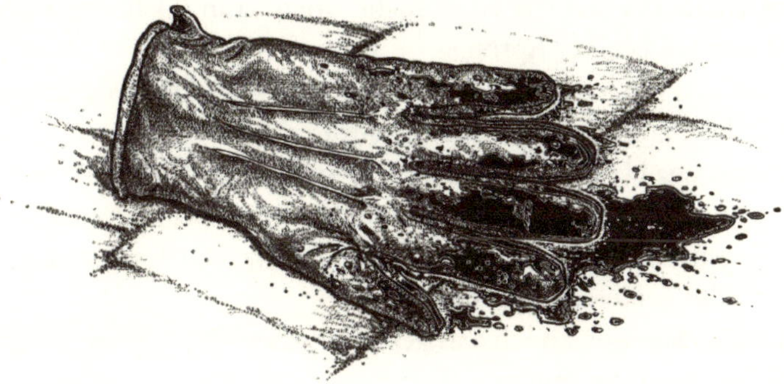

438 »Sie haben ja recht«, gibt Elizabeth Tanner nach. »Es geht um die Frauen von Whitechapel. Niemand sollte so sterben …«
»Seh ich genauso«, sagst du erleichtert. »Jetzt, wo wir reden können: Wie war das mit Long Liz am Tag vor ihrer Ermordung?«
»Setzen wir uns«, meint Elizabeth und deutet auf einen Tisch in der Nische neben der Theke. Der Wirt bringt zwei Gläser Bier.
»Am Samstag, also dem 29. September, da saß ich mit ihr draußen und trank. Die Uhr der Brauerei schlug halb sieben. Sie hat die Gästezimmer für mich geputzt, daher gab ich ihr sechs Dime. Liz trank aus und ging ins Haus, um sich – wie sie sagte – hübsch zu machen für einen Gentleman.«
»Also erneut ein gut gekleideter Herr«, flüsterst du.

»Später traf ich Charles Preston und Catherine Lane, die hier wohnen. Catherine meinte, dass Liz ihr ein Stück grünen Samt gegeben hätte, damit sie darauf aufpasst. Bei Charles fragte sie nach einer Kleiderbürste, doch der hatte keine. Sie verließ das *Queen's Head* gegen acht, hat Thomas Bates, meinen Nachtwächter, getroffen. Er meinte, sie wär fröhlich gewesen und hätte ihm die sechs Dime gezeigt, die ich ihr gegeben habe.«
»Hat sie gesagt, wo sie hinwill?«
Elizabeth schüttelt den Kopf.
»Hat sie nicht, aber jetzt kommt's. John Gardner, einer meiner Stammgäste, kam kurz vor zwölf ins Pub und meinte, er hätte sie vor dem *Bricklayer's Arms* in der Berner Street gesehen, wie sie mit 'nem kleinen Mann rumgemacht hätte. Er dachte erst, es wäre ein Gentleman, der sich 'ne Hure sucht, doch dann erkannte er den verdammten Leather Apron.«
»Leather Apron, ein wirklich übler Zeitgenosse«, stellst du traurig fest. »Hat Gardner noch was gesehen?«
»Gardner zog Liz zur Seite und warnte sie vor Apron, doch die lachte nur. Muss gegen elf gewesen sein, da ist Liz mit Apron im strömenden Regen Richtung Berner Street und Commercial davongelaufen, als wär der Teufel hinter ihnen her.«
»Jemand muss doch noch was gesehen haben! Bitte, Miss Tanner, Sie können mir vertrauen.«
*Probe **Glaubwürdigkeit**: Lies weiter bei **521***

439

*Probe **Schießen** gegen **Contra-Skill 3**.*
*Wenn du unterliegst: Lies weiter bei **376***
*Wenn du obsiegst: Lies weiter bei **431***

440

Das Knistern des Kaminfeuers lullt dich ein. Am liebsten würdest du dich nach dem langen, anstrengenden Tag auf das mit blauem Samt bezogene Sofa legen und vom Feuer erhitzt einschlafen.
»Die Indianer benutzen den Tabak für ihre Geistreisen. Hier bei uns waren oder sind es Kräuter, Beeren und Pilze. Auch Opium öffnet deinen Geist für die Belange der Spiritualität.«

»Wie die Hexen im Mittelalter«, sagst du frei heraus und mit erschreckend schwerer Zunge. Etwas stimmt nicht mit dir.
Die Pearcey bläst geräuschvoll Rauch aus. »Auch heute noch, Ada. Es ist, als würdest du befreit von den Fesseln der Realität auf dunklen Pfaden wandeln, die sich durch einen finsteren Wald winden, Schlangen gleich. Wo sie sich kreuzen, wirst du Antworten auf all deine Fragen finden ...«
»Darauf, wer der Mörder ist und weshalb er die Frauen umbringt?«
»Der Mörder hat einen Namen, Ada, und wenn du ihn kennst, wird er für dich in der spirituellen Welt greifbar.«

*Erhöhe deine **Empathie** um 1 Punkt, aber verringere deine **Glaubwürdigkeit** um 1 Punkt.*

Sie steht auf, geht zu einem Schränkchen und kehrt mit einem gefalteten Stück schwarzen Samts, einem Ebenholzkästchen und einem handbeschriebenen Blatt Papier zurück, welches sie dir zuschiebt. »Er hat Tom Bulling, der im Central News Office der City of London arbeitet, einen Brief geschrieben, in dem sich der Mörder selbst Jack the Ripper nennt. Das hier ist eine wortgetreue Abschrift.«

*Wenn du den Brief lesen möchtest, lies jetzt den **Anhang: Dear Boss** und kehre dann hierher zurück!*

»Jack the Ripper? Lächerlich. Ein frei erfundener, verlogener Name. Ich weiß nicht, wie mir das auf spiritueller Ebene weiterhelfen soll.«
Die Pearcey sieht dich nachdenklich an, legt ihre Zigarette in einen Aschenbecher und breitet den schwarzen Samtstoff vor sich aus. Sie öffnet das Ebenholzkästchen und entnimmt diesem einen Stapel dunkler Karten, deren Rückseiten mit einem Skorpion verziert sind. Sie fächert diese auf dem Stoff auseinander, sodass sie einen Halbkreis bilden, wählt zehn aus, die sie in zwei Reihen zu je fünf anordnet. »Die Tarotkarten verraten, ob Jack aus Hass, Liebe, Habgier oder anderen Beweggründen handelt. Sie werden offen-

baren, welche Rolle du in diesem Spiel einnimmst. Bist du bereit dazu, Ada?«

»Für Scharlatanerie habe ich keine Zeit!«: Lies weiter bei ***375***

»Wie könnte ich dazu bereit sein, Miss Pearcey? Aber legen Sie mir die Karten!«: Lies weiter bei ***413***

441

Probe ***Empathie*** *gegen* ***Contra-Skill 4****.*

Wenn du unterliegst: Lies weiter bei ***378***

Wenn du obsiegst: Lies weiter bei ***414***

442

Kurz darauf sitzt du in Schlafanzug und mit Pantoffeln am Fenster und hältst eine dampfende Tasse Tee in der Hand. Es ist verblüffend. Mary Pearceys Haus liegt mitten in Whitechapel und dennoch vermag es der Lärm nicht, durch das offene Fenster zu dringen.

Frankenstein sitzt dir gegenüber. »Alles in Ordnung, Inspektor? Ihr Blick ist so … nachdenklich.«

»Ich genieße nur den Tee«, lügst du.

»Erzählen Sie mir etwas über sich selbst und Miss Pearcey, wenn Sie so freundlich wären.«: Lies weiter bei ***333***

»Lassen Sie mich nur noch schnell austrinken, dann muss ich los.«: Lies weiter bei ***516***

443

»Dann lass mal hören, Mädchen!«, antwortet Chandler und zieht ein gebogenes, übel aussehendes Messer. Er tritt seitlich an der Bahre vorbei, berührt den von Haut und Haaren entblößten Kopf der Toten.

»Es ist nur … ich will …«, beginnst du stammelnd.

»… wissen, wer die Frauen ermordet hat!«: Lies weiter bei ***492***

»… mit Mary Pearcey reden, weil ich über alles nachgedacht habe! Es handelt sich doch um sie, die Ihnen sagt, was Sie tun sollen, nicht wahr?«: Lies weiter bei ***355***

Du ziehst das Messer und greifst Inspektor Chandler an (Probe ***Nahkampf****): Lies weiter bei* ***500***

Du versuchst, ihn zu überwältigen (Probe ***Überwältigen****): Lies weiter bei* ***515***

Das Knochenbeil auf dem Tisch funkelt dich verführerisch an. Du ergreifst es und wirfst es ihm ins Gesicht (Probe ***Geschick****): Lies weiter bei* ***468***

444

Das *Cooney's Pub und Gästehaus* in der Flowers and Dean Street 55 lässt sich leicht über die Commercial Street erreichen. Es ist ein warmer und sonniger Oktober-Nachmittag, die Menschen treibt es ins Freie. Sie genießen ein letztes Mal die angenehmen Strahlen der Sonne, ehe die kalte Jahreszeit mit ihrem nasskalten Wetter und dem Nebel das Leben in den feuchten und oft zugigen Unterkünften zur Hölle macht. Auf dem Weg denkst du über Emma nach und dass du sie vermisst. Der kastenförmige, schmucklose Bau sitzt mit seinen zwei Stockwerken auf der Ecke, wo sich beide Straßen treffen.

Du blickst die Flowers and Dean hinab, die auf die Osborn Street stößt und wo am Ende einer durch einen Torbogen erreichbaren Sackgasse – die eher ein Hof ist – Mary Pearceys Haus liegt. Die mysteriöse Frau und Whitechapel stehen für dich in einem Widerspruch, der sich dir nicht erschließen will.

Ecken sind typisch für Tavernen, denkst du dir und betrittst durch die offene Tür die dunkle Kneipe. Die Sohlen deiner Stiefeletten kleben bei jedem Schritt am Boden. Die Luft riecht nach verschüttetem Bier, kaltem Zigarettenqualm und aufgewärmtem Essen. Huren

sitzen an den Tischen und nehmen karge Mahlzeiten zu sich. Tagelöhner stehen an der Theke und genehmigen sich ihr erstes Bier.
Du gehst zur Theke und nickst dem Wirt – einem grobschlächtigen, brutal aussehenden Kerl mit Hakennase – auffordernd zu. »Inspektor Abberline vom Scotland Yard. Ich hätte ein paar Fragen an Sie.«
Der Kerl lehnt sich dir über dem Thekenbrett entgegen. »Nicht 'n bisschen früh, um herumzuschnüffeln?«, schnarrt er belustigt.
»Es geht um die vergangene Nacht ermordete Catherine Eddowes.«
»Hier nennt – nannte – sie jeder Kate Kelly. Abgestochen, ja. Sind Sie gekommen, weil Scotland Yard Kates Schulden bezahlen möchte?«
*»Ich kann Sie auch aufs Revier bestellen!« (Probe **Auftreten**): Lies weiter bei **466***
*»Guter Mann, uns ist allen gedient, wenn wir den Mörder erwischen. Wäre für Ihr Geschäft nicht schlecht, oder?« (Probe **Überzeugen**): Lies weiter bei **426***

445

Patterson stürmt ungehalten auf dich zu. Du schaffst es, die Pistole zu ziehen, da drückt sich sein massiger Körper gegen dich, dass du zwischen ihm und der Wand eingeklemmt bist. Dennoch krümmst du den Finger. Es folgt ein dumpfer Knall, der sich anhört, als wäre in einem der Zimmer eine Flasche zerplatzt. Der Pfleger versteift sich, lässt den Totschläger fallen und sackt mit ungläubig aufgerissenen Augen in deinen Armen zusammen. Heißes Blut läuft dir über die Hand, in der du den Revolver hältst.
Hastig siehst du dorthin, wo die Schwester ihren Dienst verrichtet, doch es rührt sich nichts. Kurzentschlossen packst du Patterson unter den Armen, schleifst ihn in eines der Zimmer und legst ihn neben ein Bett, sodass man ihn mit einem flüchtigen Blick durch die Tür nicht sehen kann. Den breiten, feucht glänzenden Blutstreifen ignorierst du geflissentlich.

*Verringere deine **Empathie** um 1 Punkt.*

*Lies weiter bei **498***

446 *Probe **Überzeugen** gegen **Contra-Skill 3**.*
*Wenn du unterliegst: Lies weiter bei **327***
*Wenn du obsiegst: Lies weiter bei **438***

447 Chandler stürmt wie ein Ochse auf dich zu, stößt die Bahre mit der Leiche um, deren Körper wie ein toter, ausgeweideter Aal auf den Boden gleitet. Es geht unheimlich schnell. Du ziehst den Knüppel, drehst dich zur Seite und schlägst ihn Chandler mit Wucht auf die Stirn. Es klatscht, etwas knackt. Chandler verliert das Gleichgewicht.
Zwischen käsig schmieriger Leiche und dem Mann mit den verdrehten Augen findest du dich auf dem Boden wieder. Du nimmst wie in Trance das Messer, das ihm entglitten ist, und stößt es seitlich in seinen Hals, wo die dicken Adern verlaufen. Heißes Blut spritzt dir ins Gesicht, als er versucht, dich mit den Händen zu packen. Wenige Sekunden später ist es vorbei und du kriechst blutüberströmt unter dem zuckenden Sterbenden hervor, stehst auf und streckst den Arm mit dem Messer in Richtung des Doktors. »Du bist der Nächste!«
*Lies weiter bei **416***

448 »Ihre Attribute sind Abhängigkeit, Blockiertheit, Neid und Kälte. Sie lebt in Wohlstand und hat alles im Überfluss, den sie offen zur Schau stellt. Es besteht eine Verbindung zur Venus, der Göttin der Liebe, Fruchtbarkeit, Schönheit und Anmut. Umgekehrt jedoch deutet es auf eine geistige oder emotionale Blockade hin, also etwas, das sie hemmt. Kreativität und Schöpferkraft versiegen, aber das ist ein vorübergehender Zustand, der sich durch ein einschneidendes Lebensereignis lösen kann!«
Mary Pearcey lächelt. »Es ist nicht leicht, eine Herrscherin zu sein. Aber es hilft ungemein, wenn man etwas erreichen will.«
Kehre zu dem Abschnitt zurück, von dem du gekommen bist!

449 »Gibt nicht viel über Kate Kelly zu sagen, außer, dass sie und John Kelly nie genug Geld hatten, um ihre Schulden im *Cooney's* zu bezahlen. Saß mit ihrem Stecher am Samstag um elf in der Küche, da hörte ich, wie sie ihm erzählte, dass sie 'n paar Schuhe von ihm im Pfandhaus in der Church Street versetzt hatte und deswegen das Essen bezahlen konnte. Haben danach Schnaps gekauft und sind gegangen.«

»Das ist alles?«

»Na ja, das verlogene Dreckstück hat im Pfandhaus angegeben, das sie Mary Jane Kelly hieße, erzählte mir der Kerl, der dort arbeitet. Abends – muss gegen neun gewesen sein – kam John besoffen zurück und erzählte mir im Tran, dass sie nachmittags nach Houndsditch gehen wollte, um sich von ihrer Tochter Annie Geld zu leihen. Dass ich nicht lache …«

»Sie hatte eine Tochter?«

»Behauptete sie des Öfteren, denke also ja. Aber da war noch was. Sie war im September zur Hopfenernte in Kent, kam von dort mit John und einer gewissen Emily Birrel und deren Stecher zurück. Jedenfalls erzählte mir Emily, dass Kate in 'ner Unterkunft in der Shoe Lane damit prahlte, die Bestie von Whitechapel zu kennen, und nur zurückgekommen sei, um die Belohnung zu kassieren. Könnte der Grund sein, dass sie die Nächste war, wenn Sie verstehen, was ich meine …« Der Wirt wischt demonstrativ die Theke ab.

»Nur zu gut«, flüsterst du.

»Ach ja, John erzählte mir noch, dass sie in der Aldgate Street wegen Trunkenheit verhaftet worden sei, weil sie 'ne Menschenmenge um sich versammelt hatte und ein Löschfahrzeug imitierte. Diese dumme Kuh … Ein Constable, denke es war George Simmons, brachte sie zur Polizeistation in Bishopsgate. Denke, dort werden Sie mehr erfahren.«

*Wenn du zur Polizeistation Bishopsgate gehst: Lies weiter bei **520***
*Wenn du dort nicht hinwillst: Lies weiter bei **504***

450

Der geöffnete Körper der Leiche unter dem Tuch zeichnet braunrandige Flecken auf den Stoff. Dein Verstand gaukelt dir vor, dass sie sich bewegt, ihre Finger womöglich zucken, doch das ist natürlich Unsinn. Oder etwa nicht?

Am Kopfende steht eine mit Hirn, Haaren und Schädeldecke gefüllte Schale.

Wenn du den Bericht nimmst, der auf dem Tuch liegt, lies jetzt den **Anhang: Bericht Nummer 1 des 30. September 1888** *und kehre dann hierher zurück!*

Wenn du das Tuch von der Leiche ziehst: Lies weiter bei ***330***
Wenn du zur zweiten Leichenbahre gehst (und dort noch nicht warst): Lies weiter bei ***372***
Wenn du den Leichenkeller verlässt: Lies weiter bei ***437***

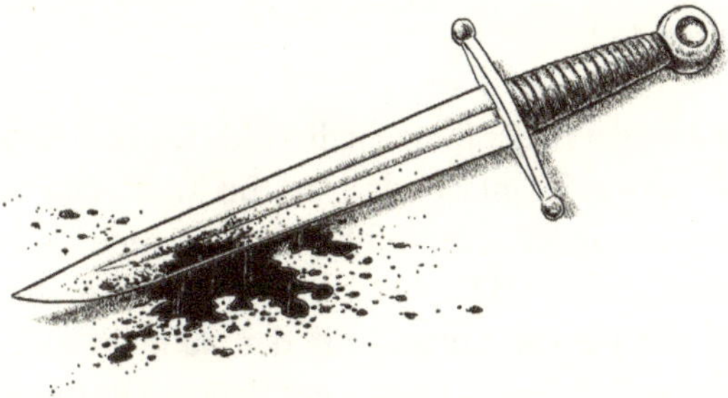

451

»Na 'ne Klugscheißerin aus Whitechapel hat mir noch gefehlt. Sehen Sie nicht, dass ich alle Hände voll zu tun habe? Raus mit Ihnen, bevor ich Ihnen Beine mache!«

Verringere den zuletzt auf die Probe gestellten ***Skill*** *um 1 Punkt.*

Du gibst klein bei und verlässt die Wache: Lies weiter bei ***464***
Du drehst dich um und streckst die Arme aus, als wolltest du Hühner verscheuchen. »Wenn Sie zurücktreten und den Constables gesittet ihre Fragen stellen, würde das uns allen weiterhelfen! Wo sind denn ihre Manieren, Gentleman!« (Probe ***Auftreten****): Lies weiter bei* ***360***

452

Chandler stürmt auf dich zu, stößt die Bahre mit der Leiche um, deren Passagierin wie ein toter, ausgeweideter Aal auf den Boden gleitet. Es geht unheimlich schnell. Du ziehst das Messer, drehst dich zur Seite, streckst den Arm aus und versenkst die Klinge im Bauch des Inspektors. Der prallt mit Wucht gegen dich, treibt dich rückwärts an die zweite Bahre, die ebenfalls umkippt.

Zwischen käsig schmieriger Leiche und sterbendem Mann findest du dich auf dem Boden wieder, ziehst wie in Trance das Messer aus dem Bauch und stößt es ihm seitlich in den Hals, wo die dicken Adern verlaufen. Heißes Blut spritzt dir ins Gesicht, während er noch versucht, deine Hände zu packen. Wenige Sekunden später ist es vorbei und du kriechst blutüberströmt unter dem zuckenden Sterbenden hervor, stehst auf und streckst den Arm mit dem Messer in Richtung des Doktors. »Beweg dich und du bist der Nächste!«

*Lies weiter bei **382***

453

»Jetzt ist der Moment der Wahrheit!«, stellt Mary Pearcey süffisant lächelnd fest. Im Kaminfeuer schießt ein Stück Holz. Von einer Kerze läuft Wachs und tropft zischend in die Flamme einer anderen. Die schweren Vorhänge vor den Fenstern bauschen sich in einem Luftzug auf, den du nicht spürst. Ein gequältes Ächzen läuft durchs Gebälk des Hauses. Dir ist, als verdichte sich die Luft unter dem Gewicht einer dunklen Präsenz.

»Sie, die alles weiß, ist jetzt bei uns«, flüstert die Pearcey mit gesenkter Stimme und deckt die erste Karte auf.

»Das *Schicksalsrad* …«

Ihre dünnen Finger gleiten über die Karten, verharren vor der nächsten und decken sie auf. »Die *Hohepriesterin* …«

Sie berührt die Karte daneben, wählt aber die darunter. »Oh, das ist ungewöhnlich. Die *umgekehrte Herrscherin.*«

Mary Pearcey verweilt mit schwebender Hand über den Karten und nimmt dann die am äußeren rechten Rand in der oberen Reihe. »Der *Teufel.* Das kommt nicht unerwartet«, stellt sie hämisch grinsend fest und ordnet die vier gezogenen Karten in einer Raute an, damit genug Platz für die letzte Karte bleibt.

»Der Teufel oben, die Hohepriesterin unten, die umgekehrte Herrscherin zur Linken und rechts das Schicksalsrad. Wollen wir sehen, welche deine Seelenkarte ist.«

Sie lässt sich mit der letzten Karte Zeit, was dir theatralisch vorkommt. Dann deckt sie diese auf und legt sie ins Zentrum der vier anderen Karten. »Das *Gericht* …«

THE DEVIL
WHEEL OF FORTUNE
THE HIGH PRIESTRESS
THE EMPRESS
THE JUDGEMENT

Die Hitze im Raum wird unerträglich, das Prasseln des Kaminfeuers ohrenbetäubend.
Mary Pearceys Gesicht verzieht sich zu einer grotesken Fratze, derweil alles in einem schwarzen Wirbel verschwindet. Du versuchst aufzustehen, doch deine Beine gehorchen nicht. Die Welt dreht sich und du verlierst das Bewusstsein …
Merke dir ***die Karte im Zentrum*** *der anderen, denn dies könnte zu einem späteren Zeitpunkt nützlich sein!*
Lies weiter bei ***503***

454

Probe ***Auftreten*** *gegen* ***Contra-Skill 5****.*
Wenn du unterliegst: Lies weiter bei ***463***
Wenn du obsiegst: Lies weiter bei ***332***

455

Probe ***Empathie*** *gegen* ***Contra-Skill 6****.*
Wenn du unterliegst: Lies weiter bei ***423***
Wenn du obsiegst: Lies weiter bei ***381***

456

Das Haus an der Ecke Flowers and Dean und Osborn Street ist leicht zu finden. Wie ein Schatten sitzt es am Ende der Gasse, bildet einen unmissverständlichen Abschluss. Bis hierher und nicht weiter.
Schwarze Vorhänge verhindern, dass man von außen durch die Fenster sehen kann. Die verschlossene Eingangstür ist aus dunklem Holz.
Davor die Kutsche mit dem nervös auf dem Pflaster scharrenden Pferd. Mary Pearcey, die Hexe, Priesterin, Mörderin, ist zuhause und du weißt, dass sie nicht allein ist.
Es regnet, weshalb du den Mantel enger um die Schultern ziehst. Ein eisiger Hauch lässt dich frösteln, denn du weißt, in diesem Haus wird sich alles entscheiden: dein Schicksal wie auch das der glücklosen Frauen, die du vor dem Messer des Schlächters noch retten willst …

Blätter weiter zu Seite 449 zum Beginn von ***Kapitel 5 – Die kanonischen Fünf***

457

*Probe **Überwältigen** gegen **Contra-Skill** 3.*
*Wenn du unterliegst: Lies weiter bei **408***
*Wenn du obsiegst: Lies weiter bei **438***

458

*Probe **Auftreten** gegen **Contra-Skill** 5.*
*Wenn du unterliegst: Lies weiter bei **328***
*Wenn du obsiegst: Lies weiter bei **374***

459

Sonntag, 30. September 1888

»Hm, hm, hmmm, hm, hm, hmmm.« Kate sitzt leise vor sich hin summend auf der harten Pritsche im Keller der Polizeistation Bishopsgate. Wie lang sie schon hier ist, weiß sie nicht. Aufgewacht ist sie eben erst. Ihr Schädel brummt wie ein verdammter Bienenstock und schmerzt, als hätten sie ihr allesamt ins Hirn gestochen.

Schabend öffnet sich nach einer Weile das kleine Fenster in der metallenen Zellentür. »Miss Nothing, wie geht es Ihnen?«

»Nothing?«

»Na, so haben Sie es doch angegeben, als sie die Constables Louis Robinson und George Simmons in der Aldgate Street Höhe 29 aufgriffen, weil Sie eine Menschenmenge um sich versammelt hatten und ein Löschfahrzeug imitierten, bevor Sie sich auf dem Gehweg sturzbetrunken schlafen legten.«

Kate steht auf und reibt sich die Taubheit aus dem müden Gesicht. »Daran kann ich mich nicht mehr erinnern. Aber was ist, kann ich jetzt gehen, Mister ...?«

»Hutt, George Hutt, Ma'am. Wenn Sie in der Lage sind, auf sich aufzupassen, dann ja.« Der Constable öffnet die Tür, die beim Aufschwingen in den Angeln quietscht.

Kate läuft in gerader Linie auf ihn zu. »Ich kann das jetzt, Sir.«

Constable Hutt lässt Kate noch eine Weile warten und bringt sie dann nach oben zu Sergeant Byfield, der die Formalitäten erledigt. Hinter den Fenstern nichts als Dunkelheit. »Guter Gott, wie spät ist es denn?«, fragt sie.

Der Mann hinter dem Schreibtisch, ein bulliger Kerl mit breiten Schultern und kugelförmigem Kopf sieht mitleidig zu ihr auf. »Ein

Uhr in der Nacht. Zu spät für dich, um noch etwas zum Trinken zu bekommen!«

»Scheiße, ich werde eine ordentliche Tracht Prügel beziehen, wenn ich nach Hause komme …«

Der Sergeant sieht sie ernst an. »Gut so, denn du hattest kein Recht, dich zu betrinken. Name?«

Kate schnauft. »Mary Ann Kelly, wohnhaft in der Fashion Street 6.«

Hutt sieht sie prüfend von der Seite an. »Also nicht Nothing?«

»Nope, Sir, kann mich wie gesagt nicht mehr daran erinnern.« Kate ist müde und die alten Knochen tun ihr weh. Sie will auf die Straße, vielleicht einen Freier aufreißen, um den Schaden zumindest halbwegs wiedergutzumachen.

Constable Hutt zieht ihr die Tür der Polizeistation auf. »Hier entlang, gnädige Frau. Mach die Tür bitte wieder hinter dir zu!«

Kate tritt nach draußen in die nach Regen schmeckende Luft und dreht sich zu ihm um. »In Ordnung – gute Nacht, alter Sack!«

Kate erreicht nach einer guten halben Stunde den Mitre Square, denn dort treiben sich die ausdauerndsten Säufer herum. In den Straßen herrscht eine bedrückende Atmosphäre, die sie ängstigt. Sie würde sich am liebsten ohne Umweg zurück in Johns Arme flüchten, auch wenn dies mit einer gehörigen Abreibung verbunden sein wird. Etwas ist seltsam. Wem sie in den regendunstigen Gassen begegnet, ist darauf bedacht, eiligen Schrittes mit hochgeschlagenem Kragen seines Wegs zu gehen. Einmal hört sie die typischen Pfeifen der Constables, aber das ist ein weites Stück entfernt.

Kate schließt den Kunstfellkragen ihres schwarzen Tuchmantels enger und sinniert darüber, was sie als Nächstes tun soll. Sie hat durchaus einen Verdacht, was den Mörder von Whitechapel betrifft, und weiß von einem Constable, dass ein gewisser Inspektor Frederick Abberline an dem Fall dran ist, aber auch, dass eine Hure Namens Ada Wilson herumschnüffelt und Fragen stellt, die so manchem nicht passen. Lukrativer erscheint ihr der Inspektor.

Sie will sich gerade auf den Weg in die Commercial Street machen, als eine von einem schwarzen Pferd gezogene Kutsche an ihr vorbeirollt. Erschrocken springt sie einen Schritt zur Seite. Der Kutscher –

MITRE
SQUARE
EC3

ein großer, hagerer Kerl, dessen Gesicht vollständig hinter einem Schal nebst flachem Zylinder verborgen ist, nickt ihr knapp zu. Einige Meter vor ihr zügelt der Mann die Pferde und die Kutsche hält unter einer Gaslaterne an. Jetzt sieht sie, weshalb die Räder derart leise über das Kopfsteinpflaster gerollt sind. Jemand hat sie mit dickem, weichem Leder bezogen. Eine nette Geste, um den Bewohnern von Whitechapel nicht den Schlaf zu rauben, oder steckt etwa mehr dahinter?

Kate nähert sich zögerlich, als der Kutscher vom Bock springt, die Treppe am Ausstieg nach unten klappt und den Wagenschlag öffnet. Das ist ihr nun doch etwas unheimlich. Sie will sich gerade abwenden, um in die andere Richtung davonzulaufen, als ein in einen langen Mantel gekleideter Gentleman aus der Kutsche auf die Straße ins flackernde Licht der Laterne tritt.

Er trägt keine Kopfbedeckung, weshalb sie sein Gesicht gut erkennen kann. Sie keucht, denn so einen schönen Mann hatte sie im Leben nicht gesehen.

Der Fremde tritt auf sie zu und lächelt auf seltsam verschmitzte Art, wie es Menschen tun, die wissen, wie sie auf andere wirkten. »Guten Abend, schöne Frau. Es widerstrebt mir, Sie allein und schutzlos durch die Straßen gehen zu lassen. Darf ich Ihnen meinen Arm und einen Platz in der Kutsche anbieten?«

Kate willigt atemlos und von seiner Schönheit berauscht ein, indem sie sich im dargebotenen Arm unterhakt. Womöglich ist dies der Moment, auf den sie ihr Leben lang gewartet hat.

Der Gentleman führt sie zur Kutsche und bietet ihr erneut den Arm, damit sie einsteigen kann. Kate dreht sich um. »Aber sollte ich nicht zumindest wissen, wie Sie heißen?«, keucht sie erhitzt und zu allem bereit.

»Verzeihen Sie, Miss Catherine Eddowes, mein Name ist Grey. Dorian Grey!«

Kate stockt. »Woher zur Hölle kennen Sie meinen Namen?«

Ein Hauch von frisch erblühten Rosen weht ihr aus der Dunkelheit der Kutsche entgegen. »Weil ihn uns eben diese Hölle verraten hat«, flüstert lasziv eine Frau und packt ihren Arm, um sie in die Finsternis zu zerren …

Des Abenteuers vierter Akt:
Lies weiter bei ***493***

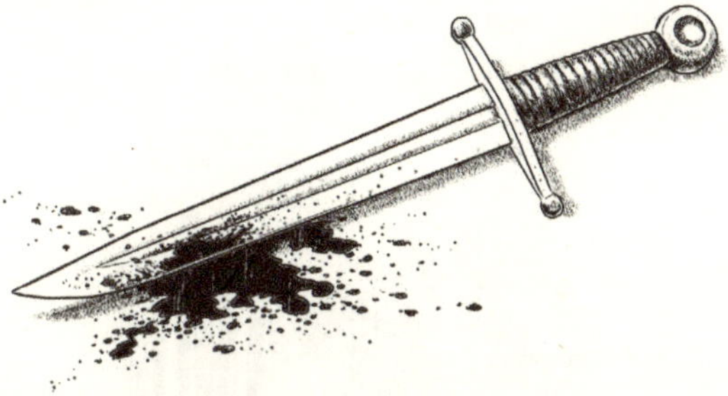

460 Hinter der Labortür vernimmst du die Stimmen zweier Männer. Wer es ist, kannst du nur erahnen.
»Es ist an der Zeit, einen Schlussstrich zu ziehen«, sagt der eine.
Der andere lacht. »Was denn, jetzt, wo wir es nahezu vollendet haben?«
»Vollendet? Wir sind kaum mehr als Sklaven der Grande Dame. Degradiert zu Handlangern von diesem verrückten Frankenstein …«
»Verdammt, Chandler, wir sind so nah am Ziel, ich kann den Hauch des Lebens fühlen, die Seele spüren, die wir dem toten Körper einhauchen. Ich bitte dich, lass uns weitermachen!«
»Phillips, erinnerst du dich, wie alles angefangen hat?«
»Du meinst mit Emma Elizabeth Smith am 3. April? Wie könnte ich das vergessen. Jekyll hat sie sich geholt, oder soll ich besser sagen Hyde?«
Der andere kichert. »Er hat sie sich in der Osborn Street geschnappt, doch die Schlampe schaffte es, zu fliehen, kroch in die Herberge in der George Street zurück. Dumm nur, dass man sie ins London-Hospital brachte. Besuchte sie noch am gleichen Tag, hat sie zugerichtet im Gesicht, das halbe Ohr abgeschnitten. Der Drecksack hat ihr seinen Totschläger in die Fotze gerammt. Üble Sache.«
»Ich weiß. Hast sie mit einem Kissen zum Schweigen gebracht.«
»Lass uns an die Arbeit gehen«, meint Chandler. »Du weißt, die Pearcey wartet nicht gern, vor allem jetzt, wo der große Zirkel kurz bevorsteht. Zudem stochern Abberline vom Scotland Yard und 'ne Hure namens Ada Wilson im Dreck, ist also nur 'ne Frage der Zeit …«
»Dann lass uns beginnen …«

Stühle werden gerückt, Schritte nähern sich der Tür, an der du lauschst.

*Für Ada Wilson: Lies weiter bei **380***
*Für Inspektor Abberline: Lies weiter bei **349***

461

»Das ist er, der Moment der Wahrheit!« Mary Pearcey sieht dich eindringlich an.

Du erschrickst, weil ein Stück Holz im Kaminfeuer schießt. Wachs zischelt in den Flammen der Kerzen. Die schweren Vorhänge vor den Fenstern bauschen sich in einem Luftzug, den du nicht spürst. Ein klagendes Ächzen fährt durchs Gebälk, als würde eine finstere Präsenz darauf lasten.

»Sie, die alles weiß, ist nun bei uns«, flüstert die Pearcey und deckt die erste Karte auf.

»Das *Schicksalsrad* …«

Ihre dünnen Finger gleiten über die Karten, verharren vor der nächsten und decken sie auf. »Das *Gericht* …«

Sie berührt die Karte daneben, wählt aber die darunter. »Oh, das ist ungewöhnlich. Die *umgekehrte Herrscherin.*«

Mary Pearceys schwebende Hand verweilt über den Karten und nimmt dann die am rechten Rand in der oberen Reihe. »Die *Hohepriesterin.* Das kommt nicht unerwartet«, stellt sie fest und ordnet die vier gezogenen Karten in einer Raute an, damit genug Platz für die letzte Karte bleibt.

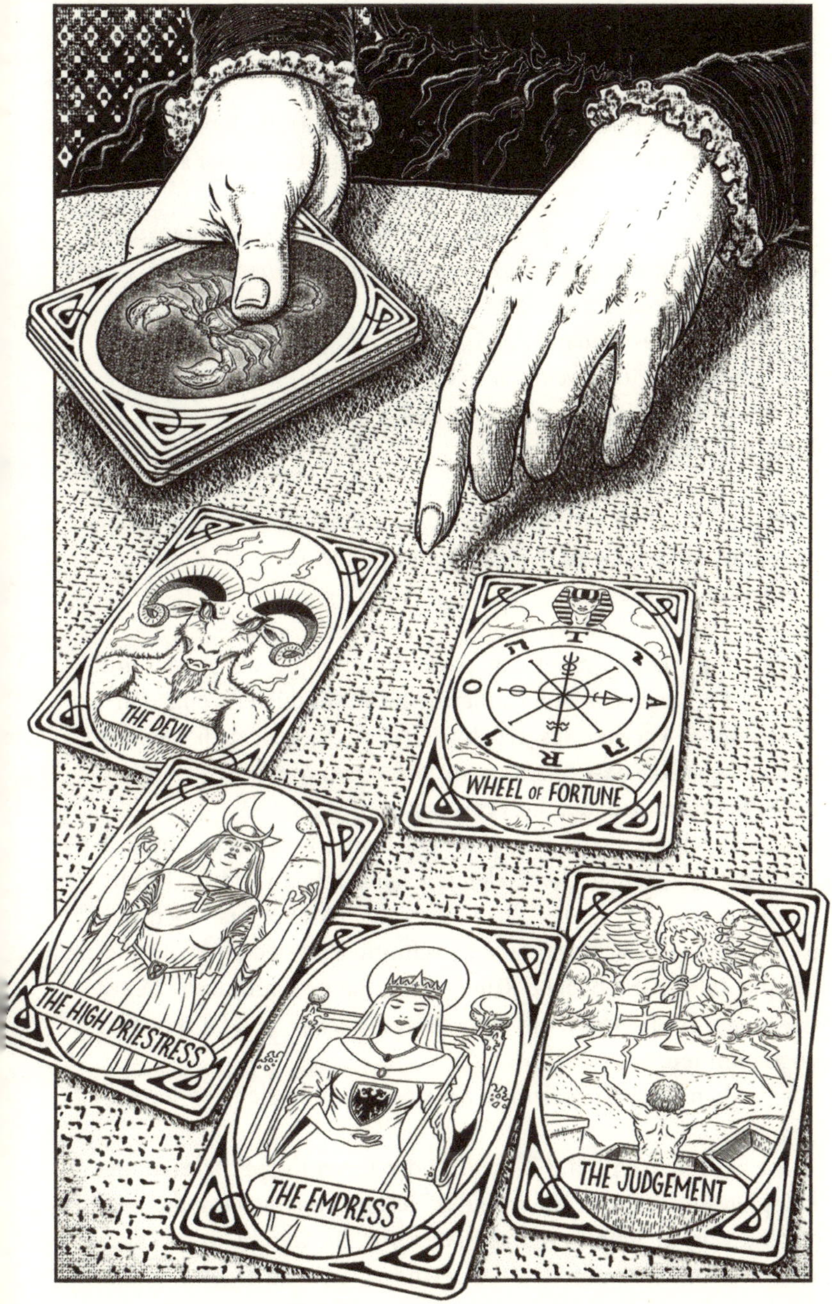
THE DEVIL
WHEEL OF FORTUNE
THE HIGH PRIESTRESS
THE EMPRESS
THE JUDGEMENT

»Die Hohepriesterin oben, das Gericht unten, die umgekehrte Herrscherin zur Linken und rechts das Schicksalsrad. Wollen wir nun sehen, welche Ihre Seelenkarte ist.«
Sie lässt sich mit der letzten Zeit, was dir theatralisch vorkommt. Dann deckt sie diese auf und legt sie ins Zentrum der vier anderen.
»Der *Teufel* …«
Wenn du wissen willst, was die Karten bedeuten, lies die unten angegebenen Abschnitte, aber kehre danach wieder hierher zurück:
Das Schicksalsrad: Lies weiter bei ***404***
Das Gericht: Lies weiter bei ***366***
Die Herrscherin: Lies weiter bei ***448***
Die Hohepriesterin: Lies weiter bei ***364***
Der Teufel: Lies weiter bei ***491***

Die Hitze im Raum wird unerträglich, das Prasseln des Kaminfeuers ohrenbetäubend. Deine Wahrnehmung schwindet …
Lies weiter bei ***385***

462

Du holst tief Luft, packst einen Zipfel des Tuches und ziehst es von Catherine Eddowes dürrem, eingefallenem Körper. Verwesungsgeruch weht dir entgegen, auch wenn du anfangs glaubst, dass es sich nicht um einen Menschen, sondern eine Puppe handelt, auf das Perverseste entstellt.
Kadaver, geht dir durch den Sinn. Die Haut ist wächsern und gelb bis grau, zuweilen an den Gelenken schwärzlich verfärbt. Mit ihren 46 Jahren sah sie zu Lebzeiten recht passabel aus, doch nun ist von ihrem Gesicht nur eine zerschnittene Masse übrig, aus der braune Zähne und bleiche Knochenfragmente schimmern. Selbst die Augen sind zerteilt, die Lider getrennt. Nase und Ohren, alles abgeschnitten.
Als du dich ihrer Körpermitte zuwendest, dreht sich dir der Magen um.
Es ist nicht der typische Y-Schnitt, der ihren Körper zum aufgeklappten Buch macht, sondern das Desaster, das sich um das, was Vagina war, in Schnitten und Rissen wie ein Geschwür aus klaffenden Wunden ausbreitet. Du vermagst nicht zu sagen, welches

Organ welches ist, wo die empfindsame Öffnung beginnt oder aufhört. Das Wort Verstümmelung mag nicht ausreichen, das blutige Chaos zu beschreiben.
Wo sich das Herz befand, ist nur ein mit schwarzem Schleim gefülltes Loch, aber auch andere Organe scheinen zu fehlen. Schnell deckst du die sterblichen Überreste wieder zu. »Niemand sollte eine derartige Pein erleiden müssen …«

Wenn du den Bericht nimmst, der auf dem Tuch liegt, lies jetzt den ***Anhang: Bericht Nummer 2 des 30. September 1888*** *und kehre dann hierher zurück!*

Wenn du zur ersten Leichenbahre gehst (und dort noch nicht warst): Lies weiter bei ***450***
Wenn du den Leichenkeller verlässt: Lies weiter bei ***437***

463

»Na ein Besserwisser vom Scotland Yard hat mir noch gefehlt. Sehen Sie denn nicht, dass ich alle Hände voll zu tun habe? Stellen Sie sich gefälligst hinten an, hier gibts keine Sonderbehandlung!«

Verringere den zuletzt auf die Probe gestellten ***Skill*** *um 1 Punkt.*

Du gibst klein bei und verlässt die Wache: Lies weiter bei ***494***
Du stellst dich vor den Tresen und hebst beschwichtigend die Arme. »Wenn Sie zurücktreten und den Constables in ruhigem Ton ihre Fragen stellen, würde das uns allen weiterhelfen! Nehmen Sie doch Rücksicht, Gentleman!« (Probe ***Empathie****): Lies weiter bei* ***517***

464

Auf dem Platz vor der Polizeiwache ist es schattig geworden. Fröstelnd ziehst du den Mantel enger um den Körper und sinnierst darüber, was du als Nächstes tun wirst.
Du gehst ins Queen's Head *in der Fashion Street, wo Elizabeth Stride wohnte (sofern du dort noch nicht warst): Lies weiter bei* ***341***
Du suchst das Arbeiterkrankenhaus auf, um die Leichen der letzten Nacht in Augenschein zu nehmen: Lies weiter bei ***415***

465 *Probe **Glaubwürdigkeit** gegen **Contra-Skill 3**.*
*Wenn du unterliegst: Lies weiter bei **405***
*Wenn du obsiegst: Lies weiter bei **403***

466 *Probe **Auftreten** gegen **Contra-Skill 6**.*
*Wenn du unterliegst: Lies weiter bei **347***
*Wenn du obsiegst: Lies weiter bei **449***

467 Der Wirt schlägt mit der Faust auf den Tresen, dass die Krüge springen und Bier spritzt. »Du drohst mir? Ich sag dir mal was, Hure. John Kelly, der Stecher von Kate, der würd sich freuen, wenn er eine wie dich auf den Rücken kriegt, verstehst du? Also scher dich hier raus und lass dich nie wieder blicken, Ada Wilson. So eine wie dich brauchen wir hier nicht!«
*Lies weiter bei **390***

468 *Probe **Geschick** gegen **Contra-Skill 3**.*
*Wenn du unterliegst: Lies weiter bei **391***
*Wenn du obsiegst: Lies weiter bei **351***

469 Das Knistern des Kaminfeuers lullt dich ein. Am liebsten würdest du dich nach dem anstrengenden Tag auf das mit blauem Samt bezogene Sofa legen und vom Feuer erhitzt einschlafen.
»Die Indianer benutzen den Tabak für ihre Geistreisen. Hier bei uns sind es Kräuter, Beeren und Pilze. Selbst Opium öffnet den Geist für die Belange der Spiritualität.«
»Wie die Hexen im Mittelalter«, sagst du frei heraus und mit erschreckend schwerer Zunge. Etwas stimmt nicht mit dir.
Die Pearcey bläst geräuschvoll Rauch aus. »Auch heute, Inspektor. Es ist, als würde man befreit von den Fesseln der Realität auf dunklen Pfaden wandeln, die sich durch einen finsteren Wald winden, Schlangen gleich. Wo sie sich kreuzen, werden wir Antworten auf unsere Fragen finden …«
»Darauf, wer der Mörder ist und weshalb er die Frauen umbringt?«

»Ich weiß nicht, ob man es Ihnen gesagt hat, aber der Mörder hat einen Namen, und wenn Sie den kennen, wird er für Sie in der spirituellen Welt greifbar.«

*Erhöhe deine **Empathie** um 1 Punkt, aber verringere deine **Glaubwürdigkeit** um 1 Punkt.*

Sie steht auf, geht zu einem Schränkchen und kehrt mit einem gefalteten Stück schwarzen Samts, einem Ebenholzkästchen und einem handbeschriebenen Blatt Papier zurück, welches sie dir zuschiebt. »Er hat Tom Bulling, der im Central News Office der City of London arbeitet, einen Brief geschrieben, in dem sich der Mörder selbst Jack the Ripper nennt. Das hier ist eine wortgetreue Abschrift.«

*Wenn du den Brief noch einmal lesen möchtest, lies jetzt den **Anhang: Dear Boss** und kehre dann hierher zurück!*

»Jack the Ripper … Ein frei erfundener, bedauerlicherweise zutreffender Name. Ich weiß nicht, wie mir das auf spiritueller Ebene weiterhelfen soll?«
Die Pearcey sieht dich nachdenklich an, legt ihre Zigarette in einen Aschenbecher und breitet den schwarzen Samtstoff vor sich aus. Sie öffnet das Ebenholzkästchen und entnimmt diesem einen Stapel schwarzer Karten, deren Rückseiten mit einem Skorpion verziert sind. Sie fächert diese auf dem Stoff auseinander, sodass sie einen Halbkreis bilden, wählt zehn davon aus, die sie in zwei Reihen zu je fünf anordnet.
»Das Tarot wird Ihnen verraten, ob Jack aus Hass, Liebe, Habgier oder anderen, niederen Beweggründen handelt. Sie werden offenbaren, welche Rolle Sie in diesem Spiel einnehmen. Sind Sie dazu bereit?«
*»Entschuldigen Sie, aber das geht mir doch etwas zu weit!«: Lies weiter bei **484***
*»Wie könnte ich bereit sein, Miss Pearcey? Und dennoch bitte ich Sie, mir die Karten zu legen!«: Lies weiter bei **411***

470

Elizabeth nimmt einen langen Schluck, wischt sich den Mund ab. Dann rutscht sie mit dem Stuhl näher an dich heran, um sicherzustellen, dass nur du hören kannst, was sie zu sagen hat.

»William Marshall kam von der Arbeit auf ein Bier im *Queen's Head* vorbei und meinte eher beiläufig, dass er Liz in der Berner Street gesehen habe, muss kurz vor zwölf gewesen sein.«

»Er hat damit die Aussage von Gardner bestätigt …«

Elizabeth nickt. »Ja, deswegen bin ich auch losgelaufen, um sie vor Apron zu warnen. Liz stand im Eingang der Hausnummer 63 und küsste einen Mann, der eine Matrosenmütze und einen kurzen Frack trug, kann also nicht Apron gewesen sein. Er hörte, wie der Mann meinte, sie würden alles andere als ihre Gebete sagen!«

»Sie wird gearbeitet haben«, mutmaßt du.

»Denkbar, ja. Aber das Seltsamste kommt noch. Heute früh kam Israel Schwartz zu mir, um Brot zu liefern, so wie er es jeden Tag tut. Wir kamen über die Ereignisse der letzten Nacht ins Gespräch, da erzählte er mir, dass er um zwanzig vor eins von der Commercial Road kommend in die Berner ging. Als er auf Höhe der Einfahrt war, wo Long Liz umgebracht wurde, beobachtete er einen Mann, der aus einer einspännigen geschlossenen Kutsche ausstieg und eine Frau ansprach, sie packte und versuchte, sie in die Einfahrt zu zerren. Sie wehrte sich, er schlug sie und schleuderte die Arme auf den Gehweg. Die Frau schrie dreimal kurz hintereinander, aber nicht laut. Israel überquerte die Straße, um ihr zu helfen, als er bemerkte, dass ein zweiter Mann abseits unter einer Laterne stand und sich eine Pfeife anzündete.«

»Also hat der Mörder einen Komplizen …«

»Sofern er es war, ja«, pflichtet dir Elizabeth bei. »Und einen dritten, wenn man den Kutscher dazuzählt. Israel glaubt, dass der Mann, der die Frau angriff, dem mit der Pfeife Lipski zurief!«

»Lipski?«, keuchst du erstaunt. »Etwa wie der Lipski, der im Juni '87 Miriam Angel kaltblütig in ihrer Wohnung niederstach?«

Elizabeth nickt. »Der wurde nie gefasst, also möglich wär's. Jedenfalls ging dieser Lipski auf Israel zu und zog etwas aus der Manteltasche, von dem er ausging, dass es ein Messer sei. Israel lief davon,

durchquerte die Bahnunterführung und drehte sich dort um, doch der Kerl war ihm nicht gefolgt.«
Für dich ändert diese Information alles. Es ist nicht nur die Kutsche, die des Öfteren im Zusammenhang mit den Morden gesehen wurde, aber vor allem die Tatsache, dass es kein Einzeltäter, sondern eine Bande sein muss, welche die Morde begeht. Du berührst die Frau Schulter. »Danke für das Gespräch.«
*Für Ada Wilson: Lies weiter bei **343***
*Für Inspektor Abberline: Lies weiter bei **345***

471

Du öffnest die Tür des Aufbahrungsraums und spähst verstohlen in den mit Petroleumlampen beleuchteten Flur, als sich die Tür des Labors öffnet und zwei Männer heraustreten. Du musst dich unter einer Bahre verstecken, die mit einem Laken abgedeckt ist.
*Wenn du unter die Bahre der Elizabeth Stride kriechst: Lies weiter bei **395***
*Wenn du unter die Bahre der Catherine Eddowes kriechst: Lies weiter bei **475***

472

Du sitzt im Schlafanzug und mit Pantoffeln an den Füßen am Fenster und hältst eine Tasse dampfenden Tee in der Hand. Das Hausmädchen hat ein aus hellem Brot und Orangenmarmelade bestehendes Frühstück auf ein kleines Tischchen gestellt. Nach den sich überschlagenden Ereignissen der letzten Nacht bist du für diese Stärkung mehr als dankbar.

*Erhöhe einen **Skill** deiner Wahl um 1 Punkt, sofern der **Skill** derzeit den Wert 5 oder niedriger hat und es sich **nicht** um **Freunde**, **Glaubwürdigkeit** oder **Empathie** handelt.*

Mary Pearceys Haus liegt mitten in Whitechapel und dennoch vermag es der Lärm nicht, durch das offene Fenster zu dringen. Frankenstein sitzt dir gegenüber und lächelt. »Alles in Ordnung, Inspektor? Sie wirken so … nachdenklich.«
»Ich genieße den Tee«, lügst du.

»Erzählen Sie mir etwas über sich selbst und Miss Pearcey, wenn Sie so freundlich wären.«: Lies weiter bei ***333***
»Lassen Sie mich nur noch schnell aufessen, dann muss ich los.«: Lies weiter bei ***516***

473

»Ich will herausfinden, was es mit den Morden auf sich hat, doch dazu muss ich mir die Leichen ansehen, glaube aber nicht, dass man mich so ohne Weiteres vorlassen wird …«
Mary Ann strahlt dich alkoholselig an. »Weißt du schon, wie du hineinkommst?«
»Das ist ja das Problem, ich habe keine Ahnung!«
Sie zieht dich fester in die Arme, sodass du durch den Stoff ihren warmen Körper spürst. »Ich kann dir helfen, wenn du mich mal ganz allein besuchen kommst, Ada. Bist ein verdammt hübsches Ding …«
Du erwiderst ihre Umarmung. »Ich hatte gehofft, dass du das sagst!«: Lies weiter bei ***414***
»Lass gut sein, Mary, aber hilfst du mir trotzdem?«: Lies weiter bei ***490***

474

Die Neugier ist der Katze Tod, geht dir durch den Kopf und dennoch trittst du an die Kutsche heran, um zu sehen, wer sich in ihrem finsteren Innern befindet.
»Sie wollen mit mir reden? Gut, hier bin ich, aber ich wüsste zu gerne, wem ich gegenüberstehe.« Deine Stimme klingt dünner als gewollt, lässt dich schwach und zögerlich wirken.
In der dunklen Kabine regt sich ein Schatten. Dem nicht genug siehst du, wie sich zwei Gestalten aus dem Nebel schälen, die dir gefolgt sein müssen. Der eine gedrungen und breit, der andere groß wie ein Hüne. Als sie näher treten, erkennst du, um wen es sich handelt. Es ist Timothy Donovan, der Leiter des *Crossingham's* in der Dorset Street. Dann muss der andere sein Nachtwächter John Evans sein, zwei harte Schläger, die auch vor einer Frau nicht haltmachen.
Deine Hand gleitet in die Manteltasche, wo sich das Messer befindet, auch wenn du weißt, dass deine Chancen gegen zwei Schläger recht dürftig ausfallen.

»Wenn Sie bitte einsteigen möchten«, brummt der Kutscher in tiefem Bass und weist mit der Hand zum Einstieg. »Ma'am schätzt es nicht, delikate Gespräche auf der Straße zu führen …«

*Du kommst der Aufforderung nach und steigst in die Kutsche: Lies weiter bei **394***

*Du ziehst dein Messer, um dir den Weg freizustechen (Probe **Nahkampf**): Lies weiter bei **352***

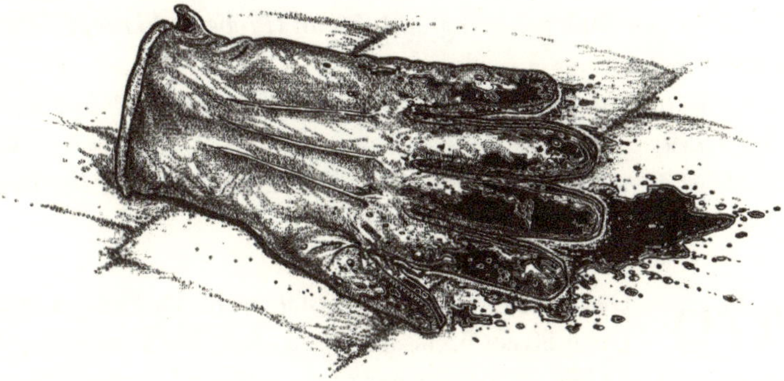

475

Mit knapper Not unter dem Tisch verschwunden, betreten die Männer den Raum und treten an die Bahre. Die Luft ist stickig und der Boden klebrig von geronnenem Blut. Du kannst nur die Hosenbeine und Schuhe sehen.

»Hol den Wagen mit den Messern«, sagt der eine.

Der andere bewegt sich schnaufend weg. Kurz darauf rollt ein Wägelchen, welches dich an einen Teewagen erinnert, neben die Bahre. Metall klappert, gefolgt von einem Moment der Stille. »Ich werde tief schneiden müssen, um die Leber freizulegen. Du musst hineingreifen und sie anheben, damit ich sie vom Gewebe trennen kann …«

Dir wird schlecht, derweil du eine bleiche Made dabei beobachtest, wie sie sich im geronnenen Blut räkelt.

»Legen wir los!«

Mit einem Ruck zerrt er das Tuch von Catherine Eddowes' Leiche und beraubt dich deines Versteckes.

»Verdammt nochmal, das ist doch …«, keucht der Mann, den du als Inspektor Chandler erkennst.

Doktor George Bagster Phillips springt mit einem Skalpell in der Hand von der Bahre weg. »Zur Hölle, ist das nicht …?«
Behände springst du aus deinem Versteck, darauf achtend, dass sich die Bahre zwischen dir und den Männern befindet.
»Inspektor Frederick Abberline vom Scotland Yard«, stellst Chandler grinsend fest. »Der fällt eindeutig in meine Zuständigkeit!«
Du hebst beschwichtigend die Hände. »Chandler, Mann! Wir stehen auf einer Seite!« (Probe ***Überzeugen****): Lies weiter bei* ***346***
Du ziehst den Knüppel und greifst ihn an (Probe ***Nahkampf****): Lies weiter bei* ***496***
Du versuchst, ihn zu überwältigen (Probe ***Überwältigen****): Lies weiter bei* ***359***
Du ziehst deinen Revolver, um seinem Treiben ein Ende zu bereiten (Probe ***Schießen****): Lies weiter bei* ***439***

476

Das *Cooney's Pub und Gästehaus* in der Flowers and Dean Street 55 lässt sich gut über die Commercial Street erreichen. Es ist ein warmer und sonniger Oktober-Nachmittag, die Menschen treibt es hinaus auf die Straßen. Sie genießen ein letztes Mal die angenehmen Strahlen der Sonne, ehe Herbst und Winter mit ihrem nasskalten Wetter und dem permanenten Nebel das Leben in den feuchten und zugigen Unterkünften zur Hölle machen.
Der kastenförmige, schmucklose Bau sitzt mit seinen zwei Stockwerken auf der Ecke, wo sich beide Straßen treffen. Du blickst die Flowers and Dean hinab, die auf die Osborn Street stößt und auf der Mary Pearceys Haus liegt. Die mysteriöse Frau und Whitechapel stehen für dich in einem unerklärlichen Widerspruch, der sich dir nicht so recht erschließen will.
Ecken sind typisch für Tavernen, denkst du dir und betrittst durch die offene Tür die dunkle Kneipe. Die Sohlen deiner Stiefeletten kleben bei jedem Schritt am Boden. Die Luft riecht nach verschüttetem Bier, kaltem Zigarettenqualm und aufgewärmtem Essen. Huren sitzen an den Tischen und nehmen karge Mahlzeiten ein. Tagelöhner stehen an der Theke und genehmigen sich ihr erstes Bier. Du gehst zur Theke und nickst dem Wirt – einem grobschlächtigen,

brutal aussehenden Kerl mit Hakennase – auffordernd zu. »N' Bier bitte.«
Einige Augenblick später schiebt er dir einen Krug entgegen. »Nicht 'n bisschen früh, um sich als Lady zu besaufen?«, schnarrt er belustigt.
»Hab ich nicht vor. Bin wegen was anderem hier.«
»Und das wäre?«
»Catherine Eddowes.«
»Hier nennt – nannte – sie jeder Kate Kelly. Kommt allerdings nicht mehr, weil sie tot ist. Abgestochen. Oder bist du gekommen, um ihre Schulden zu begleichen?«
»Nein, könntest mir aber trotzdem was über sie erzählen!« (Probe ***Auftreten****): Lies weiter bei* ***482***
»Will was über sie wissen. Wenn das, was du mir über sie erzählst, gut ist, könnt's sein, dass ich dir 'n paar Pennys gebe.« (Probe ***Überzeugen****): Lies weiter bei* ***428***

477

Nur die beiden vordersten Leichentische sind nah genug, um sie noch schnell genug zu erreichen.
Wenn du unter die Bahre der Elizabeth Stride kriechst: Lies weiter bei ***365***
Wenn du unter die Bahre der Catherine Eddowes kriechst: Lies weiter bei ***407***

478

Die Aussicht auf ein paar entspannte Züge lässt dich nicken. »Gerne.«

Ist dein ***Suchtwert niedriger als 4****, erhöhe ihn jetzt um 1 Punkt.*

Du wirst aus der Frau nicht schlau. Sie wirkt tief in die Geschehnisse verstrickt, womöglich sogar auf äußerst blutige Art. Zugleich ist sie anziehend mysteriös, geradezu geheimnisvoll. Es wirkt rituell, wie sie die Zigarette in ein silbernes Mundstück steckt, sie anzündet und an dich weiterreicht. »Der Tabak stammt aus Amerika. Indianer benutzen ihn, um ihre geistigen Fähigkeiten zu erweitern und den Zustand der Trance zu erreichen.«

»Trance? Ähnlich wie bei Opium?«
Die Pearcey lacht. »Aber nein. Das hier ist versetzt mit normalem Tabak. Aber es macht das Reden leichter ...«
Natürlich wäre es klug gewesen, abzulehnen. Stattdessen siegt die Neugier. Du steckst dir die metallene Spitze zwischen die Lippen und inhalierst den süßlich schmeckenden Rauch, der einen herben Geschmack auf der Zunge hinterlässt.
»Muss ein Vermögen gekostet haben«, flüsterst du und lehnst dich zurück. Alles ist weich und warm. Bleischwere, aber angenehme Müdigkeit kriecht in deinen Körper, derweil du Mary Pearcey musterst.
»Nicht der Rede wert, ich habe durch glückliche Umstände eine beträchtliche Summe geerbt, Ada ... ich darf doch Ada sagen?«
Die Nähe der Frau wirkt elektrisierend, anziehend sogar. Du nickst. »Sicher ...«
»Hast du einen Bezug zur Spiritualität? Einen Sinn fürs Übernatürliche?«
»Wenn es mir bei der Jagd nach dem Mörder weiterhilft.«: Lies weiter bei ***440***
»Ich glaube nur an das, was ich sehen, fühlen und greifen kann!«: Lies weiter bei ***501***
»Ganz ehrlich? Ich habe keinerlei Erfahrung damit!«: Lies weiter bei ***510***

479

Kaum, dass du dich auf Knien an den Brettern vor dem Fenster zu schaffen machst, hörst du Schritte hinter dir. Es ist der Constable.
»Hey, was machst'n da an dem Fenster? Und überhaupt, ich kenn dich doch!«
Du schreckst hoch, streichst Kleid und Mantel glatt. »Mir ist nur was runtergefallen, Sir ...«
Du hast den Mann noch nie gesehen. Untersetzte Statur, kantiges Kinn, schlecht geschnittener und zu langer Schnauzbart. Den Knüppel hält er in der Hand. »Komm mal her, sag ich dir. Bist doch Ada Wilson, die Hure, die zu viele Fragen stellt, hab ich recht?«
»Die bin ich, Constable«, entscheidest du dich für die Wahrheit.

Der Arm, mit welchem er den Schlagstock hält, zuckt nach oben, in der Absicht, dich zu schlagen!
Wenn du dein Messer ziehst und ihn angreifst (Probe ***Nahkampf****): Lies weiter bei* ***513***
Wenn du versuchst, ihn am Zuschlagen zu hindern (Probe ***Überwältigen****): Lies weiter bei* ***370***

480

Doktor Frankenstein verneigt sich knapp vor dir. »Natürlich, Miss Wilson. Ihre Kleidung liegt auf einem Stuhl hinter der Ankleidewand. Miss Pearcey hat dem Hausmädchen aufgetragen, sie auszubürsten und ein paar Nähte zu flicken, wenn's recht ist.« Er wendet sich zum Gehen, bleibt aber in der Tür stehen und dreht sich zu dir um. »Ich soll Ihnen von Miss Pearcey ausrichten, dass Sie in ihrem Haus jederzeit willkommen sind. Das Gästezimmer steht Ihnen zur freien Verfügung!« Damit lässt dich der junge Arzt aus Deutschland allein. Für dich wird es Zeit, anderen Spuren nachzugehen, solange diese noch frisch sind.
Heute ist der 1. Oktober 1888!
Du gehst ins Queen's Head *in der Fashion Street, wo Elizabeth Stride wohnte: Lies weiter bei* ***341***
Du suchst das Cooney's *in der Flowers and Dean Street auf, wo Catherine Eddowes ihre Unterkunft hatte: Lies weiter bei* ***476***
Du suchst direkt das Arbeiterkrankenhaus auf, um die Leichen der letzten Nacht in Augenschein zu nehmen. (Aber Vorsicht, womöglich gibt es von dem Ort, an dem alle Spuren zusammenlaufen, kein Zurück mehr, um noch die anderen Orte zu erkunden!): Lies weiter bei ***415***

481

Die Tür ist nur angelehnt und lässt sich geräuschlos öffnen. Ein Schwall abgestanden-süßlicher Luft schwappt dir dick entgegen. In dem Raum mit der gewölbten Decke herrscht das diffuse Licht zweier Petroleumlampen, deren Dochte heruntergedreht sind. Hier stehen fünf mit Leintüchern abgedeckte Leichenbahren, jedoch nur unter den ersten beiden liegen Körper und obenauf je eine Mappe, in der sich die Obduktionsberichte befinden.
Wenn du an die erste Leichenbahre trittst: Lies weiter bei ***450***
Wenn du an die zweite Leichenbahre trittst: Lies weiter bei ***372***

482 *Probe **Auftreten** gegen **Contra-Skill 6**.*
*Wenn du unterliegst: Lies weiter bei **377***
*Wenn du obsiegst: Lies weiter bei **486***

483 Nickend gibst du Chandler zu verstehen, dass du mit einer Durchsuchung einverstanden bist, streckst die Arme zur Seite hin aus und gestattest ihm so, an dich heranzutreten. Der Inspektor baut sich süffisant grinsend vor dir auf und tastet dich gründlich ab, nimmt dir den Knüppel und die Pistole. Dein in den Tiefen des schwarzen Mantels verstecktes Messer nicht findend, tritt er hinter dich und …
»Süße Träume, naiver kleiner Inspektor.«
… schlägt dir den Knüppel auf den Scheitel, dass dir die Lichter ausgehen.
*Lies weiter bei **336***

484 Mary Pearceys Gesichtszüge verhärten sich. »Sie begehen einen großen Fehler, Inspektor. Sie verweigern sich der Erkenntnis dessen, was Jack antreibt und welche Rolle Sie dabei spielen. Glaubst Sie denn, es ist Zufall, dass er ihnen die Klinge an den Hals setzte?«
»Ich glaube daran, dass ich den Bastard finden und zur Strecke bringen werde. Das ist es, was mich antreibt, Miss Pearcey. Gerechtigkeit. War das alles oder haben Sie mir noch etwas mitzuteilen, was mich tatsächlich weiterbringt?«
Die Worte kommen träge daher, deine Zunge ist schwer wie Blei, will sich nicht bewegen. Mary Pearcey zeichnet sich gestochen scharf vor dem verschwommenen Hintergrund ab. »Was haben Sie mir in den Tee getan?«
Die Pearcey lächelt. »Nichts, was Ihnen schadet. Ich decke Ihre Karten dennoch auf, weil ich wissen muss, wie wir zueinander stehen. Was Sie letztendlich daraus machen, bleibt ihnen überlassen! Beherzigen Sie meinen Rat an und prägen Sie sich die Karten gut ein, denn sie werden eines Tages über Leben und Tod entscheiden!«
*Lies weiter bei **371***

485 Ehe du reagieren kannst, knallt er dir den Schlagstock auf den Scheitel. Licht explodiert in deinem Kopf. Schmerz rast durch dein Hirn. Keuchend taumelst du von ihm weg, doch der Schweinehund setzt nach und schlägt dir das harte Holz ein weiteres Mal auf den Kopf. Etwas knackt überdeutlich und laut. Deine Beine knicken weg, haben keine Kraft mehr, deinen Körper zu tragen. Der dritte Schlag trifft dich auf den Mund, den du zu einem verzweifelten Schrei öffnest. Zähne bersten, der Kieferknochen bricht. Scharfkantige Splitter zerschneiden dir Zahnfleisch und Zunge.

Du fällst auf den Rücken, alles ist dumpf und taub, hörst nur ein Rauschen, das dich ans Meer erinnert, welches du als Kind einst vor den Felsen von Dover gesehen hast. Der dreckverkrustete Stiefel des Constable rast auf dein Gesicht zu, zertrümmert es zu einer breiigen Masse, aus der roter Saft rinnt. Ein weiteres Knacken, lauter und ultimativ. Stechender Schmerz. Dunkelheit. Bodenloser Fall. Aus …

ENDE

486 »Gibt nicht viel über Kate Kelly zu sagen, außer, dass sie und John Kelly nie genug Geld hatten, um ihre Schulden im *Cooney's* zu bezahlen. Saß mit ihrem Stecher am Samstag um elf in der Küche, da hörte ich, wie sie ihm erzählte, dass sie 'n paar Schuhe von ihm im Pfandhaus in der Church Street versetzt hatte und deswegen das Essen bezahlen konnte. Haben danach Schnaps gekauft und sind gegangen.«

»Das ist alles?«

»Na ja, das verlogene Dreckstück hat im Pfandhaus angegeben, dass sie Mary Jane Kelly hieße, erzählte mir der Kerl, der dort arbeitet. Abends – muss so gegen neun gewesen sein – kam John besoffen zurück und erzählte mir im Tran, dass sie nachmittags nach Houndsditch aufgebrochen sei, um sich von ihrer Tochter Annie Geld zu leihen. Dass ich nicht lache …«

»Sie hatte 'ne Tochter?«

»Behauptete sie, denke also ja. Aber da war noch was. Sie war im September zur Hopfenernte in Kent, kam von dort mit John und

einer gewissen Emily Birrel und deren Stecher zurück. Jedenfalls erzählte mir Emily, dass Kate in 'ner Unterkunft in der Shoe Lane damit prahlte, die Bestie von Whitechapel zu kennen, und nur zurückgekommen sei, um die Belohnung zu kassieren. Könnte der Grund dafür sein, dass sie die Nächste war, wenn du verstehst, was ich meine …« Der Wirt wischt demonstrativ die Theke ab.
»Nur zu gut«, flüsterst du.
»Na, jedenfalls erzählte mir John, dass sie in der Aldgate Street wegen Trunkenheit verhaftet worden sei, weil sie 'ne Menschenmenge um sich versammelt hatte und ein Löschfahrzeug imitierte. Diese blöde Kuh … Ein Constable, wohl George Simmons, brachte sie zur Polizeistation in Bishopsgate. Denke, dort wirst du mehr erfahren.«
*Wenn du zur Polizeistation Bishopsgate gehst: Lies weiter bei **520***
*Wenn du dort nicht hinwillst: Lies weiter bei **390***

487

Patterson dringt auf dich ein, versucht dir mit dem Knüppel den Schädel einzuschlagen, doch du bist schneller. Deine Hand kommt hoch, der Totschläger saust nieder und klatscht mit ungebremster Wucht auf die Stirn des tumben Schlägers.
Es knallt wie bei einer Ohrfeige und genügt, den Kerl bewusstlos auf die Fliesen zu schicken.
Hastig siehst du dorthin, wo die Schwester ihren Dienst versieht, doch es rührt sich nichts. Kurzentschlossen packst du Patterson unter den Armen, schleifst ihn in eines der Zimmer und legst ihn neben einem Bett ab, sodass man ihn durch die Tür nicht sehen kann. In einem Schrank findest du einige Laken. Eines zerschneidest du, um Pattersons Arme und Beine zu fesseln. Ein weiteres Stück stopfst du ihm in den Mund und fertigst so einen Knebel, um ihn am Schreien zu hindern.
*Lies weiter bei **498***

488

*Probe **Überzeugen** gegen **Contra-Skill 3**.*
*Wenn du unterliegst: Lies weiter bei **396***
*Wenn du obsiegst: Lies weiter bei **381***

489 Die Kunde von den Morden hat sich wie ein Lauffeuer verbreitet. Das ganze Viertel ist ergriffen davon. Das Treiben auf den Straßen hat für heute Nacht ein grausiges Ende gefunden. Nur vereinzelt huschen geduckte, in Mäntel gehüllte Gestalten eilig durch den Nebel. Sie wollen nicht gesehen werden und wechseln die Straßenseite, wenn sie dich als Schattenriss im Dunst erkennen, wie auch du es tust, wenn dir jemand begegnet. Jeder könnte der Mörder sein und jeder das nächste Opfer.
Daher erscheint es dir umso verwunderlicher, als du hinter dir das von einem gedämpften Rumpeln begleitete Schnaufen eines Pferdes hörst. Es ist eine schwarze Kutsche mit geschlossenem Aufbau, gezogen von einem Pferd finster wie die Nacht. Der Kutscher, ein großer, breitschultriger Kerl, ist in einen dunklen Kutschermantel gehüllt.
Da der Kragen nach oben geschlagen ist und der flache Zylinder tief im Gesicht sitzt, kannst du kaum etwas von seinem Gesicht erkennen.
*Für Ada Wilson: Lies weiter bei **354***
*Für Inspektor Abberline: Lies weiter bei **505***

490 »Verrätst du mir trotzdem, wie ich ungesehen ins Krankenhaus komme?«
»Ich weiß nicht, Ada. Ich will keinen Ärger.«
*»Du wirst keinen Ärger kriegen, dafür sorge ich schon.« (Probe **Glaubwürdigkeit**): Lies weiter bei **357***
*»Es wäre mir sehr wichtig, dass du mir hilfst, Mary Ann.« (Probe **Empathie**): Lies weiter bei **441***

491 »Ah, meine Lieblingskarte. Seine Attribute sind Sünde, Abhängigkeit, Willenskraft und Materialismus, eine perfekte Ergänzung zur Herrscherin. Der Teufel vereint Ziege und Mensch in der Gestalt des Baphomet, allerdings kehrt er das Negative in den Vordergrund. Er steht für die bedingungslose Hingabe zur Lust und Leidenschaft, der Sünde also. Denjenigen, die sich ihm hingeben, legt er schwere Ketten an und nimmt ihnen die Seele, die sie ihm freudejauchzend darbieten.«

Mary Pearcey grinst diabolisch. »Es gibt nichts, was willensstärker und mächtiger ist als der Teufel. Ich bin mir sicher, mit dieser Karte ist der Zeitpunkt nicht allzu fern, an dem er die Hand zum Pakt reicht und jemand sie ergreifen wird, denn wir haben es in Whitechapel mit keinem Geringeren als ihm selbst zu tun!«
Kehre zu dem Abschnitt zurück, von dem du gekommen bist!

492

Chandler lacht schallend. »Du musst verrückt sein, hierherzukommen und nach dem Mörder zu fragen. Ich sag dir was: Bist wie die Biene, die sich ins Wespennest verirrt hat.«
Phillips kichert in die hohle Hand, derweil sich dir Chandler nähert. Noch befindet sich die Bahre zwischen dir und dem kräftigen Mann.
»Ich sollte dich zur Grande Dame bringen, die wird's dir schon erklären, wofür das Ausdünnen der gefallenen Weiber notwendig ist. Oder …«, er grinst dich unverschämt an, »… du landest auf einem freien Tisch mit aufgeschnittenem Bauch und 'nem Tuch auf dem Gesicht. Ist deine Entscheidung!«
*»Ich nehme an, dass es sich bei der Grande Dame um Mary Pearcey handelt. Bringen Sie mich zu ihr!«: Lies weiter bei **355***
*Du ziehst das Messer und greifst ihn an (Probe **Nahkampf**): Lies weiter bei **500***
*Du versuchst, Chandler zu überwältigen (Probe **Überwältigen**): Lies weiter bei **515***
*Das Knochenbeil auf dem Tisch funkelt dich verführerisch an. Du ergreifst es und wirfst es ihm ins Gesicht (Probe **Geschick**): Lies weiter bei **468***

493

Die Nachricht des zweiten Mordes in einer Nacht ist ein Schock, der dir schmerzhaft rumorend in die Eingeweide fährt. Das *Queen's Head* kann ebenso warten wie das Arbeiterkrankenhaus. Eiligen Schrittes machst du dich auf zum Mitre Square, den du erreichen musst, solange die Spur frisch ist.
Welche arme Seele musste diesmal sterben, geht es dir durch den Kopf.

Es ist drei Uhr in der Nacht, die Straßen sind – abgesehen von sturzbesoffenen Trunkenbolden oder solchen, die keine Bleibe haben – leergefegt. Und dennoch spürst du bis ins Mark, dass Whitechapel in Aufruhr ist. Angst hat sich in den Gassen eingenistet. Schrecken wabert mit dünnen Armen aus dem Nebel, Schatten werfend, Konturen verzerrend. Wo du Fenster siehst, sind diese schwarz, die Türen sind verrammelt.

Du folgst der Commercial Road, bis sie auf die Whitechapel High Street stößt, und wendest dich nach links. Jetzt ist es nicht mehr weit. Querstraßen passierst du eilig, weil sie dir wie düstere Abgründe erscheinen, in denen der Mörder hämisch grinsend lauert.

Der Mitre Square ist ein kleiner Platz, der rechts von der Whitechapel High Street abzweigt. Hier stehen die alten, zur Straße hin geneigten Häuser, deren Backsteinwände schwarz wie Pech sind und wo der Boden aus gestampftem Lehm besteht. Durch den Dunst schimmert das helle Licht der Petroleumlampen, mit denen die Constables den Tatort ausleuchten. Gestalten geistern als verwischte Schemen im Zwielicht umher. Gesprochen wird im Flüsterton, was die Szenerie noch gespenstischer macht.

*Für Ada Wilson: Lies weiter bei **339***

*Für Inspektor Frederick Abberline: Lies weiter bei **379***

494

Der Platz vor der Polizeiwache ist schattig. Fröstelnd schließt du den Mantel und denkst darüber nach, was du als Nächstes tun wirst.

Du gehst ins Queen's Head *in der Fashion Street, wo Elizabeth Stride wohnte (sofern du dort noch nicht warst): Lies weiter bei **409***

*Du suchst das Arbeiterkrankenhaus auf, um die Leichen der letzten Nacht in Augenschein zu nehmen: Lies weiter bei **358***

495

Evans – der sich als Nachtwächter des *Crossingham's* mit so manchem Trunkenbold herumschlagen muss – hämmert dir die Faust in den Bauch, ehe du dein Messer auf ihn richten kannst.

Röchelnd krümmst du dich zusammen, willst fliehen, doch er packt dich am Arm und dreht ihn dir auf den Rücken, sodass du das Mes-

ser fallen lässt. Grob zieht er dich an sich heran. »Du blöde Schlampe lernst es wohl nie, hä? Weißt nicht, wann's genug ist! Ich sag's dir, ich sollt dir das Genick brechen, aber wir haben ein Abkommen mit denen in der Kutsche. Also scher dich gefälligst dorthin, bevor ich dir den Schädel einschlage!«
Mit diesen Worten stößt er dich in Richtung der Kutsche und gibt dir einen Schlag auf den Hinterkopf. »Und das, damit du es nicht vergisst!«
*Lies weiter bei **394***

496

*Probe **Nahkampf** gegen **Contra-Skill 7**.*
*Wenn du unterliegst: Lies weiter bei **519***
*Wenn du obsiegst: Lies weiter bei **447***

497

Rauchen erscheint dir in diesem Moment als keine gute Idee, könnte dich vom eigentlichen Grund des Gesprächs ablenken. »Nein, danke, ich rauche nicht«, lügst du.

*Ist dein **Suchtwert höher als 1**, verringere ihn jetzt um 1 Punkt.*

Du wirst aus der Frau nicht schlau. Sie wirkt tief in die Geschehnisse verstrickt, womöglich sogar auf blutige Weise. Zugleich ist sie anziehend und mysteriös, geradezu geheimnisvoll.
So sollte ich nicht denken, geht dir durch den Kopf und du denkst an Emma.
Wie sie an ihrer Zigarette zieht, den Rauch inhaliert, ihn in kleinen Wölkchen ausatmet, wirkt wie ein Ritual. »Der Tabak kommt aus Amerika. Indianer benutzen ihn, um ihre geistigen Fähigkeiten zu erweitern und den Zustand der Trance zu erlangen.«
»Trance? Wie bei Opium?«
Die Pearcey lächelt. »In abgeschwächter Form womöglich, aber weitaus … erleuchtender.«
»Sicher ein teures Vergnügen«, stellst du fest und lehnst dich zurück.
»Nicht der Rede wert, ich habe durch eine Erbschaft ein gutes Auskommen, Inspektor.«

Die Nähe der Frau wirkt elektrisierend, anziehend sogar. Du nickst. »Sagen Sie, Inspektor, haben Sie Bezug zur Spiritualität? Einen Sinn für das Übernatürliche?«

»Wenn es mir einen Hinweis auf den Mörder gibt.«: Lies weiter bei ***469***

»Als Inspektor des Scotland Yard zählen für mich nur Fakten!«: Lies weiter bei ***430***

»In solchen Belangen habe ich keine Erfahrung.«: Lies weiter bei ***348***

498

Als du den spärlich von Petroleumlampen beleuchteten Keller betrittst, scheint es dir, als wehe ein leises Wispern durch die Gänge. Vor dir kannst du schemenhaft das Ende des Flurs erkennen. Dort links ist die Tür der Leichenkammer, hier zur Rechten und direkt am Fuß der Treppe der Eingang von Doktor Jekylls Labor. Es herrscht eine bedrückende Stille. Die Luft schmeckt schwer und süßlich. Ihr Geschmack erinnert dich an verdorbenes Obst.

Wenn du die Leichenkammer betrittst: Lies weiter bei ***342***

Wenn du zur Labortür gehst: Lies weiter bei ***460***

499

Watkins richtet sich auf und versetzt dir einen fiesen Hieb in die Rippen. »Scher dich weg, Ada Wilson, hast hier nichts verloren. Oder willst du, dass ich dich einsperre?«

Verringere deine ***Glaubwürdigkeit*** *um 1 Punkt.*

»Schon gut, ich geh ja!« Mit einem flauen Gefühl im Magen und der Gewissheit, dass sich der feige Mörder noch immer in den Straßen von Whitechapel herumtreibt, machst du dich auf den Weg nach Hause.
*Lies weiter bei **489***

500

*Probe **Nahkampf** gegen **Contra-Skill** 7.*
*Wenn du unterliegst: Lies weiter bei **399***
*Wenn du obsiegst: Lies weiter bei **452***

501

»Die Indianer benutzen den Tabak, um sich auf ihre Geistreisen vorzubereiten. Hier bei uns waren oder sind es Kräuter, Beeren und Pilze. Selbst Opium öffnet deinen Geist für die Belange der Spiritualität.«
Es fällt dir schwer, zu antworten, denn das Knistern des Feuers macht dich müde. Du würdest dich gerne auf das mit blauem Samt bezogene Sofa legen und vom Feuer erhitzt einschlafen. »Der Körper reagiert nun mal auf Rauschmittel, da kann ich ein Lied von singen«, sagst du frei heraus und mit erschreckend schwerer Zunge. Etwas stimmt nicht mit dir.
Die Pearcey atmet ringförmigen Rauch in die Luft. »Lerne, deinen Geist zu öffnen. Vertrau ihm. Um die Wahrheit zu erkennen, musst du lernen, mit deinem Geist zu sehen.«
»Mich interessiert nur, wer der Mörder ist und weshalb er die Frauen umbringt. Da sind meine Augen und Ohren das Einzige, worauf ich mich verlassen kann.«
»Der Mörder hat einen Namen, Ada, und wenn du ihn kennst, wird er für dich in der spirituellen wie in der realen Welt greifbar.«
Du lachst auf. »So ein Quatsch. Das sind doch alles nur Jahrmarkttricks.«

*Erhöhe deine **Glaubwürdigkeit** um 1 Punkt, aber verringere deine **Empathie** um 1 Punkt.*

Die Pearcey steht auf, geht zu einem Schränkchen und kehrt mit einem gefalteten Stück schwarzen Samts, einem Ebenholzkästchen und einem handbeschriebenen Blatt Papier zurück, welches sie dir zuschiebt. »Er hat Tom Bulling, der im Central News Office der City of London arbeitet, einen Brief geschrieben, in dem sich der Mörder selbst Jack the Ripper nennt. Das hier ist eine wortgetreue Abschrift.«

Wenn du den Brief lesen möchtest, lies jetzt den ***Anhang: Dear Boss*** *und kehre dann hierher zurück!*

»Jack the Ripper? Lächerlich. Ein erfundener, verlogener Name. Aber Sie haben recht, ein Name macht eine Person greifbar, sogar angreifbar.«
Die Pearcey sieht dich nachdenklich an, legt ihre Zigarette in einen Aschenbecher und breitet den dunklen Samtstoff vor sich aus. Sie öffnet das Ebenholzkästchen und entnimmt diesem einen Stapel schwarzer Karten, deren Rückseiten mit einem Skorpion verziert sind. Sie fächert diese auf dem Stoff auseinander, sodass sie einen Halbkreis bilden, wählt zehn aus, die sie in zwei Reihen zu je fünf anordnet. »Die Tarotkarten verraten dir, ob Jack aus Hass, Liebe, Habgier oder niederen Beweggründen handelt. Sie werden offenbaren, welche Rolle du in diesem Spiel einnimmst. Bist du bereit dazu, Ada?«
»Für einen derartigen Humbug habe ich keine Zeit!«: Lies weiter bei ***375***
»Bitte, legen Sie mir die Karten.«: Lies weiter bei ***413***

502

Mary Ann löst sich von dir. »Sorry, Ada, aber so gut kennen wir uns nicht. Hab nicht vor, Schwierigkeiten mit denen aus dem Krankenhaus zu bekommen. Die haben 'ne neue Patronin und die ist nicht ohne.«
Lies weiter bei ***353***

503

Trunken vom Schlaf öffnest du die Augen, blinzelst verwirrt ins Licht. Ein laues Lüftchen kitzelt in deinem Gesicht. Du siehst die Morgensonne über die umliegenden Dächer kriechen.

Mary Pearcey. Der vergiftete Tee. Die Tarotkarten …
Du liegst in einem weichen, mit frisch duftenden Laken bezogenem Bett und trägst ein zartrosa Nachthemd. Jemand – du hoffst, dass es das Hausmädchen war – hat dich umgezogen.
Neben dem Bett sitzt ein junger, in einen braunen Anzug in unaufdringlichen Streifen gekleideter Mann auf einem Stuhl und liest in einer Zeitung. Als er deine Bewegung bemerkt, sieht er auf und lächelt. »Ah, Miss Wilson, guten Morgen.«
Sein Englisch ist dialektfrei, was dich auf einen Ausländer von höherer Bildung schließen lässt. Du erkennst ihn wieder!
Moment mal, das ist doch Doktor Frankenstein!
Er faltet die Zeitung zusammen und legt sie beiseite. »Die gute Miss Pearcey hat mich gebeten, auf Sie achtzugeben.«
In deinem Kopf hämmern Schmerzen, als hättest du eine Nacht mit harten Säufern durchgezecht. »Doktor Frankenstein…«
Der lächelt. »Sie haben mich erwischt. Das Arbeiterkrankenhaus, dort haben wir uns das erste Mal gesehen, Miss.«
Das Krankenhaus, in das man die ermordeten Frauen zur Obduktion bringt, denkst du dir.
Als du dich aufsetzt, steht der Doktor auf und hilft dir dabei. »Erst betäubt mich diese Schlange und dann …«
»Seien sie bitte nachsichtig mit Miss Pearcey. Sie hat ein ausgesprochenes Faible für bewusstseinserweiternde Substanzen. Jetzt, wo Sie wach sind, darf ich Ihnen etwas bringen lassen? Einen guten englischen Morgentee vielleicht oder ein leichtes Frühstück?«
»Verschwinden Sie, damit ich mich anziehen und gehen kann!«: Lies weiter bei ***480***
»Ein Tee wäre nett.«: Lies weiter bei ***400***
»Ich habe einen Bärenhunger!«: Lies weiter bei ***514***

504

Auf der Straße atmest du durch, lässt dir die wärmenden Strahlen der Sonne ins Gesicht scheinen. Schon bald wird es kalt werden und Nebel aufziehen, der feucht in deine Knochen kriecht. Mit jeder Stunde, in welcher der Mörder frei herumläuft, wächst die Unbill der Leute aus Whitechapel, das ist dir durchaus bewusst. Es ist Zeit, zu handeln!

Du gehst ins Queen's Head *in der Fashion Street, wo Elizabeth Stride wohnte (sofern du dort noch nicht warst): Lies weiter bei* ***409***
Du suchst das Arbeiterkrankenhaus auf, um die Leichen der letzten Nacht zu inspizieren: Lies weiter bei ***358***

505 Die Kutsche überholt dich und du siehst, dass Räder und Pferdehufe mit Leder umhüllt sind, was die gedämpfte Lautstärke erklärt. Der Kutscher hält zehn Meter vor dir unter einer Gaslaterne an und springt vom Bock, um die Tür zu öffnen und den Tritt auszuklappen. Mit auffordernder Geste bittet er dich, näherzutreten und einzusteigen.
Wenn du in die Kutsche steigst: Lies weiter bei ***387***
Wenn du am Einstieg stehen bleibst, um von dort aus zu reden: Lies weiter bei ***432***

506 *Probe* ***Nahkampf*** *gegen* ***Contra-Skill*** *7.*
Wenn du unterliegst: Lies weiter bei ***495***
Wenn du obsiegst: Lies weiter bei ***512***

507 *Probe* ***Schießen*** *gegen* ***Contra-Skill*** *3.*
Wenn du unterliegst: Lies weiter bei ***363***
Wenn du obsiegst: Lies weiter bei ***445***

508 »Ich nehm dich beim Wort.« Er sieht sich kurz um und beginnt dann zu erzählen. »War gegen zwei, als ich sie auf meiner Runde durch den Mitre Square fand. Ich kenn Kate ja vom *Cooney's*, wo ich gern ein Bier trinke. Hab sie gleich erkannt. Sie lag auf dem Rücken, ihr schwarzer Tuchmantel – der mit dem Kunstfellbesatz – war geöffnet. Der dunkelgrüne Rock – willst du's wirklich wissen?«
Du atmest durch und nickst. Eine derartige Beschreibung, so frisch nach der Tat, hattest du noch nie. »Erzähl weiter …«
»Was stimmt nur nicht mit dir … Na jedenfalls waren ihre Röcke hochgeschlagen.« Watkins keucht, schluckt und spuckt aus. »Ihr Bauch und das darunter – du weißt – war aufgeschlitzt und die«, Watkins hustet, wischt sich Speichel aus dem Mundwinkel, »Ge-

därme hingen heraus, hingen ihr über der rechten Schulter. Ihre Kleidung, der Oberkörper, alles war beschmiert mit … Kot. Als ich dann sah, dass ihr Hals durchgeschnitten war, bin ich davongelaufen und hab den Nachtwächter vom Kearley and Tonge geholt, damit er zur Polizeistation läuft. Gütiger Gott, Ada, er hat ihr sogar ein Ohr abgeschnitten! Wer macht denn sowas?«

Du hast für den Moment genug gehört, denn Watkins Übelkeit erfasst auch dich. »Danke, Watkins, bin dir was schuldig!«

Mit einem flauen Gefühl im Magen und der Gewissheit, dass sich der feige Mörder noch immer in den Straßen von Whitechapel herumtreibt, machst du dich auf den Weg nach Hause.

*Lies weiter bei **489***

509

*Probe **Freunde** gegen **Contra-Skill 2.***

*Wenn du unterliegst: Lies weiter bei **367***

*Wenn du obsiegst: Lies weiter bei **449***

510

Das Knistern des Kaminfeuers lullt dich ein. Am liebsten würdest du dich nach dem anstrengenden Tag auf das mit blauem Samt bezogene Sofa legen und vom Feuer erhitzt einschlafen.

»Die Indianer benutzen den Tabak, um sich auf ihre Geistreisen vorzubereiten. Hier bei uns waren oder sind es Kräuter, Beeren und Pilze. Selbst Opium öffnet deinen Geist für die Belange der Spiritualität.«

»Sie meinen, so wie die Hexen es früher taten?«, sagst du frei heraus und mit erschreckend schwerer Zunge. Etwas stimmt nicht mit dir.

Die Pearcey bläst geräuschvoll Rauch aus. »Und wie sie es auch heute noch tun. Du musst lernen, zu fliegen, Ada. Es ist die Befreiung deines Geistes, als würdest du bar jeder Fessel auf dunklen Pfaden wandeln, die sich durch einen finsteren Wald winden, Schlangen gleich. Wo sie sich kreuzen, wirst du Antworten finden …«

»Also auch die, wer der wahre Mörder ist und weshalb er die armen Frauen umbringt?«

»Der Mörder hat einen Namen, und wenn du ihn kennst, wird er für dich in der spirituellen Welt greifbar. Du wirst Hinweise darauf erhalten, aus welchen Beweggründen er handelt, womöglich sogar, wer es ist und wo er sich aufhält. Alles ist möglich, sofern du dich darauf einlässt.«

Sie steht auf, geht zu einem Schränkchen und kehrt mit einem gefalteten Stück schwarzen Samts, einem Ebenholzkästchen und einem handbeschriebenen Blatt Papier zurück, welches sie dir zuschiebt. »Er hat Tom Bulling, der im Central News Office der City of London arbeitet, einen Brief geschrieben, in dem sich der Mörder selbst Jack the Ripper nennt. Das hier ist eine wortgetreue Abschrift.«

*Wenn du den Brief lesen möchtest, lies jetzt den **Anhang: Dear Boss** und kehre dann hierher zurück!*

»Jack the Ripper? Ein erfundener, verlogener Name, geradezu enttäuschend in seiner Einfallslosigkeit. Wie genau soll mir das weiterhelfen?«

Die Pearcey sieht dich nachdenklich an, legt ihre Zigarette in einen Aschenbecher und den dunklen Samtstoff vor sich aus. Sie öffnet das Ebenholzkästchen und entnimmt diesem einen Stapel schwarzer Karten, deren Rückseiten mit einem Skorpion verziert sind. Sie fächert diese auf dem Stoff auseinander, sodass sie einen Halbkreis bilden, wählt zehn aus, die sie in zwei Reihen zu je fünf anordnet. »Die Tarotkarten werden dir verraten, ob Jack aus Hass, Liebe, Habgier oder anderen, zumeist niederen Beweggründen handelt. Sie werden dir aber auch verraten, welche Rolle du in diesem Spiel einnimmst. Bist du bereit dazu, Ada?«

*»Für einen derartigen Unsinn habe ich keine Zeit!«: Lies weiter bei **375***

*»Legen Sie für mich die Karten, Miss Pearcey!«: Lies weiter bei **413***

511

Die Leiche unter dem Tuch ist steif und kalt, dennoch hast du Angst, dass sie sich aufrichtet und langsam das Tuch von ihrem zerstörten Körper gleitet. Flecken zeichnen sich auf dem Stoff ab, der den Körper bedeckt. Auf der Verlängerung hinter dem Kopf steht eine Schüssel, in der sich Hirn, Haare und Schädeldecke befinden. Dir wird flau, doch deine Neugier ist stärker.

Wenn du den Bericht nimmst, der auf dem Tuch liegt, lies jetzt den ***Anhang: Bericht Nummer 2 des 30. September 1888*** *und kehre dann hierher zurück!*

Wenn du das Tuch von der Leiche ziehst: Lies weiter bei ***386***
Wenn du zur ersten Leichenbahre gehst (und dort noch nicht warst): Lies weiter bei ***412***
Wenn du den Leichenkeller verlässt: Lies weiter bei ***471***

512

Evans – der sich als Nachtwächter des *Crossingham's* mit so manchem Trunkenbold herumschlagen muss – will dir tumb die Faust in den Bauch schlagen. Dein Messer beschreibt einen Bogen, die scharfe Klinge zieht eine klaffende Spur über seinen Handrücken, sodass Evans aufjault wie ein getretener Köter.
Mit aufgerissenen Augen taumelt er von dir weg. »Das wirst du mir büßen, verdammte Hure!«

Erhöhe ***Auftreten*** *oder* ***Überzeugen*** *um 1 Punkt.*

Anstatt einer Antwort willst du nachsetzen, um ihm das Ende zu bereiten, das er verdient.
Ein Drecksack weniger in den Gassen von Whitechapel, denkst du, doch dann schließt sich der unverletzte Arm von Timothy Donovan um deinen Hals. Evans erkennt die Chance, springt vor und tritt dir das Messer aus der Hand, das im hohen Bogen im Nebel verschwindet.
Zufrieden schnaufend zieht Donovan dich an sich heran, sodass du mit dem Rücken zu ihm stehst, aber von seinem Arm an seinen Körper gepresst wirst. »Verdammt, Ada, du treibst es die Tage wirklich auf die Spitze. Sei froh, dass ich 'nen Auftrag habe, sonst würd ich dich von Evans vögeln lassen und danach abstechen … Und jetzt geh zu der verdammten Kutsche, bevor ich John auf dich loslasse …«
Damit stößt er dich weg und versetzt dir zur Sicherheit einen harten Schlag auf den Hinterkopf. »Und das, damit du es nicht vergisst!«
Lies weiter bei ***394***

513

*Probe **Nahkampf** gegen **Contra-Skill** 7.*
*Wenn du unterliegst: Lies weiter bei **485***
*Wenn du obsiegst: Lies weiter bei **344***

514

Das Hausmädchen hat ein aus hellem Brot und Orangenmarmelade bestehendes Frühstück auf einem kleinen Tischchen am Fenster angerichtet und dir Tee gereicht. Nach den sich überschlagenden Ereignissen der letzten Nacht bist du für diese Stärkung mehr als dankbar.

*Erhöhe einen **Skill** deiner Wahl um 1 Punkt, sofern der **Skill** derzeit den Wert 5 oder niedriger hat und es sich **nicht** um **Freunde**, **Glaubwürdigkeit** oder **Empathie** handelt.*

Wie anders hier doch alles ist, wie neu und nobel. Selbst der frisch duftende Morgenmantel ist ein Traum. Mary Pearceys Haus liegt zwar in Whitechapel, doch die in sich geschlossene Gasse vermag es, den Lärm draußen zu halten.
Doktor Frankenstein sitzt dir lächelnd gegenüber. »Miss Wilson, fühlen Sie sich wie Zuhause. Es gibt keinen Grund, sich Sorgen zu machen.«
»Sie haben recht«, lügst du.
*»Wenn Sie mir schon Gesellschaft leisten, worüber ich sehr dankbar bin, plaudern wir doch ein wenig über Sie und Miss Pearcey.«: Lies weiter bei **333***
*»Lassen Sie mich nur noch schnell aufessen, dann mach ich los.«: Lies weiter bei **480***

515

*Probe **Überwältigen** gegen **Contra-Skill 9**.*
*Wenn du unterliegst: Lies weiter bei **399***
*Wenn du obsiegst: Lies weiter bei **452***

516

Doktor Frankenstein verneigt sich knapp. »Natürlich, Inspektor. Ihre Kleidung liegt auf dem Stuhl hinter der Ankleidewand. Miss Pearcey hat dem Hausmädchen aufgetragen, diese auszubürsten und einen Knopf anzunähen, wenn's recht ist.«

Er wendet sich zum Gehen, bleibt aber in der Tür stehen und dreht sich zu dir um. »Ich soll Ihnen von Miss Pearcey ausrichten, dass Sie in ihrem Haus jederzeit willkommen sind. Sie meinte, dass es in der Oxford Street zu einsam für einen derart beanspruchten Mann in ihrer Position sei. Das Gästezimmer steht Ihnen selbstredend zur freien Verfügung!« Damit lässt dich der junge Arzt allein. Für dich wird es Zeit, den Spuren nachzugehen, solange diese noch frisch sind.

Heute ist der 1. Oktober 1888!

Du gehst ins Queen's Head *in der Fashion Street, wo Elizabeth Stride wohnte: Lies weiter bei* ***409***

Du suchst das Cooney's *in der Flowers and Dean Street auf, wo Catherine Eddowes ihre Unterkunft hatte: Lies weiter bei* ***444***

Du suchst direkt das Arbeiterkrankenhaus auf, um die Leichen in Augenschein zu nehmen. (Aber Vorsicht, womöglich gibt es von dort, wo alle Spuren zusammenlaufen, kein Zurück mehr, um noch die anderen Orte zu erkunden!): Lies weiter bei ***358***

517

Probe ***Empathie*** *gegen* ***Contra-Skill 0****.*
Automatischer Erfolg!

Deine Ausbildung zum Inspektor hat dich gelehrt, wie man mit der Reportermeute umzugehen hat. Und genau deswegen verstummen die nervenaufreibenden Schreie der Zeitungsmenschen. Stille sackt schwer herab, alle sehen dich an.

»Schon besser«, sagst du mit fester Stimme. »Und wenn sich die Herren nun etwas gedulden würden, ich bin mir sicher, die Constables werden zu gegebener Zeit die wichtigsten Fakten an Sie weitergeben.«
Du wendest dich dem Constable zu, der anerkennend nickt. »Danke, Inspektor. Die Wache stand kurz davor, sich in ein Irrenhaus zu verwandeln.«
*Lies weiter bei **332***

518

Mary Pearcey sieht dich durchdringend an. »Der Moment der Wahrheit!«
Du erschrickst, weil ein Stück Holz im Kaminfeuer schießt. Wachs läuft aus einer der Kerzen und tropft zischend in die Flamme einer anderen. Die schweren, zugezogenen Vorhänge vor den Fenstern bauschen sich in einem Luftzug auf, den du nicht spüren kannst, und dir scheint, als ginge ein klagendes Ächzen durchs Gebälk.
»Sie, die alles weiß, ist jetzt bei uns«, flüstert die Pearcey und deckt die erste Karte auf. »Das *Schicksalsrad* …«
Ihre dünnen Finger gleiten über die Karten, verharren vor der nächsten und decken sie auf. »Das *Gericht* …«
Sie berührt die Karte daneben, verharrt und wählt die darunter. »Oh, das ist ungewöhnlich. Die *umgekehrte Herrscherin.*«
Mary Pearcey verharrt mit schwebender Hand über den Karten und nimmt dann die am äußeren rechten Rand in der oberen Reihe.
»Ah. Der *Teufel.* Das kommt nicht unerwartet«, stellt sie hämisch grinsend fest und ordnet die vier gezogenen Karten in einer Raute an, damit genug Platz für die letzte Karte bleibt.
»Der Teufel oben, das Gericht unten, die umgekehrte Herrscherin zur Linken und rechts das Schicksalsrad. Wollen wir einmal sehen, welche deine Seelenkarte ist.«
Sie lässt sich mit der letzten Karte Zeit, was dir etwas theatralisch vorkommt. Dann deckt sie diese auf und legt sie ins Zentrum der vier anderen. »Die *Hohepriesterin* …«
Die Hitze im Raum wird unerträglich, das Prasseln des Kaminfeuers ohrenbetäubend. Deine Wahrnehmung schwindet …
Wenn du wissen willst, was die Karten bedeuten, lies die unten angegebenen Abschnitte, aber kehre danach wieder hierher zurück:

THE DEVIL
WHEEL OF FORTUNE
THE HIGH PRIESTRESS
THE EMPRESS
THE JUDGEMENT

Das Schicksalsrad: Lies weiter bei ***404***
Das Gericht: Lies weiter bei ***366***
Die Herrscherin: Lies weiter bei ***448***
Der Teufel: Lies weiter bei ***491***
Die Hohepriesterin: Lies weiter bei ***364***
Wenn du glaubst, alles erfahren zu haben: Lies weiter bei ***331***

519

Dein Angriff scheitert. Chandler ist ein Mann der Straße und weiß, wie man mit solchen Attacken umgeht. Ein harter Schlag gegen dein Handgelenk schmettert dir den halbherzig geführten Knüppel aus den Fingern. Dein anschließendes Zaudern, weil es sich um einen Kollegen handelt, wird dir zum Verhängnis.

Ehe du dich versiehst, packt er deinen Arm, dreht ihn dir auf den Rücken und schlägt dich brutal nieder.

»Jetzt bist du genau dort, wo du hingehörst«, raunt er dir grinsend zu.

»Bringen wir ihn zur Grande Dame«, schnarrt Doktor Phillips. »Dann kann Jekyll – oder besser gesagt Hyde – vollenden, was er verpatzt hat …«

Chandler nickt und schlägt dich bewusstlos.

Lies weiter bei ***336***

520

Die in Aldgate am westlichen Ende der Whitechapel Road gelegene Polizeistation ist die größte Wache in den Spitalfields, wohingegen das Revier des Scotland Yard in der Commercial eher unscheinbar wirkt.

Die Sonne hat Kraft, und Wolken sind keine am azurblauen Himmel, was deine Laune hebt und die Schritte beschwingt.

Du betrittst die Station, vor der sich eine Menge Leute herumtreiben und über die Whitechapel-Morde reden, durch eine Doppeltür aus dunklem, abgegriffenem Holz. Allgemein ist dir auf dem Weg hierher aufgefallen, dass sich weitaus mehr Volk herumtreibt als üblich. Aus den im Vorbeilaufen aufgeschnappten Gesprächen erfährst du, dass viele aus den anderen Stadtteilen Londons, manche gar aus anderen Städten gekommen sind, um sich ein Bild von

den Geschehnissen zu machen. Womöglich trägt das Kopfgeld, das die City of London auf den Verbrecher ausgesetzt hat, seinen Teil dazu bei.
Für Ada Wilson: Lies weiter bei ***417***
Für Inspektor Abberline: Lies weiter bei ***393***

521

Probe ***Glaubwürdigkeit*** *gegen* ***Contra-Skill 2.***
Wenn du unterliegst: Lies weiter bei ***406***
Wenn du obsiegst: Lies weiter bei ***470***

KAPITEL 5
DIE KANONISCHEN FÜNF

Allgemeine Zeitung München, 03. Oktober 1888

NEUE FRAUENMORDE IN LONDON!

Im Ost-End von London wurden in der Nacht vom Sonnabend zum Sonntag erneut zwei Frauenpersonen brutal ermordet. Der Täter scheint dasselbe Scheusal in Menschengestalt zu sein, von dessen bluttriefender Hand die vorhergegangenen scheußlichen Morde verübt wurden. Die ermordeten Frauen gehören, wie in den früheren Fällen, der Klasse der »Unglücklichen« an, die ihren Lebensunterhalt nachts auf der Straße erwerben.

Der Schauplatz des zuerst verübten Verbrechens ist Berner Street, eine enge Gasse, welche in die Commercial Road, eine der belebtesten Straßen des East-End, einmündet. Gegen 1 Uhr morgens hatte der patrouillierende Constable nichts Auffälliges in der Gasse bemerkt. Als er dieselbe auf seinem Rundgange eine Viertelstunde später passierte, entdeckte er im Torweg einer Fabrik die Leiche einer Frau, deren Hals von Ohr zu Ohr durchgeschnitten war. Der Körper der Entseelten war nicht verstümmelt, der Mörder scheint nicht die Zeit gehabt zu haben, sein Verstümmelungswerk zu beginnen. In der Ermordeten wurde später eine der Prostitution ergebene Frauensperson Namens Elizabeth Stride erkannt. Sie soll von Geburt eine Schwedin sein.

Die Stätte des zweiten Mordes ist Mitre Square, im östlichen Teil der City, unweit des Stadtbezirkes Whitechapel. Gegen 2 Uhr morgens hatte der wachhabende Constable in dem Mitre Square nichts Verdächtiges bemerkt. 10 Minuten später erblickte er beim Schein seiner Laterne die in einer Blutpfütze liegende Leiche einer Frau, deren Hals bis zum Nackenwirbel durchgeschnitten war, derweil der Unterleib in einer nicht näher zu beschreibenden Weise verstümmelt und bis an die Brusthöhle aufgeschlitzt war, aus welcher die Gedärme und andere Organe herausdrangen.

Das Antlitz der Ermordeten bot einen fürchterlichen Anblick; die Nase war vollständig abgeschnitten, ein Auge fast aus der Höhle herausgerissen, das linke Ohr fehlte und Stirn wie Wangen waren mit Schnitt- und Stichwunden bedeckt. Diese Verwundungen geben Grund zu der Annahme, dass zwischen dem Mörder und seinem Opfer ein verzweifelter Kampf stattgefunden haben muss. Wie ein Lauffeuer verbreitete sich die Schreckenskunde von den zwei neuen Bluttaten durch die Nachbarschaft, und schon in früher Morgenstunde waren Berner Street und Mitre Square sowie die anstoßenden Straßen mit Tausenden von Neugierigen gefüllt. Das ganze East-End befand sich gestern in einem Zustand fieberhafter Aufregung. Der geheimnisvolle Mörder scheint spurlos verschwunden zu sein, die Polizei ist ratlos. Zwischen der ersten und zweiten Mordtat liegt nur eine kurze Zeitspanne. Es scheint keinem Zweifel zu unterliegen, dass der Mörder zu dem zweiten Verbrechen schritt, nachdem es ihm nicht gelungen war, sein erstes Opfer in der gewöhnlichen Weise zu verstümmeln.

The Graphic, 06. Oktober 1888

DIE JÜNGSTEN MORDE!

Nachdem diese grausigen Geschehnisse jedes Londoners Gedanken und Unterhaltungen ausfüllen, unter

Ausschluss annähernd aller anderen öffentlichen Themen, wäre es unangebrachte Überempfindlichkeit, diese hier zu meiden. Sollte der Täter – wie generell vermutet – eine einzelne Person sein, ist es offensichtlich, obgleich er ein Fanatiker oder Monomane sein könnte, dass er über bemerkenswertes Geschick, Dreistigkeit und Umsicht verfügt und, sollte er nicht auf frischer Tat bei einer Gräueltat ertappt werden, gänzlich der Erfassung entkommen könnte.

Dies wirft die Frage auf, ob er eher gefasst werden könnte, wenn man eine Belohnung aussetzen würde. Es gibt Fälle, wo die Ankündigung einer derartigen Anregung ratsam scheint, zum Beispiel, wenn bekannt ist, dass es Personen gibt, denen der Verbleib des Täters bekannt ist, die jedoch Gründe haben, diese Information zurückzuhalten. Aber bei diesen Fällen im East End ist ein derartiger Anreiz nicht vonnöten, da jedermann gegen dieses unsichtbare Monster ist und die wahrscheinlichste Auswirkung der Belohnung, die die City-Behörden ausgesetzt haben, sein wird, dass eine große Anzahl von Amateurdetektiven an die Arbeit gehen und mit falschen Hinweisen und haltlosen Ratschlägen die Berufspolizisten noch mehr verwirren, als sie es ohnehin schon sind.

Seit diese Gräuel verübt wurden, wurde ein großer Anteil bedeutungsloser Empfindsamkeit gegen das Elend und den Zerfall der East-End-Bevölkerung gerichtet. Die Tatsache ist, dass diese Verbrechen von befremdlicher und außergewöhnlicher Art sind und, hätte es der Verbrecher gewollt, in einem aristokratischen Viertel der Stadt und auf eine andere Opfergruppe verübt hätten werden können. Einige geeignete Vorschläge wurden gemacht, die dennoch Aufmerksamkeit verdienen.

Wenn der schwer belastete Steuerzahler die Extraausgaben erübrigen kann, könnten die Winkel und Ecken der ärmeren Viertel der Stadt besser beleuchtet werden, Polizisten könnten geräuschlos beschuht werden und (eine Verbesserung, die wir bereits vor Jahren verfochten) alle Unterkünfte eines gewissen Grads – es wäre nicht schwer, hier eine Festlegung zu finden – dem Besuch durch die Polizei und einer Kontrolle verpflichtet werden.

Es ist wichtig, hier anzumerken – zur Anfechtung der sozialistischen Theorien, die derzeit überhandnehmen –, dass die elenden und erniedrigten Kreaturen, die kürzlich so unbarmherzig abgeschlachtet wurden, nicht einem geschundenen Bodensatz angehörten, der durch soziale und kapitalistische Tyrannei unterdrückt wurde. Ursprünglich waren sie alle gut erzogen, bemittelte Personen, die Frauen von ehrenwerten Männern, und ihr schrecklicher Abstieg in Laster und Elend ist größtenteils ihnen selbst zuzuschreiben.

The Graphic, 13. Oktober 1888

MORDANGST!

Sofern nicht, auch wenn es nur allzu möglich scheint, ein weiterer Gräuel straflos verübt wird, wird die bestehende Angst allmählich abklingen und die Gedanken der Menschen werden in andere Richtungen abgleiten. In London gab es, wie derzeit, wahrscheinlich keine aufgeregtere Furcht mehr seit Bishop und Williams den italienischen Jungen umbrachten, um ein anatomisches »Objekt« zu erlangen, oder seit den Ratcliff-Highway-Schlächtereien von 1811. Die Letzten waren bestimmt, mehr generellen Schrecken anzuregen als die kürzlichen Whitechapel-Schlächtereien, da sie Handlungen von einer oder mehrerer Personen waren, die wegen Plunder ausgeführt wurden und derentwegen sich kein Hausbesitzer mehr sicher fühlte. Man sagt, dass die vertraute Haustürkette erst nach den Morden an den Marr- und Williamson-Familien Anklang fand.

Für die allgemeine Öffentlichkeit mag es ein wenig Trost sein, wenn man bedenkt, dass die kürzlich verübten Gräueltaten auf eine bestimmte Gesellschaftsschicht abzielten und deren Absicht sicherlich nicht Diebstahl war.
Gebildete Menschen, die mannigfaltigste Interessen und Gesprächsthemen haben, können schwerlich begreifen, welche Wirkung diese Ereignisse auf arme und ungebildete Menschen haben, deren Leben üblicherweise eintönig und ereignislos sind. Der erweckte Schrecken äußerste sich in unterschiedlichster Art und Weise.
Ein Mann verängstigt die stämmigen Marktträger von Covent Garden, sodass sie glauben, er wäre Jack the Ripper, weil er eigenartig aussieht und ziellos umhergeht.
Ein Kriminalbeamter verkleidet sich als Frau und verbirgt sich, um nach dem Whitechapel-Mörder Ausschau zu halten, als er ernsthaft von einigen Kutschenwäschern angegriffen wird.
Es ist wie zur Zeit der Schreckensherrschaft in Frankreich: Ich bin ein Verdächtiger, du bist ein Verdächtiger, er ist ein Verdächtiger!
Es bleibt zu hoffen, sollte ein weiterer Mord verübt werden, und Mr. Brough's Bluthunde losgelassen werden, dass sie nicht von einem Quergeruch beirrt werden und einen Unschuldigen »herausschnüffeln«, da dieser sonst riskiert, gelyncht zu werden. Bezogen auf Jack the Ripper wagen wir zu glauben, dass er ein unverschämter Schwindler ist. Wahrscheinlich lacht er sich in Gedanken an seinen Brief, der ihm mehr Berühmtheit verschaffte, als wenn er den besten Roman der Saison geschrieben hätte, geradewegs ins Fäustchen.

*Wenn du am Ende von Kapitel 4 im Krankenhaus überwältigt wurdest: Lies weiter bei **531***
*Wenn du am Ende von Kapitel 4 eigenständig aus dem Krankenhaus entkommen konntest: Lies weiter bei **581***

522 Mit metallischem Klacken rasten die Schließen der ledernen Manschetten ein. Frankenstein legt Mary Ann Kelly den Metallreif um die Stirn und dreht einige Schrauben hinein, damit er straff sitzt. Mit routinierten Griffen, aber auch von Aufregung ergriffen, kontrolliert er Kabel und Schläuche. Schließlich tritt er von dem Behälter zurück. Mary Ann liegt zur Bewegungslosigkeit verdammt auf dem Gitter, das eine Handbreit über dem Eiswasser schwebt. »Es ist so weit!«

Mary Pearcey nickt zufrieden. »Stoßen wir ein letztes Mal an!«

Das ist das Signal für das Hausmädchen, die mit einem silbernen Tablet aus den Schatten heraustritt. Sie hat den Absinth in den funkelnden Gläsern vorbereitet und verteilt diese, bis sie schließlich mit dem letzten Glas vor dir steht und dir auffordernd zulächelt.

»Bitte sehr …«

*Du nimmst das Glas. (Ist dein **Suchtwert 3 oder höher**, musst du diese Option wählen!): Lies weiter bei **622***

*Du lehnst höflich, aber bestimmt ab: Lies weiter bei **672***

523 Mary Ann Kelly sieht dich überrascht an. »Mich rausholen? Hast du den Verstand verloren, kleiner Inspektor? Das ist doch nur ein Spiel, verstehst du? Eine Posse, um, na du weißt schon, wohin das führt!«

Mary Pearcey legt besitzergreifend die Hand auf Mary Anns auf dem Tisch ruhenden Arm. »Mary Ann ist, wo sie sein soll. Inmitten des Zirkels des Osiris. Und du – Frederick Abberline – wirst ebenfalls ein Teil von uns werden, ob du willst oder nicht!«

*»Miss Pearcey, reden wir allein. Unter vier Augen!« (Sofern du das noch nicht gesagt hast.): Lies weiter bei **573***

*»Ich setze Ihrem Treiben ein Ende, hier und jetzt!«: Lies weiter bei **623***

*Du gehst zum Tisch und nimmst unaufgefordert Platz. »Der Zirkel des Osiris? Was ist das und vor allem, was habe ich damit zu tun?«: Lies weiter bei **673***

524 Gull, der schon in seine alten Tage gekommen, aber von beachtlicher Größe und Masse ist, zeigt sich behände. Du siehst das lange schmale Messer in seinen Fingern blitzen und wie es einen funkelnden Halbkreis in der Luft beschreibt, und du kannst im letzten Moment unter seinem Angriff hinwegtauchen.

Blind greifst du nach dem ersten Werkzeug, das deine Finger finden. Es ist das kleine, metallisch funkelnde Beil, das du – denn du bist in seinen Rücken gelangt – dem wahnsinnigen Arzt mit Wucht von hinten in den Schädel schlägst, sodass die Klinge bis zum Stiel mit einem satten Knacken eindringt.

Gull erstarrt wie vom Blitz getroffen, grunzt, lässt das Messer fallen und stürzt der Länge nach hin, um zuckend und dunkles Blut vergießend zu sterben.

Mary Pearcey schnaubt. »Netley, setz dem ein Ende!«

Der lässt sich das nicht zweimal sagen, packt den Schürhaken fester und stürmt zu allem entschlossen auf dich zu!

*Du greifst Netley an (Probe **Nahkampf**): Lies weiter bei **674***

*Du willst Netley austricksen (Probe **Überwältigen**): Lies weiter bei **538***

*Du nimmst eine der Ölschalen, die bei den Kanopen stehen, und willst ihn mit brennendem Öl überschütten (Probe **Geschick**): Lies weiter bei **588***

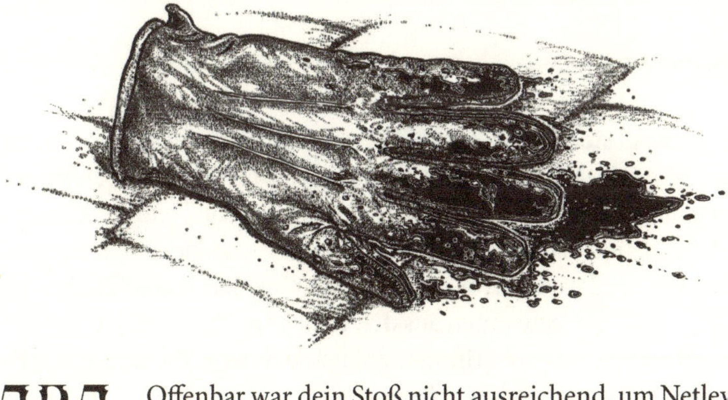

525

Offenbar war dein Stoß nicht ausreichend, um Netley zu entkommen, denn du spürst seine kräftige Hand an deiner Schulter und kannst dich gerade noch herauswinden, bevor er dich packt. Allerdings ist dir der Weg zur Fackel jetzt versperrt. Stattdessen richtest du deinen Blick auf William Gull und seine Instrumente.

*Du greifst den Arzt direkt an (Probe **Nahkampf**): Lies weiter bei **612***
*Du versuchst ihn zu übertölpeln, um an seine chirurgischen Werkzeuge zu gelangen (Probe **Überwältigen**): Lies weiter bei **662***

526 Entschlossen schiebst du sie von dir. »Ich denke, ich bin sauber genug. Wie geht's weiter?«
Das Hausmädchen stößt ein enttäuscht-beleidigtes »Pfff t« aus.

*Erhöhe **Überzeugen** um 1 Punkt!*

Sie wendet sich mit gesenktem Blick von dir ab, um das Schälchen mit dem Öl zu nehmen. »Die Salbung.« Sie bläst alle Kerzen bis auf eine aus, sodass euch die lauernde Dunkelheit mit ihren Schatten umfängt, und beginnt, deinen Körper mit einem kleinen Schwamm abzureiben, den sie zuvor in dem Öl getränkt hat. »Es ist das heilige Öl aus Abu Sir, gewonnen aus den Kanopen der Priesterin *Sat-nesu-en-chetef* …« Ihre Stimme senkt sich in eine Tonlage, die dich an die Gebete in einer Kirche erinnert.
*Lies weiter bei **676***

527 Das Schloss schnappt mit sanftem Klacken auf. Da sich niemand zu nähern scheint, öffnest du die Tür und schlüpfst in den Raum, der von einem fünfarmigen Kandela-

527

ber schwach beleuchtet wird. Der steht auf einem Schreibtisch aus schwarzem Holz, auf dem sich Akten und Schreibutensilien befinden.

An der Wand dahinter hängt eine Karte von Whitechapel, auf welcher die vier bisherigen Morde eingezeichnet und mit Linien verbunden sind, die auf den ersten Blick ein wirres Muster bilden, das keinen Sinn ergibt.

Auf den ersten Blick wohlgemerkt …

In Gedanken markierst du Mary Ann Kellys Zimmer unweit von hier im Miller's Court Nummer 13.

Nimm dir die Karte und vervollständige das Muster. Daraus könnte sich ein wichtiger Hinweis ergeben, zumindest aber eine Erkenntnis …

Die Akten auf dem Schreibtisch sind Abschriften der Obduktionsberichte aus dem Arbeiterkrankenhaus in der Old Montague Street.

*Wenn du den Bericht der Ermordung der Mary Ann Nichols liest, lies jetzt den **Anhang: Bericht 31. August 1888** und kehre dann hierher zurück!*

*Wenn du den Bericht der Ermordung der Annie Chapman nimmst, lies jetzt den **Anhang: Bericht 8. September 1888** und kehre dann hierher zurück!*

*Wenn du den Bericht der Ermordung der Elizabeth Stride ansiehst, lies jetzt den **Anhang: Bericht Nummer 1 des 30. September 1888** und kehre dann hierher zurück!*

*Wenn du den Bericht der Ermordung der Catherine Eddowes begutachtest, lies jetzt den **Anhang: Bericht Nummer 2 des 30. September 1888** und kehre dann hierher zurück!*

In einer Schublade im Schreibtisch findest du handschriftliche Notizen in schön geschwungenen Buchstaben:

HANB
SPITALFIELDS MARKET
CHURCH STREET
MILLER'S COURT
DORSET STREET
FLOWER & DEAN STREET
THRAWL STREET
OSBO
COMMERCIAL STREET
GOULSTON STREET
WHITECHAPEL HIGH STREET
MITRE SQUARE
WHITECHAPEL D
CITY OF LOND

EET
THOMAS STREET
BUCK'S ROW
OLD MONTAGUE STREET
WHITECHAPEL ROAD
OXFORD STREET
COMMERCIAL ROAD
BATTY STREET
BERNER STREET
ICT

25. Februar 1888. Annie Millwood. Nicht weiter erwähnenswert. Mister Hyde nahm sich ihrer mit dem Messer an, leider vergeblich. Die Ironie dabei war, dass man sie ins London-Hospital brachte, wo sich ein gewisser Doktor Jekyll um sie kümmerte. Das arme Ding überlebte die Nacht nicht.
M.P.

28. März 1888. Ada Wilson hat Jekylls, ich korrigiere, Hydes Angriff überlebt, was nicht bedeutet, dass wir sie aus den Augen lassen werden. Unglaublich, dass sie die Stiche in ihren Hals überlebt hat. Enttäuschend, weil wir große Pläne mit der Hure hatten. Ich bin mir sicher, dass sie uns noch von großem Nutzen sein wird …
M.P.

3. April 1888. Emma Elizabeth Smith hat sich als ungeeignet erwiesen, für den Zirkel des Osiris von Nutzen zu sein. Fünf müssen es sein. Die kanonischen fünf, um genau zu sein. Er hat ihr sein Zepter in die Vagina gestoßen, sie geweitet, damit er sehen konnte, aber all die Mühe war umsonst. Wir müssen weitersuchen. Zumindest hat sich gezeigt, dass Whitechapel der geeignete Nährboden für unser Vorhaben ist. Wo sonst ist es verruchter und schert man sich keinen Deut um das Leben einer Hure?
M.P.

7. August 1888. Ein Treppeneingang im George Yard. Martha Tabram, Hure. Alles muss man selbst machen, da die Herren nicht in der Lage zu sein scheinen, zwischen Wollust und Notwendigkeit zu differenzieren. Also habe ich sie mit 39 Stichen niedergestreckt, sie aufgebrochen wie ein erlegtes Reh. Nichts habe ich gefunden, also schnitt ich ihr die Brüste ab, doch auch das war vergebens. Dem guten Doktor Gull, der mich begleitete, wurde schlecht. Netley lachte.
M.P.

10. August 1888. Das Treffen mit William Gull, Leibarzt ihrer Majestät, und Albert Victor, Enkel Königin Victorias, war äußerst konspirativ. Wir haben eine Liste all derer erstellt, die für den Zirkel des Osiris in Frage kommen, und beschlossen, es wie die Taten eines Wahnsinnigen aussehen zu lassen. Ich muss hierbei anmerken, dass die Augen der beiden Herren dabei von Lust erfüllt waren. Womöglich wissen sie nicht zwischen Nutzen und Geilheit zu unterscheiden …

Mary Ann Nicols
Annie Chapman
Elizabeth Stride
Catherine Eddowes
Mary Ann Kelly

Und – auf mein Drängen hin – Ada Wilson, denn es ist immer besser, einen Joker zu haben. Der blutige Reigen wird am 31. August seinen Anfang nehmen … M.P.

4. November 1888. Ich habe Gefallen an Inspektor Frederick Abberline gefunden. Dienstnummer 43516. Scotland Yard. Abteilung CO. Seine Beharrlichkeit, sein Eifer, womöglich auch sein Gerechtigkeitssinn, beeindrucken mich. Wenn ich Ada Wilson nicht haben kann, werde ich ihn zu meinem Joker machen, der das Messer führt. Sollte er sich nicht fügen, habe ich immer noch seine Frau Emma, die aufs Land geschickt ist, aber nicht aus der Reichweite meines Arms. Die Beziehungen zu Polizei und Adel zahlen sich aus. Bleibt Abberline standhaft, werde ich Emma als Druckmittel benutzen, dem er sich beugen wird. Wenn nicht, schneiden wir ihr den Kopf ab und schicken ihn ihm in einer Kiste ins Revier in der Commercial Street. M.P.

Allein diese Akten und Notizen – allen voran die vom 4. November – würden genügen, um Mary Pearcey dem Strang zu überlassen. *Sofern das Gericht nach dem Gesetz handelt und nicht nach dem Willen des Königshauses*, geht dir ein erschreckender Gedanke durch den Kopf. Du befürchtest, dass einflussreiche Gönner die Tatsachen verdrehen könnten. Es gibt nur einen Weg, das Morden zu beenden: den Tod derer herbeiführen, die Leid über Whitechapel brachten!

Du verlässt den Raum und gehst …

… zur Küchentür: Lies weiter bei ***613***

… zurück zur Salontür: Lies weiter bei ***655***

… zurück zur Kellertür: Lies weiter bei ***605***

528

Probe ***Auftreten*** *gegen* ***Contra-Skill*** *7.*

Wenn du unterliegst: Lies weiter bei ***578***

Wenn du obsiegst: Lies weiter bei ***628***

529

*Probe **Geschick** gegen **Contra-Skill** 6.*
*Wenn du unterliegst: Lies weiter bei **607***
*Wenn du obsiegst: Lies weiter bei **629***

530

*Probe **Überwältigen** gegen **Contra-Skill** 8.*
*Wenn du unterliegst: Lies weiter bei **580***
*Wenn du obsiegst: Lies weiter bei **723***

531

Im Luftzug unstet flackernde Kerzen verbreiten ein düsteres Licht, das grausame Schatten in die Ecken wirft: Monster mit langen, dürren Armen, die mit Krallen nach dir greifen; Fiktionen eines zunehmend verwirrten Geistes. Zu realisieren, dass du bereits Tage hier verweilst, betäubt, zumindest aber schlafend, ist ein Schock. Möglichkeiten der Ruhigstellung haben die Doktoren genügend, sodass du dir nicht sicher sein kannst, dass die Datumsangaben auf den Zeitungen, die neben dem Bett auf einer Anrichte liegen, dem heutigen entsprechen.
Man hat dich ernährt und gesäubert, denn Hunger verspürst du keinen und beschmutzt bist du auch nicht. Vage erinnerst du dich an Träume, die einem verschwommenen Delirium gleichen. Gedämpfte, von Schatten ausgesprochene Worte ohne Sinn. Und noch etwas fällt dir auf. In deinen Armbeugen befinden sich rötlich verfärbte Einstichstellen von Spritzen, wie sie Doktoren ihren Patienten geben.
Haben die mir Morphium gespritzt? Oder Schlimmeres ...?

*Erhöhe deinen **Suchtwert** um 1 Punkt!*

Du stehst auf, gehst zum Fenster, das verriegelt und vergittert ist. Das Zimmer, in dem du dich befindest, liegt in der oberen Etage. Es ist spät am Abend des – wie du zumindest vermutest – 14. Oktobers 1888. Natürlich könnte es auch jedes andere Datum sein, was macht das schon für einen Unterschied.
Die Kutsche der Mary Pearcey fährt vor. Der Kutscher springt vom Bock und öffnet den Wagenschlag. Heraus steigt eine rothaarige Frau, gekleidet in dunkelroten, schwarz schimmernden Samt. Es

ist Mary Ann Kelly, eine stadtbekannte Prostituierte, die im Miller's Court 13 ihr Zimmer hat und nun im Haus verschwindet.
Du findest deine Sachen gereinigt und zusammengefaltet auf einem Stuhl neben dem Fenster. Die Schuhe stehen geputzt darunter. Wie zum Hohn liegt dein Messer obenauf – poliert und geölt, als wolle man dich verspotten. Was du sonst an Waffen und Gegenständen dabeihattest, ist weg. Da das Fenster verriegelt ist, bleibt dir nur die Tür.
Du drehst am Knauf und stellst verwundert fest, dass sie sich öffnen lässt.
*Lies weiter bei **631***

532

Mary Ann Kelly sieht dich überrascht an. »Was soll verloren sein, etwa ich? Bist du irre? Das ist alles nur ein Spiel, verstehst du? Eine Posse, um, na du weißt schon, wohin das führt!«
Mary Pearcey legt besitzergreifend die Hand auf Mary Anns auf dem Tisch ruhenden Arm. »Sie ist genau dort, wo sie sein soll. Inmitten des Zirkels des Osiris. Und du wirst ebenfalls ein Teil von uns werden!«
*»Dazu müssen Sie mir erst erklären, was dieser Zirkel des Osiris ist.«: Lies weiter bei **582***

533

*Probe **Überwältigen** gegen **Contra-Skill 8**.*
*Wenn du unterliegst: Lies weiter bei **633***
*Wenn du obsiegst: Lies weiter bei **683***

534

Die Pearcey stößt ein hämisches Lachen aus. Du hast das Gefühl, dass sich der Raum um die Umstehenden herum zu Finsternis verdichtet, dass die Luft sich mit Feuer erfüllt. Schweiß tritt dir aus den Poren und dein Herz schlägt wild in der Brust.
»Ich hatte nichts anderes erwartet«, stellt sie fest. »Dein Leben liegt in meiner Hand. Unterwirfst du dich meinem Willen?«
*»Ja.«: Lies weiter bei **584***
*»Nein!«: Lies weiter bei **634***

535 Der Schmerz schnürt dir die Kehle ab, dein Herz brennt in der Brust, doch als der letzte Seufzer über ihre blutverschmierten Lippen weht, weißt du, dass du richtig gehandelt hast. Manchmal kann man eine Seele nur retten, indem man sie aus dem Fleisch entlässt.
Du schließt ihre Augen und gehst zu dem Vorhang, hinter dem ein Geheimnis auf dich wartet.

*Erhöhe deine **Empathie** um 1 Punkt!*

*Lies weiter bei **661***

536 Das Hausmädchen geht – die flackernde Kerze tragend – in den Empfangsraum und von dort zur Tür unter der Treppe, die offen steht. John Netley geht hinter dir, einen Schürhaken in der Hand. Jemand hat die Lampen gelöscht, sodass nur das klägliche Kerzenlicht sich unstet bewegende, aus der Dunkelheit greifende Schatten wirft.
Aus der Tiefe – die weiter hinabführt, als du je erwartet hättest – schlägt dir warme Luft entgegen. Hier flackern tropfende Kerzen in Wandnischen und schaffen ein fragiles Licht, aber immerhin kannst du die Treppe erkennen.
Anfangs sind die Wände gemauert, doch nach dem ersten Absatz – von dem ein mit einem schweren Eisengitter verschlossener Abzweig in den regulären Keller führt – bestehen die Wände aus feuchtglänzendem Lehm und unbehauenem Gestein. Kondenswasser tropft von der Decke. Algen haben sich in Ritzen und Fugen gebildet, und dennoch ist es unangenehm warm und stickig.
Wir müssen unterhalb der Themse sein, geht dir der erschreckende Gedanke durch den Kopf.
Als du nach geraumer Zeit – du hast sechsundsechzig Stufen gezählt – einen kreisrunden Raum erreichst, schlägt dir das Knistern von Fackeln entgegen, die in eisernen Halterungen stecken und für die Hitze verantwortlich sind, die hier unten herrscht. Noch etwas anderes raubt dir den Atem …
*Lies weiter bei **586***

537 *Probe **Überwältigen** gegen **Contra-Skill** 6.*
*Wenn du unterliegst: Lies weiter bei **587***
*Wenn du obsiegst: Lies weiter bei **637***

538 *Probe **Überwältigen** gegen **Contra-Skill** 7.*
*Wenn du unterliegst: Lies weiter bei **638***
*Wenn du obsiegst: Lies weiter bei **688***

539 *Probe **Überwältigen** gegen **Contra-Skill** 5.*
*Wenn du unterliegst: Lies weiter bei **589***
*Wenn du obsiegst: Lies weiter bei **639***

540 Mary Ann Kelly grinst nur, als du sie anbrüllst. Sie wirft sich herum, dass ihre roten Haare fliegen, und rennt auf die Wanne zu. Ohne weitere Worte steigt sie hinein und legt sich opferbereit auf das Gitter, immer noch in ihrem wahnsinnigen Delirium gefangen.
Du wendest dich den anderen zu. Die Gegner sind immer noch zu zahlreich, die Finsternis um Mary Pearcey zu verdichtet, um sie direkt anzugreifen. Also stürzt du dich auf die Apparatur von Frankenstein, um diese zu zerstören.
*Probe **Geschick**: Lies weiter bei **640***

541 *Probe **Geschick** gegen **Contra-Skill** 6.*
*Wenn du unterliegst: Lies weiter bei **657***
*Wenn du obsiegst: Lies weiter bei **707***

542 *Probe **Überzeugen** gegen **Contra-Skill** 7.*
*Wenn du unterliegst: Lies weiter bei **642***
*Wenn du obsiegst: Lies weiter bei **692***

543 Hämisch grinsend entkorkt Doktor Jekyll das Reagenzglas und leert sich die lilafarbene Flüssigkeit in den Rachen. »Ich hatte gehofft, dass du das sagst!«
Derweil du das Messer ziehst, geht mit dem Arzt eine schreckliche Veränderung vor, die äußerst schmerzhaft sein muss. Der Mann

stöhnt, krümmt sich, hält sich am Tischrand fest, um nicht zu stürzen. Sein Gesicht verzieht sich zur gepeinigten Fratze, deren Gesichtszüge sich aufs Erschreckende verändern.
Braune Augen werden groß und schwarz, Augenbrauen buschig und widerborstig abstehend. Die Gesichtsknochen scheinen unter der Haut zu wachsen, sich zu verformen. Das Kinn wird kantiger, die Stirn wulstig, die Nase breit und flach. Doktor Jekylls Schultern straffen sich mit lautem Knacken und Knirschen, die Arme bilden unnatürliche Muskulatur, sodass sich der Stoff des Jacketts bis zum Zerreißen strafft. Letztendlich sind es Details, die den Arzt in ein grobschlächtiges Monster verwandeln, das dir nur allzu bekannt vorkommt.
Du musst an die harten Schläger aus Whitechapel denken, die betrunken an den Ecken stehen und weder Mann noch Frau verschonen. Brutal, erbarmungslos und gefährlich. Den Blick seiner hämisch funkelnden Augen auf dich gerichtet, strafft er seinen Körper.
»Die perfekte Metamorphose …«, kommentiert Mary Pearcey, »vom mitfühlenden Arzt zum erbarmungslosen Schlächter von Whitechapel. Darf ich vorstellen: Mister Jack the Ripper!«
Wut und Hass flammen in dir auf. Deine Finger schließen sich fester um den Messergriff. »Er ist der Mörder?«
»Es ist … kompliziert«, meint die Pearcey. »An unser aller Hände klebt Blut, auch an deinen.«
»Genug der Worte!«, knurrst du und stürzt dich auf den breitschultrigen – unbewaffneten – Mann.
*Du gehst ihn mit dem Messer an (Probe **Nahkampf**): Lies weiter bei* ***643***
*Du bändigst deinen Zorn und versuchst, ihn nur unschädlich zu machen (Probe **Überwältigen**): Lies weiter bei* ***693***

544

Gemeinsam mit Frankenstein machst du dich daran, die Kabel aus seiner Apparatur zu reißen, Schalter umzulegen, Regler auf null zu stellen, damit keine Elektrizität mehr fließt. Die Todespriesterin kreischt wie eine Furie, als sie eure Absicht erkennt, ist aber zu schwach, um anzugreifen.
Deine Trommelfelle stöhnen unter der akustischen Wucht, dein Blick verfärbt sich rot, du schmeckst süßes Kupfer auf den Lippen,

das Blut ist, und dennoch greifst du nach den Drähten und Kabeln, um sie herauszureißen. Für Mary Ann Kelly, die du eigentlich retten wolltest, ist es längst zu spät, doch es gibt weit mehr, für das es sich zu kämpfen lohnt.

Die Wucht der Elektrizität fährt dir durch Mark und Bein, als du eines der Kabel berührst. Deine Muskeln spannen sich reflexartig an, doch du beißt die Zähne zusammen, dass sie im Kiefer knacken, arbeitest verbissen weiter.

»Wir schaffen es nicht!«, schreit Frankenstein.

Ihr zerrt Kabel um Kabel heraus, die wie funkensprühende Schlangen um euch herum tanzen. Harte Schläge jagen dir durch den Körper, bis die Muskeln krampfen.

Du brichst von brennender Hitze überrollt in die Knie. Es gelingt dir kaum, die Finger zu schließen. Dein Kopf hat sich in einen Kochtopf angefüllt mit siedendem Wasser verwandelt, du kannst nur verschwommen sehen.

Das Monster auf dem Rand des Sarkophags brennt lichterloh von innen heraus, wenigstens kreischt es nicht mehr. Mary Pearcey rauft sich die Haare, schreit, sabbert, zerkratzt sich die Haut ihrer schlanken Arme.

Du ergreifst gemeinsam mit Frankenstein das letzte Kabel, ziehst es heraus und die Welt erstrahlt in grellweißem Licht …

*Lies weiter bei **739***

545

Eine Ohrfeige holt dich aus der Dunkelheit zurück. Du sitzt mit den Händen auf den Rücken gebunden auf einem gepolsterten Stuhl. Hinter dir knackt Feuerholz in den Flammen, die Luft ist dick und heiß. Du bist nicht allein, wie du an den flüsternden Stimmen erkennst, die dich tuschelnd umgeben. Flackerndes Licht bahnt sich den Weg durch den dicht gewebten Stoff. Du schmeckst Blut auf den Lippen.
»Die Fesseln dienen zu deiner Sicherheit, ebenso wie der Sack«, hörst du die dunkle Stimme einer Frau, die dir gegenübersitzt. Du erkennst sie als die von Mary Pearcey – naheliegend, wenn man bedenkt, dass du dich in ihrem Haus befindest.
»Ich bleibe ruhig, sofern Sie mir erklären, was hier gespielt wird!«: Lies weiter bei ***595***
»Fahren Sie zur Hölle, Miss Pearcey!«: Lies weiter bei ***645***

546

Mein Leben ist verwirkt, denkst du, als sich Albert Victor und Grey an Kurbeln zu schaffen machen, um deinen nackten, gefesselten Körper in das Eiswasser hinabzulassen, dass er überspült wird, du aber trotzdem weiter atmen kannst. Die Kälte ist ein Schock, der dir den Atem raubt.
Mary Pearcey, die in dem leicht fallenden, schwarzen Gewand mit eng geschnürtem Mieder und den offenen, von Finsternis umkränzten Haaren wie eine fahlbleiche Priesterin aus dem Totenreich erscheint, tritt an das Fußende des Sarkophags und breitet die Arme aus. Ihr Gesicht wirkt hager, eingefallen sogar.
»Oh, Osiris, erhöre unser Flehen! *Sat-nesu-en-chetef*, Todespriesterin, steh uns bei.«
Auf ein Zeichen hin öffnet das Hausmädchen die Kanopen, die an den Ecken des Sarkophags platziert sind. Frankenstein legt an seiner Apparatur Schalter um, sodass der Raum von einem elektrischen Summen überflutet wird. Woher die Energie kommt, weißt du nicht. Was du jedoch weißt, ist, dass die dicken Kabel in der wabernden Finsternis verschwinden, die inzwischen die gesamte Kuppel ausfüllt.
Grey und Albert Victor postieren sich an den Seiten des Grabgeleges. Jeder hat ein Brecheisen aufgenommen, das er in den schmalen Schlitz zwischen Deckel und Unterteil stemmt.

»Oh, Osiris, nimm als Opfer den Magen der *Sat-nesu-en-chetef* aus der Duamutef-Kanope, auf dass der Falke seine Schwingen ausbreiten und sie in ihr neues Gefäß tragen kann!«

Das Hausmädchen nimmt die neben der Falken-Kanope stehende Ölschale und gießt deren brennenden Inhalt hinein. Zischend fängt etwas Feuer, das du nicht sehen, aber riechen kannst, da es wie verbrannter Dung stinkt.

Frankenstein legt einen weiteren Schalter um und dreht hektisch an einigen Rädern. Anzeigen schlagen aus, das elektrische Summen nimmt zu. Bläuliche Funken rasen die Kabel entlang bis zu deinen Fesseln, wo sie in dich eindringen wie glühende Speere. Deine Muskeln spannen sich unter den brutalen Schlägen, krampfen, drohen zu kollabieren. Feuer rast über deine Haut.

»Großer Osiris. Nimm das Opfer aus der Amset-Kanope an, welches die Leber der *Sat-nesu-en-chetef* ist und das Sein des Menschen symbolisiert.«

Wie bei der ersten Kanope gießt das Hausmädchen das brennende Öl nun in die mit der Menschengestalt. Fauchend fängt der Inhalt mit blauer, hitzewerfender Flamme Feuer.

»Osiris! Nimm als drittes Opfer aus der Hapi-Kanope die Lunge der *Sat-nesu-en-chetef*, die so stark ist wie die eines Affen!«

Das Hausmädchen eilt zu der Affen-Kanope und leert das Öl aus der dritten Schale hinein, dass es funkensprühend knistert, allerdings nur mit kleiner, verhaltener Flamme brennt.

Wohl nicht mehr viel übrig von der Lunge, denkst du dir nicht ohne Hohn.

Frankenstein dreht ekstatisch an Reglern und Stellschrauben, legt einen klobigen, hufeisenförmigen Schalter um, dass ein wahrer Funkenregen aus der Apparatur schießt. Es gibt einen fürchterlichen Knall, der alle zusammenfahren lässt, dann bäumst du dich von Schlägen getrieben auf, als hätte man elektrische Aale ins Wasser gesetzt, die sich nun alle zugleich entladen. Du riechst bittersüß schmeckende Elektrizität, dein versengtes Haar und scharfen Schweiß, aber auch das Ölig-Klebrige aus den brennenden Kanopen.

»Mächtiger Osiris, als letzte Opfergabe reichen wir dir das Gedärm der *Sat-nesu-en-chetef* aus der Schakal-Kanope Kebechsenuef!«

Darauf haben Grey und Albert Victor gewartet. Mit aller Kraft stemmen sie die Brecheisen in den Sarkophag und beginnen damit, die obere Platte wegzuschieben. Das Hausmädchen hebt die vierte Ölschale mit beiden Händen über ihren Kopf und wartet – die Schakal-Kanope zwischen den Knien – auf ein Zeichen ihrer Herrin. Ächzend stemmen die Männer die schwere Platte vom Sarkophag, die polternd niederfällt und zerbricht.
»Mächtiger Osiris, Herrscher des Totenreichs, ich bitte dich erneut, nimm das Gedärm der *Sat-nesu-en-chetef* aus der Schakal-Kanope Kebechsenuef«, dröhnt Mary Pearceys Stimme durch die von Finsternis erfüllte Kuppel. Ein Ächzen und Stöhnen geht durch Boden und Wände, als würde sich eine gigantische Macht dagegenstemmen.
Das Hausmädchen schließt die Augen, keucht ein hektisches »für Osiris« und gießt sich das lodernde Öl über den Kopf. Mit einer grellen Stichflamme entzünden sich Körper und Kanope, dass es dir heiß entgegenschlägt.
Mary Pearceys Gesicht nimmt im Feuerschein einen diabolischen Zug an, die sehnigen Arme in fanatisch beschwörender Geste hoch erhoben wie auch den Dolch, den sie hält.
Grey und Albert Victor werfen die Brecheisen weg und nehmen zwei auf dem Boden zusammengerollte Kabel, die sie ins Innere des Sarkophags rammen, wohin, kannst du nicht sehen.
»Was habe ich nur getan«, stöhnt Frankenstein an seiner Apparatur, zögert jedoch nicht, den finalen Schalter umzulegen. Der Kasten sprüht Funken, knistert, an einigen Stellen lodern sogar blau brennende Flammen, welche die Isolation der Kabel fressen. Glühende Nadeln bohren sich in dein Hirn.
»Erwache, *Sat-nesu-en-chetef*, erhebe dich aus deinem ewigen Schlaf!«, ruft die Pearcey aus und reckt die Hände beschwörend nach oben, als wäre es ein Gebet.
Ein Kreischen wie von Nägeln, die über Glas gezogen werden, dringt aus dem Sarkophag, getragen von schwarzgrauem Rauch, durchsetzt von orangeroten, knisternden Funken. Ist das etwa eine dürre, dunkle Hand, die über den Rand des Grabgefäßes greift?
*Lies weiter bei **718***

547 Getrieben von Wut und Hass erfolgt dein Angriff ungestüm. Hyde erinnert dich an einen Gorilla, der dir mit unbeholfenen Bewegungen entgegenstürzt. Dementsprechend begegnest du ihm mit einem gerade geführten Messerstoß.
Bevor die Klinge den Stoff seines Anzugs durchstoßen kann, weicht Hyde mit der geschmeidigen Bewegung eines Tänzers aus und versetzt dir einen brutalen Faustschlag in die Magengrube, der dir nicht nur die Luft aus der Lunge presst, sondern dich mit Wucht rückwärts durch den Raum treibt.
Bevor du dich sammeln kannst, entwindet er dir das Messer und packt dich im Genick, um …
*Lies weiter bei **647***

548 Du ergreifst die brennende Ölschale und kommst hoch, als John Netley den Schürhaken auf dich niedersausen lässt. Mit einer schnellen Drehung weichst du aus und begreifst, dass sein Angriff nicht dir, sondern der Schale galt. Klirrend zerspringt diese unter der Wucht des Treffers. Öl schwappt dir ins Gesicht und über den Körper. Eine blaue Flamme wandert züngelnd zu dir hin, findet reichhaltige Nahrung im Lampenöl.
Fauchend breiten sich die Flammen aus, alles versinkt in grellem Rot und unerträglicher Hitze, die beißt und zwickt und sengt, dass du wild um dich schlägst, schreist und jammerst, weil es an deinen Haaren zieht und dir in die Lippen schneidet. Deine Augäpfel – zumindest glaubst du das – treten aus den Höhlen und platzen. Deine Zähne zerspringen in der fauchenden Hitze. Haut rollt sich verbrennend vom Fleisch. Sehnen schnalzen unter der Einwirkung des Feuers.
Es fühlt sich an, als würde man dich im Ganzen durch einen glühenden Fleischwolf drehen, zerquetscht und verbrannt zugleich, doch auch das ist schnell vorbei. Dein im Schädelknochen kochendes Hirn akzeptiert das Fegefeuer, in das man dich gestoßen hat, und du fängst an, hysterisch zu lachen, wo doch kein Ton ob der geschmolzenen Stimmbänder deinem verbrannten Gesicht entweicht …
*Lies weiter bei **594***

549

»Du weißt nicht, was dir entgeht. Es ist eine überaus stimulierende Mixtur, die uns Frankenstein gezaubert hat. Der neueste Schrei aus München. Aber bitte ...«
Die Pearcey legt die Karten mit dem Rücken nach oben auf den Tisch und fächert diese auf. »Erinnerst du dich noch an die Karte, die die deine war?«
»Sie haben mich überzeugt, ich möchte die grüne Fee doch kosten ...«: Lies weiter bei ***599***
»Das Schicksalsrad.«: Lies weiter bei ***649***
»Die Hohepriesterin!«: Lies weiter bei ***699***
»Die umgekehrte Herrscherin!«: Lies weiter bei ***738***
»Der Teufel!«: Lies weiter bei ***567***
»Das Gericht!«: Lies weiter bei ***617***
»Ich kann mich nicht mehr an die Karte erinnern ...«: Lies weiter bei ***667***

550

Mit einem wilden Schrei rammst du John Netley den Ellbogen in die Rippen und springst auf Doktor William Gull zu, der mit seinen Werkzeugen hantiert.
Du willst Gull niederschlagen (Probe ***Nahkampf****): Lies weiter bei* ***612***
Du versuchst, Gull zu überwältigen (Probe ***Überwältigen****): Lies weiter bei* ***662***

551

Du gehst vor dem zitternden Mädchen in die Hocke und wischst dir die blutigen Hände an ihrer Schürze ab. Die Verrohung deines Geistes schreitet schneller voran, als dir lieb ist.
»Bin nur ein ... Hausmädchen«, wimmert sie tränenerstickt. »Nur die Küche mach ich, das ist alles, weiß nicht, was die so treiben ...«
»Aber Donovan hast du an dir fingern lassen?« Für dich verschwimmt die Grenze zwischen Gut und Böse. Du musst aufpassen.
»Ich brauche jeden Penny, den ich kriegen kann, hab 'ne kleine Tochter, oben in einem der Zimmer im *Crossingham's* ... sie wird sterben, wenn ich nicht heimkomme ...«
Du drückst ihr eine Hand auf den Mund und stößt ihr die Klinge in die Kehle. »Es tut mir leid, ich kann dich nicht leben lassen.«

Sie bäumt sich auf, ist aber zu schwach, etwas zu bewirken. Du ziehst die Klinge heraus und stößt erneut zu, dieses Mal tiefer. »Du und dein Kind, ihr hattet nie eine Zukunft, denn in Whitechapel gibt es nur den Tod!«
Hast du das eben gesagt?
Das arme Ding ermordet, ohne Grund?
Die Pearcey hätte sie sowieso nicht leben lassen, rechtfertigst du dein grausames Handeln. Eins wird dir zunehmend bewusster: Die Jagd nach dem Mörder verändert dich. Es wird Zeit, das alles zu beenden. Mit einem Küchentuch reinigst du notdürftig deine Kleidung vom vergossenen Blut, das sich wie ein rotschimmernder See unter dem erschlafft an der Wand lehnenden Hausmädchen ausbreitet.

*Verringere deine **Empathie** um 2 Punkte!*

*Du beschließt, den Salon zu betreten: Lies weiter bei **655***
*Du gehst zur Kellertür: Lies weiter bei **605***

552

Mary Pearcey stößt ein Geräusch aus, das von Enttäuschung zeugt.
»Dann bist du unser Lamm«, raunt sie sichtlich erregt. »Dein Leben liegt nun in Osiris' Hand.« Dann, an die anderen gerichtet. »Bereitet das Lamm zur Opferung vor!« Ehe du dich versiehst, dringen sie alle – abgesehen von Mary Ann Kelly – auf dich ein. Grey

versetzt dir einen derben Stoß, der dich in die Arme des Offiziers treibt. Der nimmt dich in einen Würgegriff, derweil der alte Arzt eine klobige Spritze aus der Jacketttasche zieht und dir die Nadel in den Hals sticht.
Flüssiges Eis flutet aus deren Spitze in die wild pochende Halsschlagader und alles versinkt in einem dumpfen, schweren Albtraum voller sich in Schlieren auflösender Gesichter und bleischwerer Dunkelheit …
*Lies weiter bei **684***

553 Du machst an den Rahmen geklammert einen zögerlichen Schritt zur Seite, um besseren Halt zu finden, denn die moosbedeckten Schindeln sind rutschig und dein Schuhwerk absolut ungeeignet für akrobatische Übungen. Und schon passiert das Unvermeidliche. Dein Schuh verliert den Halt und plötzlich ist das Rahmenholz deine letzte Hoffnung. Doch es ist morsch und zerbröselt zwischen deinen Fingern zu nutzlosen Splittern.
Mit den Armen rudernd kippst du nach hinten, knallst auf das abschüssige Dach, rutschst über den Rand und stürzt mit dem Kopf voran in die Tiefe.
Aus deinem Mund entringt sich ein erstickter Seufzer, als du auf einen Eisenzaun knallst, dessen Spitzen dich wie Speere durchbohren, dir die Rippen brechen, die Lunge und anderes durchstoßen, um vorne wieder auszutreten.
Mit gebrochenem Rückgrat hängst du in grotesker Haltung auf dem Zaun. Deine Lunge füllt sich mit Blut. Die Welt steht vor deinen Augen Kopf, doch bevor du in tödlicher Ohnmacht versinkst, siehst du, wie sich die Tür von Mary Pearceys Haus öffnet und Gestalten wie Scherenschnitte auf dich zueilen. Dann ist es vorbei, für immer. Welch Tragödie …

ENDE

554 *Probe **Geschick** gegen **Contra-Skill** 5.*
*Wenn du unterliegst: Lies weiter bei **604***
*Wenn du obsiegst: Lies weiter bei **654***

555 Die Tür führt in ein von Kerzen beleuchtetes Vorzimmer, in dem Schränke – angefüllt mit Porzellan und Kristallgläsern – stehen. Auf einem silbernen Tablett warten Teetassen und Gebäck auf ihre Benutzung. Als ungewöhnlich empfindest du die dreizehn schwarzen, bodenlangen Roben aus dunklem Samt, die lange Kapuzen haben und am Saum mit weißen Symbolen bestickt sind, die dich an die auf den Tarotkarten erinnern. Die Roben sind vorne offen, sodass man diese über normale Kleidung streifen kann.

Zwei Türen führen – abgesehen von der, durch die du gekommen bist – aus der Kammer. Die eine ist eine Schwingtür, hinter der du die typischen Geräusche einer Küche hörst. Die andere ist schmal und wirkt auf dich wenig interessant.

Du gehst durch die Küchentür: Lies weiter bei ***613***

Du nimmst die schmale Tür: Lies weiter bei ***663***

Du gehst zurück …

… um den Salon zu betreten: Lies weiter bei ***655***

… um zur Kellertür zu gehen: Lies weiter bei ***605***

556 Die Umstehenden versammeln sich hinter dir, sodass der Raum enger wird. Unangenehm eng.

»Es ist an der Zeit, mit dem Ritual zu beginnen. Doch zuvor will ich dir erzählen, wie es zu dem Zirkel des Osiris kam.« Mary Pearcey steht auf, geht zum Bücherregal und zieht ein kleines, in schwarzes Leder gebundenes Buch hervor. Ihre Bewegungen haben etwas Geisterhaftes, Unwirkliches. Sie umgibt eine finstere Aura, die das pure Böse atmet, zugleich jedoch Faszination und Begierde weckt, denn sie ist alles andere als abstoßend.

Mary Pearcey legt das Büchlein vor dich hin. »Wir leben in einer Zeit des Wandels. Die alte Gesellschaft zerfällt zu Staub, gebiert Orte wie Whitechapel, die lebensverachtender nicht sein könnten. Alles ist krank, desolat, versinkt im Dreck einer nie dagewesenen menschenfressenden Maschinerie, die für nichts anderes als den Tod steht. Und der Tod ist es, der mich schon als Kind faszinierte. Er umgab mich wie eine Haut, die ich nicht abzustreifen vermochte. Geliebte Menschen um mich herum wurden krank und starben,

weit bevor sie das Alter dazu erreicht hatten. Wo ich ging, breiteten sich Krankheit und Seuche aus. Neid, Missgunst und Hass wurden zu meinen Begleitern …«
»Also sind Sie krank, wollen Sie mir das damit sagen?«, stellst du eine eher rhetorische Frage, deren Antwort du kennst.
Mary Pearcey tritt hinter dich und legt dir ihre schlanken Hände auf die Schultern. Sie verströmt einen betörenden Duft nach frischen Rosen, wie man sie auf Gräbern findet. »Es ist ein Fluch, der auf mir lastet. Den ich ausatme und mit dem ich die Luft verpeste und alles, was ich berühre. Mein Mann – Osiris sei seiner Seele gnädig –, dem ich all das hier verdanke, hat nie verstanden, weshalb ich nach dem Schlüssel des Todes suchte. Das Schicksal führte uns nach Ägypten, ins Land der Pyramiden, wo der Tod allgegenwärtig ist. Und dort sollte sich sein Schicksal erfüllen und ich die Bestimmung finden, nach der ich mein Leben lang gesucht habe …«
Sie beugt sich über dich, sodass dich ihre Brüste elektrisierend streifen, und schlägt das Büchlein auf. Es ist ein Tagebuch, und das Datum, das du lesen kannst, ist der 8. August 1886. »Lies, damit du verstehst …«
Trotz allem beginnst du, eine selbstzerstörerische Art von Verständnis für Mary Pearcey zu entwickeln. Oder ist es gar Zuneigung, wenn nicht sogar Begierde, die dich zu ihr hinzieht?
»Ich will es verstehen, ich will Sie *verstehen!«: Lies jetzt den* ***Anhang: Sat-nesu-en-chetef*** *und lies danach weiter bei* ***704***
»Mich interessiert ihre Geschichte nicht!«: Lies weiter bei ***729***

557 Nachdem die Kutsche weggefahren ist, schleichst du dich in den Schatten zum Eingang des Nachbarhauses auf der linken Seite der Sackgasse. Dir ist aufgefallen, dass dort – ebenso im Gebäude rechts – kein Licht hinter den Fenstern brennt. Auch ist keine Sterbensseele ein oder aus gegangen. Die Frage, ob diese Häuser unbewohnt sind, scheint nicht ganz unberechtigt. Entweder möchte niemand neben der mysteriösen Frau wohnen oder sie hat dafür gesorgt, dass sie ungestört ist.
Die Eingangstür aus dunklem, zernarbtem Holz wird von zwei dicken Säulen flankiert, zwischen denen du dich in den Schatten un-

bemerkt ans Werk machen kannst. Einen stabilen Draht zum Öffnen der Tür hast du dir vor Tagen besorgt.
*Probe **Geschick**: Lies weiter bei **541***

558

*Probe **Glaubwürdigkeit** gegen **Contra-Skill 5**.*
*Wenn du unterliegst: Lies weiter bei **608***
*Wenn du obsiegst: Lies weiter bei **658***

559

Die Atmosphäre im Haus ist dumpf, bedrückend, düster. Die Luft schmeckt nach altem, fettigem Staub. Jede Stufe knarrt in ihrer eigenen Art stetigen Zerfalls. Helle Tücher liegen Gespenstern gleich über den Möbeln. Vor den Fenstern hängen schwere, dunkle Vorhänge, die kein Licht von außen hereinlassen, sodass du froh bist, die Lampe dabeizuhaben.
Du widerstehst nur mit Mühe dem Drang, die Tücher wegzuziehen, um zu sehen, was sich darunter verbirgt. Es könnte alles sein. Oben angekommen schleichst du den Flur des toten Hauses entlang, das schmeckt wie abgeworfene Haut. Am Ende stößt du auf eine schmale Treppe, die zum Dachboden führt. Die Tür steht nicht nur offen, sondern ist ausgehängt und lehnt nutzlos an der Wand. Der Staub auf den Stufen ist unberührt, dennoch beschleicht dich ein mulmiges Gefühl, als du die enge, knarrende Treppe hinaufsteigst.
Dachböden waren für dich schon immer ein Graus. Hier bewahrt man auf, was zu wertvoll zum Wegwerfen, aber zu unansehnlich oder mit zu schlechten Erinnerungen verbunden ist, um es im Lebensraum zu ertragen. Und du wirst nicht enttäuscht. Spinnweben spannen sich staubbehangen zwischen Kleiderpuppen, stumpfen Spiegeln und Überseekoffern. Eine mumifizierte Ratte liegt auf dem Boden. Strohiges Fell spannt sich über winzigen Knochen.
Auf dem Weg zum Dachfenster stößt du dich an einem alten Schaukelstuhl, der knarzend seiner Bestimmung nachkommt. Das Fenster – knapp groß genug, damit du hindurchklettern kannst – ist vom Staub und Ruß vieler Jahre bedeckt. Du steigst auf eine Kiste, öffnest es und empfängst dankbar die kalte Novemberluft. Du steckst den Kopf hinaus und musterst skeptisch die feuchtglänzenden Schin-

deln. Die Londoner Dächer sind nicht steil, aber Moos und Nebel machen die Kletterpartie dennoch zu einem Abenteuer.

Wenn du hinaussteigst, um übers Dach zu Mary Pearceys Haus zu klettern (Probe **Geschick***): Lies weiter bei* ***687***

Wenn dich der Mut verlässt, du wieder auf die Straße gehst und …

… dein Glück an der Vordertür versuchst: Lies weiter bei ***681***

… es lieber am Hintereingang probierst: Lies weiter bei ***728***

560

Das Schloss schnappt mit einem sanften Klacken auf. Du öffnest die Tür und schlüpfst in den Raum, der von einem fünfarmigen Kandelaber schwach beleuchtet wird. Der steht auf einem schweren Schreibtisch aus schwarzem Holz, auf dem sich Akten und Schreibutensilien befinden.

An der Wand dahinter hängt eine Karte von Whitechapel, auf der die vier bisherigen Morde eingezeichnet und mit Linien verbunden sind, die auf den ersten Blick ein wirres Muster bilden, das keinen Sinn ergibt. Auf den ersten Blick wohlgemerkt …

In Gedanken markierst du Mary Ann Kellys Zimmer unweit von hier im Miller's Court Nummer 13.

HANB
SPITALFIELDS
MARKET
CHURCH STREET
MILLER'S
COURT
DORSET STREET
FLOWER & DEAN STREET
THRAWL STREET
OSB
COMMERCIAL STREET
GOULSTON STREET
WHITECHAPEL HIGH STREET
MITRE
SQUARE
WHITECHAPEL D
CITY OF LON

EET
BUCK'S ROW
THOMAS STREET
OLD MONTAGUE STREET
WHITECHAPEL ROAD
OXFORD STREET
COMMERCIAL ROAD
BATTY STREET
BERNER STREET
ICT

Nimm dir die Karte und vervollständige das Muster. Daraus könnte sich ein wichtiger Hinweis ergeben, zumindest aber eine Erkenntnis …

Die Akten auf dem Schreibtisch sind Abschriften der Obduktionsberichte aus dem Arbeiterkrankenhaus in der Old Montague Street.

Wenn du den Bericht der Ermordung der Mary Ann Nichols liest, lies jetzt den **Anhang: Bericht 31. August 1888** *und kehre dann hierher zurück!*

Wenn du den Bericht der Ermordung der Annie Chapman nimmst, lies jetzt den **Anhang: Bericht 8. September 1888** *und kehre dann hierher zurück!*

Wenn du den Bericht der Ermordung der Elizabeth Stride ansiehst, lies jetzt den **Anhang: Bericht Nummer 1 des 30. September 1888** *und kehre dann hierher zurück!*

Wenn du den Bericht der Ermordung der Catherine Eddowes begutachtest, lies jetzt den **Anhang: Bericht Nummer 2 des 30. September 1888** *und kehre dann hierher zurück!*

In einer Schublade im Schreibtisch findest du handschriftliche Notizen in schön geschwungenen Buchstaben:

25. Februar 1888. Annie Millwood. Nicht weiter erwähnenswert. Mister Hyde nahm sich ihrer mit dem Messer an, leider vergeblich. Die Ironie dabei war, dass man sie ins London-Hospital brachte, wo sich ein gewisser Doktor Jekyll um sie kümmerte. Das arme Ding überlebte die Nacht nicht.

M.P.

28. März 1888. Ada Wilson hat Jekylls, ich korrigiere, Hydes Angriff überlebt, was nicht bedeutet, dass wir sie aus den Augen lassen werden. Unglaublich, dass sie die Stiche in ihren Hals überlebt hat. Enttäuschend, weil wir große Pläne mit der Hure hatten. Ich bin mir sicher, dass sie uns noch von großem Nutzen sein wird …

M.P.

560

3. April 1888. Emma Elizabeth Smith hat sich als ungeeignet erwiesen, für den Zirkel des Osiris von Nutzen zu sein. Fünf müssen es sein. Die kanonischen fünf, um genau zu sein. Er hat ihr sein Zepter in die Vagina gestoßen, sie geweitet, damit er sehen konnte, aber all die Mühe war umsonst. Wir müssen weitersuchen. Zumindest hat sich gezeigt, dass Whitechapel der geeignete Nährboden für unser Vorhaben ist. Wo sonst ist es verruchter und schert man sich keinen Deut um das Leben einer Hure? M.P.

7. August 1888. Ein Treppeneingang im George Yard. Martha Tabram, Hure. Alles muss man selbst machen, da die Herren nicht in der Lage zu sein scheinen, zwischen Wollust und Notwendigkeit zu differenzieren. Also habe ich sie mit 39 Stichen niedergestreckt, sie aufgebrochen wie ein erlegtes Reh. Nichts habe ich gefunden, also schnitt ich ihr die Brüste ab, doch auch das war vergebens. Dem guten Doktor Gull, der mich begleitete, wurde schlecht. Netley lachte. M.P.

10. August 1888. Das Treffen mit William Gull, Leibarzt ihrer Majestät, und Albert Victor, Enkel Königin Victorias, war äußerst konspirativ. Wir haben eine Liste all derer erstellt, die für den Zirkel des Osiris in Frage kommen, und beschlossen, es wie die Taten eines Wahnsinnigen aussehen zu lassen. Ich muss hierbei anmerken, dass die Augen der beiden Herren dabei von Lust erfüllt waren. Womöglich wissen sie nicht zwischen Nutzen und Geilheit zu unterscheiden ...

Mary Ann Nicols
Annie Chapman
Elizabeth Stride
Catherine Eddowes
Mary Ann Kelly

Und – auf mein Drängen hin – Ada Wilson, denn es ist immer besser, einen Joker zu haben. Der blutige Reigen wird am 31. August seinen Anfang nehmen ... M.P.

4. November 1888. Ich habe Gefallen an Inspektor Frederick Abberline gefunden. Dienstnummer 43516. Scotland Yard. Abteilung CO. Seine Beharrlichkeit, sein Eifer, womöglich

auch sein Gerechtigkeitssinn, beeindrucken mich. Wenn ich Ada Wilson nicht haben kann, werde ich ihn zu meinem Joker machen, der das Messer führt.
Sollte er sich nicht fügen, habe ich immer noch seine Frau Emma, die aufs Land geflüchtet ist, aber nicht aus der Reichweite meines Arms. Die Beziehungen zu Polizei und Adel zahlen sich aus. Bleibt Abberline standhaft, werde ich Emma als Druckmittel benutzen, dem er sich beugen wird. Wenn nicht, schneiden wir ihr den Kopf ab und schicken ihn ihm in einer Kiste ins Revier in der Commercial Street. *M.P.*

Allein diese Akten und Notizen – allen voran die vom 4. November – würden genügen, um Mary Pearcey dem Strang zu überlassen. *Sofern das Gericht nach dem Gesetz handelt und nicht nach dem Willen des Königshauses*, geht dir ein erschreckender Gedanke durch den Kopf. Du befürchtest, dass einflussreiche Gönner die Tatsachen verdrehen könnten. Es gibt nur einen Weg, das Morden zu beenden: den Tod derer herbeiführen, die Leid über Whitechapel brachten!
Du verlässt den Raum und schließt dessen Tür, um …
*… dich zu entkleiden: Lies weiter bei **702***
*… die Kammer durch die Tür zu verlassen, durch die du sie betreten hast: Lies weiter bei **610***

561

Brüllend stürzt ihr einander entgegen. Du hebst die Pistole, drückst ab, der Lauf spuckt Feuer und Blei. Die Kugel reißt dem Hünen Haut und Fleisch aus der Wange, vermag aber nicht, ihn zu stoppen. Du drückst erneut ab, aber nichts geschieht. Kein Knall, kein Feuer, kein Blei …
Der Hüne schwingt das dreckige Beil. Sein Schlag beschreibt einen nach unten geführten Halbkreis, du springst zur Seite, doch nicht schnell genug, schleuderst ihm den Revolver ins Gesicht, dass die flache Nase mit lautem Knacken bricht, und ziehst das Messer!

*Verringere den **Contra-Skill** bei der nächsten Probe um 1 Punkt!*

*Wenn du ihn direkt attackierst (Probe **Nahkampf**): Lies weiter bei **709***
*Wenn du versuchst, ihn zu überwältigen (Probe **Überwältigen**): Lies weiter bei **533***

562

»Schafft Mary Ann Kelly in die Wanne, ich habe keine Zeit für Diskussionen! Was unseren Ehrengast betrifft: Mister Netley, entfernen Sie diese Enttäuschung aus meinen Augen!«

Dir wird klar, dass Worte hier keine Macht mehr haben und nur die Gewalt als einziger Ausweg bleibt.

Du versetzt Netley einen Stoß und stürzt zu Gulls Chirurgiebesteck, um dich zu bewaffnen: Lies weiter bei ***550***

Du stürzt zu einer der Fackeln, um sie aus der Halterung zu reißen: Lies weiter bei ***600***

563

Die Treppe aus poliertem Holz ist geputzt und schimmert warm im gedämpften Licht der Öllampen. Jede Stufe knarrt auf ihre eigene Art, fügt sich deinen verstohlenen Schritten. Unten erwartet dich der Empfangsraum, wo sich Haustür und Garderobe befinden. Ein dunkler, kreisrunder Teppich liegt aus. Als du dich mit den Details befassen willst, öffnet sich die schlichte Tür zur Rechten und ein schmales, blasses Hausmädchen tritt mit einem Staubwedel bewaffnet heraus.

Als sie dich sieht, verharrt sie, lässt den Wedel fallen und schaut dich mit großen Augen an. »Ich … Entschuldigen Sie meine Überraschung. Soll ich Sie ankündigen? Die Herrschaften befinden sich im Salon!«

Das dünne Mädchen in dem eng geschnittenen, schwarzen Kleid und der weißen Schürze stellt keine ernsthafte Bedrohung dar. Das dunkle Haar sauber unter einer gestärkten Haube versteckt, blickt sie dich fragend an.

»Ich werde mich selbst ankündigen, aber danke!«

Du versuchst, sie niederzuschlagen (Probe ***Nahkampf****): Lies weiter bei* ***579***

Du willst sie unschädlich machen (Probe ***Überwältigen****): Lies weiter bei* ***537***

564

Probe ***Überwältigen*** *gegen* ***Contra-Skill 4****.*

Wenn du unterliegst: Lies weiter bei ***614***

Wenn du obsiegst: Lies weiter bei ***664***

565 »Arme Ada, du verstehst immer noch nicht, habe ich recht?« Mary Pearceys Worte klingen traurig. Sie macht eine allumfassende Handbewegung. Ihre Augen sind wie von Schatten überlagert, die durch ihre Blicke nach dir greifen. So blass und groß, aufrecht dasitzend, die rabenschwarzen Haare hochgesteckt, wirkt sie einschüchternd. »Der Zirkel des Osiris hat keine Geheimnisse voreinander. Wenn du Fragen hast, stell sie uns allen, denn es bahnt sich etwas Großes an, zu dem jeder seinen Teil beiträgt!«

»Mary Ann Kelly, ich bin gekommen, um dich zu retten!« (Sofern du das noch nicht gesagt hast.): Lies weiter bei ***736***

»Das ist sie also, die feige Mördergesellschaft! Aber damit hat es jetzt ein Ende!«: Lies weiter bei ***615***

Du gehst zum Tisch und nimmst dreist Platz. »Der Zirkel des Osiris? Was ist das, und vor allem, was habe ich damit zu tun?«: Lies weiter bei ***673***

566 *Probe* ***Überzeugen*** *gegen* ***Contra-Skill*** *7.*

Wenn du unterliegst: Lies weiter bei ***620***

Wenn du obsiegst: Lies weiter bei ***670***

567 Mary Pearcey zieht die Karte des Teufels und schiebt sie dir zu. »Meine Lieblingskarte. Seine Attribute sind Sünde, Abhängigkeit, Willenskraft und Materialismus, eine perfekte Ergänzung zur Herrscherin. Er vereint Ziege und Mensch in der Gestalt des Baphomet, kehrt die negativen Eigenschaften in den Vordergrund. Er steht für die bedingungslose Hingabe zur Lust und Leidenschaft, zur Sünde, doch denen, die sich ihm hingeben, legt er schwere Ketten an und nimmt ihnen die Seele, die sie ihm freudejauchzend darbieten.«

Mary Pearcey grinst diabolisch. »Es gibt nichts, was willensstärker und mächtiger ist als der Teufel. Der Zeitpunkt ist gekommen, wo er dir die Hand zum Pakt reicht und du sie ergreifen wirst, denn wir haben es in Whitechapel mit keinem Geringeren als ihm selbst zu tun. Soll ich für dich die Hohepriesterin oder die Herrscherin sein?«

»Die Hohepriesterin!«: Lies weiter bei ***571***
»Die Herrscherin!«: Lies weiter bei ***665***
»Nichts dergleichen!«: Lies weiter bei ***591***

568

Barking and East Ham Advertiser 24. November 1888

DER MORD IN WHITECHAPEL

Die sterblichen Überreste von Mary Janet Kelly, die am 9. November im Miller's Court, Dorset Street, Spitalfields ermordet wurde, wurden auf dem römisch-katholischen Friedhof in Leytonstone beigesetzt. Der Körper lag in einem polierten Ulmen- und Eichensarg mit Metallgriffen. Auf der Metallplatte war eingraviert: »Marie Jeanette Kelly, gestorben am 9. November 1888, im Alter von 25 Jahren.«

Auf dem Sarg waren zwei Kränze künstlicher Blumen und ein Kreuz angebracht. Der Sarg wurde in einem von zwei Pferden gezogenen offenen Wagen befördert und ihm folgten zwei Kutschen aus dem Shoreditch-Leichenschauhaus. Eine enorme Menge Personen versammelte sich zu früher Stunde, die Verkehrsstraße vollständig blockierend, und eine große Anzahl Polizisten waren damit beschäftigt, die Ordnung aufrechtzuhalten.

Als der Sarg, getragen auf den Schultern von vier Männern, am Hauptportal der Kirche auftauchte, war die Menge tief bewegt. Um den offenen Wagen, auf den der Sarg gelegt war, wurde verzweifelt gerungen, als Männer wie Frauen versuchten, ihn zu berühren.

Frauen mit tränenüberströmten Gesichtern riefen: »Gott vergib ihr!« Und jeder Mann zog seinen Hut. Das Geschehen mutete völlig merkwürdig an und die Ergriffenheit wirkte natürlich und ungezwungen. Drei schwarze Kutschen folgten, eine besetzt mit drei die andere mit fünf Personen. Die letzte war geschlossen, jedoch vermutet man, dass die große Gönnerin von Whitechapel - Mary Pearcey - darin der Prozession beiwohnte. Unter ihnen war John Barnett mit jemandem des Vermieters M'Carthys;

die anderen waren Frauen, die ihre Aussagen bei der gerichtlichen Untersuchung abgegeben hatten. Nach einer unglaublichen Drängelei verließ der Wagen mit freier Sicht auf den Sarg in langsamem Tempo den Ort. Gleichzeitig setzte sich die gesamte Menge in Bewegung, um dem Wagen zu folgen. Die Constables hatten größte Schwierigkeiten, dafür zu sorgen, dass die kleine Prozession ungehindert an den die Straße blockierenden Karren, Transportern und Gefährten vorbeiziehen konnte. Die Entfernung zwischen der Shoreditch-Kirche und dem Friedhof in Leytonstone beträgt etwa sechs Meilen, und der gewählte Weg führte über Hackney Road, Cambridge Heath, Whitechapel Road und Stratford. Das Erscheinungsbild der Hunderte von Männern und Frauen, die den Sarg auf beiden Seiten eskortierten, war beeindruckend, oftmals mussten sie sich sputen, um dem Wagen folgen zu können. Aber die Menge verkleinerte sich rapide, als der Wagen in den Vororten in den Trab überging. Der Friedhof wurde um 14:00h erreicht. Reverend Pater Columban, zwei Messdiener und ein Kreuzträger, empfingen den Körper an der Tür der kleinen Kapelle in St. Patrick, und der Sarg wurde ohne Unterbrechung direkt zu einem Grab in der nordöstlichen Ecke des Friedhofs getragen. Barnett und die armen Frauen, die der Beerdigung beiwohnten, knieten auf der Erde an der Seite des Grabes, derweil die Messe verlesen wurde. Nachdem der Sarg beweihräuchert war, wurde er abgelassen und mit Weihwasser besprenkelt und die einfach gehaltene Zeremonie war zu Ende. Der Blumenschmuck wurde aufgehoben, um auf dem Grab platziert zu werden, und das Auffüllen des Grabes ging in kurzer Zeit vonstatten, beobachtet von einer kleinen Ansammlung von Zuschauern. Es gab einen großen Auflauf von Menschen außerhalb der Friedhofstore, denen der Zutritt bis nach Ende des Begräbnisses verweigert blieb.

*Lies weiter bei **700***

569 »Das wird leider nicht möglich sein«, erklärt die Pearcey und streichelt dabei Mary Ann Kellys feingliedrige Hand. Die schmiegt sich kichernd an die schwarzgekleidete Frau, über der ein finsterer Schleier liegt.
»Was haben Sie ihr gegeben? Opium? Morphium? Etwas anderes, das sie gefügig macht? Etwa Geld?«
Mary Pearcey lacht. »Ein bisschen von allem. Frankenstein ist geschickt im Herstellen betäubender Mixturen. Mary Ann ist die süße, verdorbene Frucht, die wir brauchen, um es zu vollenden. Und dich ...«
*»Der Zirkel des Osiris, was hat es damit auf sich?«: Lies weiter bei **673***
*»Welche Rolle spiele ich, Miss Pearcey? Die des Opferlamms?«: Lies weiter bei **575***

570 »Es ist zu spät, wir werden nichts mehr daran ändern können«, stammelst du vom grausamen Anblick der Kreatur auf dem Sarkophag gefesselt. Grey ruft dir etwas zu, was du nicht verstehst, und stürmt in die flügelrauschende Finsternis, wo er davongerissen wird wie ein welkes Blatt Papier.
Der Körper der Todespriesterin wird von einem Knistern ergriffen, beginnt von innen heraus zu glühen. Flämmchen züngeln aus pergamentartiger Haut, ihr Mund ist erfüllt davon wie ihre Augen.
Mary Pearcey stößt ein diabolisches Lachen aus und wirft die Arme nach oben. »Fahr in den sündigen Leib, den ich dir darbiete, *Sat-nesu-en-chetef*, Todespriesterin!«
Funken laufen in immer schnelleren Wellen in den sich aufbäumenden Leib der Kelly. Du bemerkst, wie sich dir Mary Pearcey nähert, doch das ist längst egal.
Fauchend entzündet sich der mumifizierte Leib, brennt wie trockener Zunder – was er ohne Zweifel auch ist. Eine letzte Welle jagt die Kabel verschmorend in Mary Anns Körper.
Frankensteins Apparat zerbirst mit lautem Knall, als die rothaarige Irin ihre Fesseln sprengt und sich wie ein Racheengel aus der Wanne erhebt, umgeben von mit orangeroten Funken durchsetztem Rauch, die Haare in einem imaginären Wind wehend. Ihre Pose erinnert dich an die der Kreuzigung Jesu ...

»Seht und erschauert in Ehrfurcht, denn die Wegbereiterin der Allesverschlingerin ist auferstanden, um die Welt ins Chaos zu stürzen!«
Dann schneidet dir Mary Pearcey von hinten die Kehle durch und du bist tot …
Lies weiter bei ***594***

571

Mary Pearcey lächelt dich hintergründig an, zieht eine Karte aus dem Stapel und schiebt dir diese zu. Es ist die der Hohepriesterin. Ihr bleiches Gesicht, der zynische Schwung ihrer Lippen, ihre dunklen, von Fanatismus erfüllten Augen jagen dir eine Heidenangst ein. »In der Rolle der Hohepriesterin sehe ich meine Zukunft an deiner Seite. Öffne dich der dunklen Kraft der Allesverzehrerin!«
Kannst du ihrer düsteren Anziehungskraft widerstehen?

Erhöhe den ***Contra-Skill*** *der nächsten Probe um 1 Punkt.*

Probe ***Empathie****: Lies weiter bei* ***721***

572

»Geh den Männern zur Hand, um das Lamm auf dem Gitter zu fixieren … und zieh die Manschetten straff, hörst du?«, befiehlt Mary Pearcey. Du trittst an die Wanne heran, wo Mary Ann eine Handbreit über dem Eiswasser auf einem Gitter liegt.
»Mach's mir einfach nach«, meint Mister Grey lächelnd, derweil Frankenstein den Metallreif mit den Kabeln entwirrt. Mary Ann Kelly liegt entrückt brabbelnd da und scheint auf etwas zu warten, das sich dir selbst verschließt.
Mit metallischem Klacken rasten die Schließen der ledernen Manschetten ein. Frankenstein legt ihr den Metallreif um die Stirn und dreht Schrauben hinein, damit er straff sitzt. Mit routinierten Griffen, aber auch von Aufregung ergriffen, kontrolliert er Kabel und Schläuche. Schließlich tritt er von dem Behälter zurück. Auch ihr seid fertig. Mary Ann Kelly liegt zur Bewegungslosigkeit verdammt im Eiswasser. »Es ist so weit!«

Mary Pearcey nickt zufrieden. »Stoßen wir an!«
Das ist das Signal für das Hausmädchen, die mit einem silbernen Tablet aus den Schatten heraustritt. Sie hat den Absinth in den funkelnden Gläsern vorbereitet und verteilt diese, bis sie mit dem letzten Glas vor dir steht und dich auffordernd anlächelt. »Bitte sehr …«
*Du nimmst das Glas. (Ist dein **Suchtwert 3 oder höher**, musst du diese Option wählen!): Lies weiter bei **622***
*Du lehnst ab: Lies weiter bei **672***

573

Mary Pearcey sieht dich traurig an. »Armer kleiner Inspektor, du verstehst immer noch nicht, habe ich recht?« Sie macht eine allumfassende Handbewegung. Ihr Blick verfinstert sich, wird von Schatten überlagert, die nach dir greifen. So blass und groß, aufrecht dasitzend, die rabenschwarzen Haare hochgesteckt, wirkt sie einschüchternd. »Wir, der Zirkel des Osiris, haben keine Geheimnisse. Wenn du Fragen hast, stell sie uns allen, denn es bahnt sich etwas Großes an, zu dem jeder seinen Teil beiträgt. Auch du!«
*»Miss Kelly, ich biete Ihnen die Chance, dieser Mörderbande zu entkommen!« (Sofern du das noch nicht gesagt hast.): Lies weiter bei **523***
*»Ich sehe nichts als eine feige Mördergesellschaft! Aber damit hat es jetzt ein Ende!«: Lies weiter bei **623***
*Du gehst zum Tisch und nimmst unaufgefordert Platz. »Der Zirkel des Osiris? Was ist das und vor allem, was habe ich damit zu tun?«: Lies weiter bei **673***

574

*Probe **Geschick** gegen **Contra-Skill** 7.*
*Wenn du unterliegst: Lies weiter bei **525***
*Wenn du obsiegst: Lies weiter bei **624***

575 »Es liegt in deiner Hand, wie die Nacht enden wird«, stellt die Pearcey fest. »Ob du - wir - die nächsten Stunden überleben oder zu Osiris gehen. Mit deiner Beharrlichkeit, aber vor allem mit dem dunklen Keim, den du in dir trägst, hast du dir deinen Platz in unserem Zirkel redlich verdient. Du kannst dich als Phönix aus der verdorbenen Asche von Whitechapel erheben oder darin verrecken – es obliegt dir, welchen Weg du wählst!«
»Erzählen Sie mir vom Zirkel des Osiris!«
*Lies weiter bei **673***

576 Entschlossen - nein, gierig - ziehst du sie in deine Arme. Eure Finger verfangen sich im wilden Spiel, der Atem geht keuchend, bis sich Lippen und Zungen in absoluter Hemmungslosigkeit finden, sich verwinden, einander umschlingen wie in Honig schwimmende Aale …
Deine findigen Finger öffnen Knöpfe und Schleifen, bis Kleidung raschelnd von ihrem dünnen Körper gleitet. Auf dem Boden, auf den Roben liegend, windet ihr euch in wildem Spiel, die Nässe der anderen suchend und findend. Zungenspiele folgen auf erobernde Finger. Körperöffnungen werden zu Toren der Lust. Ekstase lässt die Umgebung, das Grauen, den Wahnsinn in einem süßen, schnell drehenden und in den Ohren rauschenden Sog verschwinden, bis nichts mehr bleibt als luststöhnende, feuchttriefende Begierde …

*Verringere **Überzeugen** um 1 Punkt!*

Um Atem ringend liegt ihr eine Ewigkeit – in Wahrheit nur Minuten – zusammen und genießt das langsame Abklingen der Lust. Dann steht das Hausmädchen auf, richtet seine Kleidung und streift sich die Schürze glatt.
Ihre schlanke Hand hilft dir beim Aufstehen. Sie haucht dir einen Kuss auf den Hals, bei dem du ihre Zungenspitze spürst, und wendet sich mit gesenktem Blick ab, um das Schälchen mit dem Öl zu nehmen. »Die Salbung.« Sie bläst alle Kerzen bis auf eine aus, sodass

euch die lauernde Dunkelheit mit ihren Schatten umfängt, und beginnt, deinen Körper mit einem kleinen Schwamm abzureiben, den sie zuvor mit dem Öl getränkt hat. »Es ist das heilige Öl aus Abu Sir, gewonnen aus den Kanopen der Priesterin *Sat-nesu-en-chetef* …« Ihre Stimme senkt sich in eine Tonlage, die dich an die Gebete in einer Kirche erinnert.
*Lies weiter bei **676***

577 Leise schiebst du die Tür ein Stück weit auf und spähst durch den entstandenen Spalt. Warme, nach Rauch riechende Luft schwappt dir entgegen. Die Küche ist rechteckig aufgebaut. An ihrem rückwärtigen Ende gibt es eine schmale Tür, die zur Speisekammer führt. Im Herd flackert ein Feuer, ebenso im Kamin. Die Wände sind gesäumt mit Arbeitstischen und Regalen, in denen Geschirr, Pfannen und Töpfe stehen. Gewürze hängen gebündelt neben Würsten von der Decke.
In der Mitte des Raumes steht ein Tisch, an dem ein alter Bekannter sitzt. Es ist Timothy Donovan, der Betreiber des *Crossingham's* in der Dorset Street 35. Ein übler Bursche, den du hier nicht erwartet hättest.
Auf seinem Schoß sitzt eine schmale, kleine Frau, die ein schwarzes Kleid mit weißer Schürze trägt. Das Kleid ist hochgeschoben, Donovans schwielige Hand darunter verschwunden. Die geröteten Wangen der jungen Frau sind Beleg genug, was er mit ihr anstellt.
*Du stößt die Tür auf und stürzt dich auf das ahnungslose Paar: Lies weiter bei **627***
Oder du entscheidest dich dagegen und …
*… wendest dich der unscheinbaren Tür zu (sofern du das noch nicht getan hast): Lies weiter bei **663***
*… gehst zurück, um den Salon zu betreten: Lies weiter bei **655***
*… gehst zurück, um zur Kellertür zu gehen: Lies weiter bei **605***

578 Nicht nur die Vasallen der Pearcey, auch du verharrst mitten in der Bewegung. Ihre Stimme lässt keinen Spielraum für Spekulationen, was geschieht. Mit dem Schürhaken fischt sie das verkohlt qualmende Buch aus dem Feuer und wirft

es dir vor die Füße. Die anderen weichen eingeschüchtert zurück. Hinter dir kichert Mary Ann Kelly blöde, sodass du dich fragst, ob es einen Sinn ergeben würde, dein Leben für ihres zu riskieren.
Mary Pearcey kommt mit gestrafften Schultern auf dich zu. Ihre Augen sind so finster wie die Schatten, die sich hinter ihr verdichten. Ihr gegenüber kommst du dir klein und schwach vor, geradezu kümmerlich.
Ihr Arme in den engen Ärmel des schwarzen Kleides zeigen auf das rauchende Bündel. »Sieh, was du angerichtet hast!« Kaum einen halben Meter lässt sie zwischen euch.
Wie kann jemand so wunderschön und doch so verdorben sein …
»Du willst den Helden spielen? Ist es das? Du willst Mary Ann Kelly – die nichts weiter als eine versoffene, verlogene Hure unbestimmter Abstammung ist – retten, indem du dich an ihrer statt opferst?«
»Hey«, beschwert sich Mary Ann leise, doch das ist nicht von Belang …
»Wenn Sie mir schwören, ihr Leben zu verschonen, trete ich mit hoch erhobenem Haupt an ihre Stelle!« (Ein Muss, wenn deine ***Empathie 7 oder höher*** *ist!): Lies weiter bei* ***678***
»Nein, sterben für Mary Ann, das würde ich nicht. Ich wähle das Leben, wenn das ihre Frage beantwortet!«: Lies weiter bei ***534***

579 *Probe **Nahkampf** gegen **Contra-Skill 3**.*
*Wenn du unterliegst: Lies weiter bei **587***
*Wenn du obsiegst: Lies weiter bei **637***

580 Es ist nicht nur die Kordel, die sich erbarmungslos um deinen Hals schließt, es sind die Faustschläge in den Magen, die brutale Kraft der Hand des Angreifers, die dich nach unten in den Dreck zwingen.
»Na, erkennst du mich?« Ein raues Lachen schließt sich der basslastigen Stimme an und du erinnerst dich nur zu gut an ihren Klang. Du hast sie im Leichenkeller in der Old Montague gehört, als man dir den Hals durchschnitt!
Der verdammte Hyde!
Ein brutaler Schlag gegen die Schläfe setzt deiner Absicht, dich zur Wehr zu setzen, ein jähes Ende. Dunkelheit breitet sich aus, getragen von Schmerz …
*Lies weiter bei **545***

581 Dein anfänglicher Enthusiasmus, in Pearceys Haus einzudringen, ist schnell verpufft und weicht der ernüchternden Tatsache, dass es nicht leicht sein wird, unbemerkt einzusteigen. Also lässt du dir Zeit und verbringst Tage wie Nächte fröstelnd in einen Mantel gehüllt damit, zu beobachten.
Du siehst Kutschen vorbeifahren, eine Vielzahl von noblen Herrschaften, die bei der Pearcey ein und aus gehen. Das Prozedere ist stets das gleiche. Kutschen fahren vor, der Fahrer steigt ab, klopft an und wartet, bis die Tür geöffnet wird. Erst dann öffnet er den Wagenschlag, damit die noblen Passagiere aussteigen und eilig ins Haus schlüpfen können.
Die Angst vor dem Mörder verwandelt Whitechapel in ein Narrenhaus, einen Zirkus, in dem sich Möchtegerndetektive und Verschwörungstheoretiker die Klinken der Tavernen in die Hand geben. Die Polizei verstärkt ihre Patrouillen, eine zu allem entschlossene Miliz bildet sich. Angst geht um in Spitalfields.
Zuletzt macht Jack the Ripper am 16. Oktober von sich reden, als er dem Anführer der Whitechapel-Bürgerwehr – einem gewissen Geor-

ge Lusk – eine kleine Schachtel zukommen lässt, in der sich neben einer Niere ein kurzer Brief befindet. Anfangs schenkt Lusk dem Schreiben keine Beachtung, doch auf Anraten seiner Kumpane bringt er alles zwei Tage später zu Doktor Openshaw ins London-Hospital, der bestätigt, dass es sich bei der Niere um die eines Menschen handelt. Das macht im geschwätzigen Whitechapel schnell die Runde.

Wenn du wissen willst, was in dem Brief steht, lies jetzt den ***Anhang: From Hell*** *und kehre dann hierher zurück.*

Einen Vorteil hat die lange Wartezeit und deine Obsession mit Pearceys Haus jedoch: Du hast dich in den letzten Tagen zwangsläufig von den Opiumhöhlen Whitechapels ferngehalten und bist bis auf ein nächtliches Bier in einer nahen Taverne weitgehend abstinent geblieben.

Verringere deinen ***Suchtwert*** *um 1 Punkt. (Ist dein* ***Suchtwert*** *5, darfst du ihn sogar um 2 Punkte verringern.)*

Am späten Abend des 8. November sorgt die schwarze Kutsche von Mary Pearcey für Aufsehen. Der Kutsche entsteigt kein nobler Gast, sondern eine in dunkelroten, nachfinsteren Samt gekleidete junge Frau mit lockigem, rotem Haar. Es ist Mary Ann Kelly, eine stadtbekannte Prostituierte, die im Miller's Court 13 ihr Zimmer hat.
Interessant. Weshalb bestellt sich die Pearcey eine Hure ins Haus?
Um das herauszufinden, musst du in das Domizil der mysteriösen Frau eindringen. Du hast die letzten Tage nicht untätig verbracht und herausgefunden, dass es abgesehen vom Haupteingang einen Hintereingang gibt, den du durch einen feuchten, mit Kisten und alten, vergammelten Möbeln vollgestellten Hinterhof aus der Church Street erreichen kannst. Des Weiteren gibt es einen Zugang übers Dach von einem der Nachbarhäuser, aber dazu brauchst du etwas mehr als nur Geschick.
Wenn du den offiziellen Eingang nehmen möchtest: Lies weiter bei ***681***
Wenn du den Hintereingang versuchen willst: Lies weiter bei ***728***
Wenn du dich entschließt, übers Dach zu gehen: Lies weiter bei ***557***

582 Mary Pearcey lässt die Karten geschickt durch die Finger gleiten. »Wenn ich meinen Geist auf Reisen schicke, trinke ich die grüne Fee. Das solltest du auch tun, um besser zu verstehen, was wir vorhaben …«
Das Hausmädchen tritt neben dich und schickt sich an, dein Glas mit der smaragdgrünen Flüssigkeit zu füllen.
*Ist dein **Suchtwert 4 oder höher**, wirst du auf jeden Fall trinken!*
*Du legst die Hand auf das Glas. »Nein, danke, ich möchte nicht!«: Lies weiter bei **549***
*Du nickst dem Hausmädchen zu. »Das würde alles erträglicher machen.«: Lies weiter bei **599***

583 *Probe **Schießen** gegen **Contra-Skill** 4.*
*Wenn du unterliegst: Lies weiter bei **732***
*Wenn du obsiegst: Lies weiter bei **561***

584 »Was bleibt mir denn für eine Wahl …«, flüsterst du zu dir selbst.
Mary Pearcey tritt heran und streichelt deine Wange. Die Berührung ist kühl und dennoch voller Energie. Sie beugt sich vor und haucht dir einen Kuss auf die bebenden Lippen. »Du wirst es nicht bereuen, das schwöre ich dir.«
Die Umstehenden versammeln sich um dich, bilden einen Kreis. Ihre bedrückend zudringliche Nähe engt dich ein, macht das Atmen schwer.
»Es ist Zeit, mit dem Ritual zu beginnen. Doch zuvor will ich dir erzählen, wie es zum Zirkel des Osiris kam, denn ich möchte, dass du verstehst.«
Mary Pearcey bückt sich nach dem verkohlten Buch und schlägt Seiten auf, die vom Feuer verschont geblieben sind. Ihre Bewegungen haben etwas Geisterhaftes, Unwirkliches. Sie umgibt eine finstere Aura, die das pure Böse atmet, zugleich jedoch Faszination und Begierde weckt, denn sie ist alles andere als abstoßend.
Sie reicht dir das Buch.
*Lies jetzt den **Anhang: Sat-nesu-en-chetef** und lies danach weiter bei **704***

585 Es erfüllt dich mit bizarrer Genugtuung, das Leben der Frau mit einem brutalen Schlag beendet zu haben. Es offenbart dir eine unbekannte, düstere Seite deiner selbst. Wie leicht es doch ist, ein Leben zu nehmen. Wie erfrischend, sich an der damit einhergehenden Macht zu ergötzen. Ein böses Lächeln huscht über dein Gesicht, als sich der Kopf löst und vom Tisch fällt, derweil sich der Halsstumpf in nassem Rot ergießt.
»Auch eine Art von Erlösung«, flüsterst du und gehst zu dem Vorhang, hinter dem ein Geheimnis auf dich wartet.

*Halbiere deine **Empathie** (und runde Kommawerte ab)!*

*Lies weiter bei **661***

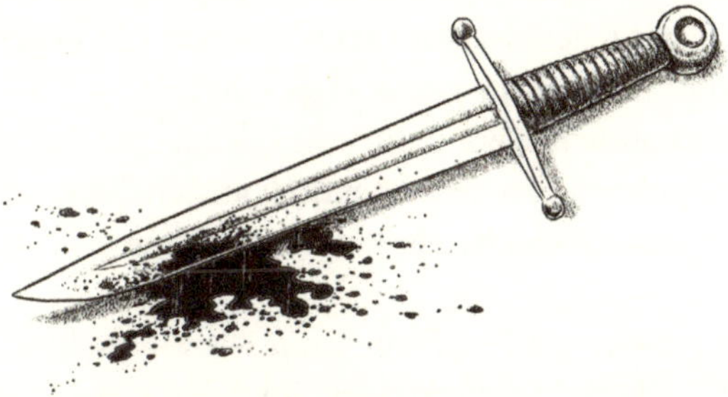

586 … denn du glaubst, dich in einer ägyptischen Grabkammer wiederzufinden, die allerdings anders ist, als du es dir in deinen kühnsten Träumen hättest vorstellen können. In der Mitte des kuppelförmigen, kreisrunden Raumes steht ein mit verblichenen Hieroglyphen bemalter Sarkophag. An den Ecken ist je eine Kanope platziert, beleuchtet von brennenden Ölschalen.
Öl ist ein guter Brandbeschleuniger …
Du erinnerst dich: *Duamutef für den Magen in Form eines Falken. Amset für die Leber in Gestalt eines Menschen. Hapi für die Lunge als Affe. Kebechsenuef für die Gedärme im Antlitz des Schakals …*
An den Wänden brennen Fackeln, die eine fiebrige Hitze abgeben.
Offenes Feuer …
Das ist aber nicht alles. Von der Decke – genauer gesagt aus ihr heraus – führen lederartige Schläuche und dicke Kabel zu einer mit

Eiswasser gefüllten kupfernen Wanne, die neben dem Sarkophag steht. Dahinter eine Apparatur von den Ausmaßen eines wuchtigen Schrankes, bestückt mit Messgeräten, Druckanzeigen, Schalthebeln, Klemmen und Drehreglern. Auch von ihr führen Kabel und pulsierend pumpende Schläuche in die Wanne. Als du näher trittst, erkennst du im Wasser ein Gitter mit den vagen Konturen eines Menschen. An den Seiten sind lederne Fesselmanschetten befestigt, wo die dicken Kabel enden. Es gibt noch ein Stirnband aus Kupfer, zu dem Drähte führen. Die Luft ist erfüllt vom Geruch des brennenden Pechs und von metallischer Elektrizität, aber auch von frischen Rosen und exotischen Gewürzen, die in Räucherschalen verbrannt werden. Dementsprechend ist die Luft in der Kuppelkammer rauchgeschwängert und schwer.

Mary Pearcey steht am Kopfende des Sarkophags. Sie hat ihr Kleid gegen ein leicht fallendes, schwarzes Gewand mit engem Mieder eingetauscht und trägt ihr langes Haar offen.

Frankenstein ohne Jackett, dafür mit hochgekrempelten Ärmeln neben der Apparatur, an der er hektisch an Schaltern und Reglern arbeitet. Es knistert elektrisch, Funken sprühen an den Kontaktstellen.

Elektrizität hat eine unverstellbare Kraft, alles vernichtend …

Doktor Gull – korrekt gekleidet wie im Salon – richtet auf einem Beistelltischchen chirurgische Utensilien.

Skalpelle, lange dünne Messer, Schaber, ein Beil, wenn auch klein …

Der schöne Dorian Grey – auch er hat sein Jackett abgelegt – hält gemeinsam mit dem blässlichen Husaren Albert Victor die bedauernswerte Mary Ann Kelly, die halb betäubt zwischen den beiden Männern hängt und nichts als ein kurzes, leinenes Leibchen trägt. Ihr wallendes Haar ist offen, fällt ihr bis zur Mitte des Rückens.

Wie bleich ihre Haut doch ist, geht dir durch den Kopf.

Derweil verschwindet das Hausmädchen in den Schatten des Raumes, wo sich ein schemenhaft erkennbarer Teewagen zeigt, auf dem du vage das Absinth-Arrangement erkennst, das du oben im Salon gesehen hast. Es erscheint dir surreal, wenn nicht sogar grotesk, dass es ihre Aufgabe ist, Gläser mit der grünen Fee zu füllen, auf dass alle auf ihre Schandtaten anstoßen können.

Netley, der Kutscher, weicht nicht von deiner Seite, um sicherzustellen, dass du deine Absichten nicht änderst.
Meine Absichten? Welche habe ich denn nach alldem überhaupt?
Die Pearcey nickt in Mary Ann Kellys Richtung. »Jetzt, wo unser Ehrengast eingetroffen ist, können wir beginnen!«
Du wartest auf Anweisungen. (Du musst diese Option wählen, wenn deine ***Empathie 1*** *ist.): Lies weiter bei* ***636***
Du versuchst Einhalt zu gebieten, indem du sagst: »Wir sollten das abbrechen, noch ist es möglich!«: Lies weiter bei ***686***
Du versetzt Netley einen Stoß und stürzt zu Gulls Chirurgiebesteck, um dich zu bewaffnen: Lies weiter bei ***550***
Du stürzt zu den Fackeln, um eine aus der Halterung zu reißen: Lies weiter bei ***600***

587 Anstatt um Hilfe zu rufen, zückt das zierlich-blasse Ding ein Messer mit langer Klinge und stürzt sich auf dich. Bevor du reagieren kannst, stößt sie es dir bis zum Heft in den Bauch, zieht es heraus, nur um erneut zuzustoßen. Von Schmerz überbrandet packst du sie bei den Schultern, was sie nicht davon abhält, wieder und wieder boshaft lächelnd in deinen Leib zu stechen.
Wie kann ein hübsches Mädchen derart grausam sein, denkst du, als die Welt beginnt, vor deinen Augen zu verschwimmen.
»Die Herrin wusste, dass du kommst«, raunt sie dir ins Ohr und drückt die Klinge hinein, wo sich die Lunge befindet. Ein unangenehmes Knacken durchströmt deinen Körper, raubt dir den kümmerlichen Rest der längst schwindenden Kraft.
»Dein Opfer macht mich stark«, keucht sie erregt. »Dein Tod ist mein Eintritt in den Zirkel des Osiris!« Ihre Lippen liebkosen dein Ohr, knabbern zärtlich daran. Du sinkst in eine Finsternis, aus der es kein Erwachen mehr gibt …

ENDE

588 *Probe* ***Geschick*** *gegen* ***Contra-Skill 4****.*
Wenn du unterliegst: Lies weiter bei ***548***
Wenn du obsiegst: Lies weiter bei ***598***

589 Der Bastard stößt das Mädchen brutal von sich, sodass sie vor dir auf den Boden fällt. Du springst über sie hinweg und hinein in Donovans vorschnellende Hand mit dem Messer. Es ist dein eigenes Gewicht, das dir die Klinge tief in den Bauch stößt. Unbeholfen ruderst du mit den Armen, fällst hilflos in die seinen. Das eigene Messer entgleitet deinen erschlaffenden Fingern, denn der Schmerz in deinen Eingeweiden ist brachial. Donovan zieht dich an sich und reißt die Klinge in deinem Bauch brutal nach oben. Es fühlt sich an wie ein Schnitt an einem Stück Papier, aber die Zerstörung, die angerichtet wird, ist ultimativ. Grunzend stößt er dich von sich und tritt dir mehrmals in die Seite, dass du Rippen brechen hörst.

»Hättest nicht herkommen sollen, hörst du?«, schreit er. »Die Mistress hat's gewusst, hat gesagt, dass du kommen würdest, um zu sterben.« Er geht neben dir in die Hocke, packt dein Kinn und zwingt dich dazu, ihn anzusehen. »So kommt's, wenn man seine Nase in Angelegenheiten steckt, die einen nichts angehen.«

Hämisch lachend schneidet er dir den Hals durch, dass es knirscht und knackt, doch das nimmst du nur noch beiläufig wahr. Das Letzte, was du siehst, ist Donovans gerötetes Gesicht und wie er die bluttropfende Klinge ableckt …

ENDE

590 Ihre Finger streifen sanft elektrisierend über deinen Arm, als sie an dir vorbeischlüpft, und lösen für den Bruchteil einer Sekunde Begierde aus.

Du spürst ihre Lippen an deinem Ohr. Die Nähe ihres betörend vibrierenden Körpers ist atemberaubend. »Danke …«

Mary Ann Kelly schlingt dir den Arm um den Hals und versucht, mit der anderen Hand deinen Arm mit der Waffe zu packen.

»… dass ich dich töten darf!«, kreischt sie hysterisch, dem Wahnsinn nah.

*Du versuchst, dich aus ihrem Griff zu befreien (Probe **Geschick**): Lies weiter bei **735***

*Du wirfst dich nach hinten, um sie aus dem Gleichgewicht zu bringen (Probe **Überwältigen**): Lies weiter bei **564***

591 Mary Pearcey lacht. Es klingt wie das Meckern einer Ziege. »Ich hätte dich für entscheidungsfreudiger gehalten, jemand, der ein Wagnis eingeht und sich in Abenteuer mit ungewissem Ausgang stürzt. Leider scheint dem nicht so zu sein!«

Sie, Dorian Grey und der schmucke Husarenoffizier Albert Victor sehen dich an. Alle tun es.

»Dann lass mich für dich die Entscheidung treffen«, verkündet Mary Pearcey und zieht eine Karte aus dem Stapel.

*Wie hoch ist deine Summe aus **Glaubwürdigkeit** und **Empathie**?*

*2 bis 10: Lies weiter bei **571***

*11 bis 20: Lies weiter bei **665***

592 *Probe **Empathie** gegen **Contra-Skill 2**.*

*Wenn du unterliegst: Lies weiter bei **642***

*Wenn du obsiegst: Lies weiter bei **692***

593 Hämisch grinsend entkorkt Jekyll das Reagenzglas und leert sich die lilafarbene Flüssigkeit in den Rachen. »Ich hatte gehofft, dass du das sagst!«

Derweil du den Revolver ziehst, geht mit dem Arzt eine Veränderung vor, die äußerst schmerzhaft sein muss. Der Mann stöhnt,

krümmt sich, hält sich am Tischrand fest, um nicht zu stürzen. Sein Gesicht verzieht sich zur gepeinigten Fratze, deren Gesichtszüge sich aufs Erschreckende verändern.
Braune Augen werden groß und schwarz, Augenbrauen buschig und widerborstig abstehend. Die Gesichtsknochen wachsen unter der Haut, verformen sich. Das Kinn wird kantiger, die Stirn wulstig, die Nase breit und flach. Jekylls Schultern straffen sich mit lautem Knacken und Knirschen, die Arme bilden unnatürliche Muskulatur, sodass sich der Stoff des Jacketts bis kurz vor dem Zerreißen strafft. Letztendlich sind es nur Details, die den Arzt in einen grobschlächtigen Menschen verwandeln, der dir allzu bekannt vorkommt.
Du musst an die harten Schläger aus Whitechapel denken, die betrunken an den Ecken stehen und weder Mann noch Frau verschonen. Brutal, erbarmungslos und gefährlich. Den Blick seiner hämisch funkelnden Augen auf dich gerichtet, strafft er seinen Körper.
»Die perfekte Metamorphose …«, raunt Mary Pearcey, »vom mitfühlenden Arzt zum erbarmungslosen Schlächter von Whitechapel. Darf ich vorstellen: Mister Jack the Ripper!«
Wut und Hass machen dich blind. Deine Finger schließen sich um den Revolvergriff. »Er ist der Mörder?«
»Es ist … kompliziert«, meint die Pearcey. »An unser aller Hände klebt Blut, auch an deinen.«
»Es reicht!«, knurrst du und richtest den Revolver auf den breitschultrigen – unbewaffneten – Mann.
*Probe **Schießen**: Lies weiter bei **619***

594

Das Böse hat gesiegt und du bist tot. Die Welt wird nie die Wahrheit über das erfahren, was sich im Haus der Mary Pearcey zugetragen hat. Oder was es mit den perversen Gelüsten des aufrechten Husarenoffiziers Albert Victor und des Leibarztes der Königin, William Gull auf sich hat.
Du hast die Wahrheit mit ins Grab genommen: Es war nicht nur ein Mörder, sondern viele. Und das Königshaus tut gut daran, den reichlich entlohnten Mantel des Schweigens über die Morde in Whitechapel auszubreiten, um auf ewig ein Fragezeichen hinter

der Identität des Mörders zu lassen, denn wird das Schreckgespenst Verschwörung erst entfesselt, geht alles in die Brüche.
Was deine Leiche betrifft?
Deine Leiche wird unkenntlich gemacht und mehr in Stücken als im Ganzen im Zimmer Nummer 13 im Miller's Court gefunden. Ein Meisterwerk der zerstörerischen Kunst Albert Victors, mit dem er sich selbst übertrifft. Das Lügengebilde, das darum gewoben wird, füllt binnen weniger Stunden viele offene Hände mit Silber, angefangen vom obduzierenden Arzt, besorgten und allzu aufmerksamen Nachbarn bis hin zum Constable, dem die Aufgabe zuteil kommt, das Desaster vorzufinden.
Offiziell wird es heißen, dass es die Prostituierte Mary Ann Kelly war, die dort gestorben ist …
*Lies weiter bei **568***

595

Jemand löst die Fesseln und zieht dir den Sack vom Kopf. Verbrauchte Luft, die zu wenig Sauerstoff enthält und den Geruch von Kerzenwachs transportiert, macht dir das Atmen schwer. Hochprozentiger Alkohol legt sich wie süßer Sirup auf deine Zunge, bitter im Geschmack, doch betörend schwer im Abgang.
»Wir müssen uns einig sein«, betont die Pearcey energisch.
Die aus sieben Personen bestehende Gesellschaft – Mary Ann Kelly eingerechnet – hat sich um den Tisch versammelt, an dem dir Mary Pearcey die Tarotkarten legte. Auch heute liegen die Karten ausgebreitet auf der Tischplatte. Die fünf in der Mitte sind verdeckt. Alle Anwesenden halten im Kerzenlicht funkelnde Kristallgläser in den Händen, die mit einer smaragdgrünen Flüssigkeit gefüllt sind.
Absinth – die grüne Fee …
Ein Hausmädchen in weißer Schürze und dunklem Kleid, das hinten bis zum Boden reicht und vorne kaum über die Scham, steht bereit, die Gläser zu füllen. Schwarze Strümpfe reichen ihr bis zur Mitte der Oberschenkel, geziert von einem blütenweißen Strumpfband mit Schleifchen. Im überaus üppigen Dekolletee funkelt ein silbernes Pentagramm zwischen ihren Brüsten. Die Augen sind hinter einer mit feiner Spitze verzierten, schwarzen Maske verborgen.

Nicht unüblich in der noblen Gesellschaft, sich mit frivolen Obszönitäten zu schmücken …
Einige sitzen, andere stehen, doch alle sehen dich an. Du hast den Eindruck, als hätte man dich erwartet. Dem entspricht das leere Glas am einzig freien Platz am Tisch. Mary Pearcey, zu deren Rechter die Kelly sitzt, lächelt. »So ist es besser, nicht wahr?«
Dein Blick streift über die erhitzten Gesichter. Einige sind dir bekannt. Doktor Frankenstein, der junge, gutaussehende – wenn auch blasse – Arzt aus Deutschland. Andere hast du nie zuvor gesehen. Den kränklich wirkenden Offizier in der Uniform der Royal Husars zum Beispiel, der zu Mary Pearceys Linker in verkrampft steifer Haltung dasitzt. Sein Gesicht wirkt müde, nein, schwach, der Schnauzbart mit seinen nach oben gezwirbelten Enden ist gewachst.
Ein Adliger, schießt dir eine düstere Erkenntnis durch den Kopf.
Hinter ihm – es wirkt, als würde er den jungen Offizier bewachen oder als wäre er zumindest für ihn verantwortlich – ein gewichtiger Mann von hohem Alter, glattrasiert und korrekt gekleidet. Die Daumen in die Westentaschen eingehakt, wirkt er imposant. Sein stechender Blick scheint dich aufs Unangenehmste zu sezieren.
Und dann ist da noch der schönste Mann, den du je gesehen hast. In einem schmucken dunkelgrauen Anzug sitzt er Mary Pearcey gegenüber. Sein glattrasiertes Gesicht ist schmal, zeigt eine vornehme Blässe, die Haare gescheitelt, aber in einer Länge, die ihm einen Hauch von Verwegenheit verleiht.
»Hätten Sie die Güte, mir die illustre Gesellschaft zuerst vorzustellen?«, bittest du.
*Lies weiter bei **695***

596 Ächzend stemmen die Männer die schwere Platte vom Sarkophag, die polternd niederfällt und zerbricht.
»Mächtiger Osiris, Herrscher des Totenreichs, nimm das Gedärm der *Sat-nesu-en-chetef* aus der Schakal-Kanope Kebechsenuef«, dröhnt Mary Pearceys Stimme durch die von Finsternis erfüllte Kuppel. Ein Ächzen und Stöhnen läuft durch Boden und Wände, als würde sich eine gigantische Macht dagegenstemmen.

Das Hausmädchen schließt die Augen, keucht ein hektisches »für Osiris« und gießt sich das lodernde Öl über den Kopf. Mit einer grellen Stichflamme entzünden sich Körper und Kanope, dass es dir heiß entgegenschlägt.

Mary Pearceys Gesicht nimmt im Feuerschein einen diabolischen Zug an, die sehnigen Arme in fanatisch beschwörender Geste hoch erhoben.

Grey und Albert Victor werfen die Brecheisen weg und nehmen zwei auf dem Boden zusammengerollte Kabel, die sie ins Innere des Sarkophags rammen, wohinein, kannst du nicht sehen.

»Was habe ich nur getan?«, stöhnt Frankenstein an der Apparatur, zögert jedoch nicht, den finalen Schalter umzulegen. Der Kasten sprüht Funken, knistert, an einigen Stellen lodern sogar blau brennende Flammen, welche die Isolation der Kabel fressen.

»Erwache, *Sat-nesu-en-chetef*, erhebe dich aus dem ewigen Schlaf!«, ruft die Pearcey aus und reckt die Hände beschwörend nach oben, als wäre es ein Gebet.

Ein Geräusch wie von Nägeln, die über Glas gezogen werden, kreischt aus dem Sarkophag, getragen von schwarzgrauem Rauch, durchsetzt von orangeroten, knisternden Funken. Ist das etwa eine dürre, dunkle Hand, die über den Rand des Grabgefäßes greift?

Frankenstein hat Zweifel, er steht ihm Zwiespalt mit sich selbst, analysierst du die Worte, die du eben von ihm gehört hast.

*»Es ist nicht mehr aufzuhalten, ganz gleich, was ich mache«, krächzt es aus deiner trockenen Kehle. (Du musst diese Option wählen, wenn deine **Empathie** 1 ist.): Lies weiter bei **666***

*»Schalten Sie ab, Doktor Frankenstein, wenn Sie Schlimmeres verhindern wollen. Ich weiß, sie sind kein Mörder!« (Probe **Überzeugen**): Lies weiter bei **566***

*»Stopp!« Du springst Frankenstein an und versuchst ihn zu überwältigen, um seine Höllenmaschine abzuschalten (Probe **Überwältigen**): Lies weiter bei **616***

597

Getrieben von Wut und Hass erfolgt dein Angriff wild und ungestüm. Hyde erinnert dich an einen Gorilla, der dir mit unbeholfenen Bewegungen entgegenstürzt. Dementsprechend begegnest du ihm mit einem gerade geführten Messerstoß. Und dein Plan geht auf!

Für Ada Wilson: Lies weiter bei ***675***

Für Inspektor Abberline: Lies weiter bei ***625***

598 Du packst die brennende Ölschale und kommst in dem Moment hoch, in dem Netley den Schürhaken auf dich niedersausen lässt. Mit einer Drehung weichst du aus und schüttest ihm das lodernde Öl ins Gesicht. Fauchend fangen Haut, Haar und Kleidung Feuer. Es breitet sich rasend schnell über seinen gesamten Körper aus.

Es muss an dem Mantel liegen, der gewachst ist, kommt dir in den Sinn. Die Flammen verwandeln ihn binnen weniger Augenblicke in eine lodernde, panisch kreischende Fackel, die mit rudernden Armen blindlings durch den Kuppelsaal stürmt und auf dem Treppenabsatz zusammenbricht, um zuckend und mit den Füßen scharrend zu sterben.

Mit dem Rücken zur Wand stellst du dich den vor dir zurückweichenden Kultisten. »Was ist jetzt?«, schreist du ihnen zu und übertönst das prasselnde Feuer, das John Netley ist.

»Du begehst einen großen Fehler«, raunt Mary Pearcey mit hasserfülltem Blick. »Wir sind noch immer vier – mit Mary Ann Kelly sogar fünf –, die dir entgegenstehen!«

»Lasst Mary Ann Kelly gehen!«, lautet deine Forderung. Dann, an Mary Ann gewandt: »Komm zu mir, ich beschütze dich!«: Lies weiter bei ***648***

»Ich werde euch alle umbringen!«: Lies weiter bei ***698***

599 Das Hausmädchen stellt das Tablet ab, auf dem sich eine Kristallkaraffe mit dem grün schimmernden Absinth befindet, dazu eine frostig beschlagene Absinth-Fontäne mit Eiswasser, durch die das Funkeln des Kaminfeuers seltsam verzerrt schimmert, ein Porzellanschälchen mit Zuckerwürfeln, einen Absinthlöffel – zum Glas passend.

Sie beugt sich vor – gestattet dir einen überaus großzügigen Blick in ihr Dekolletee – und füllt dein Glas mit einem Drittel Absinth.

Sie stellt die Karaffe zurück, legt den Löffel darüber und gibt ein Stück Zucker darauf, welches sie mit dem eiskalten Wasser aus der Fontäne tröpfchenweise übergießt.

Fasziniert beobachtest du, wie sich das Grün mit aufgelöstem Zucker und Wasser vermengt und eine milchig weiße Färbung annimmt.

»Das nennt man den Louche. Die ätherischen Öle reagieren auf das kalte Wasser. Je langsamer man das Eiswasser hinzugibt, desto stärker die Reaktion«, klärt dich der gutaussehende Grey auf. »Es heißt, dass man in ganz besonderen Momenten die grüne Fee sehen kann, wenn sich die Louche bildet …«

Nachdem das Mädchen die Gläser der Gesellschaft in gleicher Weise gefüllt hat, verbreitet sich ein Gefühl von zeremonieller Gespanntheit auf das, was kommt. Gemeinsam hebt ihr die Gläser, in deren Kristallfacetten sich das unstete Kerzenlicht spiegelt.

»Auf die Auferstehung von ihr, die ewig liegt!«, spricht Mary Pearcey einen Trinkspruch aus.

»Auf sie, die ewig liegt!«, stimmen die anderen mit ein.

Der erste Schluck erfüllt dich mit dem ölig-würzigen Aroma der grünen Fee. Eine Explosion aus exotischen Kräutern und Ölen entfaltet sich auf deiner Whitechapel-Zunge, die sonst fast nur Bier und billigen Tabak kennt. Du wirst von einer sich schnell entfaltenden Wärme ausgefüllt, die dich an Weihnachten erinnert, wo die Zimmer stark geheizt sind und die Luft schwer ist vom Geruch der Kerzen.

Die Gier nach mehr erwacht und du trinkst weiter, um das Gefühl des Ausgehungertseins zu verdrängen. Es ist ein Schritt hin zur Auflösung des großen Rätsels über Leben und Tod, das mit Blut geschrieben ist, womöglich sogar über den Grund deiner Existenz. Die grüne Fee kriecht ins Blut, geht ins Fleisch über und flutet die Nervenbahnen, dass dir die Fingerkuppen taub und der Blick schwer werden.

»Alles ist gut«, flüstert sie dir ein. »Du bist, wo du immer sein solltest. Dies ist deine Bestimmung …«

Dem nicht genug, blickst du in die erhitzt-fanatischen Gesichter und spürst, wie sich die Fee in deinen Lenden ausbreitet, dich empfänglich macht für Mary Pearceys bebende Brüste und Dorian Greys verschmitzt-anzügliches Lächeln.

Die verführerische Wirkung der grünen Fee kostet dich 2 Punkte deiner ***Empathie****. Erhöhe außerdem deinen* ***Suchtwert*** *um 1 Punkt!*

Die Pearcey legt die Karten mit dem Rücken nach oben auf den Tisch und fächert diese auf. »Erinnerst du dich noch an die Karte, die die deine war?«
»Das Schicksalsrad.«: Lies weiter bei ***649***
»Die Hohepriesterin!«: Lies weiter bei ***699***
»Die umgekehrte Herrscherin!«: Lies weiter bei ***738***
»Der Teufel!«: Lies weiter bei ***567***
»Das Gericht!«: Lies weiter bei ***617***
»Ich kann mich nicht mehr an die Karte erinnern …«: Lies weiter bei ***667***

600

Mit einem wilden Schrei rammst du Netley den Ellbogen in die Rippen und springst zu einer der lodernden Fackeln hin.
Ob du es schaffst, zeigt dir eine Probe auf ***Geschick****: Lies weiter bei* ***574***

601

Beherzt, aber auch auf das Schlimmste gefasst, öffnest du die Tür mit den bunten Glasscheiben und betrittst den Salon. Warme Luft schwappt dir entgegen, die zu wenig Sauerstoff enthält und den Geruch von Kerzenwachs, Kaminfeuer und hochprozentigem Alkohol mit sich trägt, der sich als süßer Sirup auf deine Zunge legt, bitter im Geschmack, doch betörend im Abgang.
Die aus sieben Personen bestehende Gesellschaft – Mary Ann Kelly eingerechnet – hat sich um den Tisch versammelt, an dem dir Mary Pearcey die Tarotkarten legte. Auch heute liegen die Karten ausgebreitet auf der Tischplatte, die fünf in der Mitte sind verdeckt. Alle Anwesenden halten im Kerzenlicht funkelnde Kristallgläser in den Händen, die mit einer smaragdgrünen Flüssigkeit gefüllt sind.
Absinth – die grüne Fee …

Ein Hausmädchen in weißer Schürze und dunklem Kleid, das hinten bis zum Boden reicht und vorne kaum über die Scham, steht bereit, die Gläser zu füllen. Schwarze Strümpfe reichen ihr bis zur Mitte der Oberschenkel, geziert von einem blütenweißen Strumpfband mit Schleifchen. Im üppigen Dekolletee funkelt ein silbernes Pentagramm zwischen den Brüsten. Die Augen sind hinter einer mit feiner Spitze verzierten, schwarzen Maske verborgen.
Nicht unüblich in der noblen Gesellschaft, sich mit frivolen Obszönitäten zu schmücken …
Einige sitzen, andere stehen, doch alle sehen dich an. Du hast den Eindruck, als hätte man dich erwartet. Dem entspricht auch das leere Glas am einzig freien Platz am Tisch. Mary Pearcey, zu deren Rechter die Kelly sitzt, lächelt dir zu. »Darf ich Ihnen die Frau der Stunde vorstellen: die bezaubernde Ada Wilson!«
*Lies weiter bei **725***

602

Mary Pearcey nickt bestätigend. »Das heißt, du unterwirfst dich nun endgültig meinem Willen?«
*»Ja.«: Lies weiter bei **708***
*»Vergessenen Sie's!«: Lies weiter bei **552***

603

Der Wind pfeift kalt um die Dächer. Nachdem du aus dem Fenster geklettert bist, hältst du dich am Rahmen fest und siehst nach unten. Es ist nicht der Tower, aber dennoch hoch genug, um sich den Hals zu brechen. Die Lichter von Whitechapel wirken von hier oben verlockend, versprechen Wärme und Geborgenheit. Der einsetzende Nieselregen hingegen nicht …
Die Schindeln sind mit Moos bedeckt und dein Schuhwerk ist nicht das Beste, um damit guten Halt zu finden. Also legst du dich auf die Schindeln und tastest dich am Rand des Abgrunds weiter, was länger dauert als gedacht. Besonders schwierig ist es an der Ecke, wo sich die Dächer im rechten Winkel verbinden. Einige Schindeln sind locker, eine löst sich gar und stürzt hinab, um mit lautem Knall auf der Straße zu zerschellen.
Als du das Gaubenfenster im Dach von Mary Pearceys Haus erreichst, ist dein Mantel klatschnass. Das Fenster ist verschlossen.

Da es an diesem Punkt kein Zurück mehr gibt, hältst du dich am Holzrahmen des Fensters fest und machst dich ans Werk.

Du versuchst, es mit dem Messer aufzuhebeln (Probe ***Geschick****): Lies weiter bei* ***653***

Du steckst die Hand in die Manteltasche und willst es einschlagen (Probe ***Nahkampf****): Lies weiter bei* ***703***

604

So sehr du dich auch mühst, du vermagst es nicht, den Zug der Kordel zu mindern, geschweige denn, einen Finger darunter zu schieben. Der Bastard hat die Schlinge zu eng zugezogen. Durch die vergeblichen Anstrengungen wird dir der Atem knapp. Feurige Ringe explodieren vor deinen Augen, als du in die Knie brichst, nur um dann vollends zu fallen. Deine Brust will sich blähen, kann es aber nicht. Dein Mund schnappt wie der eines Karpfens nach Luft, vermag jedoch nicht, die Barriere zu überwinden. Deine Hände und Füße werden taub, dann folgt der Körper mit schrecklichem Kribbeln, bis du in eine abgrundtiefe Ohnmacht stürzt, in der es kalt ist und finster, vor allem aber unendlich weit …

Hätte ich doch nur Whitechapel verlassen, weht dir ein letzter Gedanke durch deinen Geist, dann bist du tot …

ENDE

605

Zu deiner Überraschung ist die Kellertür nicht verschlossen. Als du sie öffnest, schlägt dir warme Luft entgegen. Stufen führen in eine Tiefe, die du in diesem Haus nicht erwartet hättest. Kerzen flackern in den Wandnischen und schaffen ein schattenbehaftetes Licht. Anfangs sind die Wände gemauert, doch nach dem ersten Absatz – von dem ein mit einem schweren Eisengitter verschlossener Abzweig in den regulären Keller führt – bestehen sie aus feuchtglänzendem Lehm und unbehauenem Gestein. Kondenswasser tropft von der Decke. Algen haben sich in Ritzen und Fugen gebildet, es ist unangenehm warm und stickig.

Ich bin unterhalb der Themse, geht dir ein erschreckender Gedanke durch den Kopf. Als du nach einer Weile – du hast sechsundsechzig Stufen gezählt – einen kreisrunden Raum erreichst, schlägt dir das Knistern von Fackeln entgegen, die in eisernen Halterungen stecken und für die Hitze verantwortlich sind. Doch noch etwas anderes raubt dir den Atem …

… weil dir einer von hinten einen Sack über den Kopf stülpt und die Kordel im Saum desselben zuzieht!

Das eben Gesehene, was einer von blakenden Fackeln beleuchteten Gruft nicht unähnlich ist, versinkt in einer nach Schimmel und alten Kartoffeln stinkenden Finsternis. Es sind große, kräftige Hände, die dich packen. Du hörst das hechelnde Schnaufen des Angreifers, der sich wie ein Schatten hinter dir die Treppe hinab angeschlichen hat – und es kommt dir auf grausame Weise bekannt vor!

*Du versuchst, das Messer zu ziehen (Probe **Nahkampf**): Lies weiter bei **656***

*Du willst dich aus dem Griff winden (Probe **Geschick**): Lies weiter bei **706***

*Du wirfst dich mit aller Kraft nach hinten und versuchst, den Angreifer zu Fall oder zumindest aus dem Gleichgewicht zu bringen (Probe **Überwältigen**): Lies weiter bei **530***

606

Die aus sieben Personen bestehende Gesellschaft – Mary Ann Kelly eingerechnet – hat sich um den Tisch versammelt, an dem dir Mary Pearcey die Tarotkarten legte. Auch heute liegen die Karten ausgebreitet auf der Tischplatte. Die fünf in der Mitte sind verdeckt. Alle Anwesenden halten im Kerzenlicht funkelnde Kristallgläser in den Händen, die mit einer smaragdgrünen Flüssigkeit gefüllt sind.

Absinth – die grüne Fee …

Ein Hausmädchen in weißer Schürze und schwarzem Kleid, das hinten bis zum Boden reicht und vorne kaum über die Scham, steht bereit, die Gläser zu füllen. Schwarze Strümpfe reichen ihr bis zur Mitte der Oberschenkel, geziert von einem blütenweißen Strumpfband mit Schleifchen. Im üppigen Dekolletee funkelt ein silbernes Pentagramm zwischen ihren Brüsten. Die Augen sind hinter einer mit feiner Spitze verzierten, dunklen Maske verborgen.

Nicht unüblich in der noblen Gesellschaft, sich mit frivolen Obszönitäten zu schmücken …

Einige sitzen, andere stehen, doch alle sehen dich an. Du hast den Eindruck, als hätte man dich erwartet. Dem entspricht auch das leere Glas am einzig freien Platz. Mary Pearcey, zu deren Rechter die Kelly sitzt, lächelt. »So ist es besser.«
Dein Blick streift über erhitzte Gesichter. Einige sind dir bekannt. Doktor Frankenstein, der junge, gutaussehende – wenn auch blasse – Arzt aus Deutschland. Andere hast du nie zuvor gesehen. Den kränklich wirkenden jungen Offizier in der Uniform der Royal Husars zum Beispiel, der zu Mary Pearceys Linker in verkrampft steifer Haltung dasitzt. Sein Gesicht wirkt müde, der Schnauzbart mit den nach oben gezwirbelten Enden ist gewachst.
Ein Adliger, schießt dir eine düstere Erkenntnis durch den Kopf.
Hinter ihm – es wirkt, als würde er den jungen Offizier bewachen oder als wäre er zumindest für ihn verantwortlich – ein gewichtiger Mann von hohem Alter, glattrasiert und korrekt gekleidet. Die Daumen in die Westentaschen eingehakt, wirkt er imposant. Sein stechender Blick scheint dich unverschämt zu sezieren.
Und dann ist da noch der schönste Mann, den du je gesehen hast. Einen schmucken dunkelgrauen Anzug tragend sitzt er der Pearcey gegenüber. Sein glattrasiertes Gesicht ist schmal, zeigt eine vornehme Blässe, die Haare gescheitelt, aber in einer gewagten Länge, sodass es ihm einen Hauch von Verwegenheit verleiht.
Das Höllenfeuer im Kamin wirft flackernde Schatten auf die Gesichter der Anwesenden. Die Tür im Rücken, hast du noch immer dein Messer, mit dem du dich zur Wehr setzen könntest, wenn es dir denn gelingt, es zu ziehen. Du musst irgendwie Zeit schinden.
»Hätten Sie die Güte, mir die illustre Gesellschaft zumindest vorzustellen?«
Lies weiter bei ***695***

607

Du schaffst es nicht, das Schloss zu öffnen.
Du läutest an der Türglocke: Lies weiter bei ***679***
Du gehst zurück in die Sackgasse an der Ecke Flowers and Dean und Osborn Street, um …
… dein Glück an der Hintertür zu versuchen: Lies weiter bei ***728***
… durchs Nachbarhaus übers Dach einzusteigen: Lies weiter bei ***557***

608

Die Worte von Mary Pearcey verfehlen nicht ihre Wirkung. All das Grauen, der Schrecken, den du in Whitechapel erlebt hast, haben dazu geführt, dass du eine tiefe Abscheu gegen die Menschen entwickelt hast, die hier leben.
Die einen frieren und hungern in den Gassen, derweil die Reichen mit Champagner und Kaviar in überhitzten Ballsälen rauschende Feste feiern. Es ist an der Zeit, die Ungerechtigkeit zu beenden, denn in einem hat Mary Pearcey recht: Im Tod sind alle gleich!
»Was soll ich tun?«, stellst du die alles entscheidende Frage.
Lies weiter bei ***708***

609

Das Knarren der Stufen muss im gesamten Keller zu hören sein. Zumindest scheint es dir so. Als du das Ende der Treppe erreichst und gestampften Lehmboden betrittst, bemerkst du, dass deine Lampe nicht die einzige Lichtquelle ist. Zwischen verstaubten Regalen, in denen sich mit bräunlicher Flüssigkeit gefüllte Einmachgläser stapeln, sickert träges, gelbliches Licht hervor. Die Wände sind feucht, Wasser tropft von der Decke.
Deine Lampe vermag kaum mehr als den Fleck, auf dem du stehst, der Dunkelheit zu entreißen. Der Keller selbst ist L-förmig. Die Lichtquelle und der unerträgliche Verwesungsgestank haben ihren Ursprung jenseits der Biegung, dessen bist du dir sicher. Irritierend ist das leise Schmatzen, das von dort zu hören ist. Bilder formen sich in deinem Kopf, die du nicht sehen willst. Der Gestank, der um die Ecke weht, treibt dir Tränen der Abscheu in die Augen, lässt dich bittere Galle würgen.
Du gehst um die Ecke: Lies weiter bei ***659***
Du eilst nach oben, verriegelst die Tür und gehst die Treppe hoch: Lies weiter bei ***559***

610

Dein Gedanke an Flucht wird grob vereitelt, nachdem du die Tür geöffnet hast und John Netleys breit grinsendes Gesicht vor dir siehst.
»Kann ich helfen?«, knurrt er dich warnend an. Der Schürhaken in seiner Hand unterstreicht auf drastische Weise seine Worte.
»Wollte nur sehen, wo das Hausmädchen steckt«, lügst du.

Du gehst zurück in die Kammer um …
*… dich auszuziehen: Lies weiter bei **702***
*… die Tür zum unscheinbaren Zimmer zu öffnen (sofern du das noch nicht getan hast; Probe **Geschick**): Lies weiter bei **731***

611

Du näherst dich zögerlich dem bluttropfenden Tisch. Das volle Desaster des Dilemmas der Frau offenbart sich erst, als du dich über das bedauernswerte Geschöpf beugst. Bauch und Unterleib sind ein blutiges Chaos aus Schnitten und Stichen, die Haut, Fleisch und Fettgewebe zerteilt wie die Seiten eines zerfledderten Buches. Tief genug, dass dir Organe entgegenschimmern und du der Lunge beim Blähen zusehen kannst. Der rechte Arm liegt abgetrennt neben dem Körper, der Stumpf mit einer Schnur grob abgebunden. An der linken Hand fehlen die Finger. Du findest sie auf dem Boden, teils zertreten. Die Augen der Frau sind geöffnet, wirken wie blutunterlaufene weiße Murmeln. Sprechen kann sie nicht, weil Lippen und Zunge fehlen. Stattdessen sprudelt sie roten Schaum. Aber du weißt auch so, was sie dir sagen will: »Töte mich! Erlöse mich!« Sterben wird sie, das liegt offen auf der Hand. Nicht jedoch, ob sie dabei zumindest einen Teil ihrer Würde wiedererlangt.
*Wenn du zum Vorhang gehst und die Frau ihrem Schicksal überlässt: Lies weiter bei **711***
*Wenn du das Messer ziehst und es ihr in die Brust drückst, wo sich das Herz befindet. »Schhhhh, es ist gleich vorbei. Niemand kann dir dann noch etwas anhaben.«: Lies weiter bei **535***
*Wenn du das Hackbeil des Schlachters nimmst und ihr mit den Worten »Im Fegefeuer bist du schon, doch ich schick dich zur Hölle!« den Kopf abschlägst: Lies weiter bei **585***

612

*Probe **Nahkampf** gegen **Contra-Skill** 5.*
*Wenn du unterliegst: Lies weiter bei **712***
*Wenn du obsiegst: Lies weiter bei **524***

613

Vorsichtig lauschst du an der Schwingtür, die zur Küche führt, versuchst herauszufinden, wie viele Personen sich dort aufhalten. Die Stimmen sind gesenkt, dennoch ver-

magst du den dunklen Bass eines Mannes von der hellen Stimme einer jungen Frau zu unterscheiden.
Die Küche zu betreten, ist ein Risiko von ungewissem Nutzen, die Neugier ein Narr, der dich zu unbedachten Handlungen treibt.
*Du betrittst die Küche: Lies weiter bei **577***
*Du entscheidest dich dagegen und wendest dich der unscheinbaren Tür zu (sofern du das noch nicht getan hast): Lies weiter bei **663***
Oder du beabsichtigst...
*... den Salon zu betreten: Lies weiter bei **655***
*... zur Kellertür zu gehen: Lies weiter bei **605***

614

Du bist zu langsam. Mary Ann Kelly bekommt deinen Arm zu fassen und dreht ihn dir mit unglaublichem Geschick nach hinten. Gleichzeitig tritt sie dir von hinten in die Kniekehle, dass du einknickst und – um nicht zu stürzen – die Waffe fallen lässt.
Mister Grey ist sofort bei euch und zwingt dich vollends nieder, wo du mit dem Gesicht nach unten den feuchtkalten, gestampften Lehm küsst.
Halb erstickt stöhnst du wütend auf, strampelst, versetzt Mary Ann einen harten Tritt, der ihren Griff lockert. Du bäumst dich auf, doch Grey hält dich mit seinem Gewicht unten. »Ssssst ... ruhig, lass es einfach geschehen ...«
Es ist Frankenstein, der dir die Nadel einer Spritze in den entblößten Arm sticht und dir eine gelblich schimmernde Flüssigkeit injiziert, die sich rasend schnell ausbreitet und brennt wie geschmolzenes Metall.
Die Umgebung verschwimmt vor deinen Augen, alles wird schwer. Du erkennst Mary Ann Kelly und wie sie vor dir in die Hocke geht.
»Warum«, krächzt deine schwindende Stimme.
»Geld«, antwortet die Kelly. »Mary Pearcey hat mir genug Geld geboten, um Whitechapel für immer zu verlassen. Ist nichts Persönliches, aber so ist das nun mal ...«
Dann wird es Nacht ...
*Lies weiter bei **714***

615 »Der Tanz fängt gerade erst an«, stellt Mary Pearcey fest und wirft Jekyll einen auffordernden Blick zu. »Wären Sie so liebenswürdig, Miss Wilson davon zu überzeugen, sich uns anzuschließen?«
Der hebt lächelnd sein Glas. »Mit dem größten Vergnügen, Miss Pearcey!«
Der Mann trinkt aus und wirft das Gefäß in den lodernden Kamin, wo es mit lautem Knall zerbirst. Dich mit einem Grinsen musternd greift er in die Innentasche seines Jacketts und zieht ein mit einem Korken verschlossenes Reagenzglas hervor, in dem sich eine lilafarbene Flüssigkeit befindet. »Bist du sicher, dass du nicht lieber doch reden willst, Ada?«, fragt die Pearcey.
*Du hebst die Hände, gehst zum Tisch und nimmst Platz. »Sie haben recht, reden wir. Zum Beispiel über den Zirkel des Osiris!«: Lies weiter bei **673***
*Zu allem entschlossen ziehst du dein Messer. »Reden macht die Toten nicht wieder lebendig!«: Lies weiter bei **543***

616 *Probe **Überwältigen** gegen **Contra-Skill 2**.*
*Wenn du unterliegst: Lies weiter bei **620***
*Wenn du obsiegst: Lies weiter bei **670***

617 Mary Pearcey zieht die Karte des Gerichts und schiebt sie dir zu. »Kommen wir zum puren Gegenteil dessen, wofür der Teufel steht. Das Gericht. Die Attribute sind Erlösung, Erwachen, Entscheidung und innerer Ruf. Es sind die Engel, die mit Posaunen über den Wolken die Toten erwecken. Metatron.«
Sie sieht dich an. »Die Karte zeigt, dass du kurz vor einem wichtigen spirituellen Durchbruch stehst, dem Erwachen in einem neuen Abschnitt deines Lebens. Doch dazu muss dein Geist offen und rein sein. Ich denke, in Bezug auf den Teufel ist es eine Wahl, die sich dir stellt. Auf der einen Seite die Finsternis, die all deine Wünsche erfüllen kann, auf der anderen das Licht, das dir die Auffahrt deiner Seele in den Himmel verspricht, nicht jedoch die Erfüllung deiner Wünsche auf Erden. Was soll ich also für dich sein, der finstere Teufel oder die lichte Hohepriesterin?«

»Der Teufel!«: Lies weiter bei ***671***
»Die Hohepriesterin!«: Lies weiter bei ***571***
»Nichts dergleichen!«: Lies weiter bei ***621***

618

The Graphic 17. November 1888

DIE JÜNGSTE EAST-END-GRÄUELTAT

Selbst wenn die Morde der letzten Weihnachtswoche und vom 7. August als nicht sicher zur gleichen Serie gehörend ausgenommen werden, verbleiben immer noch fünf Schlächtereien, alle offensichtlich von ein und derselben Person verübt.

Einzeln betrachtet ist alles, was man eindeutig bestätigen kann, dass er über Fachwissen verfügt, entweder das eines Metzgers oder eines Mediziners, gewohnt daran Tiere aufzuschneiden, Menschen oder anderes.

Es ist wahr, dass bei der letzten Gelegenheit ein Mann eine genaue Beschreibung des vermeintlichen Mörders abgab. Diese große Genauigkeit dieser Beschreibung erzeugt jedoch ein Gefühl von Skepsis. Der fragliche Zeuge gibt zu, dass er zu der Zeit, als er ihn sah, nicht ahnte, dass er den Whitechapel-Mörder beobachtete; dennoch, um zwei Uhr morgens, in schlecht beleuchteten Durchgängen, beobachtete er mehr, als einige von uns am helllichten Tag mit hinreichend Zeit zur Verfügung sehen würden. Ein Mann, der unter solch hastiger Beobachtung ein Paar dunkle ´Gamaschen´ mit hellen Knöpfen über Knöpfstiefeln und einen roten Stein hängend an seiner Uhrkette angeben kann, muss die Augen eines geborenen Detektivs haben. Gestehen wir ihm zu, dass seine Beschreibung genau ist und nicht die Nachwirkungen einer lebhaften Phantasie sind, ist es offensichtlich, dass der gegebene Hinweis ein wichtiger ist, weil er zeigt, dass der Mörder einer höheren Klasse angehört.

Wenden wir uns einem anderen Punkt zu. Der Shoreditch-Untersuchungsrichter verdient Lob, dass er die gerichtliche Untersuchung bei seinem letzten Opfer so schnell zu Ende brachte. Ein Coroner-Court ist kein Gerichtshof für kriminelle Ermittlungen, und die Enthüllung von Details, welche für den Beweis der Todesursache unnütz erscheinen, könnten höchstens dazu beitragen, das Tun der Polizei zu behindern. Zu guter Letzt wollen wir anmerken, wie wir bereits bei den vorherigen Leidenden angemerkt haben, dass die Frau Kelly ursprünglich nicht der Gossenklasse angehörte. Sie war eine Frau von anständiger Herkunft und besserer Erziehung, die allmählich in einen degradierten Zustand verfiel, in dem sie sich noch befand, als sie ihr grausames Ende fand.

*Lies weiter bei **700***

619

*Probe **Schießen** gegen **Contra-Skill** 6.*
*Wenn du unterliegst: Lies weiter bei **669***
*Wenn du obsiegst: Lies weiter bei **719***

620

Er rauft sich die Haare. »Es ist zu spät, es ist längst zu spät, nicht mehr aufzuhalten!«
Es kommt nicht ansatzweise zum Kampf. Stattdessen reißt er ein funkensprühendes Kabel aus einem der Anschlüsse an der Wanne und rammt es dir irre lachend ins Gesicht. Von Elektrizität durchströmt zerplatzen deine Augäpfel, verbrennt die Haut, werfen deine Lippen Blasen. Dein Haar fängt Feuer, knisternd fauchend und stinkend. Kaum den Bruchteil einer Sekunde später frisst sich der Strom in den Kopf und verdampft dein Hirn.
Wortwörtlich vom Blitz getroffen fällst du nieder und bist tot …
*Lies weiter bei **594***

621

Mary Pearcey lacht. Es klingt wie das Meckern einer Ziege. »Ich hätte dich für entscheidungsfreudiger gehalten, jemand, der ein Wagnis eingeht und sich in Abenteuer mit ungewissem Ausgang stürzt. Leider scheint dem nicht so zu sein!«

Sie, Dorian Grey und der schmucke Husarenoffizier Albert Victor sehen dich an. Alle tun es.

»Dann lass mich für dich die Entscheidung treffen«, verkündet Mary Pearcey und zieht eine Karte aus dem Stapel.

*Wie hoch ist deine Summe aus **Glaubwürdigkeit** und **Empathie**?*

*2 bis 10: Lies weiter bei **671***

*11 bis 20: Lies weiter bei **571***

622

Du nimmst das grünlich schillernde Getränk gerne an, wohl in dem Gedanken, alles erträglicher zu machen.

*Verringere deine **Empathie** um 1 Punkt.*

Mary Pearcey, Frankenstein, Dorian Grey, William Gull nebst seinen Schützling Albert Victor, ja selbst der grobschlächtige Kutscher Netley, alle kommen an dem Behältnis zusammen, in welchem die arme Mary Ann Kelly zur Hilflosigkeit verdammt ihr Ende erwartet, um mit kristallenen Gläsern auf den bevorstehenden Mord anzustoßen.

Kannst du es verhindern?

Und wenn ja, wie?

Indem du die Apparatur von Frankenstein zerstörst?

Wie hoch wäre die Wahrscheinlichkeit, dabei getötet zu werden?

Mary Pearcey hebt ihr Glas und alle tun es ihr gleich – du eingeschlossen. »Auf Osiris, den Tod und die erwachende Priesterin!«

»Auf Osiris«, rufen alle. Kristall singt hell auf Kristall. Die grüne Fee rinnt betörend durch deine Kehle. Das Feuer, in dem die Augen der Umstehenden glühen, geht auf dich über, entzündet deinen Geist zwischen Abscheu und Begierde!

Wenn es noch einen Moment gibt, den Wahnsinn zu beenden, dann ist es dieser!

*Du stürzt dich auf die Apparatur von Frankenstein, um sie zu zerstören. (Du darfst diese Option **nicht** wählen, wenn deine **Empathie 1** ist; Probe **Geschick**): Lies weiter bei **640***

*»Auf Osiris!«, tönt es inbrünstig überzeugt aus deiner Kehle: Lies weiter bei **690***

623 »Es tut mir leid, aber das kann ich nicht zulassen«, stellt Mary Pearcey fest und wirft Jekyll einen auffordernden Blick zu. »Wären Sie so liebenswürdig, den Inspektor davon zu überzeugen, sich uns anzuschließen?«

Der hebt lächelnd sein Glas. »Mit dem größten Vergnügen, Miss Pearcey!«

Der Mann trinkt es aus und wirft das Gefäß in den lodernden Kamin, wo es mit lautem Knall zerbirst. Grinsend greift er in die Innentasche seines Jacketts und zieht ein mit einem Korken verschlossenes Reagenzglas hervor, in welchem sich eine lilafarbene Flüssigkeit befindet.

»Bist du sicher, dass du nicht lieber doch reden willst, Abberline?«, fragt die Pearcey.

Du hebst beschwichtigend die Hände und nimmst Platz. »Sie haben recht, reden wir wie zivilisierte Menschen. Zum Beispiel über den Zirkel des Osiris!«: Lies weiter bei ***673***

Zu allem entschlossen ziehst du das Messer. »Reden macht die Toten nicht mehr lebendig!«: Lies weiter bei ***543***

Solltest du im Besitz einer Pistole sein (nur, wenn du nicht als Gefangener ins Haus gekommen bist), kannst du sie ziehen. »Keiner rührt sich von der Stelle!«: Lies weiter bei ***593***

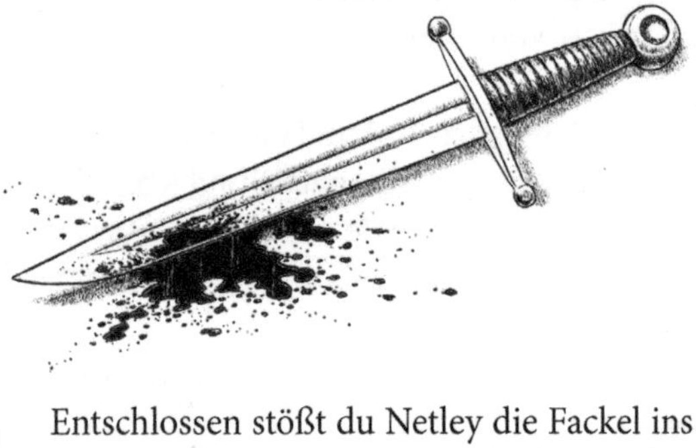

624 Entschlossen stößt du Netley die Fackel ins Gesicht. Womöglich liegt es an seiner Kleidung – die Flammen gehen fauchend auf ihn über und verwandeln ihn binnen weniger Augenblicke in eine lebende, kreischende Fackel, die mit rudernden Armen blindlings durch den Kuppelsaal stürmt und auf dem Treppenabsatz lodernd zusammenbricht, um zu sterben.

Mit dem Rücken zur Wand stellst du dich den vor dir zurückweichenden Kultisten. »Was ist jetzt, hm?«, schreist du und übertönst das prasselnde Feuer, das John Netley ist.
Gull verliert die Nerven und stürmt wie ein alter, aber behänder Ziegenbock über den brennenden Leichnam springend die Treppe hinauf und verschwindet in der dort vorherrschenden Dunkelheit.
»Du begehst einen Fehler«, raunt Mary Pearcey mit hasserfülltem Blick. »Wir sind noch immer vier – mit Mary Ann Kelly sogar fünf –, die dir entgegenstehen!«
»Lasst Mary Ann Kelly gehen!«, lautet deine Forderung. Dann, an Mary Ann gewandt: »Komm zu mir, ich beschütze dich!«: Lies weiter bei ***648***
»Ich werde euch alle umbringen!«: Lies weiter bei ***698***

625

Mit Wucht rammt sich Hyde die Klinge selbst in den Bauch. Bis zum Heft und derart kräftig, dass er dich nach hinten treibt, dorthin, wo sich die Tür befindet.
Dennoch lacht er dir ins Gesicht. »Hätt dir den Kopf abschneiden sollen in der Leichenhalle«, grunzt er höhnisch.
Die Erinnerung an die Nacht im Leichenkeller in der Old Montague Street erwächst mit ungebremster Wucht. Dein Ritt auf der Schwelle des Todes, den du nur knapp überlebt hast.
Getrieben von Hass ziehst du die Klinge aus Hydes Bauch und stößt sie ihm von unten durch den Gaumen. »Hättest gut daran getan, mich umzubringen!«
Heißes Blut ergießt sich auf deine Hand, rinnt in den engen Ärmel des Jacketts, dennoch lässt du den Griff des Messers erst los, als die Augen des Mörders brechen und du ihn nicht mehr halten kannst. Grimmig streckst du die blutverschmierte Hand aus und zeigst auf die Pearcey.
»Jetzt zu Ihnen!«
Der Schlag auf deinen Hinterkopf kommt unerwartet. Grelles Licht explodiert vor deinen Augen. Der zweite trifft dich in die Nieren, was dich straucheln und aufstöhnen lässt. Eine schwielige Männerhand legt sich um deinen Hals und führt dich gekrümmt zum Tisch.

»Etwas früher wäre angenehm gewesen, Mister Netley«, stellt die Pearcey mit eiskalter Stimme fest.
Netley, der Kutscher, treibt dich weiter, um …
*Lies weiter bei **697***

626

Blind vor Gier ziehst du sie in deine Arme. Eure Finger verfangen sich im wilden Spiel, der Atem geht keuchend, bis sich Lippen und Zungen in absoluter Hemmungslosigkeit finden, sich verwinden, einander umschlingen wie in Honig schwimmende Aale …
Auf dem Boden, auf einer der Roben liegend, windet ihr euch in wildem Spiel, du auf dem Rücken, sie als Reiterin der Hemmungslosigkeit obenauf – nackt. Saugend fordernde Lippenspiele folgen auf erobernde Finger. Körperöffnungen werden zu lüsternen Toren, ihre wie deine. Ekstase lässt die Umgebung, das Grauen, den Wahnsinn in einem süßen, schnell drehenden und in den Ohren rauschenden Sog verschwinden, bis nichts mehr bleibt als stöhnende, feuchttriefende Lust …
Verzeih mir, Emma, meldet sich dein Gewissen mit anklagender Stimme.

*Verringere **Überzeugen** um 1 Punkt!*

Um Atem ringend liegt ihr eine Ewigkeit – womöglich nur Minuten – zusammen und genießt das langsame Abklingen der Lust. Dann steht das Hausmädchen auf, richtet seine Kleidung und streift sich die Schürze glatt.
Ihre schlanke Hand hilft dir beim Aufstehen. Sie haucht dir einen Kuss auf den Hals, bei dem du ihre Zungenspitze spürst, und wendet sich mit gesenktem Blick ab, um das Schälchen mit dem Öl zu nehmen.
»Die Salbung.« Sie bläst alle Kerzen bis auf eine aus, sodass euch die lauernde Dunkelheit mit ihren Schatten umfängt, und beginnt damit, deinen Körper mit einem kleinen Schwamm abzureiben, den sie zuvor in dem Öl getränkt hat. »Es ist das heilige Öl aus Abu Sir, gewonnen aus den Kanopen der Priesterin *Sat-nesu-en-chetef* …«

Ihre Stimme senkt sich in eine Tonlage, die dich an die Gebete in einer Kirche erinnert.
*Lies weiter bei **676***

627 Die Tür schwingt in den Federn quietschend auf, du stürmst mit gezogenem Messer in die Küche!
»Was zur Hölle …« Donovan dreht verdutzt den Kopf in deine Richtung, reißt die Augen auf, und stößt das Mädchen von seinem Schoß, um aufzuspringen.
*Du greifst an (Probe **Nahkampf**): Lies weiter bei **677***
*Du versuchst, ihn zu überrumpeln (Probe **Überwältigen**): Lies weiter bei **539***

628 »Schreien Sie, so viel sie wollen, mich schüchtern Sie nicht ein«, brüllst du ihr entgegen, auch wenn du weißt, dass du damit den Fuß auf den Spaten setzt, der dein Grab aushebt. Du hast das Gefühl, dass sich der Raum um die Umstehenden zu Finsternis verdichtet, dass die Luft sich mit Feuer füllt. Schweiß tritt dir aus den Poren, das Herz schlägt wild in deiner Brust.
»Dann bist du unser Lamm«, raunt die Pearcey sichtlich erregt. »Dein Leben liegt nun in Osiris' Hand.« Dann, an die Umstehenden gerichtet. »Bereitet das Lamm zur Opferung vor!«

Ehe du dich versiehst, dringen sie alle – abgesehen von Mary Ann Kelly – auf dich ein. Grey versetzt dir einen Stoß, der dich in die Arme des Offiziers treibt. Der nimmt dich in einen Würgegriff, derweil der alte Arzt eine klobige Spritze aus der Jacketttasche zieht und dir die Nadel in den Hals sticht. Bevor du dich versiehst, flutet flüssiges Eis in die wild pochende Halsschlagader und alles versinkt in einem dumpfen, schweren Albtraum voller sich in Schlieren auflösender Gesichter und bleischwerer Dunkelheit ...
Lies weiter bei ***684***

629

Die Haustür öffnet sich in einen quadratischen Empfangsraum. Öllampen werfen ein helles, angenehmes Licht, alles wirkt sauber und aufgeräumt. Die Luft ist erfüllt vom Duft frischer Rosen.
Mary Pearcey duftet danach ...
Mäntel und Hüte hängen an der Garderobe, ebenso Mary Ann Kellys weinroter Ausgehmantel. Eine Treppe aus dunklem Holz führt hinauf, eine verschlossene Tür in den Keller des Hauses. Links davon liegt ein schmaler, düsterer Flur.
Durch die polierte, mit Glasintarsien durchbrochene Tür, die in den Salon führt, hörst du Stimmen. Gläser klingen hell, es wird gelacht, wenn auch verhalten.
Auf der anderen Seite scheint es durch eine schlicht gehaltene Tür in die Küche oder einen Wirtschaftsraum zu gehen. Ein großer, kreisrunder, aus dunklen Fasern gewebter Teppich liegt in der Mitte des Raumes auf dem Boden, bestickt mit einem blutroten Stern – einem Pentagramm. Zeichen, die denen auf den Tarotkarten ähneln, zieren die Spitzen.
Du betrittst den Salon: Lies weiter bei ***655***
Du gehst zur Kellertür: Lies weiter bei ***605***
Du gehst in den Wirtschaftsraum: Lies weiter bei ***555***

630

Dir gelingt es, das Messer aus der Manteltasche zu ziehen und blind dorthin zu stechen, wo du den Angreifer vermutest. Die Klinge stößt auf Widerstand, durchdringt diesen mit einem ratschenden Geräusch. Der Angreifer röchelt erstickt,

stürzt. Im Fallen reißt er an der Kordel, die sich um deinen Hals legt wie eine Henkersschlinge, und zieht diese zu.
*Probe **Geschick**: Lies weiter bei **554***

631 Der schwach durch Öllampen beleuchtete Flur ist sauber. Die Wände sind mit Stofftapeten in grauem Streifenmuster tapeziert, auf dem Boden liegt ein langer, mit dunklen Rauten bemusterter Teppich, der vom rückwärtigen Ende – wo es zum Dachboden geht – bis zur Treppe reicht, die nach unten führt. Dort ist es heller.
Vorbei an Bildern, die surreal verzerrte Landschaften im Sturm oder windschiefe Hütten im Winter zeigen, gehst du zur breiten Treppe, die hinabführt, denn auf dem Dachboden wirst du keine Antworten finden. Aus diesem Grund ignorierst du auch die Zimmertüren im Flur, denn auch dort wirst du nicht finden, wonach du suchst.
Und keine Mary Ann Kelly, denkst du dir von einem grausam panischen Gefühl beschlichen, dass sie die Nächste sein könnte, die unter den Messern der Handlanger von Mary Pearcey endet.
Noch erschließt es sich dir nicht vollends, was die Herrschaften um die mysteriöse Frau zu diesen Bluttaten treibt und ob sie es sind, die sie verüben, doch du weißt, das Haus wird es dir offenbaren.
*Lies weiter bei **563***

632 »Ich bin gewillt, dich trotz allem zu verschonen. Mehr noch, es ist mir wichtig, dass wir übereinkommen.« Jemand löst dir die Fesseln und zieht dir den Sack vom Kopf. Warme Luft schwappt dir entgegen, die zu wenig Sauerstoff enthält und den Geruch von Kerzenwachs, Kaminfeuer und hochprozentigem Alkohol transportiert, der sich wie süßer Sirup auf deine Zunge legt, bitter im Geschmack, doch betörend schwer im Abgang.
Lies weiter bei ***606***

633 Du hebst die Klinge, der Hüne schwingt das dreckige Beil. Sein Schlag beschreibt einen abwärts geführten Halbkreis, du weichst aus, bist aber nicht schnell genug.
Dein verzweifelter Messerstoß durchbohrt die Lederschürze und sinkt in weiches Fleisch. Das Hackbeil geht mit brachialer Gewalt auf deinem Scheitel nieder, teilt dir den Kopf bis zur Nasenwurzel. Grellweißer Schmerz durchzuckt als gebündeltes Licht dein gespaltenes Hirn, als er dich mit einer riesigen Hand am Hals packt, neben der verstümmelten Frau auf den Tisch knallt und dir mit einem einzigen Schlag den Kopf unterhalb der Nase abschlägt.
Decke, Raum und Monster wirbeln vor deinen Augen umher, unscharf, verzerrt, in surrealen Farben. Dann bist du tot. Zerhackt. Zerkleinert. Filetiert …

ENDE

634 »Mich schüchtern Sie nicht ein«, hältst du ihr entgegen, auch wenn du weißt, dass du damit den Fuß auf den Spaten setzt, der dein Grab aushebt.
Mary Pearcey lacht. »Dann soll es wohl sein, dass du anstatt der Kelly unser Opferlamm bist«, raunt sie erregt. »Dein Leben liegt nun in Osiris' Hand, all deine Hoffnung ist verwirkt.« Dann, an die Umstehenden gerichtet. »Bereitet das Lamm zur Opferung vor!«
Ehe du dich versiehst, dringen sie alle – abgesehen von Mary Ann – auf dich ein. Grey versetzt dir einen Stoß, der dich in die Arme des Offiziers treibt. Der nimmt dich in einen Würgegriff, derweil der

alte Arzt eine klobige Spritze aus der Jacketttasche zieht und dir deren Nadel in den Hals rammt.
Bevor du dich versiehst, flutet flüssiges Eis in deine wild pochende Halsschlagader und alles versinkt in einem dumpfen Albtraum voller sich in Schlieren auflösender Gesichter vor bleischwerer Dunkelheit …
*Lies weiter bei **684***

635

*Probe **Geschick** gegen **Contra-Skill** 4.*
*Wenn du unterliegst: Lies weiter bei **724***
*Wenn du obsiegst: Lies weiter bei **705***

636

Mary Pearcey ist die Quelle der Finsternis. Sie umgeben wabernde Schatten, die undeutliche Konturen zeichnen und nach ihr zu greifen scheinen. »Bringt sie in die Apparatur«, befiehlt sie mit dunkel vibrierender Stimme.
Die Männer führen die benommene Mary Ann Kelly zu der mit Eiswasser gefüllten Wanne und ziehen sie aus. Greys zuckersüßes Lächeln irritiert dich. Der Offizier wirkt stoisch.
Frankenstein tritt – eine Kolbenspritze mit gelblich leuchtender Flüssigkeit in der Hand – auf sie zu und nimmt ihren rechten Arm, um die Ader zu tätscheln, damit diese hervortritt. »Es wird jetzt gleich etwas piksen«, redet er der Benommenen zu, die dümmlich lächelt. Du beobachtest, wie sich die Nadel in ihre Haut senkt und der Doktor den Kolben nach unten drückt.
In dir breitet sich ein der Anspannung geschuldetes Kribbeln aus, das durch Mary Ann Kellys überraschtes Stöhnen noch angefacht wird. Sie beginnt, sich im Griff der Männer zu winden, wirft ihren Kopf keuchend umher, öffnet den Mund und leckt sich in anzüglicher Weise die vollen Lippen, derweil sich Finsternis von der kuppelartigen Decke herabsenkt und den Raum enger macht.
Ihr ekstatisches Aufbäumen ist nur von kurzer Dauer, denn bald erschlafft sie stöhnend – aber weiter bei Bewusstsein – zwischen den Männern, die sie vorsichtig – man möchte sagen zärtlich – aufnehmen und auf das Gitter in der Wanne legen. Für einen Moment trifft sich deiner und der flackernde Blick Mary Anns.

Realisiert sie die Gefahr, in der sie sich befindet?
Dir entgeht auch Greys Blick nicht, mit dem er Mary Anns nackten Körper mustert, auch nicht der von Albert Victor, in dem pure, perverse Mordlust schimmert.
Frankenstein beabsichtigt, den Metallring um ihre Stirn zu legen, schraubt Kabel und Schläuche daran fest, nimmt Einstellungen an der Apparatur vor.
Grey und Albert Victor fangen an, ihr die ledernen, innen mit Kupfer ausgekleideten Fesseln an Hand- und Fußgelenken anzulegen, von denen Kabel wegführen. Du kannst nicht verleugnen, dass die Szenerie eine prickelnd erotische Wirkung auf dich ausübt.
*Du unternimmst nichts und wartest ab: Lies weiter bei **522***
*»Wie kann ich helfen?«, keuchst du bereitwillig: Lies weiter bei **572***
*Du versetzt John Netley einen Stoß und stürzt zu Gulls Chirurgiebesteck, um dich zu bewaffnen. (Du darfst diese Option **nicht** wählen, wenn deine **Empathie 1** ist.): Lies weiter bei **550***

637

Anstelle, um Hilfe zu rufen, zückt das zierlich-blasse Ding ein Messer und stürzt sich zum Äußersten entschlossen auf dich. Damit hast du nicht gerechnet, dennoch gelingt es dir, dem Angriff auszuweichen. Deine Faust knallt in ihr hübsches Gesicht, bricht die Nase mit lautem Knacken. Der zweite Hieb gräbt sich in den Bauch, derweil du mit der anderen Hand die des Hausmädchens packst, mit der sie das Messer hält. Es kommt zu einem Handgemenge, das Mädchen wirft sich dir entgegen, stöhnt dumpf, als sich ihre eigene Klinge in ihrem Bauch versenkt. Heißes Blut läuft über deine Finger.
Du willst die Klinge herausziehen, doch die Frau umfasst deinen Nacken und stößt sie sich tiefer in den Bauch. »Heil Osiris. Ich werde … in deiner … ewigen Nacht … zum finsteren Stern …« Ihr Blick bricht, der schmale, überraschend leichte Körper erschlafft in deinen blutigen Händen.
Als es mit ihr vorbei ist, siehst du dich um. Du befindest dich in einem quadratischen Empfangsraum. Öllampen werfen ein helles, angenehmes Licht, alles wirkt sauber und aufgeräumt. Die Luft ist erfüllt vom Duft frischer Rosen.

Mary Pearcey duftet danach …
Mäntel und Hüte hängen an der Garderobe, ebenso Mary Ann Kellys weinroter Ausgehmantel. Eine Treppe aus dunklem Holz führt ins Obergeschoss, eine verschlossene Tür in den Keller des Hauses. Links davon liegt ein schmaler, düsterer Flur. Dorthin schleifst du das tote Mädchen und kannst nicht vermeiden, dass ihr Blut ein feuchte Spur auf den Boden zeichnet.
Durch die polierte, mit Glasintarsien durchbrochene Tür, die in den Salon führt, klingen Stimmen. Gläser singen hell, es wird gelacht, wenn auch verhalten.
Auf der anderen Seite scheint es durch eine schlicht gehaltene Tür in die Küche oder einen Wirtschaftsraum zu gehen. Ein kreisrunder, aus dunklen Fasern gewebter Teppich liegt auf dem Boden, bestickt mit einem blutroten Pentagramm. Zeichen, die denen auf den Tarotkarten ähneln, zieren die Spitzen.
Du betrittst den Salon: Lies weiter bei ***655***
Du gehst zur Kellertür: Lies weiter bei ***605***
Du gehst in den Wirtschaftsraum: Lies weiter bei ***555***

638

Beil gegen Schürhaken, ein wahrlich unausgeglichener Kampf, doch du hast nicht vor, aufzugeben.
Netley – in Whitechapel aufgewachsen – greift dich frontal an. Der Schürhaken beschreibt eine zischend die Luft zerschneidende Diagonale. Du weichst aus, zählst seinen Rhythmus, wartest ab und trittst in dem Moment, in dem er ausholt, vor und schlägst mit dem Beil zu. Darauf hat Netley nur gewartet. Er weicht zur Seite hin aus und lässt den Schürhaken senkrecht nach unten auf deinen Waffenarm knallen, dass es klatscht. Mit lautem Bersten bricht dein Unterarmknochen, das Beil klappert auf den Boden.
Netleys Faust donnert dir gegen die Schläfe, dass es dich um die eigene Achse wirbelt und du Blut spuckst. Erneut kommt der Schürhaken hoch und du kannst nur benommen zusehen, wie er auf deinen Scheitel niedersaust. Etwas knackt fürchterlich …
Der Schädelknochen …
Du gehst nieder wie ein gefällter Baum, ungebremst und hart, würde dich John Netley mit einer übertriebenen Geste nicht auffangen und

auf den Boden gleiten lassen. Deine Wahrnehmung ist kaum mehr als ein müdes Flackern. Durch die halbgeschlossenen Lider beobachtest du Albert Victor, wie er sich das lange, dünne Messer nimmt und sich neben dich kniet, um deine Bauchdecke zu öffnen. In seinem Blick blitzt ekstatischer Wahnsinn, als er sich über dich hermacht, wie er es zuvor schon bei den bedauernswerten Frauen gemacht hat.
John Netley gesellt sich zu ihm. Schnaufend schneiden und stechen sie, trennen Organe und Gedärm heraus, derweil du in einer stetig anwachsenden Lache aus Rot liegst, die sich wie ein Heiligenkranz um deinen Kopf ausbreitet.
Davondriftend siehst du durch einen sich schließenden Schleier, wie sich Mary Pearcey über dich beugt und dir Nase, Ohren und Lippen abschneidet, sie triumphierend hochhält, derweil Mary Ann Kelly realisiert, dass auch sie gleich sterben wird, und anfängt zu kreischen.
Lies weiter bei ***594***

639

Der Bastard stößt das Mädchen brutal von sich, sodass sie vor dir auf den Boden fällt. Du springst über sie hinweg, weichst Donovans Stich aus, strauchelst.
Unbeholfen ruderst du mit den Armen, fängst dich und ziehst dein Messer im Halbkreis von unten nach oben. Derweil sein Stoß ins Leere geht, ziehst du ihm die Klinge über den Arm und im gleichen Schwung über Kinn, Wange und rechtes Auge. Der Stuhl, auf dem Donovan saß, kippt um. Ein Krug fällt vom Tisch und zerschellt. Warmes Bier ergießt sich zu einer gelblichen Lache.
Donovan stöhnt, greift sich ins Gesicht. Du gibst ihm einen groben Stoß und stichst ihm das Messer in den Bauch, was den schwergewichtigen Schläger rücklings niedergehen lässt.
Das Mädchen wimmert auf und kriecht mit auf den Mund gepressten Händen in eine Ecke. »Still, oder ich schneide dir den Hals durch!«, drohst du ihr. Sie beeilt sich, zu nicken, weint.
Rittlings kniest du dich auf den blutenden Mann. Die Wunde auf seiner Wange ist tief genug, dass du dahinter seine Zunge sehen kann. Das Auge ist sämig klebrig ausgelaufen, vermengt sich mit dem Blut in seinem Gesicht.

639

»Na los, stich zu, gib mir den Rest«, fordert Donovan.

Du schüttelst den Kopf. »Hätte mir denken können, dass du mit der Pearcey unter eine Decke steckst. Wenn du redest, lass ich dich laufen, ich versprech's!«

Donovan lacht schaumiges Blut. »Als die Pearcey das erste Mal im *Crossingham's* auftauchte, war mir sofort klar, wir würden übereinkommen. Und so war's dann auch. Ich lieferte ihr eine Liste mit Huren, die entbehrlich waren, und sie gab mir Geld.«

»Wozu das alles? Gibt es einen Sinn, der sich mir verbirgt?«, knirschst du mühsam beherrscht.

Donovan nickt, spuckt Blut. Der ganze Boden ist voll davon. »Der Zirkel des Osiris«, keucht er. »Mary Pearcey und die Doktoren, allen voran Frankenstein, wollen etwas erwecken, was schon ewig liegt. Eine Priesterin. Dazu braucht sie Frankenstein, denn der kann totes Fleisch wiederbeleben, verstehst du?«

»Nein, ich verstehe es nicht«, gestehst du.

»Na, er liefert das Fleisch und sie die Seele, die ein Herz braucht, um zu schlagen. Das ist alles, was ich weiß, ich schwör's!«

»Fahr zur Hölle, du Bastard, hast die armen Frauen ans Messer geliefert!«, knurrst du angewidert und schiebst Donovan die Klinge in die Kehle. Mit Genugtuung spürst du das Zittern seines Körpers, das vergebliche Aufbäumen, den letzten Seufzer, der über seine Lippen dringt. Blutgetränkt und grimm im Blick stehst du auf und wendest dich dem in der Ecke kauernden Mädchen zu. »Und jetzt zu dir!«

Wenn du sie überwältigst, fesselst und knebelst: Lies weiter bei ***689***
Wenn du sie tötest: Lies weiter bei ***551***

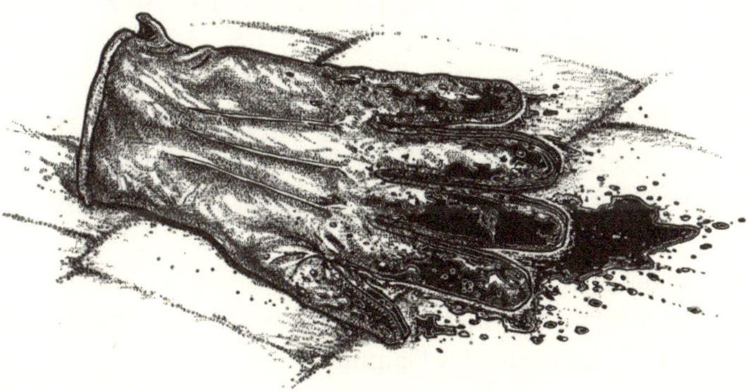

640

*Probe **Geschick** gegen **Contra-Skill 10**.*
Automatischer Misserfolg!

Frankenstein hat plötzlich einen Revolver in der Hand und richtet ihn auf dich. »Keine Bewegung«, raunt er und du hältst inne.
Mary Pearcey, die in dem leicht fallenden Gewand und den offenen, von Finsternis umkränzten Haaren wie eine fahlbleiche Priesterin aus dem Totenreich erscheint, nutzt die Gelegenheit und fährt mit der Zeremonie fort, ungeachtet der Umstände. Sie tritt an das Fußende des Sarkophags und breitet die Arme aus. Ihr Gesicht wirkt hager und eingefallen.
»Oh, Osiris, erhöre unser Flehen! *Sat-nesu-en-chetef*, Todespriesterin, steh uns bei.«
Auf ein Zeichen hin öffnet das Hausmädchen die Kanopen, die an den Ecken des Sarkophags platziert sind. Frankenstein legt an seiner Apparatur Schalter um, sodass der Raum von einem elektrischen Summen überflutet wird. Wo die Energie herkommt, weißt du nicht. Was du jedoch weißt, ist, dass die dicken Kabel in der wabernden Finsternis verschwinden, die inzwischen die gesamte Kuppel ausfüllt.
Grey und Albert Victor platzieren sich an den Seiten des Grabgeleges. Jeder hat ein Brecheisen aufgenommen, das er in den schmalen Schlitz zwischen Deckel und Unterteil stemmt.
»Oh, Osiris, nimm als Opfer den Magen der *Sat-nesu-en-chetef* aus der Duamutef-Kanope, auf dass der Falke seine Schwingen ausbreiten und sie in ihr neues Gefäß tragen kann!«
Das Hausmädchen nimmt die neben der Falken-Kanope stehende Ölschale und gießt deren brennenden Inhalt hinein. Zischend fängt etwas Feuer, das du nicht sehen, aber riechen kannst, da es wie verbrannter Dung stinkt.
Frankenstein legt einen Schalter um und dreht hektisch an Rädern. Anzeigen schlagen aus, das elektrische Summen nimmt zu.
»Großer Osiris. Nimm das Opfer aus der Amset-Kanope an, welches die Leber der *Sat-nesu-en-chetef* ist und das Sein des Menschen symbolisiert.«
Wie bei der ersten Kanope gießt das Hausmädchen das brennende Öl nun in die mit der Menschengestalt. Fauchend fängt der Inhalt mit blauer, hitzewerfender Flamme Feuer.

»Osiris! Nimm als drittes Opfer aus der Hapi-Kanope die Lunge der *Sat-nesu-en-chetef*, die so stark ist wie die eines Affen!«
Das Hausmädchen eilt zu der Affenkanope und leert das Öl aus der dritten Schale hinein, dass es funkensprühend knistert, mit verhaltener Flamme brennt.
Wohl nicht mehr viel übrig von der Lunge, denkst du dir nicht ohne Hohn.
Frankenstein dreht ekstatisch an den Reglern und Stellschrauben, legt einen klobigen, hufeisenförmigen Schalter um, dass ein Funkenregen aus der Apparatur schießt. Es gibt einen fürchterlichen Knall, der alle erschrickt, als hätte man elektrische Aale ins Wasser der Wanne gesetzt, die sich alle zugleich entladen. Du riechst bittersüß schmeckende Elektrizität, verkohltes Haar und scharfen Schweiß, aber auch das Ölig-Klebrige aus den brennenden Kanopen.
»Mächtiger Osiris, als letzte Opfergabe reichen wir dir das Gedärm der *Sat-nesu-en-chetef* aus der Schakal-Kanope Kebechsenuef!«
Darauf haben Grey und Albert Victor gewartet. Mit aller Kraft stemmen sie die Brecheisen in den Sarkophag und schieben die Abdeckplatte weg. Das Hausmädchen hebt die vierte Ölschale mit beiden Händen über ihren Kopf und wartet – die Schakal-Kanope zwischen den Knien – auf ein Zeichen ihrer Herrin.
Lies weiter bei ***720***

641

Probe ***Empathie*** *gegen* ***Contra-Skill*** *5.*
Wenn du unterliegst: Lies weiter bei ***626***
Wenn du obsiegst: Lies weiter bei ***526***

642

Frankenstein rauft sich die Haare. »Es ist zu spät, es ist längst zu spät, nicht mehr aufzuhalten!«
Er reißt ein funkensprühendes Kabel aus einem der Anschlüsse an der Wanne und rammt es dir irre lachend ins Gesicht. Von Elektrizität durchströmt, zerplatzen deine Augäpfel, verbrennt die Haut, schmelzen die Lippen. Das Haar fängt Feuer, fauchend, knisternd und stinkend. Der Strom frisst sich in deinen Kopf, verdampft dein Hirn. Wortwörtlich vom Blitz getroffen fällst du nieder und bist tot …
Lies weiter bei ***594***

643 *Probe **Nahkampf** gegen **Contra-Skill 9**.*
*Wenn du unterliegst: Lies weiter bei **547***
*Wenn du obsiegst: Lies weiter bei **597***

644 Am Ende bist du gestorben und hast die Wahrheit mit ins Grab genommen, ebenso wie die Pearcey, was dir eine grimmige Post-mortem-Genugtuung verschafft. Über die perversen Gelüste des Husarenoffiziers Albert Victor und des Leibarztes der Königin William Gull wurde von denen, die das Chaos in Mary Pearceys Haus vorfanden und den Zugang zum Tiefkeller zuschütteten, ein reich entlohnter Mantel des Schweigens ausgebreitet.
Von Mary Ann Kelly hat man nie wieder etwas gehört. Skeptiker – oft als Verschwörungstheoretiker beschimpft – vermuten, dass sie mit genügend Geld in der Tasche zurück nach Irland gegangen ist, doch das ist reine Spekulation.
Du willst wissen, was mit deiner Leiche geschah?
Die hat man der Wissbegier der Öffentlichkeit geopfert, um das Monster von Whitechapel zu einem unsterblichen Mysterium zu machen.
Silber klimperte in ausgestreckte Hände. Vom obduzierenden Arzt, über geschwätzige Nachbarn bis hin zum Constable, der entsetzt die Pfeife blies, als er das hübsch in Blutrot inszenierte Desaster in Zimmer Nummer 13 im Millers Court vorfand, sie alle haben sich daran bereichert.
Offiziell wird man behaupten, dass es die irische Prostituierte Mary Ann Kelly war, die dort gestorben ist, aber …
*… lies selbst weiter bei **618***

645 »Dort sind wir längst, oder wie willst du Whitechapel sonst nennen, wenn nicht Hölle. Ich frage dich ein letztes Mal: Willst du dich fügen, dir anhören, was ich zu sagen habe, oder … nun, die andere Option ist das Unvermeidliche – der Tod!«
Deine Lage ist nicht allzu verheißungsvoll. Du bist gefesselt und hast einen Sack über dem Kopf.

Du spielst Ada Wilson und sagst: »Lieber verreck ich im Dreck von 'ner Seitengasse, als mich dir zu beugen, Mary Pearcey!«: Lies weiter bei ***632***
Du spielst Inspektor Frederick Abberline und sagst: »Wir vom Scotland Yard bleiben standhaft, ganz gleich, welcher Gefahr wir ins Auge blicken. Aber seien Sie gewiss, mein Tod bleibt nicht ungesühnt!«: Lies weiter bei ***682***
Du sagst (egal, wen du spielst): »Sie haben mich überzeugt, Miss Pearcey, ich füge mich, doch bitte erklären sie mir endlich, was hier gespielt wird!«: Lies weiter bei ***595***

646

Probe ***Geschick*** *gegen* ***Contra-Skill 5****.*
Wenn du unterliegst: Lies weiter bei ***696***
Wenn du obsiegst: Lies weiter bei ***737***

647

… dich mit nachdrücklicher Bestimmtheit auf den freien Platz am Tisch zu zwingen, wo du japsend um Atem ringst. Eine gespannte Stille senkt sich über den Raum, die das Prasseln des Feuers zu einem Flächenbrand anschwellen lässt. »Nun sitzt du als erneut an meinem Tisch, den Kopf voller Fragen und Zweifel, nicht wissend, was du willst und was werden soll«, stellt die Pearcey milde lächelnd fest und nimmt die Karten, um sie zu mischen. Die Hitze legt sich wie Blei auf dein Gemüt. Zumindest verlässt Mister Hyde den Raum, was es etwas erträglicher macht.
»Erzählen Sie mir vom Zirkel des Osiris.«: Lies weiter bei ***673***
»Welche Rolle ist die meine, Miss Pearcey? Die des Opferlamms?«: Lies weiter bei ***575***
»Gut, hier bin ich! Aber lassen Sie Mary Ann Kelly gehen, sie hat nichts mit alldem zu schaffen!«: Lies weiter bei ***569***

648

Deine Worte verfehlen nicht ihre Wirkung, denn sie lassen Mary Ann gehen, die sich – zwar schwankend, weil benommen – zu dir begibt und schutzsuchend hinter dich stellt.
»Danke …«, flüstert sie dir ins Ohr.
»Halt dich einfach nur hinter mir«, antwortest du der rothaarigen Irin.

Da schlingt sie dir den Arm um den Hals und versucht, mit der anderen Hand deinen Arm mit der Waffe zu packen.
»… dass ich dich töten darf!«, kreischt sie hysterisch, dem Wahnsinn nahe.
*Du versuchst, dich zu befreien (Probe **Geschick**): Lies weiter bei **735***
*Du wirfst dich nach hinten, um sie aus dem Gleichgewicht zu bringen (Probe **Überwältigen**): Lies weiter bei **564***

649

Mary Pearcey zieht die Karte des Schicksalsrads und schiebt sie dir zu. »Die Attribute sind Zufall, Schicksal, Wende und Veränderung. Es ist der Prozess, den du im Moment durchlebst.
Die Schlange ist ein Symbol der Erneuerung, die Sphinx steht für Weisheit und Stärke. Es ist der Wendepunkt in deinem Leben, die eine Entscheidung, die getroffen werden muss. Danach wird nichts mehr sein, wie es einst war. Doch du wirst Unterstützung brauchen. Von mir. Ich kann Herrscherin oder Hohepriesterin für dich sein!«
*»Die Herrscherin!«: Lies weiter bei **665***
*»Die Hohepriesterin!«: Lies weiter bei **571***
*»Nichts davon!«: Lies weiter bei **591***

650 Die Männer führen dich zu der mit Eiswasser gefüllten Wanne. Doktor Frankenstein tritt heran und ergreift deinen rechten Arm. In der Hand hält er eine mit einer gelblich leuchtenden Flüssigkeit befüllte Spritze. »Es wird jetzt etwas weh tun …«
Du spürst den Stich kaum, dafür aber das, was er injiziert. Es breitet sich wie ein Flächenbrand aus, setzt dich in Flammen. Dein Blut verwandelt sich in geschmolzenes Metall. Aufstöhnend sinkst du in die Arme der Männer.
»Sssst … ist schon gut, lass es geschehen. Lass dich fallen und kämpf nicht dagegen an«, flüstert dir Frankenstein zu, doch da sinkst du bereits in eine tiefe, bodenlose Ohnmacht …
*Lies weiter bei **714***

651 Zum Äußersten entschlossen öffnest du die Tür mit den bunten Glasscheiben und betrittst den Salon. Warme Luft schwappt dir entgegen, die zu wenig Sauerstoff enthält und den Geruch von Kerzenwachs, Kaminfeuer und hochprozentigem Alkohol mit sich trägt, der sich als süßer Sirup auf deine Zunge legt, bitter im Geschmack, doch betörend im Abgang.
Die aus sieben Personen bestehende Gesellschaft – Mary Ann Kelly eingerechnet – hat sich um den Tisch versammelt, an dem dir Mary Pearcey die Tarotkarten legte. Auch heute liegen die Karten bereit, die fünf in der Mitte sind verdeckt. Alle Anwesenden halten im Kerzenlicht funkelnde Kristallgläser in den Händen, die mit einer smaragdgrünen Flüssigkeit gefüllt sind.
Absinth – die grüne Fee …
Ein Hausmädchen in weißer Schürze und schwarzem Kleid, das hinten bis zum Boden reicht und vorne kaum über die Scham, steht bereit, die Gläser zu füllen. Schwarze Strümpfe reichen ihr bis zur Mitte der Oberschenkel, geziert von einem blütenweißen Strumpfband mit Schleifchen. Im üppigen Dekolletee funkelt ein silbernes Pentagramm zwischen ihren Brüsten. Die Augen sind hinter einer mit feiner Spitze verzierten dunklen Maske verborgen.
Nicht unüblich in der noblen Gesellschaft, sich mit frivolen Obszönitäten zu schmücken …

Einige sitzen, andere stehen, doch alle sehen dich an. Du gewinnst den Eindruck, als hätte man dich erwartet. Dem entspricht auch das leere Glas am einzig freien Platz am Tisch. Mary Pearcey, zu deren Rechter die Kelly sitzt, lächelt dich an.
»Ah, endlich! Darf ich Ihnen den Mann der Stunde vorstellen: Inspektor Frederick Abberline vom sagenumwobenen Scotland Yard!«
*Lies weiter bei **725***

652

Was auch immer für ein Geheimnis die verschlossene Tür verbirgt, sie behält es für sich.
*Willst du dich jetzt entkleiden: Lies weiter bei **702***
*Willst du die Kammer durch die Tür verlassen, durch die du sie betreten hast: Lies weiter bei **610***

653

*Probe **Geschick** gegen **Contra-Skill 6**.*
*Wenn du unterliegst: Lies weiter bei **553***
*Wenn du obsiegst: Lies weiter bei **734***

654

Nachdem du die Kordel gelöst hast, reißt du dir die Kapuze vom Kopf. Der Angreifer liegt vor dir auf den Stufen. Es ist Jekyll – allerdings als verzerrtes Abbild seiner selbst. Seine Stirn ist wulstig, der Kiefer breit und die Nase platt. In seltsam verrenkter Haltung starrt er mit gebrochenen Augen zur Decke, derweil sich eine dunkelrot schillernde Pfütze unter seinem Kopf ausbreitet.
Du drehst dich zur ominösen Grabkammer hin, weil du ein Geräusch hinter dir vernimmst, siehst in das hämisch grinsende Gesicht des Kutschers der Pearcey – John Netley –, als dessen Totschläger auf deinem Scheitel eine Eruption aus Schmerz und grellen Lichtblitzen auslöst.
Der Mann verschwimmt vor deinen Augen, du fällst hart nieder. Du bekommst noch mit, wie er sich über dich beugt und dir den Sack über den Kopf zieht. Als sich die Kordel schließt, versinkt alles in bleischwerer Finsternis …
*Lies weiter bei **545***

655 Allen Widrigkeiten zum Trotz hast du es bis hierher geschafft: vor Mary Pearceys Salontür!
Doch was erwartet dich dahinter? Eine illustre Gesellschaft verrückter Satansjünger? Blutgeile Serienmörder, die den letzten Mord mit Champagner feiern? Mary Ann Kelly nackt und ausgeweidet auf einem noblen Tropenholztisch?
Eins ist sicher. Mit dem Öffnen der Tür begibst du dich offenen Auges in die Hände der Mordgesellschaft, lieferst dich ihnen aus. Aber womöglich ist dies der einzige Weg, die Wahrheit herauszufinden …
Wenn du als Ada Wilson die Salontür öffnest: Lies weiter bei ***601***
Wenn du als Inspektor Frederick G. Abberline die Salontür öffnest: Lies weiter bei ***651***
Wenn dich der Mut verlässt und du dich der Kellertür zuwendest: Lies weiter bei ***605***

656 *Probe* ***Nahkampf*** *gegen* ***Contra-Skill 9****.*
Wenn du unterliegst: Lies weiter bei ***580***
Wenn du obsiegst: Lies weiter bei ***630***

657 So sehr du dich bemühst, du kannst das Schloss nicht öffnen. Der Draht verbiegt sich oder du bist zu ungeschickt. Aber es bleiben zwei andere Möglichkeiten.
Wenn du den offiziellen Eingang nehmen möchtest: Lies weiter bei ***681***
Wenn du dich am Hintereingang versuchen willst: Lies weiter bei ***728***

658 Die Worte von Mary Pearcey wiegen schwer. All das Grauen, der Schrecken, den du in Whitechapel erlebt hast, haben dazu geführt, dass du Abscheu gegen die Menschen entwickelt hast, die hier leben. Die einen frieren und hungern in den Gassen, derweil die Reichen mit Champagner und Kaviar in überhitzten Ballsälen rauschende Feste feiern. Es ist an der Zeit, die Ungerechtigkeit zu beenden, denn in einem hat Mary Pearcey recht: Im Tod sind alle gleich!

Und dennoch …

»Nein, nein und nochmals nein, ich kann das nicht tun. Auch wenn ich bereits beginne, Verständnis für Ihren Wahnsinn aufzubringen, muss ich ihrem Treiben ein Ende setzen. Der Tod der armen Frauen darf nicht ungesühnt bleiben!«

Ihr hintergründiger Blick wiegt schwer. Der lodernde Schein des Kaminfeuers umgibt sie mit einer glühenden Aura, das Jenseits hinter den Anwesenden versinkt in rauchgeschwängerter Finsternis. »Dann ist es also dein Wunsch, anstelle der Kelly die Rolle des Lamms einzunehmen?«

Das dümmlich trunkene Kichern der Kelly unterstreicht Mary Pearceys Worte in bitterem Unterton …

»Ich würde liebend gerne für Mary Ann Kelly sterben, denn es wäre zumindest ein Leben, das ich gerettet hätte!« (Ein Muss, wenn deine ***Empathie 8 oder höher*** *ist!): Lies weiter bei* ***552***

»Nein, für die sterbe ich nicht!«: Lies weiter bei ***602***

659 Der Mann trägt eine lederne Fleischerschürze und ist ansonsten nackt. Sein massiger, von Muskelsträngen überzogener Rücken ist breit, die Haut beschmiert mit altem, braunem Blut und anderen Substanzen, die ein menschlicher Körper in aller Abgeschiedenheit auszuscheiden vermag. Sein Schädel ist von schütterem, fettsträhnig schwarzem Haar umgeben, das ihm über die Schultern fällt.

Der dich um zwei Köpfe überragende Hüne steht vor einem massiven Holztisch, wie ihn Fleischer benutzen. Zu beiden Seiten baumeln schwankend an eisernen Haken weibliche wie männliche Torsi, Beine und Arme. Auf zweien stecken gar Köpfe, die dich mit

bleichen, verdrehten Augen anstarren. Unter dem Tisch stehen Eimer, aus denen Hautlappen hängen.
Das Fleisch ist gehäutet. Die Schnittstellen sind schwarz faulig angelaufen und sondern eine schleimartige, Fäden ziehende Flüssigkeit ab, welche die Quelle des üblen Gestankes ist. Das rückwärtige Ende des Kellerraumes ist mit einem schmutzigen grauen Tuch verhangen, unter dessen Saum schwaches Licht hervorsickert. Dahinter könnte ein geheimer Ausgang zu vermuten sein.
Auf dem Tisch liegt eine weitere Leiche, etwas frischer wie die anderen. Die Beine hat das Scheusal abgehackt, nun sind die Arme an der Reihe. Ein Seufzer läuft als Zittern durch den nackten, geschundenen Körper, der doch nicht tot ist. Der Hüne hält inne und lässt die zum finalen Schlag erhobene Hand mit dem bluttropfenden Hackbeil sinken, um sich zu dir umzudrehen.
Es ist ein von Wahnsinn gezeichnetes Gesicht, das dir entgegenblickt. Das gelbliche Raubtiergebiss gebleckt, Rotz aus der breiten Boxernase tropfend, die rot unterlaufenen, tränenden Augen aufgerissen, stößt er einen Grunzlaut aus, der dir durch Mark und Bein geht, weil es sich anhört wie das fiese Knurren einer tollwütigen Bestie. Zur Flucht ist es längst zu spät!
*Wenn du dein Messer ziehst und angreifst (Probe **Nahkampf**): Lies weiter bei **709***
*Wenn du versuchst, ihn zu überwältigen (Probe **Überwältigen**): Lies weiter bei **533***
*Wenn du Abberline spielst und die Pistole ziehst, um auf den Schlachter zu feuern. (Probe **Schießen**): Lies weiter bei **583***

660

*Probe **Geschick** gegen **Contra-Skill** 7.*
*Wenn du unterliegst: Lies weiter bei **710***
*Wenn du obsiegst: Lies weiter bei **526***

661

Der Stoff des Vorhangs ist schwer von Feuchtigkeit und Blut. In seinen Nähten blüht schwarzer Schimmel. Du schiebst ihn angewidert zur Seite und findest eine schmale Treppe, die hinauf ins Haus der Mary Pearcey in einen engen Flur führt.
*Lies weiter bei **705***

662 *Probe **Überwältigen** gegen **Contra-Skill 4**.*
*Wenn du unterliegst: Lies weiter bei **712***
*Wenn du obsiegst: Lies weiter bei **524***

663 Die Tür ist – wie war es anders zu erwarten – verschlossen.
*Du willst die Tür aufbrechen (Probe **Geschick**): Lies weiter bei **713***
*Du gehst zur Küchentür: Lies weiter bei **613***
Du gehst zurück ...
*... um den Salon zu betreten: Lies weiter bei **655***
*... um zur Kellertür zu gehen: Lies weiter bei **605***

664 Mary Ann Kelly packt deinen Arm und will ihn dir auf den Rücken drehen. Gleichzeitig tritt sie dir von hinten in die Kniekehle, sodass du strauchelst, aber nicht stürzt. Du spürst ihren Atem im Nacken, weshalb du den Kopf nach hinten knallst. Und du triffst. Es knackt hässlich, als ihre Nase bricht. Mary Ann jault auf, lässt dich los, taumelt weg. Sie hat sich beide Hände vors Gesicht geschlagen, zwischen ihren Fingern quillt Blut hervor.
*Du schlägst ihr das Beil in die Stirn: Lies weiter bei **722***
*Du brüllst sie an. »Hau ab, bevor ich es mir anders überlege!«: Lies weiter bei **540***

665 Mary Pearcey lächelt dich böse an. Ihr bleiches Gesicht, der zynische Schwung ihrer Lippen, vor allem aber ihre dunklen, von Fanatismus erfüllten Augen jagen dir eine Heidenangst ein. »Dann lass mich deine finstere Herrscherin sei und unterwerfe dich meinem Willen!«
Kannst du ihrer düsteren Kraft widerstehen?
*Probe **Empathie**: Lies weiter bei **721***

666 Mary Ann Kelly bäumt sich unter der Wucht des Stromes auf, sodass ihre Gelenke fürchterlich knacken. Das Kreischen aus dem Sarkophag ändert seine Tonlage, wird lauter, durchdringender.
Wie Nägel auf rostigem Metall ...

Albert Victor blickt in das Grabgefäß, reißt die Augen auf. Blut schießt ihm aus Nase, Ohren, Augen und Mund, bis er von einer unsichtbaren Faust getroffen in die allesverschlingende Finsternis geschleudert wird, welche die Anwesenden, den Sarkophag, die Wanne und Frankensteins Apparatur umgibt. Diese Finsternis hat sich verdichtet, ist undurchdringlich geworden, sodass du nicht sehen kannst, was dahinter ist. Körper winden sich in der Dunkelheit, die rauschend ist wie das Flattern von tausend ledernen Flügeln.

Das brennende Hausmädchen kniet in sich zusammengesunken. Fett verbrennt zischend, Knochen bersten knallend in der brachialen Hitze. Frankenstein stöhnt, versucht, seine Höllenmaschine auszuschalten, doch die jagt – von einer grausamen Macht getrieben – weiterhin Strom durch die Leitungen. Er rauft sich die Haare und flieht in die Dunkelheit, die ihn hungrig verschluckt und in der er anfängt, grässlich zu schreien.

Im Zenit des kümmerlichen Lichts steht Mary Pearcey. Aufrecht und unbeugsam wie eine Königin. Blut rinnt aus ihrer Nase, den Ohren und Augen, was ihr Antlitz bizarr verzerrt. Es tropft auf ihr Gewand, zeichnet aufblühende rote Muster des Wahnsinns.

Die Luft ist erfüllt von funkenknisterndem, schwarzem Rauch. Davon eingehüllt erhebt sich die in zerfallene, schmutzig graue Binden gewickelte Todespriesterin *Sat-nesu-en-chetef* mit ungelenken Bewegungen aus dem Sarkophag. Ein schreckliches Knacken geht von ihren Knochen und dem alten Fleisch aus, nach Tausenden Jahren das erste Mal wieder bewegt.

Die Binden verhüllen sie nur an wenigen Stellen, an anderen zerfallen sie zu Staub, den der Rauch dankbar aufnimmt. Orangerotes Feuer glimmt in ihren Augen. Die Haut ist schmutzig, wie von Ruß beschmiert. Grün angelaufener Schmuck schlingt sich Schlangen gleich um Hand- und Fußgelenke wie auch weitaus üppiger um ihren Hals, umgeben von Grünspan, der auf die Haut übergegangen ist. Sie ist ohne Frage dürr, aber nicht im Geringsten so, wie du eine Mumie erwartet hättest. Ihr rabenschwarzes, strähniges Haar fällt ihr bis zu den mageren Hüften.

Wie ein Nachtmahr klettert sie auf den Rand des Sarkophags, hockt sich hin, am Rand mit dürren, von Ringen geschmückten Fingern festhaltend, die in langen Fingernägeln enden. Aus ihrem schmalen Rücken ragen die Kabel, die ihr die Männer ins ausgetrocknete Fleisch gerammt haben. Die Elektrizität hat sie ohne Zweifel ins Leben zurückgeholt, die Stromschläge ihre Muskeln reanimiert.

Wie ein toter Frosch, den man an eine Batterie anschließt, bis sich seine Schenkel bewegen …

Eine Erkenntnis überrollt dich wie eine eiskalte Woge in der Bucht von London.

Sie war niemals tot, hat nur geschlafen, auf den Moment gewartet, in dem sie jemand erweckt …

Grey ist neben dir, packt dich bei den Schultern. »Großer Gott, wir haben einen schrecklichen Fehler begangen, wir müssen fliehen …«

Doch du kannst den Blick nicht von der Höllenkreatur abwenden, die dich mit ihren glühenden Augen aus schräggelegtem Kopf mustert. »Lugal Osiris mu ge – lugal Osiris e bad insig. Duma sag an-ak *Kiskil-Lilla*, kur til se …«, krächzt es wie zermahlenes Glas aus staubtrockener Kehle, dass dir die Haare zu Berge stehen.

Mary Ann schwebt nun – ihr Körper gespannt wie eine Bogensehne – über dem Gitter, dass du befürchtest, ihr Rückgrat könnte jeden Moment brechen.

Sat-nesu-en-chetefs Körper beginnt von innen heraus zu glühen. Elektrische Wellen schießen funkensprühend und knisternd durch Kabel und Apparatur in Mary Anns Körper, die von Schmerzen geplagt mit den Zähnen knirscht und deren Augäpfel aus den Höhlen zu springen drohen.

»Hören Sie denn nicht, wir müssen weg!«, schreit dich Grey hysterisch an. Anscheinend hat er doch Angst vor dem Tod. Ein verrückter Gedanke bohrt sich wie ein hämischer Wurm in deinen Kopf. Was wenn das Unheil doch noch irgendwie zu verhindern ist?

*Du springst zu Mary Ann Kelly und reißt die Kabel heraus. (Du darfst diese Option **nicht** wählen, wenn deine **Empathie** 1 ist.): Lies weiter bei **691***

*Du fliehst mit Dorian Grey in die undurchdringliche Finsternis: Lies weiter bei **716***

*Du unternimmst nichts: Lies weiter bei **570***

667 Mary Pearcey schiebt die Karten zu einem Stoß zusammen und mischt diese. »Lassen wir das Schicksal entscheiden. Du kannst daran glauben oder auch nicht, aber es wird auch für dich eine Karte geben, die dir den Weg aufzeigt!«
Sie legt den Stoß mit dem Rücken nach oben auf den Tisch und fächert diesen im Halbkreis auf. »Lass dich von deinen Sinnen führen und wähle deine Karte …«
Du atmest durch, schließt für einen Moment die Augen und ziehst die Karte, die dein Schicksal bestimmen wird.
*Wie hoch ist deine **Empathie**?*
*1 oder 2: Lies weiter bei **567***
*3 oder 4: Lies weiter bei **738***
*5 oder 6: Lies weiter bei **699***
*7 oder 8: Lies weiter bei **649***
*9 oder 10: Lies weiter bei **617***

668 *Allgemeine Zeitung München 11. November 1888*
LONDON, 10. NOVEMBER - DER NEUE MORD IN WHITECHAPEL
Es unterliegt kaum einem Zweifel, dass der grause, gestern Morgen wiederum in Whitechapel unter genau den früheren Umständen verübte Mord auf dasselbe Ungeheuer zurückzuführen ist, welches schon seit Wochen das Ostende Londons mit Schrecken erfüllt. Der Schauplatz des gestrigen Verbrechens ist keine 200 Yards von der Hanbury Street entfernt, wo die Nichols ums Leben gebracht wurde. Die gestern Ermordete war eine Irländerin - 23 oder 24 Jahre alt - und lebte mit einem Kohlenträger Namens Kelly zusammen, der sie für seine Frau ausgab. Wie die meisten Frauenzimmer ihres Schlages war sie der Trunksucht ergeben und führte den Spottnamen Ginger. Sie bewohnte ein möbliertes Zimmer in einem Hause in der Dorset Street, zu dem der Eingang von Millers Court aus führte. Das Haus hat ein Krämer Namens McCarthy gemietet.
Ein pensionierter Soldat Namens Bowyer, der in den Diensten McCarthy's steht, war der Erste, der die Mord-

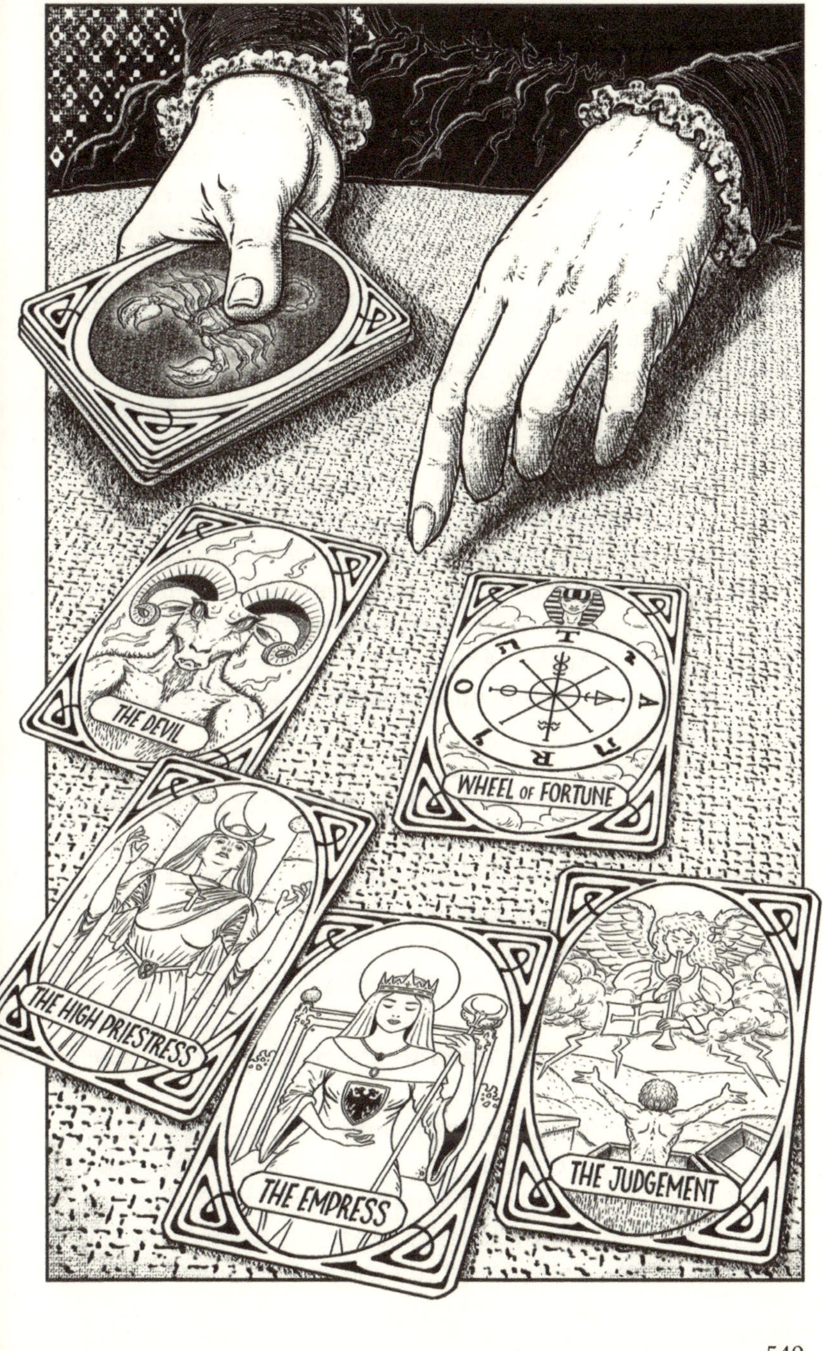
THE DEVIL
WHEEL OF FORTUNE
THE HIGH PRIESTRESS
THE EMPRESS
THE JUDGEMENT

tat entdeckte. Da die Kelly mit ihrer Miete im Rückstande war, begab er sich gestern früh in die Wohnung der Prostituierten, um die schuldige Summe einzukassieren. Nachdem er vergeblich an die Tür geklopft und keine Antwort erhalten hatte, schob er von außen die Fensterläden zurück, worauf sich der grausam verstümmelte, blutige Leichnam der Unglücklichen seinen Augen darbot.

Sofort wurde die Polizei benachrichtigt. In dem ärmlich ausgestatteten Zimmer fand sie das ermordete Frauenzimmer auf dem Bette unter dem Bettzeug liegen. Nichts ließ auf einen Kampf schließen und ebenso wurde kein Messer oder sonstiges Instrument gefunden. Wie berichtet, waren Hals, Nase, Ohren und Brüste abgeschnitten und der Leib aufgetrennt. Der verstümmelte Leichnam wurde in eine Kiste gepackt und nach der Morgue in Shoreditch gebracht, wo die Leichenbeschaueruntersuchung abgehalten wird. Bemerkenswert ist, dass von den anwesenden Ärzten konstatiert wurde, dass – entgegengesetzt den früheren Mordtaten – kein Stück des Körpers fehlte.

Der Liebhaber der Ermordeten, Kelly, hat jedenfalls nichts mit dem Verbrechen zu tun. Am Dienstagabend um 8 Uhr hatte er die Kelly, mit der er Streit gehabt hatte, freilich noch besucht, wohnte jedoch schon seit 10 bis 12 Tagen in New Street, wo ihn die Polizei gestern sinnlos betrunken im Bett fand.

Über die Zeit der Verübung des Mordes herrscht große Unklarheit und die Erzählungen ihrer unglücklichen erschreckten Mitschwestern weichen stark voneinander ab.

Wann wurde die Kelly zuletzt gesehen und mit wem? Eine Frau Kennedy, welche ihr gegenüber wohnt, sagte aus, dass sie die Ermordete am Freitagmorgen um 3 Uhr mit drei jungen Männern, von denen sie einen beschrieb, bei der nahen Britannia-Schenke habe stehen sehen. Zwischen halb 4 und 4 Uhr habe sie den Ruf Mord gehört, da er sich aber nicht wiederholte, demselben keine weitere Beachtung geschenkt. Wieder andere sagen, dass sie die Kelly um 8 Uhr hätten Lebensmittel einkaufen sehen und sie um 10 Uhr mit ihr in der Britannia-Schenke zusammen getrunken hätten.

Den Inspektoren ist aufgefallen, dass die Mordtaten stets am Ende der Woche verübt werden, sie halten es daher für möglich, dass einer der Fleischer der am Donnerstag oder Freitag in London eintreffenden und am Sonntag oder Montag wieder fortsegelnden Viehdampfer der Mörder sein könnte. Bestimmte Anhaltspunkte liegen für diese Theorie nicht vor. In dem Zimmer der Ermordeten wurden ein Lootsenrock aufgefunden; ob er aber von einem der Liebhaber der Kelly zurückgelassen ist, oder wem er sonst gehört, ist noch nicht aufgeklärt.

Die Polizei hat zwei Verhaftungen anlässlich des Verbrechens vorgenommen. Beide Verdächtige mussten jedoch als unschuldig entlassen werden. Auch Jack der Aufschlitzer hat wieder etwas von sich hören lassen und in einem an die Polizei gerichteten Brief angekündigt, dass er heute Abend seine Tätigkeit in dem Stadtteil Marylebone wieder aufnehmen werde, wo er zwei Frauenzimmer bereits für seine Zwecke notiert habe. Dem Brief wird natürlich wenig Beachtung geschenkt, wenn auch die Polizei daraufhin einige Vorsichtsmaßregeln trifft. Die Aufregung in Whitechapel kennt kaum noch Grenzen. Der Wachsamkeitsausschuss, welcher in der letzten Zeit ermüdete, wird seine Tätigkeit verdoppeln, und der Minister des Innern, Mathews, hat sich wohl oder übel veranlasst gesehen, etwaigen Komplizen des Mörders Begnadigung zuzusichern, falls sie den Behörden Mitteilungen machen, die zur Ergreifung des Unholdes führen.

*Lies weiter bei **700***

669 Getrieben von Wut und Hass richtest du den Revolver auf Hydes Gesicht, der dir mit scheinbar unbeholfenen Bewegungen entgegenstürzt. Du willst sichergehen, lässt ihn kommen und drückst ab.
Klick!
Noch einmal!
Klick!
Für einen Moment scheint die Zeit stillzustehen, derweil du auf den erlösenden Pistolenknall wartest und nichts geschieht.
Hyde versetzt dir einen brutalen Faustschlag in die Magengrube, die dir nicht nur die Luft aus der Lunge presst, sondern dich mit Wucht rückwärts durch den Raum taumeln lässt. Bevor du dich sammeln kannst, ist er an dir dran, entwindet dir den Revolver und packt dich im Genick, um …
*Lies weiter bei **647***

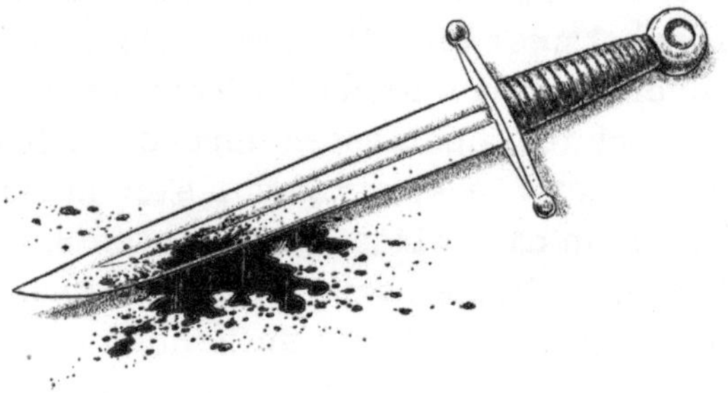

670 Das Undenkbare geschieht, noch bevor du dich zu einer unüberlegten Handlung hinreißen lässt. Der Doktor hebt flehend die Hände. »Sie haben recht. Ich habe mich blenden lassen, mich in Besessenheit, Leben erschaffen zu wollen, geflüchtet. Doch das hier ist das genaue Gegenteil davon.«
Doktor Frankenstein reicht dir die Hand. »Beenden wir das Grauen gemeinsam!«
*Lies weiter bei **544***

671 Mary Pearcey lacht leise in sich hinein, zieht eine Karte aus dem Stapel und schiebt sie dir zu. Es ist der Teufel. Ihr bleiches Gesicht, der zynische Schwung ihrer Lippen, vor

allem aber ihre dunklen, von Fanatismus erfüllten Augen jagen dir eine Heidenangst ein. »Der Teufel steht für die Allesverschlingerin, die wir erwecken werden. Öffne dich ihrer dunklen Kraft und gib dich mir hin!«
Kannst du dich der düsteren Versuchung entziehen?

*Erhöhe den **Contra-Skill** der nächsten Probe um 1 Punkt.*

*Probe **Empathie**: Lies weiter bei **721***

672

Du lehnst das grün schillernde Getränk ab. »Ich möchte es bei Verstand erleben, mich in jedem Detail daran erinnern können!«
Mary Pearcey, Frankenstein, Grey, Doktor William Gull nebst seinem Schützling Albert Victor, ja selbst der grobschlächtige Netley, ihr alle kommt an dem Behältnis zusammen, in dem die Kelly zur Hilflosigkeit verdammt auf ihr Ende wartet, um mit Kristallgläsern auf den bevorstehenden Mord anzustoßen.
Kannst du es verhindern?
Und wenn ja, wie?
Etwa, indem du die Apparatur von Frankenstein zerstörst?
Wie hoch wären deine Chancen, selbst dabei getötet zu werden?
Mary Pearcey hebt ihr Glas und alle tun es ihr gleich. »Auf Osiris, den Tod und die erwachende Priesterin!«
»Auf Osiris«, rufen alle. Kristall singt hell auf Kristall. Du kannst nicht verhindern, dass das Feuer, das in den Augen der Umstehenden glüht, auf dich überspringt. Es entzündet deinen Geist zwischen Abscheu und Begierde!
Wenn es noch einen Moment gibt, den Wahnsinn zu beenden, dann ist es dieser!
*Du stürzt dich auf die Apparatur von Frankenstein, um sie zu zerstören. (Du darfst diese Option **nicht** wählen, wenn deine **Empathie** 1 ist; Probe **Geschick**): Lies weiter bei **640***
*»Auf Osiris!«, tönt es inbrünstig überzeugt aus deiner Kehle: Lies weiter bei **690***

673

Mary Pearcey lässt die Karten geschickt durch die Finger gleiten. »Ich denke, nun, wo alles gesprochen ist, würde unser Gast gerne die grüne Fee genießen.«
Das Hausmädchen schickt sich an, dein Glas mit der smaragdgrünen Flüssigkeit zu füllen.
*Ist dein **Suchtwert 3 oder höher**, trinkst du auf jeden Fall!*
*Du legst die Hand auf das Glas. »Nein, danke, ich möchte nicht!«: Lies weiter bei **549***
*Du nickst ihr zu. »Das würde alles erträglicher machen.«: Lies weiter bei **599***

674

*Probe **Nahkampf** gegen **Contra-Skill 6**.*
*Wenn du unterliegst: Lies weiter bei **638***
*Wenn du obsiegst: Lies weiter bei **688***

675

Mit Wucht rammt sich Hyde die Klinge selbst in den Bauch. Bis zum Heft und derart kräftig, dass er dich einige Schritte nach hinten zur Tür drängt. Dennoch lacht er dir ins Gesicht. »Hätt damals tiefer stechen sollen, auf deiner Schwelle!«, grunzt er höhnisch.
Die Erinnerung an die Nacht des 27. auf den 28. März 1888 in der Maidman Street 19, in der er dir schon einmal den Hals durchschneiden wollte, kriecht aus der Finsternis deines Geistes hervor. Das zweite Mal dann im Leichenkeller des Arbeiterkrankenhauses. Hasserfüllt ziehst du die Klinge aus Hydes Bauch und stößt sie ihm von unten durch den Gaumen. »Hättest gut daran getan, es richtig zu machen, Hurensohn!«
Heißes Blut ergießt sich auf deine Hand, rinnt in den engen Ärmel des schwarzen Kleides, dennoch lässt du den Griff des Messers erst los, als die Augen des Mörders brechen und du ihn nicht mehr halten kannst. Grimmig streckst du die blutverschmierte Hand aus und zeigst auf die Pearcey. »Kommen wir zu Ihnen!«
Der Schlag auf deinen Hinterkopf kommt unerwartet. Grelles Licht explodiert vor deinen Augen. Der zweite trifft dich in die Nieren, was dich schmerzerfüllt aufstöhnen lässt. Eine schwielige Männerhand legt sich um deinen Hals und führt dich gekrümmt zum Tisch.

»Etwas früher wäre angenehm gewesen, Mister Netley«, stellt Mary Pearcey mit eiskalter Stimme fest.
Netley, der Kutscher, treibt dich weiter, um …
Lies weiter bei ***697***

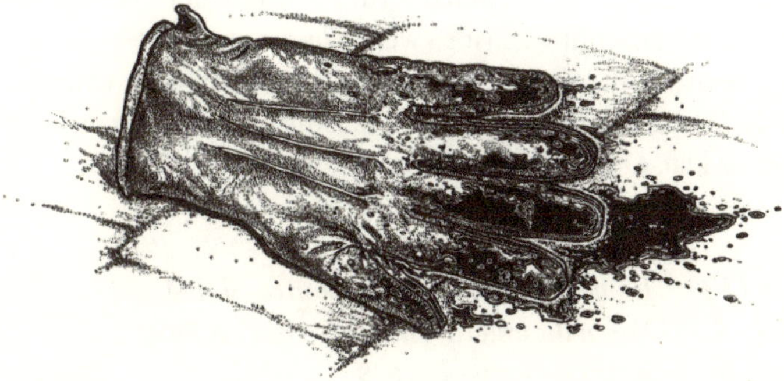

676

»Kanopen? Was bedeutet das?«, willst du wissen, während sie getragen von einem leise flüsternden, monoton klingenden Singsang das Öl aufträgt.
»Die Kanopen sind Gefäße, in denen die alten Ägypter die mumifizierten Eingeweide der Verstorbenen separat vom Körper aufbewahrten. Es sind immer vier. *Duamutef* für den Magen in Form eines Falken. *Amset* für die Leber in Gestalt eines Menschen.« Sie streicht dir das Öl in die Haare und diese mit einer überaus sanften Berührung nach hinten. Ihre schmale Erscheinung, das unter dem verrutschten Häubchen hervorlugende schwarze Haar, die dunklen hungrigen Augen scheinen im Licht der einen Kerze von Schatten umgrenzt, bereit, dich zu verzehren.
»*Hapi* für die Lunge in der Gestalt eines Affen. Und *Kebechsenuef* schließlich für die Gedärme und als Schakal …«
Du schluckst bitter schmeckenden Ekel hinunter. »Sie meinen, dieses Öl wurde aus mumifizierten … Innereien gewonnen?«
Das Hausmädchen lächelt gemein und leckt sich die feuchten Finger ab. »Oh ja, aus dem Öl der Todespriesterin *Sat-nesu-en-chetef* …«
Ägyptologie, Mystik, die Verbindung zu den Toten, all das ist – kombiniert mit Lichtspielen und Elektrizität – in höher gestellten Kreisen nicht nur beliebt, sondern zu einer Manie geworden, sinnierst du, derweil sie dir eine der Roben locker über die Schultern legt.

Mary Pearcey will dem Tod durch ewiges Leben entwischen. Eine Macht, die ihr nur die wiedererweckte Priesterin verleihen kann … Deswegen mussten die Frauen sterben …
Zur Erweckung braucht sie die Innereien, alles muss vollständig sein!
Du zuckst zusammen, als sich die Tür zur Kammer öffnet und *John Netley* hereinkommt. »Es ist so weit, alles ist vorbereitet …«
Ein Kutscher, ein degenerierter Adliger, berühmte Ärzte, eine reiche Witwe. Sie alle zusammen sind Jack the Ripper, denkst du mehr verwirrt als klar. Doch das ist nur eine Wahrheit …
*Lies weiter bei **536***

677

*Probe **Nahkampf** gegen **Contra-Skill 4**.*
*Wenn du unterliegst: Lies weiter bei **589***
*Wenn du obsiegst: Lies weiter bei **639***

678

Mary Pearcey lacht dir ins Gesicht. Du hast das Gefühl, dass sich der Raum um die Umstehenden herum zu Finsternis verdichtet, dass die Luft sich mit Feuer füllt. Schweiß tritt dir aus den Poren, dein Herz schlägt wild in der Brust.
»Du wagst es, mir die Stirn zu bieten«, zischt sie dir warnend zu. »Dein Leben liegt in meiner Hand. Ich könnte dich zerquetschen wie eine Made. Ich frage dich: Unterwirfst du dich meinem Willen?«
*»Nein!«: Lies weiter bei **634***
*»Ja.«: Lies weiter bei **584***

679

Das Läuten der Glocke zerschneidet die mystische Ruhe der Gasse, wirbelt den Nebel auf, verhallt ungehört. Eine Weile stehst du unschlüssig da und denkst darüber nach, einen anderen Weg zu wählen, als Riegel hinter der Tür aufgeschoben werden und diese sich einen Spaltbreit öffnet.
Das Gesicht des Hausmädchens ist schmal und blass, die dunklen Haare sind sauber unter einem Häubchen verknotet. Sie trägt ein schlichtes schwarzes Kleid und eine blütenweiße Schürze. »Sie wünschen? Miss Pearcey erwartet heute keinen Besuch mehr!«
Das Mädchen zu überwältigen sollte nicht schwer sein. »Davon bin ich ausgegangen!«

*Du versuchst, sie niederzuschlagen (Probe **Nahkampf**): Lies weiter bei **579***
*Du willst sie überrumpeln (Probe **Überwältigen**): Lies weiter bei **537***

680

Du schaffst es, dem Griff des Angreifers zu entwischen, windest dich unter ihm heraus, als wärst du ein glitschiger Aal. Blindlings trittst du zu, triffst etwas, das du als Knie definierst. Es folgt ein Knacken, der Griff des Angreifers löst sich vollends von dir, doch nicht, ohne zuvor die Kordel des Sacks zuzuziehen, die sich um deinen Hals legt wie eine Henkersschlinge. Vermagst du es, dich von ihr zu befreien?
*Probe **Geschick**: Lies weiter bei **554***

681

Die Eingangstür von Mary Pearceys Haus – gefertigt aus diesem dunkelroten, nahezu schwarzen Holz – ist nobel, jedoch nicht aufdringlich. Sie hat ohne Zweifel Stil. Du siehst dich um und stellst fest, dass du allein in der Gasse bist. Die Gaslaternen kämpfen gegen den wallenden Nebel an, das Lärmen der Osborn Street verkümmert zu einem belanglosen Lautbrei.
*Du versuchst, das Schloss der Tür zu knacken (Probe **Geschick**): Lies weiter bei **529***
*Du läutest an der Türglocke: Lies weiter bei **679***

682

»Ich bin gewillt, dir trotz allem dein Leben zu schenken. Mehr noch, es ist mir wichtig, dass wir übereinkommen.«
Jemand löst dir die Fesseln und zieht den Sack vom Kopf. Warme Luft schwappt dir entgegen, die zu wenig Sauerstoff enthält und den Geruch von Kerzenwachs, Kaminfeuer und hochprozentigem Alkohol transportiert, der sich als süßer Sirup auf deine Zunge legt, bitter im Geschmack, doch betörend schwer im Abgang.
*Lies weiter bei **606***

683

Der Hüne schwingt das dreckige Beil. Sein Schlag beschreibt einen nach unten geführten Halbkreis. Du springst zur Seite und ziehst deine Klinge quer über den Unterarm,

mit dem er das Hackbeil führt. Haut und Fleisch teilen sich wie Butter. Der Hüne grunzt vor Schmerz, rempelt dich zur Seite.
Du drehst dich aus seinem Schlag und stößt die Klinge mehrmals in seine Flanke. Rein - raus - rein - raus.
Deine Hand ist nass von dunklem Blut und dennoch stößt du weiter zu. Nach oben, unter die Achsel. In den Rücken, den Hals, bis das Beil auf den Boden poltert und der Koloss in die Knie geht. Hinter ihn tretend greifst du in sein fettsträhniges Haar, ziehst seinen Kopf zurück und schneidest ihm die Kehle durch. Langsam kippt der sterbende Riese nach vorne und klatscht mit dem Gesicht voran in sein verdorbenes Blut.
Wenn du dich der verstümmelten Frau auf dem Tisch zuwendest: Lies weiter bei ***611***
Wenn du das Tuch an der Rückwand anhebst, das einen Eingang verdeckt: Lies weiter bei ***661***
Wenn du den Weg zurückgehst, um die Treppe im Haus hinaufzusteigen: Lies weiter bei ***559***

684 Begleitet von einem dumpfen, bleischweren Schmerz erlangst du in den Armen zweier Männer hängend das Bewusstsein, öffnest träge die schweren Lider. Deine Haut ist nass und glänzend, denn sie haben deine Ohnmacht genutzt, um dich zu salben. Was du siehst, entringt dir einen ungläubigen Seufzer.

Du befindest dich in einer ägyptischen Grabkammer, die anders ist, als du es dir in deinen kühnsten Träumen hättest vorstellen können. In der Mitte des kuppelförmigen kreisrunden Raumes steht ein mit verblichenen Hieroglyphen bemalter Sarkophag. An jeder der Ecken ist ein mit einem Pfropfen verschlossener Krug platziert, beleuchtet von brennenden Ölschalen.

Öl ist ein guter Brandbeschleuniger …

Einer der Krüge hat die Form eines Falken, einer die eines Menschen. Einer sieht aus wie ein kauernder Affe. Die vierte wie ein Schakal.

An den Wänden brennen Fackeln, die eine fiebrige Hitze werfen.

Offenes Feuer …

Das ist längst nicht alles. Von der Decke – besser gesagt aus ihr heraus – führen lederartige Schläuche und dicke Kabel zu einer mit Eiswasser gefüllten kupfernen Wanne, die neben dem Sarkophag steht. Dahinter eine Apparatur von den Ausmaßen eines Schrankes, bestückt mit Messgeräten, Druckanzeigen, Schalthebeln, Klemmen und Drehreglern. Von ihr führen Kabel und pulsierend pumpende Schläuche in die Wanne. Als du näher kommst, erkennst du im Wasser ein Gitter mit den Konturen eines Menschen. An den Seiten sind lederne Fesselmanschetten befestigt, an denen dicke Kabel enden. Des Weiteren gibt es ein Stirnband aus Kupfer, zu dem eine Menge Drähte führen.

Die Luft ist erfüllt vom Geruch des brennenden Pechs und von metallischer Elektrizität, aber auch von frischen Rosen und exotischen Gewürzen, die in kleinen Räucherschalen verbrannt werden. Dementsprechend ist sie rauchgeschwängert und schwer.

Mary Pearcey – sie trägt ein leicht fallendes, schwarzes Gewand mit engem Mieder und ihr langes Haar ist offen – steht am Kopfende des Sarkophags.

Frankenstein ohne Jackett, dafür aber mit hochgekrempelten Ärmeln neben der Apparatur, an der er hektisch an Schaltern und Reglern dreht. Es knistert elektrisch, Funken sprühen an den Kontaktstellen des Kastens.

Elektrizität hat eine unverstellbare Kraft, nahezu alles vernichtend …

Doktor Gull – seinem Beruf entsprechend gekleidet – richtet auf einem Beistelltischchen chirurgische Utensilien.

Skalpelle, lange dünne Messer, Schaber, eine Art Beil, wenn auch klein …

Mary Ann Kelly – in einer schwarzen, mit mystischen Symbolen bestickten Robe, darunter nackt – steht mit John Netley seitlich von dir am Eingang des Kuppelsaals. Ihre Haut ist bleich und glänzt feucht wie ihr Haar, als hätte man sie eingeölt. In ihren Augen funkelt fanatischer Wahnsinn – oder der übermäßige Genuss von Alkohol, das weiß man bei ihr nie so genau. Der Kutscher hält sie am Arm fest, damit sie nicht stürzt.

Aber wer stützt mich denn überhaupt?

Dorian Grey – er hat sein Jackett abgelegt – hält dich zusammen mit dem blässlichen Albert Victor fest. Du siehst an dir herunter und stellst fest, dass du abgesehen von einem kurzen Leibchen nackt bist.

Ein Hausmädchen hantiert in den Schatten nur schemenhaft erkennbar an einem Teewagen herum, auf dem ein Absinth-Arrangement steht. Es erscheint dir surreal, wenn nicht grotesk, dass es ihre Aufgabe ist, Gläser mit der grünen Fee zu füllen, auf dass alle auf ihre Schandtaten anstoßen können.

Dein Herz schlägt hart in der Brust, dein Geist kämpft gegen die aufwallende Panik.

Was soll ich nur tun?

Die Pearcey nickt in deine Richtung. »Jetzt, wo das Lamm eingetroffen ist, können wir beginnen!«

Grey und der Offizier verstehen das Signal und beabsichtigen, dich zu dem kupfernen Behältnis zu schleppen.

Du lässt es geschehen: Lies weiter bei ***650***

Du versuchst Einhalt zu gebieten und sagst: »Ich bitte Sie, tun Sie das nicht, wir finden sicher eine Lösung«: Lies weiter bei ***740***

Du versuchst, dich aus dem Griff der Männer zu befreien: Lies weiter bei ***733***

685

Das Läuten der Glocke zerschneidet die schimmlig-mystische Ruhe des Hinterhofs, wirbelt den Nebel auf, verhallt jedoch ungehört. Eine Weile stehst du unschlüssig da und denkst darüber nach, einen anderen Weg zu wählen, als Riegel hin-

ter der Tür aufgeschoben werden und diese sich einen Spalt breit öffnet. Das Gesicht des Hausmädchens ist schmal und blass, die dunklen Haare sind sauber unter einem Häubchen verknotet. Sie trägt ein schwarzes Kleid und eine blütenweiße Schürze. »Sie wünschen? Miss Pearcey erwartet heute keine Lieferungen mehr!«
Sie zu überwältigen sollte nicht schwer sein. »Davon bin ich ausgegangen!«

*Wenn du versuchst, sie niederzuschlagen (Probe **Nahkampf**): Lies weiter bei **579***

*Wenn du sie überrumpeln willst (Probe **Überwältigen**): Lies weiter bei **537***

686 Mary Pearcey hebt die Hand, die Männer verharren mit der armen Mary Ann Kelly. Von einer Wolke aus Bosheit umgeben, die du bitter auf den Lippen schmeckst, lächelt sie dich an. »Höre ich in deinen Worten etwa Zweifel? Ich frage mich, ob nicht doch besser du anstelle Mary Ann das Lamm sein solltest …«

*»Nein, auf keinen Fall werde ich mit ihr tauschen! Ziehen wir's durch!«: Lies weiter bei **636***

*»Lassen Sie mich und Mary Ann gehen. Damit lass ich es gut sein und Sie hören nie wieder etwas von mir!«: Lies weiter bei **562***

687 *Probe **Geschick** gegen **Contra-Skill 6**.*

*Wenn du scheiterst: Lies weiter bei **553***

*Wenn du es schaffst: Lies weiter bei **603***

688 Beil gegen Schürhaken, ein wahrlich grotesker Kampf. Netley – in Whitechapel aufgewachsen – greift dich frontal an. Der Schürhaken beschreibt eine zischend die Luft zerschneidende Diagonale. Du liest seinen Rhythmus, wartest ab und trittst in dem Moment, in dem er ausholt, vor und schlägst mit dem Beil zu. Die messerscharfe Schneide trifft, trennt ihm die Finger ab, die den Schürhaken führen. Beides fliegt durch die Luft und wird von den Schatten verschluckt. Aus den Stümpfen spritzt Blut, das Netleys wedelnden Bewegungen in bizarren Bahnen folgt.

Du weißt, dass du es zu Ende bringen musst, und schlägst ihm das Beil in die Stirn, die knackend nachgibt wie altes, sprödes Holz. Wie vom Blitz getroffen fällt der Kutscher um und ist tot. Nur seine Stiefel scharren noch über den Boden, dann ist es vorbei … Mit dem Rücken zur Wand stellst du dich den vor dir zurückweichenden Kultisten.
»Was ist jetzt?«, schreist du sie mit überschnappender Stimme an.
»Du begehst einen Fehler«, raunt Mary Pearcey mit funkelndem Blick. »Wir sind noch immer vier – mit Mary Ann Kelly sogar fünf, – die dir entgegenstehen.«
*»Lasst Mary Ann Kelly gehen!«, lautet deine Forderung. Dann, an Mary Ann gerichtet: »Komm zu mir, ich beschütze dich!«: Lies weiter bei **648***
*»Ich werde euch alle umbringen!«: Lies weiter bei **698***

689

Du suchst dir ein paar Stricke zusammen, an denen man Fleisch aufhängt, und gehst vor dem wimmernden Bündel in die Hocke. »Bitte sag mir, dass ich es nicht bereue, dich am Leben zu lassen …«
»Bin nur eine … Magd«, wimmerst sie tränenerstickt. »Nur die Küche mach ich, das ist alles, weiß so gut wie nichts von den Herrschaften …«
»Aber Donovan hast du an dir fingern lassen, hm?« Für dich verschwimmet bereits die Grenze zwischen Gut und Böse. Du musst aufpassen.
»Ich brauche jeden Penny, den ich kriegen kann, hab 'ne kleine Tochter, oben in einem Zimmer im *Crossingham's* … sie wird sterben, wenn ich nicht nach Hause komm …«
Du fesselst ihr die Hände auf den Rücken und schiebst ihr einen aus einem Küchentuch gedrehten Knebel in den Mund. »Lass dir gesagt sein: Nimm dein Kind und verschwinde aus Whitechapel. Hier gibt es keine Zukunft für euch!«

*Erhöhe deine **Empathie** um **1 Punkt!***

*Du beschließt, den Salon zu betreten: Lies weiter bei **655***
*Du gehst zur Kellertür: Lies weiter bei **605***

690 Albert Victor und Grey drehen an Kurbeln, um Mary Anns nackten, gefesselten Körper ins Eiswasser hinabzusenken, tief genug, damit sie überspült wird, aber dennoch atmen kann.

Mary Pearcey, die in dem leicht fallenden, schwarzen Gewand und den offenen, von Finsternis umkränzten Haaren wie eine fahlbleiche Priesterin aus dem Totenreich erscheint, tritt an das Fußende des Sarkophags und breitet die Arme aus. Ihr Gesicht wirkt hager und eingefallen. »Oh, Osiris, erhöre unser Flehen! *Sat-nesu-en-chetef*, Todespriesterin, steh uns bei.«

Auf ein Zeichen hin öffnet das Hausmädchen die Kanopen, die an den Ecken des Sarkophags platziert sind. Frankenstein legt an der Apparatur Schalter um, sodass der Raum von einem elektrischen Summen überflutet wird. Woher die Energie kommt, weißt du nicht. Was du jedoch weißt, ist, dass die dicken Kabel in der wabernden Finsternis verschwinden, die inzwischen die gesamte Kuppel ausfüllt.

Grey und Albert Victor postieren sich an den Seiten des Grabgeleges. Jeder hat ein Brecheisen aufgenommen, das er in den schmalen Schlitz zwischen Deckel und Unterteil stemmt.

»Oh, Osiris, nimm als Opfer den Magen der *Sat-nesu-en-chetef* aus der Duamutef-Kanope, auf dass der Falke seine Schwingen ausbreiten und sie in ihr neues Gefäß tragen kann!«

Das Hausmädchen nimmt die neben der Falken-Kanope stehende Ölschale und gießt deren brennenden Inhalt hinein. Zischend fängt etwas Feuer, das du nicht sehen, aber riechen kannst, da es wie verbrannter Dung stinkt.

Frankenstein legt einen Schalter um und dreht an einigen Rädern. Anzeigen schlagen aus, das elektrische Summen nimmt zu. Du siehst bläuliche Funken die Kabel entlang zu Mary Ann Kelly laufen und ihr Körper zuckt.

»Großer Osiris. Nimmt das Opfer aus der Amset-Kanope an, welches die Leber der *Sat-nesu-en-chetef* ist und das Sein des Menschen symbolisiert.«

Wie bei der ersten Kanope gießt das Hausmädchen das brennende Öl nun in die mit der Menschengestalt. Fauchend fängt der Inhalt mit blauer, hitzewerfender Flamme Feuer.

»Osiris! Nimm als drittes Opfer aus der Hapi-Kanope die Lunge der *Sat-nesu-en-chetef*, die so stark ist wie die eines Affen!«
Das Hausmädchen eilt zu der Affenkanope und leert das Öl aus der dritten Schale hinein, dass es funkensprühend knistert, allerdings nur mit kleiner, verhaltener Flamme brennt.
Wohl nicht mehr viel übrig von der Lunge, denkst du dir.
Frankenstein dreht ekstatisch an Reglern und Stellschrauben, legt einen klobigen, hufeisenförmigen Schalter um, dass ein Funkenregen aus der Apparatur schießt. Es gibt einen fürchterlichen Knall, der alle zusammenfahren lässt, dann fängt Mary Ann Kellys Körper auf dem Gitter an zu zucken, als hätte man elektrische Aale ins Wasser gesetzt, die sich alle zugleich entladen. Du riechst bittersüß schmeckende Elektrizität, verkohltes Haar und scharfen Schweiß, aber auch das Ölig-Klebrige aus den brennenden Kanopen.
»Mächtiger Osiris, als letzte Opfergabe reichen wir dir das Gedärm der *Sat-nesu-en-chetef* aus der Schakal-Kanope Kebechsenuef!«
Darauf haben Grey und Albert Victor gewartet. Mit aller Kraft setzen sie die Brecheisen an und beginnen, die Deckelplatte wegzuschieben. Das Hausmädchen hebt die vierte Ölschale mit beiden Händen über ihren Kopf und wartet – die Schakal-Kanope zwischen den Knien – auf ein Zeichen ihrer Herrin.
Du wartest gespannt darauf, was als Nächstes geschieht. (Du musst diese Option wählen, wenn deine ***Empathie 1*** *ist): Lies weiter bei* ***596***
Du stürzt dich auf das Hausmädchen, um die Schakal-Kanope zu zerstören: Lies weiter bei ***646***

691

Du stößt Grey von dir und springst zur funkensprühenden Wanne, in der das Wasser kocht. Beiläufig siehst du, wie er in der Dunkelheit verschwindet, gellend schreiend davongerissen wird.
Die Todespriesterin kreischt wie eine Furie, als sie deine Absicht erkennt, ist aber zu schwach, um anzugreifen.
Deine Trommelfelle zerplatzen unter der akustischen Wucht, dein Blick verfärbt sich rot, du schmeckst süßes Kupfer auf den Lippen, das Blut ist, und dennoch greifst du nach den Drähten und Kabeln, um sie von der armen Mary Kelly abzureißen. Deren Mus-

keln sind gespannt wie Stahlstränge. Rauch kräuselt aus ihren roten Haaren.
Die Wucht der Elektrizität fährt dir durch Mark und Bein. Deine Muskeln spannen sich reflexartig an, doch du beißt die Zähne zusammen, dass sie im Kiefer knacken, und arbeitest verbissen weiter. Du zerrst Kabel um Kabel heraus, die wie funkensprühende Schlangen um dich herumpeitschen. Harte Schläge jagen dir durch den Körper. Deine Muskeln krampfen.
Nur noch das Kabel an ihrem Kopf!
Du brichst in die Knie, von brennender Hitze überrollt. Es gelingt dir kaum, die Finger zu schließen. Dein Kopf hat sich in einen Kochtopf angefüllt mit siedendem Wasser verwandelt, du kannst nur noch verschwommen sehen.
Das Monster auf dem Rand des Sarkophags brennt lichterloh von innen heraus, wenigstens kreischt es nicht mehr.
Mary Pearcey rauft sich die Haare, schreit, sabbert, zerkratzt sich die Haut ihrer schlanken Arme.
Du ergreifst das letzte Kabel und ziehst es aus dem Stirnreif um Mary Ann Kellys Kopf und die Welt erstrahlt in grellweißem Licht …
*Lies weiter bei **644***

692

Das Undenkbare geschieht. »Sie haben recht. Ich habe mich blenden lassen, mich in die Besessenheit, Leben erschaffen zu wollen, geflüchtet. Doch das hier ist das genaue Gegenteil davon. Beenden wir das Grauen gemeinsam!«
Doktor Frankenstein reicht dir die Hand!
*Lies weiter bei **544***

693

*Probe **Überwältigen** gegen **Contra-Skill 8**.*
*Wenn du unterliegst: Lies weiter bei **547***
*Wenn du obsiegst: Lies weiter bei **597***

694

Du hast dein Leben zurückgewonnen, den Verstand jedoch im Keller unter Mary Pearceys Haus verloren. Jämmerlich weinend hat man dich zusammengekrümmt im Rinnstein der Commercial Street gefunden, sabbernd, verdreckt, wirres

Zeug redend. Aufgrund des Bluts an der Kleidung brachte man dich ins Arbeiterkrankenhaus, wo dir die Doktoren aufgrund deiner wirren Aussagen von Beschwörungen und blutrünstigen Ritualen Schwachsinn attestierten.

Nun vegetierst du in einer feuchten, nach Moder stinkenden Kellerzelle des Bethlem Royal Hospital, Abteilung »Unheilbare Fälle«, vor dich hin, auf ewig weggeschlossen und vergessen.

Fest verschnürt in eine stockfleckige Zwangsjacke sitzt du auf der klammen Matratze und zählst die Wassertropfen, die von der Decke fallen. Einmal am Tag kommt ein Pfleger, um dich zu waschen und dir etwas zu essen zu bringen.

Einmal die Woche besucht dich Mary Pearcey, um dich daran zu erinnern, warum du in der Zelle sitzt. Das Gebäck, das sie dir mitbringt, ist eine wohltuende Abwechslung zum üblichen Brei. Whitechapel hat dich längst vergessen und von Jack the Ripper hat man nie wieder etwas gehört …

*Lies weiter bei **568***

695

Mary Pearcey lächelt dich an. »Wo bleiben denn meine Manieren.«

»Ihre Manieren sind mir gleich …«

»Die süße Mary Ann Kelly kennst du bereits. Doktor Frankenstein – der es mit seinen magischen Händen und Elektrizität vermag, Totes in Lebendes zu verwandeln – auch. Mir gegenüber sitzt der bezaubernde Dorian Grey, ein wahrer Gentleman und – ich kann's nicht anders benennen – unsterblich, aber das wirst du bald selbst begreifen. Zu meiner Linken …«, sie neigt den Kopf in Richtung des Husaren, »Albert Victor, Lieutenant der 10th Royal Husars in Aldershot und Enkel Königin Victorias, Gönner unseres hier Kreises, dem Zirkel des Osiris. «

Also doch, fühlst du dich bestätigt und dennoch überrascht.

»Dahinter Doktor William Gull, Leibarzt des Königshauses, spezialisiert auf Nervenstörungen und deren Behandlung, vor allem, wenn es gilt, den Zustand der Nekrose zu überwinden.«

Dir wird allein ob Mary Pearceys Worten schwindelig. Honorierte Doktoren, Wissenschaftler, Menschen, die den Tod zu überwinden

versuchen. Dazwischen die mysteriöse Mary Pearcey und Mary Ann Kelly, die sich mit vom Alkohol geröteten Wangen in der Rolle des Opferlamms wiederfindet.
Sie alle beabsichtigen, Gott zu spielen!
»Der Zirkel des Osiris? Was ist das, und vor allem, was habe ich damit zu tun?«: Lies weiter bei ***582***
»Mary Ann Kelly, komm mit mir, noch ist nichts verloren!«: Lies weiter bei ***532***

696

Du denkst einen Wimpernschlag zu lange nach, zögerst, weil du nicht aus dem Herzen, sondern nach dem Verstand handelst. Es ist bereits zu spät!
Lies weiter bei ***596***

697

… dich mit nachdrücklicher Bestimmtheit auf den freien Platz am Tisch zu zwingen, wo du japsend um Atem ringst. Gespannte Stille senkt sich über den Raum, die das Prasseln des Feuers zu einem Flächenbrand anschwellen lässt.
»Schaffen Sie Hyde weg, bevor er mir das ganze Parkett vollblutet«, weist die Pearcey Netley an, der sich daraufhin sofort an die Arbeit macht.
Dann zu dir, die Tarotkarten milde lächelnd aufnehmend: »Nun sitzt du also erneut an meinem Tisch, den Kopf voller Fragen und Zweifel, nicht wissend, was du willst und was werden soll.«
Die Hitze legt sich wie Blei auf dein Gemüt. Zumindest verlässt Netley den Raum, den verblutenden Hyde hinter sich herschleppend, was es etwas erträglicher macht.
»Erzählen Sie mir vom Zirkel des Osiris.«: Lies weiter bei ***673***
»Welche Rolle ist die meine, Miss Pearcey. Die des Opferlamms?«: Lies weiter bei ***575***
»Gut, hier bin ich! Aber lassen Sie Mary Ann Kelly gehen, sie hat nichts mit alldem zu schaffen!«: Lies weiter bei ***569***

698

Mary Pearcey lacht schallend. »Du willst uns töten? Den Orden des Osiris auslöschen? Nur zu, wenn du unbedingt Mary Anns Platz einnehmen willst. Wir sind bereit!«

Mary Ann wirft der Pearcey einen flehenden Blick zu. »Ich will nicht sterben, bitte lassen Sie mich doch gehen. Ich sage auch nichts!«
»Lasst das Mädchen gehen«, weist sie die Männer an. »Wir brauchen sie nicht mehr, denn unser Ehrengast wird an ihrer statt sterben!«
Plötzlich frei, läuft Mary Ann zu dir. Tränen schimmern in ihren großen, grünen Augen, weil sie nicht glauben kann, dass sie gehen darf. Ihre Schritte sind unsicher, teils schwankend.
»Hilf mir, bitte«, keucht sie von Angst ergriffen.
»Komm hinter mich, schnell. Ich werde dich beschützen!«: Lies weiter bei ***590***
»Hau ab und komm mir nicht zu nahe!«: Lies weiter bei ***540***

699 Mary Pearcey zieht die Karte der Hohepriesterin und schiebt sie dir zu. »Die Attribute sind Unbewusstheit, Intuition, Passivität und Mystik. Sie offenbart sich nur den Eingeweihten und bleibt allen anderen gegenüber verschlossen. Sie lebt sowohl in der bewussten als auch in der unterbewussten Ebene. Die schwarze Säule ihrer Macht trägt den Buchstaben B, was Boaz bedeutet und für Stärke steht. Die weiße Säule hingegen trägt den Buchstaben J, was Jachin heißt und für die Offenbarung steht. Sie ist zugleich maskulin und finster, aber auch hell und feminin. Die Hohepriesterin ist in der Lage, den dünnen Schleier zwischen dem Unterbewusstsein und dem Bewussten ohne Mühe zu bewegen und zwischen den verschiedenen Ebenen nach Belieben zu wechseln.«

Die Pearcey lächelt verschwörerisch. »Meines Erachtens die Karte, die Männer in Machtpositionen wohl am meisten fürchten, denn die Hohepriesterin hat einen Plan, den sie beharrlich und mit all ihrer Energie verfolgt. Mit mir zusammen, ob als Herrscherin oder Teufelin, könnten wir Unglaubliches bewirkten. Was soll ich für dich sein?«

»Die Teufelin!«: Lies weiter bei ***671***
»Die Herrscherin!«: Lies weiter bei ***665***
»Nichts dergleichen!«: Lies weiter bei ***715***

700

Ich hoffe, du hattest eine Menge Spaß mit dem Buch, hast mit deinem Charakter mitgefiebert, gehofft, gebangt und Angst gelitten. Ich tat es während des Schreibens. Für mich war es aufregend, anhand ausgiebiger Recherchen tieferen Einblick in die Morde von Whitechapel zu bekommen. Zeitungsartikel berichten ebenso schonungslos wie die Berichte der obduzierenden Ärzte.

Der wahre *Jack the Ripper* wurde nie überführt und es obliegt unserer Phantasie, wer in Wahrheit das Messer führte. Mich hat insbesondere die Geschichte der *Mary Pearcey* – die zu den Verdächtigen gehörte – fasziniert.

Doch warum ägyptische Mythologie – *den Zirkel des Osiris* – und das *Tarot*?

Beides war in der viktorianischen Zeit überaus populär, vor allem in höher gestellten Kreisen. Man schmückte sich gerne mit Reisen zu Ausgrabungsstätten und der Mystik um das Legen der Tarotkarten. Da ist der Absinth ebenso wenig wegzudenken wie die berüchtigte Opiumhöhle.

Ein weiterer, für mich überaus wichtiger Teil, sind *Doktor Jekyll und Mister Hyde*, *Dorian Grey* und *Doktor Frankenstein* als Hommage an die *Penny-Dreadful-Groschenromane*, die im viktorianischen England entsetzliche und aufsehenerregende Themen äußerst unverblümt beschreiben.

Abschließend folgt der nahezu wortgetreue Bericht der Ärzte, welche die Leiche der Mary Ann Kelly untersuchten. Aber Vorsicht, der ist nichts für schwache Nerven!

Bericht von Dr. Thomas Bond, einem angesehenen Polizei-Mediziner vom Freitag, den 19. November 1888: Anwesend war zudem Doktor George Bagster Phillips.
Der Körper der Mary Ann Kelly lag nackt in der Mitte des Bettes, die Schultern lagen flach auf, aber der Körper war zur rechten Seite des Bettes geneigt. Der Kopf war auf die linke Wange gedreht. Der linke Arm war nah am Körper, wobei der Unterarm im rechten Winkel gebogen war und über dem Unterleib lag.
Der rechte Arm war leicht vom Körper abgespreizt und lag auf der Matratze. Der Ellenbogen war gestreckt, der Unterarm lag auf der Rückseite und die Finger waren verkrampft. Die Beine waren weit gespreizt, der linke Schenkel im rechten Winkel zum Torso und der rechte Schenkel formte einen stumpfen Winkel mit dem Schambereich.
Die gesamte Oberfläche des Unterleibs und der Schenkel wurden entfernt sowie die inneren Organe der Bauchhöhle entnommen. Die Brüste wurden abgetrennt, die Arme durch gezackte Wunden verstümmelt und das Gesicht bis zur Unkenntlichkeit zerhackt. Das Gewebe des Halses wurde bis auf den Knochen rund herum komplett abgetrennt.
Die inneren Organe wurden verteilt aufgefunden, das heißt: Die Gebärmutter und Nieren mit einer Brust unter dem Kopf, die andere Brust neben dem rechten Fuß, die Leber zwischen den Füßen, die Gedärme auf der rechten, und die Milz auf der linken Seite des Körpers. Die vom Unterleib und von den Schenkeln entfernten Hautlappen befanden sich auf einem Tisch.
Der Bettbezug war in der rechten Ecke mit Blut durchtränkt, und auf dem Boden darunter befand sich eine Blutlache von etwa 0,2 Quadratmeter. Die Wand auf der rechten Seite des Bettes, in einer Linie über dem Hals, war mit Blutspritzern verschmiert.
Das Gesicht wurde in allen Richtungen eingeschnitten, die Nase, die Wangen, die Augenbrauen und die Ohren

wurden teilweise entfernt. Die Lippen waren blass und mit diagonal nach unten zum Kinn verlaufenden Schnitten zerschnitten. Es gab zahlreiche Einschnitte, die sich unregelmäßig über alle Gesichtszüge erstreckten.

Der Hals war durch Haut und anderes Gewebe bis auf die Rückenwirbel durchtrennt. Die Hauteinschnitte auf der Vorderseite des Halses zeigten deutliche Ekchymose (kleinflächige Hautblutung). Die Luftröhre war am unteren Teil des Kehlkopfes durch die Ringknorpel eingeschnitten.

Beide Brüste wurden durch kreisförmige Schnitte entfernt, die Rippenmuskulatur war noch an den Brüsten befestigt. Die Brust- und Bauchwand wurde zwischen der vierten, fünften und sechsten Rippe durchtrennt und der Inhalt des Brustkorbes war durch diese Öffnung sichtbar.

Die Haut und das Gewebe des Unterleibs, vom Rippenbogen bis zum Schambereich, wurden in drei großen Hautlappen entfernt. Der rechte Schenkel wurde auf der Vorderseite bis auf den Knochen freigelegt, der Hautlappen beinhaltete die äußeren Fortpflanzungsorgane und Teile des rechten Gesäßbackens. Der linke Schenkel war bis zum Knie von Bindehaut und Muskeln befreit.

Die linke Wade zeigte einen langen Einschnitt durch die Haut und das Gewebe bis zu den unteren Muskeln. Die Wunde reichte vom Knie bis etwa 13 Zentimeter unter dem Fußknöchel. Beide Arme und Unterarme hatten ausgedehnte, gezackt verlaufende Wunden.

Der rechte Daumen zeigte einen kleinen oberflächlichen Einschnitt von 2,5 Zentimetern Länge mit austretendem Blut in das umliegende Gewebe. Auf dem Handrücken waren Hautabschürfungen in der gleichen Art und Weise.

Beim Öffnen des Brustkorbs stellte sich heraus, dass auf der Oberfläche der rechten Lunge alte harte Thrombozyten hafteten. Der untere Teil der Lunge war zerstört und weggerissen. Die linke Lunge war unversehrt: Sie haftete an der Lungenspitze und weiteren Verbindungen auf der anderen Seite. In der Lungensubstanz konnten einige ausgeheilte Knoten festgestellt werden. Der Herzbeutel war unterhalb geöffnet und das Herz fehlte. In der Bauchhöhle war etwas halbverdautes Essen - Fisch und Kartoffeln. Das gleiche Essen wurde in den Überresten des Magens gefunden, der noch mit den Gedärmen verbunden war.

Bericht von Dr. George Bagster Phillips bei der gerichtlichen Untersuchung:
Die verstümmelten Überreste einer Frau lagen im vorderen Drittel des Bettes an der Bettkante nahe der Tür. Sie trug lediglich ihre Bluse oder eine Art Unterwäsche. Aufgrund der großen Menge Blut unter dem Bettgestell, dem blutgetränkten Bettbezug, und der Strohmatratze, bin ich mir sicher, dass die Leiche im Anschluss an die tödlichen Verletzungen von der Seite des näher am hölzernen Kopfteil liegenden Bettgestells zur Ecke näher an das Kopfteil bewegt wurde.
Die Blutlachen entstanden aufgrund der Durchtrennung der Halsschlagader, welches auch die Todesursache war. Die Verletzungen wurden der Verstorbenen zugefügt, während sie auf der rechten Seite des Bettgestells lag.

ENDE

701

Mary Pearcey lächelt dir zu. »Aber natürlich, Ada. Ich darf doch Ada sagen, nicht wahr?«
»Mir egal …«
»Die süße Mary Ann Kelly kennst du bereits. Die Herren Doktoren Jekyll – ein überaus wandlungsfähiger Mensch – und Frankenstein – der es mit seinen magischen Händen und Elektrizität vermag, Totes in Lebendes zu verwandeln – auch. Mir gegenüber sitzt der bezau-

bernde Mister Dorian Grey, ein wahrer Gentleman und – ich kann's nicht anders benennen – unsterblich, aber das wirst du bald selbst begreifen. Zu meiner Linken ...«, sie neigt den Kopf in Richtung des Husaren, »Albert Victor, Lieutenant der 10th Royal Husars in Aldershot und Enkel Königin Victorias, Gönner unseres hier versammelten Kreises, dem Zirkel des Osiris. «
Also doch, fühlst du dich bestätigt. Es ist das erste Mal, dass du einem Adligen von solch hohem Rang gegenüberstehst, und du weißt nicht, wie du dich verhalten sollst.
»Dahinter Doktor William Gull, Leibarzt des Königshauses, spezialisiert auf Nervenstörungen und deren Behandlung, vor allem, wenn es gilt, den Zustand der Nekrose zu überwinden.«
Dir wird allein ob Mary Pearceys Worten schwindelig. Honorierte Doktoren, Wissenschaftler, Menschen, die den Tod zu überwinden versuchen. Dazwischen die mysteriöse Mary Pearcey und Mary Ann Kelly, die sich mit vom Alkohol geröteten Wangen in der Rolle des Opferlamms wiederfindet.
Sie alle beabsichtigen, Gott zu spielen!
»Mary Ann Kelly, ich bin gekommen, um dich zu retten!«: Lies weiter bei ***736***
»Miss Pearcey, ich würde Sie gern allein sprechen. Unter vier Augen!«: Lies weiter bei ***565***
»Das ist sie also, die feige Mördergesellschaft! Aber damit hat es jetzt ein Ende!«: Lies weiter bei ***615***
Du gehst zum Tisch und nimmst Platz. »Der Zirkel des Osiris? Was ist das, und vor allem, was habe ich damit zu tun?«: Lies weiter bei ***673***

702

Mit großem Unbehagen schlüpfst du aus deinen Sachen und legst sie über den Stuhl. Kaum, dass du damit fertig bist, betritt das Hausmädchen die Kammer. Sie schiebt ein Wägelchen, wie man es zum Servieren des Nachmittagstees benutzt. Nun befinden sich eine Wasserkaraffe, einige mit den Initialen M.P. bestickte Handtücher, eine Schale mit gelblichem Öl sowie eine Handvoll glimmender Räucherstäbchen und ein kleiner Wedel darauf.
Du bedeckst deine Blöße, fühlst dich nackter als nur entkleidet.

»Spreizen Sie bitte die Arme ab«, weist dich das Hausmädchen an. Widerwillig kommst du ihrer Aufforderung nach.
Sie befeuchtet ein Handtuch und beginnt, dich mit dem angenehm kühlen Wasser abzureiben. »Keine Angst, ich bin ebenso diskret wie vorsichtig …«
»Wie lange stehen Sie schon in Miss Pearceys Diensten?«, willst du wissen, um die peinliche Stille zu durchbrechen.
»Solange ich denken kann«, erwidert das Hausmädchen und widmet sich deinen intimen Zonen mit übertriebener Gründlichkeit.
*Um herauszufinden, wie du auf ihre Berührungen reagierst, mache eine Probe auf **Geschick**: Lies weiter bei **660***

703

*Probe **Nahkampf** gegen **Contra-Skill 5**.
Wenn du unterliegst: Lies weiter bei **553**
Wenn du obsiegst: Lies weiter bei **734***

704

Du schlägst das Buch zu und legst es zurück auf den Tisch. »Ich beginne zu verstehen«, sagst du mit bebender Stimme. »Sie wollen die Todespriesterin erwecken, damit ihre Macht auf sie übergeht, weil es ihre Bestimmung ist?«
»So wurde es mir in der Grabkammer prophezeit«, antwortet Mary Pearcey, die hinter dir steht. »Opfer müssen gebracht werden, um die Ewigkeit zu erlangen.«
»Hm …«, du nimmst die vor dir liegende Karte, »also waren die Morde Teil eines Rituals, um dieser Todespriesterin zu einer neuen Hülle – also einem neuen Körper – zu verhelfen?«
»*Sat-nesu-en-chetef* ist Pharao Schepseskaz' Totenpriesterin. Die Opfer sind Teil eines komplizierten Rituals. Was wir den Frauen genommen haben, kommt ihr zugute, damit sie sich erheben kann … eine Bereicherung der Kanopen, in denen sich ihre vertrockneten Organe befinden.«
»Die schrecklichen Verstümmelungen, die Qualen«, entgegnest du mit bebender Stimme.
»Im Schmerz liegt die unumgängliche Notwendigkeit verborgen, die mit dem Tod einhergeht. Sieh dich um: Die Welt, in der du lebst, ist verdorben bis aufs Mark, im Zerfall begriffen. Es ist an der Zeit,

eine neue Ordnung zu schaffen. Das ist meine Bestimmung und unser aller Schicksal! Bist du bereit, mir zu folgen?«
*Probe **Glaubwürdigkeit**: Lies weiter bei **558***

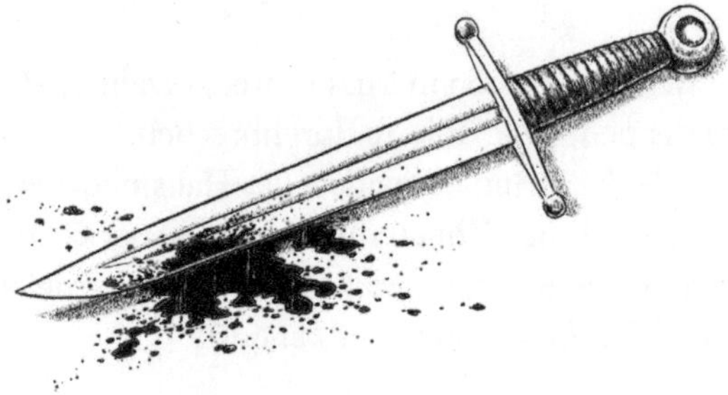

705

Der Flur ist schmal, die Luft schmeckt nach Staub und verwelkten Rosen. Ein abgetretener Teppich bedeckt den Boden, der dir gestattet, dich lautlos zu bewegen. Auf kleine Flamme gedrehte Öllampen werfen einen matten Schein auf die ausgeblichene blumenbemusterte Stofftapete. Zu beiden Seiten gibt es Türen, doch die erscheinen dir uninteressant. Der Flur selbst mündet in den quadratischen Empfangsraum, in den man von der Vordertür gelangt. Hier ist es heller, alles ist sauber und aufgeräumt. Die Luft wirkt frischer, der Duft der Rosen intensiver.
Mary Pearcey duftet stets nach Rosen …
Mäntel und Hüte hängen an der Garderobe, ebenso Mary Ann Kellys weinroter Ausgehmantel. Eine Treppe aus dunklem Holz führt nach oben, eine verschlossene Tür nach unten in den Keller des Hauses. Durch die polierte, mit Glasintarsien durchbrochene Tür, die in den Salon führt, hörst du Stimmen. Gläser klingen hell, es wird gelacht, wenn auch verhalten.
Auf der anderen Seite geht es durch eine schlicht gehaltene Tür in die Küche oder einen Wirtschaftsraum. Ein kreisrunder, aus dunklen Fasern gewebter Teppich liegt in der Mitte des Raumes auf dem Boden, bestickt mit einem blutroten Stern – nein, einem Pentagramm. Zeichen, die denen auf den Tarotkarten ähneln, zieren die Spitzen.
*Du betrittst den Salon: Lies weiter bei **655***
*Du gehst zur Kellertür: Lies weiter bei **605***
*Du gehst in den Wirtschaftsraum: Lies weiter bei **555***

706

*Probe **Geschick** gegen **Contra-Skill 4**.*
*Wenn du unterliegst: Lies weiter bei **580***
*Wenn du obsiegst: Lies weiter bei **680***

707

Nach etwas Fummelei beugt sich das Schloss klickend deinen Bemühungen. Als ungebetener Schatten schlüpfst du ins Haus und gehst in der vorherrschenden Dunkelheit auf.
Die Tür schließt sich und du lehnst dich dagegen. Durch die schmutzigen Scheiben sickert das träge Licht der Gaslaternen. Die Luft schmeckt muffig und fad nach fettigem Staub. Es ist still wie in einem Grab. Gespenstern gleich heben sich mit Tüchern abgedeckte Möbelstücke aus den Schatten. Bei manchen bist du dir nicht sicher, ob es Lampen oder heimtückische Mörder sind, die sich darunter verbergen. Hier lebt schon lang niemand mehr und doch zeichnen sich vage Fußspuren im Staub ab, der den Boden bedeckt.
Neben der Tür findest du eine Petroleumlampe und Streichhölzer. Du nimmst beides an dich, entzündest die Lampe aber erst, als du tiefer ins Schwarz eingedrungen bist und sicher sein kannst, dass kein verräterischer Lichtschein durch die Fenster nach draußen fällt.
Die Spuren führen zu einer Tür unter der Treppe, die nach oben führt. Und hinauf solltest du steigen, wenn du übers Dach willst.
*Wenn du die Tür unter der Treppe öffnest: Lies weiter bei **730***
*Wenn du die Treppe nach oben steigst: Lies weiter bei **559***

708

»Du musst für das Ritual vorbereitet werden. Gewaschen, eingekleidet, mit Symbolen versehen, all diese Dinge.« Mary Pearcey nickt dem Hausmädchen zu. »Bring unseren Gast in die Kammer …« Dann sieht sie in die Runde. »Und wir werden uns derweil auf das große Ereignis einstimmen, meine Damen und Herren.«
Als dich das Hausmädchen aus dem Salon in den angenehm kühlen Eingangsraum führt, hörst du Mary Ann Kelly albern kichern, weil sie nicht begreift, dass sie sterben wird …
Das Hausmädchen führt dich in eine kleine Kammer, welche durch eine Tür gegenüber der des Salons betreten wird. Ein fünfarmiger

Kandelaber sorgt für dezente Beleuchtung. Zwei weitere Türen gehen von der Kammer ab. Durch eine gelangt man in die Küche, die andere ist geschlossen und wirkt eher unscheinbar.

Es gibt eine Garderobe, in der dunkle, mit arkanen Symbolen bestickte Roben hängen, und einen Stuhl aus Holz. Das Hausmädchen sieht dich auffordernd an. »Wenn Sie sich bitte entkleiden würden …«

»Wie bitte? Ich soll mich ausziehen?«

»Damit ich Sie vorbereiten kann, ja«, antwortet das Hausmädchen mit niedergeschlagenem Blick.

Wie blass und schmal sie doch ist, geht dir durch den Sinn.

»Muss das denn wirklich sein? Ich meine …«

»Ich muss darauf bestehen«, entgegnet das Hausmädchen nun energischer. »Ich mache es Ihnen leichter und gehe holen, was ich für die Reinigung brauche. Ihre Kleidung legen Sie bitte über den Stuhl …«

Damit verlässt sie die Kammer durch die Tür, durch die ihr gekommen seid.

Du nutzt den kurzen Moment und probierst kurz die unscheinbare Tür neben der Küche, doch sie ist verschlossen.

*Wenn du dich ausziehst: Lies weiter bei **702***

*Wenn du die unscheinbare Tür öffnen willst (sofern du das zu einem früheren Zeitpunkt noch nicht getan hast; Probe **Geschick**): Lies weiter bei **731***

*Wenn du die Kammer durch die Tür verlässt, durch die du sie gerade betreten hast: Lies weiter bei **610***

709

*Probe **Nahkampf** gegen **Contra-Skill 8**.*

*Wenn du unterliegst: Lies weiter bei **633***

*Wenn du obsiegst: Lies weiter bei **683***

710

Du schließt die Augen, legst den Kopf in den Nacken und seufzt. Ihre bebenden Lippen finden sich an deinem Ohr wieder, ihre Zähne im zärtlichen Biss am Ohrläppchen, derweil sich ihre Hand den Weg zwischen deine Beine sucht. »Kein Wort zur Mistress!«

*Für Ada Wilson: Lies weiter bei **576***

*Für Frederick Abberline (Probe **Empathie**): Lies weiter bei **641***

711 Die Frau röchelt dir etwas Unverständliches hinterher, schluchzt, bewegt sich auf dem blutgetränkten Tisch, dass es ekelerregend schmatzt, wenn sich ihre Haut davon löst. Dein Gewissen brennt wie Feuer in deiner Brust, doch es ist zu spät, etwas daran zu ändern. Du gehst zum Vorhang, hinter dem die Ungewissheit auf dich wartet.

*Reduziere deine **Empathie** um 1 Punkt!*

*Lies weiter bei **661***

712 Gull, der in seinen alten Tagen von beachtlicher Größe und Masse ist, zeigt sich behände. Du siehst das Messer in seinen Fingern blitzen und wie es einen funkelnden Halbkreis in der Luft beschreibt, dann spürst du den scharfen Schnitt durch deinen Hals, der eher juckt, als schmerzt.
Das Messer aus den Beschreibungen der Zeugen, denkst du.
Gurgelnd presst du dir die Hände auf den aufgeschlitzten Hals. Zwischen den Fingern sprudelt es heiß und leuchtend rot hervor. Den zweiten Stich, der in deinen Bauch eindringt, spürst du nicht mehr. Auch nicht, wie Netley dich behutsam auf den Boden legt, wo sich Gull und Albert Victor getrieben von ekstatischem Wahnsinn über dich hermachen, um deinen Bauch und Brustkorb aufzubrechen, wie sie es zuvor bei den bedauernswerten Frauen getan haben.
Schnaufend schneiden und stechen sie, trennen Organe und Gedärm aus dir heraus, derweil du in einer stetig wachsenden Lache aus Rot liegst, die sich wie ein Heiligenkranz um deinen Kopf ausbreitet.
Du siehst durch einen sich senkenden Schleier, wie sich Mary Pearcey über dich beugt und dir Nase, Ohren und Lippen abschneidet, um sie triumphierend hochzuhalten, während Mary Ann Kelly realisiert, dass auch sie gleich sterben wird, und anfängt zu kreischen. Das Schmatzen von Schweinen ist der letzte Gedanke, der dir in den Sinn kommt …
*Lies weiter bei **594***

713 *Probe **Geschick** gegen **Contra-Skill** 5.*
*Wenn du unterliegst: Lies weiter bei **726***
*Wenn du obsiegst: Lies weiter bei **527***

714 Zur Besinnung zu kommen und nackt auf einem Gitter zu liegen, das eine Handbreit über einem mit Eiswasser gefüllten Tank hängt und dabei den Blicken von Mister Grey und Albert Victor ausgeliefert zu sein, ist ein Schock. Über dir das elektrische Summen und Knistern von Frankensteins Höllenmaschine, aus der sich Schläuche und Leitungen quer durch den Raum spannen. Deine Glieder sind taub, aber nicht betäubt. Es gelingt dir, Zehen und Finger zu bewegen. Frankenstein hantiert über dir an einem Metallreif herum, von dem Kabel und Schläuche wegführen, derweil die anderen Herren bereitstehen, dir breite – ebenfalls mit Kabeln versehene – Ledermanschetten an Hand- und Fußgelenken anzulegen.

Im Moment jedoch halten sie alle Kristallgläser – gefüllt mit grün schillerndem Absinth – in den Händen und beachten dich nicht. Mary Pearcey hebt ihr Glas und alle tun es ihr gleich. »Auf Osiris, den Tod und die erwachende Priesterin!«

»Auf Osiris«, rufen alle aus. Kristall singt hell auf Kristall. Das Feuer, in dem die Augen der Umstehenden glühen, geht selbst in deiner momentan eher bescheidenen Lage auf dich über, entzündet deinen Geist zwischen Abscheu und fatalistischer Begierde!

Du bist noch nicht gefesselt, wie du feststellst. Wenn es einen Moment gibt, den Wahnsinn noch zu beenden, dann ist es dieser!

*Du springst aus der Wanne und stürzt dich auf die Apparatur von Frankenstein, um sie zu zerstören (Probe **Geschick**): Lies weiter bei **640***

*Du empfindest deine Lage als ausweglos und lässt das Unvermeidliche geschehen: Lies weiter bei **546***

715 Mary Pearcey lacht. Es klingt wie das Meckern einer Ziege. »Ich hätte dich für entscheidungsfreudiger gehalten, jemand, der ein Wagnis eingeht und sich in Abenteuer mit ungewissem Ausgang stürzt. Leider scheint dem nicht so zu sein!«

Sie, Dorian Grey und der schmucke Husarenoffizier Albert Victor sehen dich an. Alle tun es.
»Dann lass mich für dich die Entscheidung treffen«, verkündet Mary Pearcey und zieht eine Karte aus dem Stapel.
*Wie hoch ist deine Summe aus **Glaubwürdigkeit** und **Empathie**?*
*2 bis 10: Lies weiter bei **671***
*11 bis 20: Lies weiter bei **665***

716

Du lässt dich von Grey mitreißen und fliehst in die wirbelnde Finsternis, einer vagen Hoffnung folgend, die Treppe nach oben zu finden.
Ein letzter Blick über die Schulter zeigt dir eine mit triumphierend hochgereckten Armen hysterisch lachend dastehende Mary Pearcey und den durch ein grell brennendes inneres Feuer verzehrten Körper der Todespriesterin.
Mary Ann Kelly erhebt sich in majestätischer Pose wie eine Königin aus der Wanne. Fesseln und Stirnreif zerfallen zu von Funken durchsetztem schwarzen Staub …
Dann wirst du von der Finsternis eingeatmet, davongerissen, vermutlich zerrissen, prallst mit Wucht gegen eine Wand und stürzt in unendlich tiefe Dunkelheit …
*Lies weiter bei **694***

717

Mary Pearcey lächelt dich an. »Du hast recht, Frede rick, wo bleiben meine Manieren. Ich darf doch Frederick sagen, nicht wahr? Immerhin bist du nicht das erste Mal zu Gast in meinem Haus.«
»Es ist mir gleich …«
»Die süße Mary Ann Kelly sollte dir bekannt sein. Eine ordinäre Hure aus Whitechapel und dennoch etwas Besonderes. Die Herren Doktoren Jekyll – ein überaus wandlungsfähiger Mensch – und Frankenstein – der es mit seinen magischen Händen und Elektrizität vermag, Totes in Lebendes zu verwandeln –auch. Mir gegenüber sitzt der bezaubernde Mister Grey, ein wahrer Gentleman und – ich kann's nicht anders benennen – unsterblich, aber das wirst du bald selbst begreifen. Zu meiner Linken …«, sie neigt den Kopf in

Richtung des Husaren, »Albert Victor, Lieutenant der 10th Royal Husars in Aldershot und Enkel Königin Victorias, Gönner unseres hier versammelten Kreises, dem Zirkel des Osiris. «
Also doch, fühlst du dich bestätigt und überrumpelt, dass die Verderbtheit bis ins Königshaus reicht. Ein Gefühl von Ekel schnürt dir die Kehle zu.
»Dahinter Doktor William Gull, Leibarzt des Königshauses, spezialisiert auf Nervenstörungen und deren Behandlung, wenn man den Zustand der Nekrose überwinden will.«
Dir wird allein ob ihrer Worte schwindelig. Honorierte Doktoren, Wissenschaftler, Menschen, die den Tod zu überwinden versuchen. Dazwischen die mysteriöse Pearcey und Mary Ann Kelly, die sich mit vom Alkohol geröteten Wangen in der Rolle des Opferlamms wiederfindet. Eins wird dir schlagartig klar: Sie alle beabsichtigen, Gott zu spielen!
»Miss Kelly, ich biete Ihnen die Chance, dieser Mörderbande zu entkommen!«: Lies weiter bei ***523***
»Miss Pearcey, reden wir allein. Unter vier Augen.«: Lies weiter bei ***573***
»Es wird Zeit, dass jemand ihrem Treiben ein Ende setzt!«: Lies weiter bei ***623***
Du gehst zum Tisch und nimmst Platz. »Was ist der Zirkel des Osiris? Und vor allem, was habe ich damit zu tun?«: Lies weiter bei ***673***

718

Du bäumst dich unter der Gewalt des Stroms auf, sodass deine Gelenke fürchterlich knacken. Das Kreischen aus dem Sarkophag ändert seine Tonlage, wird lauter, durchdringender.
Wie Nägel auf rostigem Metall …
Albert Victor blickt in das Grabgefäß, reißt die Augen auf. Blut schießt ihm aus Nase, Ohren, Augen und Mund, bis er von einer unsichtbaren Faust getroffen in die allesverschlingende Finsternis geschleudert wird, welche die Anwesenden, den Sarkophag, die Wanne und Frankensteins Apparatur nun umgibt. Diese Finsternis hat sich verdichtet, ist undurchdringlich geworden, sodass du weder Treppe noch Wände sehen kannst. Körper winden sich in der Dunkelheit, die rauschend ist wie das Flattern von Tausend ledernen

Flügeln. Das brennende Hausmädchen kniet in sich zusammengesunken. Fett verbrennt zischend, Knochen bersten knallend unter der Hitze, die unerträglich geworden ist.
Frankenstein stöhnt, versucht noch, seine Höllenmaschine auszuschalten, doch die jagt – von einer grausamen Macht getrieben – weiterhin Strom durch die Leitungen. Er rauft sich die Haare und flieht in die Dunkelheit, die ihn hungrig verschluckt und in der er anfängt, grässlich zu schreien.
Im Zenit des verbliebenen Lichts steht Mary Pearcey, aufrecht und unbeugsam wie eine Königin. Blut rinnt aus ihrer Nase, den Ohren und Augen, was ihr Antlitz aufs Widerwärtigste verzerrt. Es tropft auf ihr helles Gewand, zeichnet aufblühende rote Muster des Wahnsinns.
Die Luft ist erfüllt von funkenknisterndem, schwarzem Rauch. Darin eingehüllt erhebt sich die in zerfallene, schmutzig-graue Binden gewickelte Todespriesterin *Sat-nesu-en-chetef* mit ungelenken Bewegungen aus dem Sarkophag. Ein schreckliches Knacken geht von ihren Knochen und dem alten Fleisch aus, nach Tausenden Jahren das erste Mal wieder bewegt.
Die Binden verhüllen sie nur an wenigen Stellen, an anderen zerfallen sie zu Staub, den der schwarze Rauch dankbar aufnimmt. Orangerotes Feuer glimmt in ihren Augen. Die Haut ist schmutzig, wie von Ruß beschmiert. Grün angelaufener Schmuck schlingt sich Schlangen gleich um Hand- und Fußgelenke wie auch weitaus üppiger um ihren Hals, umgeben von Grünspan, der auf die Haut übergegangen ist. Sie ist ohne Frage dürr, aber nicht im Geringsten so, wie du eine Mumie erwartet hättest. Ihr rabenschwarzes, strähniges Haar fällt ihr bis zu den mageren Hüften.
Wie ein Nachtmahr klettert sie auf den Rand des Sarkophags, in der Hocke, sich am Rand mit dürren, von Ringen geschmückten Fingern festhaltend, die in unglaublich langen Fingernägeln enden. Aus ihrem schmalen Rücken ragen die Kabel, die ihr die Männer ins ausgetrocknete Fleisch gerammt haben. Die Elektrizität hat sie ohne Zweifel ins Leben zurückgeholt, die Stromschläge ihre Muskeln reanimiert.
Wie ein toter Frosch, den man an eine Batterie anschließt, bis sich seine Schenkel bewegen …

Eine Erkenntnis überrollt dich wie eine eiskalte Woge in der Bucht von London.
Sie war niemals tot, hat nur geschlafen, auf den Moment gewartet, in dem sie jemand erweckt …
»Lugal Osiris mu ge – lugal Osiris e bad insig. Duma sag an-ak *Kiskil-Lilla*, kur til se …«, krächzt es wie zermahlenes Glas aus ihrer staubtrockenen Kehle.
Unsichtbare Kräfte heben dich – dein Körper gespannt wie eine Bogensehne – über das Gitter, dass du befürchtest, dein Rückgrat könnte brechen. Der neue Schmerz wirkt wohltuend, die elektrischen Schläge sind es nicht.
Sat-nesu-en-chetefs Körper beginnt von innen heraus zu glühen. Elektrische Wellen schießen funkensprühend und knisternd die Kabel entlang in dich hinein. Flüssiges Kupfer ergießt sich über dein gepeinigtes Fleisch, dass du mit den Zähnen knirschst und deine Augäpfel aus den Höhlen zu springen drohen. Dann kriecht etwas durch den glühend heißen Stirnreif in deinen Geist …
Ich bin gekommen, um deine Seele zu fressen …
Lies weiter bei ***594***

719

Getrieben von Wut und Hass richtest du den Revolver auf Hydes Gesicht, der dir mit unbeholfenen Bewegungen entgegenstürzt. Du willst sichergehen, lässt ihn kommen und drückst ab.
Klick!
Noch einmal!
Bäm!
Der Knall zerreißt die Luft, eine Stichflamme schießt aus dem kurzen Lauf. Die Kugel hämmert in Hydes wulstige Stirn, durchschlägt diese mit ungeheurer Wucht, um am Hinterkopf wieder auszutreten. Knochen, Haut und Haar lösen sich und werden als blutiges Bruchstück durch den Raum geschleudert, derweil Hyde aus vollem Lauf zusammenbricht und dir direkt mit dem Gesicht nach unten vor die Füße knallt. Das Loch in seinem Hinterkopf klafft groß, offenbart graue, qualmende Hirnmasse.
Irreparabel …

Die Erinnerung an die Nacht im Leichenkeller des Arbeiterkrankenhauses, in der du fast gestorben wärst, erwächst mit ungebremster Wucht. Dein Ritt auf der Schwelle des Todes. Getrieben davon stellst du dich über ihn und schießt ihm ein weiteres Mal in den Kopf, der zerplatzt wie eine überreife Melone. »Hättest gut daran getan, mich damals umzubringen, Bastard!«

Heißes Blut ergießt sich auf deine Schuhe, garniert mit Knochensplittern und blutgetränktem Haar. Grimmig streckst du die Hand mit der Waffe aus und zielst auf die Pearcey. »Jetzt sind Sie an der Reihe!«

Der Schlag auf den Hinterkopf kommt unerwartet. Grelles Licht explodiert vor deinen Augen. Der zweite trifft dich in den Nieren, lässt dich straucheln und schmerzerfüllt stöhnen. Eine schwielige Männerhand legt sich um deinen Hals, eine weitere dreht dir den Arm mit dem Revolver auf den Rücken und entwaffnet dich.

»Etwas früher wäre angenehm gewesen, Mister Netley«, stellt Mary Pearcey mit eiskalter Stimme fest.

Netley, der Kutscher, treibt dich weiter, um …

*Lies weiter bei **697***

720

Ächzend stemmen die Männer die schwere Platte vom Sarkophag, die polternd niederfällt und zerbricht.

»Mächtiger Osiris, Herrscher des Totenreichs, nimm das Gedärm der *Sat-nesu-en-chetef* aus der Schakal-Kanope Kebechsenuef«, dröhnt Mary Pearceys Stimme erneut durch die von Finsternis erfüllte Kuppel. Ein Ächzen und Stöhnen geht durch Boden und Wände, als würde sich eine gigantische Macht dagegenstemmen.

Das Hausmädchen schließt die Augen, keucht ein hektisches »für Osiris« und gießt sich das lodernde Öl über den Kopf. Mit einer grellen Stichflamme entzünden sich Körper und Kanope, dass es dir heiß entgegenschlägt. Mary Pearceys Gesicht nimmt im Feuerschein einen diabolischen Zug an, die sehnigen Arme in fanatisch beschwörender Geste hoch erhoben.

Grey und Albert Victor werfen die Brecheisen weg und nehmen zwei auf dem Boden zusammengerollte Kabel, die sie ins Innere des Sarkophags rammen, wohin, kannst du nicht sehen.

»Was habe ich nur getan?«, stöhnt Frankenstein an seiner Apparatur, zögert aber nicht, den finalen Schalter umzulegen. Der Kasten sprüht Funken, knistert, an einigen Stellen lodern blau brennende Flammen, welche die Isolation der Kabel fressen.
»Erwache, *Sat-nesu-en-chetef*, erhebe dich aus deinem ewigen Schlaf!«, ruft die Pearcey aus und reckt die Hände beschwörend nach oben, als wäre es ein Gebet.
Ein Geräusch wie von Nägeln, die über Glas gezogen werden, kreischt aus dem Sarkophag, getragen von schwarzgrauem Rauch, durchsetzt von orangeroten, knisternden Funken. Ist das eine dürre, dunkle Hand, die über den Rand des Grabgefäßes greift?
Frankenstein hat Zweifel, er steht ihm Zwiespalt mit sich selbst, analysierst du die Worte, die du eben von ihm gehört hast. Der Augenblick des Handelns ist gekommen, nur er steht dir noch im Weg!
*»Schalten Sie ab, wenn Sie Schlimmeres verhindern wollen. Ich weiß, sie sind kein Mörder!« (Probe **Überzeugen**): Lies weiter bei **542***
*»Frankenstein, ich flehe Sie an, begreifen Sie denn nicht, was hier vor sich geht? Dass Sie ein Monster beschwören, das Böses beabsichtigt?« (Probe **Empathie**): Lies weiter bei **592***

721

*Probe **Empathie** gegen **Contra-Skill 5**.*
*Wenn du unterliegst: Lies weiter bei **727***
*Wenn du obsiegst: Lies weiter bei **556***

722

Von Enttäuschung getrieben schlägst du Mary Ann Kelly das Beil in die Stirn. Mit einem fürchterlichen Geräusch dringt es in ihren Schädel ein, spaltet, was sich hinderlich im Weg zu ihrem Gehirn befindet.
Die Irin stößt einen überraschten Seufzer aus, verdreht die Augen und kippt zuckend nach hinten, direkt auf das Gitter in der Wanne. Das Beil entgleitet deinen Fingern, denn es steckt im Schädelknochen fest. Die Gegner sind zu zahlreich, die Finsternis um Mary Pearcey zu verdichtet, um sie anzugreifen. Stattdessen stürzt du dich auf die Apparatur von Frankenstein, um sie zu zerstören.
*Probe **Geschick**: Lies weiter bei **640***

723 Du wirfst dich mit deinem vollen Gewicht zurück und trittst dem Angreifer auf den Fuß, was ihn aus dem Gleichgewicht bringt. Grunzend löst er seinen Griff und stürzt rücklings auf die Stufen, nicht jedoch, ohne zuvor die Kordel des Sacks fester zuzuziehen, die sich um deinen Hals legt wie eine Henkersschlinge.
*Probe **Geschick**: Lies weiter bei **554***

724 Du schaffst es nicht, das Schloss der Hintertür zu knacken.
*Du läutest an der Türglocke: Lies weiter bei **685***
Du gehst zurück in die Sackgasse an der Ecke Flowers and Dean und Osborn Street, um …
*… es an der Vordertür zu versuchen: Lies weiter bei **681***
*… durchs Nachbarhaus übers Dach einzusteigen: Lies weiter bei **557***

725 Dein Blick streift über die erhitzten Gesichter. Einige sind dir bekannt. Doktor Jekyll und ebenso Doktor Frankenstein, der junge – etwas blasse – Arzt aus Deutschland. Andere hast du nie zuvor gesehen. Den kränklich wirkenden jungen Offizier in der Uniform der Royal Husars zum Beispiel, der zu Mary Pearceys Linker in verkrampft steifer Haltung sitzt. Sein Gesicht wirkt müde, der Schnauzbart mit den nach oben gezwirbelten Enden ist gewachst.
Ein Adliger, schießt dir eine düstere Erkenntnis durch den Kopf, die eine Vorahnung bestätigt.
Hinter ihm – es wirkt, als würde er den jungen Offizier bewachen oder als wäre er zumindest für ihn verantwortlich – ein gewichtiger Mann von hohem Alter, glattrasiert und korrekt gekleidet. Die Daumen in die Westentaschen eingehakt, wirkt er imposant. Sein stechender Blick seziert dich aufs Unangenehmste.
Und dann ist da noch ein erdrückend hübscher Schnösel. In einem schmucken dunkelgrauen Anzug sitzt er der Pearcey gegenüber. Sein glattrasiertes Gesicht ist schmal, zeigt eine vornehme Blässe, die Haare gescheitelt, aber in einer gewagten Länge, sodass es ihm einen Hauch von Verwegenheit verleiht.

Es gibt kein Zurück mehr, also betrittst du den Raum, in dessen Kamin ein wahres Höllenfeuer prasselt, das flackernde Schatten auf die Gesichter der Anwesenden wirft. Die Tür als Fluchtmöglichkeit im Rücken, hast du noch immer deine Waffe, mit der du dich zur Wehr setzen kannst.

»Hätten Sie die Güte, mir die illustre Gesellschaft vorzustellen?«

*Als Ada Wilson: Lies weiter bei **701***

*Als Frederik Abberline: Lies weiter bei **717***

726

Du kannst das Schloss der unscheinbaren Tür nicht öffnen.

Du gehst …

*… zur Küchentür: Lies weiter bei **613***

*… zurück, um den Salon zu betreten: Lies weiter bei **655***

*… zurück, um zur Kellertür zu gehen: Lies weiter bei **605***

727

Die Umstehenden versammeln sich hinter dir, sodass dir der Raum eng erscheint. Unangenehm eng …

»Es ist an der Zeit, mit dem Ritual zu beginnen. Doch zuvor will ich dir erzählen, wie es zum Zirkel des Osiris kam.« Mary Pearcey steht auf, geht zum Bücherregal und zieht ein kleines, in schwarzes Leder gebundenes Buch hervor. Ihre Bewegungen haben etwas Geisterhaftes, Unwirkliches. Sie umgibt eine finstere Aura, die das pure Böse atmet, zugleich jedoch Faszination und Begierde weckt, denn sie ist alles andere als abstoßend.

Sie legt das Büchlein vor dich hin. »Wir leben in einer Zeit des Wandels. Die alte Gesellschaft zerfällt zu Staub, gebiert Orte wie Whitechapel, die lebensverachtender nicht sein könnten. Alles ist krank, desolat, versinkt im Dreck einer nie dagewesenen menschenfressenden Maschinerie, die für nichts anderes als den Tod steht. Und der Tod ist es, der mich schon als Kind faszinierte. Er umgab mich wie eine Haut, die ich nicht abzustreifen vermochte. Geliebte Menschen um mich herum wurden krank und starben, weit bevor sie das Alter dazu erreicht hatten. Wo ich ging, breiteten sich Krankheit und Seuche aus. Neid, Missgunst und Hass wurden zu meinen Begleitern …«

»Also sind Sie krank, wollen Sie mir das damit sagen?«, stellst du eine eher rhetorische Frage.
Mary Pearcey tritt hinter dich und legt dir ihre schlanken, langen Hände auf die Schultern. Sie verströmt einen betörenden Duft nach frischen Rosen, wie man sie oft auf Gräbern findet. »Es ist ein Fluch, der auf mir lastet. Den ich ausatme und mit dem ich die Luft verpeste und alles, was ich berühre. Mein Mann – Osiris sei seiner Seele gnädig –, dem ich all das verdanke, hat nie verstanden, weshalb ich nach dem Schlüssel des Todes suchte. Das Schicksal führte uns eines Tages nach Ägypten, ins Land der Pyramiden, wo der Tod allgegenwärtig ist. Und dort sollte sich sein Schicksal erfüllen und ich die Bestimmung finden, nach der ich mein Leben lang gesucht hatte …«
Sie beugt sich nach vorn, sodass dich ihre Brüste elektrisierend streifen, und schlägt das Büchlein auf. Es ist ein Tagebuch, und das Datum, das du lesen kannst, ist der 8. August 1886. »Lies, damit du verstehst …«
Du beginnst eine selbstzerstörerische Art von Verständnis für Mary Pearcey zu entwickeln. Oder ist es gar Zuneigung, wenn nicht Begierde, die dich zu ihr hinzieht? »Ich will es verstehen, ich will *Sie* verstehen!«
*Lies jetzt den **Anhang: Sat-nesu-en-chetef** und lies danach weiter bei **704***

728

Es braucht nicht lang, um die Church Street zu erreichen und in die schmale Gasse einzutauchen, die zu dem engen, mit verschimmelten Möbeln vollgestellten Hinterhof führt. Dir fällt auf, dass auf den Straßen ein regelrechtes Gedränge herrscht. Pseudodetektive schnüffeln herum, eine panisch gebildete Bürgerwehr aus Leuten, die nicht aus Whitechapel stammen, hat sich plakativ an den Ecken unter den Gaslaternen postiert, um mit argwöhnischen Blicken die vorbeieilenden Passanten zu mustern. Lynchmob, fällt dir dazu ein. Ein jeder ist verdächtig.
Der aufkommende Nebel wird zu deinem Freund, derweil du dich durch die Möbelberge zwängst. Dir scheint, als hätte Mary Pearcey ihr Haus entrümpelt, um es neu einzurichten. Oder – was wohl

wahrscheinlicher ist – sie hat Platz für etwas vollkommen anderes geschaffen, für das es besser keinen Namen geben sollte. *Monster …*
Drei mit Algen und Moos bedeckte Stufen führen zu der Tür, deren Holz verwittert und nass ist. Daneben hängt eine rostige Glocke. Die Fenster des Hauses sind finstere Augen, die Scheiben stumpf.
Du versuchst, die Tür aufzubrechen (Probe ***Geschick****): Lies weiter bei* ***635***
Du läutest frech an der Glocke: Lies weiter bei ***685***

729

Du ergreifst das Buch, springst derart impulsiv auf, dass dein Stuhl umkippt und du Mary Pearcey dabei von dir stößt, drehst dich um und schleuderst das Buch in den lodernden Kamin. »Ich werde keinen Anteil an Ihrem Wahnsinn haben, und wenn ich dafür sterben muss!«
Fauchend gehen die Seiten in Flammen auf, gerade so, als wären sie in Petroleum getränkt. Mary Pearcey kreischt wütend auf und stürzt zum Feuer. »Bist du wahnsinnig? Die Aufzeichnungen, sie verbrennen!«
Du siehst dich von hasserfüllten Gesichtern umringt. Selbst das von Mister Grey glüht vor Zorn. »Das war ein Fehler«, zischt er dir zu.
»Das sehe ich anders«, rufst du aus und wirfst dich ihm mit geballten Fäusten entgegen.
Wollen wir doch mal sehen, ob sein schönes Gesicht das einstecken kann …
»Stopp!«, donnert Mary Pearceys Stimme über das entstandene Handgemenge hinweg.
Probe ***Auftreten****: Lies weiter bei* ***528***

730

Die Tür ist klein und schmal, der Griff mit etwas Klebrigem bedeckt, das sich anfühlt wie Sirup. Leise knarrend, aber dennoch laut genug, um Tote zu erwecken, ziehst du sie auf. Modrig feuchte Luft schlägt dir entgegen, trägt den süßlich schweren Pesthauch fortgeschrittener Verwesung mit sich. Die Treppe, die nach unten führt, ist steil und schmal. Der gelbe Schein deiner Lampe vermag ihr Ende nicht der Finsternis zu entreißen.

Du steigst die Stufen nach unten: Lies weiter bei ***609***
Du schließt die Tür wieder und gehst die Treppe nach oben: Lies weiter bei ***559***

731

Probe ***Geschick*** *gegen* ***Contra-Skill*** *4.*
Wenn du unterliegst: Lies weiter bei ***652***
Wenn du obsiegst: Lies weiter bei ***560***

732

Brüllend stürzt ihr einander entgegen. Du hebst die Pistole, drückst ab, doch nichts geschieht. Kein donnernder Schuss, keine Funken aus dem Lauf, vor allem aber keine Kugel, die sich zwischen die Augen des Angreifers bohrt.
Der Hüne schwingt das dreckige Beil. Sein Schlag beschreibt einen nach unten geführten Halbkreis, du springst zur Seite, doch nicht schnell genug, und schleuderst ihm den Revolver ins Gesicht, dass die flache Nase mit lautem Knacken bricht.
Das Hackbeil geht mit brachialer Gewalt auf deinen Scheitel nieder und teilt dir den Kopf bis zur Nasenwurzel. Grellweißer Schmerz durchzuckt als gebündeltes Licht dein gespaltenes Hirn, als er dich mit seiner riesigen Hand am Hals packt, neben der verstümmelten Frau auf den Tisch knallt und dir mit einem einzigen Schlag den Kopf unterhalb der Nase abschlägt.
Decke, Raum und Monster wirbeln vor deinen Augen, unscharf, verzerrt, in surrealen Farben. Dann – nur Augenblicke später – bist du tot. Zerhackt. Zerkleinert. Filetiert …

ENDE

733

Es geht ums nackte Überleben. Du trittst dem Offizier auf den Spann, der wie ein geschlagener Hund aufheult und seinen Griff lockert. Dies gibt dir den benötigten Raum, um dich loszureißen und die geballte Faust in Greys Magengrube zu versenken, der sich keuchend zusammenkrümmt und dich loslässt.
Ich brauche eine Waffe!
Entschlossen stürzt du auf den Leibarzt der Königin zu, wo sich das glänzende Werkzeug befindet!

Du willst Gull niederschlagen (Probe ***Nahkampf****): Lies weiter bei* ***612***
Du versuchst, ihn zu überwältigen (Probe ***Überwältigen****): Lies weiter bei* ***662***

734 Das Fenster beugt sich leise splitternd deinen Bemühungen. Du schlüpfst in Mary Pearceys finsteren Dachboden und siehst dich von Schatten umringt, die auf dich eindringen wollen. Gestalten, die nur aus vagen Umrissen bestehen. Keuchend vor Erschöpfung, nass wie ein Hund, aber vor allem getrieben von Furcht ziehst du deine Lampe aus der Tasche und zündest sie an, bereit, dich jedes nur denkbaren Angriffs zu erwehren. Die Flamme entreißt den Dachboden der Finsternis. Du atmest erleichtert auf, weil die Schatten nur Puppen sind, die jemand hier oben – aus welch obskuren Grund auch immer – in Gruppen zusammengestellt hat, sodass sie einen Kreis bilden und auf etwas zu warten scheinen.
Auf mich?
Blödsinn! Keiner weiß, dass ich komme!
Oder doch?
Die Pearcey hat dir die Tarotkarten gelegt, aus dir gelesen wie aus einem offenen Buch. Warum also sollte sie es nicht wissen?
Durch die staubigen, teils mit Spinnweben verhangenen Puppen bahnst du dir den Weg zu einem vagen Lichtschein, der eine schmale, steile Treppe ist, die hinab ins Haus führt. Leise und auf alles gefasst steigst du hinab …
Lies weiter bei ***631***

735 *Probe* ***Geschick*** *gegen* ***Contra-Skill 6****.*
Wenn du unterliegst: Lies weiter bei ***614***
Wenn du obsiegst: Lies weiter bei ***664***

736 Mary Ann Kelly sieht dich überrascht an. »Mich retten? Hast du den Verstand verloren? Das ist doch nur ein Spiel, verstehst du? Eine Posse, um, na du weißt schon, wohin das führt!«
Mary Pearcey legt besitzergreifend die Hand auf Mary Anns auf dem Tisch ruhenden Arm. »Mary Ann ist genau dort, wo sie sein

soll. Inmitten des Zirkels des Osiris. Und du – Ada Wilson – wirst ebenfalls ein Teil von uns werden!«
»Miss Pearcey, ich würde Sie gern allein sprechen. Unter vier Augen!« (Sofern du das noch nicht gesagt hast.): Lies weiter bei ***565***
»Das ist sie also, die feige Mördergesellschaft! Aber damit hat es jetzt ein Ende!«: Lies weiter bei ***615***
Du gehst zum Tisch und nimmst dreist Platz. »Der Zirkel des Osiris? Was ist das, und vor allem, was habe ich damit zu tun?«: Lies weiter bei ***673***

737

Noch während du losstürzt, stemmen die Männer die schwere Platte vom Sarkophag, die polternd niederfällt und zerbricht.
»Mächtiger Osiris, Herrscher des Totenreichs, nimm das Gedärm der *Sat-nesu-en-chetef* aus der Schakal-Kanope Kebechsenuef«, dröhnt Mary Pearceys Stimme durch die von Finsternis erfüllte Kuppel. Ein Ächzen und Stöhnen geht durch Boden und Wände, als würde sich eine gigantische Macht dagegenstemmen.
Du hast das Hausmädchen schon gepackt, als sie ein hektisches »für Osiris« keucht und sich das lodernde Öl über den Kopf gießt. Mit einer grellen Stichflamme entzünden sich Körper und Kanope, dass es dir heiß entgegenschlägt und du zurückweichen musst.
Mary Pearceys Gesicht nimmt im Feuerschein einen diabolischen Zug an, die sehnigen Arme in fanatisch beschwörender Geste hoch erhoben. Grey und Albert Victor werfen die Brecheisen weg und nehmen zwei auf dem Boden zusammengerollte Kabel, die sie ins Innere des Sarkophags rammen, wohin, kannst du nicht sehen.
»Was habe ich nur getan?«, stöhnt Frankenstein, zögert jedoch nicht, den finalen Schalter umzulegen. Der Kasten sprüht Funken, knistert, an einigen Stellen lodern blaue Flammen, welche die Isolation der Kabel fressen.
»Erwache, *Sat-nesu-en-chetef*, erhebe dich aus deinem ewigen Schlaf!«, ruft die Pearcey aus und reckt die Hände mit dem Dolch beschwörend nach oben, als wäre es ein Gebet.
Ein Kreischen wie von Nägeln, die über Glas gezogen werden, klingt aus dem Sarkophag, getragen von schwarzgrauem Rauch, durchsetzt

von orangeroten, knisternden Funken. Ist das eine dürre, dunkle Hand, die über den Rand des Grabgefäßes greift?
Frankenstein hat Zweifel, er steht ihm Zwiespalt mit sich selbst, analysierst du die Worte, die du eben von ihm gehört hast.
»Frankenstein! Besinnen Sie sich aufs Leben! Sie nutzt ihr Wissen, ihre Kunst aus, um Böses zu erschaffen. Ich kann darin nichts Gutes erkennen!«, rufst du ihm zu.
Das Undenkbare geschieht. Der Arzt sieht dich an, als wäre er eben aus einem Traum erwacht. Dein – wenn auch gescheiterter – Versuch, das Hausmädchen davon abzuhalten, sich mit dem Öl zu übergießen, hat ihn an seine eigene Menschlichkeit erinnert. »Sie haben recht. Ich habe mich blenden lassen, mich in Besessenheit, Leben erschaffen zu wollen, geflüchtet. Doch das hier ist das genaue Gegenteil davon.«
Doktor Frankenstein reicht dir die Hand. »Beenden wir das Grauen gemeinsam!«
*Lies weiter bei **544***

738

Mary Pearcey zieht die Karte der Herrscherin, dreht diese auf den Kopf, und schiebt sie dir zu. »Ihre Attribute sind Abhängigkeit, Blockiertheit, Neid und Kälte. Sie lebt in Wohlstand und hat alles zum Überfluss, den sie offen zur Schau stellt. Es besteht eine starke Verbindung zur Venus, der Göttin der Liebe, Fruchtbarkeit, Schönheit und Anmut. Umgekehrt jedoch deutet es auf eine geistige oder emotionale Blockade hin, also etwas, das sie hemmt. Kreativität und Schöpferkraft versiegen, aber auch das ist ein vorübergehender Zustand, der sich durch ein einschneidendes Lebensereignis lösen kann!«
Mary Pearcey lächelt in sich hinein.
»Es ist sicherlich nicht leicht, eine Herrscherin zu sein. Aber es hilft ungemein, wenn man etwas erreichen will. Die Frage ist nur, bist Du bereit, alles dafür zu tun? Was soll ich für dich sein, die Teufelin oder die Hohepriesterin?«
*»Die Teufelin!«: Lies weiter bei **671***
*»Die Hohepriesterin!«: Lies weiter bei **571***
*»Nichts dergleichen!«: Lies weiter bei **621***

739 Die Finsternis hat dich in die kalt-nebligen Gassen von Whitechapel zurückgespuckt. Verwirrt irrst du durch die Straßen, vorbei an Säufern und Huren, einen Bogen um die angelaufenen Glastüren der Tavernen machend, auch wenn sie Wärme und eine trügerische Art von Geborgenheit versprechen.
Mary Pearcey ist tot und der Zirkel des Osiris ist zerschlagen. Doch was ist aus Albert Victor geworden, der seine perversen Gelüste mit dem Messer auslebte, was aus den schönen Dorian Grey? Hat der deutsche Doktor Frankenstein überlebt?
Du hoffst von ganzem Herzen, dem grausamen Morden in Whitechapel ein Ende bereitet zu haben, doch sicher sein kannst du dir nicht.
Der Wind weht dir eine Zeitung vor die Füße, die sich wie eine Umarmung um deine Beine wickelt. Du bückst dich nach dem Blatt, nimmst es auf und streichst es glatt. Die Ausgabe der deutschen Zeitung trägt das Datum des *11. November.*
Das kann doch nicht sein. Wo sind all die Tage hin?
Verwundert stellst du fest, dass sich jemand die Mühe gemacht hat, Zeile um Zeile mit Kohlestift ins Englische zu übersetzen.
Die Schlagzeile schreit dir MORD ins Gesicht. Entsetzt taumelst du gegen die feuchte Backsteinwand, rutschst daran herunter, verknüllst das Blatt und wirfst es in den Rinnstein. Sie haben Mary Ann Kelly ein letztes Mal ausgeschlachtet …
Lies weiter bei ***668***

740 »Ich wäre bereit, alles zu vergessen, es gut sein zu lassen, ich würde London sogar für immer verlassen, nur bitte, lassen Sie mich gehen«, flehst du Mary Pearcey an. Ob aus Feigheit, Angst oder echten Gründen, ist dir in diesem Augenblick nicht bewusst, wohl aber, dass du um dein Leben feilschst.
»Schafft das Lamm in die Wanne, es ist genug der Worte!«, donnert die Pearcey gereizt. Und die Männer sind willens, ihrer Forderung auf der Stelle nachzukommen. Dir wird klar, dass Worte hier unten keine Macht mehr haben, Gewalt hingegen schon!
Du setzt dich zur Wehr: Lies weiter bei ***733***
Du ergibst dich in dein Schicksal: Lies weiter bei ***650***

ANHÄNGE

Anhang: Dear Boss

Dear Boss,

Mir kommt ständig zu Ohren, die Polizei hätte mich geschnappt, aber dem ist nicht so. Ihr werdet mich nicht erwischen.

Ich habe gelacht, wenn sie so schlau aussehen und darüber reden, sie wären auf der richtigen Spur. Dieser Witz über Leather Apron hat mich erst recht zum Lachen gebracht.

Ich bin hinter Huren her und werde nicht aufhören, sie aufzuschlitzen, bis ich geschnappt werde. Der letzte Job war großartige Arbeit. Ich habe der Dame keine Zeit zum Kreischen gelassen. Wie können sie mich da schnappen? Ich liebe meine Arbeit und will weitermachen. Sie werden bald von mir und meinen komischen Spielchen hören.

Ich habe etwas von dem roten Zeug vom letzten Job in einer Ginger Bierflasche aufbewahrt, um damit zu schreiben, aber es wurde dick wie Kleister und ich kann es nicht mehr benutzen. Rote Tinte tuts auch, hoffe ich, haha.

Beim nächsten Mal schneide ich die Ohren der Dame ab und schicke sie den Polizisten, nur so zum Spaß, das würden sie doch auch tun, oder?

Halten Sie diesen Brief zurück, bis ich noch ein bisschen mehr gearbeitet habe, dann geben sie ihn sofort heraus. Mein Messer ist so schön und scharf, ich möchte gleich wieder an die Arbeit gehen, wenn sich die Gelegenheit für mich bietet.

Viel Glück. Ihr ergebener

Jack The Ripper

(Macht ihnen doch nichts aus, mir diesen Markennamen zu geben)

PS: Hab's leider nicht geschafft, den Brief zu verschicken, bevor ich die rote Tinte von meinen Händen hatte. Verdammt. Kein Glück bisher. Nun sagen sie, ich wäre ein Arzt. Haha.

Die Abschrift des Originals:

Dear Boss, 25. Sept. 1888

I keep on hearing the police have caught me but they won't fix me just yet. I have laughed when they look so clever and talk about being on the right track. That joke about Leather Apron gave me real fits. I am down on whores and I shan't quit ripping them till I do get buckled. Grand work the last job was. I gave the lady no time to squeal. How can they catch me now. I love my work and want to start again. You will soon hear of me with my funny little games.

I saved some of the proper red stuff in a ginger beer bottle over the last job to write with but it went thick like glue and I can't use it. Red ink is fit enough I hope ha. ha.

The next job I do I shall clip the lady's ears off and send to the police officers just for jolly wouldn't you. Keep this letter back till I do a bit more work, then give it out straight. My knife's so nice and sharp I want to get to work right away if I get a chance.

Good Luck. Yours truly

Jack the Ripper

Don't mind me giving the trade name

PS Wasn't good enough to post this before I got all the red ink off my hands curse it. No luck yet. They say I'm a doctor now. ha ha

Kehre zu dem Abschnitt zurück, von dem du gekommen bist!

Anhang: Saucy Jack

Ich habe keine Witze gemacht, lieber alter Boss, als ich Ihnen den Hinweis gab. Sie werden morgen von Saucy Jacky's Arbeit hören. Dieses Mal Doppelereignis. Nummer Eins hat etwas gequiekt. Konnte nicht richtig fertig werden. Hatte keine Zeit, die Ohren für die Polizei zu besorgen.
Vielen Dank, dass sie den letzten Brief zurückgehalten haben, bis ich wieder an die Arbeit gehen konnte.

Jack the Ripper

Die Abschrift des Originals:

I was not codding dear old Boss when I gave you the tip. You'll hear about Saucy Jacky's work tomorrow. Double event this time. Number one squealed a bit. Couldn't finish straight off. Had not time to get ears for police.
Thanks for keeping last letter back till I got to work again.

Jack the Ripper

Kehre zu dem Abschnitt zurück, von dem du gekommen bist!

Anhang: From Hell

Aus der Hölle
Mr. Lusk,
Sor
Ich schicke Ihnen die halbe Niere die ich aus einer Frau genommen und für sie konserviert habe. Das andere Stück habe ich gebraten und gegessen es war sehr gut. Vielleicht schicke ich Ihnen das blutige Messer mit dem ich sie herausnahm wenn sie nur noch etwas warten.

Gezeichnet
Fangen sie mich wenn sie können Mishter Lusk

Die Abschrift des Originals:

From hell.
Mr Lusk,
Sor
I send you half the Kidne I took from one women and prasarved it for you tother piece I fried and ate it was very nise. I may send you the bloody knif that took it out if you only wate a whil longer

signed
Catch me when you can Mishter Lusk

Kehre zu dem Abschnitt zurück, von dem du gekommen bist!

Anhang: The Graphic 01. September 1888

SIR CHARLES WARREN UND DIE POLIZEI.

Vielstimmiges Gerücht behauptet, dass bei der Metropolitan Police „irgendetwas nicht stimmt“. Dieses Mal, wie es vor einigen Jahren bereits der Fall war, werden die Oberinspektoren nicht verdächtigt, sich mit kriminellen Klassen verbündet zu haben. Weder noch ist ein taktloser Constable mit einer anständigen jungen Frau „zusammengestoßen“ und hat sich bemüht, ihrer Persönlichkeit mit schlimmen Flüchen zu schaden.
Die Frage, die im Moment im Raum steht, ist eine disziplinäre – man mag fast sagen, eine Frage der Unterordnung. Man behauptet, dass Sir Charles Warren viel zu viel Alleinherrschaft bei Scotland Yard zeigt; vergleicht man Sir Edmund Henderson während seiner letzten Regierungszeit mit König Log, weist sein Nachfolger eine große Ähnlichkeit mit König Stork auf. Ob dies nun der Fall ist oder nicht, die Öffentlichkeit wird zustimmen, dass von den beiden Commissionern die Stork-Variante besser den Anforderungen von Scotland Yard gerecht wird.
Niemand wird abstreiten, dass es eines starken Mannes bedarf, um die 14.000 Polizisten zu leiten, die ihre Befehle von Scotland Yard erhalten – eines Mannes mit starkem Eigenwillen und der Gabe, durch seine eigenen Augen zu sehen, anstatt die seiner Untergebenen. Aber derartige Männer haben gewöhnlich gewisse Nachteile; ihre Selbständigkeit führt sie oft in Beurteilungsfehler, die den Eindruck erwecken, als wären sie angespornt durch harte und herrische Impulse. Ohne Zweifel entspricht es der Wahrheit, dass man hier und da auf einen vorbildlichen Kommandanten trifft, dessen stählerne Hand sich niemals außerhalb der Samthandschuhe zeigt.

Wir zweifeln nicht, dass Lord Dufferin einen exzellenten Kommandanten der Metropolitan Police abgeben würde. Aber welcher Taktlosigkeit man Sir Charles Warren auch immer beschuldigt, so kann nicht von der Hand gewiesen werden, dass sich die Leistung des Polizeiapparats immens verbessert hat, seit er deren Leiter ist. Dass er im Zuge seiner Arbeit einigen Personen vor den Kopf gestoßen hat, ist gut möglich.
Ein Assistant-Commissioner hat seinen Rücktritt eingereicht, da er, so sagt man, nicht länger mit der Einmischung seines Vorgesetzten zurechtkam. Sollte dies der Fall sein, können wir nur bedauern, dass ein Gentleman, der zugunsten der Ordnung einen so nützlichen Dienst geleistet hat, derartig empfindlich ist.

Kehre zu dem Abschnitt zurück, von dem du gekommen bist!

Anhang: British Medical Journal 22. September 1888

DER MORD IN WHITECHAPEL

Doktor George Bagster Phillips gab einige bemerkenswerte Hinweise bei den schleppenden Nachforschungen bezüglich der Verstümmelungen am Körper der am 8. September im Hinterhof der Hanbury Street 29 gefundenen Mary Anne Chapman. Er vertritt die Meinung, dass die Länge der Waffe, welche sehr scharf gewesen sein muss, mindestens fünf oder sechs Inch, vermutlich länger, betragen muss.
Die Art und Weise, mit der das Messer geführt wurde, sagte er, weise auf einige anatomische Kenntnisse hin.
Die Berichte in der Tagespresse sind unvollständig. Es bleibt festzustellen, dass es sich bei den dem Körper entnommenen Teilen größtenteils um die Bauchdecke, inklusive Nabel; zwei Drittel der Blase (der hintere Teil und obere Teile); das obere Drittel der Vagina, ihre

Verbindung zur Gebärmutter, sowie die gesamte Gebärmutter handelt.

Kehre zu dem Abschnitt zurück, von dem du gekommen bist!

Anhang: The Graphic 29. September 1888

LEICHENSCHAU UND DIE VERBRECHENSAUFKLÄRUNG.

Im Fall der kürzlich verübten schrecklichen Morde in Whitechapel haben einige Personen unterstellt, dass der Gerichtshof des Coroners seine gesetzliche Funktion überschreitet, indem er eine nicht notwendige, ausgiebige Untersuchung abhält. Es gibt keinen Zweifel, dass diese Beschwerde bisweilen gerechtfertigt ist.
Wenn sich ein Gefangener, im Verdacht, den Mord begangen zu haben, in Gewahrsam befindet, ist es offenkundig sinnlos, obwohl die Vorgehensweise üblich genug ist, Tag für Tag die gleiche Aussage vor dem Magistrat und Richter machen zu lassen. In einem derartigen Fall hat der Gerichtshof des Coroners hinlänglich seine Aufgabe erledigt, wenn er die Todesursache geklärt hat und, wie Mr. Rowland treffend anmerkt, die Beweismittel eines Verbrechens, wenn eines existiert, sicherstellt.
Im Fall des Whitechapel-Blutbads allerdings war die Angelegenheit eine vollkommen andere. Niemand wurde verhaftet, für den genügend Beweismittel erbracht wurden, um seine Untersuchung in einem polizeilichen Gerichtshof zu bevollmächtigen. Deshalb hat der Gerichtshof des Coroners die einzige legal verfügbare Möglichkeit eingesetzt, um vereidigte Aussagen zu sammeln, die der Polizei auf der Suche nach dem Verbrecher von Nutzen sein konnten.
Im Hinblick auf die Handlungen der Polizei gibt es in einigen Vierteln eine Tendenz, die Effektivität un-

serer detektivischen Maßnahmen zu verhöhnen, da die Person oder die Personen, die sich für diese schrecklichen Verbrechen verantwortlich zeigen, immer noch auf freiem Fuß sind.
Bestimmt ist dies aber sehr unangemessen angesichts der Tatsache, dass die Polizisten Männer sind wie wir und keine übernatürlichen Fähigkeiten besitzen. Verbrecher, die der unmittelbaren Festnahme entkommen, werden üblicherweise letztendlich doch gefasst, weil es entweder eine vorherige Bekanntschaft mit ihrem Opfer gab oder weil sie versuchen, den erlangten Plunder loszuwerden. Aber solange man annahm - und nicht zu Unrecht -, dass der Whitechapel-Mörder von einer simplen Mordlust getrieben wurde, war klar, dass er, ohne einen brauchbaren Hinweis zu hinterlassen, entkommen konnte.
Die medizinischen Indizien hingegen werfen ein anderes Licht auf die Angelegenheit. Es scheint ziemlich sicher, dass diese verlassene Kreatur, Annie Chapman, aus gewinnsüchtigem Motiv ermordet wurde - ein Motiv, welches den Schurkereien ähnelt, in seiner Grausamkeit die Taten jedoch übersteigt, welche die berüchtigten Burke und Hare vor sechzig Jahren begingen.

Kehre zu dem Abschnitt zurück, von dem du gekommen bist!

Anhang: Allgemeine Zeitung München, 13. September 1888

London, 13. Sept.
Der unter dem Spitznamen „Lederschürze“ bekannte Mann, nach dem in Verbindung mit dem letzten Mord in Whitechapel gefahndet wurde, ist verhaftet worden. Ferner wurde in Gravesend ein verdächtiges Individuum dingfest gemacht; ob man aber den rechten Mann

hat, muss vorläufig dahingestellt bleiben. Die Polizei ist logischerweise mit ihren Mitteilungen der Presse gegenüber äußerst karg.

Kehre zu dem Abschnitt zurück, von dem du gekommen bist!

Anhang: Bericht 31. August 1888

Obduzierender Arzt: Doktor Henry Llewellyn

Anmerkung: Mit diesem Herren sei mit Bedacht umzugehen, da er nicht zum Kreis der Eingeweihten gehört und offiziell für das London-Hospital arbeitet. Dennoch konnte Doktor Jekyll darauf drängen, dass die Leiche ins Arbeiterkrankenhaus gebracht wurde.

Untersucht wurde der Leichnam der Mary Ann Nichols, geboren am 26. August 1845 als Mary Ann Walker in der Dean Street, London. Tochter von Edward, von Beruf Schlosser, und Caroline Walker.
Das Opfer hatte mit William Nichols fünf registrierte Kinder. Edward John (1866), Percy George (1868), Alice Esther (1870), Eliza Sarah (1877) und Henry Alfred (1879). Die Ehe brach – anzunehmend wegen der Trunksucht des Opfers – 1881 auseinander. Was aus den Kindern wurde, ist nicht bekannt.

Kleidung und Besitztümer:
Hier sei anzumerken, dass der Gesamteindruck schäbig und dreckig ist.
- schwarze Strohhaube, verziert mit gleichfarbigem Samt
- rotbrauner Ulster mit sieben großen Messingknöpfen (Gravur: Frau und Mann auf dem Rücken eines Pferdes)
- braunes Damenkleid

- weißes Unterhemd aus Flanell
- schwarze, gerippte Wollstrümpfe
- zwei Unterröcke. Einer aus grauer Wolle, der andere aus Flanell. Beide mit »Lambeth Arbeitshaus«-Einnähern.
- braunes, kurzes Korsett
- Unterhose aus Flanell
- Männerstiefel mit metallbeschlagenen Absätzen

Des Weiteren:
- Kamm
- weißes Taschentuch
- zerbrochenes Stück eines Spiegels

Bericht der Post-Mortem Untersuchung:
Anwesend waren die Doktoren Jekyll und Llewellyn.
Fünf Zähne fehlten und die Zunge hatte eine leichte Schnittwunde. Unterhalb des Kiefers auf der rechten Gesichtshälfte befand sich ein Bluterguss, der möglicherweise durch einen Faustschlag oder durch den Druck eines Daumens verursacht wurde. Auf der linken Gesichtshälfte ein weiterer Bluterguss, der ebenfalls durch Aufdrücken von Fingern entstanden sein könnte.
Auf der linken Seite des Halses, etwa 2,5 Zentimeter unter dem Kiefer, verlief vom Ohr ein länglicher Schnitt von 10 Zentimetern. Auf derselben Seite, nur etwa 1,5 Zentimeter darunter, ein kreisförmiger Schnitt bis 8 Zentimeter unter den rechten Kieferknochen. Dieser durchtrennte vollständig das Gewebe bis auf die Rückenwirbel.
Die Gefäße auf beiden Seiten des Halses wurden durchtrennt. Dieser Einschnitt war 20 Zentimeter lang und muss mit Gewalt sowie einem mäßig scharfen Messer mit langer Klinge ausgeführt worden sein.
Auf der linken Seite des Unterbauches findet sich eine gezackte, tiefe Wunde, die das Gewebe durchtrennte.

Einzelne Schnitte verliefen in wirrem Muster über den Unterleib. Drei oder vier auf der rechten Seite, alle verursacht mit einem Messer, das mit äußerster Brutalität abwärts geführt wurde. Die Schnitte führten von links nach rechts und könnten von einem Linkshänder ausgeführt worden sein. Alle Verletzungen wurden mit demselben Instrument zugefügt.

Nachtrag Inspektor Spratling vom 5. September 1888: Mary Ann Nichols Hals wurde von links nach rechts durchtrennt. Zwei ausgeprägte Schnittwunden befanden sich zudem auf der linken Seite des Halses. Die Luftröhre, Speiseröhre und das Rückenmark waren durchtrennt. Zwei Blutergüsse, verursacht durch den Abdruck eines Daumens, fand man auf dem rechten unteren Kiefer und auf der linken Wange. Der Unterleib wurde von der rechten Hüfte beginnend, über das Becken bis hin zur linken Seite des Magens aufgeschlitzt. Im letzten Abschnitt verlief die Wunde gezackt. Das Bauchfellnetz war an mehreren Stellen eingeschnitten und zwei kleine Einstiche in den Geschlechtsteilen erweckten in mir den Eindruck, als seien sie mit kräftiger Hand und einem langen Messer verursacht worden.

Kehre zu dem Abschnitt zurück, von dem du gekommen bist!

Anhang: Bericht 8. September 1888

Obduzierender Arzt: Doktor George Bagster Phillips

Untersucht wurde der Leichnam der Annie Chapman, geboren im September 1841 als Eliza Ann Smith. Geburtsort und Elternhaus sind unbekannt. 1869 heiratete sie den Kutscher John Chapman, von dem sie sich 1882 trennte.

Aus der glücklosen Ehe gingen drei registrierte Kinder hervor, Geburtsdaten unbekannt. Eine Tochter verstarb, eine andere soll sich in Frankreich aufhalten, ein Sohn lebt angeblich in einem Heim für Krüppel. Ihr Bruder, der keine weiteren Angaben dazu machen wollte, ist Brunnenschmied.

Kleidung und Besitztümer:
- langer, schwarzer, knielanger Mantel
- schwarzer Rock
- schwarzes Mieder
- ein zusätzliches Mieder
- zwei Unterröcke
- eine große, leere Tasche, getragen unter dem Rock und mit Schnüren um die Hüfte gebunden
- geschnürte Stiefel
- rot-weiß gestreifte Wollsocken
- weißes Halstuch mit breitem roten Rand, dreimal gefaltet und auf der Vorderseite des Halses geknotet

Des Weiteren:
- ein loses Stück Baumwolle
- ein kleiner Kamm
- ein weiterer Kamm, eingewickelt in eine Papierverpackung
- ein Stück von einem Briefumschlag mit zwei Tabletten. Der Umschlag trug das Siegel des Sussex Regiments. Der Stempel zeigte London, 28, Aug., 1888. Der Adressat beinhaltete den Buchstaben M, eine 2 und ein S. Anmerkung: Wir sollten Albert Victor anhalten, vorsichtiger zu sein.

Bericht vom Fundort der Leiche in der Hanbury Street, Spitalfields:
Der linke Arm lag über der linken Brust. Die Beine waren angezogen, die Füße am Boden und die Knie nach außen

gedreht. Das Gesicht war angeschwollen und auf die rechte Seite gedreht. Die Zunge war durch die Schneidezähne gestreckt, ging aber nicht über die Lippen hinaus. Die Zunge zwar angeschwollen. Die Schneidezähne sowie der erste obere und untere Backenzahn waren in tadellosem Zustand. Die Leiche hatte auffallend schöne Zähne. Der Körper war furchtbar verstümmelt. Die Leichenstarre stand aber unmittelbar bevor.
Die Kehle war tief durchtrennt. Der Schnitt durch die Haut war gezackt und reichte bis zum Nacken. Auf dem Lattenzaun im Hinterhof war Blut, entsprechend der Stelle, wo der Kopf lag, verschmiert. Etwa 36 Zentimeter über Bodenhöhe, direkt dort wo die Blutlache vom Hals war.
Ich gehe davon aus, dass das Instrument mit dem die Wunden am Hals und Unterleib verursacht wurden, dasselbe gewesen ist. Es muss sich um ein scharfes Messer mir einer dünnen, etwa 15-20 Zentimeter langen Klinge gehandelt haben. Ich möchte anführen, dass die Verletzungen nicht mit einem Bajonett oder Klingenbajonett zugefügt werden konnten, jedoch zu vermuten mit einem Instrument, das von einem Mediziner bei einer Autopsie benutzt wird. Die gewöhnlichen Chirurgenkoffer beinhalten so eines normalerweise nicht. Es könnte sein, dass die Wunden von einem Instrument zugefügt wurden, wie sie von Schlachtern verwendet werden. Ich denke, dass ein Messer, wie es im Lederhandwerk benutzt wird, eine zu kurze Klinge hat. Es gibt Anzeichen anatomischen Wissens.
Ich möchte anführen, dass die Verstorbene mindestens zwei Stunden tot war, bevor ich sie zum ersten Mal sah. Ich muss zudem erwähnen, dass es ein kühler Morgen war und der Körper somit schneller ausgekühlt sein könnte, vor allem weil dieser eine große Menge Blut verloren hatte. Es gab keine Anzeichen für einen Kampf. Ich bin mir sicher, dass die Verstorbene den Hinterhof lebend betrat.

Ein Halstuch war um ihren Hals gebunden, als ich sie am frühen Morgen sah. Ich meine, dass es nicht erst umgebunden wurde, nachdem ihr Hals durchgeschnitten wurde.

Bericht der Post-mortem-Untersuchung:
Anwesend war zudem Doktor Jekyll.
Wir bemerkten dieselbe Vorwölbung der Zunge. Über der rechten Schläfe befand sich eine Quetschung. Auf dem oberen Augenlid ebenfalls und zwei weitere, jeweils in der Größe eines Männerdaumens, auf dem oberen Teil des Brustkastens. Die Steifheit der Glieder war nun offensichtlich.
Über dem mittleren Teil des Knochens der rechten Hand eine Druckstelle. Auf der linken Seite des Stirnbeins befand sich eine alte Narbe. Die Steifheit der Glieder machte sich auf der linken Seite mehr bemerkbar, im Speziellen in den Fingern, welche teilweise geschlossen waren. Über dem Ringfinger war eine Hautabschürfung mit eindeutigen Kennzeichen eines oder vieler Ringe.
Die Kehle war, wie zuvor schon beschrieben, durchgetrennt. Die Schnitte in der Haut weisen darauf hin, dass sie von der linken Seite des Nackens beginnend ausgeführt wurden. Es gab zwei saubere Einschnitte auf der linken Seite der Wirbelsäule. Sie verliefen parallel zueinander und im Abstand von etwa 1,5 Zentimetern. Die Muskulatur erweckte den Eindruck, als hätte jemand den Versuch unternommen, die Knochen des Nackens zu durchtrennen. Der Körper wies weitere Verstümmelungen auf, aber wir sind der Meinung, dass diese der Frau nach dem Tod zugefügt wurden und der große Blutverlust auf das Durchtrennen des Nackens zurückzuführen ist.
Die Verstorbene hatte weit fortgeschrittene Krankheiten der Lunge und der Hirnhäute, aber diese waren nicht die Todesursache. Der Magen beinhaltete etwas Nahrung.

Flüssigkeit konnte nicht festgestellt werden. Es gab Zeichen großer Entbehrung und wir möchten anmerken, dass sie schlecht genährt war. Weiterhin, dass sie keinen hochprozentigen Alkohol für Stunden vor ihrem Tod zu sich genommen hatte.

Die Verletzungen wurden mit Sicherheit nicht selbst zugefügt. Die Quetschungen auf dem Gesicht waren zweifellos frisch, insbesondere die über dem Kinn und der Seite des Kiefers, aber die auf dem Brustkasten und der Schläfe waren schon Tage alt. Wir sind der Meinung, dass die Person, die der Verstorbenen die Kehle durchgeschnitten hat, sie am Kinn festhielt und ihr dann den Schnitt von links nach rechts zufügte. Wir glauben, dass es höchst unwahrscheinlich war, dass die Person aufschreien konnte. Hinsichtlich der Idee, sie könnte geknebelt worden sein, können wir nur auf das geschwollene Gesicht und die hervorgetretene Zunge hinweisen, beides Anzeichen für Ersticken.

Der Unterleib war völlig freigelegt. Die Gedärme, getrennt von ihren Mesenterialbefestigungen, waren aus dem Körper entnommen und auf der Schulter des Leichnams platziert, während vom Becken der Uterus und seine Anhängsel mit dem oberen Teil der Vagina und zwei Dritteln der Blase komplett entfernt wurden. Von diesen Organen fehlt jede Spur und die Schnitte wurden sauber ausgeführt, sodass der Mastdarm nicht beschädigt wurde, und die Vagina tief genug geteilt, um eine Verletzung des Uterushalses zu vermeiden.

Dies war die Arbeit eines Experten oder zumindest von jemandem, der das Wissen über anatomische und pathologische Untersuchungen hatte, um somit fähig zu sein, die Organe im Becken mit einem Schwung des Messers zu bergen. Aufgrund dessen muss dieses eine Länge von 13 oder 15 Zentimetern, vermutlich noch länger, haben. Das Aussehen der Schnitte bestätigte uns in der Annahme, dass das Instrument, welches dazu benutzt wurde, den Nacken zu durchtrennen, von scharfer Beschaffenheit war. Die Art und Weise, wie das Messer gehandhabt wurde, deutet auf weitreichende anatomische Kenntnisse hin. Wir sind der Ansicht, dass er selbst nicht alle von ihm beschriebenen Verletzungen – sogar ohne Kampf – nicht unter einer halben Stunde hätte ausführen können. Wenn er es auf überlegte Weise, wie es zu den Aufgaben eines Chirurgen gehört, getan hätte, würde er eine Stunde benötigen.

Kehre zu dem Abschnitt zurück, von dem du gekommen bist!

Anhang: Bericht Nummer 1 des 30. September 1888

Obduzierender Arzt: Doktor George Bagster Phillips

Untersucht wurde der Leichnam der Elizabeth Stride, geboren am 27. November 1843 auf einer Farm in Torslanda, Schweden. Tochter von Gustaf Ericsson und Beatta Carlsdotter.

Kleidung und Besitztümer:
- langer, schwarzer Tuchmantel mit Pelzabschluss. Am Mantel war eine rote Rose mit weißem Farnkraut befestigt.
- schwarzer Rock
- schwarze, gekreppte Haube
- karierter, auf der linken Seite geknoteter Schal
- dunkelbraunes Mieder aus Baumwollsamt
- zwei leichte Serge-Unterröcke
- weiße Bluse und ebensolche Strümpfe
- Stiefel mit seitlichem Federverschluss
- zwei Taschentücher, darauf Obstflecken

- Fingerhut
- ein Stück Wolle, darin eine Karte

Gegenstände in einer im Unterrock getragenen Tasche:
- Schlüssel für ein Vorhängeschloss
- kleiner Bleistift
- Sechs große und ein kleiner Knopf
- Kamm
- Stück eines zerbrochenen Kamms
- Löffel aus Metall
- Haken zum Verschließen eines Kleides
- ein Stück Baumwollstoff
- zwei kleine Schnipsel Papier

Bericht vom Fundort der Leiche im Dutfields Yard, Berner Street:
Der Körper lag auf der Seite mit dem Gesicht zur Wand gedreht, der Kopf zeigte in Richtung des Hofes und die Füße zur Straße. Der linke Arm war ausgestreckt und hielt ein Päckchen mit Cachous – einer Art Minzbonbon – in der Hand.
Der rechte Arm ruhte auf dem Bauch. Auf dem Handgelenk und dem Handrücken war geronnenes Blut. Die Beine waren angezogen, mit den Füßen Nahe der Wand. Der Körper und das Gesicht waren warm und die Hand kalt. Die Beine waren ebenfalls warm.
Die Verstorbene trug ein seidenes Tuch um den Hals, welches zerschnitten war. Dem entsprach der Schnitt rechts des Kiefers. Der Hals war tief eingeschnitten und unter dem rechten Arm war eine blutverschmierte Hautabschürfung mit einem Durchmesser von 4 Zentimetern.

Bericht der Post-mortem-Untersuchung:
Anwesend war zudem Doktor Frankenstein aus Deutschland. Die Leichenstarre war durchgängig feststellbar.

Auf der linken Gesichtshälfte und am Kopf war Dreck eingetrocknet.
Der Körper war gut genährt. Über beiden Schultern, insbesondere der rechten, und unter dem Schlüsselbein und dem Brustkasten verlief eine bläuliche Verfärbung, die ich seitdem bei zwei Gelegenheiten gesehen und beobachten konnte.
Auf dem Hals war ein sauber ausgeführter Einschnitt. Er war 15 Zentimeter lang und begann 6 Zentimeter in einer geraden Linie unter dem Kieferknochen, 1 Zentimeter über einem nicht durchtrennten Muskel, der Schnitt wurde tiefer und teilte die Nervenscheide. Die Schnittwunde war akkurat und wich etwas nach unten ab. Die Arterien und anderen Gefäße in der Nervenscheide wurden alle durchgeschnitten.
Der Schnitt durch die Gefäße auf der rechten Seite war oberflächlich und endete 5 Zentimeter unter der rechten Ecke des Kiefers. Die tiefen Gefäße auf dieser Seite waren unverletzt. Von daher war es offensichtlich, dass die Blutung durch die partielle Durchtrennung der linken Halsschlagader verursacht wurde.
Die Verwesung begann bereits an der Haut. Dunkelbraune Flecken waren auf der Vorderseite des linken Kinns. Die Knochen des rechten Beines hatten eine Missbildung: Sie waren nicht gerade, sondern neigten sich nach vorne. Es gab keine weiteren frischen Verletzungen in der Halsregion.
Als die Leiche gründlich gewaschen war, konnte ich einige heilende Wunden sehen. Das linke Ohrläppchen war eingerissen, als wäre es durch das Tragen oder Entfernen eines Ohrrings verursacht worden, aber es war gänzlich geheilt. Beim Entfernen der Kopfhaut gab es keine Anzeichen austretenden Blutes.
Das Herz war klein, die linke Herzkammer fest verschlossen und die rechte leicht. In der Lungenarterie befanden sich dunkle Klümpchen. Die linke Arterie war

fest verschlossen, als wäre sie komplett leer. Der Magen war groß und die Schleimhaut nur zusammengezogen. Er enthielt teilweise verdautes Essen. Käse, Kartoffeln und feines mehliges Pulver. Alle Zähne des unteren linken Kiefers fehlten.

Kehre zu dem Abschnitt zurück, von dem du gekommen bist!

Anhang: Bericht Nummer 2 des 30. September 1888

Obduzierender Arzt: Doktor Frederick Gordon Brown

Untersucht wurde der Leichnam der Catherine Eddowes, geboren am 14. April 1842 in Graisley Green, Wolverhampton. Tochter von George Eddowes, Arbeiter bei Old Hall Works als Zinnblech-Lackierer, und Catherine Eddowes, geborene Evans, Köchin.

Kleidung und Besitztümer:
- schwarze Strohhaube mit grünem und gleichfarbigem perlenbesetztem Samt verziert. Mit dunklen Schnüren fest am Kopf zusammengezogen
- schwarzer Tuchmantel mit Kunstpelz um Kragen und Armabschluss. Die Taschen waren mit geflochtener Seide und Pelz verziert. Der Mantel hatte große metallene Knöpfe
- dunkelgrüner Rock mit braunem Knopf auf der Manschette. Der Rock war mit Gänseblümchen und goldenen Lilien gemustert
- weiße Männerweste mit passenden Knöpfen auf der Vorderseite
- braunes Leinenmieder mit Samtkragen und ebensolchen Knöpfen auf der Vorderseite

- grauer, gefütterter Unterrock mit weißem Bund
- alter grüner Rock, getragen als Unterkleid
- zerlumpter blauer Rock mit roten Volants, leicht gefüttert, getragen als Unterkleid
- weiße Kattunbluse
- weder Unterhose noch Korsett
- Männerschnürstiefel, Schnürsenkel aus Angorawolle. Der rechte Stiefel war mit rotem Garn ausgebessert
- ein Stück rote Mullseide, getragen als Halstuch
- ein großes weißes Taschentuch
- ein weiteres weißes Baumwolltaschentuch mit roten und weißen Adonisröschen am Rand
- zwei ungebleichte Kattuntaschen
- eine blaugestreifte Tasche aus Inlettstoff
- blaue, gerippte Strümpfe, an den Füßen mit weißer Baumwolle ausgebessert

Was Catherine Eddowes sonst bei sich trug:
- zwei weitere kleine blaue Taschen aus Inlettstoff
- zwei schwarze Tonpfeifen
- eine Blechdose mit Tee
- eine weitere mit Zucker
- eine leere blecherne Streichholzschachtel
- 12 Stück weiße Lumpen
- ein weißes Stück grobes Leinen
- ein blau-weißes Stück gefalteten Hemdstoffs
- ein roter Lappen mit Stecknadeln und Nadeln
- sechs Stück Seife
- eine kleine Zahnbürste
- ein Tischmesser mit weißem Griff
- ein Metalllöffel
- ein rotes Zigarettenetui aus Leder mit weißen Metallbeschlägen
- eine Kugel Hanf
- eine alte, weiße, ausgebesserte Schürze
- einzelne Knöpfe und ein Fingerhut

- Senfdose mit zwei Pfandleihscheinen. Einer auf den Namen Emily Burrell, 52 White's Row, datiert 31. August, 9 Dime für ein Flanell-Männerhemd; der andere auf Jane Kelly, 6 Dorset Street, datiert 28. September, 2 Schillinge für ein Paar Männerstiefel. Beide Adressen sind falsch.

Bericht vom Fundort der Leiche im Mitre Square:
Der Körper lag auf dem Rücken, der Kopf der linken Schulter zugewandt. Die Arme neben dem Körper, als wären sie dort hingefallen. Die Handflächen nach oben, die Finger leicht gebogen. Das linke Bein war in einer Linie mit dem Körper ausgestreckt, der Unterleib entblößt. Das rechte Bein war an Oberschenkel und Knie durchgebogen. Die Kehle quer durchgeschnitten.
Die Gedärme waren herausgezogen, über der rechten Schulter platziert und mit kotartiger Masse beschmiert. Ein Stück von etwa 60 Zentimetern wurde komplett entfernt und zwischen dem Körper und dem linken Arm drapiert. Das Ohrläppchen und die Ohrmuschel des rechten Ohrs wurden schräg durchgeschnitten.
Auf dem Straßenpflaster war eine Menge geronnenen Blutes auf der linken Seite des Halses um die Schulter und dem Oberarm, sowie eine blutfarbene Flüssigkeit, die unter dem Hals zur rechten Schulter und Richtung Rinnstein geflossen war.
Der Körper war noch recht warm, die Totenstarre nicht eingetreten. Der Tod muss innerhalb der letzten halben Stunde eingetreten sein. Wir suchten nach oberflächlichen Quetschungen, sahen aber keine. Kein Blut auf der Haut des Unterleibs oder Absonderungen jeglicher Art auf den Schenkeln. Keine Blutspritzer auf den Backsteinen oder dem umgebenden Straßenpflaster.
Keine Blutflecken unter der Körpermitte. Nachdem der Körper entfernt wurde, fand man einige Knöpfe in dem geronnenen Blut. Auf der Vorderseite der Kleidung war

kein Blut. Es gab keine Spuren von kürzlich vollzogenem Geschlechtsverkehr.
Als die Leiche im Arbeiterkrankenhaus ankam, wurde etwas von dem Blut aufgrund des Transports zur Leichenhalle auf ihrer Kleidung verteilt. Die Kleider wurden vorsichtig entfernt. Ein Stück vom Ohr der Verstorbenen fiel von ihrer Kleidung herunter.

Bericht der Post-mortem-Untersuchung:
Die Untersuchung wurde von Dr. George William Sequeira, Dr. William Sedgwick Saunders, sowie Dr. George Bagster Phillips und Doktor Frankenstein überwacht.
Die Leichenstarre war recht ausgeprägt, der Körper nicht ganz kalt. Grüne Verfärbung über dem Unterleib. Nachdem ich die linke Hand vorsichtig gesäubert hatte, zeigte sich auf dem Handrücken zwischen Daumen und Zeigefinger eine Quetschung, frisch und rot, von der Größe eines Sixpence-Stücks. Ältere fanden sich auf dem rechten Schienbein. Hände und Arme waren sonnengebräunt. Keine Quetschungen auf der Kopfhaut, der Rückseite des Körpers oder den Ellenbogen.
Das Gesicht war stark verstümmelt. Durch das linke untere Augenlid verlief ein Schnitt von 0,5 Zentimeter Länge, der die Strukturen komplett zerteilte. In annähernd gleichem Winkel zur Nase befand sich ein Kratzer auf dem oberen Lid des linken Auges. Das rechte Augenlid war mit einem Schnitt von 1 Zentimeter Länge durchgeschnitten.
Auf dem Nasenrücken befand sich ein tiefer Einschnitt, der vom Rande des linken Nasenbeins fast bis zum Kieferknochen auf der rechten Seite der Wange reichte. Dieser Schnitt ging bis auf den Knochen und teilte das komplette Gewebe und die Muskelfasern der Wange, jedoch nicht die Mundschleimhaut.
Die Nasenspitze war von einem schräg verlaufenden Schnitt, der vom unteren Ende des Nasenbeins bis zu

dem Punkt, an dem die Nasenflügel das Gesicht berühren, annähernd abgetrennt. Ein Schnitt von dort teilte die Oberlippe und erstreckte sich durch das Gewebe des Gaumens bis zum rechten oberen Schneidezahn.
1 Zentimeter über der Nasenspitze verlief ein schräger Einschnitt. Im rechten Mundwinkel einer, der aussah wie von einer Messerspitze. Dieser verlief in einer Länge von 4 Zentimetern parallel zur Unterlippe.
Auf beiden Wangen befanden sich Einschnitte, die die Haut abschälten und eine dreieckige Klappe von 4 Zentimetern formten. Auf der linken Wange befanden sich zwei Abschürfungen des Zellgewebes unter dem linken Ohr.
Der Hals wurde mit einem 15-18 Zentimeter langen Schnitt durchtrennt. Ein oberflächlicher Einschnitt begann 4 Zentimeter unter dem Ohrläppchen und 6 Zentimeter hinter dem linken Ohr, verlief quer über den Hals und endete 7,5 Zentimeter unter dem rechten Ohrläppchen.
Der große Halsmuskel war auf der linken Seite durchgeschnitten. Die Gefäße auf der rechten Seite des Halses waren durchtrennt. Unter den Stimmbändern war der Kehlkopf durchtrennt. Das tiefe Gewebe wurde vom Knochen gelöst, das Messer hinterließ Markierungen auf den Bandknorpeln. Die Ummantelung der Gefäße auf der rechten Seite wurde nur geöffnet.
Todesursache war eine Blutung aus der linken Halsschlagader. Der Tod trat unverzüglich ein und die Verstümmelungen wurden erst danach zugefügt.
Wir untersuchten den Unterleib. Die Vorderseite wurde von den Rippen bis zum Schambein hin offengelegt. Der Schnitt begann gegenüber des Ensiform-Knorpels. Die Einschnitte verliefen aufwärts und durchschnitten nicht die Haut, die über dem Brustbein liegt. Anschließend durchtrennte der Schnitt den Knorpel. An diesem muss das Messer schräg geführt worden sein.

Dahinter wurde die Leber - wie mit der Spitze eines scharfen Instruments - eingestochen. Darunter befand sich ein weiterer Einschnitt in der Leber, in der Länge von 6 Zentimetern, der Leberlappen darunter wurde schräg durchgeschnitten. Zwei gezackte Schnitte konnte man auf der linken Hautseite erkennen.
Die Unterleibswände wurden in einer 1 Zentimeter langen Linie mittig zum Nabel hin durchtrennt. Der Schnitt verlief horizontal, 6 Zentimeter lang, zur rechten Seite hin. Danach durchtrennte der Schnitt kreisförmig den Nabel auf der linken Seite und verlief parallel zu dem vorherigen horizontal ausgeführten Schnitt und ließ den Nabel nur noch an einer Hautzunge. Am Nabel selbst befanden sich noch etwa 6 Zentimeter des unteren Teils des Rektummuskels auf der linken Seite des Unterleibs. Der Einschnitt verlief anschließend schräg in einem anderen Winkel nach rechts weiter. Der Schnitt verlief nach unten, rechts der Vagina und des Rektums, bis etwa 1 Zentimeter hinter das Rektum.
Auf der linken Leiste befand sich ein Einstich von 2,5 Zentimetern Tiefe. Dieser wurde durch ein spitzes Instrument verursacht. Darunter verlief ein Schnitt von 6,5 Zentimetern, ging durch alle Gefäße und hinterließ auf dem Bauchfell eine Verletzung im selben Ausmaß.
2,5 Zentimeter unter der Oberschenkelfalte verlief ein schräger Schnitt vom Steißbein nach unten zur Innenseite des linken Oberschenkels und trennte die linke Schamlippe ab. Dies formte eine Hautklappe auf der Leiste. Der linke Rektummuskel war nicht abgetrennt.
Eine Hautklappe formte sich durch die rechte Leiste mit der anhängenden rechten Schamlippe bis hin zum Hüftbeinknochen. Die Muskeln auf der rechten Seite, die sich in den vorderen Mutterbändern befinden, wurden durchgeschnitten.
Die Haut zog sich auf der ganzen Länge des Einschnitts auf dem Unterleib zurück. Weder Gefäße waren geronnen

noch hatte es eine beträchtliche Blutung aus diesen gegeben. Daraus zog ich den Schluss, dass die Handlungen erst nach dem Tode vollzogen wurden und sich somit nur wenig Blut auf dem Mörder befunden hat. Der Schnitt wurde von jemandem ausgeführt, der auf der rechten Seite des Körpers mittig niedergekniet war.

Ich entfernte den Mageninhalt und platzierte diesen in ein Gefäß für eine weitere Untersuchung. Darin befand sich wenig Nahrung oder Flüssigkeit, aber aus dem Ende des Einschnitts trat teilweise verdauter Nahrungsbrei aus.

Die Gedärme waren in großem Maße vom Gekröse abgetrennt. Etwa 61 Zentimeter des Dickdarms wurden entfernt. Der im Darmbauch liegende s-förmige Grimmdarm war fest im Rektum verankert.

Die rechte Niere war matt, blutlos und mit einem leichten Blutstau in den Spitzen. Es gab einen Einschnitt auf dem Schlitz der Leberoberfläche auf der linken Seite und einen weiteren im rechten Winkel zum anderen Schnitt. Dieser war etwa 4 Zentimeter tief und etwa 6 Zentimeter lang. Die Leber selbst war gesund.

Die Gallenblase enthielt Galle. Die Bauchspeicheldrüse war eingeschnitten, jedoch nicht auf der linken Seite der Wirbelsäule durchgeschnitten. Etwa 9 Zentimeter des unteren Randes der Milz waren nur noch mit dem Bauchfell über ein 1 Zentimeter langes Stück Gewebe verbunden.

Das Bauchfell auf der linken Seite wurde durchgeschnitten und die Niere vorsichtig herausgenommen und entfernt. Die linke Nierenarterie wurde durchgetrennt. Ich würde sagen, dass es jemand getan hat, der wusste, wo sich die Niere befindet.

Die Membranhaut der Gebärmutter wurde durchgeschnitten. Die Gebärmutter selbst wurde horizontal durchgeschnitten und hinterließ einen 1 Zentimeter langen Stumpf. Der Rest und ein Teil der Mutterbänder wurden mitgenommen. Die Vagina und der Gebärmutterhals waren unverletzt.

Die Blase war unverletzt und enthielt etwa 85 bis 115 Milliliter Flüssigkeit. Es gab einen zungenförmigen Einschnitt durch die vordere Wand der Unterleibsaorta. Die anderen Organe waren gesund. Es gab keine Anzeichen einer Verbindung.

Ich glaube, dass die Wunde am Hals zuerst zugefügt wurde und das Opfer auf dem Boden gelegen haben muss.

Die Wunden auf Gesicht und Unterleib besagen, dass sie von einem scharfen, spitzen Messer beigebracht wurden, und die im Unterleib von einem, das etwa 15 Zentimeter lang war.

Ich glaube, dass der Täter beträchtliche Kenntnisse von der Position der Organe in der Bauchhöhle, und wie er diese entfernt, gehabt haben muss. Es erforderte große medizinische Kenntnisse, zu wissen, wo sich die Niere befindet und wie man diese entfernt. Die entnommenen Organe wären für einen professionellen Zweck von keinerlei Nutzen.

Ich denke, dass der Übeltäter genug Zeit hatte, sonst hätte er die unteren Augenlider nicht eingeschnitten. Dies würde mindestens 5 Minuten dauern. Ich kann keinen Grund erkennen, warum die Organe mitgenommen wurden. Ich bin mir fast sicher, dass es keinen Kampf gab und es die Tat einer Person war.

Die Kehle wurde so schnell durchgeschnitten, dass kein Geräusch entweichen konnte. Ich gehe davon aus, dass auf der Person, die diese Verletzungen beigebracht hatte, nicht viel Blut zu finden war. Die Verletzungen hätte man sich nicht selbst zufügen können.

Meine Aufmerksamkeit wurde auf eine Schürze, insbesondere auf die Ecke einer Schürze mit einem Stück Schnur, gelenkt. Die Blutspritzer waren recht frisch. Ich habe den Teil einer Schürze gesehen, den Dr. Phillips beibrachte und angab, dass dieser in der Goulston

Street gefunden wurde. Es ist unmöglich, zu sagen, ob es sich auf der Schürze um menschliches Blut handelt. Ich setzte das Stück der Schürze, welches ein Stück neues Material aufgenäht hatte (Dieses wurde offensichtlich auf das Stück genäht, das ich besitze), an das andere, und es passte. Auf dem Teil, welches in der Goulston Street gefunden wurde, befand sich etwas Blut und anscheinend Kot.
Ich glaube, dass die Verletzungen auf dem Gesicht zugefügt wurden, um die Leiche zu entstellen.

Kehre zu dem Abschnitt zurück, von dem du gekommen bist!

Anhang: *Sat-nesu-en-chetef*

8. August 1886

Wir verlassen im Licht des anbrechenden Tages Kairo. Unser Raddampfer folgt in gemächlichem Tempo dem Lauf des Nils. Die Sonne steht erbarmungslos am blauen Himmel, die Luft ist drückend und schmeckt nach dem feinen Sand der Wüste. Die aufgespannten Sonnensegel spenden zwar Schatten auf dem Oberdeck, verschaffen jedoch keine Linderung vor der für uns ungewohnten Hitze.

Wir, das sind mein Gemahl – die Expedition ist unsere Hochzeitsreise – und Doktor William Gull – ein enger Freund meines Mannes – sowie der französische Archäologe Charles Clermont-Ganneau. Weiter begleitet uns eine Heerschar an Bediensteten und abenteuerlustigen Helfern. Teilweise ist das ein zwielichtiges Gesindel, aber anders wäre es ja kein Abenteuer. Unser Ziel ist die südwestlich von Kairo gelegene Nekropole Abu Sir. Ein unübersichtliches Gewirr aus Felsen und Sand, unter dem sich zahlreiche Tempelanlagen und Pyramiden verbergen, viele davon unberührt. Und genau deswegen

sind wir hier. Ist es meine Bestimmung, im heißen Sand zu graben und etwas hervorzuholen, das meinen Fluch bricht, mich aus der Verdammnis befreit?
Oder bin ich gar die Verdammnis selbst, dazu auserkoren, den Tod über die Menschen zu bringen?
Ich weiß es nicht ... noch nicht ...
Unser Ziel ist ein unberührter Abschnitt am nördlichen Rand des bekannten Grabungsgebietes, nur durch ein nahezu unzugängliches Tal zu erreichen. Ein wahrer Kraftakt, dorthin vorzudringen. Meiner Meinung nach der einzige Grund, weshalb dort bisher niemand gegraben hat. Der fadenscheinige Hinweis, dass sich im Sand des Tals das Grabmal des sagenumwobenen Pharao Schepseskaf verbirgt, kam von einem zwielichtigen Beduinen, der die Reisegesellschaft als Führer begleitet. Heute Abend gehen wir in Abu Sir an Land und beziehen unser Camp. Wir feiern mit schauderhaft warmem Gin den Beginn der Expedition.

9. August
Wir machen uns auf dem Rücken von Kamelen auf den Weg zum Grabungsfeld Abu Sir. Ausgerüstet mit Sonnenbrillen und feuchten Tüchern vor Mund und Nase ähneln wir windigen Abenteurern, die sich in akribischer Manie wie überdimensionale Sandwürmer in den Boden wühlen, um den sagenumwobenen Pharaonenschatz zu heben, der im Wüstensand versteckt sein soll. Ich sorge mich um meine empfindliche Blässe und leide stumm unter Staub und Hitze, doch ich bleibe standhaft.
Hoffnung treibt mich weiter. Meine Seele brennt, wenn ich nur daran denke, dass sich im Wüstensand meine Bestimmung verbirgt ...
11. August
Endlich – wir sind am Ende unserer Kräfte – erreichen wir unser Ziel. Der Beduine hat sein Versprechen ge-

halten und uns nicht an eine marodierende Räuberbande verkauft, sondern jenseits der Geröllbarriere zu einer Felsennische geführt, in der sich der Zugang zu einem mit Sand gefüllten Schacht befindet. Gull, der sich als begeisterter Ägyptologe offenbart, entziffert den Namen des Schepseskaf aus den Hieroglyphen, scheitert jedoch an den nächsten Zeichen, die, in tiefen Furchen aus dem Stein gekratzt, ihre Bedeutung vor uns verbergen. Er deutet das Zeichen der sich selbst verzehrenden Schlange Ouroboros, die den Namen des Pharaos umgibt. Die Vermutung liegt nahe, dass man mit diesen abschreckenden Symbolen Grabräuber verjagen möchte. Wir hingegen sind Forscher mit ernsthafter Absicht und tragen Mut im Herzen.

Ich brenne, bin gierig darauf, es der Dunkelheit zu entreißen, koste es, was es wolle ...

Heute konnten wir nach schweißtreibender Arbeit den Zugang vollends freilegen. Vom Entdeckerfieber gepackt, griffen am Ende alle zur Schaufel. Nun stehen wir schmutzig und verschwitzt in zehn Metern Tiefe vor einem steinernen, ebenfalls mit Hieroglyphen geschmückten Tor. Doch nicht jeder heißt den Fund willkommen. Während wir unseren ersten Erfolg mit Gin für die Herren und Champagner für die Damen – beides bedauerlich warm – feierten, ergriff die einheimischen Arbeiter Panik. Die Ängstlichen warfen ihr Werkzeug weg und rannten laut jammernd mit Fieber im Blick davon.

Sie sagen, ich hätte das Unheil über sie gebracht, nennen mich die bleiche Frau, deren Haar dem blauschwarzen Gefieder des Totenvogels gleicht ...

Uns kümmert das nicht, denn Ruhm und Ehre sind zum Greifen nahe und die Gier hat uns fest im Griff. Morgen werden wir das Siegel brechen und hinabsteigen, wo Jahrtausende keines Menschen Fuß den Boden berührte.

14. August
Endlich! Der Anblick ist grauenvoll und faszinierend zugleich. Die Hallen sind angefüllt mit bleichen Gebeinen. Es übersteigt die Vorstellungskraft von uns allen. Hunderte, wenn nicht Tausende sind hier gestorben. Neben und übereinander liegen sie da, lassen uns keinen Raum zum Atmen. Sie sind zerstückelt, niedergemetzelt, abgenagt. Die Knochen zeigen tiefe Furchen. Gull durchwühlt seine Unterlagen, kann aber nichts über einen Kult finden, für den derart bestialisch geopfert wurde. Er sagt, die Ägypter haben die Toten geehrt, nicht geschändet.
Ich weiß es besser. Wenn es meine Bestimmung ist, den Tod zu verbreiten, muss das grässlichste Scheusal hier begraben sein und durch meine Hand auf seine Erweckung warten ...
Gemeinsam werden wir dem Rätsel auf den Grund gehen, kämpfen uns Meter um Meter voran, derweil immer mehr Arbeiter in den Nächten die Flucht ergreifen. Für uns gibt es längst kein Zurück mehr, besessen vom Rausch des Pharaos.
Heute fiel das letzte Bollwerk, das uns von der eigentlichen Grabkammer trennte. Der steinerne Sarkophag ist umringt von Kriegern, deren Speere auf sein Zentrum gerichtet sind, bereit zuzustoßen. Der Franzose ist der Ansicht, dass man damit abergläubische Grabräuber verschrecken will. Wir stellen uns die nicht unberechtigte Frage, auf wessen Herz die Speere denn nun zielen. Morgen werden wir es herausfinden, dann reißen wir dem Tod die Maske vom Gesicht.

16. August
Mit knapper Not bin ich dem Grauen entronnen und habe das Schiff erreicht. Nur Gull ist mir geblieben, der als Feigling davongelaufen ist, mich zurücklassend.

Alle anderen sind tot. Unsere Ausrüstung, das Lager, wir ließen alles zurück. Erst als die Leinen gekappt sind und sich das schwere Schaufelrad des Dampfers dreht, um uns nach Kairo zurückzubringen, finde ich die Kraft, niederzuschreiben, was in der Finsternis der Gruft geschah.
Hätten wir doch nur auf Schepseskaf' Warnungen gehört, statt blind und taub die Siegel zu zerbrechen, die Jahrtausende gehalten hatten. Nicht er lag im Sarkophag. Es war das Grab von Sat-nesu-en-chetef, des Pharaos Todespriesterin. Ihr Name war es, den man aus dem Stein gekratzt hatte, um ihn aus dem Gedächtnis der Zeit zu tilgen. Gull konnte es auf den staubigen Binden lesen, die ihren ausgetrockneten Leib umgaben. Doch da war es längst zu spät.
Nicht, dass ich ihn daran auch nur ansatzweise gehindert hätte …
Es begann, als der Franzose die Totenmaske der Mumie anhob. Wie ein öliges Gas, das uns husten, einige gar erbrechen ließ, entwich eine Wolke mit lautem Zischen aus ihren vertrockneten Augenhöhlen. Anders lässt es sich nicht beschreiben. Wir hatten von früheren Expeditionen gehört, dass sich Gase durch in den zumeist luftdicht abgeschlossenen Grabkammern über die Zeiten hinweg halten konnten, doch das hier war anders. Es war kein Gas, verflüchtigte sich nicht im Raum, entwich nicht durch die Türöffnung nach draußen, um sich im lauwarmen Wüstenwind aufzulösen. Nein. Es umkreiste uns wie eine fauchende, im Schlaf gestörte Bestie, bildete einen Wirbel, der uns niederwarf und verlachte.
Als wir im Staub lagen, verdichtete sich der ölige Nebel über dem Sarkophag. Entsetzt mussten wir mitansehen, wie sich daraus ein Körper formte. Um Substanz zu gewinnen, saugte es, begleitet von einem grässlichen Fauchen, das heraus, was sich hinter den Binden be-

fand. Vor unseren Augen entstand – und ich schwöre, das ist die Wahrheit – eine Frau, wie ich sie nie gesehen hatte. Schlank war sie, blass und mit schwarzen Schlieren bedeckt. Üppiger goldglänzender Schmuck über ihren bloßen Brüsten. Ihr strähniges Haar reichte bis über die Hüften, es strahlte Finsternis aus, so dunkel und böse, dass es mir den Verstand raubte. Sie war die Nacht, der bodenlose Abgrund.

Meine Bestimmung!

Das Morden begann. Nein, das Schlachten. Das Gemetzel. Sie sprang vom Sarkophag und hielt aus heiterem Himmel einen archaisch anmutenden Dolch in der Hand. Sie packte einen unserer Begleiter am schütteren Haar und riss ihn wie eine Puppe auf die Beine. Ich konnte kaum verfolgen, wie sie mit schnellen Schnitten seinen Bauch öffnete, dass alles wie aus einem Sack aus ihm herausrutschte. Anschließend trennte sie ihm mit einem einzigen Hieb den Kopf ab.

Mein Gemahl, der einen Revolver bei sich trug, eröffnete das Feuer. Das Donnern der Schüsse raubte uns das Gehör, bis nur noch ein grelles Pfeifen unsere Köpfe füllte. Ich erinnere mich, dass ich davon Nasenbluten bekam. Um das Wohl meines Gemahls besorgt, stellte ich mich schützend vor ihn, zog meinen Revolver und schoss ebenfalls auf das Scheusal – ja, auch ich trug eine Waffe und weiß wohl damit umzugehen. Doch die Kugeln machten ihr nichts aus und sie wütete erbarmungslos weiter. Ihre Finger krallten sich in den Rücken des Beduinen, der uns hierhergeführt hatte und uns bis zum Ende treu geblieben war. Hätte der arme Teufel doch nur wie die anderen die Flucht ergriffen. Mit einem einzigen Ruck riss sie ihm das Rückgrat aus dem Körper, gekrönt von einem erstaunt dreinblickenden Kopf, dessen Mund sich im letzten stummen Schrei öffnete. Ich bin mir sicher, dass es mich ansah, bevor es starb.

Nun war mein Gemahl an der Reihe. Er stand mit dem Rücken zum Ausgang und hätte gewiss fliehen können. Todesmutig stellte er sich dem teuflischen Geschöpf. Ich konnte es nicht genau sehen, doch ich glaube, sie riss ihn in der Mitte durch, etwas oberhalb der Hüfte. Es dauerte nur Sekunden, bis sein Lebensfunke erlosch.

Gull war geflohen, also stand ich dem Scheusal allein gegenüber. Mit geduckten, tänzelnden Bewegungen näherte sich das Wesen und sog die Luft durch ihre bebenden Nasenflügel wie ein Jagdhund, der Witterung aufnahm. Ich war aufs Äußerste gefasst, doch anstatt mich umzubringen, wie sie es zuvor mit den anderen getan hatte, verharrte sie und musterte mich aus ihren gelben, mit dunklen Sprenkeln durchsetzten Augen. Die Luft in der Grabkammer war unerträglich, wurde schwer vom Geruch des Blutes und dem Gestank der sich entleerenden Därme.

Ich erinnere mich vage an eine wispernde Stimme in meinem Kopf. »Ich bin Kiskil-Lilla, die Herrin des Gemetzels. Die Geleiterin der Seelen der Verstorbenen ins Reich der Toten, die letzte Prüfung. Die, die immer nimmt und niemals gibt. Nimm den Leichnam meiner Priesterin Sat-nesu-en-chetef und belebe den Zirkel des Osiris aufs Neue, denn das ist deine Bestimmung. Gib ihr einen neuen Leib und sie wird dich mit ihrem Kuss zur Todbringerin machen, zur Allesverzehrerin, die du nun mal bist.

Kehr heim und trage das Grauen in die Straßen der verdorbenen Stadt. Schlachte. Wüte. Fresse und nähre dich, aber vergiss dabei nicht, was ich dir aufgetragen haben. Tust du es doch, werde ich dich heimsuchen zur Fahrt in die Hallen der ewigen Verdammnis.«

Ich schwöre bei Gott und allem, was mir heilig ist, das hat sie gesagt. Ihre Worte waren in meinem Kopf, brannten sich unvergesslich ein.

Gott? Was bin ich doch nur für eine Lügnerin ...
Das Nächste, an das ich mich erinnere, war Sand. Heißer, weißer Wüstensand, der so fein war, dass man ihn nicht in der Hand halten konnte. Er rann zwischen den Fingern hindurch, wie das Leben meiner Gefährten. Er haftete in meinem verschwitzten Gesicht, der Kleidung, getränkt vom Blut meiner Freunde. Um mich herum das Tal, das sie besser niemals betreten hätten. Ich kam auf die Füße und lief – die Mumie und Kanopen der Priesterin in einem Sack hinter mir herschleifend –, bis meine Lunge pfiff und die Muskeln brannten. Ich stürzte, stand auf und rannte weiter. Nach einer gefühlten Ewigkeit erreichte ich vollkommen erschöpft das Ufer des Nils und ruhte erst, als ich die Planken des Schiffes unter den Füßen spürte und anhand des seichten Wogens des Flusses bemerkte, dass es abgelegt hatte ...

Lies weiter bei **704**